从声音到文字，分享人类讯息

荷兰海洋帝国的兴衰

17世纪大西洋世界的战争、贸易与殖民

Wim Klooster

［荷］维姆·克罗斯特 —— 著

杨淑青 —— 译　刘一冰 —— 校译

天地出版社 | TIANDI PRESS

图书在版编目（CIP）数据

荷兰海洋帝国的兴衰：17世纪大西洋世界的战争、贸易与殖民 /（荷）维姆·克罗斯特著；杨淑青译. —成都：天地出版社，2023.1
ISBN 978-7-5455-7125-7

Ⅰ.①荷… Ⅱ.①维…②杨… Ⅲ.①荷兰—近代史—17世纪 Ⅳ.①K563.4

中国版本图书馆CIP数据核字（2022）第091936号

The Dutch Moment: War, Trade, and Settlement in the Seventeenth-Century Atlantic World, by Wim Klooster, originally published by Cornell University Press.
Copyright © 2016 by Cornell University
This edition is a translation authorized by the original Publisher, Via CA-LINK International.

著作权登记号：图进字21-2022-212
审图号：GS（2021）6457号

HELAN HAIYANG DIGUO DE XINGSHUAI: 17 SHIJI DAXIYANG SHIJIE DE ZHANZHENG、MAOYI YU ZHIMIN

荷兰海洋帝国的兴衰：17世纪大西洋世界的战争、贸易与殖民

出 品 人	陈小雨　杨　政
著　 者	［荷］维姆·克罗斯特
译　 者	杨淑青
责任编辑	董曦阳　刘一冰
责任校对	马志侠
封面设计	左左工作室
责任印制	王学锋

出版发行　天地出版社
　　　　　（成都市锦江区三色路238号　邮政编码：610023）
　　　　　（北京市方庄芳群园3区3号　邮政编码：100078）
网　　址　http://www.tiandiph.com
电子邮箱　tianditg@163.com
经　　销　新华文轩出版传媒股份有限公司

印　刷	玖龙（天津）印刷有限公司
版　次	2023年1月第1版
印　次	2023年1月第1次印刷
开　本	880mm×1230mm 1/32
印　张	19
字　数	567千字
定　价	98.00元
书　号	ISBN 978-7-5455-7125-7

版权所有◆违者必究
咨询电话：(028) 86361282（总编室）
购书热线：(010) 67693207（营销中心）

如有印装错误，请与本社联系调换

目 录

引言　大转折 //1

第一章　猛狮出闸
宗教法庭的威胁 //007
荷兰在大西洋世界贸易的开端 //013
发动战争 //025

第二章　帝国扩张
西印度公司 //040
私掠和海军行动 //054
重获动力 //059
先入为主之见 //069
殖民化 //075
在巴西和非洲的扩张 //085

第三章　帝国衰落
巴西起义 //107
公司的衰退 //117
余波 //127
与英格兰的竞争与战争 //135

第四章 在饥与剑之间
  普通士兵们 //164
  家庭与外国人 //170
  风险与补偿 //178
  纪律与疾病 //183
  粮食 //191
  叛变与起义 //202

第五章 跨帝国贸易
  与非洲人以及美洲印第安人的贸易 //214
  对金银的追求 //216
  盐矿与糖料 //225
  奴隶贸易 //230
  与英属美洲和法属美洲的贸易 //239
  与西属殖民地的贸易 //254
  外国伪装下的国内竞争 //267

第六章 移民与定居点
  人口、职业和家庭 //280
  优势与特权 //293
  与尼德兰的关系 //301
  归正教会 //308

第七章 异族人
  英格兰人、瓦隆人与葡萄牙人 //320
  一个审判者不如两面橙色旗帜 //326
  宗教宽容 //337

土著邻居 //345

　　奴隶制 //352

　　归附 //365

尾声　战争、暴力、奴役与自由 //373

附录1　荷兰与法属加勒比的奴隶贸易（1653—1671）//391

附录2　荷兰直接与西班牙进行奴隶贸易 //394

延伸阅读 //397

致谢 //403

注释 //405

引言

大转折

在17世纪20年代到70年代的半个世纪里，大西洋世界经历了意义深远的变化。尽管到1620年，基本上仍然是伊比利亚人（Iberians）独自占领着美洲的土地，在非洲建立起桥头堡，进行跨大西洋的贸易，与土著人交战或相安无事。但在随后的几十年里，英格兰人、法兰西人与荷兰人加入了他们。尽管墨西哥、秘鲁和巴西一直是西班牙人和葡萄牙人在新世界（New World）的活动中心，这些新来者却在小安的列斯群岛（Lesser Antilles）和北美洲建立了繁荣的定居点。如果说制造黄金是西属美洲的经济基础，那么种植经济作物就成了北欧人建立殖民地的经济基础。随着奴隶制在新殖民地的发展，非洲被更深入地拉扯进了大西洋世界。荷兰人在这场巨大的转折中发挥了重要作用，这不仅仅是因为他们建立了自己的殖民地和贸易港。如果说有什么不同的话，那就是荷兰人在17世纪中叶很少靠自己种植作物，而是作为商人无处不在，他们贩卖商品和奴隶，购买农产品，跨疆界发放贷款。荷兰人的触角就这样深入其他大西洋帝国，以至于他们的活动推动了英格兰《航海法案》（English Navigation Acts）的颁行、葡萄牙跨大西洋舰队系统的建立、法属加勒比制糖经济的兴起，还有瑞典人和丹麦人在加勒比地区和北美交易非洲俘虏和离散的犹太人活动的开始。荷兰对大西洋世界发展的影响表明，人们仅关注荷兰本身并不能充分了解荷兰历史，因为每个殖民王国都以各种方式与他国相联系。尽管文化影响、战争与边境冲突会将相邻的殖民地联系在一起，但是对美洲许多地方来说尤为重要的是国家之间的贸易往来。

荷兰人踏上非洲和美洲的土地，对美洲印第安人和非洲政治产生了巨大的影响。例如，在17世纪40年代和50年代，荷兰人提供的枪支使易洛魁联盟（Iroquois）击败了他们的敌人。同样地，荷兰人对贝壳串珠的需求（他们卖给北美土著人的一种贝壳珠子，这种珠子被北美的土著人用作外交目的，他们把这种物品当作显赫尊贵的财产，并赋予它们以极大的精神意义）导致本地制造商的产量呈指数级增长。这场生产力革命是美洲印第安人的经济体从自给自足向市场经济转变的一个方面。而在非洲西南部，荷兰人的活动同样产生了重要影响。他们对罗安达（Luanda）港口的占领改变了当地的政治状况，并把在这里俘获的非洲人送上了欧洲人的奴隶船。[1]

本书讲述的是大西洋历史上的"荷兰时刻"（The Dutch Moment）——17世纪中叶的几十年。在这期间，荷兰人在广阔的大西洋世界留下了前所未有的印记。转折可能注定会发生，但是如果没有荷兰人，这个进程可能会推迟并走向完全不同的方向。尽管一些美国历史学家承认荷兰人在大西洋世界发挥的重要作用，但由于缺乏深入的了解，他们经常低估或夸大荷兰人的影响。相比之下，大西洋世界的荷兰学者一直以来都被过去在荷兰东印度公司（Dutch East India Company，Vereenigde Oost-Indische Compagnie，VOC）工作过的同人们看作海外历史系学生而遭受忽视。此外，这些学者一直偏爱研究某一时期的单个殖民地，忽略了整个大西洋世界的背景。因此，尚无作品讨论荷兰在大西洋世界所特有的影响力，这正是我希望通过本书来填补的空白。

在历史学家的解读下，大西洋上的荷兰人经常被夹在缝隙之间。人们对其他国家势力的关注使荷兰人在其间变得微不足道——他们唯一值得一提的角色是闯入者，是住在近海的局外人。我希望能够纠正这一错误，不是通过为大西洋历史增加另一个帝国层面的内容，而是帮助我们更充分地理解整个17世纪的大西洋世界。显然，荷兰人在殖民非洲和美洲时带去了他们自己的制度、法律实践和文化传统。他们建立殖民地的方式也不同于他们的欧洲竞争对手们——这些国家以一种即兴的方式构建起了他们的大西洋帝国，荷兰人却是精心策划的。西班牙临时入侵阿兹特克（Aztec）帝国、葡萄牙人偶然发现巴西，同样偶然的是英格兰人在百慕大和新英格兰（New England）的殖民以及法兰西人在加勒比海的私人行动，这些事件的偶然发生均与荷兰人对其伟大计划的精心策划形成鲜明的对比。在

1621年之后的几年里，军事目标居于最高地位。荷兰人在谨慎备战后攻克了埃尔米纳（Elmina）、库拉索岛（Curaçao）这样的重要基地，更不用说巴西。

从另一个角度来看，荷兰并非特例。西班牙的大西洋帝国早期就已经是一个领土型帝国（territorial empire），因为它是建立在充足的本土劳动力基础上的，而葡萄牙和英格兰的大西洋帝国在最终成为领土型帝国之前，数代人都是靠海而生的。这种转变发生于荷兰的目标从贸易控制转向商品生产管控之时。葡萄牙在巴西的崛起，伴随着领土扩张，是在17世纪逐渐完成的，英格兰则是直到18世纪中叶才达到相同的阶段。尽管历史学家对荷兰海洋帝国的印象总是"海运的"或是"商业的"，西印度公司（West India Company，WIC，于1621年之后统治荷属大西洋的股份制公司）对于荷兰建立领土型帝国也起了作用。在美洲取代西班牙的梦想——这驱使一些荷兰的探险者前往新世界——关键是征服了位于上秘鲁、深入南美洲内陆的波托西（Potosí）矿业中心。并且，拥有波托西与建立拥有土地的帝国息息相关。尽管没有成功占领波托西，但是在入侵巴西后，荷兰人对领土的欲望重新显露。面对世界上最大的产糖区域，荷兰人屈服于创建帝国的诱惑。在东印度群岛（East Indies）也同样如此，在那里，香料诱使荷兰人占领了香料生产地区并控制了那里的土地。

荷兰在大西洋上的帝国是在战场上建立起来的。为打赢与西班牙哈布斯堡王朝之间的独立战争，荷兰人在海外部署军队耗时数十年——有时是毫无预兆的。人们很难估计荷兰人和伊比利亚人之间的海外战争的规模,在这些战争中,荷兰人起初士气满满,后来逐渐衰退。在巴西的战争是17世纪大西洋沿岸发生的规模最大的帝国间的冲突,而这一战争却被历史学家们低估了。吸引历史学家眼球的是1689年至1815年的英法第二次百年战争,最近他们对"七年战争"的兴致勃勃也表明了这一点。但是,大西洋帝国之间早期发生的对抗却很少受到关注。因此,"和平是常态,战争是例外"这一值得商榷的观点始终存在。

与西班牙的战争是17世纪大西洋世界众多牵涉荷兰的战争之一。事实上,葡萄牙在与西班牙联合时,在海洋上和陆地上都是荷兰战争的受害者。然而,在葡萄牙人起义并获得独立之后,一切都没有改变。荷兰人占领了葡萄牙在非洲和巴西的殖民地,引发了另一场持续数十年的战争。同时,在第二次、第三次英荷战争期间,出于商业竞争的主要目的,大西洋再次成为主战场。荷属美洲殖民地濒临毁灭但得以幸存,可是它在联合省(United Provinces)与法兰西战争期间并没有进一步扩张,因为大西洋世界的战争更多了。

牵涉荷兰的众多起武装冲突表明,在大西洋世界,17世纪中叶并不只是一个新时期的开端,而且是一个持续战争的时期。像荷兰人一样,英格兰人和法兰西人也开始在新世界殖民,并在西非建立奴隶贸易基地,但他们到达大洋彼岸的方式是相对和平的。荷兰人的出现则伴随着无穷的暴力。人们对荷兰人的关注揭示了这一点,即新世界的17世纪中叶远非一个和平殖民的时代——尤其是来自不列颠群岛（British Isles）的殖民——而是充斥着鲜血的时代。是暴力促成了大变革。

从某种意义上讲，荷兰在大西洋世界的军事规模特别引人注目，捍卫和扩张帝国边界的士兵和水手的比例远超其他帝国。在非洲沿岸的荷兰贸易中心不存在殖民地人口，在美洲的人口规模也从未扩大。然而，无论荷兰人在美洲的定居点多么简陋，他们仍然难以养活自己。为了生计，他们仍旧依赖于共和国的物资供应，而这些物资供应往往需要很久才能拿到。除了日常缺少食物，驻军士兵们还遭受着其他方面的剥夺。尽管驻军士兵对于荷兰海洋帝国十分重要，但是殖民地政府、西印度公司和联省议会（States General）总是事后才会想到这些士兵。他们的疏忽最终导致士兵拒绝战斗，从而丧失了部分殖民地。

荷兰在大西洋世界的另一个特点是大多数移民来自城市，而且他们缺乏农业技能。在失去巴西和新尼德兰（New Netherland）之后，西印度公司的董事们承认，正如巴巴多斯最近的转型所表明的那样，与英格兰移民不同，荷兰人并不适合当殖民地的农夫。[2]但是，正如董事们所强调的那样，荷兰人是一流的商人。如果说帝国是荷兰在大西洋世界的支柱之一，那么贸易的确是另一支柱。荷兰在大西洋世界的贸易于16世纪后期开始兴起，在17世纪最初的10年衰退到中等水平，然后被置于西印度公司的保护之下。与其更著名的对手——东印度公司不同，东印度公司在存续期间始终保持着主要垄断地位，而西印度公司由于商业表现欠佳，很快就被迫放弃了大部分垄断。

作为在巴西的殖民冒险的意外结果，西印度公司在17世纪中叶确实成了世界上最大的奴隶贸易公司。荷属巴西殖民地的终结并没有减缓荷兰人在非洲的贸易进程，与之相反，尽管贸易目的地逐渐向新世界以外扩张，荷兰人实际上扩大了在非洲的贸易。的确，荷兰人在大西洋世界的贸易量远远超过了在荷兰人占领的港口和要塞的贸易量。荷兰人在西语、法语和美洲英语区的交易规模十分出众，在一些地方，商人的数量经常超过各个首府的商人数量。因此，进入荷兰市场（尤其是阿姆斯特丹市场）的经济作物产自美洲的所有地区。此外，由荷兰人的奴隶贩卖船运送的奴隶常常是在荷兰人管辖之外的非洲海岸的港口和要塞装载的。

如果外国人是在荷兰人的帮助下建立了自己在大西洋的势力范围，那么，同样地，荷兰人建立自己在大西洋的势力范围也离不开其他人的帮助。他们的舰队和军队里有大量的外国人，这些人主要来自欧洲西北部的国家。在荷属殖民地定居的人难以计数，有时能多达当地所有人口的一半，他们都出生于欧洲或者新世界等外国地区。尤其特别的是，在荷属美洲殖民地有很大比例的犹太移民，他们的经济开发能力对于在殖民地生存下来非常关键。这些犹太移民和他们的家人通常出生于葡萄牙或法兰西。他们或在阿姆斯特丹，或在其他荷属殖民地，重新过上了正宗犹太式的生活。美洲犹太教也因此在荷兰发展起来。

如果没有他们在巴西、圭亚那［亦称"狂野海岸"（Wild Coast）］、新尼德兰、安哥拉和黄金海岸精心维系的本土同盟，荷兰人也无法取得军事胜利。事实上，荷兰在大西洋上的帝国是一个典型的跨帝国、跨国家、多种族的国家。同时，它还是一个旨在造福联合省的帝国。由于战争是西印度公司存在的首要原因，因此许多潜在的投资者不愿意购买公司股票，从而推迟了第一批军事远征队的出发时间。更多有冒险精神的人更喜欢战争而不是贸易，因为他们能从中更快地积累财富。在"荷兰时刻"的大多数时候，私掠船利润丰厚，银器是首选的战利品——至少在西班牙还是敌人的时候是这样。当只剩下葡萄牙是伊比利亚唯一的敌人时，运送巴西糖料的船就成了主要目标。

美洲土著在荷兰海洋帝国的战略目标中被视为理想盟友。因为西班牙与各地的美洲印第安人交战，所以人们推测美洲印第安人将会与荷兰人结成同盟。但实际并非如此，荷兰人与美洲土著建立关系很是困难。淘金热、随意攻击和不时地奴役让荷兰人并没有讨得当地人的喜欢。不过，商业往来仍然将他们联系了起来，并且在个人层面建立了许多可靠的持久的联系。宗教基本无法成为一个好的切入点。即使牧师们带着传播福音和引入文明的双重目标而来，还是很少有当地人转为信仰加尔文教（Calvinism），他们向当地或新世界的非洲人传教的努力也收效甚微。起初，黑人没有被迫沦为奴隶，但巴西对强制劳动的需求使殖民地的荷兰人改变了主意。不论在布道还是出版作品中对奴隶制提出的任何异议都因此被搁置一边。

殖民地的神职人员需要在宗教场所中履行职责，而宗教场所还尚未准备好。抛去阿姆斯特丹这一有名的特例，宗教信仰自由在荷兰共和国（Dutch Republic）其实并不常见，却成为大多数殖民地的典范。信仰自由是为美洲殖民地最初的行政架构所确立的一项原则，被普遍认为对于殖民地未来至关重要的宗教组织甚至也被赋予了信仰自由的权利，从而保障了社会的稳定。无论如何，荷兰人没有兑现其原本所允诺的信仰自由，将要付出的代价可能是高昂的。

"荷兰时刻"，不仅使荷兰人成为大西洋世界的中间人，而且本身就是大西洋历史上的一个重要阶段，因为它联通了17世纪以前以伊比利亚人的扩张为主导的时代与第二次百年战争。尽管"荷兰时刻"可能有些短暂，但它以多种方式在更广阔的大西洋上留下了自己的印记。就像荷兰人以学徒身份从早期的海洋探险一步步开始一样，其他人也很快从荷兰人所精通的航海、制图、种植和奴隶贸易方面有所借鉴与收获。荷兰的商业援助使英格兰和法兰西尚在初期的殖民地与已臻成熟的西属殖民地都能得以维持。相比之下，荷兰的军事运动则给伊比利亚半岛殖民地的许多地区以及后来的法属和英属殖民地的居民带去了一系列的伤亡与挥之不去的恐惧。这种权力的展示最终在17世纪70年代末走向终结。荷兰人并没有从大西洋世界中消失，而是在新的、被削弱的、非武装的西印度公司的辅助下开启了殖民历史的新篇章。他们在大西洋沿岸仅存的埃尔米纳、库拉索岛和苏里南等殖民地在没有军事介入的情况下仍然完好无损。而荷兰人在此时的角色也发生了逆转：他们从进攻者变成了防御者。

尽管历史学家多年来在很大程度上忽视了17世纪荷兰在大西洋世界的存在，但近几十年来它已成为一个被众人研究的领域。通过亨克·登海耶（Henk den Heijer）对西印度公司机构历史的研究、吉斯·赞德弗利特（Kees Zandvliet）对西印度公司使用地图的研究以及亚历山大·比克（Alexander Bick）从微观历史学角度对1645年的西印度公司的审视，为研究西印度公司提供了新视角。本杰明·施密特（Benjamin Schmidt）说明了美洲在荷兰意识中的重要性，丹尼·诺兰德（Danny Noorlander）发表了大量关于荷兰在大西洋世界的神职人员的论文，马克·莫伊维塞（Mark Meuwese）探索了荷兰人与非洲人和美洲印第安人之间的商业和军事联系。与美洲印第安人的相互关系也是洛德韦克·胡尔斯曼（Lodewijk Hulsman）关于圭亚那的论文的研究主题。亚普·雅各布斯（Jaap Jacobs）的专著、威廉·弗里霍夫（Willem Frijhoff）关于埃维特·威廉姆斯（Evert Willemsz）的传记、唐娜·默威克（Donna Merwick）和保罗·奥托（Paul Otto）关于荷兰人与当地人关系的著作，以及苏珊娜·肖·罗姆尼（Susanah Shaw Romney）关于荷兰人与非白人互动的讨论等都引领了对新尼德兰的研究。埃瓦尔多·卡布拉尔·德梅洛（Evaldo Cabral de Mello）和米希尔·范格罗森（Michiel van Groesen）的出版物丰富了关于荷属巴西殖民地的文献，克拉斯·拉特尔班德（Klaas Ratelband）几十年前出版的手稿也细述了安哥拉和圣多美的荷兰殖民时期。还有，菲利帕·里贝罗·达席尔瓦（Filipa Ribeiro da Silva）对于荷兰人横跨西非西海岸的活动有了新的阐述。[3]然而，我们仍然缺少一本书，它可以提供荷兰人在大西洋世界的概述，探讨荷兰在海外殖民地的创建，跨越帝国边界的经济贸易目标以及对建立某种帝国的追寻。

另外一个必要的修正是应当将巴西置于荷兰在大西洋势力范围的首要和中心位置。令人惊讶的是，在历史学家和外行人眼中，新尼德兰是17世纪荷兰最著名的殖民地，而很少有人知道在同一时期巴西的大部分地区也处于荷兰人的统治之下。从整个北美尤其是纽约的角度来看，对新尼德兰的关注很容易理解。但是，花时间在西印度公司和联省议会档案馆或研究当代小册子类文献的历史学家很快发现，对于荷兰而言，新尼德兰并没有那么重要，反而是未被研究的荷属巴西殖民地非常关键。在许多（如果不是全部）荷兰政客和商界精英看来，巴西是荷兰在西半球的重要殖民地，为此他们愿意发动由成千上万士兵和水手参加的长期的、有时似乎是永无休止的战争。在军事人员方面，巴西使所有其他荷兰殖民地和贸易站显得微不足道。从西印度公司决心占领葡萄牙在非洲的两个主要据点（埃尔米纳和罗安达）以控制非洲奴隶贸易的输出从而使巴西获益的决定中，人们也可以推断出巴西在当时受重视的程度。很能说明问题的这两次入侵都不是从共和国而是从巴西发动的。

荷属巴西殖民地尽管只存续了短短30年，却对大西洋世界产生了持久的影响。在征服伯南布哥（Pernambuco）之后，荷兰人首次系统化地参与跨大西洋的奴隶贸易。到1803年，荷兰船运送了超过50万名非洲人到达新世界。同时，荷属巴西殖民地为在美洲的犹太人能够正常生活铺平了道路。在美洲的第一批犹太教堂在累西腓（Recife）正式打开大门之后，其他荷属和英属殖民地也纷纷效仿。并且，最早搬去那些殖民地的犹太人通常是来自巴西的定居者。他们由此也成为加勒比和北美的犹太社区的开拓者。

在巴西进行的军事冒险活动高昂的开支，无疑导致了西印度公司的破产。在巴西国库已经见底的情况下，西印度公司还在巴西进行殖民扩张。在拿骚-锡根（Nassau-Siegen）的约翰·毛里茨（Johan Maurits，1604—1676）总督统治荷属巴西殖民地时期，西印度公司永远失去了恢复财务稳健的机会。在西印度公司解散之前，荷属巴西投降了，这一事件引起了联合省对曾经一度繁荣的殖民地的怀念，该殖民地正是人们认为约翰·毛里茨"伟大"的体现。在荷兰殖民巴西的后期，约翰·毛里茨被公认为公正与仁慈的王子，在他治下做出的所有负面的政策决定都被归咎于他那些无用的顾问们。[4]在荷兰投降之后，巴西殖民地经济的发展还成为荷兰和其他国家参考的范式。比如，荷属苏里南的发展归功于前种植园殖民地，而在巴西一度繁荣的制糖业为法属和英属加勒比海地区的殖民地也带来了启发。[5]

因为在加勒比海地区建立外国殖民地发生在17世纪的20年代和30年代，也是在这一时期，爆发了荷兰与西班牙争夺巴西的战争，所以我们可能会想，后者是否为前者提供了机会，特别是因为直到1640年葡萄牙独立之前，荷兰在巴西的对手是哈布斯堡帝国。尽管西班牙皇室并没有派遣大量船只或士兵前往巴西（这些军备本来只是为了保护小安的列斯群岛免受外国入侵），但西班牙在荷兰入侵巴伊亚（Bahia）和累西腓之前就饱受帝国的过度扩张之苦。因此，在巴西的战争必然只会加剧其财政困境。[6]

荷兰海洋帝国规模之大在巴西明显地展现出来，这在本书的前四章表现得更加具体化。在第一章中，我提供了对早期荷兰海洋帝国和帝国间活动的调查；在第二章中，我详细介绍了从17世纪20年代到40年代中期荷兰在非洲和美洲的迅速崛起。在第三章中，我讲述了荷兰海洋帝国势力的逐渐衰落。一路走来，荷兰在大西洋的地位既因战争而崛起，也因战争而衰败。尽管荷兰人希望对标的是葡萄牙（而非西班牙）的船只、殖民地和贸易站，但是他们成为伊丽莎白时代（the Elizabethans）的继承者。没有大西洋的视角就无法理解17世纪的联省战争。尽管与哈布斯堡王朝军队在非洲和美洲的军事对抗是欧洲战争的对外延伸，但在第二次英荷战争和与独立的葡萄牙的战争中，殖民问题在荷兰国内仍然是突出的问题。在第四章中，我将对士兵和水手的生活进行全面的论述，他们在大西洋这个熔炉中建立与保护荷兰海洋帝国的征程中应占中心位置。

荷兰与其他国家的交往是本书余下各章的主题。随着供求关系轨迹的变化，荷兰商人穿行于整个大西洋以寻找商品和市场。在此过程中，他们成为最主要的奴隶贩子，正如我在第五章中所揭示的那样。与这些商人的流动性形成鲜明对比的是荷兰人对移民美洲的抵制（第六章），由此造成的结果是荷属殖民地在很大程度上需要依赖其他国家的欧洲移民或非加尔文教徒的欧洲裔美洲人。宗教宽容政策的引入是为了对宗教多样性的管理，但这一原则总是受到归正教会（Reformed Church）牧师们的挑战，有时还会受到世俗权威的限制或禁止，因为他们害怕人民的分裂甚至是"第五纵队"（Fifth Column，反对派，间谍集团）的形成。尽管荷兰人也开始依赖非白人（参见第七章），但他们普遍的观点是，美洲印第安人和非洲人不符合文明的标准，热衷于将他们商品化也是如此，从而导致了歧视、奴役和流血事件。正如我在本书结尾强调的那样，暴力已经以传统和非传统的方式成为殖民地生活的主题。尽管17世纪的荷兰人与外国的土地和人民建立了许多友好的关系，但"荷兰时刻"确实是暴力时刻。

第一章
猛狮出闸

宗教法庭的威胁

荷兰在大西洋世界贸易的开端

发动战争

1599年8月25日，麦哲伦海峡上一支荷兰舰队的6名指挥官在旷日持久的艰辛中筋疲力尽，于是他们决定组建"猛狮出闸兄弟会"。他们宣誓，任何危险、不可避免的情况或对死亡的恐惧都不能让他们做出损害祖国繁荣或当前航行的行为。他们的目标始终是尽可能地打击"世代的敌人"，让荷兰军队在美洲各地布防，因为那里是西班牙国王以前积累财富以支持其持久对战荷兰的地方。这6名军官将他们的名字刻在一块纪念牌上，这块纪念牌被嵌在高高的柱子上，以便之后过往船只上的人们能看见并将他们的故事口口相传。[1]

"猛狮出闸"正是对尼德兰北部地区的恰当刻画。该地区于16世纪后期开始活跃，之前荷兰船还仅在欧洲水域活动，从那以后荷兰人开始探索更广阔的世界。这一向外的驱动力来自荷兰与西班牙哈布斯堡王朝之间的战争，在这场战争中，荷兰最终获得了独立。在荷兰扩张到帝国级的规模之前，荷兰人首先以突袭者和商人的身份进入大西洋世界。这正是大西洋历史上的"荷兰时刻"的史前史。

与法兰西人和英格兰人一样，荷兰人也是大西洋上的后来者。他们凭借私掠船横跨大西洋，在政府授权下攻击敌方船只，又以商人的身份试图强行进入原有的伊比利亚半岛的贸易路线，并在可能的情况下夺取领土。这种扩张直到16世纪90年代才开始成功，到1620年，荷兰人已经侵占了不少领土。在16世纪，只是少数荷兰人在整个大西洋四处游荡，但是当时西班牙人将他们称为"弗拉门科人"（Flamencos），这一称呼通常用来代表从北到南的所有荷兰人。

荷兰政体是在反抗哈布斯堡王朝统治时才出现的后发产物。最终组成荷兰共和国的7个省最初是勃艮第（Burgundy）公爵领地的一部分，之后国王查理五世从统治西班牙的哈布斯堡家族那里继承了这些土地。来自尼德兰的朝臣们是查理的父亲勃艮第公爵腓力四世的部分随从。腓力于1502年远行经过西班牙，也就是他未来的王国时，这些侍从就伴其左右了。在旅途中，他们遇到了一位曾在西印度群岛担任行政长官的船长。虽然随行的侍从所编写的报告里没有提及这位船长的姓名，但他一定是哥伦布本人。[2] 荷兰人正是通过这样的偶遇，还有私人信件、印刷书籍、地图、手稿以及亲身的经历了解了新世界。在贫穷、冒险、传教热情或道听途说的驱使下，他们从伊比利亚半岛被殖民开始时就想移居新世界。第一批弗拉门科人最早在埃尔南·科尔特斯（Hernán Cortés）时代就抵达了墨西哥，而其他人则去了秘鲁和巴西。雅克·德奥兰达（Jaques de Olanda）、佩德罗·德奥兰达·德阿尔瓦（Pedro de Olanda de Alva）和"来自德意志的荷兰人"外科医生梅斯特·琼（Maestre Joan）都参与了秘鲁内战。[3]

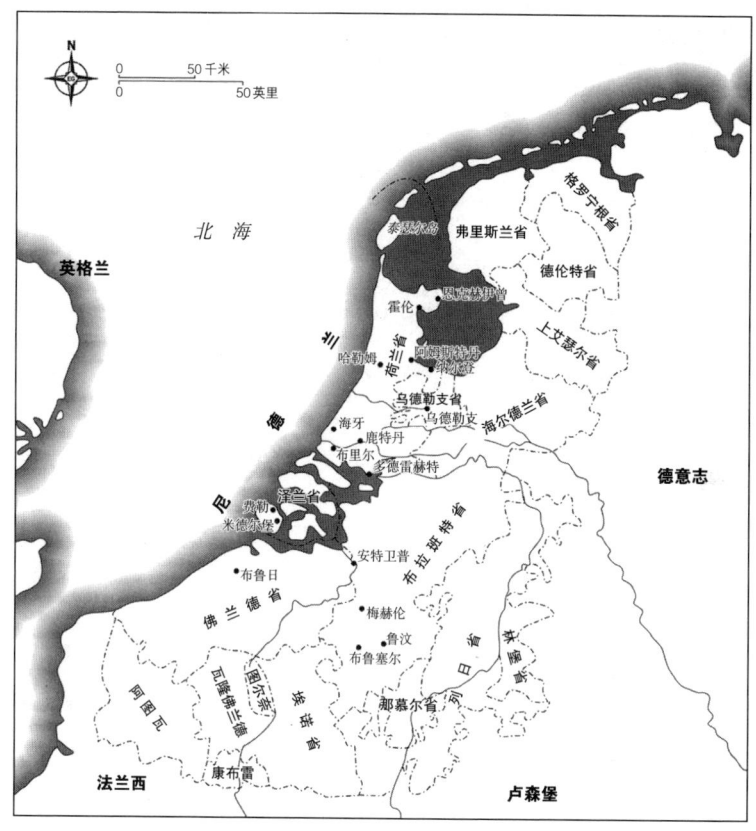

尼德兰，约1600年。*

关于1621年之前移居美洲的荷兰人的情况很难一概而论，但是他们有一些共同的特点：几乎所有人都是男性，他们通常在20出头的年纪第一次到达美洲，随后大多数人留了下来。荷兰人喜欢住在城市里，

---

* 本书地图系原书插附地图。已报自然资源部地图技术审查中心审批，审图号：GS（2021）6457号。

但他们并不只在那些主要的城市中心定居。在1607年，位于图库曼辖区（今天的阿根廷西北部）的偏远小镇，即新里奥哈建成16年后，就有两名来自哈勒姆（Haarlem）的人居住在这里。[4]汉斯·范德武赫特（Hans van der Vucht）开始居住在圣多明各（town of Santo Domingo）镇，后来去了伊斯帕尼奥拉岛（Hispaniola）北部的巴亚哈（Bayaha），之后又于1590年前后移居阿姆斯特丹。在那里他成了拉丁语学校的副校长。[5]在西属美洲殖民地定居的一些荷兰人曾经是囚犯，例如杜威·西布兰兹（Douwe Sijbrandtz）。他是哈灵根（Harlingen）的一名修桶匠，与一艘荷兰船的其他船员于1599年一起在布宜诺斯艾利斯被捕。几年后，杜威和他的西班牙裔妻子一起搬到巴拉圭的亚松森（Asunción）居住。[6]

由于在大洋上乘船往返难度很大，因此很少发生上述情况。首先，根据1504年2月15日的王室规定，外国人不得与西属美洲有贸易往来，这一规定暗中针对的是卡斯蒂尔（Castile）的对手法兰西人，尤其是佛兰德人（Flemish）。[7]自这一天起，获得移居西属美洲资格的最佳途径就是归化。但这个途径很难实现，因为它要求必须与卡斯蒂尔妇女结婚、建立家庭，在西班牙居住超过10年以及拥有相当数量的商品。[8]对于没有选择"归化"这个方式的人而言，他们依然有可能获得贸易许可，但是在南美定居的大多数外国人可能都不愿意进行合规注册。数十名逃离西班牙舰队的士兵和海员里包括来自低地国家（Low Countries）的人，这些人经常为这些远洋运输船只所雇用。[9]例如，来自格鲁特布鲁克（Grootebroek）的科内利斯·扬森（Cornelis Jansen）

曾是一艘荷兰船的船长,他曾服役于1566年成功将法兰西人驱逐出佛罗里达的西班牙舰队。[10]

抵达美洲后,许多荷兰人开始从事商业活动,特别是在墨西哥城。许多弗拉门科商人住在中心广场旁的一条街道上,这条街道因此被称为"佛兰德人的街"。[11]其他人则供职于天主教会。大多数荷兰牧师都来自南部省份,也有几位耶稣会牧师(Jesuit Priests)来自北部省份。其中的若昂·巴普蒂斯塔(João Baptista)出生于1542年,于1577年前往巴西伯南布哥,并于1599年在去往伊列乌斯(Ilhéus)的途中因沉船而丧生。当时他是那里的男修道院的院长。[12]

宗教法庭的威胁

在荷兰北部省份与哈布斯堡王朝开战之后,跨大西洋的航行对于荷兰北部的居民而言变得更加危险。1566年激进的宗教改革导致了双方的敌对,各行各业的人们到天主教会发泄他们空前的怒火。这场起义像荒地大火一样在整个荷兰境内蔓延开来。在这条毁灭之路上,数十座罗马天主教教堂的内部被砸得粉碎。为了消灭异教徒,国王腓力二世派出一支由阿尔巴公爵(Duke of Alba)带领的军队去镇压起义的省份。阿尔巴公爵受命采取强硬措施,他成立了一个委员会,以叛国罪或信仰异教罪给近9,000名荷兰人定了罪,其中有1,000多人被处决,成千上万的人被迫流亡。阿尔巴公爵还对房地产和出售个人财产征收永久税。此举造成了商人们和各省官僚的反感,也将许多人推向起义军的阵营。[13]

1568年,在强有力的领袖奥兰治的威廉(William of Orange)——德意志拿骚伯爵和奥兰治亲王(法兰西南部一个公国的)——的领导下,起义军开始对占领者发动战争。为了镇压起义军,奥兰治亲王的对手阿尔巴公爵下令屠杀纳尔登镇(town of Naarden)的男女老幼。但是这场血洗适得其反,更坚定了其对手的决心,起义军开始取得军事胜利。阿尔巴公爵继续控制南部各省,其中4个省于1579年1月加入阿拉斯联盟(Union of Arras),与腓力二世和解,并宣布罗马天主教为唯一的宗教。17天后,荷兰、泽兰(Zeeland)和乌得勒支(Utrecht)三省联合弗里斯兰(Friesland)、佛兰德(Flanders)和布拉班特(Brabant)等省的城镇以及格罗宁根省(Province of Groningen)的农村地区一起组建了乌得勒支同盟(Union of Utrecht)。约定了财政和军事合作的政治协议成为尼德兰联合诸省(United Provinces of the Netherlands)的开国宪法。荷兰北部也顺其自然地成为起义军的中心。建立荷兰共和国的种子就此播下。

阿尔巴公爵在没有完成使命的情况下离开了荷兰,战争则继续进行。1580年后还统治着葡萄牙的腓力二世引入经济禁令作为战争手段。多年来,荷兰人往返伊比利亚半岛(Iberian Peninsula),在安达卢西亚(Andalusia)采盐,并在塞维利亚(Seville)和里斯本(Lisbon)采购各种各样的外国货,如丁香、胡椒、肉豆蔻、糖、黄金和白银。1591年之后,荷兰人在里斯本不再受欢迎(至少在官方层面),他们只能通过在荷兰港口的葡萄牙经销商的代理商购买香料,于是引起进口量下滑、价格上涨。1595年,为了打击荷兰航运,西班牙官员扣留了400～500艘荷兰船长达数月,但是影响最大的是西班牙国王腓力三世于1598年颁布的新的禁运令,禁止所有伊比利亚港口的荷兰船将巴西的糖运输到阿姆斯特丹和米德尔堡(Middelburg)。尽管在1603年至1604年,腓力三世部分地废除了这一禁令,但他在1605年又命令所有居住在葡属殖民地的外国人返回欧洲,并驱逐了所有生于北部起义省份的荷兰人以及所有在那里有亲戚的佛兰德人。[14]

在战争的背景下,各个西班牙宗教法庭以信仰异教为由逮捕了大量从事海运的荷兰人。许多在西属美洲的荷兰移民是作为加尔文教教徒被抚养长大的,他们从未完全接受过天主教。在低地国家,对天主教会的冷淡态度从来都不是一个严重的问题。甚至在反抗哈布斯堡王朝的起义开始之前,所谓信仰异教的荷兰人在荷兰从没有像在西班牙那样被攻击过。而且,尽管有传言说腓力二世意欲在荷兰设立宗教裁判所,但他实际上并没有这么做。[15]然而,在海外的伊比利亚各省一直严格保持着宗教信仰的正统性。1548年,一名弗拉门科人被利马的宗教法庭(Holy Office)活活烧死。[16] 10年后,雅克·德黑内(Jacques de Haene),一位显赫的安特卫普商人家庭之子,与巴西宗教法庭取得了联系;[17] 1569年,恩里克·德霍兰达(Enrique de Holanda),一位出生在荷兰的尤卡坦(Yucatán)鞋匠,因发表异教言论而受到宗教法庭的审判。[18]曾在巴西两家制糖厂工作过的哈勒姆人阿尔韦托·雅各布(Alberto Jacob)由于异端言论也在萨尔瓦多（Salvador）宗教法庭遭到了谴责。尽管被反复讯问了3年，阿尔韦托一直没有认罪，但是宗教法庭仍然强令他进行忏悔。[19]虽然17世纪此类案件的发生频率已经有所降低，但像这样的例子依然不胜枚举。

大约在17世纪初，荷兰人、德意志人和佛兰德人群体成了墨西哥宗教法庭的目标。[20]一个主要嫌疑人是德意志人，来自不来梅的泽博·范登贝克（Zegbo Vanderbec），他自称为西蒙·德圣地亚哥（Simón de Santiago）。西蒙是荷兰反西班牙哈布斯堡王朝战争的退伍军人，战时服役于毛里茨——荷兰省总督、奥兰治的威廉之子——的军队。他被指控亵渎了欧洲的教堂与修道院以及信仰加尔文教，但是在审讯期间他否认一切指控。为了给自己开罪，西蒙供出了在墨西哥的荷兰人的名字，于是被逮捕的人数也相应增加。[21]

科内利斯·阿德里安斯·德凯泽（Cornelio Adrián César），以其印刷工的身份而出名。他生于哈勒姆，2岁时成了孤儿，从小就在荷兰军队做侍从。在十几岁时，他成了莱顿（Leiden）著名印刷商克里斯托弗·普兰汀（Christoffel Plantijn）的学徒。大概是厌倦了一成不变的生活，他于1595年参军，成了西班牙驶往墨西哥的舰队里的一名炮兵。在墨西哥城，他在一家印刷店工作得很好，从而确立了自己的地位，但之后搬去库奥蒂特兰（Cuatitlán）成了他致命的错误决定。他的同乡，吉列尔莫·恩里克斯（Guillermo Enríquez），向宗教法庭揭发他信仰路德教。他曾因服役于加尔文教派军队被判有罪，但由于当时他仅仅还是个孩子而得以从轻处罚。此次他被判要公开声明放弃异教信仰，养成忏悔的习惯，并服3年徒刑。在监禁期间，他可以继续做印刷工作。刑满释放后，他回到了印刷厂继续其事业。直到1620年，他的名字都出现在印刷品的扉页上。[22]

这些年来，加那利群岛（Canary Islands）的宗教法庭也同样活跃。16世纪90年代，英格兰人、佛兰德人、德意志人和法兰西人中的几十人成了宗教法庭的目标。在1597年的一次宗教法庭审判中，6名荷兰人被判定为异教徒：雅克·班克雷斯姆（Jaques Banqueresme），来自费勒（Veere）、弗利辛恩［Vlissingen，法拉盛（Flushing），是荷兰语的英语音译，原指位于荷兰西南部的一座城市。后在荷兰殖民美洲时被用于命名新阿姆斯特丹（即今天的纽约）的一个区，即今天纽约市皇后区内的法拉盛区域。——译者注］居民，被遣送到西班牙的一座修道院，并永远被禁止踏上异教徒的土地；[23]其他5人被判处有期徒刑：里卡多·曼森（Ricardo Mansen），一位水手长，被处2年监禁并没收财产；罗克·科林森（Roque Corinsen）被处4年徒刑；商人佩德罗·塞巴斯蒂安（Pedro Sebastian）和吉拉尔多·胡戈（Giraldo Hugo）均被处拘留2年；加斯帕·尼古拉斯·克莱森（Gaspar Nicolas Claysen）被判处1年徒刑。克莱森可能被告知过永远不要再出现，所以当他于1611年以"佛兰德号"船长的身份返回加那利群岛时再次被捕。尽管荷兰外交官迪尔克·罗登堡（Dirk Rodenburg）与腓力三世就克莱森的刑罚问题进行了交谈，他提醒国王，正是宗教法庭的严酷惩罚导致了荷兰起义（Dutch Revolt）的爆发，但克莱森最终也没能得救。[24] 1612年1月，克莱森再次被指控信仰新教，1614年2月22日，他被活活烧死。1年后，来自弗利辛恩、住在加那利的加拉奇科（Garachico）的托比亚斯·洛伦佐（Tobias Lorenzo）也被同样对待。[25]

弗利辛恩的雅克·马森（Jaques Marsen）、多德雷赫特（Dordrecht）的康拉多·雅各布（Conrado Jacobo）和佛兰德人汉斯·汉森（Hans Hansen）三位船长就比克莱森要幸运一些，或者说他们没有克莱森那么天真。[26]对他们的审判始于1593年3月，直到1597年11月才结束。汉森被判定为异教徒并被判处于修道院监禁2年，他的货物被没收，并被禁止再次踏上信仰异教的土地。如果汉森有悔罪表现（这可能有助于他得到轻判），那么他的形象可能已经消失了，因为他是1608年在圣堂举行的宗教法庭上被焚毁的3幅画像的原型之一。像马森和雅各布（他们是画像中描述的另外2个）一样，汉森足够明智，他再也没有返回群岛。

1600年前后对荷兰新教教徒的迫害浪潮并非未来的先兆。在17世纪，涉及荷兰人的宗教裁判程序仅为特例。其间只出现了少数案件，其中包括墨西哥对被认为是来自代尔夫特（Delft）的胡安·布特（Juan Boot）的旷日持久的审判。他被指控为异教徒，该审判于1638年结束。针对这位58岁工程师的案件被暂缓审理，但他不得离开新西班牙（New Spain）总督辖区。[27] 1648年，西班牙与荷兰共和国签署了和约，荷兰船长胡安·费德里科（Juan Federico）因公开承认他信仰加尔文教而被卡塔赫纳的宗教法庭逮捕，但他成功逃脱。[28] 30年后，另一名胡安·费德里科被判入狱。

1679年，4名证人在卡塔赫纳指证名叫胡安·费德里科·普雷（Juan Federico Preys）的28岁的铜匠（莱顿人）信奉路德教和加尔文教。在承认自己信仰加尔文教之后，普雷被流放到西班牙，其财产也被没收。[29]

荷兰在大西洋世界贸易的开端

虽然腓力二世的贸易禁令本身并没有促使荷兰商人们去探索大西洋世界，即使他们确实为荷兰的跨大西洋扩张做出了贡献。从经济角度讲，释放这头荷兰雄狮的是荷兰内战导致的变化。荷兰南部的混乱、苦难，使许多人流离失所，逃到荷兰的北部，并带去了他们的专业知识，从而扩展了荷兰的经济基础。在安特卫普港被西班牙军队占领后，北部起义军封锁了斯海尔德河（river Scheldt）河道，将安特卫普隔绝于外。这一举措影响深远，因为安特卫普一向是从欧洲南部与伊比利亚半岛进口再分销商品的中心。阿姆斯特丹在哈布斯堡王朝贸易体系中的作用相对有限。波罗的海（Baltic）和斯堪的纳维亚半岛（Scandinavia）是阿姆斯特丹市场上商品的主要起运地和目的地，那里交易的唯一的伊比利亚半岛的商品是盐。来自欧洲北部和东部海岸的货物经由阿姆斯特丹被运往荷兰其他地区，而装载货物的回程船则以相反的方向通过阿姆斯特丹。[30]

在西班牙军队占领安特卫普的1585年，这一切都改变了。来自荷兰和泽兰两省的个体商人和商人协会试图通过与欧洲及其他地区的港口建立直接的商业联系来填补这一空白。南北之间的突然分裂使阿姆斯特丹的贸易量急剧增长，阿姆斯特丹的发展不仅损害了安特卫普港的利益，而且也损害了泽兰港的利益。在16世纪90年代荷兰商业扩张起飞之前已经活跃起来的绝大多数阿姆斯特丹商人继续投身于传统贸易，进口波罗的海的谷物，或与挪威和德意志做生意。但是一些老商人想要冒险与新兴的市场进行交易。[31]作为北方远途贸易的开拓者，两拨外来者加入进来：荷兰南部的商人和"葡萄牙民族的男人们"，主要由新基督徒（New Christian）组成的群体。来自安特卫普和南部邻近地区的商人，在荷兰南部运转良好的国家间的贸易网中像齿轮一样发挥着不可或缺的作用。这些人存在的意义还在于，他们中的一些商业银行家在赋予阿姆斯特丹以重要的货币和资本市场地位过程中起到很大的作用。[32]

在16世纪90年代，当地的荷兰商人和来自荷兰南部的商人与俄罗斯、意大利和地中海东部港口建立了贸易联系，尽管与西班牙、葡萄牙还处于敌对的战争状态，荷兰还是与它们建立了贸易联系。到1600年，阿姆斯特丹和泽兰港口在从葡萄牙进口盐和向其出口谷物的相关市场占据了主导地位。[33]同样重要的一点是，荷兰人驾驶自己的船进入了印度洋和大西洋。引人注目的是，早期前往巴西、安哥拉和加勒比海的航行组织者属于控制了荷兰与俄罗斯贸易的那些佛兰德家族，包括默尼克斯（Meunicx）、杜·穆兰（du Moulin）以及范德克霍芬（van de Kerckhoven）家族。[34]

荷兰人受到葡萄牙人的鼓舞。葡萄牙的面积、人口和航海经验与荷兰相当，却在西非、巴西和印度洋上建立起了欧洲强国。许多荷兰人借助其水手的经验而登上了葡萄牙船进行学习与借鉴，而其他荷兰人则在印度——通常在果阿（Goa，葡萄牙在东方的神经中枢）为葡萄牙人工作。[35]还有一些荷兰人在被葡萄牙人囚禁或在巴西停留期间收集信息以了解当地经济的具体情况。迪里克·鲁伊特斯（Dierick Ruyters）就是其中之一。他于1618年在里约热内卢被葡萄牙人拘留，然后被转移到伯南布哥。在逃离那里两年半之后，鲁伊特斯汇集了各种葡萄牙与荷兰的信息，出版了一本颇具影响力的指南手册——《海轮的火炬》（*Toortse der Zeevaert*，1623）。他的主要资料来源于葡萄牙的航海审查员曼努埃尔·德菲格雷多（Manuel de Figueredo）出版的指南，该书分别于1609年和1614年出版。鲁伊特斯对德菲格雷多的作品进行了大量注释，并添加了自己以及其他熟悉大西洋的荷兰水手的观察结果。

在贸易方面，荷兰的扩张也以葡萄牙为其发展的原型。尽管荷兰商人在大西洋扩张的第一阶段就通过自己的船只进行贸易，但他们还是很快就开始在非洲和美洲的战略要地建立了贸易站。黄金海岸的穆里堡（Fort Mouree）、哈得孙河（Hudson River）上的新阿姆斯特丹以及圭亚那的许多小型贸易站都建立在工厂的基础上，它们在葡萄牙对印度洋的贸易中至关重要，相比依赖商船进行贸易更具有决定性优势。船只不再需要为了等待货物装满船舱而停泊数月，取而代之的是，当地的代理商在腹地与本地人进行易货贸易，以便抵港的船只很快就能装好货物离开。[36]

荷兰人在大西洋世界扩张的过程中，不仅受到了葡萄牙人的启发，他们还追随英格兰人的脚步——非常欣赏伊丽莎白女王时代的私掠船队。一些水手参加了英格兰的跨大西洋远征，其中包括弗朗西斯·德雷克（Francis Drake）和约翰·霍金斯（John Hawkins）的探险。理查德·哈克卢特（Richard Hakluyt）的著作详细记录了西班牙的防御工事、人口数字和商业机会等，这些为荷兰人在更广阔天地中的贸易和战争计划提供了详细信息。在横渡大西洋和好望角海域的首次航行中，荷兰人还偏爱经验丰富的英格兰向导。[37]但是，英格兰人无法为荷兰人提供海洋强国的模式。西班牙可能拥有可以明确复制的模式，但它从来没有对荷兰人产生吸引力——西班牙帝国坐拥广袤领土，这显然不是一个人口和资源短缺的国家能够效仿的。

迪里克·鲁伊特斯是16世纪末至17世纪初都在巴西港口度过的许多荷兰人之一，是葡萄牙-尼德兰网络的成员。佛兰德人于15世纪初开始抵达里斯本，但直到1580年之后的半个世纪里，他们在葡萄牙首府的殖民地才开始扩张，并且以惊人的方式达到了目的。里斯本是丁香、胡椒和肉豆蔻等亚洲香料以及巴西货物在欧洲的集散地，与里斯本的特殊联系是安特卫普在16世纪能发展成为欧洲北部主要的贸易和金融中心的重要原因。

16世纪60年代后，随着安特卫普、里斯本和巴西之间的三角贸易的发展，来自葡萄牙殖民地的糖和其他商品开始进入低地国家的商业渠道。西班牙军队征服安特卫普后，许多商人向北迁移，荷兰北部和巴西之间的贸易便开始了，持续已久的三角贸易格局因此被打破。葡萄牙的快帆船很难抵御英格兰的私掠船和海盗的袭击，并且载货量很小。相比之下，荷兰船更有优势，能携带大量的糖从巴西返回葡萄牙。只要指定一名葡萄牙人为担保人，里斯本当局便允许外国船只前往巴西。该附加条款旨在确保船只能够返回葡萄牙。[38] 一个典型的航行实例是鲍维尔·格里森（Pauwel Gerritsen）的航行。他于1593年从泽兰乘船航行到里斯本，船在那里停泊了15周，又出发前往萨尔瓦多，之后驶往伯南布哥。返航时格里森带回500箱糖和一批巴西木材。[39]如此大量的巴西木材被用来交换奢侈品。从1599年开始，将这种木材磨碎以获得染料是被拘留在阿姆斯特丹感化院（欧洲大陆首个感化院）的乞丐和小偷的标准劳动。同年，"Bresilien hout"（巴西木材）、"Bresilien verwe"（巴西染料）和"Bresilien peper"（巴西胡椒）首次被收入了一本荷兰语词典中。[40]

作为巴西贸易中的船只之一，"维特·杭德号"（Witte Hond）运载着大量的巴西木材和糖，该船于1587年被英格兰的私掠船俘获。该船的行程日志披露了多个不同国籍的人参与了与巴西的贸易的事实。该船的所有者是来自霍伦（Hoorn）的荷兰人，每次从但泽（Danzig）载着不确定的货物航行到里斯本，在那里，一位荷兰商人租借这艘船以便经加那利群岛前往巴西。[41]汉堡是其回程的目的地。小雅斯帕·巴西利尔斯（Jaspar Basiliers Jr.）的活动也证明了这种贸易的国际性质，其家族成员居住在安特卫普、阿姆斯特丹和里斯本。1600年4月，当巴西利尔斯家族同意搬到萨尔瓦多时，他们根据里斯本的科内利斯·斯内林克斯（Cornelis Snellincx）和杰罗尼姆·德维德（Jerônimo de Vadder）、安特卫普的文森特·范霍弗（Vincent van Hove）、鹿特丹的亨德里克·乌伦斯（Hendrik Uylens）和几位阿姆斯特丹商人的命令行事。由于1605年的禁令明确禁止外国人出现在殖民地，巴西利尔斯家族可能是移居巴西的最后一批商人家族之一。从此以后，所有欧洲公司都不得不依靠葡萄牙的对接人，因此，有家人在葡萄牙可能会对其有所帮助。以汉斯·德肖特（Hans de Schot）为例，他是来自荷兰南部的商人，常驻阿姆斯特丹，与安特卫普和里斯本的安塞尔莫人（Anselmos）有联系。在1595年至1597年间，他与他在里斯本的姐夫，安东尼奥·安塞尔莫（Antônio Anselmo）合作，以萨尔瓦多和伯南布哥为目的地运送了6艘荷兰船的货物。[42]荷兰南部的另一位本地人，颇有事业心的商业银行家约翰·范德维肯（Johan van der Veken）于1597年移居鹿特丹并开始与巴西进行贸易，人们不清楚他的葡萄牙联络人是谁。他帮助运输货物的船只之一，"古登·劳号"（Gouden Leeuw），于1597年离开鹿特丹前往葡萄牙的维亚纳（Viana，当地商人在此装船）。船舱里任何空间都会被鹿特丹人充分利用，他们供应的货物包括纺织品、锡制品和钉子。1599年年末，这艘船载着巴西的糖和木材返回了鹿特丹。[43]

因此，把这种以荷兰船和货物为主导的与巴西之间的贸易称为荷兰贸易是不准确的，它是一种多国参与的贸易。这在当时并非学术问题——荷兰海军装备的私掠船经常查扣载有来自巴西产品的船只。在1600年前后，联省议会允许了这种查扣，其前提是，无论是荷兰船还是外国船运载的货物，主要受益者是西班牙人和葡萄牙人。[44]

在与巴西进行贸易的过程中，居住在荷兰北部和南部地区的人（荷兰人和佛兰德人）以多种方式密切合作。前往巴西的荷兰船长们希望聘请佛兰德水手，因为他们在宗教问题上不那么多疑，更熟悉葡萄牙语，并且对新世界海岸情况拥有更丰富的经验。所以，在16世纪90年代往返伯南布哥的航线上，荷兰船经常在加那利群岛、加的斯（Cádiz）或马德拉（Madeira）雇用佛兰德人。[45]加那利群岛作为荷兰航运的重要枢纽，吸引了荷兰的纺织品和粮食，也许部分会再出口到美洲殖民地。[46]荷兰船还利用大西洋群岛来逃避通过波尔图（Oporto）和里斯本所要缴纳的关税，并在从巴西回联合省的返程中带走未登记的巴西糖和巴西木材。[47]另外，荷兰人也使用德意志船来运送货物以避免麻烦。在1600年前后，在巴西登记为德意志船的大多是伪装的荷兰船。[48]

西属美洲的财富也具有强大的吸引力，引得众多来自荷兰和泽兰二省的船主到那里寻宝。[49]他们通常会利用其在桑卢卡尔（Sanlúcar，在安达卢西亚）和附近塞维利亚的佛兰德联系人，西班牙的舰队和大帆船就是从这些港口驶往新世界的。荷兰人在塞维利亚的买卖所得被用来购买商品以运往西属美洲进行秘密交易，为安全起见，他们通常会以其西班牙的朋友和同事的名字进行交易。通过这种方式，在16世纪末，20万~40万达克特（ducat，旧时欧洲各种金币或银币名，尤指在意大利或荷兰使用的硬币。——编者注）作为荷兰人供应货物的回款进入了荷兰商人的口袋。[50] 荷兰人早期冒险进入西班牙殖民地的一个例子是，"财富号"（Fortuijn）于1593年从阿内迈登（Arnemuiden）航行到圣多明各。这艘船是由哈勒姆的约翰尼斯·亨里克斯（Johannes Henricus）装备的，他和他的女婿于16世纪70年代在塞维利亚定居。该船的主要船员是荷兰人，但为了隐瞒船只属于荷兰人的事实，驾驶员和其他几名船员都是西班牙人。[51] 亨里克斯之前的冒险活动是把货物运送给佩德罗·奥尔托·桑多瓦尔（Pedro Orto Sandoval），他是圣多明各法院的法官，也是岛上最有权势的人之一。[52] 这种私人关系对于这类非法贸易而言是无价的。

上文提到的巴西商人约翰·范德维肯也率先绕开了塞维利亚，直接与西属殖民地进行贸易。1597年，他被授权带领2艘船，船上"载有荷兰人与其他外国人，前往几内亚（Guinea）、秘鲁和西印度群岛海岸"，与那里的土著居民"进行贸易和讨价还价"。[53] 另一个打开美洲市场的商人是巴尔塔萨·德穆谢隆（Balthasar de Moucheron）。1595年，泽兰省政府准予他护送货物到西属印度群岛的自由，目的地也许是玛格丽塔（Margarita）。[54] 德穆谢隆无疑非常熟悉委内瑞拉海岸上的采珠场，尤其是玛格丽塔海岸的采珠场。几年来，通过易货贸易或盗窃，荷兰船获得了大量珍珠，以至于这些珍珠不再作为当地货币被使用。[55] 其他荷兰船载着烟草从加勒比海返回，这些烟草是通过与库马纳（Cumaná）的当地居民以及特立尼达（Trinidad）的西班牙定居者进行易货贸易而获得的。[56]

最后，大约在16世纪初的几年时间里，20艘荷兰船上的1,500名工人参与了在圣多明各和古巴购买兽皮的行动，促进了阿姆斯特丹皮革产业的发展。[57]对于来自联合省的先驱商人们来说，西印度群岛的贸易充满了风险。很少有人了解海风、洋流、浅滩和海岸线的常识以及当地岸上人们的需求。在没有建立常规联系之前，许多船只都没有售出货物就返回了荷兰的港口。[58]

在与巴西和西属加勒比地区的贸易中，荷兰人倾向于逐渐退出他们曾参与的跨国网络，他们与北美的贸易也是如此。尽管人们普遍认为这项交易始于亨利·赫德森（Henry Hudson）于1609年进行的探索性航行，但在那之前荷兰商人就已经被北美所吸引。[59]在16世纪90年代（确切时间未知），他们中的一些人不再从英格兰的普利茅斯（Plymouth）和达特茅斯（Dartmouth）港口购买纽芬兰（Newfoundland）鳕鱼，转而直接将船从阿姆斯特丹开到纽芬兰，用荷兰商品来交换鳕鱼，然后在南欧的港口出售，例如阿利坎特（Alicante）、加的斯、热那亚（Genoa）、来航（Leghorn）和马赛（Marseilles）。在17世纪初的几十年中，这种贸易量与贸易额相当有限。[60]同样，在16世纪的最后几年，也就是赫德森出航的前几年，皮草贸易首次将荷兰商人吸引到北美。到1605年，由阿姆斯特丹商人组成的商会希望与新法兰西进行为期6个月的独占贸易权的请求被拒绝，因为这是一项"已知贸易"。[61]1年后，法兰西驻海牙（Hague）特使代表法王控诉一群荷兰走私者从加拿大"大河"捕获海狸和其他毛皮动物。[62]然而，大多数荷兰人在如今的加拿大地区的活动都集中在纽芬兰鳕鱼的进口上,这些鳕鱼之后会在地中海被出售。这是一项跨国贸易,涉及从布列塔尼(Brittany)、诺曼底(Normandy)或葡萄牙向纽芬兰运送渔民,以及从当地的英格兰和法兰西渔民手中购买鳕鱼。[63]

联省议会决定为垄断公司颁发有权探索北美新航道、港口、国家或地区的执照后,4家从北美东部进口毛皮的公司于1614年10月合并。为这家新命名为"新尼德兰公司"(New Netherland Company)工作的商人们获得了"能够驶向新发现的位于美洲新法兰西和弗吉尼亚(Virginia)之间的土地(其海岸位于北纬40度~45度之间,现称为'新尼德兰')"的独家许可。该公司在哈得孙河上建立了一座贸易站,并将其命名为"拿骚堡"。[64]在新尼德兰公司成立的9个月前,另一家以北大西洋为中心的公司——诺德谢公司(Noordsche Compagnie)成立,该公司到1642年之前都垄断了荷兰的捕鲸产业。许多在新尼德兰贸易中相当活跃的商人也作为诺德谢公司的运输商或区域主管参与其中。[65]

荷兰人最初航行到西非的具体时间,目前人们尚不明确,但我认为肯定是在1592年9月,当时雅各布·弗洛里斯·范朗格伦(Jacob Floris van Langen)为他的地球仪申请了专利。他声称,这种仪器能够帮助他的同胞前往伯南布哥和几内亚湾(Gulf of Guinea)的圣多美和普林西比(São Tomé and Príncipe)。[66]在伯纳德斯·帕鲁达努斯(Bernardus Paludanus)于1596年写的一本书中,他结合葡萄牙与荷兰的第一手资料,介绍了非洲沿岸及岛屿的贸易和航运数据。帕鲁达努斯的介绍依据的是荷兰运输商们提供的一些情报,而对于其他地区,如刚果到安哥拉沿岸的数据,他则参照了穿越刚果的葡萄牙探险家杜阿尔特·洛佩斯(Duarte Lopez)基于其探险经历而于1591年出版的作品,该书的荷兰语版本于1596年出版。[67]

根据学术界普遍的说法,荷兰与非洲的贸易开始于一位来自梅登布利克(Medemblik)的名叫巴伦特·埃里克斯(Barent Ericksz)的船长。在被关押在圣多美岛期间,他从法兰西囚犯那里了解了在葡萄牙圣乔治堡所进行的黄金贸易。他出狱后立刻回到荷兰,说服荷兰的金融家们投资黄金海岸的贸易,这些投资大获成功,也令那些抓捕他的人付出了代价。[68]不久之后,大量的荷兰船涌入了整个西非海岸,四处采购黄金和象牙。据估计,1592年至1607年间,共有200艘船完成了非洲之旅。到1615年时,每年有60艘船到达非洲,每艘船平均载有20万埃尔(ell,旧时量布的长度单位,1埃尔=115厘米)的纺织品、4万磅(Pound,英制质量单位,1磅≈0.45千克)的铜制品、10万磅的串珠以及其他商品。[69]西班牙国王腓力三世通知葡萄牙总督,荷兰与米纳(Mina)和几内亚之间的贸易所获利润丰厚,能够为他们在印度群岛的船队和企业提供经济基础。[70]

荷兰船开始时并没有进入洛佩斯角(Cape Lopez,今天的加蓬)以南的海岸。强烈的南风使得船队从每年5月到次年1月都很难渡过几内亚湾,洛佩斯角附近的强气流让航行变得更加危险。一旦洛佩斯角被气流包围,在到达非洲西南海岸之前,等待着船队的就是无休止的大风与强气流。[71]到17世纪早期,荷兰人积累了在上述海域航行的经验。先驱者彼得·勃兰特（Pieter Brandt）带领着他们将贸易范围扩大到非洲的西南海岸，在那里象牙是热门的出口商品。勃兰特代表其委托人杰拉德·赖恩斯特（Gerard Reijnst，阿姆斯特丹商人，后成为荷属东印度群岛的总督），与刚果河（Congo River）及卢安果（Loango）海岸的非洲人进行了数次商业往来。有赖于他的不懈努力，荷兰船出现在位于刚果河河口附近的姆平达（Mpinda）的没有防御的葡萄牙人的工厂，国王腓力三世于1609年决定在那里建造一座堡垒。[72] 3年后，荷兰人从当地同盟中受益。1612年9月，荷兰的1艘船、1艘游艇与从罗安达出发的4艘载有300名船员的葡萄牙大帆船在海上交战。如果没有桑霍（Sonho）勇士的干预，这场战斗的结局原本显而易见。但是桑霍人和荷兰人的联盟成功击退了葡萄牙人。[73] 6年前，桑霍伯爵向联省议会写了一封信，表达了对促成双方之间签订贸易协议的积极态度。他可能希望借此机会获得荷兰军队的帮助，以抵御他想要脱离的刚果王国（而不是抵御葡萄牙人）。[74]

对于荷兰人来说，在非洲贸易很棘手。尽管荷兰各省通过免除船只出港出境税来刺激贸易，但在伊比利亚人统治的地区进行贸易是没有海军保护的。因此，这种贸易既有利可图，又充满了风险，究竟获利多少人们尚不可知。但据估计，在17世纪的前20年里，荷兰人每年在非洲的黄金和象牙贸易额为120万～150万荷兰盾。[75] 17世纪的前10年，来自阿姆斯特丹和米德尔堡的商人们联合了一些被称为几内亚公司的力量，从而巩固了荷兰的商业利益。[76] 这些公司经常在没有签署任何正式协议的情况下进行合作，以试图应对当多艘船只出现在海岸上时非洲商人伺机抬价的行为。[77]

发动战争

战争和贸易并不泾渭分明。私掠船是从非洲和美洲获取财富的另一种手段，商船船长也会毫不犹豫地扣留敌船。1600年前7个月里，在大西洋上航行的77艘荷兰船中有27艘是私掠船，[78]这些船紧随伊丽莎白时期著名的私掠船船长们，如弗朗西斯·德雷克和约翰·霍金斯的脚步。

1585年开始，荷兰人自然而然地与其英格兰邻居建立了联系，当时在英吉利海峡另一侧的西班牙—荷兰战争开始引起了伊丽莎白女王的担忧。此前一年，奥兰治的威廉被西班牙国王所雇的法兰西杀手暗害，西班牙从而控制了荷兰的海港。所有英格兰船在西班牙的港口被扣押后，伊丽莎白女王决定于1585年8月与荷兰联省议会签署"非此类条约"。女王承诺提供广泛的军事支援，作为交换，荷兰人要在所有军事支援到位后交出泽兰港的布里尔（Brill）以及弗利辛恩和拉梅肯斯（Rammekens）。并且，条约还约定由英格兰的莱斯特伯爵（Earl of Leicester）担任荷兰总督，两名英格兰人获得省议会议员的席位。[79]

1585年至1604年，荷兰在与西班牙的战争中赢得了英格兰的援助，其中一半的援助来自私掠船所得。[80]对此，西班牙的主要反应就是在1588年派出无敌舰队（Gran Armada），其目的不仅是征服英格兰，而且要重新征服荷兰，但是除非英格兰被彻底击败，否则这一目的根本无法实现。[81]无敌舰队的失败只能进一步加强英荷同盟。

最初，荷兰人在经验丰富的英格兰私掠船的庇护下采取行动——这些私掠船已经骚扰西班牙的船只和殖民地数十年。但是荷兰战争本身在16世纪90年代也受到大西洋的影响。哈布斯堡王朝的敌人们于1596年在西班牙所属大西洋沿岸加的斯港的封锁中联手。1.2万名英格兰士兵和1.5万名荷兰士兵在英方指挥下参与了这场突袭。加的斯港遭到洗劫，但西班牙的商船队（越来越多地使用该港口而不是塞维利亚的港口）运往美洲的货物安然无恙。尽管这场突袭给西班牙人带来了明显的恐慌，但英荷并没有获得任何经济上的成功。这次行动也没能阻止西班牙人组织第二支舰队，但是由于天气因素和技术上的不足，这支舰队无法到达北海（North Sea）。[82]

1597年后，荷兰的海上作战通过以下海军部进行统筹协调：阿姆斯特丹、梅兹（Maze，位于鹿特丹）、泽兰（米德尔堡）、弗里斯兰［多克姆（Dokkum）和后来的哈灵根］以及西弗里斯兰（West-Friesland）和诺德克瓦蒂埃［（Noorderkwartier，恩克赫伊曾（Enkhuizen）和霍伦交替使用］。在联省议会的监督与管理下，这些区域性的机构在战争中建立、获得财政支持、装配军舰，并参与对抗敌人的战斗。在战斗中，荷兰人在突袭加的斯后开始独立行动。

在接下来的几年里,英格兰没有对西班牙采取军事行动,而在1604年,即伊丽莎白女王去世1年后,英格兰王国与腓力三世签署了和平条约。与此同时,由于巴尔塔萨·德穆谢隆的2艘船于1596年攻击了控制黄金海岸的要塞——葡萄牙的圣乔治堡,大西洋战争继续进行,这次袭击以失败告终。2年之后,巴尔塔萨的部下在普林西比岛找到了一个新的目标,一小批葡萄牙定居者在那里经营着有非洲奴隶工作的甘蔗种植园,埃里克斯正是在那里被捕的。这一次袭击成功了,农民和工匠们正要将这块土地变为他们新的殖民地。然而,在荷兰的援军到达之前,由于意见分歧以及伴随雨季而来的热病,这批新殖民者放弃了这座岛。[83]

德穆谢隆也参与了当时最雄心勃勃的一场行动。联省议会授权约翰·范奥尔登巴内费尔特(Johan van Oldenbarnevelt,荷兰省行政长官,仅次于总督的主要官员)代表他们于1599年3月与德穆谢隆以及彼得·范德哈根(Pieter van der Hagen,另一位来自佛兰德的富有的难民商人)签署一份私密合约。他们奉命组建一支舰队并在接下来的2年内进入伊比利亚港口,俘获尽可能多的敌舰,袭击敌方岛屿、城镇和港口并将其占领。他们任命来自莱顿的经历过与西班牙的战争的彼得·范德杜斯(Pieter van der Does)为舰队指挥官。他因在11年前俘获了1艘西班牙无敌舰队的帆船而闻名。5月15日,有73艘船从弗利辛恩起航,其目的是像切断安特卫普与海洋的联系那样封锁里斯本。当荷兰人错过了从东印度群岛驶来的葡萄牙舰队时,范德杜斯命令部分舰队像弗朗西斯·德雷克当年一样前往加那利群岛。尽管荷兰人征服了拉斯帕尔马斯（Las Palmas），摧毁了多艘敌船，但西班牙人还是进行了顽强的反击并击退了对手。[84]之后不久，在10月中旬，荷兰人轻易地占领了葡萄牙的糖岛圣多美，也就是这次航行的最终目的地。[85]在葡萄牙文件中被称为"低地德意志联邦的路德宗"的这些荷兰入侵者之后遭遇了一连串的坏运气。当下雨时，粮食供应减少，热带疾病像野火一样蔓延。至少有15名军官和1,800名士兵死亡，其中一部分死在了岛上，另外一部分死在了离港的船上，其中就有海军上将范德杜斯。[86]在他去世后，一支小分队越过海洋袭击了巴西首府萨尔瓦多，但已为时太晚。除了对圣多美造成巨大破坏（荷兰入侵者烧毁了城市以及他们经过的每一座教堂和制糖厂）外，这次远征的主要用意在于让西班牙人知道荷兰人也有能力组织一支庞大的舰队。

经历了长达2年的私掠远征后，荷兰船于1605年从巴西返回。[亨德里克·弗罗姆（Hendrick Vroom）作品，阿姆斯特丹，国立博物馆]

这场巨大的金融危机使荷兰当局对新的商业冒险进行了反思。在大规模航行中唯一可以预期的利润是在途中俘获的敌舰。尽管私掠船有时会影响远征航行的速度，但海军部和联省议会依然支持这种做法，认为私掠船的战利品至少能部分弥补船长们付出的代价。在1606年至1607年，在东印度公司的财政支持下，荷兰海军部向伊比利亚半岛分别派出了3支不同的舰队，以期俘获往返于葡属东印度群岛的舰队。虽然后勤问题阻碍了这些行动的成功，但在第三次与成功擦肩而过之后，在直布罗陀（Gibraltar）袭击西班牙舰队的绝佳机会出现了——这一次，荷兰人终于成功。在与哈布斯堡王朝的长期战争中，西班牙舰队的溃败作为荷兰海战的重要功绩之一被载入史册。[87]

荷兰人也将与哈布斯堡王朝的战争带到了美洲。私掠船队大量涌入美洲水域，在16世纪的最后几年里，由私人组织的2支船队离开荷兰港口以寻求通向东亚的更快的贸易路线，并且打击南美西海岸的西班牙势力。[88]尽管他们照搬了英格兰人通过麦哲伦海峡的做法，俘获了几艘西班牙船，并短暂占领了智利南部沿海奇洛埃岛（Chiloé）上的一个小镇，但并未造成持久的破坏。不仅如此，荷兰人还损失了大量的船员。[89]这次失败的原因之一，是在秘鲁的西班牙守军提前采取了预防措施，他们的总督早已预料到了荷兰远征军的到来。

在17世纪初期，频频组建的荷兰海军令哈布斯堡王朝感到恐慌。尼德兰哈布斯堡王朝的统治者阿尔贝特大公（Archduke Albert），在

1606年写给腓力三世的信中提到，荷兰计划组建由七八十艘船组成的共载6,000人的舰队，以袭击西班牙海岸的波多贝罗（Portobello）和卡塔赫纳（Cartagena）港口并占领哈瓦那。[90]但联省议会在当时实际派出的远征船队的规模要小得多，仅由3艘船和1艘游艇组成，目的地是巴西。这支船队没能攻占堡垒，他们在遭受严重损失后返回了家园。[91]哈布斯堡的担心还涉及荷兰人与西班牙人的联系。有这样一个例子。在圣多明各的拉亚瓜纳（La Yaguana）停留的荷兰指挥官宣布了一份来自总督毛里茨亲王（Prince Maurits）的声明，该声明承诺向岛民提供保护和军事援助，只要他们放弃效忠西班牙国王与他们的罗马天主教信仰。[92]荷兰对古巴也发出了宗教方面的威胁，至少在那里的西班牙地方长官是这样说的。他声称，外国的海盗和海盗船（可能是荷兰人的）散发了一些小册子，里面充斥着翻译为当地语言的异教邪说。[93]由于不再容忍外国人与西班牙居民的往来，西班牙印度群岛议会（Spanish Council of the Indies）最终决定开始减少2个地区的人口：伊斯帕尼奥拉岛的北部海岸（圣多明各）和委内瑞拉东部的新埃奇亚（Nueva Ecija）。一个转移古巴2个城镇的人口的计划最终没有实施。[94]

1600年与智利的美洲土著相遇时，荷兰人发现反对西班牙统治的美洲印第安人是潜在的盟友。荷兰舰队抵达智利时，恰巧在马普切（Mapuche）发生了大规模反抗西班牙统治的事件，最终导致了维尔迪维亚镇（town of Valdivia）的毁灭和许多居民的死亡。当荷兰人到达时，他们可能被误认为是西班牙人，这就可以解释为什么当时有50名荷兰人被当地人所杀。[95]尽管如此,双方还是联合起来共同对抗西班牙。新世界其他地方的美洲印第安人也希望能与荷兰人组成对抗西班牙的统一战线。1613年,荷兰私掠船和来自圭亚那的加勒比弓箭手联合发起进攻,重创了在特立尼达定居的西班牙人。[96]同样,特立尼达的一名尼普乔(Nipujoe)土著男子定期参加打击西班牙的荷兰远征队。作为从被奴役或被强制劳动中逃出来的人,他显然有理由进行报复。[97]圣达菲(Santa Fé,即今天的哥伦比亚)宗教法庭的主席对荷兰人与美洲印第安人之间的关系并不感到惊讶:"印第安人欢迎荷兰人的到来,是因为荷兰人尊重他们原始的生活方式。"此外,荷兰人"允许他们拥有充分的自由,而不用承受任何税负、强制劳动、宗教以及思想带来的约束"。[98]

荷兰人还把伊比利亚半岛殖民地上被奴役的黑人视为可能的盟友。在17世纪20年代(见本章下文)出航的拿骚舰队成员显然相信秘鲁的黑人是"第五纵队"。总督声称,荷兰人为殖民地奴隶带来了解放的希望和大箱武器。并且,舰队的一部分人还前往皮斯科(Pisco)去煽动那里的奴隶起义。[99]当地奴隶与荷兰人之间潜在的同盟关系并没有消失。1637年,西班牙殖民当局报告称,1艘来自古巴的船抵达邻国圣多明各,并带去了惊人的情报——由80艘船组成的舰队正要从荷兰共和国起航。据称,此次出航是对殖民地的黑人和混血儿给奥兰治王子写的一封信的回应,信中称只要荷兰派500人驶往他们所在的岛,他们就向荷兰人投降并交出该岛。最终,这一切传言均被证明不属实。[100]

第一章　猛狮出闸　　　　　　　　　　　　　　　　　　031

西班牙守军最终将荷兰人赶出了圣多明各和古巴。1605年,在古巴南部,六七艘西班牙帆船和其他30艘(其中有24艘船属于荷兰)参与违禁贸易的欧洲船发生海战。这场海战对荷兰指挥官亚伯拉罕·杜瓦恩(Abraham du Varne)以及船上的全部船员都造成了致命打击。[101]西班牙当局在圣多明各同样毫不妥协,来自鹿特丹的一艘船上的5名男子于1607年付出了代价之后,荷兰人才知道这一点。当他们在一个被疏散的城镇附近上岸时,一名中士和他的士兵突袭了他们。3名荷兰人被判处死刑,另外2个未成年人被送往西班牙的皇家战舰上服役。[102]西班牙也在阿拉亚(Araya)的咸水湖(荷兰人自1599年以来一直在此免费采盐)对荷兰人进行了猛烈的反击。1605年,由18艘船组成的载有2,500名船员的西班牙舰队致使许多盐商丧生。[103]

在大西洋沿岸的非洲,从事海运的荷兰人还试图从伊比利亚人手中抢夺殖民地。继远征圣乔治堡失败、短暂占领普林西比之后,征服圣乔治堡的机会再度出现——1606年,1名葡萄牙逃兵从要塞逃跑后被埃富图(Efutu)的当地人抓获,然后被带给了阿克拉(Accra)的荷兰商人。商人们将他带到荷兰。在荷兰,这个士兵告诉商人们城堡内补给不足,士气低落。荷兰人认为征服的时机已经成熟,几名商人联手于1606年夏末组织6艘军舰出航远征。然而,葡萄牙人对荷兰人也非常了解。荷兰军队到达阿塞布(Asebu)的穆里时,一支由米纳黑人组成的葡萄牙军队已等候多时,数十名荷兰人惨遭杀害。[104]尽管停战以后在穆里的葡萄牙军舰有所增加,但

6年后，受萨布（Sabu）国王的邀请，荷兰人毫不畏惧地返回了穆里。根据联省议会的命令，一座堡垒（不久后被称为拿骚堡）即将建立以保护利润丰厚的黄金贸易。荷兰因此在非洲建立了他们的立足点。[105]

尽管荷兰人和伊比利亚人在海外的战争毫无缓和的迹象，但国内却陷入停滞状态。荷兰共和国国内的舆论分为两个阵营：主战派与主和派。奥尔登巴内费尔特作为主和派的领导人力主休战，而总督毛里茨则站到了主战派一方。主战一方得到了忠实的加尔文派教徒以及对私掠船和战时贸易怀有莫大兴趣的人们的支持。奥尔登巴内费尔特成功说服了总督和城镇议会——我们需要停火——他赢得了这场争论。

在1606年开始的谈判中，西班牙提出荷兰抢先到达东、西印度群岛的问题。面对西班牙的异议，奥尔登巴内费尔特本考虑放弃征伐，但之后他决定维持原本的决定，否则恐会激起荷兰国内大规模的抗议。的确，荷兰代表团高度重视与印度群岛的贸易往来，为此他们甚至拒绝接受西班牙作为承认荷兰主权而在1608年2月提出的唯一交换条件——撤离印度群岛。尽管一位西班牙谈判代表向西班牙国王报告时称他确信荷兰人会放弃前往印度群岛的航道，但从没有明文记录下这一点。[106]经过漫长的谈判，双方终于在1609年达成了停战12年的协定，西班牙国王承认起义7省为"自由的土地、州和省"，不受西班牙国王的统治。只要达成停战，现有的领土边界就不会改变，至少自西班牙于1585年征服安特卫普以来就形成的南荷兰与北荷兰之间的边界因此得以继续维持。

停战期间，荷兰人的一项主要行动就是1614年对南美西海岸的远征。在迅速驶向太平洋之后，由经验丰富的航海家约里斯·范斯皮尔伯格（Joris van Spilbergen）指挥的由5艘船组成的舰队遭遇了西班牙的由6艘船组成的舰队，后者虽然士兵众多但是火力一般。随后发生的卡涅特之战（Battle of Cañete）以范斯皮尔伯格一方取得巨大的胜利而告终，他们用损失40名士兵的代价击沉了西班牙海军上将的船只，西班牙方面则损失了至少400人。接下来，荷兰人威胁要进攻卡亚俄（Callao），但由秘鲁总督指挥修建起的防御墙骗过了范斯皮尔伯格，让他放弃了大规模的进攻行动。当荷兰舰队最终向西航行时，西班牙当局肯定松了一口气。[107]

与此同时，荷兰共和国本身也处于内战的边缘。2名大学教授关于神学的争论引发了矛盾，使得支持建立尽可能多地接纳新教徒观点的广泛教会的人——抗辩派（Remonstrants）和阿民念派（Arminians）——与提倡对加尔文主义教义进行正统改革的人（反抗辩派）对立起来。在奥尔登巴内费尔特的领导下，荷兰的城市治安官同意设立一个宽容的教会，以保护抗辩派的牧师免受另一方的攻击。反抗辩派的支持者中有许多本来就是奥尔登巴内费尔特和地方官的对立方，他们更是趁此机会强烈反对奥尔登巴内费尔特一方。原本潜藏在战争之下的国内紧张局势被激化，他们把宗教争议变成了不同群体集结起来的国家层面的问题。[108]

一场内战即将来临，毛里茨支持反抗辩派，并于1618年发动了政变。他利用他的新权力清除了荷兰省的市镇议会中的阿民念派。在这种高度紧张的气氛中，归正教会的代表们召开了一次全国会议以解决有关阿民念派的争议。参会者们明确谴责示威者为异教徒，是他们让国家和教会陷入了混乱。大约在同一时间，联省议会判定奥尔登巴内费尔特犯叛国罪，并公开处决了他。这样一来，恢复对西班牙战争的障碍已彻底清除。尽管奥尔登巴内费尔特渴望实现长久的和平，但在1621年休战期结束后，主战派仍决心要再次投入到战争中去。而那时的荷兰人终于成为他们自己的主人，他们在1616年履行完对盟友所负的财政义务。那些曾被交出去的城镇最终回到了荷兰人的统治之下。[109]

尽管1609年的停战协议和1616年对英格兰的最终履约使荷兰共和国实现了自治，但联合省的居民们在16世纪90年代就已经开始了他们自己的商业活动。阿姆斯特丹和其他港口的商人们利用战争带来的机遇及随后安特卫普的没落，与地中海、印度洋和大西洋的众多港口都建立了直接的贸易联系。在非洲，尽管荷兰人成功地挑战了葡萄牙人，但他们仍然是巴西贸易中的新人，在与西属美洲利润丰厚的贸易中扮演了一个小角色。在停战之前和停战期间制订的建立西印度公司的计划，就是为了让荷兰人在大西洋世界的商业贸易中占据主导地位。与伊比利亚人的战争正是使荷兰这头雄狮咆哮的关键。

第二章
帝国扩张

西印度公司

私掠和海军行动

重获动力

先入为主之见

殖民化

在巴西和非洲的扩张

1630年2月14日晚，迪德里克·范瓦尔登堡（Diederick van Waerdenburg）无法入睡。这名荷兰中校要确保在巴西伯南布哥海岸附近的进攻部队在船上做好准备。[1]范瓦尔登堡首先独自祈祷，然后与牧师一起在船上祈祷，之后他又叫醒他的军官们与他们一起祈祷。最后，范瓦尔登堡让300名士兵按8～10人一组陆续登船。他用西班牙葡萄酒敦促他们勇敢大胆地行动。[2]这些士兵要与准备进攻的舰队上的其他人员一起严格遵照命令采取行动，确保荷兰人得以在巴西立足。

荷兰殖民历史上重要的一页就此展开。在接下来的12年中，荷属巴西殖民地飞速发展，一直到西印度公司控制了原葡萄牙船长的一半。1645年起义爆发后，荷兰人取得的所有胜利几乎都被扭转，但他们直到1654年都始终控制着首府累西腓。荷兰及其他各国在巴西的驻军多于它们在美洲其他任何一地的驻军。因此，荷属巴西成为年轻的荷兰共和国雄心和军事实力的象征。与此同时，在巴西的收益令人失望，多劳而少得也是荷兰人在大西洋世界的典型特点。荷兰海洋帝国的扩张取决于巴西，但并不局限于巴西。在17世纪20年代和30年代，荷兰舰队和军队遍布整个大西洋世界，在其庇护之下,新世界的殖民地和非洲贸易站得以建立,荷兰人以此与非洲、美洲的土著建立了联系。

西印度公司

　　1621年,战争重新爆发,荷兰人与伊比利亚人的争斗明显成了大西洋世界的重头戏。6月3日,与西班牙的休战期满还不到2个月,荷兰西印度公司被特许成为与荷兰东印度公司旗鼓相当的一方,利用战争抢夺利润丰厚的香料贸易的控制权,它是印度洋未来的商业巨头。凭借印度洋贸易可能带来利益的第一手信息,阿姆斯特丹的政治精英们为成立西印度公司而游说,并紧盯着管理职位,想从大西洋贸易中分得一杯羹。[3]他们最终可能会感到失望。西印度公司的章程规定,5个部门(或商会)的主管可得到从敌人处所获战利品总价值的1%、所有进出货物价值的1%以及所获金银的0.5%。[4]尽管这些条款不容忽视,但西印度公司的主管们一定是在公司垄断背后继续努力发展他们的私人贸易。

　　佛兰德的加尔文主义者威廉·于塞尔林克斯(Willem Usselincx,1567—1647)也支持荷兰西印度公司的成立。他于1591年以宗教难民的身份抵达联合省。他花了25年的时间积极地向联省议会谏言,但当东印度公司的替代品成立时机成熟之时,于塞尔林克斯发现自己是许多支持者中的一员。尽管他的建议没能成为蓝图,但他关于建立西班牙式的印度群岛议会的提议确实影响了西印度公司董事会的构成方式。[5]随着"十二年停战"（Twelve Years' Truce）期限的临近，所有省份都支持成立一家专门针对大西洋世界的特许公司。[6]西印度公司具有混合属性——私营企业履行政府公职——政府对投资的快速回报并不感兴趣，只要与西班牙战争相关的战略目标能够实现，就无所谓等待。而商人们并不是这种想法，他们只想赚钱，而且越早越好。由于不依赖任何特定的投资者群体，特许公司仍然保证了长期投资。一家实力雄厚的公司可以抵御各种危机和风险，并负责完成各种高成本的工作，例如日常运输货物到殖民地以及在远离家乡的地方建造堡垒和仓库。[7]

事实上，政府与商业利益团体之间的密切合作并不新鲜，它是由热那亚和威尼斯于中世纪晚期首创的。[8]但是，这种地域规模程度的合作是以往没有的。西印度公司有权垄断贸易、统治、司法、与各亲王缔结条约以及维持军队和舰队的开支。尽管西印度公司设立的目标原本是与非洲和西印度群岛（即美洲）进行贸易，[9]但公司董事们显然更倾向于战争而不是贸易，他们的理由是伊比利亚移民的存在使得他们在加勒比以及中美洲和南美洲大陆几乎都无法进行贸易。与美洲印第安人的贸易，或在西班牙人和葡萄牙人尚未居住的地区（例如圭亚那）的缓慢教化很难给联合省带来福利，也不能让他们的"宿敌"走向毁灭。相反，荷兰人不得不从哈布斯堡王朝及其人民手中夺取船只和财产，占领定居点。西印度公司的支持者们意识到，瞄准美洲并非易事，需要持续地努力。这项任务比东印度公司在亚洲所要完成的任何任务都更加艰巨。人文主义者阿诺尔德斯·布切里乌斯（Arnoldus Buchelius）在他的日记中写道，亚洲只是西班牙的"情妇"，美洲才是它真正的"妻子"。他还补充道，但是西班牙人是出了名的善妒。[10]

西印度公司是当时世界状态的反映。与法兰西和英格兰通过集中权力和消解地方权力和特权来加强地位相比，乌得勒支同盟，由荷兰共和国的宪法责成各省维持所有签署方的特权和自由。由于国家政府是以省议会和镇议会为基础的，其权力和权威严重去中心化。[11]尽管西印度公司的情况也是如此，但是公司的日常业务并不像其联邦式架构所暗示的那样烦琐，因为一些省份（尤其是荷兰省或更确切地说是阿姆斯特丹的城镇）的地位实际上要高于其他省份，这也是在分配法典中明确规定的事实。这项规章既规定了各部门或商会的相对权力，又规定了每个部门或商会为装备船只与其他公司活动所必须达到的业绩。其中规定，阿姆斯特丹的业绩占比为总业绩的九分之四，泽兰为九分之二，其他三方，即梅兹、诺德克瓦蒂埃和斯坦德恩兰德（Stad en Lande，或格罗宁根）各占九分之一。[12]

西印度公司的最高董事会，即"十九人委员会"（the Heren XIX, "Gentlemen Nineteen"），每年召开2～3次会议，随着殖民地的发展，会议的持续时间越来越长。董事会尽管名义上为19人，但实际人数多于19人。他们中有18位是来自5个商会的代表，第19个席位保留给联省议会的代表。但在1623年，原来的规定修改为增设2名首席投资董事（阿姆斯特丹和泽兰各占1名）。这些人向他们各自负责的特定投资者们汇报。除了代表共和国的从事传统海外贸易的投资者以外，西印度公司还希望能吸引来自新的投资团体的投资者们。[13]

从一开始，西印度公司就与联省议会联系紧密，后者就大量事务与西印度公司的十九人委员会沟通，并帮助其协调海外军事事务。此外，各省还为其提供100万荷兰盾的资助。然而，尽管这家新成立的公司一直在努力争取国内外的投资者，但他们还是花了2年多的时间才具备了偿付能力。[14] 1602年之前在东印度群岛做贸易的商人与1621年之前活跃于大西洋世界的商人之间形成明显的对比，前者强烈希望投资给东印度公司，后者则拒绝接受西印度公司。[15]一些潜在的投资者认为西印度公司是一个旨在搞裙带关系的骗局，是董事们为他们有需求的穷朋友提供工作的工具。一些人担心公司的职位将被那些徒有野心而非真正有能力的人占据，其他人则对东印度公司这一先例心有余悸，据称该公司经常采取与股东利益相冲突的专断政策。[16]更概括地说，投资者们的犹疑来自对西印度公司好战的本质以及将伊比利亚半岛的海外财产设为目标，他们许多人都认为伊比利亚半岛的海外财产是无可非议的。[17]后来有一本小册子的作者解释说，向这家新公司投钱的主要动机不是赚钱，而是打击敌人。换句话说，西印度公司的支持者们可能不是聪明的投资者，他们只是虔诚的爱国者。[18]从对投资者有利的角度来看，投资西印度公司等于购买爱国彩票。[19]

莱顿、乌得勒支、哈勒姆、代芬特尔（Deventer）等内陆城市吸引了相当多的投资，这些城市的市议会都是为西印度公司进行宣传的加尔文主义的拥护者。据说，门诺派教徒（Mennonites）拒绝了西印度公司的股份，因为他们希望该公司在商业活动的掩护下实施暴力行为，而罗马天主教教徒则根本没有投资，尽管他们最富有。[20]

战争情绪将会转化为积极的应对政策。1623年8月，十九人委员会在西印度之家大楼（West-Indisch Huis，该公司在阿姆斯特丹租借并增建的极其宏伟的一栋建筑物）召开了一次重要的董事会会议。[21]联省议会认为近期在荷兰恢复的敌对行动不足以使战争圆满结束，而十九人委员会听从了联省议会的意见。正如一位董事所说，有必要"切断西班牙国王年收入的神经和血管，血液和充满生机的灵魂正是通过神经和血管在其庞大身躯中流淌"。[22]换句话说，战争必须延伸到美洲——为哈布斯堡王朝战争机器加油的白银之源。所以，必须开辟新的战线。西班牙人同样渴望恢复战争。他们并不指望收复曾经失去的省份，因为那已经不再可能，他们希望通过战争确保更好的和平。[23]

尽管西班牙当局打算重新发动战争，但他们对荷兰人向西扩张的计划感到害怕。他们草拟了一份需要荷兰人做出主要让步的新的停战协议，其中之一就是阻止荷兰人成立西印度公司并且退出美洲。[24]荷兰人对于西班牙官方禁止他们在东印度群岛和西印度群岛进行航行和贸易的决定并不惊讶。一位撰写小册子的作者在1630年写道："西班牙国王不了解东印度群岛和西印度群岛的大部分地区，那么西班牙人有什么权利禁止荷兰人在那里进行贸易、贩运和航行呢？"他接着写道，即便诉诸教宗也无济于事，因为教宗"对此事拥有的权利就像他骑的驴子或厨房里资历最浅的男孩拥有的权利一样少"。[25]

地理制图学的发展是荷兰扩张的基础。重要的制图活动解释了16世纪80年代中期的政治和经济变化，特别是安特卫普的没落和荷兰北部国际贸易市场的重新定位。荷兰人对全球各地都有很深入的了解，他们很快就会成为最主要的地图制作者。皮特鲁斯·普兰修斯（Petrus Plancius，1552—1622，制图师、航海检验官、加尔文教派牧师）就是这场转变的象征。他与来自安特卫普的难民同伴巴尔塔萨·德穆谢龙一起投入了大量时间和精力，试图找到通往亚洲的东北航线。[26]

17世纪荷兰最杰出的制图师是才华横溢的赫塞尔·格瑞茨（Hessel Gerritsz，1580/1581—1632）。他是地图和印刷品的刻版师、几部作品的作者，同时还是出版商、印刷商及书商。格瑞茨曾在阿姆斯特丹海军部任职，在被任命为西印度公司的"水文办公室主任"之前，他曾是东印度公司的制图师。此后，所有在航行到西印度公司控制范围内的船上制作的日志、地图和图纸都必须送交给格瑞茨。陪伴约翰尼斯·德拉埃特（Johannes de Laet，1581—1649）的《新世界》（*Nieuwe Wereldt*，1625）是格瑞茨的作品。[27]通过船舶日志、沿海景观以及与去过不同地方的船长和当地居民们的对话，格瑞茨建立了一个令人惊叹的数据库，他试图使其与葡萄牙同事制作的地图相吻合。他还于1628年至1629年乘坐由经验丰富的阿德里安·扬斯·佩特（Adriaen Jansz Pater）率领的船队航行了14个月，探索了南美的北海岸和东海岸及加勒比群岛。西印度公司泽兰商会还为他提供了日志和侦察图，其前提条件是不可泄露机密。[28]

在西印度公司开始运营之前，东印度公司在西南美洲发起了一次新的远征。这次出航的舰队由荷兰政府资助，并且由于（拿骚的）毛里茨总督积极参与舰队的准备工作而被命名为"拿骚舰队"。舰队包含11艘船，载有1,637名水手和士兵，成为荷兰派往太平洋的最大舰队。[29]这次远征并没有使在秘鲁的西班牙领导人感到惊讶。自范斯皮尔伯格时代起，总督就采取了强有力的措施，特别注意保卫利马的港口城市卡亚俄。[30]

荷兰进攻者们计划劫持巴拿马海岸的白银运输船以打击西班牙人，并在可能的情况下发动一场战争，最终征服智利北部的阿里卡港（port of Arica），在土著的帮助下占领上秘鲁的波托西（南美洲白银的主要产地）。[31]可是这些目标均未实现。荷兰人天真地认为阿里卡和波托西是无法用武器进行防御的地方，但他们很快发现那里是坚固的堡垒。[32]尽管荷兰人确实摧毁了卡亚俄、瓜亚基尔（Guayaquil）和阿卡普尔科（Acapulco）的敌方船只和港口设施，但他们拦截向巴拿马运送白银的运输船的计划流产了。他们的劫掠行为导致的意外后果是，在波托韦洛（Portobelo）的交易会因缺少秘鲁商品而无法举办——秘鲁商品必须经由卡亚俄运送。因此向欧洲运输白银以及西班牙士兵的军饷也被推迟。[33]

西班牙的新国王,腓力四世于1621年3月31日继承了已故父亲腓力三世的王位,他决定组建一支舰队以保护太平洋海岸,所需资金将来自南美。于是神职人员被指派完成这项任务以使得人们愿意心甘情愿地出钱——毕竟这笔钱将被用于打击异教徒。王室命令奥古斯丁教团教士(Augustinians)、多明我会修士(Dominicans)、方济各会修士(Franciscans)、慈悲社教徒(Mercedarians)和耶稣会会士(Jesuits)都去筹款。然而,仰仗精神力量并未筹到足够的款项。舰队计划破产,所募集资金被投入到低地国家的战争。[34]

秘鲁并不是唯一一个生活在对荷兰起义军的恐惧中的国家。在古巴的西班牙人也视荷兰舰队为敌。1621年,国王警告古巴总督说荷兰人打算在马坦萨斯港(port of Matanzas)建一座堡垒。第二年,由50名水手组成的荷兰舰队要在岛上建造一座堡垒的传言就流传开来。在其中的一个版本中,毛里茨本人就是舰队的指挥官——拿骚舰队被怀疑对古巴有企图是毫不奇怪的。西班牙的情报是正确的,荷兰当局确实考虑过袭击哈瓦那或占领古巴的要塞,但这些计划都没有得以具体执行。[35]

直到拿骚舰队离开荷兰海岸,西印度公司才具有了偿债能力。董事们聚集在阿姆斯特丹参加重要的董事会会议,他们商议的结果就是理论上可行的大西洋世界的"大战略"。在该计划的第一阶段,一支舰队将征服巴西的萨尔瓦多,而另一支舰队将征服葡萄牙在非洲的主要奴隶贸易港口——罗安达。董事们想要的是糖,占领萨尔瓦多就可以占领巴西东北部的产糖区,而在罗安达的主导地位将确保非洲人平稳地移居到种植园工作。但是，该项目在执行时尚有许多需要改进之处。

征服巴西的计划是由包括扬·安德里斯·莫尔贝克（Jan Andriesz Moerbeeck）在内的几名男子散播的。莫尔贝克是一位出生在阿姆斯特丹的再洗礼派信徒（Anabaptist），他在西印度公司成立之初就非常活跃。毫无疑问，他是1622年9月交到联省议会的一份匿名咨询报告的作者。莫尔贝克认为，根据他的计算，每年仅糖业交易就可以获利530万荷兰盾，因此巴西非常值得关注。总净收益将不低于500万荷兰盾，这是一笔可以在未来20年中用于陆上和海上防御的非常可观的资金。[36]尽管荷兰人主要是作为承运人，但他们对巴西的糖业贸易并不陌生。能够直接进行贸易的前景是诱人的。一旦荷兰人结束其辅助角色并完全掌控在巴西的贸易，其利润将会更高，巴西方面的供应价也将更便宜。

莫尔贝克关于光明未来的描绘可能具有重要意义，特别是因为西印度公司第一批董事中的部分人也参与了与巴西的贸易。彼得·贝尔特根斯（Pieter Beltgens）作为商业中介在巴西生活了6年，而亨德里克·布罗恩（Hendrick Broen）在停战期间就开始与巴西进行贸易。[37]西印度公司很快就开始准备大规模入侵巴西首府萨尔瓦多。一些荷兰人盲目乐观地以为能轻松取胜，其他人也一样天真，他们将希望寄托于在巴西居住的葡萄牙人身上，以为葡萄牙人在"西班牙之轭"（Spanish Yoke）下，所以一定会与他们结成统一战线。[38]此时，哈布斯堡家族意识到，尽管伯南布哥（而非萨尔瓦多）是最可能被荷兰人入侵的地方，但整个巴西都可能会被列入荷兰人的目标清单里。[39]当地人也是这样想的。在这片盛产糖料的北部地区，1座守卫累西腓村庄的堡垒被全面翻新，还建造了2座小堡垒以保护附近的奥林达镇（town of Olinda）。同时，总共约有8,000人可以服兵役，但只有八分之一的人拥有合适的武器。相比之下，萨尔瓦多异常安静，多年来虚张声势的威胁使得居民们感觉疲惫与厌烦，以至于他们很少关注有关荷兰舰队正在逼近的说法。[40]

荷兰人秘密地准备了这次远征。为了商业目的而装备了12艘船的谣言四处蔓延。事实上，由23艘船组成的舰队早已准备就绪，船上共载有1,700名士兵和1,600名水手，并由海军上将雅各布·威利肯斯（Jacob Willekens，1564—1649）和海军中将皮特·彼得松·海恩（Piet Pieterszoon Heyn，1577—1629）指挥。舰队于1623年12月21日出发，1624年5月8日到达目的地——万圣湾（All Saints' Bay）。第二天，皮特·海恩命令部队向萨尔瓦多附近的重型炮台开火，开启了为期2天的激烈战斗，这场战斗在5月10日以荷兰人占领了这座几乎被所有居民抛弃的城市而告终。[41]主教马科斯·特谢拉（Bishop Marcos Teixeira）以及3,000名士兵和大多数居民于5月9日晚的离开加速了荷兰人在这场战役中的胜利。[42]

50名荷兰人在这场入侵中丧生，不久之后约翰·范多思（Johan van Dorth）也去世了。范多思拥有超过30年的作战经验，刚担任在萨尔瓦多的荷兰总督和陆军司令时，对方的军队就出现在海湾北部，对荷兰人进行小规模的攻击，[43]范多思亲自带领200名士兵正面迎战，但他们遭到葡裔巴西人、土著图皮人和黑人组成的联军的伏击，他们将荷兰人引入了游击战。这是巴西军队主要的交战形式，其特点是在对方控制的领土上，以机动小组的形式采取对自己有利的打了就跑的战术。范多思在这场战役中丧生。他的同胞们先是找到了他的被射满了箭的战马，然后从土著人手中夺回了他的尸体。还有一种说法称，范多思身首异处，他的鼻子、耳朵和手都被割了下来，四肢被获胜的葡萄牙人带走，而身体的其他部位被美洲印第安人吃掉了。[44]

萨尔瓦多的陷落导致在葡萄牙的修道院和教堂参加宗教活动和布道以寻求宗教保护的需求急剧增加，但消息传到荷兰海岸的速度却很缓慢。[45]直到8月26日，在荷兰人进攻成功3个月后，即萨尔瓦多被攻陷的消息传到里斯本1个月后，玛丽亚·范雷格斯伯奇（Maria van Reigersberch）在写给她在巴黎的丈夫、伟大的法学家胡戈·格劳秀斯（Hugo Grotius，1583—1645）的信中谨慎措辞，告知了丈夫"来自西印度群岛舰队的非常好的消息"，但补充道，"尚未得到证实"。那个星期的晚些时候，消息被确认属实，各个城镇甚至在宣布公共节假日之前就开始了自发的庆祝活动。[46]荷兰南部的人们对北方的欢腾庆祝感到怀疑。在那里，第一份真正的报纸传播了这样一种观念，即有关萨尔瓦多沦陷的新闻并不属实，实际发生的只是荷兰入侵者对一些教堂的掠夺。[47]

荷兰人对萨尔瓦多的控制是短暂的，部分原因是西印度公司董事们的疏忽。海军上将威利肯斯获准起航，仅在当地留下1,600

人。[48]尽管另一支荷兰舰队已装备好了,但伊比利亚人率先做出反应,他们带着56艘船和至少12,463人出海,这是18世纪中叶以前横渡大西洋的最大规模舰队。[49]舰队的规模反映了伊比利亚当局对巴西其他地区和西属殖民地,尤其是白银资源丰富的秘鲁处于危险之中的担心。[50]舰队中的许多人是从北非撤离的葡萄牙驻军,而其他人则拥有高贵的血统,他们被皇家的特许和特权的承诺吸引而来。舰队由阿尔巴公爵的亲戚,唐法德里克·阿尔瓦雷斯·德托莱多·奥索里奥(Don Fadrique álvarez de Toledo Osorio)上将指挥。1625年3月下旬,当他的舰队抵达万圣湾时,针对伊比利亚人的海上封锁与围困行动便开始了。与此同时,荷兰人深受内乱之害。范多思的继任者,总督威廉·斯豪滕(Willem Schouten)并没有受到自己士兵的尊敬,他被免职了。士兵们选择了继任者汉斯·基夫(Hans Kijff)并向其施压,要求与德托莱多进行谈判。经过4天的斗争和谈判,基夫与舰队签署了一项协议,荷属萨尔瓦多的时代就这样于1625年4月30日结束。[51]

收复萨尔瓦多的消息引发了伊比利亚半岛上大规模的庆祝活动——在那里,好消息已经成为非常稀缺的商品。人们不仅在里斯本组织了一次有礼炮与焰火表演的大型游行,而且在胡安·包蒂斯塔·马伊诺(Juan Bautista Maino)即将成名的油画和洛佩·德维加(Lope de Vega)的戏剧中也描绘了这场胜利。[52]荷兰共和国国内的不同气氛是可以理解的。为何会如此之快地失去新的殖民地?军队怎么能甘愿投降,放弃了270门大炮以及充足的武器弹药库？[53]政府的调查将责任归咎于殖民地议会成员,他们被认为缺乏勇气,在维持秩序上失职。[54]7名官员被判处死刑——无一执行——他们在最后关头因索尔姆斯(Solms)的阿马利娅(Amalia)的请求而获赦免——她当时刚成为新总督弗雷德里克·亨利(Frederick Henry)的配偶。[55]

尽管征服萨尔瓦多的行动最终失败了,但"大战略"仍然有效。作为"大战略"第一阶段的第二步,萨尔瓦多被占领期间的第二指挥官皮特·海恩在威利肯斯担任7艘军舰指挥官的1周后离开了巴西,他此行的目的是控制安哥拉的罗安达港口。在海恩到达前不久,菲利普斯·范祖伊伦(Filips van Zuylen)率领的一支中队试图占领该港口,但是失败了。因此,当海恩的战舰出现时,防御者已经做好了充分的准备。此外,荷兰人对当地情况的分析再一次被证明过于乐观。海恩本指望来自刚果的盟军,但由于这个非洲王国正面临国内问题,他们没有出现。皮特·海恩意识到自己此行注定失败,他只能满足于起航去追逐敌舰。[56]

"大战略"的第二阶段始于去往萨尔瓦多的舰队的离开。在舰队分头前往加勒比和非洲之前,荷兰在当地据点的力量有待加强。尽管34艘船的舰队规模是合适的,但缓慢的准备工作和恶劣的天气导致舰队离开荷兰时已经太晚,以至于舰队上的人们无法在萨尔瓦多完成任何任务。直到5月26日,即舰队恢复的3周之后,荷兰的增援部队才在爱达姆镇(town of Edam)镇长鲍德温·亨德里克斯(Boudewijn Hendricksz)的带领下看到了万圣湾。[57]

在疾病夺去巴西700名士兵的生命之后，作为"大战略"的第二阶段的执行者，亨德里克斯带领18艘船驶入加勒比海。[58]其中有3艘船在飓风中失踪，其他船也遭受了严重破坏，但荷兰人还是到达了波多黎各。波多黎各总督退出了首府圣胡安（San Juan），荷兰人开始了对城镇和教堂的掠夺。但是，他们无法击败驻军。亨德里克斯未能在此次加勒比远征中幸存下来，他的继任者同样没有打败西班牙人便离开了。更不幸的是，在亨德里克斯之后展开的另一次远征中，荷兰人发现萨尔瓦多再度回到了敌人手中，荷兰人以失败而告终。在入侵波多黎各时未增援亨德里克斯的船队参加了对西非的圣乔治堡（葡萄牙人的"神经中枢"）的袭击。尽管荷兰入侵部队的规模在与扬·德克斯·拉姆（Jan Dircksz Lam）率领的另一支荷兰舰队偶遇后有所扩大，但合并后的部队仍无法与葡萄牙守军及其当地盟友相匹敌，后者于1625年10月25日伏击了荷兰人。1,200名荷兰人中有441人丧生，其中有许多人丧命于黑人战士之手——这些黑人战士渴望借此得到葡萄牙人所承诺的经济报酬。[59]

在萨尔瓦多与圣乔治堡的惨败，以及在罗安达与波多黎各远征的挫败终结了"大战略"。雄心勃勃并没有带来任何实质性的成果，失败的原因不在于缺乏士气或战斗力，而是因为西印度公司的董事们过于冒进。如果消除侥幸心理才是成功关键的话，那么"大战略"从一开始就注定要失败。

私掠和海军行动

萨尔瓦多的陷落让西印度公司的批评家们一下子都冒了出来。一位撰写小册子的作者写道,"在我们的土地上"最明智的人曾预言对巴西的征服将会流产。他进一步补充说,毕竟,巴西是西班牙王室的重要部分,西班牙必然要竭尽全力保住巴西,因此,征服萨尔瓦多等城市是行不通的。荷兰人应该像1596年在加的斯一样,直接以劫掠的方式对付萨尔瓦多。[60]

尽管发生在陆地上的劫掠并不像在海上那样多,抢劫伊比利亚人财产的事情的确还是发生了。在1621年之后,对战的双方都依赖劫掠船,战争因而呈现出明显的海事性质。最初,联省议会只是鼓励缴获伊比利亚战舰和私掠船,但是从1625年开始,所有敌方船只都可以被扣押。[61]而且俘获大多数西班牙或葡萄牙的船只几乎不费吹灰之力,因为这些船只通常较少武装。[62]尽管大多数敌军船只是被西印度公司和其他专门的私掠船扣押的,但许多荷兰的运货商和乘客也参与私掠活动。例如,一艘于1628年将移民运送到多巴哥的荷兰船击败了里斯本附近一艘满载货物的葡萄牙运糖船。[63]在整个大西洋上,掠夺伊比利亚战利品的过程中发生了很多事。乘坐第一艘游艇或帆船以获得战利品的水手砸碎了箱子,拿走一切他们喜欢的物品。[64]葡萄牙船是荷兰人最喜欢的劫掠目标,并非所有荷兰人都待在家门口,一些人祈祷能在非洲西海岸的洛佩斯-贡萨尔维斯角(Cape Lopez Gonçalves)附近遇到从贝宁(Benin)、卡拉巴尔(Calabar)

和阿德拉（Ardra）返回圣多美的葡萄牙船。[65]

葡萄牙和巴西之间的航运因私掠船而损失惨重，仅在1625年至1626年间，那些私掠船就俘获了80艘与巴西做贸易的葡萄牙船。接下来的一年，皮特·海恩和他的西印度公司舰队在巴西沿海水域掠夺了38件战利品。[66]这些行动严重打击了巴伊亚的糖业经济，致使糖料的运费翻了1番，葡萄牙因国库空虚而无法缴纳关税。[67]葡萄牙的奴隶贸易也受到了私掠船的影响，仅在1625年，私掠船就从圣多美的奴隶贸易中获得了约100万雷亚尔的收入。在此期间，西属美洲奴隶贸易的主要来源——安哥拉的贸易也受到了影响。根据登记，沿三角贸易航线驶往安哥拉的船只数量从1628年的15艘减少到1629年的3艘，之后才在1630年小幅增加到8艘。[68]

据当代西印度公司编年史专家，约翰尼斯·德拉埃特估计，从1623年到1636年，西印度公司军舰对伊比利亚敌人造成的直接损失为3,700万荷兰盾。在此期间，荷兰人扣押了547艘西班牙和葡萄牙船。[69]一位撰写小册子的作者1651年在回顾历史时写道，在这些年里，几乎每个月都会看到荷兰共和国水域上代表胜利和喜悦的旗帜，以及挥舞敌旗的船只，全国的街道上到处都是胜利的歌声和欢呼声。[70]私掠船在大西洋上开展大规模活动有一个弊端：靠近家园，船和船员短缺以及危及荷兰的海上防御。[71]

1621年停战协议的结束，也见证了哈布斯堡王朝领导人对海洋战争的新承诺。实际上，重大的政策变化发生了——西班牙王室不再倾向于使用大型的攻击舰队，而是指望利用小规模的私掠行动来进行商战。[72]在腓力二世统治期间，西班牙的私掠船几乎消失了，但是在1588年无敌舰队的灾难性远征之后，当局寄希望于通过私掠船保卫西班牙的海岸。[73]从1621年开始，西班牙建造了数十艘新船。荷兰船在前往法兰西的途中遭到袭击，尤其是遭到了全然不顾法兰西中立立场的驻波尔多（Bordeaux）的西班牙私掠船的袭击。[74]最有效的创新是整修西属尼德兰的敦刻尔克港（port of Dunkirk），西班牙人建造了一座配备有200门指向海面的大炮且防御良好的堡垒，这对于荷兰人而言无异于灭顶之灾。在随后的25年中，为西班牙服务的私掠船押着大约3,000艘荷兰船驶入敦刻尔克港，使所有荷兰海关的收入化为乌有。[75]尽管在欧洲的荷兰航运是敦刻尔克海盗的主要目标，但其他从大西洋彼岸返回的船员和他们的船主也因这些随时会追上他们的海盗而苦恼。[76]他们不只是担心自己的船和货物的损失，还害怕知道有荷兰水手被绞死或溺亡。[77]当然，海战也是危险的。西印度公司的"上艾瑟尔号"（Overijssel）船在1630年从巴西返回时，与3艘敦刻尔克船（2艘大船和1艘小船）交战，最终导致31名船员丧生，45人受伤。[78] 5年后，刚刚在加勒比地区俘获了11艘西班牙船的海军英雄科内利斯·约尔（Cornelis Jol, 1597—1641）指挥的载着数千比索（Peso，主要在西属殖民地使用的货币单位。——编者注）的船被敦刻尔克人击沉。约尔本人被判入狱。[79]敦刻尔克造成的威胁最终在1646年被法兰西人解除，由梅尔滕·特隆普（Maerten Tromp）指挥波兰、乌克兰士兵以及10艘荷兰船发起了围攻，西班牙人终于撤离。[80]

虽然"大战略"不再具备可行性,但荷兰人还是没有放弃作为"大战略"重要组成部分的海上战争。他们将目光聚焦在俘获西班牙的白银运输船上。荷兰人意识到,白银对于哈布斯堡王朝意义非凡。夺取白银既能削弱敌人,又会增强荷兰人的士气与供给。除了控制美洲商品中心以外,最好的选择就是劫掠运输船。正如我们所看到的那样,荷兰人企图在秘鲁海岸附近劫持运输船的尝试失败了,但是在加勒比海的潜在战利品甚至更多,因为从墨西哥和秘鲁返回的舰队不得不经由那里前往西班牙。尽管西班牙的防御系统而全面,有海军护航横跨大西洋的舰队和防御工事来保护加勒比海的主要港口,但西印度公司并不认为俘获归国的西班牙舰队的行为过于鲁莽。众所周知,在波多黎各的攻陷行动失败之后,由于缺乏纪律,鲍德温·亨德里克斯的船队错失了一次俘获宝藏舰队的绝好机会。[81]多年来,荷兰人一直在研究构成西班牙大西洋帝国生命线的墨西哥舰队和秘鲁帆船的动向。他们充分的准备工作终于在1628年带来了丰厚的回报——海军上将皮特·海恩和他的部下在一场激战中,在从韦拉克鲁斯(Veracruz)到塞维利亚的途中俘获了满载财宝的墨西哥舰队。

在古巴的马坦萨斯湾,由2,300名水手和1,000名士兵组成的荷兰舰队制服了西班牙"弗洛塔号"(Flota)舰队,并控制了包括贵金属、靛蓝植物、胭脂虫、烟草和染料木在内的货物,收益总额估计为1,150万荷兰盾。[82]西班牙人没有遭受更大的损失,因为大多数黄金和部分白银在装船时并未被登记——这些贵金属都进了官员和士

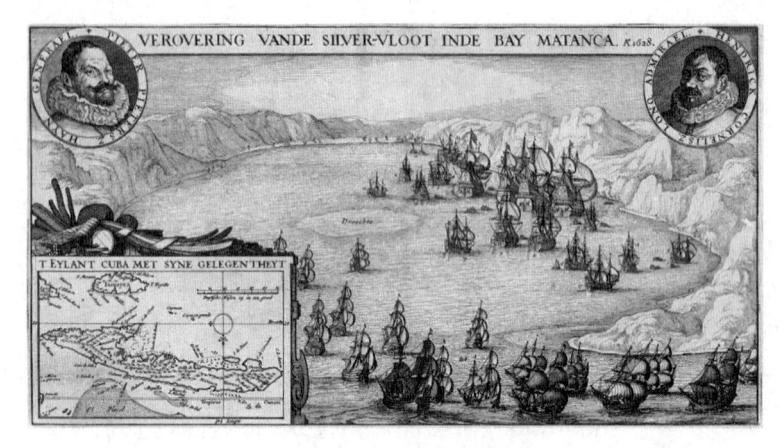

皮特·海恩（前方）率领的荷兰舰队在古巴马坦萨斯湾突袭西班牙宝藏舰队（后方）。（新闻地图，1628年，阿姆斯特丹，国立博物馆）

兵的口袋里。[83]一位不愿透露姓名的西班牙目击者简述了战败者的悲惨遭遇。在荷兰人控制了西班牙船后，船上有2,000人上了岸。他们或者只穿衬衫，或者赤着脚，在躲避流弹和无情暴雨的过程中在群山之间迷失。许多人整夜整夜地徘徊，有人不断地哭泣，还有人止不住地叹气或愤怒地咒骂。[84]

那天晚上，皮特·海恩和其部下进入西班牙舰队第三重要的"安提瓜岛号"（La Antigua）船，船长仍留在船上。海恩提到这次行动时说，此次并非他的最佳表现，他在巴西海岸的功绩更加令人印象深刻。西班牙船长不同意，他说海恩还没意识到他得到了什么样的宝藏。[85]然而，海恩的任务尚未完成。只有绕开了27艘敦刻尔克私掠船之后，舰队和掳获的财宝才能回到他们的家园。[86]直到今天，海牙、莱顿、哈勒姆和阿姆斯特丹的人们依然敬仰皮特·海恩并视其为英雄。一位当代历史学家写道,从来没有这么多财富进入联合省。[87]海恩的"丰功伟绩"激发了人们的想象力,当时涌现出无数诗歌,鼓舞年轻人放弃学徒生涯,报名加入西印度公司。[88]征服白银舰队也许是西印度公司的最大成就,当然这也是其永远珍惜的时刻。在接下来的几年,董事会会议都将在一个房间里举行,房间里不仅摆满了墨西哥羽毛、中国书画和被拔下来的非洲象牙,还放着几面西班牙海军"弗洛塔号"舰旗和画框上镀有来自西班牙舰队的白银的大型画作。[89]

海恩在马坦萨斯之战后不久就去世了。他在战后离开了西印度公司,以海军少将的身份服役于荷兰海军。在针对敦刻尔克人的首次任务中,他在追捕一群奥斯坦德(Ostend)海盗时被子弹击中,死在船的甲板上。[90]他的对手唐胡安·德贝纳维德斯·巴桑(Don Juan de Benavides Bazán)的寿命要长一些,但是也没有活太久。经济崩溃和国家声誉受损的双重打击让腓力四世倍感愤怒,他毫不同情西班牙跨大西洋贸易史上唯一一位放弃舰队并因此导致其癫痫病发作的海军上将巴桑。1634年春天,塞维利亚的绞刑架结束了巴桑的一生。[91]

重获动力

白银存放于阿姆斯特丹西印度之家大楼的地下室后,会作为铸造货币用于交易,或者在外汇银行卖出以赚取现金。[92]十九人委员会随后将其轻松得到的收益净利润的50%慷慨地给了投资者，这一决定此后将一直困扰他们，因为这意味着只有150万荷兰盾进入了西印度公司的金库。然而，在这个关键时刻，公司董事会只想要好好庆祝一番，联省议会的议员们也非常高兴。他们高兴的是，因为担心荷兰人会再度发动袭击，西班牙在印度群岛上的议会立即将大炮和火药送到加勒比海港口，以便从欧洲战区转移作战资源。再则，下一支准备从秘鲁总督港返航的西班牙舰队也被拦截，致使身在荷兰的哈布斯堡王朝士兵的军饷不得不被推迟支付，而联省军队则从中受益。[93]荷兰军队还从皮特·海恩的战果中直接获益。部分白银被用来资助对斯海尔托亨博斯（'s-Hertogenbosch）的成功围攻，从而结束了西班牙人对这一南部城市的控制，挫败了腓力四世对尼德兰北部地区的进攻策略。

此外，宝藏舰队的损失给哈布斯堡宫廷带来了一种不确定感，谣言因此而开始流传。例如在1629年6月，有传言称荷兰人正准备征服整个西班牙殖民帝国。一支舰队将夺取西属西印度群岛，而另一支舰队将攻占葡属东印度群岛。在另外一些传言中，英格兰和法兰西支持荷兰，考虑到英格兰和西班牙之间的战争状态（1625—1630），这一传言倒是并不牵强。不管这些谣言是否可信，1个月后，西班牙王室装备了由36艘船组成的超大型舰队，舰队被命名为"加利弗洛塔号"（galiflota），这使得指挥官德托莱多控制了加的斯——他曾使萨尔瓦多在1625年重新回到了西班牙的统治之下。这支新舰队有多个目标：对抗遇到的荷兰舰队，追捕来自西属加勒比海的尼维斯岛（Nevis）和圣克里斯托弗岛（St. Christopher）的外国移民，并将下一批宝藏舰队安全护送回国。[94]德托莱多达成了上述全部目标。

西班牙在17世纪第二个25年里（尤其是在马坦萨斯战争之后）的主要关注点是保护跨大西洋的白银运输，这是迄今为止西班牙从新世界获得的最重要的商品。自16世纪60年代以后，西班牙官员通过组建2支装备精良的舰队，建立起了西班牙的跨大西洋贸易体系——Carrera de Indias——在理想的情况下，这2支舰队能每年出航以护卫白银运输，并抵御海盗和海盗船的袭击。如果西班牙想保证上述跨大西洋贸易体系的继续存在，仅仅保护宝藏舰队并不够，整个加勒比世界的港口都必须得到保护以免遭受外来入侵。荷兰人大胆的行动和有关即将发生入侵的谣言促使西班牙努力加强加勒比海主要港口的防御工事，尽管实际的建筑活动规模非常小。可能与荷兰的威胁以及在波多黎各的圣胡安入侵带来的教训有关的是1626年4月19日的一项皇家法令，该法令下令在卡塔赫纳建造大规模的防御工事，由此建造了圣克鲁斯大城堡（Castillo Grande de Santa Cruz）。[95]在圣胡安，许多长久居住于此的居民感到绝望。如果关于驻军少、防御力差的不满被置若罔闻，他们甚至打算离开该岛。[96]他们的担忧以及岛上行政长官们的看法催生出各种各样的倡议，但最终，一切都保持原样。因此，主城堡依然没有得到保护。[97]

有关大西洋上敌军谣言的四处传播确实在1629年给新西班牙的韦拉克鲁斯敲响了警钟，总督塞拉尔沃侯爵（Marquis of Cerralvo）开始组织防御。他下令市议会购买400支步枪和火器、6门铜制火炮以及火药和铅弹。根据这些命令，人们分别在1633年和1634年建造起2座小堡垒。[98]相比之下，作为宝藏舰队的重要停靠港口，哈瓦那没有做出任何改变。即使在马坦萨斯战之后，也没有增加驻军，这座城镇亟须维修（1633年的一次检查时记载）的主要堡垒也直到17世纪40年代才得以重建。[99]

尽管这个大都市无所作为，西属印度群岛依然撑了过去。[100]鉴于荷兰人的野心和美洲防御力量的不足，西班牙人对荷兰私掠船的恐惧不无道理。在1629年至1640年间，荷兰人又进行了4次劫掠西班牙宝藏舰队的尝试，但由于荷兰方面的沟通不畅以及西班牙的巧妙应对，所有尝试都以失败而告终。[101]但是，并非所有荷兰人的努力都是徒劳的。1631年10月，运载了2年贵重金属的墨西哥宝藏舰队在与大自然的斗争中惨败——在往返加勒比海上的荷兰舰队将开航日期推迟到飓风季节来临后，宝藏舰队几乎被摧毁。[102]

马坦萨斯事件是持续赠予荷兰人的礼物。一方面，西印度公司已经开始依赖各省的补贴，这些补贴能帮助西印度公司支付士兵军饷、船只和俘获船只的奖金。但是，各省一直拒绝达到配额要求——到1628年秋季，他们拖欠了总计869,379荷兰盾。[103]另一方面，俘获"弗洛塔号"舰队增加了公司恢复财务稳健的信心，促使公司决定返回巴西。现在的重点是拥有150个糖料种植园并且每年向葡萄牙派出120艘船的北部的伯南布哥。[104]西印度公司提交的一份报告称，荷兰人比葡萄牙人更有优势进行糖料贸易，因为他们可以以较低的价格提供欧洲商品，并且免收交通费和什一税。此外，入侵和占领伯南布哥并不难。[105]由于皮特·海恩不再供职于西印度公司（并且于最近被杀），亨德里克·科内利斯·隆克（Hendrick Cornelisz Loncq, 1568—1634）被任命为荷兰舰队的队长。隆克是一位在大西洋水域有着丰富经验的航海家，早在1606年他就在纽芬兰俘获了2艘伊比利亚船。[106]最近，他还担任海恩远征西班牙宝藏舰队的第二指挥官。1629年5月至6月，由67艘船和游艇组成的荷兰舰队分3批起航，引发了前述的荷兰人袭击东印度群岛和西印度群岛的传闻。8月23日一大早，在大加那利岛（Gran Canaria）和特内里费岛（Tenerife）之间，8艘荷兰船和游艇突然被唐法德里克·德托莱多的"加利弗洛塔号"舰队包围。尽管遭受了猛烈的炮火袭击，荷兰方面仅损失了几人，但是有7艘船被德托莱多俘获。[107]为什么他们的大多数船仍能幸免于难？这还有待解释。

在佛得角群岛（Cape Verde Islands）其中之一的圣文森特岛（St. Vincent）停泊时，隆克的船队得到了荷兰方面的增援，他率领由52艘船和13艘单桅帆船组成的船队前往伯南布哥。接下来的2月15日发生了一起经过演练的袭击。正如荷兰人入侵萨尔瓦多（1624年和1627年）、罗安达（1624年）、波多黎各的圣胡安（1625年）和圣乔治堡（1625年）时所做的那样，隆克决定突袭。他的目的是将商船从锚地引开，让荷兰船靠岸，再让大批士兵登陆以占领堡垒。[108]在大多数情况下这种设想是失败的，在伯南布哥，士兵进攻比预期花了更长的时间。紧闭的港口入口阻碍了荷兰人的进攻，葡萄牙人在其中的一个入口处放置了2列共计8艘船。荷兰士兵在通往2个敌方堡垒的地方挖好战壕并搭起炮台之后，才开始对其中的1个堡垒进行炮击，堡垒的墙壁迅速倒塌并裂开缺口。第二天，葡萄牙的指挥官举起了白旗。[109]荷兰人因此控制了累西腓的港口和小镇，此后，累西腓成了荷属巴西的总部。[110]荷兰军队原本更青睐其于不久前征服的伯南布哥首府、面积更大的奥林达。[111]与在山丘上建造的奥林达相反，累西腓的地势与海平面持平，因此有可能建造起一座更令人熟悉的荷兰小镇（与位于不同海拔的萨尔瓦多不同）。[112]征服奥林达和累西腓的消息在荷兰国内激起了人们的狂喜。荷兰政府于5月1日组织了一次官方的感恩日，隆克和远征队的其他指挥官们于7月23日返回阿姆斯特丹时还接受了大规模游艇的致敬。他们甫一上岸，人们就拥挤着上前热烈欢迎他们的归来，以至于这些英雄们很难抵达西印度之家大楼。[113]

没有被提到的是，讲图皮语的巴西波蒂瓜（Potiguar）土著在那天对荷兰入侵所做的一切。自16世纪中叶开始对葡萄牙人发动战争之后，他们于1625年抓住机会与荷兰人站在一边。那时鲍德温·亨德里克斯的舰队抵达帕拉伊巴（Paraíba），徒劳地驶向萨尔瓦多——那里荷兰的国旗刚刚被降下。巴西北部的荷兰—波蒂瓜联盟是短暂的。当舰队离开时，亨德里克斯只允许一小群波蒂瓜男人随同他们一起驶往加勒比海。最终有13名美洲印第安人到达联合省，他们在那里学习了当地语言并加入了归正教会。他们还为西印度公司提供了有关巴西的重要图表和经济情报。[114]

面对荷兰对巴西的入侵，哈布斯堡王朝领导人没有选择派遣恢复了元气的新舰队。第二年，他们确实装备了舰队，该舰队在经验丰富的海军上将安东尼奥·德奥肯多（Antonio de Oquendo）的指挥下带着物资和增援部队（其中包括来自西班牙、葡萄牙和那不勒斯的男人们）前往萨尔瓦多。奥林达的陷落使得萨尔瓦多处于弱势，但是德奥肯多的此次出航非常成功。舰队顺利地抵达萨尔瓦多，还在1631年9月12日的海战中重创荷属巴西的海军。众多荷兰士兵因此丧生，荷兰海军上将阿德里安·扬斯·佩特也身着重甲溺亡。[115]尽管这场争端似乎以平局告终，但死伤人数无从确认。然而，德奥肯多胜利返回里斯本，四处传播敌军有2,000名士兵死亡的消息。荷兰人则将他们失去的士兵人数厘定为350，他们认为伊比利亚人的死亡人数要高得多——有1,500人死亡。这位男子指出，在这艘被征服的西班牙舰上发现了太多的人体残肢和鲜血，只能用扫帚来清扫。即使这样，荷兰人很显然没有全部履行完他们的职责。特别是荷兰船的5名船长，他们由于未遵守命令登上西班牙船而被定罪。[116]

德奥肯多到达萨尔瓦多后急需援军。在荷兰入侵后的18个月中，伊比利亚方面只有580名雇佣来的职业战士。尽管如此，雇佣军队并没有单独面对荷兰人。历史学家埃瓦尔多·卡布拉尔·德梅洛估计，伊比利亚人可以在伯南布哥动员多达1.9万名男子：8,000名白人、8,000名黑人奴隶和3,000名美洲印第安人。到1631年10月，荷兰的官方统计数据为4,477名士兵和2,240名水手。[117]哈布斯堡王朝新部队的到来并没有受到当地居民的欢迎，因为他们还得交维持费。这种征费行为引发了人们极大的不满，1633年3月，伯南布哥的三四个地区都发生了起义。[118]

荷兰在巴西的军费由母国承担，在新殖民地代价昂贵的冒险活动很快成为国内批评的对象。1632年，即入侵伯南布哥仅2年后，西印度公司无法承受如此沉重的经济负担，公司董事们向联省议会寻求帮助，要求立即拨款50万荷兰盾，之后每年持续拨款70万荷兰盾。[119] 1年后，在与荷兰南部的和平谈判中，巴西成为有争议的问题，因为在谈判桌上的南部代表团明确表示：在任何情况下，荷兰人都不能保留伯南布哥，西印度公司也不能继续存在。[120]西印度公司代表因此不得不进行辩护，以反击那些认为他们阻碍了和平之路的荷兰人。西印度公司的董事们自豪地强调他们于1629年向共和国提供了其急需的帮助——当时的共和国受到了严重威胁。除了势不可当的德意志军队入侵荷兰，荷兰人还必须应对哈布斯堡王朝在费吕沃（Veluwe）的进攻。[121]西印度公司泽兰商会已同意派遣士兵，梅兹商会也已派出100名火枪手乘马车前往阿纳姆（Arnhem），另有1,100名士兵被派往乌得勒支和哈特姆（Hattem）。[122]所有这些人早已经准备好随隆克的舰队前往伯南布哥，但现在计划已中断了3个月，因此，西印度公司董事们的观点的说服力值得怀疑。毕竟，在荷兰军队2.4万名士兵和4,000名骑兵的总兵力面前，西印度公司部队的总人数稍显单薄。[123]此外，西印度公司军队对国内战争的实际贡献也可以忽略不计，因为许多士兵发现自己必须在野战部队中服役后就纷纷逃走了。[124]

西印度公司阿姆斯特丹商会称，与哈布斯堡王朝新的停战协议将是该公司的"死亡之吻"。西印度公司实质上就是一台为荷兰提供服务的战争机器，也是数以千计的士兵和水手的雇主，以及食品的消费者、进口商和出口商。[125]由于西印度公司的资金不足以资助持续的战争行动，因此西印度公司必须得到各省的财政支持。在巴西，该公司已准备好在宣布胜利之前进行最后一搏。十九人委员会复述了莫尔贝克的估算，他们声称巴西将产生的利润约为500万荷兰盾。[126]他们估计需要70万佛兰德镑来确保整个巴西的安全，这与西印度公司每年为荷兰国民经济所贡献的700万佛兰德镑相比不过是九牛一毛。阿姆斯特丹市政府反驳了这些说法，他们指出西印度公司仅为国民经济贡献了250万佛兰德镑，而不是700万佛兰德镑。十九人委员会没有把9,000名西印度公司水手的薪水、口粮以及舰队的装修费用计算在内。[127]阿姆斯特丹市的官员们不认为有必要支持在巴西的战争，他们甚至不相信战争有存在的必要，他们命令参加荷兰省议会的代表团同意撤离巴西。鹿特丹和多德雷赫特（荷兰省政府代表的18个城市中的2个），与阿姆斯特丹一样希望"结束这场痛苦而沉重的战争"，但哈勒姆、莱顿、豪达（Gouda）、霍伦和恩克赫伊曾的代表对此表示反对。[128]

1633年，荷兰人既没有与西班牙签订和平协议，也没有从巴西撤军。伯南布哥的战事因此而延长，结果是导致人口减少——战前该地区的人口为9.5万人，其中包括4万名白人、4万名黑人奴隶和1.5万名美洲印第安人。[129]那些活下来的人都体格强壮，足以参加游击战——他们更倾向于这种对战方式。荷兰人起初不太熟悉这种打法，但是他们学得很快，并且很快就成为伏击专家。[130]这片土地遭受了战乱的摧残——双方都从制糖厂抢夺糖料，并且荷兰人烧了许多葡萄牙人控制地区的糖料种植园。

为了满足荷兰和西班牙军队在低地国家作战的条件，在葡属巴西总督马蒂亚斯·德阿尔布开克（Matias de Albuquerque）的倡议下，在低地国家交战的双方——荷兰与西班牙——于1633年在巴西签署了所谓的人道主义协议。但是——就像总督发现的那样——这一协议违反了西班牙战争委员会的意愿。[131]该协议规定，不得在教堂纵火或毁坏雕像，遵守规定的士兵应被赦免——该规定的适用对象是被监禁的士兵和水手。[132]尽管如此，在随后的几年中双方都有暴力行为。为了明确响应哈布斯堡的类似命令，荷属巴西总督约翰·毛里茨在1640年下令其部队不再放过敌方士兵。直到1年后，荷兰人和他们在巴西的敌人签署了新的条约以赦免遵守规定的士兵与平民。[133]然而，在美洲其他地区，对荷兰人的虐待仍在继续。在一封寄往阿姆斯特丹的信里写道，在哈瓦那和加勒比海的其他西班牙人控制的港口，荷兰因犯的待遇连狗都不如。他们靠救济活着，不得不像奴隶一样辛苦劳作。[134]十九人委员会于是决定以其人之道还治其人之身，他们指示巴西执政委员会必须将所有敌方囚犯绑起来，迫使他们像奴隶一样工作，以此来看看"这群卡斯蒂利亚人（Castilians）是否能因为此报复手段而恢复理智"。[135]

在西属加勒比的地牢中苦苦挣扎的荷兰人通常来自私掠船。从理论上讲，那些没有反抗就投降的人可以随身携带背囊和必要的口粮自由通行，那些反抗者按照战争规则也可以被释放，但不能携带任何财物。唯一受过严刑惩罚的是那些在战斗中试图利用自己的船逃跑的人——他们将被处以绞刑。[136]但是西班牙人有时也会不遵守规则。1636年，当地的海盗劫持了要离开弗利辛恩的商船后，船上的18名船员不得不在哈瓦那服刑4年。[137]在荷兰人方面，他们有时等待很长时间才释放西班牙囚犯。在宝藏舰队被劫持18个月后，许多西班牙海员仍被关押在荷兰共和国。[138]然而，荷兰人从来没有像他们在1624年6月在秘鲁海岸所做的那样过分。那时的秘鲁总督拒绝用2名荷兰逃兵交换2名西班牙战俘，荷兰人枪杀了21名西班牙战俘以示报复。[139]

先入为主之见

当第一批荷兰海外探险队离开欧洲水域时，非洲人和美洲印第安人还只是抽象的存在，人们只是在他们身上投射希望、恐惧和幻想。即使在建立了第一批海外殖民地之后，许多荷兰人也不大可能区分清楚遥远大陆上的本地人。广为人知的编年史家范瓦塞纳（Van Wassenaer）断言，东印度群岛的居民主要是"摩尔人"——该术语原本只适用于黑人。[140]同样，1649年的一本小册子作者在指责新尼德兰的管理者威廉·基夫特（Willem Kieft）屠杀了"1,500名可怜的非洲人"时，将非洲人与美洲印第安人混为一谈。[141]像欧洲其他地方的收藏家一样，一些荷兰人搜集了各种各样的物品以试图掌握那个世界的情况。组成奇珍异宝（Kunstkammern，"奇物柜"）的物品越晦涩难懂，其价值就越高。收藏家们并未清楚地区分来自美洲的物品和源自其他遥远地区的物品。莱顿大学（University of Leiden）的公共剧院展示了来自俄罗斯和暹罗（Siam）的鞋子、埃及的木乃伊以及北美土著使用过的锤子。[142]

人们对欧洲以外的世界在很大程度上仍然充满未知，那些地方到处都是奇观异象。西印度公司的董事约翰尼斯·德拉埃特出版了一部有关新世界历史的权威著作，还将一些珍奇之物寄给了医学教授与古物学家戴恩·奥勒·沃尔姆（Dane Ole Worm），在他1646年写的一封信中附带了一个小盒子，信中写道："在所有东西里，我想你会喜欢一具手骨和一些美人鱼的肋骨。它们是在安哥拉沿海水域被发现的。葡萄牙人用他们的语言称呼她为……'海妖'。我从一位葡萄牙学者那里听闻，从肋骨上发现的球状物非常适合用于止血。我希望能尽快看到活物的照片。"[143]

在被归为属于非洲人和美洲印第安人的所有奇异特质中，"食人"可能是他们最大的共同点。这一点一直以来都被众多欧洲出版物以及自称是目击者的证人们不断地重复与强化。[144]这种观念是如此根深蒂固，以至于在1622年，一艘荷兰船停靠在阿德拉（今天的贝宁）并受当地土著邀请去进行贸易时，船员们认为当地人是食人魔而拒绝了邀请。[145] 2年后，拿骚舰队进入了合恩角（Cape Horn）以北的海湾，当时他们正在寻找淡水和压舱物。年轻的维特·德维特（Witte de With，1599—1658）是其中一艘船的船长。他注意到荷兰人遇到了一群野蛮人，这些野蛮人杀死并吃掉了17名荷兰人。[146]与此同时，尼古拉斯·范瓦塞纳（Nicolaes van Wassenaer）收集了来自世界各地足够的信息以便对"食人族"进行分类：来自巴西的"食人族"吞食人体的任何部位，几内亚和非洲西南部的土著人更喜欢人体的手和脚，那些来自东印度群岛的科贝罗（Combelo）的人们则很喜欢人体的大脑和肌肉。[147]尽管很明显的是，荷兰人通常自欺欺人地认为他们在和"食人族"打交道，[148]但我们必须考虑到，不同的部落几乎无法区分是以狩猎动物为食，还是对人类发动战争。[149]其他人则同类相食，吃掉了部落成员。那些指控当地居民吃人的荷兰人没有表达他们自己的先入之见。土著人的观念也在荷兰人的脑海中留下了烙印。例如，在西非，当地人习惯性地把那些因其破坏力强而令人感到恐惧的群体称为"食人族"。[150]

像其他欧洲人一样，荷兰人不认为同类相食是一种种族特征，而是异教或环境的产物。[151]"食人族"的概念源自中世纪的神话和古典作家，欧洲人有时以此来表达对非洲大陆以及北美和南美大陆的见解。[152]来自泽兰省纽波特镇（town of Nieupoort）的洛伦斯·洛伦什（Lourens Lourensz）遇到了后者，至少他是这样报道的。1618年，他所乘的仅重24吨的小船在开往亚马孙河的途中失事。20多名船员中约有一半丧生，有3名船员逃了出来，并在10天后受到阿拉库罗（Aracouro）当地人的欢迎，他们的村庄位于今天的苏里南卡西波拉河（Cassipora River）上。他们中有2个人死于痢疾，洛伦斯成为唯一的幸存者。在接下来的8年中，在被另一艘泽兰船发现之前，洛伦斯不情愿地加入"食人族"，并目睹了敌军部落的一名成员被捕："他身形矮胖，在应该是脖子的地方只看到一头长长的黑发。他的胸部中间是鼻子，眼距很宽，没有耳垂，耳道狭小到几乎看不到，这一切看上去都很恐怖。"[153] 还有，这不是一个欧洲人将熟悉的概念投射到未知土地上的直接案例。洛伦斯的描述与当地关于怪异的"种族"的形象相吻合，沃尔特·雷利爵士（Sir Walter Raleigh）早前对圭亚那的描述中就已经体现了这一点。[154]

这些所谓怪异种族的存在证明了土著人的另类。早在荷兰人第一次到达美洲之前，关于极其长寿的马克罗比（Macrobii）地区的人们的经典故事就已经传播到了美洲。阿梅里戈·韦斯普奇（Amerigo Vespucci）已经写过美洲印第安人活到150岁才去世。在荷兰服役的一名德意志士兵也支持了这一观点，他在日记中写道，可能崇拜魔鬼的巴西食人土著最多可以活到100~150岁。同样，详尽描写巴西帕拉伊巴的荷兰作家也提到"食人族"可以活到200岁。[155]

"食人罪"的指控使欧洲观察家们很容易给美洲印第安人贴上"未开化的人"的标签。野蛮人生活的其他特征是异教徒、（近乎）赤裸、缺乏政治集权和商业才能。[156] 荷兰语中形容美洲土著的常用术语是"wilden"，通常翻译为"野蛮人"，但是我认为译为"野人"一词更准确。荷兰人将美洲印第安人与一直居住在人们想象出来的古老世界［自《吉尔伽美什史诗》（*Epic of Gilgamesh*）和《奥德赛史诗》（*Odyssey*）以来］的野人联系在一起。在中世纪的民间传统中，这些未曾耕种土地或没有使用任何工具的森林居民因与文明社会相分离而变得野蛮。[157]

一些作家则通过赞美土著文化而走向相反的方向。画家卡雷尔·范曼德（Karel van Mander）于1604年提出，真正的野人住在古老的世界，在欧洲贵族身上可以找到他们的身影。[158]不止一个荷兰知识分子以当地居民作为反衬来批评荷兰共和国的当代生活。弗朗西斯库斯·范登恩登（Franciscus van den Enden）在他的《自由政治论》（*Vrije Politijke Stellingen*，1655）一书中将北美的土著社会视为荷兰共和国的对立面。美洲印第安人生活在民主政体中，他们拥有绝对的平等，不需要司法权威。男人们爱好和平，但在保护妇女和儿童时英勇善战且坚定果敢。[159]《关于圭亚那的描述》（*Pertinente beschrijvinge van Guiana*，1676）一书的作者指出，加勒比人的社会生活是欧洲"王子、国家和君主制"的典范。欧洲人的风俗是对所提供的服务进行奖赏，而加勒比社会的基本原则是"根据功绩进行奖励，并适当惩处邪恶"。[160]对未开化的族群大加赞美并不是什么新鲜事。在中世纪就不乏文明的崇拜者，他们称赞野蛮人拥有自认为已经失去的纯真。在他们迈向文明的过程中，一些美好的品德被丢弃了。[161]

随着西班牙战争的发展流行起来的一种观念是，新世界的土著是出色的天然的盟友。正如本杰明·施密特所表明的那样，美洲是荷兰与西班牙哈布斯堡王朝战争中的重要工具，这是荷兰独立主义者们书写自己与西班牙"暴政"进行斗争的另一种方式。荷兰人介绍了哈布斯堡王朝在荷兰的计划，这让人想起了西班牙在美洲的统治，荷兰人在其中扮演了受害者的角色，与美洲印第安人遭遇了同样的命运。由著名的多米尼加（Dominican）僧人巴托洛梅·德拉斯卡萨斯（Bartolomé de Las Casas）宣传的《黑色传奇》（Black Legend）的荷兰语版本发行量超过了其他任何一种语言的版本，该书称美洲印第安人一直是野蛮的西班牙人的受害者。尽管德拉斯卡萨斯并没有明确说明，但显而易见的是，在"西班牙之轭"下劳作的土著居民正在等待荷兰人发起的复仇行动。[162]

荷兰人在巴西遇到的塔普亚（Tapuya）土著表现出了他们与荷兰人祖先相同的风俗，人文主义者卡斯珀·巴莱乌斯（Caspar Barlaeus，1584—1648）是这样认为的。他还认为他们的习俗与古代人的习俗很像。[163]包括巴莱乌斯在内的欧洲作家们在比较更先进的土著社会与古希腊和罗马常见的政体时受到了美洲历史信息匮乏的影响，只强调了它们在建筑、神灵和墓葬习俗方面的相似之处。[164]

美洲印第安人的起源问题是共和国一些思想家们着重关注的问题。17世纪40年代，约翰尼斯·德拉埃特和胡戈·格劳秀斯之间进行了一场著名的辩论，格劳秀斯是著名的法学家和神学家，其著作《战争与和平法》（De iure belli ac pacis）奠定了国际和现代自然法的基础，从而使他久负盛名。在与德拉埃特的交流中，格劳秀斯提出了这样的观点：除了尤卡坦的人民以外（格劳秀斯认为根据尤卡坦人割礼的习俗，他们是埃塞俄比亚基督教教徒的后代），所有北美的土著都是斯堪的纳维亚航海家们的后代。格劳秀斯认为，南美土著人的祖先是印度尼西亚和南太平洋的移民。毕竟，这两个地方的人都是使用字符和自上而下的方式写字的。

德拉埃特重申了曾在秘鲁以耶稣会传教士身份工作的西班牙历史学家何塞·德阿科斯塔（José de Acosta）在1589年提出的论点，他认为来自东北亚地区的人们穿过白令海峡来到了美洲，而美洲印第安人就是他们的后裔。德拉埃特并没有将巴拿马地峡南部和北部的美洲印第安人区分开来，并且他推翻了格劳秀斯对秘鲁人的中国血统的推测。他认为，中国工匠们的手艺比秘鲁工匠要高超得多，儒学和印加人的宗教并不类似，不懂笔墨纸砚的人所说的语言也不能和拥有字典的中国的语言相提并论。[165]

殖民化

亚历山大·范德卡佩伦（Alexander van der Capellen，约1594—1656）在联省议会代表海尔德兰省（province of Gelderland），也充任总督弗雷德里克·亨利的顾问。这位贵族致力于西印度公司的成功（他的父亲和兄弟都投资了西印度公司），但当他在1645年有机会担任巴西执政的高级议会（High Council）空缺的主席一职时，他拒绝了。[166]他的一位后代出版了他的笔记，该笔记读来十分有趣。在1624年8月，他提到一艘游艇带着令人欣喜的消息到达了荷兰的泰瑟岛（island of Texel）：该公司的船队已经占领了萨尔瓦多。他继续写道:"船从弗吉尼亚出发的几天前,我们就已经代表联合省占领了那里。"[167]至此,新尼德兰的殖民化进程开始了。

新尼德兰,位于北美洲东部纬度40～45度之间的区域,早在10年前就被这样命名了。那时商人们探索着新英格兰和弗吉尼亚之间的地区。荷兰人声称占领的依据是英格兰人亨利·赫德森于1609年代表东印度公司进行的航海行动。赫德森没有完成寻找通往中国西北方通道的任务,但他发现了那条至今仍以他的名字命名的河。在随后的几年里,经常光顾该地区并对皮草感兴趣的商业公司,于1614年合并为新尼德兰公司,几乎所有发起人都是专门从事捕鲸业务的诺德谢公司的董事。[168]西印度公司在1623年接管新尼德兰公司的业务时,董事们认为明智的做法是,允许殖民者迁入该地区,这为皮草贸易奠定了坚实的基础。同年,第一批殖民者定居。1624年,更多的殖民者分别在以下地方登陆:近奥兰治堡〔Fort Orange,奥尔巴尼(Albany)〕,诺瑟尼亚〔"Noteneiland",今天的总督岛(Governor's Island)〕对面的曼哈顿岛(Manhattan),以及特拉华河(Delaware River)上的霍格岛〔Hooghe Eylandt,今天的伯灵顿岛(Burlington Island)〕。十九人委员会的目的是以此方式明确殖民地的北部、东部和南部边界。[169]因此,荷兰人支持他们对该地的合法占有,以反对英格兰人的主张,后者强调其合理主张源于占领,而不仅仅因为贸易站的存在。[170]直到1625年夏天,在曼哈顿岛的南端才建起了一座小堡垒。不久,它成为新阿姆斯特丹的殖民地。

像新法兰西和新英格兰一样，新尼德兰也远离西班牙和葡属美洲。并且，当北欧人移居美洲其他地区时，他们倾向于定居在伊比利亚半岛殖民地的边缘地带、小安的列斯群岛和美洲大陆的无人居住区，特别是圭亚那。但是即使在那里，北方人也冒着伊比利亚人入侵的风险。在17世纪初期，荷兰人首次尝试住在圭亚那碰运气。泽兰的土著在亚马孙河上航行，并定居在那里生产烟草。[171]在当地的村庄有过一些易货贸易，但大多数贸易站与荷兰人的定居点一样都只存在了短暂的时间。1625年，亚马孙河上的一些贸易站遭到了葡萄牙军队的突袭。[172]

西班牙在圭亚那的主要定居点虽然规模很小，是奥里诺科河（Orinoco River）两岸的"圣多美"。它始建于1595年，在1618年一度被英格兰人摧毁，然后又由以种植烟草为生的当地居民重建。1629年12月11日，当地人目睹了阿德里安·扬斯·佩特的到来，他急切地希望利用他的九舰中队搞破坏活动。由于没有任何东西可以保护自己，居民们烧了自己的房屋，逃到了树林中。剩下的几所房子则被荷兰士兵拆除。[173]

尽管花了8年的时间，居民们还是进行了报复，在加勒比地区的多巴哥，他们的复仇行动开始了。1628年弗利辛恩市市长扬·德穆尔（Jan de Moor）派遣了一艘载有68名泽兰人的船来到此地，荷兰的殖民统治由此开始。尽管2年后他们放弃了最初的定居点，但新一批的200名殖民者于1633年到达。[174]特立尼达的新领袖迭戈·洛佩斯·德埃斯科巴尔（Diego López de Escobar）认为荷兰人将袭击他的岛屿，于是组织探险队赶走了荷兰人。由特立尼达和圣多美的士兵组成的一支西班牙军队迫使荷兰人（其中大多数是种植者及其家人）投降，随后双方签署了协议，约定战败方可以保有自由和财产。尽管如此，德埃斯科巴尔还是将数十名囚犯运到玛格丽塔。那里的首领没有将囚犯们送往西班牙，而是绞死了44名成年男性。[175]这一举动令人联想到西班牙于1635年对英属托尔图加（Tortuga，海地北部）殖民地发起的袭击。[176]在一些方济各会修士的干预下，20名16岁以下的男孩得以幸免。他们被运送到特立尼达，在那里他们受到天主教信仰的教导，与美洲印第安人和被俘虏的黑人一起成为奴隶，被迫种植烟草和粮食。[177]尽管西班牙王室试图封锁该事件的有关消息以防止报复行为，但荷兰人还是进行了报复。[178]埃塞奎博［Essequibo，圭亚那西部的荷兰殖民地。在这里的科内利斯·德穆尔（Cornelis de Moor）非常活跃，他的儿子是被奴役的男孩之一］的定居者们在来自加勒比、阿拉瓦克（Arawak）和瓦劳（Warao）的武装者的协助下，于1638年7月沿奥里诺科河航行。他们计划摧毁佩特9年前选择的那座城镇——负责突袭多巴哥的一些人来自那里。在另一个地方重建的圣多美确实被破坏了。荷兰掠夺者逗留了3个月，然后才在特立尼达的圣约瑟·德奥鲁尼亚（San Joseph de Oruña）实施新的破坏行为，该城镇距离被奴役的男孩们所在的地方不远。许多当地的勇士最终都为支持荷兰人付出了代价——被俘并作为奴隶被贩卖。[179]

西班牙士兵不仅被雇来摧毁荷兰人的殖民地，他们还受命破坏荷兰人在西班牙宣称拥有主权的地区的采盐点。盐的问题给荷兰共和国带来了打击，因为西班牙的禁运措施切断了伊比利亚半岛盐运的传统路线。由于对波罗的海的供应下降，荷兰在谷物贸易中所占的份额减少，因此盐的短缺产生了严重的商业后果。1599年至1605年间，在十二年停战之前，数百艘荷兰船在委内瑞拉附近的阿拉亚角（Punta de Araya）的天然盐潟湖采集盐。如前所述，一支西班牙舰队赶来杀死了许多采盐人，之后荷兰人再没有回来。停战结束后，有些人确实再次进行尝试，但他们遭到了西班牙舰队的驱逐。剩下的工作是建造西班牙堡。[180]

1624年，荷兰人在委内瑞拉附近的托尔图加岛（或被称为"托尔图加斯盐池"）发现了盐田，他们所受的打击因此有所缓解。荷兰人很快便成了该岛的常客。为了采盐，他们截断了盐田周遭的溪流和运河，将水引到田里。1631年，西班牙人摧毁并焚烧了码头，却发现荷兰人第二年又返了回来。在接下来的6年中，荷兰人在和平环境下装载盐，直至一支由当地弓箭手武装起来的西班牙军队袭击了荷兰的要塞，并杀死了40名驻军士兵。最后一次袭击发生在1640年，当时淡水正被引入盐田以在两天内洗盐。[181]荷兰人还在库马纳以西的乌纳雷河（Unare River）中采盐，那里的盐与阿拉亚的盐拥有一样的高品质。他们建造了堡垒，并与一群起义的美洲印第安人结盟。但是荷兰人在这里也遭遇了不幸。100名持火绳枪的西班牙人和200名本土弓箭手摧毁了堡垒，杀死了上百名荷兰人。1640年，荷兰人返回并开始搭建木栅栏，但西班牙军队还是出其不意地袭击了他们。[182]

荷兰船长们装载大量盐的另一个地点是加勒比海的圣马丁岛（island of St. Martin），该岛上盐的质量被认为比阿拉亚的还要好。93名欧洲人（包括2名妇女）居住在荷属殖民地。该殖民地是由1631年7月驶往伯南布哥的舰队留在该岛的驻军建立起来的。他们居住在一座有石屋、教堂和医院的村庄里，有30名黑奴和1名本地仆人可供他们使唤。1633年6月24日，殖民地正处于危险之中——由53艘船组成的"弗洛塔号"舰队突然出现。荷兰驻军无法与西班牙军队相抗衡。在8天的围困之后，守军投降了，胜利者留下驻军以阻止荷兰人返回。[183]

在失去圣马丁岛之后，荷兰人将注意力转移到委内瑞拉海岸附近的库拉索岛和博奈尔岛（island of Bonaire）。这两座岛靠近有盐田的委内瑞拉海岸，荷兰的商人们至少自1625年以来就已经知道了这片盐田。当十九人委员会决定占领库拉索岛（然后是邻近的博奈尔岛）时，优越的地理位置和因此带来的私掠机会压倒了经济上的考量。在约翰尼斯·范沃尔贝克（Johannes van Walbeeck，拿骚舰队的资深将领、巴西执政委员会前成员、荷属巴西的西印度舰队的前海军上将）的指挥下，一支由6艘船组成的舰队于1634年5月4日离开共和国，在6月6日抵达上述岛屿。[184]最初的尝试失败后，舰队中的5艘船于7月28日进入圣安娜湾（St. Anna's Bay），开始了一场耗时较久的征服行动。西班牙方面只有20名成年人和12名孩童在大约500名土著的帮助下进行防御。尽管防守方只有3把火枪，但225名荷兰士兵的行动几乎没有取得任何进展，这主要是因为他们所携带的武器更差。当荷兰人最终占领岛屿时，除了他们决定留下来当作仆人的75名美洲印第安人，余下的全部西班牙人和他们在当地的盟友都被运送到大陆。[185]

尽管西班牙王室的措施似乎并未表明这个问题很重要，但失去库拉索岛可能会影响宝藏舰队的航行。[186]委内瑞拉总督于1639年采取了驱逐入侵者的唯一举措，他开始征召士兵。即便如此，远征队在接下来的3年里也没有离开。这支临时部队确实征服了博奈尔岛（不久又被废弃），但并没有征服库拉索岛——荷兰人在那里用了8年之久的时间以巩固其殖民地。[187]

尽管库拉索岛从来没有回到西班牙人的控制之下，但历史学家误以为西班牙—葡萄牙联合舰队于1636年夺回了该岛。[188]这一观点可以追溯到当年在西班牙流传的一个谣言——是不可胜数的谣言之一，影响了欧洲人对新世界的看法，尽管其转瞬即逝。发生在联合省的例子不胜枚举，海牙的一名老师在1624年10月8日的日记中写道，荷兰人被驱逐出萨尔瓦多。这一描述比实际情况早了7个月。1个月后，这本日记中提到了1个错误的消息：拿骚舰队占领了秘鲁的阿里卡和利马镇。同样，在1630年的另一本日记中，我们发现了对荷兰舰队功绩的记录：他们不仅攻占了伯南布哥（此记录为真），还击败了西班牙舰队（此记录为假）。[189] 1638年，关于荷兰人占领萨尔瓦多的虚假消息传到了欧洲，胡戈·格劳秀斯对此高兴不已。[190] 12年前，关于荷兰人占领波多黎各的传闻也曾从荷兰共和国传到了欧洲其他地区，甚至联省议会的议员们都信以为真，威尼斯驻法兰西大使也对此深信不疑。[191]然而，并非所有人都相信这些传言。例如，奥斯曼帝国（Ottoman）的高官们就对皮特·海恩在1628年俘获了整个"弗洛塔号"舰队的消息表示怀疑。[192]这听起来太不可能了。

可能是一厢情愿的想法助长了西班牙重新征服库拉索岛的谣言。17世纪30年代，从加勒比传来的好消息对于西班牙而言是件稀罕事。当时荷兰人在大西洋上持续迅速地发动袭击，来自欧洲其他地区的殖民者纷纷迁往曾经属于西班牙的加勒比海地区。在得知关于多米尼克（Dominica）、玛丽-加朗特岛（Marie-Galante）、瓜德罗普（Guadeloupe）、马提尼克岛（Martinique）以及其他与圣克里斯托弗岛和尼维斯岛保持联系的岛屿被外国人接管后，波多黎各总督于1636年发出了警告。在上述提及的后两座岛上，宝藏舰队曾经常常来获取饮用水，而这些"敌人"的存在使饮水变得更加困难。[193]许多西班牙官员并没有在北欧人之间进行区分，尽管胡安·德帕拉福斯（Juan de Palafox），这位后来以普埃布拉（Puebla，墨西哥）主教名声远扬的人，单独挑出了荷兰人。德帕拉福斯在1635年给西班牙首相、政治家奥利瓦雷斯伯-公爵（Count-Duke of Olivares）的一封信中写道："我们必须用火和剑与他们作战，因为所有法律都是针对这些异教徒、反叛者和海盗的。"[194]

在西印度群岛，荷兰人的到来不仅引起了西班牙人的不满，也引起了英格兰人的不满。就像在北美一样，荷兰人定居在已经被英格兰人宣称占有的地区，无视英格兰人的不满——英格兰人没有有效占领。所以，尽管皇家正式授予卡莱尔伯爵（Earl of Carlisle）为巴巴多斯和背风群岛［Leeward Islands，小安的列斯群岛北部（the nofthern Lesser Antilles）］的所有人，仍有50名荷兰人在1636年定居在空旷的圣尤斯特歇斯岛（island of St. Eustatius）上。[195] 不过，这些年来，英荷关系通常是和平的，有时甚至是友好的。约翰尼斯·德拉埃特甚至在1641年建议英格兰议会成立英格兰西印度公司，尽管荷兰人对合资公司并不感兴趣。[196] 这两个邻居没有结成过对抗西班牙的联盟，甚至在1625至1630年的英西战争期间也没有这样做。[197]

几个加勒比殖民地的建立，以及非洲贸易站的扩大，使得荷兰人更容易与大西洋世界进行交流和往来。所有往来信件被装在密封的袋子中，由西印度公司的船只进行运输。[198] 在荷属大西洋的动荡时期，广阔的海洋使通信成为一项持续的挑战。荷兰人在欧洲的交流和往来也是如此，无数荷兰船在波罗的海和地中海之间来回穿梭。随着时间的流逝，荷兰人为了邮政通信便利建起两个通信中继站，其中之一在丹麦的埃尔西诺［Elsinore，今天的赫尔辛格（Helsingør）］，另一个在法兰西大西洋沿岸的拉罗谢尔（La Rochelle）。船长拿到阿姆斯特丹和其他港口的船东或租船人的信件，他们在信中更新了原始的航行指令。[199]

当荷兰人的活动仍仅限于穆里堡时，临时中继站出现在西非。洛佩斯角是几内亚贸易船常用的取水场所，是荷兰在大西洋世界内部传递新信息的地点。例如，在1623年，拿骚舰队的军官由此得知过去几周内有哪些欧洲船停泊在那里。据一位目击者说，这些信息是"在挂着信件的光秃秃的树上"被发现的。在他们发现的信件中，有一封是来自一艘驶往东印度群岛的荷兰船，还有一封来自从东印度群岛返航的船只。[200]西印度公司在1625年告知舰队上将扬·德克斯·拉姆，他可以在位于沙漠中的佛得角上的圣文森特岛找到前往黄金海岸探险的进一步指示。在通常的饮水地点，一堆石头下面的罐子或火枪里可以找到这些指示。[201]

位于今天海地的蒂伯龙角（Cape Tiburon）在美洲充当了类似的中继站。1629年，指挥官扬·扬斯·范霍恩（Jan Jansz van Hoorn）和一支西印度公司的小规模舰队到达那里时，发现了11天前离开的泽兰船留下的信件。[202]有时，信息被留在某些标志物上。在经过3个月的充满困难和匮乏的海上航行之后，一艘小船抵达西非的科里斯科岛（island of Corisco），船员们立起了一块写着船东、理事（记录和记账保管员）、队长名字的牌子。记录人事后写道，万一他们出了事故，那块牌子将告诉所有人他们所到之处。[203]有些标志不是用来给荷兰人看的，他们的目的是宣示荷兰人占有该地。比如，把牌子挂在树上，后来这棵树所在的位置被称为康涅狄格的塞布鲁克角（Saybrook Point）。标牌上展示了联省议会军队的武器，旨在表明这个地方归荷兰人所有。[204]

在巴西和非洲的扩张

1623年,克日什托夫·阿尔奇谢夫斯基(Krzysztof Arciszewski, 1592—1656)和一个兄弟杀死了家族的一个敌人后被驱逐出了家乡波兰。阿尔奇谢夫斯基是一位信仰加尔文教的贵族,在波兰对抗鞑靼人(Tatars)以及奥斯曼人的战争中积累了军事经验,他定居在荷兰共和国,在莱顿大学求学。在服役于占领了拉罗谢尔的黎塞留(Richelieu)军队之后,他担任了西印度公司的上尉,并被派往伯南布哥。在征服巴西伊塔马拉卡岛(island of Itamaracá)时表现出来的军事才能使他被任命为少校。在1633年对荷兰短暂访问期间,阿尔奇谢夫斯基被任命为荷属巴西军队的总司令,但这一决定很快被地方当局取消了,后者更喜欢他的同胞,来自下西里西亚(Lower Silesia)的约瑟夫·齐格蒙特·什科普(Józef Zygmunt Szkop, 1600—1670)——更为人知的是他的荷兰语名字:西格斯蒙德·冯·朔佩(Sigismund von Schoppe)——担任那个职务,他曾于前一年率领过征服了伊塔马拉卡岛的军队。但阿尔奇谢夫斯基并不气馁,最终他成为炮兵上将与荷属巴西的海军上将。[205]

1635年11月4日,阿尔奇谢夫斯基写信给十九人委员会,请求将荷属巴西的统治范围扩大到圣弗朗西斯科河(São Francisco River)以南。[206]近年来,荷兰人取得了一系列军事成就,征服了帕拉伊巴和里奥格兰德(Rio Grande)。他们俘虏了太多的战俘,以至于军官们不知道要把他们送到哪里去。仅在1635年,军舰就把380

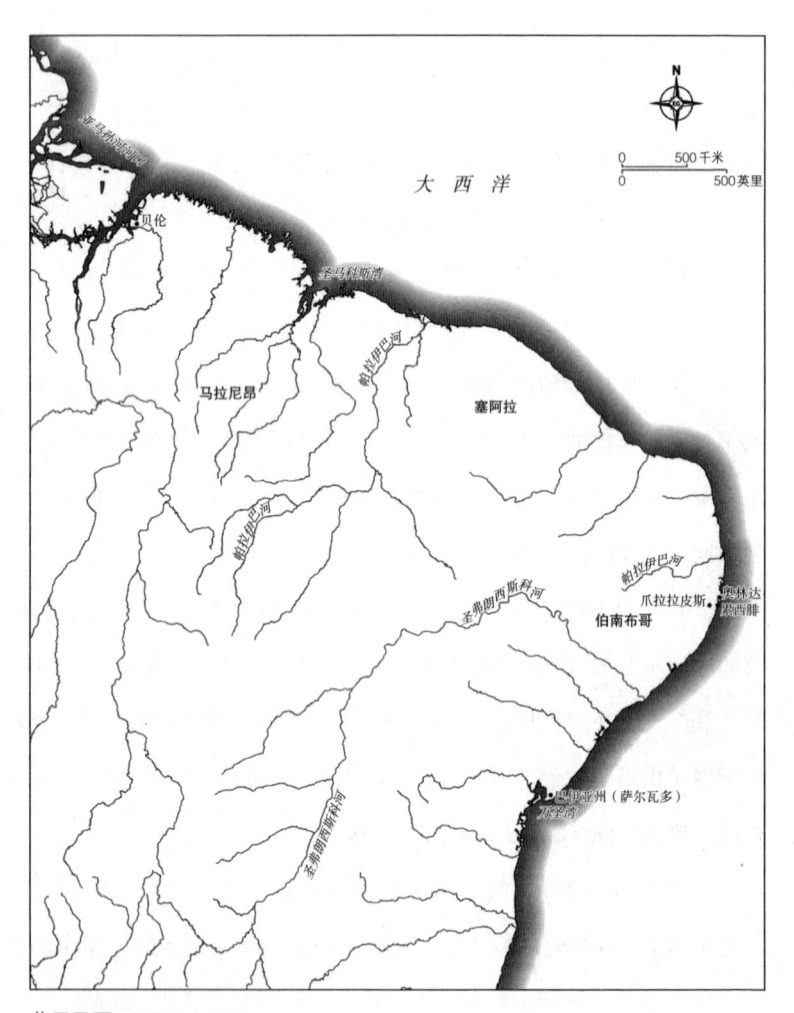

荷属巴西，1625—1654。

名敌军送到加勒比海的巴布达岛（island of Barbuda），而另外700名战俘被留在委内瑞拉海岸附近的阿拉亚角，此举使在库拉索岛附近的荷兰总督感到沮丧。[207]

阿尔奇谢夫斯基认为，将荷兰的势力进一步扩展到南部既可以获取矿产资源，又可以确保自己免受游击队的袭击。但他的请求得到的是荷属巴西参政会无关痛痒的回应。因为殖民地的统治机构权力分散，所以阿尔奇谢夫斯基希望十九人委员会能够任命一位拥有更大权力的总督。西印度公司意识到必须由一位不凡之人来统治殖民地，于是任命约翰·毛里茨·范拿骚-锡根（即前文称"拿骚-锡根的约翰·毛里茨"、"约翰·毛里茨"）担任荷属巴西的总督、船长和海军上将。约翰·毛里茨因在荷兰与西班牙的战争中再度夺回申肯尚斯而在欧洲声名远扬。是什么促使他接受这一任命尚不得而知，但他极有可能是被这个利润丰厚的职位前景所吸引的。[208]

约翰·毛里茨担任陆军和海军的最高指挥官之后，由西印度公司提名并经共和国执政批准的高级秘密委员会三人组为其提供协助，帮助他制定殖民政策。[209]奥兰治亲王威廉的弟弟之孙约翰·毛里茨，无疑是来到荷属美洲最杰出的官员。毛里茨非常富有魅力，荷兰人称他为"王子"或"伯爵"；他有着令人佩服的军功；他能流利地讲好几种语言，尽管据说在讲葡萄牙语时他的舌头总是打结；他还热爱诗歌、科学、建筑和绘画。由于约翰·毛里茨毫不犹豫地将自己的喜好付诸实践并且在金钱上十分慷慨，他在殖民地留下了自己的烙印。然而，受他的传记作者卡斯珀·巴莱乌斯的影响，一代又一代的历史学家都夸大了约翰·毛里茨在历史上的作用。他的军事短板和他对阿尔奇谢夫斯基的嫉妒被掩盖了：他奢侈的生活方式（作为已有数百万欠款公司的代表）被淡化了。约翰·毛里茨的业余生活表现似乎弥补了他的缺点。

这位伯爵说服了40位学者、科学家、艺术家和手工业者离开了舒适的家乡尼德兰来到了巴西，在那里他为他们指派了许多工作。在先期到达的6位画家中，有2位格外显眼：弗兰斯·波斯特（Frans Post, 1612—1680），一位天才的风景画家，后来被称为"巴西的卡纳莱托"；阿尔贝特·埃克豪特（Albert Eckhout，约1607—1665/1666），主要画美洲印第安人和非洲奴隶的生活，还画了大量的动植物素描和油画。[210]威廉·皮索（Willem Piso, 1611—1678）是一位杰出的科学家，后来被埋葬在阿姆斯特丹西教堂（Amsterdam's Westerkerk），就在伦勃朗（Rembrandt）的墓旁，他和约翰·毛里茨的私人医生兼巴西医疗服务部负责人是一起来的。威廉·皮索对热带病的系统性研究为他赢得了声望，其研究成果在19世纪依然被奉为权威。1644年从巴西返回后，他就巴西柠檬的药用特性出版了一本书。他认为，临床测试已经证明，苦柠檬和小柠檬比甜柠檬和橙子更能有效地抵御坏血病。此后，医学界证实了他的发现。[211]

来自萨克森（Saxony）的格奥尔格·马克格拉夫（Georg Marcgraf, 1610—1644）在植物学和动物学领域完成了皮索对热带疾病的研究。马克格拉夫提到的大多数巴西动植物物种在过去从未被描述过。约翰·毛里茨建造的植物园和动物园为其工作提供了方便，马克格拉夫还在总督新建的天文观测台进行了观测。约翰·毛里茨甚至在累西腓附近的安东尼奥-瓦斯岛（island of Antônio Vaz）上建起了一座新城。几年之内，毛里茨城〔Mauritsstad，或称"莫里西亚"（Mauricia）〕成为一座有685名居民的城镇，城门、正面有装饰的房屋、商店招牌和总督的两座宅邸都是其显著标志。[212] 约翰·毛里茨因此单独创造了一种可以与西属美洲逐渐成熟的先进文化相媲美的城市文化。[213]

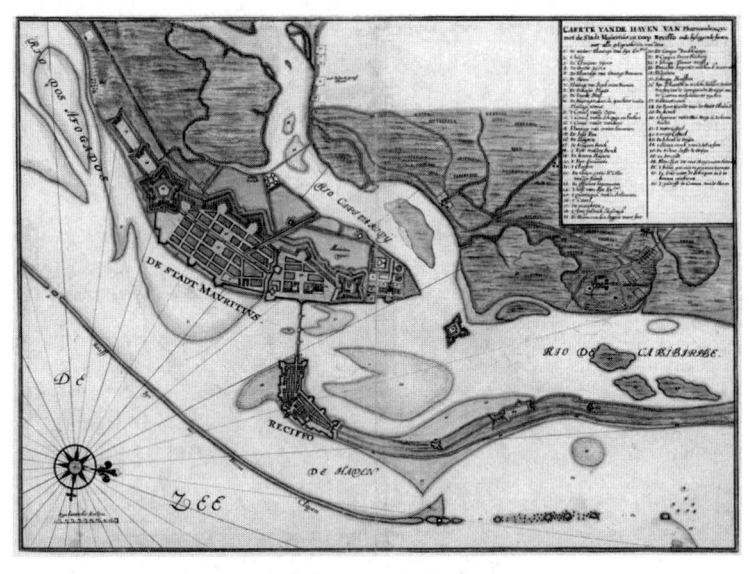

累西腓与毛里茨城——"双子城"。（海牙，皇家图书馆）

约翰·毛里茨在1637年1月首次抵达累西腓，2个月后，他收到了西印度公司的一系列新指示。这位伯爵需要执行一项旧计划：征服非洲黄金海岸的圣乔治堡。那里不仅仅是黄金交易的中心，而且自1482年以来，它一直是葡萄牙人在几内亚的大本营。一旦拥有它，荷兰人就有望参与非洲的奴隶贸易。约翰·毛里茨并未亲自出航，而是派上校汉斯·范科因（Hans van Koin）指挥一支由9艘船组成的舰队前往。该舰队中有800名士兵和400名水手，经过为期2个月的航行，于8月23日抵达目的地。

自打圣乔治堡惨败以来的12年间，荷兰人改变了战术。他们认为，单凭军事实力还不够。事实证明，与非洲国家建立更好的关系对于取得胜利很有必要。[214]这本身并不是什么新鲜事。早在1618年，在黄金海岸的荷兰火枪手们就在反击"科罗曼蒂号"（Coromantee）的战役中作为萨布统治者的雇佣军出战。[215]与1625年的袭击不同的是，拿骚堡的指挥官尼古拉斯·范伊佩伦（Nicolaes van IJperen）在荷兰舰队抵达之前的几周内试图煽动埃尔米纳、科门达（Komenda）和埃富图等非洲国家反抗葡萄牙人。在得到本地人支持的保证下，荷兰人处于攻击城堡守军的有利地位。当守军尚未完全占领圣乔治堡对面的山丘时，荷兰人的胜利指日可待。整整4天，荷兰人的炮弹像雨点一样落在城堡上。葡萄牙人在粮食短缺和得知伊比利亚半岛不会派遣任何救援部队之后意志消沉，于是宣布投降。在被葡萄牙占领155年后，埃尔米纳自1637年8月29日起被荷兰人统治。[216]

在巴西，荷兰人通过在圣弗朗西斯科河以北消灭游击战士，并吞并塞阿拉（Ceará）地区而大力推进扩张，这意味着巴西有一半地区掌握在荷兰人手中。约翰·毛里茨认为现在对葡属巴西的首府萨尔瓦多发动袭击是合适的。为此，他带领31艘船和近5,000名人员（其中包括至少800名盟友）于1638年4月6日出海。部队从离镇上1.5英里（mile，英制长度单位，1英里≈1.61千米）的地方上岸并占领了一些葡萄牙要塞后，萨尔瓦多战役打响了。葡萄牙守军的战斗力出乎意料地强，荷兰人没有取得很大进展，战事僵持不下。40天后，这场围城战最终以荷兰人的失败而告终。当时约翰·毛里茨下令炮击以掩护士兵占领城镇。就在炮击之前，400名士兵遭遇了隐藏在灌木丛中的同等数量的敌军的伏击，这并未阻止荷兰人试图炮击掩体。几个小时里，双方开始人盯人的战斗，但是荷兰人仍然无法继续推进。据葡萄牙方消息人士称，只有237名荷兰人得以幸存。荷兰人的士气受到沉重打击。[217]

荷兰的其他损失发生在1636年至1639年间的公海上，那是西班牙私掠船在公海上的辉煌年代。但是，这一趋势在1639年10月的唐斯战役（Battle of the Downs）中被逆转，这一重大时刻标志着西班牙海军开始衰落。[218]当天，在英格兰的南部海岸，由德奥肯多指挥的85艘船、1.3万名士兵和8,000名水手组成的西班牙舰队（被称为"第二无敌舰队"），与海军上将梅尔滕·特隆普和维特·德维特中将率领的由95艘船组成的荷兰舰队之间展开了激战。尽管荷兰方面损失惨重（总计有10艘船毁损和1,000人死亡），但西班牙海军遭受了更为严重的毁灭性损失：至少损失了32艘船，有9,000～10,000人丧生，其中包括几乎全体军官。[219]这些损失在美洲引起了强烈反响。至此，西班牙永久地失去了海上霸权，对秘鲁的控制也陡然处于危险之中。秘鲁总督于1640年1月1日写信给其国王，称荷兰人可以在不被发现的情况下就到达卡亚俄。因此，当地居民和他们的家人们带着贵重物品从利马逃进了山里。[220]

荷兰当时在巴西的统治是稳固的吗？伊比利亚人拒绝这样认为。多年以来，西班牙王室的最高官员一直致力于向巴西派遣另一支联合舰队，但新的无敌舰队始终没有组建起来。葡萄牙人对奥利瓦雷斯伯-公爵为将自己的国家更充分地融入西班牙所做出的努力感到怀疑，并谴责荷兰对葡萄牙和西班牙联盟统治的巴西的征服行动，但是葡萄牙人并没有为促成新的巴西战争而采取任何行动。由于缺少人员和船只，被再次选为舰队司令的唐法德里克·德托莱多拒绝接受这一任命。随后与奥利瓦雷斯伯-公爵的激烈争吵导致德托莱多从高官位置跌落，奥利瓦雷斯下令将他送入了牢狱，几个月后他在狱中去世。[221]

终于，在1638年，一支由40艘船组成的西班牙—葡萄牙联合舰队成立，指挥官是孔德·达托雷（Conde da Torre）和费尔南多·德马什卡雷尼亚什（Fernando de Mascarenhas），雄心勃勃地想要重新夺回巴西被荷兰控制的区域。现在感到恐慌的是荷兰人。殖民者到处埋藏现金，特别是西班牙银币。[222]他们不知道的是，伊比利亚舰队上人员的死亡率如此之高，以至于不得不推迟军事对抗。达托雷于1639年11月带领87艘船以及4,000名水手和5,000名士兵从巴伊亚出海。次年1月，荷兰海军上将威廉·科内利斯·鲁斯（Willem Cornelisz Loos）发起了进攻，引发了一场持续数日的海战。尽管鲁斯差点毙命，但荷兰人还是炮击了敌人整整1周，直到他们面对恼人的海风和炙热的高温饥渴交加，最终消失在视线内为止。此一役，荷兰方面只损失了2艘船，死亡不超过80人。[223]

上述战役使西班牙无法在与联合省的对抗中扭转局势，西班牙失去了海上的霸主地位，西印度公司也已经在大西洋上失去了动力。1640年之后，长久以来司空见惯的大型荷兰私掠船几乎完全从加勒比海地区消失了。最后一次有一定规模的远征是，科内利斯·约尔［绰号"霍特宾"（Houtebeen）、"假腿"（Pegleg）］想要拦截一支宝藏舰队。他带着36艘船出现在哈瓦那附近，但是1640年9月11日的飓风使他有心无力，几艘大型船被摧毁，仅1艘船上就有63人死亡，大约200名荷兰人沦为囚犯并被遣送至西班牙。[224]尽管宝藏舰队可以安全前往西班牙，但对于哈布斯堡王朝来说，这一年的结局并不好。虽然荷兰人在海上经历了2次重大失败，但其对伊比利亚半岛造成了巨大影响，导致出现了葡萄牙人决定摆脱"西班牙之轭"的思潮。[225]哈布斯堡王朝的领导者们一直关注着与葡萄牙之间的紧张关系，所以不惜付出巨大努力守卫巴西。奥利瓦雷斯伯-公爵甚至把归还巴西作为与荷兰共和国和谈的前提条件。[226]但这种姿态不能阻止起义。1640年12月1日，葡萄牙革命爆发，西班牙无法遏制这场革命，部分原因是加泰罗尼亚的另一次起义。布拉干扎公爵（Duke of Braganza）即位成为国王约翰四世，而且立即被葡萄牙各地承认。

在联合省与荷属殖民地，从里斯本传来的消息令人百感交集。一方面，荷兰人对伊比利亚人之间的决裂非常满意，因为他们认为这将削弱西班牙人的实力；另一方面，荷兰人卷入了与葡萄牙人的殖民战争，因此伊比利亚半岛上西班牙人与葡萄牙人之间的分裂为荷兰人赢得胜利提供了前所未有的可能性。[227] 显然，放弃巴西或埃尔米纳是不可能的。相反，荷兰人认为，这是在与新独立的国家签署停战协议之前从葡萄牙夺取尽可能多领土的时机。至少，这是十九人委员会的逻辑，而荷兰的政治精英们并不完全赞同。[228] 缺乏统一意见并没有阻止十九人委员会在4月写信给约翰·毛里茨，他们在信中建议他迅速增加一些征服行动（萨尔瓦多尤其合适），但是约翰·毛里茨已经按照自己的意愿出发，他成功占领了塞尔希培-德雷伊（Sergípe del Rey）地区。[229]

下一步（计划）包含更多内容。经过充分辩论之后，巴西议会决定占领葡属殖民地安哥拉的罗安达港，力争在非洲西南部再创4年前在埃尔米纳取得的成就，其主要目标是为荷属巴西获取奴隶，同时打击西班牙帝国。荷兰人断言，没有安哥拉的奴隶，秘鲁和墨西哥的银矿就无法运作。[230] 这是自西印度公司成立以来，人们经常听到的一个主题的变体：我们必须将战争带到大西洋，让银色的溪流干涸，从而破坏哈布斯堡战争机器的引擎。

就像入侵埃尔米纳的舰队一样，出征罗安达的舰队从累西腓出发。在海军上将科内利斯·约尔的率领下，有21艘船运送了240名巴西土著和2,717名欧洲人（1,866名士兵和851名海员）。他们通过向非洲国家赠送礼物和其他途径来劝说其加入对抗葡萄牙人的战争之中，他们希望从非洲国家那里获得军事援助。[231] 在非洲的这一地区，当地人是西班牙人和葡萄牙人的敌人，是荷兰人的朋友，这样的说法一点都不牵强。1612年，那里的桑霍部队曾帮助荷兰人抵御了葡萄牙军队的进攻。此外，17世纪20年代初期刚果国王和桑霍伯爵都曾就对抗葡萄牙人的军事同盟问题与荷兰人接洽。[232]西印度公司一位对非洲西南部有深入了解的官员撰写的一份报告称，刚果的新国王加西亚二世可以被认为是强大的潜在盟友。这份充满了罗安达的政治、经济和军事局势信息的报告很快被证明是非常有用的。[233]

入侵者总是出其不意的。多年来，葡萄牙人一直认为荷兰人会进攻，但他们不再这样想了。此外，荷兰军队基于被监禁的西班牙舵手提供的情报制订的作战计划，包括在2座炮台之间登陆的作战方案，被守军一方认为是不可能的。因此，8月25日至26日的实

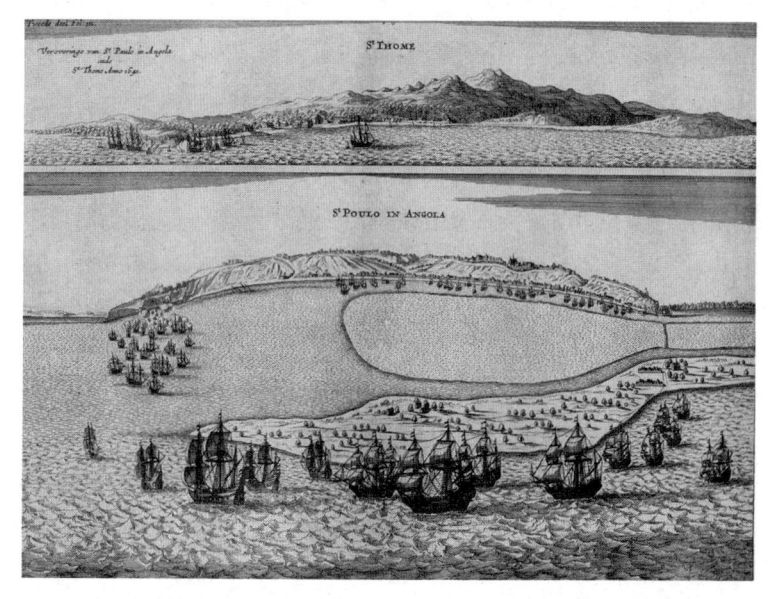

1641年征服罗安达和圣多美。印刷品，1649—1651。（阿姆斯特丹，国立博物馆）

际战斗是短暂的,对双方造成的人员伤亡很少。但是,胜利来得容易,巩固胜利还是非常困难的。葡萄牙人认为他们的敌人最感兴趣的是抢劫和奴隶,因此他们对荷兰人的接管做出的反应是逃到内陆,以阻止荷兰人控制当地充满活力的经济,并将外国人引向游击战。[234]

约尔和他的部下还需要执行另一项任务。9月17日,他们离开罗安达,攻占了圣多美岛——40年前荷兰人曾短暂占领的位于几内亚湾的岛屿。他们的计划是使圣多美岛成为连接安哥拉新殖民地和几内亚贸易站的桥梁。这位海军上将带着664名士兵(被分为5个欧洲连队和3个巴西连队)以及400名水手于10月2日到达该地。经过2周的战斗,荷兰方面的人数持续减少,城堡最终被攻下,这使得葡萄牙人无须开火就可以征服该岛。像在安哥拉一样,居民逃往内陆,荷兰军队只能在首府苦苦挣扎。黄热病夺走了欧洲人和巴西人的生命,约尔自己也没能幸免。[235]当40名士兵投奔葡萄牙时,荷兰人的营地中只剩下80名士兵(其中许多人已经患病)——入侵者对首府的控制注定要失败。1642年11月,葡萄牙人再次进入罗安达,而荷兰人则离开了。荷兰人唯一的希望是葡萄牙人也容易染病,这样就无法追上离开的荷兰人。[236]

1642年,大西洋上的荷兰海洋帝国到达巅峰。除罗安达和圣多美外,1641年11月25日,荷兰人还从葡萄牙人手中抢夺了巴西北部的马拉尼昂(Maranhão);1641年12月21日,夺取罗安达以南600千米的安哥拉港口本格拉(Benguela);1642年1月9日夺取西非的阿克西姆（Axim）。这一切都以荷兰与葡萄牙之间没有停战协议（停战协议已经于1641年4月12日在海牙签署），或者停战协议未获承认，或未收到承认停战协议的确认函为借口。[237]在1642年，荷兰海洋帝国依旧雄心勃勃。除了建议吞并马拉尼昂以外，西印度公司泽兰商会还提议对萨尔瓦多发动袭击——自从西班牙和那不勒斯士兵撤离后该地防御力量有所削弱——以及远征里约热内卢、阿拉亚、圣马丁岛、波多黎各和伊斯帕尼奥拉岛。[238]虽然这些计划都只是停留在纸上，但是一支征服智利的舰队真正实现了起初设想的目标。在西印度公司成立之前，人们就已经讨论过有关这种冒险的想法，但是正是在巴西战争的间歇期，这一设想才被启动。一支远征军从荷兰出发，首先到达巴西，在那儿又增加了几艘船，然后整支舰队于1643年1月离开累西腓。负责此次远征的是荷属东印度群岛的前总督亨德里克·布劳威尔（Hendrick Brouwer, 1581—1643），后来他在这次远征中不幸去世。布劳威尔和他的部下绕过合恩角之后到达了奇洛埃岛，再从那里驶向大陆。他们与当地的马普切人进行了接触，并制订了与共同的敌人——西班牙作战的计划。在维尔迪维亚建立基地后，前景似乎不错。但是最后这次远征还是惨遭失败。荷兰人无法说服对于这一计划至关重要的美洲印第安人与自己结盟，他们不久就没有了粮食，而西班牙军队很快就会从北方赶来的传闻也在军队中流传开来。[239]

即使在北美洲，荷兰人一直避免与葡萄牙以及西班牙人开战，但17世纪40年代时北美洲还是有了不好的兆头。快速的经济变化成为在新尼德兰发生的第一次荷兰—门西战争〔The First Dutch-Munsee War,又称"基夫特战争"(Kieft's War),1640—1645〕的背景。[240] 数艘载满共和国移民的船只的到来、自由贸易的引入以及沿海毛皮资源的枯竭使得局势非常紧张。失去用来与荷兰交换商品的毛皮,对于门西意味着种植玉米变得更加重要。与此同时,该地区的荷兰农场数量激增,导致门西在各个地区耕地相应减少。更糟糕的是,为了让美洲印第安人处于荷兰人的控制下,统治者威廉·基夫特强制门西人每年上交玉米、小麦和毛皮。被称为"拉里坦人"(Raritans)的门西人杀猪之后,荷兰殖民者杀死了其中的三四人,并折磨他们酋长的兄弟。荷兰人借此开始了致命的暴力循环,局势变得更加紧张。和平仅1年之后,拉里坦人杀死了4名荷兰农场主并纵火焚烧了农场。[241] 尽管这些事件并未引发战争,但威廉·基夫特开始警惕起来,这有助于解释为什么他对1641年8月另一伙被称为"韦奎斯基克"(Wecquaesgeek)的美洲土著杀害1名荷兰农民的事件反应过度。[242] 第一次惩罚性远征由于士兵无法找到敌人的位置而流产,但基夫特手下的士兵在1643年2月发动了关键性的攻击,当时韦奎斯基克人在帕沃尼亚(Pavonia,从新阿姆斯特丹横穿哈得孙河)和下曼哈顿地区(Lower Manhattan)的柯勒胡克从他们的马希坎(Mahican)敌人那里寻找到了庇护处。在3名荷兰殖民者以"神将他们交到我们手中"为由请求发起袭击的鼓动下,在基夫特的支持下,在某个深夜开始了一场远征。在韦奎斯基克人避难的地方,远征队杀死了120多名当地人。[243]

098　　　荷兰海洋帝国的兴衰:17世纪大西洋世界的战争、贸易与殖民荷兰人一定是效仿并做了在新英格兰人书中所描写的事——他们在佩科特战争（Pequot War，1637—1638）中以一场类似的屠杀击败了当地的敌人。但是，这场深夜屠杀并没有成功镇压美洲土著。荷兰人没有意识到，与英格兰人交战的佩科特人已经在当地被英格兰人招募，而除了韦奎斯基克人以外，门西的其他土著都与荷兰人不和。他们必须被一一击败。[244]参加过佩科特战争的一名英格兰退伍军人约翰·昂德希尔（John Underhill）在和他的荷兰裔妻子搬到新尼德兰后，成为荷兰的军事领袖，他行动迅速并且残酷无情。在长岛（Long Island），他的手下屠杀了2座村庄的120名美洲土著，在康涅狄格的斯坦福（Stamford）附近，他们又放火烧了1座有许多美洲土著聚集的村庄。有500～700名土著（包括男人、妇女和孩童）在大火中丧生，而荷兰方面只损失了1名士兵。[245]在赶走门西人（直到1645年8月，他们和许多殖民者继续进行游击战争）后，伴随着对其最严厉的批评，基夫特被召回荷兰。但是双方的积怨并未得到解决。他们的船在威尔士海岸附近被击沉，船上的大多数人丧生，其中就包括基夫特。[246]

与荷属巴西的情况形成鲜明对比的是，从那以后，新尼德兰重新恢复了和平。1644年，一场起义结束了荷兰人在马拉尼昂的统治，随后葡裔巴西定居者于1645年6月在伯南布哥发动了一场针对荷兰人的大规模起义。这对荷兰人的勃勃雄心的打击是致命的。

第三章
帝国衰落

巴西起义

公司的衰退

余波

与英格兰的竞争与战争

荷兰是17世纪大西洋世界的列强中唯一的共和国。[1]荷兰人不仅生活在没有国王的世界里，而且大西洋世界的许多人都认为他们是由商人统治的——说的大概就是西印度公司的董事们。荷兰因此而饱受嘲讽，就像15世纪时教宗只把洛伦佐·德梅迪奇（Lorenzo de Medici，15世纪意大利政治家、外交家、艺术家，同时也是文艺复兴时期佛罗伦萨的实际统治者。——编者注）视为"普通商人"一样。[2]因此，在17世纪40年代，当荷兰与葡萄牙军队激烈抢夺非洲西海岸的圣多美岛时，葡萄牙人通过宣扬"服务国王要优于服务普通商人"吸引了一批荷兰士兵转投他们的阵营。[3]同样，葡属萨尔瓦多的总督为支持伯南布哥人民1645年起义反抗荷兰而准备的宣言，也力证伯南布哥人民有权"反抗由一伙荷兰各省的商人们组织的军队对他们所施加的武力镇压"。[4]他们几乎没有意识到，西印度公司董事会的核心成员中几乎一个商人都没有。[5]虽然西印度公司被看作是由一群商人组成的团体，但联省议会一直都在努力克服其政体既是新政体又是共和制所带来的挑战，这样的政治体制导致荷兰在国际社会无法得到全面的认可。荷兰人承认欧洲国家之间的等级体系：德意志皇帝居于首位，其次是英格兰国王和法兰西国王，紧随其后的是"拥有王国的公国"——这是专

第三章 帝国衰落

为威尼斯设立的。荷兰也希望能与公国的地位相同。因为他们认为,荷兰共和国在东、西印度群岛也拥有"王国"。[6]

上述包括巴西在内的"王国"被荷兰迅速占领。17世纪30年代,荷兰在全球范围内的军事扩张势不可当,以至于伽利略(Galileo)在写给联省议会的信中赞美荷兰人不仅是"杰出而强大的人"(Illustrissimi et Potentissimi Signori),而且是海洋上的征服者与统治者。[7]英格兰早期在北美组织开拓殖民地的费尔南多·戈杰斯爵士(sir Fernando Gorges)也认为"荷兰人是伟大的征服者"。戈杰斯将荷兰人与他的英格兰同胞进行了比较,他写道:"罗马人、西班牙人和荷兰人是名副其实的征服者,而不像英格兰人,只知道像傻瓜一样种植烟草和推行清教。"[8]当时,外国人很少会将荷兰人与罗马人相提并论,因为欧洲人普遍认为罗马人创立的古老帝国是有史以来规模最大、最强的政体。[9]但荷兰人在17世纪20年代、30年代以及40年代的扩张令人畏怯,他们在巴西取得的"成绩"丝毫不逊于在亚洲的"作为",这样想来,欧洲人将其与罗马人相提并论也变得可以理解。来自荷兰南部多产的耶稣会作家卡罗勒斯·斯克里巴尼(Carolus Scribani)在他的一部作品里借一位荷兰加尔文教教徒之口,将荷兰人与罗马人进行了比较:"罗马帝国从未像我们扩张得这样远。我们多次环球航行,太阳所能照耀之处,我们均已征服。"[10]还有一位作家补充说,我们的私掠船已经为国家赢得了3,000万荷兰盾,这一数额远远超过了保卢斯·埃米利乌斯(Paulus Aemilius)为罗马国库做出的贡献。[11]

随着对巴西控制的加强，荷兰人也开始关注自身与罗马的相似之处。[12]埃里亚斯·赫克曼斯（Elias Herckmans，约1596—1644）可能是第一个这样做的人，其作品《航海颂歌》（*Der Zee-vaert lof*, *Praise of Seafaring*，1634）以航海历史作为开端，主要描写了哥伦布在1492年第一次航海的经历。他在书的第四卷和第五卷里称赞了荷兰在东印度群岛和西印度群岛取得的成就，将荷兰在伯南布哥的胜利等同于"古老的荣耀"。[13]一位匿名的政治小册子作者也表达了他的想法，他写道，罗马人与汉尼拔（Hannibal）的军队在国内交战多年之后，决定将战争引到迦太基（Carthage）。汉尼拔最终被迫离开了意大利。读者从上述作品中理解了荷兰人开拓海外贸易的深意所在，即旨在削弱西班牙在荷兰的防御力量，该策略最初由于塞尔林克斯提出。[14]

荷属巴西总督约翰·毛里茨的私人牧师弗朗西斯库斯·普兰特（Franciscus Plante，1613—1690）创作了一首6,340行的六步格长诗《毛里蒂亚斯》（*Mauritias*），主要描写了荷葡巴西争夺战。这首长诗主要是一系列战役的编年纪事，普兰特模仿维吉尔的史诗《埃涅阿斯纪》（*Aeneid*），试图将约翰·毛里茨比作其中的英雄埃涅阿斯。这个故事的开始，众神集会，神派遣墨丘利（Mercury）告诉荷兰人，他们应该在遥远的西方给西班牙人一个教训。密涅瓦（Minerva）说服了其他神，使他们相信反抗西班牙的领袖必须是约翰·毛里茨。[15] 1647年，也即普兰特的诗歌发表的同年，也是毛里茨返回荷兰3年后，赞美这位"亲王"（译为"亲王"没有问题。原文加双引号的意思,也是暗示这个时候他尚未拥有该头衔。——译者注)及其在巴西统治的最著名的作品出现了,作者是荷兰最伟大的文学家之一,卡斯珀·巴莱乌斯。在他的《纵观荷属巴西八年》(Rerum per octennium in Brasilia)中,许多篇幅均以拉丁文详尽地描述了约翰·毛里茨在巴西的统治,并将其与古代进行了比较。巴莱乌斯认为,无论是武力征服还是教化平民,荷兰人都超越了其罗马祖先——他们不得不走得更远,所面对的敌人也更不人道。殖民地统治者进行文明教化工作的典型代表是安东尼奥-瓦斯岛的转型。选择这个沼泽遍布、灌木丛生的岛屿来建城的想法最初看起来很是荒谬,但是约翰·毛里茨用他的才智和胆识消除了一切障碍,最终建起了一座交通便利、房屋林立、物资充盈的城镇。巴莱乌斯还写道,在巴西和累西腓议会的动议下,这座城被命名为"毛里茨城",就像亚历山大港(Alexandria)和君士坦丁堡(Constantinople,今称伊斯坦布尔)也是以其创始人的名字命名一样。[16]

这些作家没有考虑荷兰与罗马帝国在国土面积上的差异。在17世纪,建立帝国不是靠宣称拥有大片土地的主权就能实现的。荷兰人从不(除了一个例外)对他们和西班牙王室在圭亚那的属地之间的边界进行清晰界定。[17]尽管克日什托夫·阿尔奇谢夫斯基于1637年写道,4个被俘总督的辖区绵延120英里,而西部从沿海深入内陆600英里或800英里的地区任人采撷,但是荷属巴西的官员却并没有划定统治范围的习惯。他还补充道:"我认为一个人在到达秘鲁科迪勒拉山脉(Cordilleras)前都不会遭遇任何抵抗。"[18]毫无疑问,这样不断扩大的荷属领土的确使得荷兰被与罗马帝国的相提并论看起来甚为合理,但实际上,大西洋世界里的荷属领土仍然是相对孤立的。新尼德兰和库拉索岛确实在商业上和行政上相互联系,短暂的安哥拉殖民地也严重依赖着荷属巴西。然而,一个能让人联想到罗马的清晰明确的帝国制度并没有建立起来。[19]此外,于1643年逝世的伟大人物胡戈·格劳秀斯就从未想到他的同胞能成为一个帝国的奠基者。在他看来,西印度公司不是以征服者而是以商人的身份进入大西洋世界的。[20]

巴西起义

在没有完全控制巴西的情况下,荷属殖民地的前景非常渺茫。最终使荷兰人付出沉重代价的是他们在萨尔瓦多的失败。正如阿德里安·范德杜森(Adriaen van der Dussen)在1640年向十九人委员会所解释的那样,如果不能控制萨尔瓦多,士兵到荷属殖民地纵火焚烧糖料厂的风险就会一直存在。[21]虽然难以进入的腹地为反抗荷兰的部队提供了有利的作战基地,但却使荷兰人在短暂的突击中取得胜利。荷兰人与陆地上的殖民点和要塞几乎没有多少往来,只有在海上的优势地位才能维持相互间的联系。因此,荷兰军队通常被困在自己的堡垒中,无力制止敌方的焦土政策。这种背景也使反荷起义很可能成功,或者至少有了一个良好的开端。在里斯本的葡萄牙领导人与荷属巴西的葡语人口对荷兰人的不满中，伯南布哥起义终于在1645年姗姗来迟。历史学家们一直将这次起义归咎于约翰·毛里茨于1643年9月被召回联合省并于次年3月被撤职。[22]他们对比了这位在统治期间维持了和平的总督与他在高级议会的继任者（没有任命新总督），显然后者缺乏约翰·毛里茨的执政才能。但是，这种推理方法过于简单。在约翰·毛里茨治下，动荡与不安已经在当地的葡语人群中蔓延开来。约翰·毛里茨本人于1642年9月写给联省议会的信里指出，由于当地居民承受着沉重的经济负担和宗教信仰不自由，他们正在谋划一场起义。[23]

著名的耶稣会传教士和神学家安东尼奥·维埃拉神父（Father Antônio Vieira）多年后回顾并写道，对荷兰统治的不满并不普遍存在。那场起义的发生甚至违背了许多葡裔巴西人的意愿。此外，这些头目们策划起义还有一个现实的理由，那就是这些富人对个体商人和西印度公司欠下了巨额债务，并且他们不想偿还。[24]这一说法有一定的真实性。这些糖料种植园主们欠下了如此之高的债务，以至于他们抵押了自己的土地、器具和奴隶。[25]例如，若热·奥梅姆·平托（Jorge Homem Pinto）从中谋取利益。这位370名奴隶和1,000头牛的所有者向西印度公司累计借债90万荷兰盾。1645年，他确实偿还了早期的30万荷兰盾的债务，但在接下来的6年中他拒绝清偿更多的债务。[26]

但是，许多葡萄牙种植园主的债务问题并不能解释许多不属于精英阶层的居民也支持起义的原因。这一观点也没有考虑到国王约翰四世和葡萄牙当局所做的基础工作——他们早就对自1640年葡萄牙成功反抗西班牙以后与荷属巴西的外交谈判持续胶着的状况感到不满。[27]对于这位国王来说，巴西非常重要且绝不可以失去——葡萄牙皇室在殖民地的利益和对巴西产品征收的税款共同为王室官邸和对西班牙战争提供了资金。[28]

1642年上任的葡属巴西总督带头组织了巴西起义。安东尼奥·特莱斯·达席尔瓦（Antônio Teles da Silva）发现若昂·费尔南德斯·维埃拉［João Fernandes Vieira，约1613—1681，与安东尼奥·维埃拉没有关系］愿意领导起义。维埃拉生于马德拉，曾于1630年参加抵抗荷兰入侵的行动。随后，他在荷属巴西经商顺利，买了一座糖料种植园并成为毛里茨城的一名高级市政官。维埃拉一边装作支持荷兰人的统治，一边进行秘密谋划。但是由于某些知情人士不小心走漏了消息，维埃拉被迫于6月13日提前武装起来准备战斗。尽管如此仓促，起义仍然迅速蔓延开来。在月底之前，最初只有50人的军队扩大到了由900名白人和许多黑人加入的军队。维埃拉承诺会释放所有应征入伍的黑人和有色人种，并且故意四处散布荷兰人强迫年轻单身汉入伍打仗的谣言，维埃拉也正是以此吸引这些人加入他的队伍。[29]

累西腓的高级议员对这场起义并不感到惊讶。[30]他们定期从殖民地居民（包括一些罗马天主教教徒）那里获取情报，得知即将发生起义，并从一封被截获的信中得知葡萄牙国王也参与其中。[31]累西腓的议会起初试图通过颁布大赦法令来扭转局面——大赦法令由神职人员在教堂进行宣读并被贴在教堂的门上——但收效甚微。[32] 2名荷兰代表特地前往萨尔瓦多，抗议葡萄牙与荷兰共和国结束休战，但是也没有成功。然而，葡萄牙当局确实借此机会提醒荷兰代表，是荷兰人先于1641年在安哥拉、圣多美、马拉尼昂以及全球许多其他地区违反了停战协议。

起义在荷属巴西的农村立即引起了反响。来自萨尔瓦多被派去帮助驱逐外国人的1,500名士兵因不满他们分到的配给，开始大肆侵占和抢劫平民财物。[33]一些参加起义的人也以平民为目标：在2艘驳船的打斗中杀死了一些荷兰人；杀死了3名犹太人；在一座修道院里绑架了30～40名荷兰人，后来被荷兰军队发现。[34]不管这些暴力行为多么令人不安，与荷兰人及其盟友塔拉伊里人（Tarairius）和波蒂瓜人（Potiguars）于7月16日在昆哈（Cunháu，在里奥格兰德）对36位居民实施的种族清洗相比，还是要逊色许多。出生在德意志的殖民者雅各布·拉贝［Jacob Rabe，或拉比（Rabbi）］将一群人骗进一座教堂，精心策划了这场屠杀，给当地居民留下了深深的创伤。[35]塔拉伊里人是来自里奥格兰德的塔普亚土著的一支，他们是大有助益且值得信赖的军事同盟，但荷兰人对他们之间的自相残杀、杀害手无寸铁的妇女和儿童的做法以及掠夺葡萄牙人的口粮与牲畜的倾向感到畏惧。尽管如此，他们的同盟关系并没有瓦解。在雅各布·拉贝的率领下，塔拉伊里人与站在荷兰人一方的美洲当地士兵于10月3日在里奥格兰德共同参与了另一场屠杀，15名乌鲁阿苏镇（town of Uruaçu）的居民因此而丧生——以此作为对葡萄牙裔的巴西起义军绞死保卫伯南布哥附近塞林海姆（Serinhaem）荷兰要塞的33名美洲印第安人士兵的报复。而那次大屠杀本身就是起义军的一种复仇行为，是对昆哈事件造成人员伤亡行为的回应。[36]

约翰·毛里茨上任以后，被荷兰人贴上巴西人标签的讲图皮语的美洲印第安人首先成为荷兰人在巴西进行战争的重要组成部分。在其统治期间，帮助击败了在伯南布哥的哈布斯堡王朝的其余士兵，并参加了对埃尔米纳、罗安达和圣多美的海外征服。[37] 荷兰人与巴西人的沟通往来不仅仅局限于军事作战场合，还包括日常的社交场合。荷兰人于1635年完成对巴西的重大征服后，7,900名

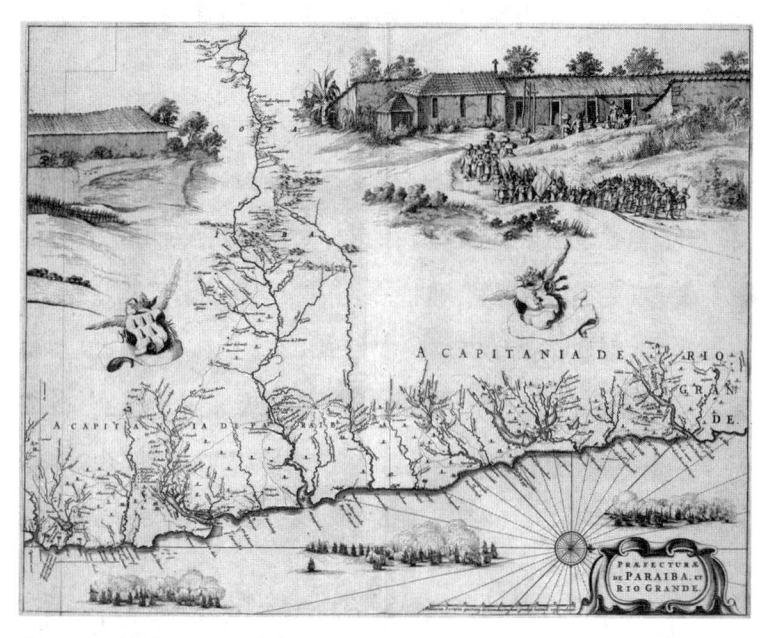

荷属巴西的图皮人。"帕拉伊巴与里奥格兰德"（1647）的详细信息。（海牙，荷兰皇家图书馆）

巴西人、所有的波蒂瓜人和托巴哈雷斯人（Tobajares）居住在里奥格兰德、帕拉伊巴和伯南布哥。这一数字在1639年下降到大约6,000，在1645年下降到3,583，主要原因是非洲人带来的天花疫情以及在罗安达和圣多美的征服活动——只有五分之一的当地士兵活着回来。[38]在荷兰人大举征服之际，巴西人居住在耶稣会神父管理的宣教小镇中。其中一名牧师，曼努埃尔·德莫赖斯（Manuel de Morais）以前曾与荷兰人作战，在帕拉伊巴被占领之后与1,600名巴西人一起加入荷兰人的行列。可能是在他的建议下，荷兰人控制了那些村庄，并按照与之前葡萄牙人相同的方式进行组织管理。[39]这样的管理使荷兰人得以与这些美洲印第安人在军事远征中结成同盟，在远征途中他们也被证明是不可或缺的重要力量。

1645年8月3日，在距离累西腓50千米的塔博尔山（Monte Tabocas）发生了葡裔巴西人与荷兰人之间常规战争的第一个重要事件。荷兰拥有比葡属巴西几乎多出1倍的兵力（2,300名士兵对1,200名士兵）和更优越的武器。抵抗的军队几乎都是用小矛、刀和剑来迎战荷兰的枪炮。然而，荷兰一方有154人死亡，而对方只损失了11人。[40]2周后，在荷兰人守卫的糖料种植园卡萨·福特（Casa Forte），起义军再一次取得了决定性的胜利。据荷兰军队的1名士兵说，那场战役后只有2名荷兰人和7名土著盟军幸存。最终，包括300～350名欧洲士兵和500名美洲印第安人在内的所有人要么丧生要么被俘。[41]同时，地处战略要地的纳扎雷堡（Pontal de Nazaré）在一次袭击之后也落入了起义军手中。当时荷兰人只是佯装自卫，指挥官迪德里克·范胡格斯特拉滕（Diederick van Hoogstraten）甚至在战争开始之前就表示愿意交出堡垒。[42]

起义军乘胜追击，在年底前接连征服了荷属巴西的大部分地区，削弱了荷兰人的士气。许多"荷兰"士兵，包括大量的法兰西天主教教徒，在11月前改变了立场，以至于其中的8个连队（总共238名士兵）与他们之前的友军进行交战。[43]同时，国王约翰四世竭尽所能地协助起义军。他下令在葡萄牙、马德拉和亚速尔群岛（Azores）征兵，并下令将所有从所驻扎的过境点逃走而被监禁的士兵派往巴西。此外，这位国王还忙于运送武器和其他必需品到海外战区。[44]

这些事件使荷兰共和国国内的民众感到震惊和愤怒。最早带来这些坏消息的两家阿姆斯特丹报纸报道说，一场"血腥的婚礼"被挫败了。[45]一本匿名的小册子作者对此更详细地解释道，葡萄牙人打算以一场血腥的婚礼来作为起义的开端，就像1572年在巴黎的圣巴托罗缪日大屠杀（St. Bartholomew Day's Massacre）预示了对胡格诺派（Huguenots）的迫害开始一样。这场起义的前奏是担任毛里茨城议员的葡萄牙人女儿的婚礼，这场婚礼邀请了荷兰的主要人士。他们设想在酒正酣时，这群外国宾客将遭到殴打和杀害。[46]这一幕显然并未上演。一名泽兰人撰写的另一本小册子里则表示受够了这一切，他认为是葡萄牙人的杀戮欲让许多潜在的荷兰移民望而却步，因此，只有把所有葡萄牙人赶出巴西，荷属殖民地才安全。驱逐葡萄牙人还可以解决天主教带来的问题，葡萄牙人和天主教的消失能够推动新教在黑人和美洲印第安人中的传播。[47]对荷兰人在巴西命运逆转的愤慨不仅被写在了纸上，也出现在了实际行动中。在海牙的总督警卫团几乎无法阻止民众闯入葡萄牙大使馆。

巴西起义的影响首先体现在经济方面，因为荷兰人失去了对糖料作物种植地的控制，对非洲奴隶的需求也因此下降。过去4年来一直贸易活跃的罗安达变成了一个沉睡的港口城市。同时，荷兰政治阶层中的一部分人渴望为安哥拉的殖民地提供更安全的立足点。他们认为，如果将葡萄牙人从腹地赶走，粮食供应将得到改善，与内陆的贸易也将蓬勃发展。1646年，荷兰军队围攻穆希马（Muxima）要

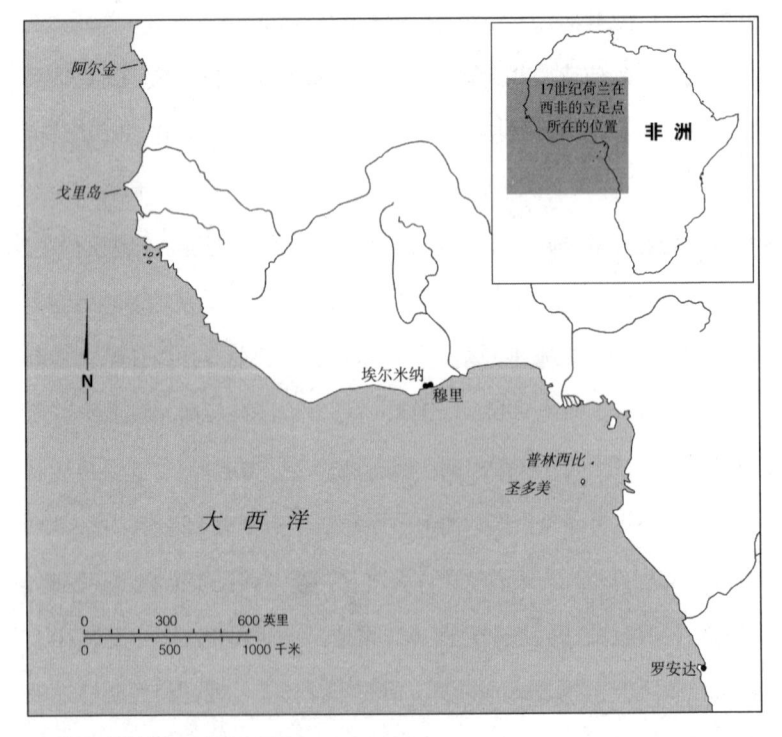

17世纪时荷兰在西非的立足点。

塞，但是企图在此突破敌人防线的尝试以失败告终，包括其指挥官在内的50名荷兰士兵丧生于战场。[48]第二年，在300名荷兰士兵的协助下，1万名恩登布（Ndembo）士兵和4,000名马坦巴女王恩金加（Queen Njinga of Matamba）的士兵在1647年11月25日击败了葡萄牙人，一个新机会出现了。通往葡萄牙的穆希马和马桑加诺（Massangano）之路一下子被打通了。[49]看起来安哥拉就要属于荷兰了，但事实恰恰相反。由300名驻军镇守的罗安达的失守带来了灾难性的后果。

在安哥拉腹地的荷兰军队不知道的是，位于里斯本的葡萄牙海外委员会提出了一个征服罗安达的大胆计划。率领舰队出征的指挥官是一位经验丰富的王室仆人，名为萨尔瓦多·科雷亚·德萨·埃·贝纳维德斯（Salvador Correia de Sá e Benavides）。他曾在1625年重新夺回萨尔瓦多的德托莱多率领的舰队上战胜了荷兰人，此后以各种身份任职，其中包括担任里约热内卢的总督。1647年，他带领舰队返回里约热内卢，并拥有了一个与其使命不符的头衔：安哥拉总督。对于拥有一座雇用大量奴隶的甘蔗种植园的德萨来说，恢复葡萄牙对罗安达的统治将为葡萄牙再度带来威望和经济利益。对于里约热内卢的居民也是如此，他们在德萨的鼓动下为这次远征提供了大部分资金。[50]

1648年5月12日，为夺回罗安达，一支由15艘船组成的载有近2,000人的舰队从里约热内卢出发。巴西高级议会再次猜测敌方正在酝酿什么事情。就在4月23日，议员们已经通知西印度公司，一支在里约热内卢准备好的船队正准备前往征服罗安达。但是缓慢的邮件沟通使得西印度公司无法及时通知其在罗安达的代表。这个消息本来应该来自累西腓，但是，尽管在相当数量的荷兰舰队抵达罗安达之后，那里突然有了可供调遣的船，但巴西高级议会由于疏忽并没有告诉在罗安达的同人。德萨的舰队于8月12日突然出现在罗安达，荷兰人因此陷入了恐慌之中。[51]但荷兰方面并没有全军覆没。荷兰人设法抵挡住了葡萄牙对莫鲁（Morro）这一山丘堡垒的攻击，击杀与重伤了140～150名敌军。尽管如此，出乎对手意料的是，荷兰当局在之后居然立即放弃了抵抗，举起了白旗。正如事情结果显示的那样，被俘的葡萄牙士兵告诉荷兰人，德萨带来的军队规模比荷兰人所知道的要庞大得多。据称，他甚至组织了一次远征，突袭腹地的300名荷兰士兵。那是一个谎言，但是非常具有震慑力。荷兰方面因此认为这场战争注定要失败，于是放弃了所有希望。[52]

罗安达的投降在泽兰港口造成恐慌，圣多美也紧随其后宣布了投降。[53]荷兰人对这座岛屿的控制持续时间很短。当葡萄牙前总督洛伦索·皮雷斯·德塔沃拉（Lourenço Pires de Tavora）在1642年11月与50名士兵一起登陆时，全面起义爆发，最终葡萄牙人征服了该岛上唯一的城市。当他们进行内部整顿时，胜利者挖掘出了埋在教堂里的科内利斯·约尔的尸骨，并将之与其他荷兰人的遗体一起焚烧殆尽。[54] 6年后的1648年，情况并没有多少改变。由于地处村郊，无法开展活跃的贸易，这一荷属殖民地的未来似乎令人怀疑。9月，当葡萄牙船载着从罗安达投降的荷兰士兵到来时，大势将定。要让荷兰人放弃，只需要接受一个条件，即皮雷斯·德塔沃拉以3.5万葡元

（约9万荷兰盾）的价格购买该岛上的荷兰人的财产。该提议被毫不犹豫地接受了。[55]

公司的衰退

巴西起义的主要影响可能是它注定了西印度公司的覆灭。一直到1645年年初，荷兰人对巴西的控制与扩张本可以挽救西印度公司，但是起义开始以后前景就一片黯淡。1652年，西印度公司的总部从雄伟的西印度之家大楼迁到了稍显普通的西印度公司仓库内的区域，公司的前景会怎么样已经显而易见。

几本当代的小册子就西印度公司衰退的原因意见一致。《内部陷入困境的尼德兰》（*Nederlants Beroerde Ingewanden*）一书的作者认为，西印度公司的衰退主要归咎于公司内部的铺张浪费、昂贵的设备以及冗余的董事、仆人与仓库，还有无端的出行、低迷的薪水与只关心自己发财的员工。[56]在另一本小册子中，作者虚构了一个关于4名阿姆斯特丹市市长之间讨论的场景，其中一位指控西印度公司浪费金钱："太多的商会，每个商会都有太多的仓库，那么多的董事、会计、仆人……"他补充道，西印度公司必将因此而崩溃。[57]其他人补充说，在1638年至1639年，西印度公司大多数垄断部门的关闭并没有帮助公司恢复财务稳健，反而加剧了其糟糕的境况。

然而作为垄断贸易的公司，西印度公司紧握大量资金太久，又花钱太快。他们没有首先把钱投到间接成本上,而是把钱投在巴西的战争和种植园经济上,快速地消耗着资金——这些巨大的投资没有产生任何回报。[58] 成立10年后,西印度公司再也支撑不起它那些雄心勃勃的计划。唯一的出路就是请求联省议会发放补贴,此后这些钱就用来资助大西洋上的多数战争。但是即使那样,现金流仍然是一个问题,因为公司的现金流取决于殖民地产品在联合省的销售情况。例如,十九人委员会在1642年建议约翰·毛里茨和高级议会将尽可能多的糖送到共和国,因为农作物一被出售,该公司就可以在第二年春天将现金运回巴西。[59]

1645年,西印度公司险些被解散,这并不是因为巴西当地人的起义。自从1621年西印度公司成立以来,这一时刻就在不断逼近,因为当时西印度公司被授予为期24年的特许权。为求获得新的许可,十九人委员会于1643年7月与联省议会取得联系,请求暂时延期目前的特许证。联省议会将这一请求递交到荷兰省,荷兰省提议将西印度公司与东印度公司合并,因为后者的特许期限也即将到期。西印度公司充满感激地接受了该动议,但东印度公司因为害怕被西印度公司拖垮而强烈反对。此外,东印度公司的董事们表示,其股东投资的是东印度群岛而非西印度群岛。荷兰省并没有放弃,他们迫使东印度公司通过向西印度公司一次性支付150万荷兰盾补贴来规避这次合并。当这笔交易的细节在1647年泄露出去时,联省议会将这两家公司的特许期分别各延长了25年。[60]

但是,这一举措并没有使西印度公司的评论家们沉默。亚历山大·范德卡佩伦在其未注明日期（可能写于1648年后期）的一篇日记中，提出了几项关于在海牙成立印度群岛议会的提议（与西班牙在印度群岛上的议会仅命名雷同）。该议会由总督、各省的七八名代表和6名西印度公司的董事组成，负责制定公司政策、发动战争和进行贸易。议会除了维持对巴西和非洲的控制外，还有通过一切手段收复罗安达的任务。[61] 2年后，海尔德兰省讨论了该计划的新版本。西印度公司的董事名额不得超过80人，他们的酬金、特权和自由将被取消。取而代之的是，印度群岛议会将由联省议会命名，由代表各省的17名成员组成。[62]该计划显然受到西印度公司主要股东的拥护，正是他们将计划交给了联省议会。但是，由联省议会代表和一些公司董事们组成的委员会拒绝了该计划。[63]

联省议会承担了西印度公司无法执行的各种任务。各省向该公司提供了军舰，海军上将梅尔滕·特隆普定期护卫船只从巴西或西非返回家园，通常从他们到达的英格兰的港口开始护送。[64]更重要的是，各省开始负责巴西的战争，组织舰队运输部队前去镇压起义。尽管起义军已大幅度削减了荷兰人控制的区域范围，但他们无法向海洋纵深推进。因此，荷兰人可以继续从欧洲派遣增援部队。在收到各省共计70万荷兰盾补贴的援助下，西印度公司于1646年初派出3艘从泽兰海军部借来的船只将士兵运送到巴西之后，联省议会组织了一次由著名海军将领维特·德维特指挥的大型远征队，他曾服役于拿骚舰队和皮特·海恩著名的远征舰队，并曾在唐斯战役中担任第二指挥官。这次被称为救援的行动代价高昂，仅在士兵的薪水和生活费

第三章 帝国衰落

上,政府就支出了130万荷兰盾,但朱利亚·亚当斯(Julia Adams)断言,政府在此关头实际上并未向荷属巴西提供任何支持。[65]顺便一提的是,西印度公司并未完全观望,其仓库提供了大部分的火炮、武器和弹药。[66]西印度公司还在征得各省同意的情况下安排泽兰造币厂铸造了价值9万荷兰盾的钱币。这些钱币将随救援队一起运出,用于支付军队必需的款项。[67]

在联省议会和公共领域,未经讨论,各省在治安方面的开支就不会产生。1645年以后的大多数出版物都显示出对以军事行动镇压起义的反感。1649年的《闲谈》(*Praatje*,一本在两三个人物之间进行虚拟讨论的以修辞手法出名的小册子)[68]中的主人公就对西印度公司的惨败感到失望,以至于他对整个海外殖民地事业都表示反对。他虽然承认有6,000或8,000,甚至1万名荷兰人可以在殖民地谋生,但这是他们个人的选择。各省应该为此清空国库并发动危险的战争吗?[69]

在联省议会内部,泽兰省与荷兰省的议员经常意见不合。在西印度公司内部也是如此,阿姆斯特丹商会和泽兰商会在讨论问题时经常发生争执,双方界限清晰。泽兰省一直是主战派并支持商业垄断,而荷兰省则倡导和平与自由贸易。这场僵局结束于1647年1月,西班牙和联省共和国的代表在明斯特经商定拟定了和平条约,只需要联省议会批准即可。只要没有签署和平条约,荷兰省就拒绝支持维特·德维特的远征行动,在与西班牙的战争仍继续的情况下,荷兰省的这一行为是不明智的。相反,只要救援舰队不被获准出航,泽兰省就反对签署和平条约。在其他大多数省份的支持下,泽兰省最终占了上风，甚至战胜了荷兰省。[70]泽兰省的胜利似乎出人意料，但亚历山大·比克透露说，在反对支援巴西这件事上，阿姆斯特丹实际上是孤立的，无论是在联省共和国还是在荷兰省本土。[71]

组建舰队的一个重要理由是，派遣数千人的部队不仅可以阻止巴西的起义，而且可以防止国内动乱。法兰西曾资助了荷兰国防军的80个连队，直到1647年5月荷兰与西班牙的战争即将结束时才终止。由于士兵很快就会失业，而且很可能无家可归，因此联省议会决定从每个连队中选拔人才加入这次远征救援行动中。[72]尽管该计划听起来很不错，但却由于这些连队的队长拒绝放人而遇到了麻烦。[73]他们的反对意见最终占了上风。

在无休止的拖延之后，这支由12艘海军舰船和7艘西印度公司游艇组成的舰队于1648年3月18日停泊在累西腓。[74]这支新组建的队伍没有时间进行磨合与适应。4月4日，他们就从战争委员会那里获悉将很快与敌人作战，新到的军官将获得报酬，但士兵们还没有拿过报酬。[75]4月17日，西格斯蒙德·冯·朔佩带着一支由7,400名欧洲人、1,000名土著、400名黑人士兵以及700名运行李的仆人和奴隶组成的庞大部队于凌晨1点离开累西腓。该部队还带着61面主要为蓝色和橙色的旗子和6门加农炮。他们此行是为了赶赴在瓜拉拉皮斯（Guararapes）的第一战，这一战将于两天后在累西腓以南的山上开始。[76]

这场战役持续了4小时，之后双方均要求停火。充分利用了敌人混乱[77]的葡裔巴西人报告说他们有80人死亡、400人受伤，大大少于

第三章 帝国衰落

荷兰500人死亡（包括48名军官）和556人受伤的损失。荷兰人一定已经因他们沉重的背包而疲惫不堪——里面还放着未来6天的口粮。[78]然而，导致他们失败的更主要原因是许多荷兰士兵对这场战役漠不关心的态度，对无法获得报酬极度愤怒的他们拒绝参加战斗。[79]与之形成鲜明对比的是对手的斗志昂扬，10个月后他们又在同一地点击败了荷兰人。17世纪荷兰在大西洋世界的所有遭遇中，最致命的一次是有74名荷兰士兵和15名军官被俘，另外至少还有893名士兵、151名军官和2名外科医生在战场上丧命。[80]

海战进行得更为顺利。在1641年停火后，反葡萄牙的私掠船行动曾被叫停，但4年后他们又因巴西起义卷土重来。一些私掠船以西印度公司为幌子出航，一些由海军进行装备，而另一些则以私掠船主的私人名义出海。但是，最成功的是代表巴西米德尔堡指挥中心的私掠船，该中心在西印度公司的同意下成立。加入中心的泽兰人本来靠劫掠从敦刻尔克中心来的船谋生，但是自从1646年年末敦刻尔克投降后，他们再也无法养活自己。1647年和1648年期间，有220艘葡萄牙船被荷兰人劫掠，占葡萄牙和巴西之间航行的所有船只的四分之三，荷兰人就在劫掠这些葡萄牙船的过程中发现了新的机遇。[81]从1646年到1650年，仅在巴西海岸俘获的船就带来了近350万荷兰盾的净收益。[82]若昂·费尔南德斯·维埃拉意识到，这些被扣押的船是荷兰人收入的主要来源。因此，他提议禁止从巴西出口所有糖料，这样荷兰的私掠船就无法得逞，他们就不得不放弃巴西。[83]但是，这个计划当然会危及葡属巴西的经济。对此，葡萄牙人成立了巴西总公司，这是一家非常高效率的股份制公司，专门负责每年护送有价值的货物到葡萄牙的舰队。

私掠船的持续存在是有利可图的生意。尽管私掠船船主必须交纳其收入的四分之一（最初是交给西印度公司18%的收入，后来调至10%，另外还有3.5%上交总督、2%交给慈善机构），但抽成依然相当可观。[84]这项业务所产生的回报甚至成为荷兰共和国各机构之间争论的焦点。西印度公司坚持认为，它有权获得泽兰海军船带回的丰富的战利品，但联省议会否认该公司拥有没收此类船的权力。最后想出的办法是，各省下令西印度公司和海军部共同制定分配比例。[85]

来自泽兰的这些好斗的私掠船不仅招致了葡萄牙人的仇恨，而且也危害了与葡萄牙的和平前景，所以在荷兰与荷属巴西都受到批评。[86] 1649年，《闲谈》中某位人物推测，私掠船对荷兰而言成本很高。只要海战持续下去，荷兰就必须在巴西拥有6,000名士兵。因此，和平谈判将更好地为荷兰的殖民大业服务。[87]另一本小册子里的主人公指责信奉归正教的泽兰人虚伪。他说，他们的虔诚与他们对葡萄牙运糖船的军事俘获行为并不一致。他将泽兰人比作嗜糖的苍蝇，除了糖以外他们就再没有别的话好说。不论男女老少、贫富贵贱，大家都在讨论这群海盗。甚至在教堂礼拜时，男女老少也在谈论他们这群同胞的行为。[88]一位演讲者在《闲谈》中使用了道德上的论点来反对私掠船。他说，私掠行为使荷兰水手们变得凶猛而粗野，使平民百姓不再敬畏神明。[89]的确，荷兰人在与葡萄牙船的交手中常常表现得非常粗暴，这不仅体现在泽兰港口装备的部分私掠船船员身上，也体现在巴西的荷兰私掠船船员身上，还包括越来越多的与荷兰或西印度公司无关的、由于贸易下滑而穷困的"自由人"。官员们试图在截获战利品时维持秩序而徒劳无功，他们认为这些私掠船只是在寻求财富而不是打击敌人。[90]

1652年，几乎没有任何荷兰私掠船会袭击驶往巴西的葡萄牙船队。葡萄牙船队不仅获得了回报，而且在那年的7月，第一次英荷战争爆发时，泽兰人得以留在自家附近并将目光瞄准他们的英格兰邻居。对于葡萄牙的航行而言，累西腓以南的巴西海岸再次恢复安全，1653年5月，一支由30艘船组成的舰队从萨尔瓦多出发前往葡萄牙。[91]这场英荷战争使荷兰在巴西的地位逆转，荷兰人现在担心载有来自祖国粮食的船只不再受到保护，特别是因为已经没有海军船只留在海边。[92]组成德维特援救队伍的几乎所有战舰的船员都违抗了命令，于1649年返回了家园。1650年派出的一支舰队也在3年后遇到了同样的情况。[93]

1654年4月，阿姆斯特丹海军部又组织了一支海军远征队前往巴西。但是，当阿姆斯特丹海军部装备的2艘船和1艘游艇在泰瑟尔岛启航时，荷属巴西已经不复存在。1月26日，巴西高级议会在葡萄牙统帅弗朗西斯科·巴雷托（Francisco Barreto）面前签署了投降书，这位统帅曾代表巴西进攻累西腓，他还曾在瓜拉拉皮斯的2场战役中担任葡萄牙方的指挥官。葡萄牙国王约翰四世对于是否应该派遣一支舰队将荷兰人赶出巴西一直犹豫不决。他预料荷兰人会派遣自己的船队前往里斯本封锁塔古斯河（Tagus River，塔霍河的旧称），就像英格兰人在1650年所做的那样。直到国王意识到这种封锁不可能实现之后（部分原因是英荷战争），他才下定决心。1653年12月20日，77艘船入海，其中60多艘前往累西腓附近的海岸。

与往年不同，这次累西腓准备了充足的粮食。因为最近几个商人的到来，库存的食物足够养活所有人口一年。[94]此外，累西腓的居民帮助消除了该镇的主要军事缺陷。两年来，累西腓已经在海边完全开放，但是由于市民的倡议，摇摇欲坠的炮台被修复，并装上了新的栅栏。[95]然而，战争物资仍然短缺，保卫这一殖民地的士兵人数（加上黑人和美洲印第安人也不超过1,100人）稀少得令人尴尬。[96]军队首领冯·朔佩几乎害怕点名——太多的逃兵可以向敌方泄露荷兰士兵的弱点，[97]军官们也不知道他们是否仍然可以依靠他们的部队。在维杰福克堡（Fort de Vijfhoek）指挥的克莱斯·克拉斯（Claes Claesz）中校偷听到其部下说打算绑了他，交出堡垒，并将其送给葡萄牙人，因为他们知道他不会被从宽发落。克拉斯随即让士兵向自己宣誓效忠，但他却交出了辞呈——没有被接受。然而，当他离开维杰福克堡时，跟随驻军的土著、黑人和"混血儿"（mulatto）以及一些欧洲人也跟着他离开。他们说，如果指挥官都放弃了战斗，他们为什么还要继续呢？[98]

考虑到驻军的情绪，开启谈判可能是有道理的，正如荷兰的三位领导人，即高级议会的议员舒嫩堡（Schoonenburgh）和海克斯（Haecxs），以及总参谋长冯·朔佩于1月22日所做的那样。然而，在真正的军事对抗里，葡萄牙不一定会取得胜利。但是，在士兵和平民投降并解除武装之后，很明显，荷兰人非常渴望结束战争。一位葡萄牙人后来写道，双方友好到似乎从未发生过战争一样。[99]

因此，就像他们在1648年所做的那样，荷兰人放弃了南大西洋的军事基地，这使葡萄牙决策者非常高兴。正如约翰·埃利奥特（John Elliott）所言，收回巴西是葡萄牙为从西班牙统治下争取独立而进行的自救。鉴于奴隶贸易在经济上的重要性，重新收回罗安达也很重要。[100]对于荷兰人而言，失去巴西使他们无法再进一步追求帝国大业，起码他们无法再在大西洋世界建立伟业。现在，当外国人警告不要进行帝国扩张时就会提到荷兰人。一位英格兰作家对在奥利弗·克伦威尔（Oliver Cromwell）提出的"西方设计"（Western Design）中投入的金钱、人力和船只是否会得到回报表示怀疑，他指出，"在巴西的荷兰西印度公司的行动……不仅被他们的敌人挫败，而且也没有从那里获得比他们本身所拥有的更多的财富，所以海上的报复性劫掠就被搁置了……"[101]

同时，西班牙与联合省在1648年签署了和平条约。尽管在1621年之后，与哈布斯堡王朝的战争是荷兰在大西洋世界建立帝国的根本原因，但它们在大西洋世界的主要敌人一直是葡萄牙，无论是在葡萄牙与西班牙决裂之前还是之后。《明斯特条约》（Treaty of Münster）关于大西洋世界的唯一重要内容就是西班牙承认了荷兰对其所有的殖民地和军事基地的统治，包括自1641年以来输给葡萄牙人的那些地方。不管荷兰殖民者对西班牙的入侵怀有多大恐惧，从此以后都是没有必要的。[102]

余波

当然，巴西人因荷兰于1654年的投降举动而感到被出卖。由于害怕被葡萄牙人消灭，成千上万的荷兰人忠实的土著盟友前往塞阿拉避难，在那里他们杀死了不少正在等着去往欧洲的荷兰人。[103] 尽管在投降前两个月，巴西政治委员会曾恳请联省议会保护巴西人，但荷兰当局置他们的前盟友于不顾，其中一些荷兰人带着移民来的同胞一起逃离了巴西。[104] 他们中的200人最终前往荷兰在圭亚那的殖民地波默伦（Pomeroon）、莫鲁卡（Moruca）和埃塞奎博，另一批人则定居在圣克里斯托弗岛，然后移居多巴哥。[105] 不过，即使在失去伯南布哥之后，一些荷兰人依然在幻想他们入侵巴西其他地区时还能得到饱受奴役的美洲印第安人和黑人的欢迎。但是，这种联盟永远不会再有了。[106]

与巴西人不同，荷属巴西的欧洲居民可以选择在1654年离开。自1645年以来，移民源源不断地离开已经造成殖民地人口的减少，但是真正人口的大批离开是在荷兰投降后才开始的。[107] 只有少数男人留了下来，其中大多数已经与当地女性结婚。离开的数百人定居在加勒比，少数人在新尼德兰重新开始生活，但绝大多数人被遣返回国。那些返回者清楚地表明，西印度公司和联省议会都欠他们钱。这些返回者大多数是官兵（请参阅第四章），被拖欠了超过100万荷兰盾。他们中的许多人因为无家可归而被迫住在旅馆里，没有能力支付住宿费用。有些人太过绝望，以至于贱卖了自己的债权。[108] 连

第三章　帝国衰落

锁反应也发生了。返回者欠下旅店老板、商人以及卖布料、黄油和奶酪的店主大笔债务，这些债主进而要求政府付款。[109]其中一位旅馆老板彼得·范鲁塞尔（Pieter van Reusen）写信给联省议会说，由于索赔未果，他已经付不起房租，即将与妻子和子女一起被赶出去。[110] 1660年，海牙的一大批店主、旅馆老板和其他居民仍然在要求上艾瑟尔省清偿债务，那里显然是许多巴西退伍老兵的故乡。[111]

到联省议会办公地敲门的各色人群中还包括在荷属巴西负债的人，其中有补给承包商[112]、砖块供应商[113]、渔船的船长（巴西政府要征用他们的船向沿海的多支船队投递信件）[114]，以及塞阿拉的一名面包师（他曾向荷兰的一座堡垒运送糖料）[115]。1678年，一些伐木工人（17世纪30年代在帕拉伊巴和里奥格兰德砍伐木材）的后裔仍在打官司。[116]荷属巴西的已故刽子手萨查里亚斯·瓦尔肯哈根（Zacharias Valckenhagen）的未成年子女的监护人请求支付薪水和一名奴隶的费用，因为这名奴隶曾被政府借用并在之后被葡萄牙人逮捕。[117]妇女也加入要求政府清偿债务的队伍中。弗里斯兰的一名战舰上尉的遗孀要求政府支付不少于1.2万荷兰盾；[118]另一位遗孀要求支付15年前装运巴西木材的费用。[119]还有牧师、病患安慰者、外科医生、办事员、书记员、清洁工以及其他公务员等也提出同样的要求。[120]但是，这些请求都未能产生预期的结果。

巴西高级议会成员也被欠了薪水。西印度公司同意向巴西高级议会的前主席沃特·舒嫩堡（Wouter Schoonenborgh）和议员亨德里克·海克斯（Hendrick Haecx）发放薪水——他们所获资金价值的1%

被用于巴西各港口。但是，有一个前提条件：付款时，西印度公司希望确定二人没有违反公司的指示；如有违背，任何人都可以在一年零六个星期内将此类行为上报西印度公司的董事。[121]尽管没有人这样做，但除了阿姆斯特丹以外，西印度公司的各商会还是没有缴纳会费。海斯贝特·德维特（Gijsbert de With）的耐心也被耗尽了。1659年8月，在西印度公司分配给他50,166荷兰盾又9斯泰佛（Stiver，荷兰旧钱币，相当于1/20荷兰盾。——译者注）的19个月后，这位巴西司法委员会前成员最终只获得了300荷兰盾作为其服务报酬。在1661年4月，他拿到了额外的40荷兰盾又14斯泰佛作为薪水和差旅费用。[122]

似乎所有之前从荷属巴西回来的人都在抱怨被拖欠薪水，连慷慨的约翰·毛里茨也不例外。他本来被承诺会拿到大笔资金，但最终只有一小部分落到他手中。1677年，也就是他去世前的两年，这位伯爵仍要求西印度公司赔偿15万荷兰盾，而新的西印度公司也没有支付。[123]很显然，西印度公司濒临破产，已经无力清偿债务。诚然，在累西腓沦陷之前，[124]泽兰商会基本上交齐了用于支付巴西士兵薪水的份额，但阿姆斯特丹商会仍欠了100万荷兰盾。[125]尽管西印度公司应当补偿殖民地的公务员，[126]但西印度公司的后台一直是联省议会，它在大西洋世界欠下了更多的债务，几乎无法承担1651年和1652年在巴西军队中需花费的700万荷兰盾。[127] 1656年，联省议会决定拒绝偿还在巴西产生的全部债务。被拖欠较少的士兵和军官更有可能获得全额偿还，那些索偿4,000荷兰盾或以上的人就只能得到不超过索偿金额的四分之一或五分之一。[128]

最初,一些政府代表反对在没有调查清楚士兵表现的情况下向战败的士兵支付薪水。但是,军官们则强调,除了保卫阿尔托纳堡(Fort Altona)的那些士兵以外,其他士兵并没有不愿意战斗。[129]最终各省代表又转而将巴西失守归咎于冯·朔佩,尽管他们并没有证据证明这一点。1655年3月,即冯·朔佩被捕7个月后,他被判定因放弃"征服巴西"而有罪,被剥夺了所有薪水和福利,并被勒令支付审判费用。[130]尽管这一刑罚(与4年前维特·德维特相同)被执行了,但正如查尔斯·博克瑟(Charles Boxer)所说,这相当于是无罪开释。[131]

不论经济状况如何,并非所有从荷属巴西前来避难的难民都能在寒冷的共和国定居下来。1655年8月,一群曾在大西洋两岸服役了多年(原文为207 years,此处翻译为"多年"以免歧义。——编者注)的军官向联省议会提交了一项攻占累西腓以南100千米的塔曼达雷港(Port of Tamandaré)的计划。他们认为一支拥有1,320名士兵的舰队就足够了。[132]士兵们不是唯一对巴西的新远征感兴趣的人。由此引发了一场关于这次远征之利弊的公开辩论,赞成者强调可怜的巴西土著的命运,他们曾站在荷兰人的一边,现在却要受到无情的葡萄牙胜利者的摆布。许多人签署了主题为"团结这些被遗弃者"的请愿书,这份请愿书之后被交给了联省议会。[133]泽兰人是重返巴西最突出的拥护者。与他们持相反意见的人则嘲笑他们无视代价。据说,这群好战分子的唯一目标是夺回巴西,而不论要付出多少金钱,要动用多少船只,要牺牲多少人。[134]

130　荷兰海洋帝国的兴衰:17世纪大西洋世界的战争、贸易与殖民在1657年至1661年之间，荷属巴西的复辟并非不可能，因为联合省与葡萄牙一直在打仗，虽然强度不算高。[135]约翰四世于1656年11月去世，路易莎女王（Queen Luisa）担任她13岁儿子的摄政王执政后，联省议会抓住机会为西印度公司寻求补偿。迫使女王屈服的远征计划很快就诞生了，1657年9月5日，由海军中将雅各布·瓦塞纳·范奥布达姆（Jacob Wassenaer van Obdam）率领的一支由14艘船组成的舰队驶离共和国。在海军中将米希尔·阿德里安斯·德勒伊特（Michiel Adriaensz de Ruyter，1607—1676）的指挥下，又有16艘船从地中海驶来。这是一位在海军、捕鲸和商船方面都有经验的精明的泽兰人。瓦塞纳·范奥布达姆的舰队抵达里斯本后不久，2名荷兰专员拜见了女王，讨论了一项条约草案，即归还安哥拉、圣多美和1641年以来荷兰人在巴西失去的地区。尽管荷兰方面有所让步，但女王拒绝接受该提案，也因此开始了荷兰人对里斯本的封锁。在此期间德勒伊特俘获了从巴西返回的15艘葡萄牙船。然而，当发现封锁行动无法让葡萄牙人屈服后，敌对行动也就只是一时之举。此外，瑞典和丹麦之间的北欧战争也爆发了。此时此刻，荷兰人不能冒险失去他们的法兰西盟友——后者一直在荷兰与葡萄牙发生冲突时居中调停。[136]因此，随后的4年战争平淡无奇，只有泽兰的私掠船在其中表现突出，但他们的行动没有协调一致。如果能共同行动，他们本可以重击脆弱的葡萄牙奴隶贸易。现实是，大多数持有逮捕许可证的私掠船船长们都更喜欢在西印度群岛进行交易。[137]

1661年，荷兰与葡萄牙签署了一项条约，终于解决了巴西的问题。葡萄牙人承诺退还荷兰人在巴西留下的所有火炮——但他们并未兑现这一约定。失去巴西61年后,西印度公司仍在与联省议会联系,希望葡萄牙退回269门大炮。[138] 比大炮更重要的是,葡萄牙承诺向荷兰人赔偿其在重新征服巴西期间遭受的损失。每年,葡萄牙向荷兰支付400万克鲁萨多(Cruzado,巴西纸币名。——编者注)或800万荷兰盾,其中部分以现金支付,大部分以塞图巴尔(Setúbal)的盐以及巴西的糖和烟草支付。[139] 由于与西班牙的战争(葡萄牙也卷入其中)造成了拖延,该条约在很长时间后才生效。战争结束1年后,即1669年7月30日,第二份葡萄牙—荷兰条约在海牙签署,这一份是最终条约。它约定,葡萄牙王室将赔偿西印度公司50万克鲁萨多或100万荷兰盾的损失,这些赔偿将以塞图巴尔的盐进行支付。[140] 西印度公司的金库中存放的都是葡萄牙支付的盐(以及来自关税的硬通货),直到1701年,葡萄牙王室一次性支付了剩余债务的一半。这些赔偿对于重建后的西印度公司的运作至关重要,它们为西印度公司提供的现金比公司出售股票赚到的还要多。[141]

可以说荷兰人在很大程度上是用盐挽回了在巴西的损失,但是许多在1654年遭受经济或财物损失的人都心怀怨恨地离开了。人们对拖延付款的抱怨持续多年,导致十九人委员会在1671年决定,巴西的旧债权将用债券来偿还,利息从发行之日起计算。[142] 当然,失去巴西也影响了那些在荷兰国旗飘扬在伯南布哥上空的多年时间里留在共和国的人。吕伐登(Leeuwarden)的大臣哈曼努斯·维茨(Harmannus Witz)在 *Twist der Heeren met Sijn Wyngaert*(1669)一书中就对他们的困境表示惋惜。他写道，国内普遍的贫困和苦难是由贸易疲软、王室失去对巴西的统治以及西印度公司的失败所致，因为许多家庭都将血汗钱投入其中。[143]

尽管荷兰当局最终同意放弃新的远征巴西的想法，但在1654年之后，也不乏在南美洲其他地区进行殖民的计划。据委内瑞拉一名男子的说法，他于1658年在阿姆斯特丹停留了3个月，与荷兰各省和其他高级官员会面，得知他们有将奥里诺科和巴西之间的区域改造为荷兰殖民地的计划。沿海地带和内陆地区的人口都将逐步增多，这将使荷兰人在与西班牙人的战争中能够征服包括西属南美区域在内的秘鲁总督辖区。为此，荷兰人已经准备占领该大陆的南部一隅。战争开始时，荷兰各省将装备一支舰队，启程前往拉普拉塔河（Río de la Plata），沿河而上并占领西班牙的领土。一名精通西班牙语的荷兰人已经被派往该地区收集情报。他身着西班牙服装，走了800千米到达腹地，并带着绘有他发现的所有河流和道路的地形图返回共和国。[144]

关于这些计划，我们无法从荷兰人自己记载的资料中获得证实，但是1654年以后启动的一些项目，目的的确是在奥里诺科和巴西之间的地区建立新的殖民地。例如，1657年，西班牙驻阿姆斯特丹的领事发现该市的一家商业公司正在筹集大量资金，以便将五六艘载有殖民者的船运送到"奥里诺科岛"。[145]圭亚那地区只是名义上由西班牙人控制，实际上，很少有欧洲人在当地定居。自17世纪初以来，圭亚那吸引了来自法兰西、英格兰、爱尔兰和荷兰的殖民者，但当地气候和与土著的紧张关系几乎注定了那里无法成为他们真正的殖民地。

近年来，泽兰是荷兰殖民活动的积极支持者。西印度公司的商会与3座城镇，即米德尔堡、弗利辛恩和费勒密切合作，共同开发了圭亚那的部分地区，并将其命名为"新泽兰迪亚"（Nova zeelandia）。这促进了本来渐渐衰弱的荷属殖民地波默伦和埃塞奎博蓬勃发展，并鼓励两地居民在卡宴河（Cayenne River）附近定居，其中一地的居民都是犹太人。[146]在这些殖民地以及另一块早期的殖民地多巴哥，泽兰人试图将重点放在生产经济作物上，因此，从非洲运来许多奴隶。[147]泽兰人的方案很快取得了成效。在圣多美的西班牙总督估计，到1662年，新泽兰迪亚是1,000多名定居者的家园，他们与400名美洲印第安人和1,500名非洲奴隶生活在一起。正如他所说，他们建立了"一个新的巴西"。[148]荷兰人本身也倾向于用"第二个巴西"来特别指代在圭亚那出现的最繁荣的殖民地苏里南。[149]"第二个巴西"的概念并没有迅速消失。苏里南的官兵在1712年说，在联省议会的保护下，他们的殖民地像巴西一样强大。[150]之后，"第二个巴西"的想法在西印度公司内部出现了数次，董事会建议埃尔米纳的执政委员会将荷兰在这里的基地也改造成一个"新的巴西"。然而，当时的主要重心似乎与巴西的金矿有关，而不是荷属巴西的美好过去。[151]

荷属巴西真正的遗产是荷兰在大西洋世界的管理制度。库拉索岛的副总督马蒂亚斯·贝克（Mathias Beck，1655年至1668年在位）在巴西是一位富裕商人和议员，曾领导过西印度公司的采矿探险队。[152]

他的叔叔雅各布·阿尔里斯（Jacob Alrichs）是新尼德兰的新阿姆斯特尔（Nieuwer-Amstel，1657—1659）第一任主管，曾在巴西担任税收总长，他的继任者亚历山大·日诺约萨（Alexander d'Hinoyossa）曾在此担任军事职务。[153]让·保罗·雅凯特（Jean Paul Jacquet）是特拉华河流域最高级别的荷兰官员（1655年至1656年在位），也曾在巴西的荷兰军队中服役。[154]巴西的首席公关胡伯特·范贝弗伦（Huijbert van Beveren）继续担任多巴哥总督（1657—？）；[155]约翰尼斯·海因修斯（Johannes Heinsius），巴西司法委员会前秘书，后来成为苏里南总督（1678年至1680年在位）；[156]毛里茨城议员贾斯珀·范霍伊森（Jasper van Heussen）最终担任黄金海岸的总督（1658年至1661年在位）。[157]还有荷属卡宴的负责人奎赖恩·斯普兰热（Quirijn Spranger，1663年至1664年在位）在巴西以各种身份为西印度公司工作，包括士兵服装的首席公关。[158]在他发表的一首诗中，将巴西与迦南地和伊甸园进行了比较，表达了对曾经的荷属殖民地的怀念之情。[159]

与英格兰的竞争与战争

尽管新尼德兰在与西班牙和葡萄牙的战争中处于边缘地位，但在与英格兰的竞争中它却不容忽视——英格兰人发现荷兰人也试图在北海和北美争夺区域霸主地位。与英格兰的冲突是新尼德兰诞生的标志。1624年荷兰将第一批定居者分散在总督岛、哈得孙河上游、康涅狄格河与特拉华河流域，目的是占有大片土地，此举也抢占了英格兰的土地。[160]随后，新尼德兰与新英格兰之间出现了数不清的边界争端。

在第一次英荷战争（1652—1654）爆发之初，西印度公司的董事们就认为新尼德兰非常适合作战，因为其地理位置比其他任何殖民地都更适合进攻英格兰。[161]尽管没有发生任何袭击，但荷兰人几乎成了英格兰入侵的受害者——虽然不是很严重，却是第一个"西方设计"（参见本书第126页）。在纽黑文（New Haven）的同胞要求进攻新尼德兰时，奥利弗·克伦威尔以让罗伯特·塞奇威克（Robert Sedgwick）指挥装备一支远征队作为回应。得到纽黑文或弗吉尼亚可能会发动袭击的消息后，在新阿姆斯特丹的荷兰人修建了防御工事。[162]但是，由于荷兰国内需要军队保护，西印度公司无法提供增援，而英格兰人又不择手段，他们的入侵仍有机会成功。[163]拯救了荷兰人的是和平协议的到来，这使塞奇威克向北转向阿卡迪亚（Acadia）并征服了那里的法属殖民地。

尽管荷兰在北美的属地得以保全，但在战争期间，荷兰在北大西洋的航运确实受到了英格兰的打击。往返大西洋的船队落入私掠船队之手，停泊在巴巴多斯的船只的损失迫使在加勒比海交易的阿姆斯特丹商人联合起来反抗英格兰的私掠船队。他们提议在加勒比地区成立一家拥有重要商业特权的公司，以占领巴巴多斯，但这一目标最终并未实现。[164]

1654年签订和平协议后，荷兰人确实征服了新的领土，新领土不在加勒比地区而是在北美，瑞典人而非英格兰人为此蒙受了损失。自从1638年在特拉华河流域的新瑞典（New Sweden）建立以来，它与新尼德兰之间就一直关系紧张，到1647年彼得·施托伊弗桑特（Petrus Stuyvesant）担任总督后，双方的紧张关系加剧了。以其前任之名命名的战争的影响还很显著——新瑞典的总督试图散布荷兰人计划屠杀他们的谣言，以此来骗取当地人民的信任。根据基夫特战争的情形来看，这样的谣言似乎是可信的。[165] 双方都得到了当地人的支持，其中3位酋长将土地让给了荷兰人（除了狩猎权和捕鱼权），这使荷兰人能够在特拉华河的战略要地上建造卡西米尔堡（Fort Casimir）。1654年5月，一艘来自瑞典的船占领了这座防御不力的堡垒（瑞典人争辩说该堡垒建立在他们从美洲印第安人那里购买的土地上），于是西印度公司拿起了武器。[166] 在一艘载有战争物资和200名士兵的阿姆斯特丹轮船抵达后，施托伊弗桑特率领一支远征队从曼哈顿到达特拉华湾。荷兰在人数上的优势压倒了瑞典，导致瑞典士兵于1655年9月15日投降。[167] 但是，返回的军队的种种欢欣在他们抵达曼哈顿时都被浇灭了，因为就在瑞典人投降的那天，64艘运载了五六百名来自马希坎、哈肯萨克（Hackensack）、伊索珀斯（Esopus）和塔潘美洲印第安（Tappan Amerindian）的全副武装的士兵离开独木舟上岸了。他们原本打算袭击对方部落，但因荷兰殖民者杀害一名当地妇女而改变了目标。双方发生了暴力冲突，最终他们在斯塔滕岛（Staten Island）上发起了持续3天的破坏活动，众多房屋和农场毁于一旦，居民们或死或被俘。[168]第二次荷兰—门西战争［The Second Dutch-Munsee War，或名"桃树大战"（Peach War），1655—1656］开始了。这场战争和第三次荷兰—门西战争［The Third Dutch-Munsee War，或名"伊索珀斯战争"（Esopus War），1659—1660、1663］都以荷兰人的胜利而告终，原因包括荷兰的军事优势和冷酷无情的战术、欧洲人口的崛起和土著人数的减少，还有门西人孤立的外交政策。[169]

同时，1654年的英荷和平条约并没有改善新尼德兰与其南北邻国英格兰之间的关系。因为相互之间积怨太深，这一横跨大西洋世界的条约实际上只是代表不确定期限的停火。据说，在1656年，阿姆斯特丹市市长以及1663年时荷兰大议长约翰·德威特（Johan de Witt）均向西班牙提议派遣一支联合中队将英格兰人赶出他们的新殖民地牙买加。[170] 1664年，英荷之间的敌对行动在没有宣战的情况下再度开始。而在第二次英荷战争正式开始之前，西非和北美都已经摊牌了。

在康涅狄格的主政官小约翰·温思罗普（John Winthrop Jr.）和新英格兰以及长岛的一些居民说服外国种植园议会（Council for Foreign Plantations）和枢密院（Privy Council）制订了进攻新阿姆斯特丹的计划之后，一支远征队离开了英格兰，目的是将新尼德兰并入英属美洲。[171]新任国王查理二世全力执行这项任务，授予他的兄弟约克公爵詹姆斯·斯图尔特（James Stuart）在东部沿海大部分地区的特权。从帝国的角度来看，外来殖民者阻止了在北美东部沿海地区建立一个毗邻的大英王国的行动。但这不是对友好国家进行军事行动的唯一原因。通过这种武力行动，查理二世打算让许多不认可王室的英格兰殖民地臣服于他。征服新尼德兰将是巩固英格兰人在新英格兰地区统治的重要一步。此外，征服将有助于推进1660年的新航海法的实施，该法案的目的是打击往返于英属殖民地的荷兰航运。[172]

在理查德·尼科尔（Richard Nicholl）的指挥下，约克公爵派出的4艘护卫舰载着来自马萨诸塞的数百名士兵于6月4日出发，在9月6日抵达新阿姆斯特丹。令人惊讶又担心的是，施托伊弗桑特试图准备防御但没有获得支持。然而，即使他成功了，鉴于弹药和铅的供应短缺，他们生存的机会也将很小。[173]在这个专门从事粮食生产的地区，由于3周前已有1艘载有粮食的轮船抵达库拉索岛，所以这里的粮食出现了短缺。地方长官塞缪尔·德里修斯（Samuel Drisius）随后写信说，情况让人绝望，因为"没有救济或援助可以指望，而每天都有大量的英格兰人徒步或骑马从新英格兰赶来，热切地盼着掠夺这个地方。600名北部的印第安人和150名法兰西私掠船船员在英格兰的命令下也与我们为敌。因此，在我国公民和居民的强烈敦促下，当局为了避免被掠夺和流血，不得不（尽管很不情愿）接受和谈……"[174]英格兰人也攻占了新尼德兰的其他地区，他们在特拉华遇到了顽强的抵抗。由阿姆斯特丹市统治的新阿姆斯特尔的居民准备投降，但人数不超过30人的士兵则更愿意战斗到底。最后，他们还是输给了130名英格兰士兵和水手，英格兰人占领堡垒并洗劫了城镇。[175]英格兰人还偷走了六七十名黑奴、100只羊和几十头牛、马以及枪支、弹药和火药,外加24门大炮、锯木厂设备,还有犁和其他农用设备。[176]

在附近的斯旺达尔(Swanendael),英格兰人走得更远。1663年7月,42名荷兰移民(可能都是门诺派教徒)在这里建立了一个乌托邦群体,他们住在同一地区,那里曾被荷兰人短暂殖民过(1631—1632)之后又被美洲印第安人破坏。[177]他们的领导者彼得·科内利斯·普洛克霍伊(Pieter Cornelisz Plockhoy,约1620—1664)是一名拥有全面殖民计划的泽兰人,他希望能借此打破人们熟悉的模式。普洛克霍伊指出,迁徙至蛮荒地带的家庭经常因其成员患病、死亡或至少因能力不足、贫穷或孤立无援而无法发展,一个没有冲突和奴役而以合作为基础的群体才是解决问题之道。作为曾经生活在批评牧师思维狭隘氛围中的阿姆斯特丹人,普洛克霍伊认为,殖民地不需要牧师就可以运转。取而代之的是,所有居民都会在周日和节假日吟唱圣歌,并且每个定居于此的人都会轮流朗读《圣经》。[178]对于斯旺达尔的短暂历史,我们不得而知,只知道它终结于1664年9月,当时理查德·卡尔(Richard Carr)上校下令彻底破坏该地区。于是定居者向各个方向逃离,有几个人被杀,另外一些人(至少根据施托伊弗桑特向联省议会提交的报告所述)作为奴隶被卖到了弗吉尼亚。[179]

荷兰的外交抗议没有产生任何实效。查理二世告诉驻伦敦的荷兰大使,该地区从一开始就属于英格兰,荷兰人只被允许在这里定居,西印度公司对该地也不享有任何权利。[180]于是,荷兰人在国际舞台上只能沉默。在荷兰国内，由70个人组成的一个团体（其中多数是商人）请求联省议会，让英格兰人返还殖民地，他们主张在适当的时候新尼德兰可以取代波罗的海成为谷物、大麻、亚麻、焦油、沥青、松树以及橡树的源头。其他人在各自撰写的小册子里对英格兰人的入侵表示不满，或指责谈判人员在1667年的布雷达（Breda）和平协议里同意将殖民地最终移交给英格兰。[181]

1664年，非洲黄金海岸的荷兰人和英格兰人之间的紧张关系在加剧。自从1632年一支英格兰的舰队抵达并随后在科曼廷（Cormantine）建立总部以来，这两个欧洲国家就一直在互相打击，以便获得在非洲国家的贸易特权。但是，即使在第一次英荷战争期间，双方在这里也没有直接发生过战争。荷属埃尔米纳的总督和英方的主导者决定不发动攻击，而是专注于和平贸易。[182]

不是只有这两个欧洲国家在沿海地区设立贸易站。瑞典和丹麦也在17世纪50年代这样做了，具有讽刺意味的是，二者首先是在荷兰人的帮助下开始的。[183]这些新的竞争对手得到了埃富图［或富图（Fetu）］的财政主管和名叫阿克罗桑［Akrosan，或扬·克莱森（Jan Claessen）］的商人精英的支持，阿克罗桑拒绝称王但仍然是埃富图最有影响力的人物。得益于他的支持，瑞典人得以维持他们在埃富图境内的卡罗鲁斯堡（Carolusburg）建立的贸易站，该地在今天被称为海岸角城堡（Cape Coast Castle）。1659年4月，埃尔米纳总督贾斯珀·范霍伊森策划将这座堡垒转交给荷兰人之后，阿克罗桑围攻了这座堡垒，并命令2,000名火枪手阻止物资到达城堡。6月5日，荷兰人不可避免的投降发生之后第二天,阿克罗桑再次升起了瑞典国旗。在这次失败之前,荷兰人已经拥有了他们在黄金海岸有史以来最强大的势力,他们拥有6座堡垒和9处贸易站,这意味着只剩下3个由不超过20个代理商和士兵维持的英格兰的贸易站是其垄断之路上的障碍。范霍伊森的前任扬·范瓦尔肯伯格(Jan van Valckenburgh)在返回荷兰的路上写了一份报告,为这种垄断提供了法律依据。他认为,由于荷兰人对葡萄牙人的征服,以及根据他们与当地亲王们的条约,荷兰人合法拥有黄金海岸。[184]这一公认的观点将成为西印度公司在该地区制定政策的指导性原则。

荷兰人的这种态度导致他们在17世纪60年代初期采取了更具侵略性的行动,他们俘获了属于其欧洲竞争对手的各种船只。他们扣押属于瑞典非洲公司一艘船的行为激怒了阿克罗桑。只要荷兰人不归还被其扣押的船只,他就打算封锁西印度公司的贸易,希望借此能够将荷兰人完全从沿海驱逐出去。阿克罗桑绝不只是虚张声势。他在海岸角城堡附近拥有重要的基地,不仅有埃富图人,还有来自阿肯(Akan)的人们都在那里进行贸易。[185]西印度公司通过封锁和炮击海岸角城堡以及丹麦人拥有的另一个贸易站来对阿克罗桑进行回击。[186]这一事件以2名主要人物在1662年的几个月里相继死亡而结束。埃富图人认为阿克罗桑和范霍伊森的去世是西印度公司的侵略性政策导致的,埃富图人也愿意主动妥协。这使得荷兰人能够将瑞典人赶出海岸角城堡。[187]

现在,西印度公司在埃尔米纳和海岸角城堡拥有了2座重要且位置便利的堡垒，因此可以利用新获得的霸权最大限度地阻止外国船进入海岸。荷兰人扣押了英格兰皇家探险者公司（English Company of Royal Adventurers，特许成立于1660年）装备的2艘船并关闭了英格兰人占有多年的海岸角城堡，此举在英格兰引起了普遍的愤慨。[188]但是，当查理二世于1663年年末派海军上将罗伯特·霍姆斯（Robert Holmes）前往黄金海岸进行远征时，他还没有要打仗的想法。霍姆斯的使命是保证皇家探险者公司的利益，保护其船只和岸上的财产并继续扩大其商业特权。霍姆斯只有在执行任务遇阻时才会诉诸暴力，不过，也许上级的口头命令给了他更多自由裁量的空间。

甚至在11艘船到达黄金海岸之前，霍姆斯就给荷兰人造成了很大的伤害。1664年1月和2月，他占领了两座位于戈里（Goree）的荷兰堡垒，这些堡垒曾是泽兰反抗葡萄牙私掠船的重要基地，也是荷兰在谷物海岸（Grain Coast，与今天的利比里亚差不多重合的地区）的贸易站。[189]这些行动为这次远征定下了基调。令人意外的是，这次远征赢得了史无前例的成功。4月，这支舰队出现在黄金海岸，霍姆斯轻松击败了4艘荷兰船。重新上任的总督范瓦尔肯伯格确认他获得了非洲盟友的支持，包括埃富图人［每死去一个攻击荷兰堡垒的欧洲人，他们都会提供1本达（benda）或2盎司黄金，价值8英镑或80荷兰盾］。然而，霍姆斯与丹麦非洲公司结为朋友，也与许多当地势力结盟。他把埃富图人的承诺告诉了荷兰人，于是埃富图人改变立场并支持英格兰人对海岸角城堡发起攻击。遭到猛烈炮击后，100名驻军于5月11日举起了白旗。霍姆斯并不满足，他在接下来的几天里又夺取了2个荷兰据点和1座堡垒。然而，事实证明埃尔米纳牢不可破。[190]

一连串的胜利使英格兰一举成为黄金海岸的主导力量。该消息最初在荷兰共和国引发了怀疑，因为霍姆斯的远征行动在荷兰国内鲜为人知，新闻界也对霍姆斯能够做出这些事感到怀疑。[191]当一切被证明是真实的时候，泽兰和格罗宁根二省的代表坚持认为应当采取适当措施来抵抗英格兰人的侵略。5位海军上将中的4位（弗里斯兰弃权）提议给西印度公司提供12艘军舰，这项计划得到了荷兰执政约翰·德威特（当时的最高政治首脑）、荷兰各省以及联省议会的支持。[192]但是，联省议会并没有在荷兰本国港口组织令人瞩目的远征，而是将执行计划的任务指派给了地中海西部的一个中队，该中队已经由阿姆斯特丹、梅兹和诺德克瓦蒂埃的海军部装备完毕。指挥官米希尔·德勒伊特（曾参与1657年封锁里斯本的行动）已受命赎回在阿尔及尔（Algiers）的欧洲奴隶并保护荷兰商人。在收到带有秘密指示的信件之后，他带着载有2,272人的12艘船的舰队于10月5日从加的斯起航。[193]

德勒伊特令许多地方降下英格兰的国旗。他不费一枪一弹就收回了戈里及其堡垒，然后清除了塞拉利昂的一个英格兰据点。在黄金海岸的塔克里亚（Tacorary），四五百名英格兰的土著盟友顽强抵抗，于是他下令烧毁了该村庄。他尽可能地克制，避免对自己的敌人使用重炮。尽管他有关投降的公开谈判的提议得到了一些英格兰人的认可，但在黄金海岸的总部科曼廷的守卫者却拒绝了。直到1665年2月8日，在遭受乘独木舟从埃尔米纳前来的约1,000名荷兰的非洲盟友的攻击后,英格兰损失了许多兵士,英格兰方面才放弃抵抗。[194]

在新的荷兰军队驻扎后,德勒伊特返回了埃尔米纳。1665年2月13日晚,一艘带着联省议会给海军上将信函的小船抵达。由于英格兰在欧洲和新尼德兰的军事行动,他被命令占领西非尽可能多的要塞,并通过在巴巴多斯、新尼德兰、纽芬兰和其他地方造成破坏来进行报复。这一指示让他决定不再浪费时间攻击海岸角城堡。德勒伊将意识到,英格兰的远征部队都非常高效并且损失极小,围攻这个英格兰的据点势必会花费荷兰人大量时间,造成许多人员伤亡,并且他还发现当地非洲人对其也不怀好意。此外,德勒伊特预计不久之后还将有另一支荷兰舰队抵达。所以,既然不是全部任务都取决于他的行动,这位海军上将认为穿越大西洋去攻击在美洲的英格兰人更加明智,于是他于2月27日出海——在大西洋上航行期间,英格兰与荷兰终于正式向彼此宣战。[195]

德勒伊特在美洲水域的远征比不上他在非洲的战绩辉煌。他的确对在巴巴多斯卡莱尔湾（Carlisle Bay）的船和要塞造成了严重的破坏,但也付出了很大的代价。许多荷兰人受伤,死亡人数不详。此外,强风也迫使他撤退。[196]德勒伊特和其部下在加勒比海地区俘获了17艘英格兰船,但由于预料到粮食不足,他们绕过了新阿姆斯特丹。取而代之的是,他们航行前往纽芬兰,在那里俘获了7艘渔船和船上的商人,并往自己的船上装载了返航所需的粮食。航行到苏格兰（Scotland）北部后,德勒伊特的舰队行动谨慎,最终在1665年

8月6日到达荷兰北部的代尔夫宰尔港(port of Delfzijl),此举驳斥了在英格兰流传的关于其舰队被俘获的谣言。成千上万的城市和乡村的居民前来目睹这些在遥远的战场重创那些英格兰敌人的人们。[197]英格兰的使者乔治·唐宁(George Downing)写道:"德勒伊特的到来使他们松了一口气。"从未有一位上将受到如此热烈的欢迎。他的功绩很快得到了奖赏:上岸仅仅4天,德勒伊特就被任命为荷兰和西弗里斯兰的代理海军上将,1天后又被联省议会提拔为海军总司令。[198]德勒伊特被命令到泰瑟尔岛负责另一支舰队,他乘2艘驳船路过格罗宁根和弗里斯兰时,无论身在何处,都有居民为他大声欢呼。[199]

　　殖民地的英格兰人发誓要为他们在巴巴多斯遭受的损失发起报复行动,即使德勒伊特没有将目标对准该地,他们也会对自己在加勒比的荷兰对手发起反击。英属大西洋殖民地当局对荷兰人充满敌意,这种态度在这个古老国家随处可见,其中就有像托马斯·莫迪福德(Thomas Modyford)这样的人。在成为皇家探险者公司在巴巴多斯的代理商后,莫迪福德于1664年被任命为牙买加的新总督,1665年年初他赦免了14名在死囚牢房中的海盗,命令他们出海抗击荷兰人。[200]莫迪福德希望在这座岛上开创一个新纪元。自1655年被西班牙占领以来,该岛一直是海盗的主要基地之一,是那些不听命令和靠攻击西属美洲的船只和殖民地发横财的水手的避风港。莫迪福德试图与附近岛屿上的西班牙人和平相处但徒劳而返,因为岛上的海盗们拒绝改变他们的生活方式。[201]在某种程度上,他们是与西班牙人海战的荷兰人的后继者。

这些海盗几乎是1665年4月在牙买加的全部兵力,由爱德华·摩根(Edward Morgan)中校带领,他是即将令敌人闻风丧胆的亨利·摩根(Henry Morgan)的叔叔,亨利·摩根将向西属美洲的目标发动非常成功的偷袭。莫迪福德在伦敦告诉他的上级,这650名士兵"主要是经过重整的海盗,在他们中间几乎没有种植园主,他们都是坚定可靠的、装备了引信和手枪的全副武装的同伴。他们计划进攻在圣克里斯托弗岛进行贸易的荷兰舰队,占领尤斯坦西亚岛(Eustatia island,即圣尤斯特歇斯岛)、萨巴岛(Saba)和库拉索岛,并在回程中拜访伊斯帕尼奥拉岛和托尔图加斯的法兰西和英格兰的海盗……神会带给他们成功,西印度群岛将没有任何地方留给荷兰人,这已经是给予这群海盗最后的仁慈。"[202]

前往圣尤斯特歇斯岛和相邻的另一荷属殖民地萨巴岛的远征非常成功。尽管据称前者很难夺取,但荷兰人在7月23日放弃了抵抗,69名男子组成的政权把萨巴岛交给了英军。按照海盗的惯常做法(毕竟这是招募他们时许下的承诺),远征军领导人(摩根除外,已在袭击中去世)把拒绝宣誓效忠英王的荷兰人绑到了圣马丁岛。与此同时,拆除2个殖民地的基础设施也同样重要。铜器、蒸馏器和大约900名奴隶被带走,他们当中的大部分人在牙买加上岸。这一定对正在萌芽中的糖料经济产生了重要的推动作用。[203]

在圣尤斯特歇斯岛偷来的战利品在军官和士兵之间引发了巨大冲突——他们因瓜分战利品而起了争执。在点名时,总计650名士

第三章 帝国衰落

兵中只有不到250人列队,因此指挥官不得不取消对圣马丁岛和库拉索岛的袭击——至少是暂时取消。然而,莫迪福德很快就命令爱德华·曼斯菲尔德(Edward Mansfield)对库拉索岛进行攻击,并于1665年11月26日请求他的上级,"详尽说明在镇压荷兰人后会给海盗们提供的就业机会,他猜测他们的名字3个月后就会被印度群岛遗忘"。同一天,查理二世写信给莫迪福德,称赞他成功地占领了圣尤斯塔修斯岛和萨巴岛。信中写道:"对很快就能听到成功夺下库拉索岛的消息充满希望……希望他(原文如此。下同。——编者注)继续致力于将荷兰人在西印度群岛的势力连根拔起,这样他就能把他们中最优秀的经验移入牙买加或其他种植园,这可能对他们的产业有利,并且不会引起起义的风险……"[204]

同时,由一群泽兰人在1648年建立的位于维尔京小岛托尔托拉岛(Tortola)上的荷属殖民地也已不复存在。[205]来自托尔图加斯盐池的36名英格兰的海盗在得知战争爆发后很快就承诺要前去占领该岛,他们在7月18日至19日的入侵行动未经授权,因此他们的行为不合法。尽管有130名武装人员保卫托尔托拉岛,但他们一枪未开,海盗们成功地实现了目标。海盗们带走70名非洲奴隶,在驶向百慕大的途中无人阻拦。[206]从外国船只和殖民地偷盗非洲人标志着英格兰对美洲殖民化的开始,但是在那时,一直是西班牙殖民地在失去其奴役的工人。[207]与荷兰共和国的战争为英军提供了一个便利的机会,他们因此可以将大量的被无偿使用的奴隶从荷属殖民地运送到英伦诸岛。

英军在荷属加勒比地区的下一个目标是多巴哥,它是泽兰人和法兰西人的家园,泽兰人1654年首次移民该地,法兰西人占当地欧洲移民的一半左右。[208] 9月,80名英格兰的私掠船船员占领了该岛,之后,斯塔提亚(Statia)和萨巴岛也经历了相同的情况。入侵者破坏了全部18座蔗糖种植园和所有无法运走的东西,并且带走了一切有用的东西,特别是制糖厂里的铜器、水壶和锅。行动随后转移到圭亚那。1666年1月,来自巴巴多斯的300名士兵占领了荷兰在波默伦和埃塞奎博河上建立的殖民地。随后在3月,英格兰人占领了荷兰在圭亚那的另一个殖民地,该殖民地位于阿普鲁瓦格河(Approuague River)以东更远的地方。[209] 在这些行动的席卷之下,只剩下2块重要殖民地还悬挂着荷兰国旗:伯比斯(Berbice)和库拉索岛。为了占领库拉索岛,英军装备了一个中队,但不遵从指令的士兵及一些军官迫使他们的远征队队长爱德华·曼斯菲尔德重新规划航线。为了满足他的部下想要打击西班牙殖民地的愿望(他们认为这是更有利可图且危险较小的),曼斯菲尔德带领部分船只前往普罗维登斯岛(Providence Island),夺回了1641年英格兰输给西班牙的殖民地。[210]

虽然荷属美洲的最后时刻看似已经到来,但这一局势在短短几个月内就发生了扭转。1666年11月13日,在库拉索岛总督马蒂亚斯·贝克的命令下,120名荷兰人(包括一些流亡的居民)重新征服了圣尤斯特歇斯岛。法兰西军人为他们提供了热情的帮助,尽管有消息称与他们实际发挥的作用有矛盾之处。但是无论如何,有350名英格兰人被运往了牙买加。[211] 并且,荷兰国内正在提供更多帮助。

早在1665年年末，泽兰已退休的彼得·德休伯特（Pieter de Huybert，1622—1696）提出装配一支荷兰省与泽兰省的联合舰队，打击英格兰在东、西方的贸易。当荷兰省政府退出时（很可能是因为未按时准备好所需的船只），这次出航成了仅由泽兰省资助和组织的一次远征。1666年12月30日，载着750名水手和225名士兵的7艘船从费勒港出发。指挥官是亚伯拉罕·克里金森（Abraham Crijnssen），他因与敦刻尔克人和英军作战而闻名。不管最初的目的为何，他的任务纯粹与大西洋相关。他受命俘虏或消灭佛得角的英格兰商人；征服英属殖民地索拉姆〔Soramme，又称"塞里纳姆"（Serename）〕；夺回埃塞奎博、波默伦和多巴哥；破坏西印度群岛上其他英格兰的属地；攻击北美的英属殖民地；削弱纽芬兰和冰岛的渔业。[212]这是一个大胆的计划，让人不由得想起西印度公司在17世纪20年代的那些雄心勃勃的计划。

克里金森无视上司关于佛得角的指示，于1667年2月25日到达苏里南。这里自1651年以来就是英格兰的属地。第二天，短暂的炮击就使威廉·拜厄姆（William Byam）中将举起了白旗。堡垒中只剩下不足50磅的火药。托拉里卡（Thorarica）殖民地的投降就没有那么简单了，部分原因是双方语言不通，但最终整个殖民地都屈服了。[213]克里金森沿着狂野海岸向西推进，夺回了波默伦、埃塞奎博和多巴哥，之后他又和法兰西盟友一起攻击了一支在尼维斯岛附近的大型英格兰舰队。他的最后一次行动从弗吉尼亚俘获了许多载有烟草的英格兰船。回到泽兰后，这些船和战利品一共带来了345,991荷兰盾的可观收入。[214]

尽管荷兰守军打了一场漂亮仗，但是苏里南在几个月后再次易手。英格兰重新征服苏里南发生在10月17日，在两国已经在布雷达签署新的和平条约之后，该条约保留了荷兰对苏里南的统治权。因此，泽兰省再次派出克里金森，以重新占领这个新的殖民地。[215]当克里金森上岸时，重大损失已经造成。来自英格兰的征服者拆毁了几座糖厂，并把种植园的奴隶带到巴巴多斯。[216]虽然殖民地没有彻底被毁，但重建仍然需要一些时间。

1672年至1678年间的战争可能威胁了联合省的生存，同时荷属美洲也面临新的挑战。在荷兰，1672年至今仍被称为"兰普贾尔"（Rampjaar，灾难之年）。这一年，在德意志、英格兰（引发了第三次英荷战争）和路易十四治下的法兰西的同时入侵下，荷兰人奇迹般地幸存下来。与早期的英格兰人一样，法兰西人试图从荷兰的商业和海上霸权中摆脱。大权在握的让－巴普蒂斯特·科尔伯特（Jean-Baptiste Colbert）渴望将荷兰人从法兰西的殖民贸易中剔除出去，并将他们赶出西印度群岛和西非。[217]他做的第一件事是在1669年派出3艘船，如果发现荷兰船在法兰西群岛进行贸易或航行，距离法兰西属地海岸太近，他们就将其俘获。[218]

1672年法兰西与英格兰的结盟给削弱荷兰共和国提供了前所未有的机会。但是，在英格兰的北海沿岸进行的第一次海战中出现了意料之外的结果。约克公爵和副海军上将让·德莱斯特雷（Jean d'Estrées）伯爵共同指挥由93艘船组成的英法联合舰队封锁荷兰海岸，以阻止荷兰舰队跨海航行至他们在全球的各个目的地，但是此举却被由荷兰代理海军上将德勒伊特、阿德里安·班克特（Adriaen Banckert）和威廉·约瑟夫·范金特（Willem Joseph van Gent）指挥的75艘船组成的舰队击退了。大规模的索莱巴依之战（battle of Solebay，1672年6月7日）的结果可能尚无定论，但它让荷兰人把战争带到了美洲海岸。

英格兰的背风群岛总督威廉·斯特普尔顿（William Stapleton）上校领导英军于6月下旬重新夺回了圣尤斯特歇斯岛，这是一场迫切需要的战争。80名居民迫使其总督在没有进行武装抵抗的情况下投降。几天后，法兰西远征队宣称拥有该岛主权时，荷兰人选择继续接受英格兰的统治。7月4日萨巴岛投降英格兰之后，12月，来自巴巴多斯的600人组成的中队将多巴哥并入了英帝国。按照指挥官销毁一切的指示，胜利一方损坏了荷属加勒比的基础设施，奴隶和商品则被士兵们瓜分殆尽。[219]

圣马丁岛是荷兰与法兰西共有的岛屿，在法兰西人吞并荷兰占有的部分后，也被归入了法兰西管辖。库拉索岛似乎就是下一个目标。1673年3月，由法兰西总督让·查尔斯·德巴斯（Jean Charles de Baas）指挥的一支由1,200～1,300人组成的舰队抵达该岛沿岸。事实证明，入侵者对当地的防御工事知之甚少，[220]他们可能没有意识到荷兰的私掠船船东们运来了大量的弹药和粮食，驻军队伍和奴隶因此得以存活。[221]相比之下，法军的给养迅速减少，撤退已是不可避免。

更多的好消息也即将到来。出于对国内战争的过分担忧，联省

152　　荷兰海洋帝国的兴衰：17世纪大西洋世界的战争、贸易与殖民

议会将有关在大西洋世界发动战争的主动权留给了5个海军部，泽兰海军部和阿姆斯特丹海军部立即抓住了这一机会。再次领导泽兰的退休长官德休伯特重提之前曾提议过的战争计划。在泽兰省的命令下（与1667年克里金森的指示几乎没有什么不同），1672年12月15日，一支新组建的由6艘船组成的小规模舰队出发了。指挥官科内利斯·埃弗森·德容（Cornelis Evertsen de Jonge）和其587名部下首先在佛得角群岛附近投入战斗，在那里他们遇到了返航的英属东印度舰队。埃弗森的舰队带走了两批战利品。由于从南非开普殖民地来的一支荷兰舰队已于近期征服了圣赫勒拿岛（island of St. Helena），原计划对该岛的袭击被取消。因此，接下来埃弗森前往苏里南以评估那里的形势。[222]虽然埃弗森因当下的战况大受鼓舞，但由于船只需要维修，计划只能推迟。1673年5月下旬，他前往马提尼克岛。埃弗森很快遇到了一支悬挂法兰西国旗的舰队，但令他惊讶的是，这其实是另一支伪装的荷兰舰队，该舰队由阿姆斯特丹海军部装备，由弗里斯兰人雅各布·宾克斯（Jacob Binckes，1637—1677）指挥。他们于是决定将2支舰队合并。[223]

这支舰队从法属岛屿带回了一些战利品，并于6月8日停泊在圣尤斯特歇斯岛。英军拒绝投降，于是荷兰人开火，登陆部队也陆续上岸。不久，守军逃出了堡垒，荷兰人取代了他们的位置。但英军还是扭转了局势，他们放火烧了堡垒、附近的房屋和海湾上的仓库，让这座岛屿对其敌人毫无用处。没有任何驻军留在岛上，所有人都被转移到库拉索岛：有200多名非洲人（在库拉索岛被拍卖），也有荷兰人（他们在前一年轻易投降，现在站在英方一边）。几天后，萨巴岛被占领，同样的事情也发生在了萨巴岛的居民身上。[224]

荷兰人继续在切萨皮克（Chesapeake）展现其军事实力，舰队俘获了7艘船，破坏了10余艘船，击败了英格兰皇家海军舰队，并造成了很多损害。最具破坏性的战争发生在纽芬兰，那里所有的设施都遭到了破坏，几乎整个捕鱼船都被烧毁。[225]随后的敌对行动像之前在新尼德兰发生过的那样。8月7日，舰队在新泽西（New Jersey）的桑迪胡克（Sandy Hook）抛锚寻找水源时，一些来自长岛和斯塔滕岛的荷兰农民登上了船。他们一起痛陈严苛的英格兰统治，还提供了守卫新阿姆斯特丹的小规模驻军的情报，由此促成了一场突袭。随着荷兰船向詹姆斯堡（Fort James）开火和600名士兵的登陆，英军受到压制。8月9日，这一在英属美洲仅次于波士顿（Boston）的第二大城市重归荷兰所有。它的新名字是新奥兰治（Nieuw Orangien）。[226]几乎没有人认为这是一次来自外国的占领行动。来自旧时新尼德兰其他地区（新阿姆斯特丹、新泽西和特拉华的殖民地，总人口为六七千）的代表团自愿接受荷兰人的统治。[227]新奥兰治市的市长在给联省议会的信中写道，如果新尼德兰能够为荷兰战船和库拉索岛以及苏里南的殖民地提供粮食，那么一个光明的未来似乎就在眼前。[228]

查理二世的议员们担心发生最糟糕的情况。他们猜测荷兰人（以物美价廉的产品）会与新英格兰人（他们开始主导东部沿海地区和西印度群岛的贸易）达成广泛的经济合作，这种合作甚至会带有军事性质。此外，对新阿姆斯特丹（英属美洲内陆的唯一要塞）的控制将使荷兰人进入切萨皮克湾，从而有机会重演近期对烟草船队的突袭。[229]但这一切都不会到来。1674年3月6日在威斯敏斯特和平会议上，荷兰永远失去了新尼德兰。在10月下旬至11月上旬为期8天的谈判之后，荷兰人将新尼德兰交给埃德蒙·安德罗斯（Edmund Andros），他来自英格兰，将担任这个再一次成为英属殖民地的新任总督。抛开法律和政治层面不谈，在未来几十年中，新尼德兰在许多方面仍然很"荷兰化"。尽管荷兰文化持续蓬勃发展，但荷兰人还是与英格兰人逐渐融合了，或者说在外人看来似乎如此。马希坎人直白地说道："现在英格兰人与荷兰人已经合为一体。"[230]实际上，新阿姆斯特丹及其周围地区（尤其是在荷兰人继续主导的地区）的荷兰特色只是在逐渐消失。例如，斯克内克塔迪村（Village of Schenectady）就是这种情况。1697年，在238名居民中，只有7名英格兰人。[231]尽管1674年后很少有移民从联合省来到旧时的新尼德兰，荷兰的习俗、信仰和语言却通过家族、印刷文化和归正教而代代相传。进入18世纪，荷语版《圣经》成为许多家庭的珍贵财产。[232]

得益于《威斯敏斯特条约》，1674年荷兰共和国的唯一敌人只剩下了法兰西。5月，一支规模庞大的荷兰舰队离开母港，在欧洲和新世界与法兰西人开战。尽管多数船只留在欧洲水域，但仍有时年67岁的德勒伊特指挥的38艘船从弗里辛恩驶向了西印度群岛。4,000名士兵和3,400名水手的目的地是法属加勒比的总部马提尼克岛，他们希望从那里可以征服所有法属列岛。他们认为马提尼克岛掌控在法兰西人手中是危险的，因为法兰西人可以从该岛发起针对荷兰的远征，例如德巴斯针对库拉索岛的远征行动。

荷兰人指望能够获得胡格诺派教徒的支持从而轻松获胜，但他们被欺骗了。守军的防御力量组织有序，由于地势高，荷兰方面很难攻下堡垒，他们的船炮也无法炸开堡垒的城墙。此外，荷兰人的突袭也早被识破，因为岛民们在德勒伊特抵达前1个多月就知道了他的计划。这位上将于他抵达的7月20日那天开始就毫不畏惧地加入战斗，那时他的士兵们还没有发现装满红酒和白兰地的仓库。正如一位法兰西观察员所指出的那样，许多士兵因醉酒而无法作战，而其他人则在"史诗般的混乱中"攻击堡垒。结果，有143名荷兰人阵亡，其中包括多名军官，另有318人受伤。与德勒伊特在1664年至1665年经历的大西洋远征形成鲜明对比的是，这次他无功而返。2年后，他在一次地中海海战中去世。[233]

再次驶往加勒比海的荷兰舰队是由雅各布·宾克斯指挥的。尽管登陆的400名士兵中有100人在袭击中丧生，宾克斯还是在1676年5月5日夺回了卡宴（1664年被法兰西人占领）。[234]接下来，他迅速占领了法兰西的玛丽-加朗特岛和圣马丁岛，俘获了圣马丁岛上的100名奴隶、玛丽-加朗特岛的700名奴隶以及68名不幸的新教移民。[235]宾克斯把这些移民和奴隶送到了当时属于荷兰的多巴哥。同时，路易十四对宾克斯在西印度群岛的行动做出了反应——他派出了一支由让·德莱斯特雷斯伯爵指挥的舰队。12月18日，法兰西人利用护卫舰上配备的枪弹从两侧夹击荷兰的堡垒，并在半小时内恢复了法兰西对该殖民地的统治。[236]随后，德莱斯特雷斯在岛上招募了数百名士兵，将目光投向了多巴哥。1677年2月，他带领4,000名士兵前往由1,700名荷兰人守卫的多巴哥。德莱斯特雷斯2次试图通过海陆联合进攻制服宾克斯和他的手下，但都以失败告终。第二次战役发生在3月3日，是17世纪加勒比地区发生的最血腥的战役之一。一场爆炸夺去了一艘载有445人的法兰西船上大多数人的生命，而1艘荷兰船上的几乎所有的新移民也因船上着火而丧命。

6个月后，德莱斯特雷斯带着另一支舰队返回，这次他取得了辉煌的战果。一枚炮弹击中了堡垒的火药库后，荷兰方面包括宾克斯上将在内的250人全部毙命，德莱斯特雷斯就这样在10月31日占领了戈里，并于12月12日重新夺回了多巴哥。此外，由于粮食供应不足，荷兰军队在德莱斯特雷斯到达之前就已筋疲力尽。[237]法兰西舰队随后准备发动一场进攻，这次进攻本应该成为德莱斯特雷斯的最高成就：占领荷属美洲最主要的殖民地——库拉索岛。[238] 1678年5月7日，载着数百名海盗的舰队从马提尼克岛出发，却没有到达这一荷属殖民地。舰队在出海4天后撞在阿韦斯群岛（Aves Islands）的珊瑚礁上，数百名水手和士兵葬身大海。库拉索岛因此免于一战。[239]尽管如此，法兰西还是赢得了加勒比海之战。在8月签署的《奈梅亨条约》（*Peace of Nijmegen*）中，法兰西保有了对所有已占领殖民地的统治权。[240]使法兰西人在这场战争中获胜的优势是其人口稠密、充满生机的加勒比殖民地，这些殖民地成了法军驻扎、休养和招募新兵的驻地。荷兰人则缺乏这种优势。[241]

在多巴哥受了重伤的人中，有来自米德尔堡的副海军上将彼得·康斯坦特（Pieter Constant），和许多其他在荷属大西洋世界扩张中发挥重要作用的泽兰人一样，他因多年来的勇猛善战而闻名。作为一艘驶往巴西船上的船长，他曾经在怀特岛村（Isle of Wight）附近击退了12艘敦刻尔克护卫舰。[242] 康斯坦特是一名出色的私掠船船主，尤其是在第二次英荷战争期间，但他也在波多黎各和古巴的非法贸易中从事私掠行动。[243] 1672年，他被任命为多巴哥司令。1年后，他帮助保卫库拉索岛，抵挡住了法兰西人的进攻。作为一名船长，康斯坦特常去法属殖民地，在当地居民与科尔伯特提出的"重商主义政策"的纷争中，他支持殖民地的居民。1670年，他率领船员以及另一艘泽兰船的船员煽动殖民地3个不同地区的圣多曼格岛的居民摆脱法兰西西印度公司对他们的控制。随后发生了大起义。6年后，在圣马丁岛战役中击败法兰西人后，在宾克斯的陪同下，康斯坦特返回圣多曼格岛。他宣读了一份宣言，呼吁民众支持奥兰治亲王，因为在其统治下，民众将能够与所有国家进行贸易。但是这次远征并没有成功，因为康斯坦特发动起义的企图被挫败了。[244]

像康斯坦特这种人最终没能得偿所愿，可能也象征着荷兰人在大西洋世界的命运，荷兰人在军事方面的主导地位终结于1678年。在4年前，荷兰西印度公司在旷日持久的困难中走向解散。该公司在大部分时间里都依赖其他荷兰机构的军事支持：联省议会、荷兰省、泽兰省以及各海军部。这些机构内部的一些人认为这种援助是愚蠢的。海军总司令瓦塞纳·范奥布达姆在1664年写给约翰·德威特的信中说:"经验可悲地表明,为了那些看似正当的理由而花在西印度公司上的巨额费用都被丢到了无底洞里。"[245]

作为一家贸易公司,1650年后,西印度公司就大不如前了。它的巨额债务使董事们只能装配少量船只,获得的利润只能让主要股东受益,而公司则必须承担在共和国和殖民地发生的管理费用。在荷兰政府的建议和联省议会的支持下,西印度公司终于在1674年9月20日解散。10月1日,西印度公司由另一个同名组织继承。旧股票转换为新股票,中央董事会的席位从19个减少到10个,各商会的董事人数也减少了一半。西印度公司因为精简而有了新的启动资金,它在未来几十年的商业活动仅限于与西非的贸易和跨大西洋的奴隶贸易。[246]在1791年解散之前的时间里,西印度公司仅剩的另一项任务是治理殖民地和贸易站。现在,扩张已成为过去。

第四章
在饥与剑之间

普通士兵们

家庭与外国人

风险与补偿

纪律与疾病

粮食

叛变与起义

欧洲士兵加入西印度公司都是基于同样的理由："有些人是为了逃离个人窘境——难以忍受的家庭状况、让一个女孩怀了孕，还有可能面对刑事诉讼、判刑入狱甚至更糟的情况。有些人则是被这个机会吸引——可以突破狭窄的眼界、摆脱农场或作坊里的枯燥生活。在一个出行困难且费用昂贵、人们对脱离周遭环境而去外面工作充满质疑的年代，参军是穷人们能够看到世界的少数方式之一。然而，最重要的原因是，男人因贫困而被迫入伍……"[1]

在17世纪20年代后期，水手们加入西印度公司更直接的原因是皮特·海恩俘获了西班牙"弗洛塔号"舰队。[2]登记加入西印度公司舰队的水手数量多到致使东印度公司一度难以找到合适的水手。[3]10年后短暂出现的这股热潮是个例外。西印度公司的员工们通常并不强烈地认同他们的雇主，他们只不过是想维持生计。那些原本被选派驻扎非洲的士兵，没有等到他们的船离开，因为其航程被缩短了，准备带领他们穿越大西洋的10艘军舰上的军官们决定在共和国过冬，于是士兵们都留在了家乡服役。[4]

士兵和水手对于荷属大西洋世界的运作至关重要。他们征服了外国殖民地，建立了新殖民地，驻守当地，并与祖国保持联络。他们所过的生活、设想的未来、遭遇的暴力与损失，都与荷属大西洋世界的运作方式密切相关。

普通士兵们

在1621年与西班牙恢复交战之后的20年里，西印度公司拥有数量惊人的士兵，甚至可与东印度公司的兵力相提并论。1624年，海军上将雅各布·威利肯斯率领1,240名水手和1,510名士兵对萨尔瓦多发起第一次进攻。皮特·海恩在1628年俘获宝藏舰队时带着至少3,780名士兵，其中70%是水手。荷兰规模最大的进攻军队是1630年由亨德里克·隆克率领进攻伯南布哥的军队和1647年维特·德维特的救援舰队，两支军队分别有大约7,200人。[5] 较小型的舰队包括1641年约尔进攻罗安达的军队（2,957人）、1699年德勒伊特的军队（2,272人）、1637年范科因进攻埃尔米纳的军队（1,200人）、1641年约尔进攻圣多美的军队（1,060人）以及1667年克里金森的军队（975人）。[6]

一旦战争取得胜利，许多参加殖民地征服行动的士兵就会成为驻军。例如，在1664年德勒伊特舰队中的13艘船上，每一艘都会有10名士兵和水手被派去组成戈里的新驻军。[7] 驻军规模取决于殖民地的重要程度以及预期的反抗兵力。在加勒比海地区，规模最大的荷兰驻军在库拉索岛，1635年在该岛最多驻有350名士兵。其他加勒比驻地的武装人员均少于100人，人数最少的是

表1 跨大西洋部队兵力（约1640年）

驻　地	年　份	士兵数量
巴西（整体）	1648	6,000*
罗安达	1641—1648	500～1,450
圣多美	1641	350
库拉索岛	1635	350
埃尔米纳	1637	175
圣马丁岛	1633	95
博奈尔岛	1640	70
多巴哥	1637	65
新阿姆斯特丹	1643	50～60

* 1645年9月至1646年1月，这一数字已接近2,000。参见布鲁诺·罗梅罗·费雷拉·米兰达（Bruno Romero Ferreira Miranda）的《战争人物：巴西西印度公司士兵的出身、日常生活和抵抗（1630—1654）》[*Gente de Guerra: Origem, cotidiano e resistência dos soldados do exército da Companhia das Índias Ocidentaisno Brasil*（*1630–1654*）. PhD diss., University of Leiden, 2011, 38]。

多巴哥，45名成年男性和20名男孩组成了那里的守军（如表1所示）。[8]黄热病和疟疾对所有在非洲的驻军都造成了严重伤害，在17世纪最初的10年，派往穆里堡的60名士兵中有40人在几年之内丧生，[9]而到17世纪30年代，西印度公司平均每年都不得不招募100多名士兵来为其在西非要塞的驻军和几内亚湾的沿海舰队"增加新鲜血液"。到17世纪60年代，每年在非洲的荷兰要塞和营地的新兵总数超过300名。[10]在非洲驻军规模最大的罗安达，驻军规模迅速缩小，士兵人数从1,450（1641年）下降到五六百（1646年），并且1641年圣多美投降时，只有原先驻扎此地的350名士兵中的一半留了下来，其中还包括16名奴隶。[11]新阿姆斯特丹的驻军规模变化很大，士兵人数从1643年的五六十名增加到17世纪50年代初的约250名，然后在1664年下降到180名。在新尼德兰向约克公爵投降的那年，整个殖民地，包括奥兰治堡以及特拉华河和伊索珀斯河（Esopus Creek）的要塞，只能找到250～300名士兵。[12]这一数字与苏里南早期的驻军人数大致相同（约270名），而比1665年荷兰殖民者所吹嘘的在波默伦荷兰营地人数400要少。[13]

与占领巴西所需的兵力相比，这些数字远远不够。从1639年6月到1640年4月，被运送到荷属大西洋世界各处的士兵人数凸显了荷兰对巴西的重视程度，在3,276名士兵中有3,177名士兵（占97%）被派往巴西。其他接收士兵的地区包括非洲（59名）、库拉索岛（24名）和新尼德兰（16名）。[14]尽管在萨尔瓦多（1624—1625）的荷兰军队人数相对较少（1,600名士兵被分到10个连队），[15]但是在荷兰人占领伯南布哥（1630—1654）期间，随时都有数千人被武装起来，这来源于海军上将亨德里克·隆克于1630年6月离开巴西时留下的3,734名士兵。[16]由于武装冲突和疾病造成了大量的人员损失，从共和国派遣新部队已经不算奢侈。尽管如此，这一切发生的速度仍然令人印象深刻，尤其是与哈布斯堡王朝相比。在1630年7月至1631年2月之间，平均每隔1周就会有1艘船带着给养和新兵（总数超过1,000人）到达。[17]尽管财务状况已经出现问题，但从1632年到1636年，西印度公司仍持续运送了共计7,268名水手和9,199名士兵。[18]但是这种兵力的输入最终并没有长期保持下去。1645年起义开始蔓延时，整个巴西仅剩下不超过2,000名荷兰士兵。在3年之内，由于维特·德维特带领的救援舰队的到来，这个数字增加了2倍，但它又将以几乎同样快的速度缩减下去。[19]

对巴西战争最初的热情逐渐转变为对荷兰事业的冷漠或彻底的拒绝。不仅荷兰这台战争机器本身日渐衰弱，有关在巴西的士兵生活悲惨的消息也传回了联合省。在1649年的一本小册子中，有一段虚拟的对话，其中一位主角谈到巴西的塔帕里卡岛［island of Taparica，即伊塔帕里卡岛（island of Itaparica）］："我们的男人们在这里无法取得成就，他们辛苦建造堡垒，粮食供给不足；在我看来，他们很饿，水手们的境况至少与士兵们一样差，因为他们从不休息……"与他对话的人物对许多水手和士兵选择逃走并不感到惊讶："在这里（即在荷兰共和国），即便一条狗被这样对待，也会从主人身边跑开……"[20]

对于准士兵和水手来说，有很多选择。荷兰在大西洋世界不得不与东印度公司和其他欧洲国家争夺士兵。1646年，来自威尼斯和黑森（Hesse）的特工用大量金钱吸引了来自阿姆斯特丹、海牙和其他地区的众多士兵。[21]西印度公司的董事们得知后担忧不已，请求联省议会发布外国人在荷兰境内征兵的禁令。[22]人们并不羡慕加入维特·德维特救援舰队的军官们。上校和船长们都在努力说服年轻人报名前去巴西，但回应者寥寥。[23]在贝亨奥普佐姆镇（town of Bergen op Zoom）的荷兰陆军招募显然让人感到沮丧，以致他们虐待了可能的应征者。[24]其他人则把巴西描绘成玫瑰色：优良的水质、多鱼的海滩、舒适的营房，而且无须费力就能赚很多钱。此外，一旦远征队到达目的地，士兵们便可把他们的妻儿接来，但士兵要与其家人分开生活。[25]到1650年，负责为巴西组建新部队的地方官员们认为这其中毫无利益可言。霍伦、恩克赫伊曾和附近地区的擂鼓征兵行动都是徒劳，在海牙和代尔夫特应征入伍的士兵不超过30人。[26]这种冷漠与仅仅2年后年轻男性所表现出的热情形成了鲜明的对比——正值第一次英荷战争，不计其数的人们加入海军以对抗英格兰人。[27]

英格兰人只能通过强制征兵与荷兰人作战，这是各国海军在解决舰队人力问题时使用的一种方法。[28]荷兰共和国没有诉诸这种解决方案，他们的对手基于君主权力要求其臣民捍卫国家，并将这种传统合理化。[29]然而，不强制征兵并不意味着在荷兰远洋船上工作的水手们是完全自由的。就像最终丧命的跨大西洋驻军部队的士兵一样，水手们也经常被掮客欺骗或沦为"出卖灵魂的人"。这些掮客通常是女性，她们为阿姆斯特丹、鹿特丹和米德尔堡等港口的年轻男性提供食物、烈酒和住宿。几周过去之后，她们试图说服这些人报名加入海军或大公司。[30]并非所有的寄宿房主都是剥削者，也并非都是女性。在1630年至1660年间，驻扎在鹿特丹的苏格兰水手们可以在自己国家的至少61个（对）不同的人、夫妻或团体中选择寄宿房主。看来他们的同胞想要帮助而不是欺骗他们。[31]

打算在阿姆斯特丹寻求西印度公司雇用的士兵和水手必须在西印度之家大楼签约。一位参加过1629年至1630年攻占伯南布哥的远征队士兵上岗第一天的经历给我们留下了深刻印象。准士兵们必须宣誓，在前往巴西的途中只有在火药库被烧、船被炸毁后，他们才能向敌人投降。庄严宣誓之后，他们带着飘扬的旗帜，穿过阿姆斯特丹，走向等待他们的船，这些船将他们载到位于城市入海口的沃勒韦克岛（island of Volewijk）。经过一番演练和检阅后，所有人宣誓效忠其指挥官和军团的旗帜。[32]尽管离开的士兵们有时会配备长剑（一种用来砍和刺的剑）、一把火枪和一张吊床，但他们通常需要自掏腰包购买装备。因为不是每个人都有必要的资金，所以有些人从亲戚或者掮客那里借钱。未来获得的薪水通常是此类借贷唯一的担保。[33]

大自然的力量一直是人们跨大西洋航行的关注点。天气可能会使航行日期推迟数月，或者长时间影响船上人员的身体健康。1623年4月，拿骚舰队出海时突然遭遇严寒，许多人因此冻伤了脚，船被迫在佛得角停泊了10天，在岸上搭帐篷治疗伤兵。[34]1647年，维特·德维特舰队上的数十名士兵也不令人羡慕，由于船严重超载，以至于在前往巴西的整个航程中，他们不得不暴露在天空下。[35]更糟糕的是，许多荷兰远洋轮船被虫蛀，缺乏锚索、锚和帆。[36]萨尔瓦多战败（1625年）后，荷兰返程船队上的一名英格兰人记录道："这些船2年没被修补过，没有好的装备，一些船上只剩下1只锚，并且船体严重渗漏。我所在的这艘船上，我们的士兵们1天之内要泵水2万~2.4万次。"[37]在原本就不适合远航、开往巴西的西印度公司的船上（1638年），持续排出渗水使该船一直浮在海面上，直到在离爱尔兰30海里的地方时彻底沉入海底，船上的44人得以逃生，103人不幸溺亡。[38]

在那些较少出事故的航行中，人们有多种方法可以摆脱乏味的船上生活。尽管明文禁止，但水手和士兵们还是会玩一些很容易引起争执的活动，比如骰子、纸牌、跳棋和双陆棋。[39]里斯本从人们的视线中消失后，名为巴伦加斯（Barlengas）的岩石出现了，资深水手们宣布，从未到过这么远地方的人必须站在甲板上。老兵们开始演奏起粗犷的音乐时，装成法官的人就会要求新兵必须浸入海中3遍以完成他的洗礼。新兵也可以通过交出"洗礼礼物"（通常是酒）以免受这一折磨。[40]尽管到1616年已被东印度公司禁止，但这一传统还是在荷兰海军和西印度公司的船上沿袭了下来，即使在1641年十九人委员会下达禁令之后依然如此。[41]在去往巴西的一支舰队的船上，一些士兵成为这一玩笑的目标，在他们表示拒绝后，其中的一些人仍然落在水手们的手中，水手们将绳子绑在这些士兵的腋下准备用海水给其"沐浴"时，其他士兵前来解围。此时，舰队司令官米希尔·范霍赫（Michiel van Gogh）介入。他认为没有人可以被迫"受洗"，并通过发放葡萄酒（每名水手1品脱，每7名士兵2品脱）的方式温和地解决了这一事件。[42]

家庭与外国人

大西洋世界士兵和水手的人口统计学特征很可能类似于东印度公司商船上的士兵和水手。前往东印度群岛的水手的平均年龄为二十四五岁，只有五分之一的人已婚。[43]1645年以后，在大西洋水域服役并在服役中丧生的水手，其活着的亲戚将多拿到这些水手1个月的薪水。[44]这项新规定并没有使开往巴西的维特·德维特舰队上众多士兵的配偶受益，她们甚至在舰队出发前就要求在丈夫离开期间仍被支付生活费用。[45]很少有妻子和她们的士兵丈夫一起出海。从1645年12月到1646年2月，在前往巴西的614名士兵中只有23名妻子和9名儿童随行。[46]维持家庭生计的士兵走后，经常留下陷入困厄的妻儿。社会服务人员和执事们不得不支撑许多这样的家庭。我们也可以想象，如同东印度公司水手的配偶们一样，在西印度公司或海军服役的水手的妻子将不得不乞讨、去妓院工作，或者通过纺织和缝纫勉强度日。[47]

西印度公司的政策是，在士兵和水手应征入伍时给予其2个月的报酬以帮助其家人维持生活，但这一政策并不总是能达到预期的效果。由于男人们经常背负着大量债务，许多人的妻子从来没有得到过1分钱。[48]例如，在丈夫为了泽兰商会出海去往西印度群岛后，马特尔·吉利斯（Maertge Gillisdr）在鹿特丹过了6年的贫苦日子。在那段时间里，她从丈夫那里仅仅得到32荷兰盾以维持自己和孩子的生活。丈夫去世后，她试图要回丈夫被拖欠的薪水，并与他的债权人达成和解。[49]马赫特·扬斯（Machteltge Jansdr）同样困苦。她抚养了一位阵亡士兵的孩子，她自己的儿子在1630年占领伯南布哥的远征中丧生。[50]詹内克·斯莱西格（Jenneke Slesiger）的父亲同样是一名士兵，在巴西去世，她尝试向弗里斯兰索要父亲被拖欠的196荷兰盾薪水，但无果。在被拒绝之后，她前往海牙，与一个大家庭住在一起直到被告知他们不能再养着她了。她自称虚弱多病，（穷到）"赤身裸体"，因此被迫流落街头。[51]死于巴西的阿尔瑙特·德萨莱斯（Aernout de Sales）上尉留下了3个孩子，孩子们的母亲也去世了，孩子们说父亲被拖欠了922荷兰盾又11斯泰佛。[52]

在跨大西洋航行开始之前，一些士兵、水手和他们的妻子彼此指定了他们的唯一继承人。[53]来自代尔夫特的扬·科内利斯（Jan Cornelisz）和他的妻子埃尔普根·胡布雷得（Ermpgen Huybregtdr）在11年内曾3次这样做。[54]士兵和水手们在登船前许下结婚的诺言，并让心爱的人成为自己唯一或主要的继承人，这样的情形并不罕见。[55]在瓜拉拉皮斯第一次战役之前，一名陆军上尉告诉他的朋友，他在离开鹿特丹之前已订婚。他告诉他们，如果他死在战场上，他希望未婚妻能得到他的薪水。[56]一名前往巴西的水手授权其姑姑和叔叔向海军部要求支付报酬并转交给他的妻子，但前提是她必须怀孕并生一个孩子。[57]当然，也有一些新兵渴望离开家人。威廉·扬斯·鲁伊查弗（Willem Jans Ruijchaver）在鹿特丹已婚并育有子女，他乘船前往巴西，但在巴巴多斯下了船，据说他在那里与另一名女性住在一起。[58]还有一些人是在非婚生子后离开的。[59]也不是所有留在后方的妻子都保持忠贞。在1664年去往非洲的德勒伊特舰队上的一名外科医生控诉他的妻子与人通奸，而2名前往西印度群岛的水手的妻子在丈夫不在时各生下了1名私生子。[60]

在国内的女人非常同情自己的丈夫。1635年，当一群水手的妻子发现在一艘停泊在库拉索岛的游艇上的水手们的高死亡率时，她们请求西印度公司准许她们带着给养前往加勒比海。或者，她们建议公司放水手们离开。[61] 30年后，留在米希尔·德勒伊特在塞内加尔和黄金海岸的驻军里的女人们再三要求寻找接任的士兵。[62]她们还经常索要逾期未付的薪水。[63]一名小男孩的母亲芭芭拉·范古特斯韦特（Barbara van Goutsweert）竭尽所能（包括办理在累西腓和阿姆斯特丹的公证文件）追索她丈夫被拖欠的薪水——她去世的丈夫是一名陆军上尉。[64]在1647年被派往救援舰队上的士兵们的配偶要求联省议会在她们的丈夫不在时可以继续被支付生活费用，而1651年，在巴西4艘海军舰艇上服役的水手们的妻子也联起手来。尽管她们声称有权获得自己丈夫20个月的薪水，但她们只拿到了10个月的。在其要求遭到阿姆斯特丹海军部的严词拒绝后，女人们转去求助联省议会，后者立即下令要求海军部提供资金。2个月后，联省议会的议长抱怨，水手们的妻子来到他家，要求支付薪水和召回她们的丈夫。[65]

不是只有妻子希望士兵（或水手）回归。维特·德维特谴责1647年救援舰队上的一名上尉犯鸡奸罪，将他流放到了费尔南多·迪诺罗尼亚岛（island of Fernando de Noronha），[66]上尉的妻子在共和国国内请求将其释放。她代表他们唯一的女儿、他70多岁的"老母亲"以及他的兄弟、姻兄弟和所有其他亲人为他辩护。[67]维特·德维特的6个孩子也急切地盼望他的归来（无论光彩与否），在他不在时他们失去了母亲。他的船在回程途中停在了英格兰西部，一封从那里发出的信里写道，海军上尉悲叹他的家人们正在遭受痛苦。[68]

通常情况下，失去配偶的是士兵（或水手）的妻子。在17世纪

40年代后期，在联省议会门前讨薪的遗孀成为人们熟悉的形象，她们的丈夫死于瓜拉拉皮斯的血战和疾病造成的毁灭性打击。[69]通常情况下，没有丈夫薪水的支持，女性根本就没有收入，所以她们会试着尽快再婚。特里涅·亨德里克（Trijne Hendricx），是随丈夫去往埃尔米纳的为数不多的几个女人之一，在抵达后不久她就失去了丈夫。她再婚嫁给了在西印度公司服役的一名德意志士兵，但14个月后，他在埃尔米纳恶劣的气候中去世。仅仅3个多月后，特里涅又与另一名士兵结了婚。[70]

这位德意志士兵是众多外国士兵中的一个。荷兰船和殖民地不能只依靠荷兰人。1611年，塞缪尔·布龙（Samuel Brun）从他的家乡巴塞尔（Basel）沿莱茵河（Rhine River）而下，惊叹于在阿姆斯特丹看到的船，他认为出行的机会似乎无穷无尽。这些船往来于东印度群岛、美洲、几内亚、葡萄牙、西班牙、意大利和黎凡特（Levant）。布龙得到了登上一艘东印度公司商船的机会，但遭到朋友的劝阻，朋友指出这艘船太小。于是，布龙乘船前往安哥拉。[71]命运还决定了安布罗修斯·里奇肖弗（Ambrosius Richshoffer）的目的地，他是一名来自斯特拉斯堡（Strasbourg）的17岁的德意志人。从法兰克福沿莱茵河顺流而下，他和他的旅伴原计划加入前往东印度群岛的军队，但由于港口没有船驶向那里，所以他被西印度公司招募加入了征服巴西首府萨尔瓦多的远征队。[72]来自德意志北部石勒苏益格-荷尔斯泰因（Schleswig-Holstein）的彼得·汉森·哈伊斯特鲁普（Peter Hansen Hajstrup）没有成为丹麦王子的随行人员，王子的哥本哈根使团正要前往莫斯科。哈伊斯特鲁普和一位朋友随即登上了一艘荷兰船，最终抵达阿姆斯特丹。当钱快花光的时候，他加入西印度公司，乘船出发前往巴西。[73]

正如上述这些例子所表明的那样，荷兰的跨大西洋驻军队伍里包含了来自欧洲许多地区的人们。1664年，荷兰人将非洲黄金海岸的海岸角城堡输给英军时，他们自己的高级军官分别是一名法兰西人与一名匈牙利人。[74]自从对西班牙的战争开始以来，荷兰人实际上是其本国军队中的少数。野战部队中只有三分之一是由荷兰人组成的。[75]一位英格兰旅行者在17世纪初期评论道："我们不能说这些人被内战消耗得太多，他们的军队完全由陌生人组成，其中只有少数荷兰人或完全没有荷兰人。他们当中也只有一些人是自愿参军的，这样他们才不会被威压，但他们参军也只是为了保卫他们所居住的城镇。"[76]虽然大西洋沿岸殖民地的大多数士兵来自国外，但大多数在海上航行的水手是土生土长的荷兰人。尽管如此，所有荷兰舰队里都包含多个国家的人。例如，根据一份西班牙的报告，1629年驶往伯南布哥的舰队上有荷兰人、英格兰人、法兰西人、佛兰德人、敦刻尔克人、德意志人、意大利人和葡萄牙人。[77]

通常来自威斯特伐利亚（Westphalia）、黑森和普法尔茨（Palatinate）的德意志人是西印度公司服役人员中人数最多的。例如，在新尼德兰，德意志人占军队总人数的35.5%，而荷兰人占32.6%。[78]在巴西，从1632年到1654年服役的士兵中，德意志人占26.3%，荷兰人占36%。[79]自荷兰起义开始以来，联省议会就一直在德意志西北部征兵，这种做法在1618年"三十年战争"（Thirty Year's War）开始时被神圣罗马帝国（Holy Roman Empire）禁止，当时德意志王公需要当地人为他们自己的军队作战。尽管如此，直到1630年，荷兰人仍然是该地区士兵的主要雇主，而瑞典在加入"三十年战争"时取代了他们。[80]虽然一些士兵是在不来梅等港口的旅馆老板的帮助下被西印度公司招募的，[81]但最有潜力的德意志士兵和水手自发地搬到了阿姆斯特丹，在那里他们成为最庞大的外国人群体。[82]

在荷兰服役的德意志人通常很难与荷兰本地人区分开来。例如，在荷兰军队中，人们会发现，在讲高地德语（High German）军团里有数十名荷兰人。[83]尽管德意志人曾经在一艘开往巴西的船上用武器对抗其他人，但他们在大西洋世界并没有建立自己的组织。为了防止进一步的起义，军官们将德意志人分散到舰队的其他船上。[84]

同样，没有英格兰士兵的荷属大西洋也令人难以想象。1628年，他们在皮特·海恩的舰队中服役，并在库拉索岛驻军中占有相当的比例。[85]在巴西，十分之一的士兵是英格兰人，一个由150～180名士兵组成的连队由英格兰人组成，并由约翰·古德拉德（John Goodlad）指挥。[86]的确，英格兰士兵在荷兰人控制的伯南布哥非常突出，以至于当局要求派去的新教牧师要精通葡萄牙语和英语。[87]1646年，当荷兰人对巴西的热情明显减弱时，联省议会向英格兰派遣了征兵人员。尽管内战尚未结束，但他们的目标是找到退伍军人，而这样的人有很多。不久，联省议会签署了一项关于专为巴西派遣步兵团的协议。[88]在10年前，这样的任务可能会失败——1635年，当开往库拉索岛的船在南安普敦（Southampton）停留时，船上的38名毫无戒心的英格兰人被捕，这显然是因为他们无视了不得为外国服务的禁令。[89]

随着时间的推移，斯堪的纳维亚人变得更加突出——至少在航海者眼中如此。在1664年至1665年的远征中，米希尔·德勒伊特旗舰上的船员中，挪威人、瑞典人和丹麦人占43%。[90]相当数量的外国天主教教徒无视教宗禁止在联合省服兵役或担任公务员的命令，也在荷属殖民地服役，他们大多数来自法兰西和荷兰南部。[91] 1654年，在这些讲法语的士兵中有64人从巴西到了加勒比，他们在法属格林纳达岛（Grenada）应征入伍，在那里他们被称为"巴西人"。[92]在荷兰服役的法兰西人因其与天主教的密切关系而经常引起怀疑。

为应对紧张局势，葡属巴西总督马蒂亚斯·德阿尔布开克在荷兰的要塞颁发法文信件，在信里允诺如果西印度公司士兵想要叛逃，就向他们提供高薪；或者，他们可以选择返回欧洲。[93] 1643年，一场败仗中唯一的幸存者是荷兰营地中的10名法兰西人，他们试图逃到安全的地方，在马拉尼昂的荷兰指挥官看到后确认了他们原本的猜疑。这些士兵最后被绞死在了绞刑架上。[94]法兰西士兵似乎比其他国家的人更频繁地逃跑，尽管他们确实没有一直充当"第五纵队"成员。[95]尽管如此，仍有一些法兰西士兵向罗安达的一名葡萄牙裔牧师提供了有关荷兰部队兵力的情报，[96]并且在荷兰人投降后至少有200名法兰西士兵加入了葡萄牙人的军队。他们很高兴找到了一个新雇主，新雇主甚至支付了荷兰人拖欠他们的薪水。此外，这群士兵说，他们更喜欢为法兰西盟友而战。[97]荷兰人也欢迎敌人的叛逃者。尼维斯岛总督在1673年评论说，威胁到英属西印度群岛的埃弗森和宾克斯船队上的大多数士兵都是英格兰人，他们在最近英格兰入侵荷兰共和国期间"背信弃义地抛弃了自己的旗帜"。[98]

风险与补偿

一旦穿过大西洋上岸后，许多士兵不得不立即参战。被监禁可能是他们的命运，但他们更可能受伤或被杀。[99]在激烈的战斗中，例如在瓜拉拉皮斯的激战、海战、围攻、伏击和其他游击侵袭中，死神随时都有可能会敲门。1625年，在战争与死亡的刺激下，在荷兰人控制下的萨尔瓦多，一些士兵奋起抵抗，他们殊死战斗直到最后一刻。他们彼此相告，要么赴死，要么就变成敌舰的奴隶。[100]

巴西陆军上尉马克西米利安·沙德（Maximiliaen Schade）留下了对战时士兵无常命运的描述，他的记录至今都令人费解。在1637年到达巴西后，沙德乘船航行，并于1641年11月率队夺取了马拉尼昂。随后，他与部下驻扎在一个由黏土和石头建成的名为蒙特卡尔瓦里奥（Monte Calvário）的小堡垒中。和平一直持续到1642年9月30日，在得知荷兰人新近对葡萄牙殖民地和贸易站的一连串征服后，当地的葡裔巴西人在2名牧师的带领下进行反抗行动。他们攻下了蒙特卡尔瓦里奥，占领了荷兰的糖料作物种植园，杀死了约70名荷兰士兵和军官，但放过了另外的50人。在接下来的6个月中，葡萄牙人进一步耗尽了荷兰军队的精力，他们冷血地枪杀了2名中士和几名士兵。沙德和他的副手被关在单独的牢房里，饥饿难耐，甚至几乎被毒死。在一支来自伯南布哥的荷兰远征军抵达后，葡萄牙人把沙德和其他几名荷兰囚犯转移到一艘船上，沿着马里库河（Maricu River）航行了64英里，穿过树林，于1643年9月到达了格雷奥帕拉（Grão Para）。那时，已经有五六名士兵死于饥饿。然而，这并不是结束。当他们准备从泽兰乘船前往欧洲时，总督德阿尔布开克扣押了这艘船并将其出售，他将荷兰人再次关进监狱。最终，沙德乘一艘法兰西船成功逃脱，回到了荷兰。[101]

还有一种情况可能比死亡更糟，那就是重伤。在陆地全面开战之后，老兵们例行穿过战场，用刀了结了他们仍有气息的战友。[102]如果在一场军事行动后他们不这样做，那么动物就会。1638年约翰·毛里茨下令攻击萨尔瓦多后，战场上到处都是人和野兽的内脏与粪便，这些东西能吸引大量前来觅食的蛇、蟾蜍、蜥蜴和其他爬行动物。当人们到达遥远的荷兰营地时，战场的气味使许多人感到不适。[103]

在与对手的战斗中遭受永久性身体伤害的水手和士兵可以申请救济。1627年2月13日，十九人委员会制定了适用于西印度公司船上所有船员和水手的规则：失去右臂的可得800荷兰盾，失去双眼的可得900荷兰盾，失去双腿的可得800荷兰盾。[104]其他伤害将由"优秀的男人们"——医生或外科医生检查后予以赔偿。在瓜拉拉皮斯战役中受伤的一些士兵确实申请到了金钱赔偿，其中包括一名只失去一根手指的士兵。[105] 实际上，一些已经残疾的士兵被强制继续服役。[106] 补偿款的支付也不是必然的，因为战俘必须提供证据证明他们没有懦弱地投降。1647年，一群战俘在鹿特丹上岸，他们发现要花很长时间才能收到他们应得的赔偿。西印度公司的泽兰商会和梅兹商会将医生的诊疗费和药费支付推迟了5年。那时，鹿特丹海军部已经失去了耐心，决定用欠西印度公司的资金解决争议以偿还债务。[107]

不论是否受伤，士兵都不等同于武器。在东印度群岛，一名士兵选择以自己喜欢的方式去工作是很普遍的，他会付给另一名士兵5斯泰佛以代替自己值班放哨。[108] 在大西洋盆地似乎没有这种做法，在那里执勤是士兵的主要职责。此外，尽管并非所有新兵都被分配了相同的任务，但士兵会参与伐木、装盐和建造堡垒的任务。在联合省服役的士兵有义务陈述其之前从事的职业，使各军队能够在适当的时候充分利用他们的才能。[109] 即使在远征行动中，例如在1634年的库拉索岛远征队里，没有一名全职工匠，但也不乏接受过工匠技能训练的士兵。

荷兰殖民非洲和美洲的行动中也需要水手发挥作用。[110] 例如，米希尔·德勒伊特在1674年前往马提尼克岛的远征中就指望在岸上的水手们积极参与。在其舰队离开共和国之前，他命令军官们练习投掷手雷。[111] 通常情况下，水手只被用来增援陆军，例如1630年荷兰进攻奥林达和1676年进攻卡宴。[112] 在1625年3月，皮特·海恩舰队登陆巴西以征服圣埃斯皮里图（Espírito Santo），每2名水手旁边有2名士兵以确保这上述要求得以贯彻。这项措施仍不能阻止进攻的失败，部分原因是水手缺乏经验。[113]在1635年占领卡尔沃港时使用水手也付出了代价，因为这阻碍了在萨尔瓦多海岸开展有效的海上行动。[114]

作为在群体中更为灵活机动的一群人，水手们有时会从事一些小规模的跨大西洋贸易。2名水手在鹿特丹买了1大桶茴香和4瓶葡萄酒，准备卖到他们要去的伯南布哥。卖给他们这些商品的妇女承担了商品在途中遭受损害的风险，她们也将获得一半的利润。[115]同样地，由于早期荷属苏里南的种植者与联合省的商人之间没有建立商业往来，所以正是横跨大西洋的水手们满足了该殖民地对欧洲商品的需求。[116]有一次，水手和士兵在新阿姆斯特丹贩卖野生胭脂虫；在另一时间，从新尼德兰回来的水手们带回了生毛皮。当这些生毛皮被没收时，水手们的妻子要求西印度公司提供赔偿。[117]水手们所做的交易通常是可疑的或完全违法的，例如水手们会将巴西糖藏在衬衫和裤子里，然后在共和国的岸上出售。[118]其中所涉及的主要风险，是想要购买货物的顾客拒绝付钱。在这种情况下，水手们无从寻求救助。[119]

一般来说，士兵们的薪水都很少，尽管加薪不算少见，但每位西印度公司士兵平均每月的收入不超过8荷兰盾。[120]在不受欢迎的前哨（如安哥拉），士兵的薪水会高出5倍。[121]晋升也会带来加薪。在新阿姆斯特丹，普通士兵每月收入为8～9荷兰盾，海军学员的月薪是10荷兰盾，下士或中士的月薪为18荷兰盾，少尉的月薪是42荷兰盾，中尉的月薪是50荷兰盾。[122]在殖民地驻军和舰队中，收入不均

第四章　在饥与剑之间

都有可能导致骚乱，就像1648年停在泰瑟尔岛的维特·德维特的舰队船上所发生的那样。当时，船上的士兵发现他们在其他船上的同事已经收到了另一笔薪水。[123]

未婚的水手和士兵经常会花光自己赚来的钱。在大西洋的一次风暴中，来自斯特拉斯堡的年轻人安布罗修斯·里奇肖弗无意中听到一位水手对另一位水手说："我们是多么可怜啊，必须昼夜不停地工作，冒着危害我们身体的风险住在海上，尤其是在如此恶劣的暴风雨天气中，却只能得到糟糕的待遇和少得可怜的薪水……"暴风雨过后，这位水手的语气改变了："等到了阿姆斯特丹，只要有了钱，我们就能再度享乐，成天寻欢作乐，自在地喝酒、逛妓院。钱花完之后，我们就再去服役。"[124]回到联合省，一些公司雇员确实花掉了他们在短时间内赚到的钱。他们被称为"6周的主人"。[125]确实，水手们的野心并不大，他们只是去工作，再把赚来的钱花在酒和妓女身上。库拉索岛的一位官员为妓女的存在辩解说："哪里有船运，哪里就必然有妓女。"[126]

与那些生活得仿佛没有明天的人相比，有些人能够把军旅生活抛在脑后。在新尼德兰这个没有面临持续不断的对手威胁的殖民地，有时士兵们会请求并获准休假以结束其在西印度公司的服役，与家人开始农耕生活。[127]另一些人则在服役期（通常为5年）结束后这样做。在17世纪50年代和60年代与家人一起到达新尼德兰的几名男子签了1到2年的服役合同，之后他们将继续干他们的老本行。服兵役给了他们自由通行的权利。但是，在1661年，总督施托伊弗桑特将土地提供给第一次伊索珀斯战争（First Esopus War）后国家不再需要的士兵时，他们拒绝了。他们回答说："我们既没有学过手艺，也没有做过农活，必须靠刀剑谋生。如果不在这里（打仗作战），那么我们必须去其他地方寻求财富。"尽管西印度公司的董事们愿意允许士兵在服役结束之前开始以种植为生，但士兵们对库拉索岛没有太大的热情。[128]

巴西和苏里南确实有相当数量的退伍士兵成了平民，他们转去经营旅馆，或者利用在之前学习到的技能成为木匠、铁匠或石匠。[129]与此同时，他们的军事经验并未浪费，因为他们的参与，民兵的人数增加了。[130]并非所有新近受雇于西印度公司的工匠们都对巴西的殖民地有所帮助。高级议会特别批评抢劫葡萄牙居民的法兰西退伍士兵，约翰·毛里茨也认为，作为耕耘者，退伍士兵一般都是失败的。[131]也许是由于经济状况不好，他们不得不为更富有的种植园主工作或重新入伍。安哥拉退伍士兵的状况似乎要好一些，但其人数微不足道。到1645年，只有10名退伍士兵在总共30名奴隶的帮助下耕种土地。[132]

纪律与疾病

对于普通士兵来说，从事另一种职业并不现实。使一些人陷入绝望的是，他们被困在一种持续危害生命的职业中，并因为与敌人作战而荒废了他们人生中最好的光阴。他们得到的不是认可,而是不屑。[133]在 Brasyls Schuyt-Praetjen（1649）一场虚构讨论中,曾在巴西任职的一位部长列举了许多在那里服役的士兵的说法,他们宣称自己宁愿待在荷兰的罪犯、乞丐和流浪汉待的感化院里。所以,大都市的纪律似乎比在大西洋上无处不在的纪律更可取。无论维持秩序有多么重要,那些过度的惩罚手段仍然令今天的我们感到震惊。水手和士兵受到惩罚的风险非常高。[134]一名未经允许带着行李离开新阿姆斯特丹驻军队伍的士兵被剃光头,受到鞭打,并被判与西印度公司雇用的奴隶一起工作2年。但这还不是全部,他的双耳被用烧红的锥子打了洞,如果他想再度逃跑时会被认出来。[135]同样,4名在埃尔米纳城堡晚归的士兵不得不连续3天花90分钟时间骑在木马（一种带有锋利脊背的类似于马的装置）上,同时腿上被绑上25磅的重物。不仅如此,他们还被扣了5个月的薪水。[136]

1625年之后,任何携带武器或预支薪水后逃跑的西印度公司的士兵都会受到体罚。那些未经上级同意而在船队需要时离开的人将会被用绳子鞭打至死。[137]玩忽职守也会导致官员被处决。在1640年的巴西海战中,5名上尉中有2名因未能尽责而死于剑下;9年前在巴西附近被判犯有同一罪行的另外5名上尉要幸运一些,他们被驱逐出共和国,并被没收财产。[138]

死刑通常是施于危及船只、整个船队或殖民地的人,例如逃兵。1643年航行到智利的舰队上的军事法庭判处11名叛逃者死刑:6人被扔入海中,5人被枪决。[139]另外还有2名在逃的人似乎仍在与西班牙人作战，尽管他们现在站在普埃尔切土著（Puelche）一边，带领其作战，直到1649年被击败。[140] 很罕见的是，荷兰当局饶恕了逃兵，就像1646年在巴西那样，一名叛逃的中士因叛国罪被处决，但通过"一些重要的女性"的干预，犯下同样罪行的士兵没有受到惩罚。[141] 在巴西的那些由于极度绝望而逃跑的士兵就没那么幸运了，他们与被荷兰人劫持的试图返回欧洲的葡萄牙船遭遇了。

经历了这一事件的一名士兵是瓦隆（Walloon）人，他在荷兰待了14年。葡萄牙人将他囚禁在圣阿戈斯蒂纽角（Cabo do Santo Agostinho，原文如此，疑误。——编者注），尽管他拒绝为葡萄牙人作战，但葡萄牙人并未杀死他。他们不给他水和食物，所以他不得不卖掉衣服去换取面包。他赤身裸体地在街上流浪，而他加入葡萄牙军队的朋友们却衣食无忧。最后，他加入了葡萄牙人的行列并服役了18个月，此后他被允许返回欧洲。不幸的是，荷兰的私掠船在从萨尔瓦多到葡萄牙的途中劫持了他的船。与他命运相同的还有一名为荷兰服务12年的英格兰雇佣兵。1645年获准离开后，他正要启程前往荷兰时，起义开始了。他在里奥圣弗朗西斯科（Rio San Francisco）被囚禁并被带到萨尔瓦多，在那里，贫困使他拿起武器为起义军作战。雇佣兵也被获准离开，当荷兰人袭击了其帆船时，尽管有命令，但他就像瓦隆人一样不愿抵抗。可是最后，他们二人都没有得到荷兰人的宽恕。[142]

除了严格的纪律之外，染上疾病也是士兵们生活的一部分。有些人甚至在出发到陌生海岸之前就染上了疾病。来自德意志中部的士兵经常在出发之前患上呼吸道疾病,因为在离开泰瑟尔岛之前,他们需要长时间等待利于航行的风。恶劣的卫生条件也是致病原因。尽管当时并非不知道可以使用肥皂,但在寒冷的冬季所有的舱门都关闭着,缺乏洗涤用水造成了不利于健康的环境。下雨天待在甲板上也不换衣服的水手们经常患上肺炎。此外,还有各种各样的虱子,而当时没有什么解决办法。[143]西印度公司并不怎么关心卫生问题。随维特·德维特远征队航行到累西腓的一支舰队刚从格陵兰岛带着鲸脂返回,在150名士兵登船之前,船几乎没有被清洗过。传染病的流行夺去了数十人的生命。[144] 2年后,当另一支舰队正准备被派往巴西时,肆虐的疾病也严重损害了船上人们的健康。生病、丧失能力和不愿服役的士兵被撤离舰队,舰队上的2,800人中仅剩下500人。[145]

在较早时期(1630—1631),巴西的士兵饱受夜盲症的折磨,这是缺乏维生素A的明显迹象。[146]谷物和豆类的短缺也必然会引起严重的维生素B缺乏症。1634年,荷属巴西有七分之一的士兵被正式列为病患。[147]但是,如果没有面包,通常会有大量的酒精供应。在圣多美的荷兰士兵不穿衬衫地四处游走,他们宁愿花钱买酒,也不愿意去买几件衣服。在巴西的士兵们过于频繁地饮酒,以至于尸检结果显示他们中有些人患有肝硬化。[148]还有一些人患有痢疾,巴西医疗服务负责人威廉·皮索被诊断为同时患有2种类型的痢疾:细菌性痢疾和阿米巴痢疾,前者具有传染性,并伴有血便。痢疾是长途旅行者的常见病,"不符合卫生条件的过度拥挤会导致这种疾病的发生，特别是在饮用水、土厕所和烹饪设施相距很近并且缺乏洗涤用水导致个人清洁困难的地方"。[149]流行病也席卷了其他荷属殖民地，尽管没有像"瘟疫一样的"疾病（最有可能是黄热病）那么严重，但这种疾病在1648年也几乎消灭了库拉索岛上的驻军。[150]

痢疾和黄热病是致命的，坏血病也是。坏血病阻碍人体结缔组织再生，导致全身出现数百个小出血点。患者必须与牙龈腐烂、疲劳、虚弱、关节僵硬、出血以及大概率的死亡做斗争。尽管东印度公司船上船员的风险更高，但坏血病也使国内的荷兰军队和大西洋沿岸的许多荷兰船员丧生，特别是对处于停滞状态的船舶造成了影响。[151]因为任何劳累都可能致命，所以医生规定患者应保证休息。除此之外，他们通常只限于治疗症状。1628年，皮特·海恩船队上的坏血病患者们收到了2德拉姆（dram，一种古老的质量单位。——编者注）白兰地，其中1德拉姆是用来喝的，另外的则用于漱口——牙龈肿胀和出血使得病患们已经很难吃下东西，所以这样做并不过分。[152]尽管皮特·海恩舰上的患病士兵俘获了宝藏舰队，但坏血病还是阻止了某些荷兰远征队的成功。同样，在1629年至1630年，尽管坏血病的肆虐导致入侵发生时三分之一的水手和士兵已丧失了行为能力，但是去往伯南布哥的舰队仍成功地完成了任务。[153]

坏血病的最佳治疗方法就是补充维生素C：病人每天只需10毫克即可起到预防作用。17世纪的许多荷兰人还不知道这一点，他们认为食用新鲜水果和蔬菜而不是特定的水果就是最好的治疗方法。[154]与西班牙人和葡萄牙人相比，荷兰远洋船上的船员患坏血病的风险要高得多，因为在西班牙人和葡萄牙人的饮食中，柑橘类水果、洋葱、大蒜和胡椒是主要食物。相比之下，北欧人则偏爱高蛋白的饮食，导致他们易患维生素缺乏症，如果不采取适当措施，就可能会导致坏血病。船上的食物通常是面粉、饼干（小麦和黑麦粉的混合物）、腌肉、鱼、奶酪、黄油、大麦、豆类、葡萄酒和啤酒，这些都对病患无益。[155]

然而，早在1598年，酸橙汁就被带到了去往东印度群岛的船上以预防坏血病。[156]荷兰人似乎也发现柠檬和橙子对坏血病人有益，他们经常试图在佛得角或非洲西海岸采购这些水果。[157]例如，1623年，拿骚舰队的船员在塞拉利昂河口收集了12万个柠檬，并从佛得角群岛上的圣安东尼奥（São Antonio）的居民那里收到了2.2万个橙子。但即便如此也无法阻止坏血病的大规模流行，这促使海军上将雅克·莱尔米特（Jacques l'Hermite）踏上了前往非洲西海岸的安诺博姆岛（Annobom）的路。[158]在4天之内，莱尔米特的士兵们储备了几十万个橙子，即便如此，坏血病也只能是逐渐消失。[159]

1625年，海军上将扬·德克斯·拉姆率领救援舰队前往萨尔瓦多，3艘船上的600名士兵中流行坏血病之后，他决定去塞拉利昂，在那里他拿到了大量的酸橙。这次临时决定的逗留持续了4个月。荷兰人也认为，与只依赖酸橙治疗坏血病比起来，任何新鲜的食物都有神奇的作用。[160]因此，参加1664年至1665年德勒伊特的大西洋远征队的人是幸运的，舰队在从加的斯出发之前就已经购买了柠檬——每名军官31个，普通士兵每人18～20个。[161]

坏血病跟随荷兰人来到了新世界。1630年,荷兰人登陆伯南布哥18个月后,这种疾病在士兵中蔓延。由于缺乏当地产品,他们中的大多数人只吃从祖国运来的粮食。费尔南多·迪诺罗尼亚岛是巴西沿海的一个小岛,那里很快就变成了一所疗养院,供士兵和患败血病的非洲奴隶使用,这是一个非常成功的疗养胜地。[162]然而,这种疾病继续流行。1648年,在对刚从萨尔瓦多返回的5艘西印度公司船上的水手进行检查时,殖民政府发现其中一半人都患有坏血病。这并不奇怪,因为他们吃的只有稀粥和少量肉和培根,[163]最终,荷兰人开始在黄金海岸种植酸橙并在1676年之后开始出口,尽管数量并不多。[164]

一般认为,疾病和污垢之间具有关联性,疾病常常伴随着污垢引起的难闻气味。[165]因此,有一个关于拉姆1625年前往萨尔瓦多的救援船队的航行的记载中说,在西非,"考虑到从地上冒出来的有害气体,一项用于把铺位和睡觉的地方罩住的长长的帐篷被从屋顶悬挂而下,而非在地面上搭成"。可能是因为当时有了黄热病,该策略无济于事。200多名士兵死亡,荷兰营地已经被坟墓覆盖。[166]

非洲沿岸人的死亡率极高,那里的欧洲人是黄热病和疟疾的受害者,常常像苍蝇一样(轻易地)死去。黄金海岸上毗邻拿骚堡的穆里堡被称为"荷兰公墓"(Dutch cemetery)。[167]在拿骚堡,一名荷兰病患安慰者记录道,驻军的40名成员患有几内亚线虫病。他还写道,来到黄金海岸的每100名士兵和官员中,几乎不足10人能够活着回家。[168]

被称为"死亡之岛"的圣多美的状况没有好到哪里去。[169]在短暂的时间内,巴西高级议会曾将圣多美作为行为不端士兵的流放地。这相当于对被惩罚者判处死刑,因为他们极有可能患上当地的传染病。十九人委员会迅速禁止了这种做法。[170]在1641年荷兰人征服该岛之后,许多军官、水手和士兵都饱受疲劳、剧烈的头痛以及突发高烧的折磨。最终数十人去世,其中包括可能感染了黄热病的伟大的约尔将军。[171]在同时被占领的罗安达,荷兰当局本指望他们的部队能迅速适应,但几乎有一半的人——包括原远征队和增援部队——都在10个月内死去。2年后,在阿姆斯特丹的西印度公司董事会坚持让幸存者留在原地,因为他们已经习惯了"当地的空气和土壤",尽管他们的服役期限已满并且极度渴望返回家园。毫无疑问,部分原因是他们完全没有鞋子、帽子和衣服可穿。[172]

在安哥拉的军队面临许多困难。在征服该地后的1个月之内,疾病开始传播,并且在不到1年的时间里,外科医生接连去世,只活下来1位,药品供应也枯竭了。1642年,累西腓的情况也非常糟糕,那里仅剩1名内科医生和1名外科医生,而且药品严重短缺,致使西印度公司只能在自由市场上寻找药品。[173]在阿姆斯特丹的西印度公司董事会没有施以援手,他们拒绝向圣多美送去急需但昂贵的药物。董事会认为,在自然带来了如此多疾病的地方,必须通过有治疗作用的草药、植物和根等才能找到治疗的办法。[174]他们的观点呼应了一本刚刚出版的广受欢迎的医学手册。约翰·范贝弗韦克(Johan van Beverwijck）在他的 *Inleydinge tot de Hollantsche Genees-middelen* 一书中认为，流行某些疾病的地区的土地上会长出可以治愈这些疾病的草药。[175]阿姆斯特丹的另一个观点是，如果没有军事行动，就不会发生任何事故或疾病。西印度公司在巴西的药房主管则有不同意见。他问道，如果这是真的，那又该如何解释那些每天在阿姆斯特丹发生的苦难呢？[176]

粮食

半个世纪以前，法兰西历史学家米希尔·莫里诺（Michel Morineau）研究了约在1648年西弗里斯兰给在巴西的3,000名荷兰士兵的粮食供给的资料。他得出的结论是：荷兰士兵的给养充足。[177]实际上，荷兰跨大西洋驻军的供给往往严重不足。在征服萨尔瓦多（1624年）后，一名士兵立即意识到在这个新的前哨基地将很难生存，他后来回忆说："雅各布·威利肯斯上将给我们的食物非常少，而原本应该给我们能够支撑1整年的食物。如果不是我们在俘获的船只上获得了补给，整个舰队上的人将因饥饿和其他痛苦而死去。"[178]到1624年12月，当局命令城市里所有黑人聚集在一起，这样有利于节约粮食——他们被运到城市南部卖给葡萄牙人，以此来购买牛肉、鸡肉、猪肉和水果。当葡萄牙人拒绝时，荷兰人就上岸偷他们的牛，同时将黑人留在岛上，然后自己返回萨尔瓦多。[179]在1625年的前几个月中，因为缺少肉食,荷兰人吃掉了马、猫、狗甚至蜥蜴。然而,杀猫是非法的——猫科动物可以解决城市中的鼠疫问题。[180]在荷兰人战败返回欧洲期间,情况几乎没有得到改善,挨饿的士兵开始戴上铅弹做成的项链并将项链咬住,就像马咬嚼子一样。在他们最终到达英格兰并得到了丰富的新鲜食物后,许多人拼命吃,很快就撑死了。[181]

在1634年被征服后的最初几年里,库拉索岛上的驻军没有理由抱怨。面包、饼干、奶酪、醋、豆类、葡萄酒和白兰地都是从联合省运来的,肉类是土著居民给的。但是,在几乎所有牲畜被杀死之后,粮食状况变得岌岌可危了。1640年,储存的面粉和饼干已被吃光,士兵们靠每周配给的豆类和3磅肉的定额维持生活。[182]1672年,苏里南驻军处于饥饿的边缘。在两三个星期没有面包吃之后,"瘦弱得像灰狗一样的"他们去见了总督维尔斯特雷(Versterre)。在被告知总督不能提供食物之后,他们告诉总督他们打算放下武器,在美洲印第安人中寻找食物。[183]

在伯南布哥的内陆采摘水果不是办法,因为荷兰人害怕被伏击。[184]因此,从荷兰人出现在这里开始,他们就非常需要祖国供应粮食以及猪油、黄油等油脂,尤其最需要谷物。西印度公司甚至在1630年召集了在英格兰和法兰西的大使纾困,但并没有从国外运来粮食。同时,乌得勒支、海尔德兰和泽兰的舒文(Schouwen)管理委员会禁止出口,以免自己的人民挨饿。[185]士兵们本身往往对供不应求的牛肉和培根更感兴趣。至少,种植典型的荷兰蔬菜(例如生菜、萝卜、黄瓜)的尝试部分成功了。[186]尽管如此,到1636年,粮食供应仍然不足，以至于一名在泰瑟尔岛等待船运的士兵请求其家人运送火腿、烟熏肉和奶酪，他希望在巴西能吃到这些食物。他听说"那里的口粮配额不仅量少，而且不新鲜甚至半数都是腐坏的"。[187]

西印度公司最初垄断了来自荷兰的粮食供应，但由于意识到自身的局限性，这一特权最终被让位给了个体贸易商。[188]然而，公司并未放弃参与维持食物供给。董事们认为，如果可以将生猪运到巴西并允许其在那里繁殖，那么就没有必要从国内购买培根再运送过去。因此，所有商会都指示运送母猪和仔猪到巴西。[189]各商会还允许将鱼运往巴西，泽兰商会更是积极地参与了这种商务运输。[190]与此同时，西印度公司试图吸引新尼德兰的定居者向巴西运送鱼、面粉和其他当地产品，但收效甚微。[191]

伊比利亚人的焦土战术使粮食供应问题更加复杂。1637年11月，当3,000人的荷兰军队入侵塞尔希培时，哈布斯堡王朝的指挥官巴尼奥利伯爵（Count de Bagnuoli）及他的那不勒斯士兵撤退到萨尔瓦多。在此之前，这位伯爵在一场经济战中命令销毁芦苇地和其他可能使对手受益的东西，包括5,000头牛。他还带走了另外8,000头牛。[192]当然，牛不仅对肉类供应很重要，而且对制糖业也至关重要。

欧洲的黑麦和小麦粉是从荷兰本国港口出口到巴西的，尽管它们可以很容易地被当地种植的木薯（或树薯）粉代替，用它们可以制成白面包、蛋糕和饼干。自17世纪初以来，木薯养活了加勒比海水域许多荷兰船员。例如，在1624年对西印度群岛的一次远征中，指挥官彼得·斯豪滕（Pieter Schouten）登上了一艘前往圣克里斯托弗岛的船，在那里他让当地人准备木薯。[193]由于人们食用未煮熟的木薯会导致中毒而死，所以在圭亚那的荷兰船员和定居者依赖美洲印第安人的处理方法——他们是清除木薯有毒部分的专家。[194]因此，在没有当地人的情况下，荷兰人通常无法采购任何粮食。即使荷兰人学着自己处理木薯，他们在粮食供应方面对美洲印第安人的依赖仍持续了整个17世纪。[195]尽管木薯也是在巴西的荷兰人的食物，但在1638年，种植园主们完全无视了要求每个奴隶种植200株木薯的法令——糖的诱惑是罪魁祸首。政府不愿意妥协，第二年就命令制糖厂的每个奴隶在1月和8月里要种植500株木薯。在大种植园主和没有制糖厂的小规模制糖商抗议后，奴隶可以在8月和9月切割甘蔗加工成糖，规定的木薯种植数量减少到每人300株。单一作物的隐患并没有消失，部分原因是种植园主不得不将木薯作物的一半交予政府而没有任何金钱补偿。尽管高级议会声称情况相反，但种植园主们并没有收到钱，而是获得了几乎没有任何价值的一些权利。[196]在荷兰的城镇和军营中，人们一直缺乏食用木薯方面的知识。1646年，一些在圣弗朗西斯科河上的毛里茨城堡的士兵在食用了他们烹制的木薯后丧生，另一些人则患病。[197]在荷兰投降的前夕，木薯只是人们饮食中的次要成分。[198]

17世纪40年代初组织的对安哥拉、圣多美和马拉尼昂的远征使巴西的粮食问题更加恶化。[199]到1643年，累西腓的仓库已经空了，军队即将亡于饥荒。士兵们咒骂着，悔不当初，发誓要寻找能更好地照顾他们的新雇主。[200]但是并非所有同时代的人都相信这是合理的控诉。卡斯珀·巴莱乌斯相信,来自贫穷地区或山区的士兵不会持有异见。他认为,荷兰士兵已经习惯于供给充足,以至于不能忍受任何匮乏。[201]从未涉足巴西的巴莱乌斯低估了局势的严重性。在分发了几次肉之后,由于长期缺乏木材生火,士兵不得不吃生肉——荷兰人不敢冒险去累西腓和毛里茨城这两座城市之外的地方。[202]为了补充食物,士兵们有时从商人那里购买食品,这些商人则会回来骚扰他们。由于他们身无分文而只能赊账,所以直到服役结束后他们仍然无法偿还债务。一名士兵收到虚假收据,又不允许他证明这种不公,他只能用步枪结束生命。[203]同时,罗安达的局势十分严峻,以至于荷兰人要依靠巴西的补给或被迫从自己的敌人那里购买粮食。[204]荷兰在巴西最北端的征服地马拉尼昂的状况与罗安达类似,虽然靠着累西腓送来的剩余物资幸存下来,但这一地区在仅仅一年之后注定走向了毁灭。[205]

1645年始于巴西的起义对粮食供应造成了灾难性的影响。累西腓被围困期间,在西印度公司服役的一名士兵在日记中写道,马、狗、猫和老鼠都是他的最佳食物。[206]由于被留在自己和私营商人店里的面粉供应都很少,西印度公司在1646年2月组织了一支由300名士兵和一大批土著军队组成的远征军从伊塔马拉卡岛附近的敌人地盘上偷取木薯,但这次任务失败了。据葡萄牙消息人士称,双方发生了血腥冲突,有80名荷兰人被杀,多人受伤,其余人空手而逃。[207]6月,2艘补给船——"金瓦尔克号"(Gulde Valck)和"伊丽莎白号"(Elisabeth)在紧急关头从荷兰赶来,避免了一场灾难的发生。[208]在2艘补给船奇迹般出现的前一天,仓库里只剩下了4桶面粉。[209]执政委员会写信给泽兰商会说,所有食物都已经消耗完了,"我们没有豌豆、燕麦和小麦,也没有咸肉和培根。居民也没有了面包。我们只能用剩余的面粉为驻军做面包。否则,他们将叛变和逃跑"。[210]

维特·德维特的救援舰队的到来使问题更加恶化。在瓜拉拉皮斯第二次战役惨败之后,高级议会主席嘲讽维特·德维特,如果没有这次失败,就不可能养活军队。[211]尽管如此,形势仍然严峻。同年晚些时候,荷兰省议会警告联省议会,巴西空空如也的仓库很容易导致军队投降。他们提议用20万荷兰盾购买粮食,并坚持要求每个省都支付自己的份额。经过一番辩论,6艘船和6艘游艇被派去运送食物。[212]那时,维特·德维特和他的战争委员会已经决定返回荷兰,他拒绝和他的水手们一起饿死。[213]

对于这场结构性粮食短缺的解释是,占领巴西和双方的战争需要大量的资金投入,而这些投入却没有足够的收入来平衡;西印度公司缺乏流动资产,巴西农业的收入令人失望。维持巴西部队所需的费用过高。1638年,约翰·毛里茨及其议会估算,每年必须在巴西投入350万荷兰盾,其中包括144万荷兰盾用于士兵的招募、薪水和食物供给。[214]并且在接下来的10年中,军队的开销增加了。据荷兰中央审计署估计,1648年,支付和养活巴西9,290名男性所需的总费用为2,123,672荷兰盾。[215]到1636年,西印度公司已欠下1,800万荷兰盾的债务,根本无法拿出这么多钱。[216]的确,在收到从巴西传来的关于1630年成功入侵的消息后,西印度公司立刻追着联省议会和各省,要求他们马上为巴西的6,000名士兵支付薪水,并提供粮食补给。[217]直到1654年巴西投降,西印度公司都在依赖联省议会的财政援助。战争负担因此被转移到了7个省,但它们始终不履行义务。[218]

早在1631年3月,各省就欠下西印度公司125万荷兰盾。即使是荷兰省,这个唯一一直在持续付款的省份,也在1634年停止了缴费,直到其他省份支付欠款。[219]但情况也没有改善。当联省议会于1649年对1635年以来各省发出的补贴进行盘点时,事实证明,各省连一半的份额都没有支付够,有3个省甚至没有支付应付费用的四分之一(如表2所示)。[220]这些逾期付款造成了连锁反应,因为西印度公司无法支付阿姆斯特丹海军部的费用,后者花了不少于605,205荷兰盾来装备1647年的救援舰队和2年后的另一支舰队。[221]

表2 荷兰各省和他们未付的巴西补贴款(1649年)

省份	应付金额 (荷兰盾)	实付金额 (荷兰盾)	未付金额 (荷兰盾)	未付比例(%)
荷兰	5,818,536	2,348,238	3,470,298	59.6
弗里斯兰	1,357,113	230,098	1,127,015	83.0
泽兰	915,153	336,541	578,612	63.2
乌得勒支	615,308	208,605	406,703	66.1
海尔德兰	589,617	143,000	446,617	75.7
格罗宁根	581,049	274,052	306,997	52.8
上艾瑟尔	397,538	94,243	303,295	76.3

资料来源:NAN, SG 4845,联省议会的决定,1649年3月11日。
注:金额已四舍五入。

除上艾瑟尔和弗里斯兰以外，其他省份都没有按特定需求支付补贴款。1645年，上述这2个省与海尔德兰省共同反对任命沃特·舒嫩堡成为约翰·毛里茨在巴西的继任者。[222]他们对西印度公司的不满情绪在随后的几年中再次显现。1651年，联省议会的上艾瑟尔代表认为，如果不进行改革，就不再向西印度公司的金库里投入资金。[223]虽然具体细节没有透露，但上艾瑟尔省一定同意阿姆斯特丹以及在当时的文学小册子中充斥的对西印度公司的批评，这些批评指出该公司的成本高昂、董事管理不善和腐败，还有与巴西缺乏自由贸易。除这种情况外，拖欠支付补贴款不是各省为解决特定问题而采取的策略。甚至在债务累积多年后，他们仍然同意支付联省议会经投票决定在1647年救援舰队上花费的巨额资金。[224]

弗里斯兰省是唯一不认为有必要派遣救援舰队的省份，该省持续拖欠其应支付的战争开销，经常让联省议会感到绝望。当荷兰税收总管于1635年给弗里斯兰省展示其超过600万荷兰盾的账单时，他们坚决否认自己拖欠了这么大的数额。联省议会在士兵的协助下进行了为期18个月的访问，说服各省采取必要措施充盈国库。[225]他们很难说服弗里斯兰支持西印度公司，而该省从来只是表面上参与该公司的运作。由于缺乏资金，它2次错过组建自己的商会，外界对其置身事外的立场的不满从未消失。弗里斯兰和格罗宁根的总督威廉·弗雷德里克（William Frederick）认为，只有当弗里斯兰人被准许成立自己的西印度公司商会时，他们的态度才会转变。当西印度公司的公司章程于1647年到期且弗里斯兰省支持东印度公司和西印度公司合并时，该省希望获得这一权利，但是其代表的努力却落空了。一旦西印度公司这颗明星开始陨落，不管其他省份如何再三请求，弗里斯兰人都会自然而然地停止所有援助。弗里斯兰人拒绝为他们认为是巨大浪费的救援舰队支付60万荷兰盾是符合其过去的立场的。[226] 在1653年，弗里斯兰省与联省议会的一个省的代表团进行会谈时，他们终于明确表达了他们不肯妥协的理由。他们称，与他们谈判的人并没有给其带来任何他们因分担财政而能够得到的好处。弗里斯兰人也没有继续授权代表参与讨论西印度公司的重组，他们认为可以通过将公司转型为国有组织来实现西印度公司的重组，该计划"已经有些省份表现出倾向性"。[227] 这些话可能是指前述的海尔德兰省设想的计划，而该计划已被联省议会否决。正如几年后弗里斯兰人拒绝为巴西返回的士兵支付费用这件事中所显露的一样，使弗里斯兰人感到不快的是西印度公司的私营属性。他们指出，建立西印度公司是为了一些省份的居民的私人利益和税收，而不是为了大多数人。[228]

在荷兰共和国服役的士兵的薪水从来不是主要问题，部分原因是各省遵守着维持其境内驻扎士兵生计的制度。由于士兵哗变可能带来灾难，所以各省都急着给士兵发放薪水。[229] 即便如此，各省并不总能按时付款。荷兰军队成功的关键最终在于其财务上的双重缓冲，军官拥有自己的资金来源以便在有省份疏于支付士兵薪水时代为预付。[230] 但更重要的是军事律师、个体放债人，他们把士兵的薪水预付给指挥官以换取每月的固定发薪。[231] 每当各省欠款时，律师就会采取行动——

通常会预付大量资金。然而，他们并不令人羡慕，因为尽管他们极力呼吁各省偿还债务，但他们仍冒着永远都无法收回资金的风险。[232]总之，在共和国内，律师是付钱的冤大头，而在律师职责不明、军官资源匮乏的巴西，士兵才是付出代价的一方。

荷属巴西本身的生产不足以抵消该殖民地运转的巨额成本。在持续的战争中，使巴西成为全球主要的糖料生产地的种植园遭到了破坏，荷兰统治者所能做的就是征收各种税。但是即使加上关税，税收也无法满足士兵的需求。1646年至1650年间，在巴西海岸获得的许多战利品本可以解决该问题，但这些战利品最终主要落到了个人移民的手中。[233]同时，十九人委员会所做的只是派出2名会计来绘制财务状况图和提出解决方案。当2人组合失败后，他们又任命了1个同样没有实权的金融理事会。[234]

尽管士兵们将自己的痛苦归咎于巴西的高级议会，但议员们确实试图寻找切实可行的解决方案。例如，在1648年，他们试图将伊塔马拉卡岛纳为累西腓的粮食仓库。为了换取部分农作物，西印度公司向定居者分配土地，为他们提供奴隶，并敦促他们种植各种水果和蔬菜。[235]当这项倡议失败时，高级议会没收了阿姆斯特丹海军部装备的军舰上用来养活舰队的食物。[236]在与联省议会的往来中，议员们总是对受苦的士兵们报以同情："对一个国家来说既可悲又耻辱的是看到为其宣誓效忠的士兵们穿着破旧的衣服穿过街道，一些人甚至无法遮挡私处，他们看起来更像乞丐而不是士兵……"[237]

1654年，士兵们狼狈地重返荷兰共和国后——许多人被"打包得像鲱鱼"或被迫全程待在甲板上——他们继续将责任归咎于高级议会。[238]他们的抱怨似乎是可信的。退伍士兵们断言，巴西的统治者们后来将大部分食物卖给了个人，只用"不值钱的货币"给士兵发薪，比共和国内士兵收入的25%还要少，而向他们自己以及军队中的军官发的是"（更值钱的）荷兰货币"。又或者是议员们以腐烂的烟草、发酸的葡萄酒和啤酒支付士兵的薪水。[239]在1655年出版的一本小册子中所表达的另一项指控是，在瓜拉拉皮斯第一次战役前夕，议员们拒绝按月向士兵们发放薪水，尽管他们已经向军官支付了薪水——事实的确如此。[240]所谓的理由是贪婪。议员们盼着许多士兵丧命，这样就可能剩余更多的钱分给他们自己。[241]在殖民地的最后几年里，士兵们索要金钱或衣物时，议员们丝毫没有表现出同情心，这于他们的声誉无益。[242]也难怪议员们被视为魔鬼，并且至少有一次有士兵闯进他们的卧室索要薪水。[243]

然而，真正的罪魁祸首却在大洋彼岸——在17世纪40年代和50年代大都会当局对荷属巴西的冷淡态度。因此，在殖民地的最后几年，巴西驻军生活惨淡。军队不仅缺少食物和衣服，而且缺少一切用于维修累西腓士兵营地所必需的材料，包括木材、石块、石灰石、瓦片、铁和鲸油（用于照明）等。由于营房很不坚固，士兵们要冒着生命危险睡在那里，所以他们开始在户外过夜。[244]他们的痛苦没有就此结束。返回联合省后，军官和士兵们都陈述了他们过去8年的艰辛。由于持续的围困、饥荒，他们"被迫活在饥饿与刀剑之间"。[245]

在17世纪60年代和70年代，大都会市当局也没有更好地对待普通士兵。由于很难找到替代者，西印度公司并不想将1664年10月德勒伊特留在戈里的130名士兵带回国内。即使驻军士兵们的妻子向阿姆斯特丹海军部请愿（联省议会在1666年8月对此进行了讨论），西印度公司也用了1年多的时间才开始送士兵归国。[246]最后，多巴哥殖民地的指挥官于1670年承认，在该地服役的士兵被夺走鞋袜、衣服和粮食。该地的种植园主和投资者们本可以成为重要的经济作物生产者，但在7年后，在饥荒严重削弱了荷兰军队之后，粮食供应不足最终导致了殖民地的消亡。如果英格兰方面的消息来源可信，那么在几个月后，在1,000名定居者和600～700名士兵中，仅有三四百名士兵幸存下来，这种情形加速了德莱斯特雷斯对该地的征服。[247]

叛变与起义

数量众多的船只前往巴西表明，水手和士兵们不愿将自己的命运与荷兰帝国捆绑在一起。在1645年至1646年的严冬［典型的"小冰期"（Little Ice Age）］，一支舰队3个月还没有航行到巴西，然后又困在怀特岛村2个月。[248]经历了数月的风暴、降雨和极寒天气之后，在船只停在怀特岛村等待天气转好的情况下，"洛朗达号"（Loanda）上的水手和士兵向他们的司令官递交了联合请愿书。他们担心会死

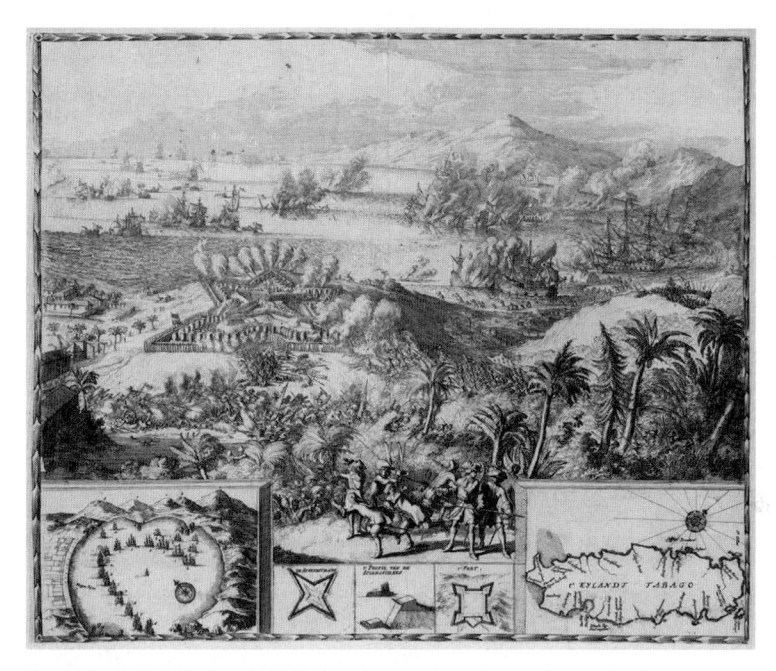

法兰西和荷兰军队在多巴哥的冲突（1677）。罗梅因·德·胡赫（Romeyn de Hooghe）作品。（阿姆斯特丹，国立博物馆）

于贫困和疾病，要求起锚返回家园。[249] 1647年，另一批士兵在泽兰等待被送往巴西时，一支载有服役期满士兵的舰队从累西腓抵达，船上的士兵们关于饥饿和贫困的经历使新兵们试图以各种可能的方式逃跑，但他们的努力都是徒劳的。[250] 1648年，在另一艘准备驶往巴西的船上站岗的6名水手运气要好一些。当船停在布劳威尔沙文（Brouwershaven）时，他们划船上岸，随后便不见踪影。[251]

　　缺乏食物以及未来再也看不到自己的家园，可能会刺激水手和士兵无视军令并做出违反命令的行为。尽管已经忠诚地服役8～9年，

第四章　在饥与剑之间

但在1654年为寻找葡萄牙船而航行3个月后,一艘荷兰私掠船上的水手因食物短缺和费用不足而倍感沮丧。压倒骆驼的最后一根稻草是该船无法在累西腓停泊,当时该地的荷兰军队刚刚投降,于是船上的66人愤而起义并控制了该船,并且将船开向了波多黎各。[252]士兵们经常将对薪水发放的不满和沮丧情绪转化为逃跑的想法。这一定是1645年257名在巴西的士兵逃离荷兰军队的主要原因。[253]并非所有逃离据点的荷兰士兵都加入了葡萄牙的武装部队,他们当中的一些人变成了强盗,抢劫旅客或袭击种植园和庄园。[254]但通常情况下,逃兵会逃去欧洲对手的殖民点并加入他们的军队。在特拉华的阿姆斯特丹殖民地新阿姆斯特尔服役的6名士兵毫无疑问遭受了疾病和营养不良的折磨——这些苦难在1年之内已经带走了100名居民的生命——1659年,他们和妻子、女佣一起被遗弃在附近的马里兰(Maryland)。[255]

发动罢工和起义是士兵和水手们潜在的强大武器。库拉索岛上因伐木、采盐和修筑堡垒而疲惫不堪,并且对西印度公司对该岛的谋划一无所知的士兵们于1635年要求加薪。当要求被拒绝时,他们停止了工作,促使指挥官承诺给他们送去西班牙葡萄酒。[256] 8个月过去后,他们企图杀害指挥官和其他官员的密谋才被揭穿。值得注意的是,主谋们竟然幸免于难。由于士兵们对其长官的尊重一落千丈,带来的结果是堡垒没有完工。[257]在荷属巴西的最后几年,军官们由于惧怕兵变,放松了管理,纪律方面也不够严明。[258]与此同时,罗安达的部队威胁说如果新兵不能尽快到来,他们就会哗变。他们想

"被解放"。为解决这个问题，累西腓当局于1648年2月派遣135名志愿兵横跨大西洋。[259]

"解放"是一个有说服力的词语。士兵的生活与奴隶的生活在许多方面都非常相似。正如一位历史学家所说，这两类人都要从事繁重的体力劳动，并以类似的方式受到管制和惩罚，因此导致了逃亡。[260]正如白人精英们担心得到解放后的黑人奴隶获得自由一样，他们也担心战争或远征结束后释放众多士兵导致的后果。[261]他们的担忧不无道理。拿骚舰队上的一名老兵因对拖欠薪水不满，于1628年袭击了阿姆斯特丹海军部的一些成员。[262] 2年后，皮特·海恩的英雄舰队上的四五十名醉酒的退伍军人（包括水手和士兵）回应了他们从西班牙船队拿了太多财物的谣言。他们敲着军鼓，拖着1门大炮，企图抢劫保存在西印度之家大楼里的银器，但没有得手。[263]

荷属巴西的渐渐衰落给国内当局带来了恐惧。1649年，国务委员会要求各省迅速支付返回的军官与士兵的费用，以防发生哗变。[264]第二年，刚从巴西返回的2艘船上的水手们在恩克赫伊曾虐待了3名海军军官，同时发出了威胁。作为回应，该市市长向市民发放了火药和铅弹，并在市民中带头，敦促他们等待信号拿起武器，保护海军部。[265]在1660年，受到威胁的是大议长约翰·德威特，而威胁再次来自恩克赫伊曾。一位名叫威廉·斯洛特（Willem Sloot）的人在一封信中告诉这位荷兰领导人，如果在巴西服役的人无法得到报酬，他就将活在恐惧之中。[266]德威特的反应方式尚不得而知，但有些当局人士感到了恐惧，就如1652年第一次英荷战争开始时在阿姆斯特丹一样。同年9月，薪水问题引起了水手们的骚乱。在50名水手向士兵投掷石块后，治安官处决了2名头目，并令军队接管城市以防止进一步的动乱。在鹿特丹，对参与哗变水手的不满导致本已废弃的绞刑架被重新启用。[267]

1654年，许多被拖欠薪水的士兵返乡，没有引发骚乱，暴力的幽灵逐渐退去。8月，在海牙，荷兰外交官利厄·范艾泽玛（Lieuwe van Aitzema）从与一位英格兰同事的谈话中觉察了公众的恐惧气氛："这里有大量的士兵来自巴西，而且还会回来更多。这些人没有得到薪水，他们不满意，处于半野蛮状态。荷兰省已经许诺要提供4万荷兰盾为每位士兵发放2个月的薪水，为每位军官发放1个月的薪水。拿到钱后他们将被命令离开海牙——他们是被用来恐吓人的，并且主要是在这个时候，在有明显的骚乱和动荡倾向的地方。"[268]

敌人的子弹或伏击虽然危险，但它们本就是军旅生活的一部分。而在战场之外，荷属大西洋上的士兵也过着悲惨的生活：食物奇缺且质量低劣，还经常变质；轻微的言行失检导致体罚是家常便饭。只有少数士兵可以设想超出他们目前军事契约的职业生涯，他们也确实表现出一种归属感，无论是对种族、宗教还是雇主（各省或西印度公司）。[269]此外，正如我们看到的，在自己信奉的天主教的土地上，对敌人的共同仇恨可能会激发破坏圣像的行为，虽然这并无实际用途，但确实突显了军队的团体精神。而这一点不容忽视。

在某种程度上，士兵和荷属大西洋上的水手们被放到了一起，因为他们都是为荷兰海洋帝国的执政不善付出代价的人。由于在大西洋沿岸驻军的无尽野心并没有稳定现金流的支撑，那些曾经帮助巩固和扩张荷兰海洋帝国的士兵很少得到报酬，并且食物供给不足。这些问题导致的结果是严重的。在大西洋世界的主要地区，荷兰人轻易地投降了。毫无疑问，萨尔瓦多的部队战败（1625年）与他们渴望与伊比利亚舰队进行谈判之间存在着关联。同样，荷兰士兵在罗安达向一支葡萄牙舰队投降（1648年）也并非偶然。当时荷兰士兵抱怨粮食短缺，并且在服役期满后不愿继续服役。如果1648年6月29日从累西腓派往罗安达以帮助当地驻军抵御萨尔瓦多·科雷亚舰队的士兵们服从了这一命令，他们本来能够保住该殖民地。相反，他们接管了"忠诚的牧羊人号"（Getrouwen Herder）船的控制权，并将其带到里约热内卢出售。因此，实际上，荷属罗安达并没有得到任何新的援军支持就投降了。[270]

士兵哗变也使荷兰丧失了在巴西海岸的海上地位。第一次士兵哗变发生在鹿特丹海军部装备的"海豚号"（Dolphijn）船上。食物匮乏已经夺走了病弱船员的生命，但上尉约布·福朗（Job Forant）对船员们的这些抱怨充耳不闻。患上坏血病的人们大声叫嚷想在临死前吃顿饱饭。[271] 1649年5月29日，一群士兵抓住船只的方向盘，大喊他们已经服完了兵役，西印度公司的食物不能再吃了。他们航行回家，告诉当局他们的船由于风和海流而向北漂移太远，以至于无法返回累西腓。[272] 于是，荷兰人开始了从荷属巴西出发的海上迁徙。在年底到来之前，服役结束且依旧挨饿的水手们接管了7艘船，他们效仿"海豚号"的做法——无视上级的命令和殖民地高级议会的意见。维特·德维特也于1649年离开巴西，在联省议会让他自行其事后，他指挥2艘军舰回到了联合省。由于担心他的船进一步老化失修，并且船员们因饥饿发起暴动，这位将领认为没有理由再留在巴西。[273] 1652年，同样的情况再次发生，2年前抵达的10艘军舰上的水手们哗变并返回家园。[274]

和这些水手一样，伯南布哥的士兵也开始怠于自己的职责。因薪水不足，许多步兵宁愿在瓜拉拉皮斯关键的第一战中不与敌人交战。在那场战斗结束后占领了奥林达的350名士兵也没有与50名葡萄牙人交战。他们离开了要塞，进入了累西腓并大喊着要钱。[275]在荷属巴西最终投降时，士兵再次发挥了核心作用，正如陆军中将冯·朔佩在返回共和国后披露的那样。冯·朔佩被召集到联省议会，提交了一份解释他放弃荷属巴西的原因的报告：首先，缺乏常驻部队来管理要塞和保卫殖民地。其次，由于供给糟糕和被拖欠薪水，士兵们接连患病并且感到不情愿和绝望，以至于他们在葡萄牙舰队抵达时就直接宣称"救赎的时刻到了"。他们说，这是他们的救赎，他们要从暴政和奴役中解放出来。[276]

荷属巴西的2位文职领导人，舒嫩堡和海克斯证实了上述说法。他们写道，在葡萄牙舰队出现时，他们听到士兵说看到了自己的救赎。[277]他们可能并非奴隶，但在巴西和安哥拉的士兵们就像美洲其他不自由的团体一样渴望自由。英属尼维斯岛上的契约佣工以类似方式做出反应，就像1625年荷属巴西的士兵被迫加入西班牙舰队时的回应一样。这些契约佣工们没有武力抗争，而是呼喊着："自由！

快乐的自由！"[278]伊比利亚人不是他们的敌人，他们真正的敌人是他们自己的主人。

尽管士兵和水手们对于荷兰海洋帝国的扩张和防御至关重要，但他们不仅薪水低（如果有的话），还遭受了许多其他形式的剥削与虐待。因被帝国当权者忽视，那些曾经捍卫荷属巴西的人最终拒绝参战。多年的空洞承诺早已让他们饱受摧残，遍体鳞伤，忍饥挨饿，于是他们放弃了荷兰在大西洋世界的重要殖民地。一个政治帝国的建立因此注定走向失败，但是，一个商业帝国的确也因此诞生了。

第五章
跨帝国贸易

与非洲人以及美洲印第安人的贸易

对金银的追求

盐矿与糖料

奴隶贸易

与英属美洲和法属美洲的贸易

与西属殖民地的贸易

外国伪装下的国内竞争

1650年前后，荷兰在大西洋世界的投资超过了其在亚洲的投资。以股票和债券形式对西印度公司进行的长期投资在1650年前后达到2,210万荷兰盾，而对东印度公司的投资为1,640万荷兰盾。对跨大西洋的种植园和大庄园主土地的投资（参见第六章）可能达到了100万荷兰盾。在大西洋世界的短期投资（1,000万荷兰盾）甚至是在印度洋的投资（200万荷兰盾）的5倍。[1]西印度公司从这些短期投资中受益不多，因为它只是活跃于大西洋世界的众多荷兰公司之一。而且，西印度公司起初并不是一家贸易公司。正如我们所看到的，西印度公司最初把精力集中在俘获西班牙和葡萄牙的船只，抢占其殖民地和贸易站上面。这样的行动不可避免地会有损西印度公司的商业发展。发动战争首先需要的就是船只，而那些从事贸易的商船往往会被敌人击沉。在众多人从事采掘业（如开采贵重金属、采集盐）和捕鲸业以及在热带和温带地区从事农业的大西洋世界，贸易当然不是荷兰人从事的唯一经济活动。尽管在17世纪中叶，联合省与殖民地之间的商品流动并未达到很高的水平，但贸易仍然是最为重要的活动。与外国人（非洲人和在欧洲的美洲人）之间的贸易是荷兰在大西洋世界的经济支柱。的确，荷兰是帝国间大西洋贸易的领先者。

法兰西人和英格兰人可能先于他们开拓了在西班牙殖民地的商业机会，但荷兰人与整个大西洋沿岸的美洲地区都有贸易往来，包括在1648年进入和平时期之后的西班牙的势力范围。

与非洲人以及美洲印第安人的贸易

荷兰人于16世纪90年代首次冒险进入大西洋世界时，大多数沿海地区都牢牢地掌握在非洲和加勒比地区的土著人手中。与非洲人和美洲印第安人的贸易兼有政治与经济上的意义：贸易可以帮助巩固反伊比利亚人的纽带。由于物美价廉，荷兰商人很快便受到本地商人的青睐。在已经被葡萄牙人垄断欧洲贸易1个多世纪并在17世纪初获得对商品贸易的控制权的黄金海岸，荷兰人取得了巨大的成功。[2]荷兰商品也进入了南美洲的内陆市场。1637年至1639年到达亚马孙河的葡萄牙探险队成员惊讶地发现，荷兰人在亚马孙河上游与美洲印第安人进行货物贸易。[3]在北美洲，荷兰人给莫霍克（Mohawk）部落带来了不可逆转的变化。到17世纪50年代，荷兰人带来的布匹、亚麻、铁器和铜壶已经取代了当地传统的兽皮、土锅和石器。[4]

荷兰的商品并不是在哪里都受到欢迎。至少荷兰人认为他们与在圭亚那和巴西的美洲印第安人的贸易往来令人失望。对土著生活方式的描述揭示了荷兰人对美洲印第安人缺乏消费主义理念暗含的鄙夷——消费显然被他们视为文明的一个组成部分。在无数次前往圭亚那的商业航行失败之后，西印度公司的董事们在1633年感叹道，因为该海岸只住着没有衣物或其他物品需求的"野蛮的"美洲印第安人，他们对该地区抱有的早期愿景仍未实现。[5]一名在巴西的荷兰人写道，即使是被认为比他们的对手塔普亚人更为现代的讲图皮语的美洲印第安人也生活得无忧无虑，"完全没有积累财富的倾向，能睡在织好的网或吊床里，有用来饮水的葫芦壳，可以在树林里用弓箭打猎作为食物，他们就已经满足了……"，男人工作只是为了让自己和妻子得到足够用来遮盖身体的亚麻布。[6]

非洲人和美洲印第安人尤其需要枪支。一支荷兰舰队的成员于16世纪末在智利的瓦尔帕莱索（Valparaíso）投降，因船上存有大量火绳枪、步枪和其他战争所需物资，他们之后被送往利马接受讯问。当地的美洲印第安人是反西班牙武装同盟中的有意愿的武器接收方。[7]在北美洲，"五族联盟"（Five Nations）的成员们急于购买枪支，认为枪支是比弓箭更有利的捕猎武器。他们利用枪支俘获了大量的敌人。[8]但是荷兰人也从中受益，因为武器销售保证了皮草的稳定流通。此外，出售的武器被用来对付新法兰西，而从未损害荷兰的皮草贸易中心贝弗韦克。尽管如此，新尼德兰当局仍然对出售枪支、火药和铅弹持谨慎态度，因为担心它们可能会被用来对付自己。总督基夫特甚至决定对违反武器售卖禁令的行为人以死刑论处。这一禁令和随后的许多禁令均未达到预期效果，部分原因是当局自己的纵容。[9]在施托伊弗桑特总督任期内，枪支贩运禁令不得不被再次公示。[10]

对金银的追求

无论是商人还是管理者，寻找金银矿都是荷兰人在大西洋世界扩张的主旋律。这与法兰西人以及英格兰人的选择形成了鲜明的反差。这些国家虽然也被贵金属所吸引，但很快它们就满足于追求在贸易和农业上的发展。[11]对贵重金属的渴求吸引了荷兰冒险家们来到世界上一些鲜为人知的地方搜寻。1624年，来自布里勒（Brielle）的一名商人恩格布莱特·彼得森·范德泽（Engelbrecht Pieterssen van der Zee）声称在戴维斯海峡（Davis Strait）发现了一座迄今不为人知的藏有金银矿的新岛屿。17世纪最初的10年，来自霍伦的扬·扬斯·斯洛布（Jan Jansz Slob）上尉在加勒比海西部竭尽全力地寻找盛产黄金的绿岛。当他在洪都拉斯的格拉西亚斯－德迪奥斯角（Cape Gracias de Dios）附近的岛上问路时，3名西班牙人联合他手下的3名水手杀死了他。1626年，2艘游艇再次被派出以全面搜寻绿岛，在俘获宝藏舰队的1个月前，皮特·海恩也派船去寻找这座神秘的岛屿，该岛可能就是普罗维登斯岛。约翰尼斯·德拉埃特写道，这简直就是大海捞针。[12]1645年，在从黄金海岸前往巴西的荷兰船上，围绕另一座岛屿的一个故事传开了：有人在被判处流放（作为一种死刑处罚方式）后曾经待在一座金色的小岛上。但是有一天，他脱下衬衫，引起了经过的船上人们的注意。一上船，他清空了衣袋，只有金子掉了出来。这艘船的船长完成前往英格兰的航行后返回该地区，却没有找到这座岛。[13]

据说在西属美洲殖民地上也有一个产出数不清黄金的神秘文明之地。自1583年以来,一名西班牙的征服者曾多次远征寻找埃尔多拉多(El Dorado)无果,但他坚信它位于奥里诺科河的支流卡罗尼河(Caroni River)附近。尽管英格兰冒险家沃尔特·雷利爵士在1595年的航行中也未能找到它,但他于当年留下了重要的遗产——在他的《发现庞大、富饶、美丽的圭亚那帝国》(*Discoverie of the Large, Rich and Bewtifull Empire of Guiana*;原文如此,疑误。——编者注)一书中公开发表了他对大型金矿的想法——该书很快就被翻译成荷兰语。1597年12月,4艘荷兰船抵达奥里诺科,西班牙当局允许他们沿卡罗尼河逆流而上。尽管从当地人那里听说了这里富藏金矿,这些船还是空手而归。[14]但是荷兰人对该地的兴趣丝毫未减。1599年,米德尔堡市市长装配了一艘300吨的船"以探访这条位于美洲的多拉多河(原文如此。——编者注)"。[15]

在之后的几年中也不乏想从圭亚那找到金矿的人。一名在埃塞奎博的荷兰人于1625年公开了他与一位在那里居住了3年的法兰西人的会面。这个荷兰人称在那里发现了一座水晶矿,"用它可以填满数不清的独木舟"。[16] 1634年,四处游历的荷兰人戴维·彼得斯·德弗里斯(David Pietersz de Vries)在苏里南时听说高原上有金矿和钻石矿藏。几年后,一名泽兰人在奥里诺科河开始了搜寻银矿的探险。[17]巴尔塔萨·热尔比耶(Balthasar Gerbier)是一名英荷使臣、外交官、作家和冒险家,17世纪50年代在圭亚那不遗余力地搜寻金矿,但从共和国出发的第一次航行除了泥浆之外，他一无所获。在第二次探险中他带去了一个声称能够用占卜棒（Dowsing Rod）找到矿床的人，但同样徒劳无益。[18]尽管经常有如此令人失望的情况出现，但《尼德兰的荣耀》（'t Verheerlickte Nederland）一书的作者在1659年断言，据西班牙人称，圭亚那在"黄金财富"方面轻松地超过了秘鲁、智利和墨西哥。[19]苏里南被荷兰人控制以后，组织这类行动更为容易。现在的目标是再一次找到帕里马湖（Lake Parima），据推测该湖边就是埃尔多拉多所在地。[20]尽管在许多早期的现代地图上都可以找到这片湖泊，但它在现实中从未存在过，而荷兰人直到进入18世纪还在寻找它。

无论荷兰人移民到大西洋世界的哪一个地方，他们都会很快开始寻找贵金属。[21]在库拉索岛，一直流传的关于金矿的传言使得乘船从德意志而来的6名矿工开始了挖掘工作。但他们也没有任何收获。[22]在新尼德兰，西印度公司指示该殖民地的首任总督询问美洲印第安人对贵金属的了解情况，[23]总督威廉·基夫特接见了一名在脸上涂了一层像金子一样闪亮矿物的土著男子。这名男子指出在伦斯勒斯维克（Rensselaerswijck）附近能找到储藏有这种矿石的地方后，由于一艘运送样本到共和国的船两度失踪，荷兰人花了很长时间才弄明白他们发现的是什么。最终，这些矿石被证明是黄铁矿，也被称为"愚人金"。[24]在巴西，评估一块石头是否为黄金并没有那么麻烦，因为高级议员彼得·巴斯（Pieter Bas）恰好是一名哈勒姆的金匠。他检查了来自塞尔希培的一份"黄金"样本，得出的结论是它没有任何价值。[25]

在巴西的荷兰人也在美洲印第安人的引导下寻找贵金属。失去萨尔瓦多后，6名当地人与荷兰人一起来到了共和国，他们透露消息称，在塞阿拉附近有一座银矿，离那里10天路程左右的地方也有一座银矿，第三座银矿则在帕拉伊巴附近。这些美洲印第安人中有二人声称自己手中有白银。[26]由此开启了一个漫长的篇章：荷兰人在德意志矿工的协助下，到塞阿拉附近搜寻富矿。为了弥补采矿工人的不足，联合省内的所有居民被允许乘坐自己的船驶往该地区挖掘白银且免于缴税。[27]但是，荷兰人运气依然不好。最终，在第一次英荷战争期间，大批矿石样本被送往共和国，而英格兰的私掠船俘获了这艘船。[28]来自多德雷赫特的商人在巴西首次挖掘白银的尝试也以失败告终。当载着来自列日（Liège）的矿工的船队出现在累西腓时，荷兰国旗已经不再在该地升起。[29]

与这些采矿计划一样不切实际的是占领位于上秘鲁的著名西班牙白银生产中心波托西的目标。西印度公司考虑控制拉普拉塔河，"以更接近西班牙财富王国的心脏"，从而更便利他们进入和了解波托西的矿藏。[30] 1642年，约翰·毛里茨强烈建议应该征服通往秘鲁及其财富的门户——布宜诺斯艾利斯。正当他已经集结了一支由800名士兵组成的军队时，另外两项行动也需要从巴西来的船只和士兵提供支援：布劳威尔前往智利的远征，以及前往圣多美的一支救援中队，荷兰人在那里被从首府赶了出来。[31]

在较早时期，起航的拿骚舰队坚信他们有可能征服波托西，尽管它位于南美洲的腹地。在一次袭击卡亚俄失败后，直到1624年4月，舰队的领导者才在秘鲁海岸得知他们在共和国时得到的有关波托西

波托西。《维护者的生命》(*Een Lief-hebber des Vaderlandts*)封面。关于公共土地繁荣的谈话,适用于东印度公司,也适用于西印度公司的一般性征服活动的小册子,1622年。(海牙,皇家图书馆)

的情报是不准确的。只需要派一支舰队前往阿里卡,那里的美洲印第安人就会带领他们到达毫无防备的波托西,只是一场白日梦。不仅阿里卡强化了防御工事,在波托西也住着2万多名西班牙人以及许多黑人和美洲印第安人,并且他们都持有枪支。[32]

巴西也为进入波托西提供了可能性,一些雄心勃勃的荷兰人这么认为。至少从1633年起,荷兰人就一直认为,在圣弗朗西斯科河附近的敌方阵地内有一座"丰富而优质的"银矿。2年后,阿尔奇谢夫斯基在写给十九人委员会的信中说，他希望将荷属巴西的范围扩张到那条河流。他指出，该河附近不仅有银矿，而且还可能因此为荷兰人打开一条通向秘鲁的大河通道。此外，一名葡萄牙人告诉了他有关该河流源头的湖泊以及发现金子的地方。后来，人们果真在圣弗朗西斯科河沿岸发起了一次探险。[33]可能还有更多的葡裔巴西人在欺骗荷兰人。巴莱乌斯毫不怀疑葡萄牙人在捉弄渴望贵金属的荷兰人。[34]但荷兰人也自欺欺人。他们认为在北里奥格兰德（Rio Grande do Norte）西部还存在其他银矿，这可能是由令人困惑的命名法造成的。荷兰人有时称波滕日河（Potengí River）为"Potosij"，1650年，他们在那条河旁边的一座矿山中采集了一些矿石样品。[35]波托西在1642年入侵马拉尼昂的决定中也发挥了作用，这可能与2年前吉迪恩·莫里斯（Gideon Morris）写的一封信有关，他在信中推测新的"征服"将通过取道亚马孙进入波托西的入口。莫里斯的消息来源是约翰尼斯·德拉埃特平时信任的（但这次是不可信的）《新世界》。[36]

荷兰人痴迷于黄金和白银，但是伊比利亚人把并不存在的征服波托西的邪恶计划也归咎于他们。耶稣会神父与秘鲁、布宜诺斯艾利斯和亚松森的地方统治者签署的报告要求荷兰人与犹太人一起在1628年之后探索通往波托西的路线。一位耶稣会传教士似乎知道占领巴拉圭是荷兰人的首要任务之一。一些观察家认为荷兰人以交叉移动的战术实现到达波托西的目的。他们计划占领被葡萄牙人忽略但在休战期被荷兰人殖民的亚马孙，并采用巴西圣保罗（São Paulo）

的居民过去前往耶稣会教堂的路线。据说通过亚马孙和教堂都能进入上秘鲁。[37]

在大西洋世界,并非所有地方的当地人都愿意分享他们掌握的当地矿藏的情报。1643年前往智利的探险活动失败的原因之一,就是智利人对荷兰人只字不提黄金。与荷兰人结盟共同对抗西班牙人的土著首领断然否认对金矿知情,还详细地将西班牙人在寻找金矿时对美洲印第安人的虐待告诉荷兰人。[38]

在非洲,荷兰人从未成功得到过金矿,但这并不是因为缺乏计划。大约在1600年,非洲人已经意识到这些荷兰游客对黄金有着浓厚的兴趣。商人彼得·德马里斯(Pieter de Marees)在他的《几内亚黄金王国描述和历史记载》(*Beschryvinge van het Gout Koninckrijck van Guinea*)一书中写道:"他们说黄金是我们的神。"他继续写道,正是由于这个原因,当地人对金矿的位置严守秘密。[39]黄金海岸并不是引发荷兰黄金热的唯一地方。17世纪40年代,十九人委员会还敦促在安哥拉的荷兰官员寻找贵金属。他们尤其对圣萨尔瓦多(São Salvador)附近的一座金矿感兴趣,并催促他们的通讯员送出样品以确定其盈利能力。[40]尽管如此,作为自16世纪以来产量持续增加的地区,黄金海岸依然提供了更多的机会。[41]在占领埃尔米纳之后,荷兰人认为靠他们自己生产黄金是可行的。在1653年的一次远征中,西印度公司的职员确实在安科布拉河(Ankobra River)发现了数百个金矿的矿坑,但是当地管理者不允许荷兰人开采。荷兰人随后自行提取黄金的尝试也失败了。[42]荷兰人在埃尔米纳附近的小溪和河流中两次使用掘金开采机,但都无功而返。[43]

于是,黄金只能通过贸易方式来获取,而非洲大陆正是采购黄金的地方。在累西腓被征服之前,非洲在荷属大西洋世界的贸易中占据主要份额——占贸易总值的90%。[44]尽管这种贸易总体上取得了成功,但从事这项业务的大多数公司都是为一次性航行而成立的。[45]在非洲的荷兰商人并非只对黄金感兴趣。到17世纪20年代中期,有12艘船和游艇不仅在黄金海岸,还在贝宁、谷物海岸、安哥拉以及佛得角进行贸易,购买黄金、象牙以及豹子、老虎、蛇和鳄鱼的皮。在1644年的一本小册子中,作者估计,自西印度公司成立以来,从非洲获得的商品总价值为2,000万荷兰盾。[46]这一估值可能过高了,因为在1636年之前,西印度公司每年只能进口价值近50万荷兰盾的产品。具有讽刺意味的是,在占领埃尔米纳后的1637年至1648年,黄金和象牙的购买量都急剧下降。[47]

这些货物全都是装在西印度公司的船上后进入荷兰国内的。西印度公司自17世纪20年代初取代了以前在非洲沿岸相互竞争的各种荷兰公司,掌管这些公司的人并没有立即被淘汰,西印度公司的许多士兵、弹药、粮食和商品正是通过搭乘他们的船到达非洲海岸的。[48]在洛佩斯角以北的非洲西海岸的大片地区,西印度公司几乎没有遇到什么对手——在占领埃尔米纳之后,已经没有葡萄牙人与之竞争了,西印度公司因此由垄断而获利。在早些时候,荷兰公司在黄金交易中相互竞争,他们每从黄金海岸内陆的阿肯商人手里得到1本德(bende,即2盎司)黄金,就要支付70~100磅的黄铜制

第五章 跨帝国贸易

品。相比之下，西印度公司得到1本德黄金所需要支付的黄铜制品平均下来不超过35磅。[49]除了黄铜制品外，西印度公司在17世纪30年代初主要销售亚麻、布料、盆、水壶、铁制品和白兰地，每年的总销售额超过50万荷兰盾。虽然供给的依旧是这些商品，但征服埃尔米纳意味着荷兰人在黄金海岸进行贸易的方式发生了持久的变化。传统的贸易是通过人力和靠岸的货船进行的，由于有些代理商要等到20个月后才会执行船东的指示，因此这一方式成本高昂。而现在，尽管人力方式从未完全消失，但保持贸易站或小型堡垒已经转变为人们优先考虑的事情。[50]

一个安全的非洲市场所具有的诱人前景立即在荷兰省的代尔夫特和莱顿之间引发了竞争。一旦莱顿的商人在埃尔米纳找到愿意购买蓝哔叽的买家，代尔夫特的生产商就立刻将他们的数百人送往黄金海岸。[51]国外的竞争对手也很快出现，尤其是英格兰人，埃尔米纳被占领之前他们第一次出现在黄金海岸，并在科曼廷设立了总部。他们愿意提供40磅的黄铜制品以换取1本德黄金。[52]前来的英格兰商人和船只越来越多，促使总督雅各布·鲁伊查弗（Jacob Ruychaver）不得不发起了抛售政策。事实证明这并不能解决问题，因为英格兰人在每一阶段的价格都与荷兰保持一致，而非洲人则拿着商品等着英格兰人与荷兰人同时出现，然后从双方的抛售竞争中受益。[53]到17世纪中叶，丹麦人和瑞典人也在黄金海岸站稳了脚跟，荷兰人也加入了西印度公司竞争对手的行列中。根据一份荷兰人在1671年的报告，西印度公司贸易量减少到只占黄金海岸全部贸易量的四分之一。[54]

盐矿与糖料

在寻找贵金属的过程中，荷兰人还试图在远离家乡的地方采购更多普通的物品：鲸油和盐。尽管与英格兰人竞争激烈，荷兰人在北冰洋（Arctic Ocean）的斯匹次卑尔根岛（Spitsbergen）和扬马延岛（Jan Mayen）附近的捕鲸活动从17世纪20年代开始蓬勃发展。根据1628年的一份描述，每年夏天都会有800名男子前往北极地区为诺德谢公司工作，该公司直到1642年都垄断着这项业务。尽管收益减少，但参与贸易的运输船从平均每年18艘船（1616—1625）增长到平均每年49艘船（1656—1665）。[55]

荷兰人的捕鲸活动引起了英格兰人的不满，而盐业贸易则受到了与哈布斯堡王朝战争的影响。正如第一章所述，荷兰人传统上一直是从欧洲大西洋一侧、法兰西西南部、葡萄牙和安达卢西亚采盐的，但是在16世纪90年代，西班牙国王扣押了数百艘停泊在伊比利亚港口的荷兰船，导致荷兰船的船东们只能在大西洋地区寻找其他选择。停战时期，荷兰人返回葡萄牙的塞图巴尔，那里的盐更适合拿来腌制鱼类，但停战期满后新的问题出现了。[56]多年来，荷兰人一直通过利用苏格兰、法兰西、德意志和佛兰德的船员和证件伪装成外国船以持续前往塞图巴尔。[57]他们还返回了阿拉亚，但遇到了一支驱逐他们的大帆船舰队，而且如前所述，他们没能像之前讨论的那样，他们在托尔图加和乌纳雷河上建立永久性采盐基地的尝试也同样失败了。一些替代性方案仍然存在。英属加勒比岛屿的负责人允许来自荷兰省和泽兰省的船只前往并在圣克里斯托弗岛的盐场装运盐。[58]其他船只（包括一些仅30吨重的船只）去往圣马丁岛，那里有3个含盐盆地，据说是该地区最容易到达的地方。那里的盐贮藏在水面之下，必须用铲子来打碎。[59]一艘英格兰船的船长作为荷兰人的囚犯留在岛上，他报告称有190艘荷兰船在1631年到1632年间在那里装载盐块。然而，西班牙的一个中队于1633年到达，他们决定性的反击不久之后会再一次到来。这部分地解释了荷兰人在1年后征服库拉索岛的原因，尽管远征队的领导者向十九人委员会报告说当地的盐潟湖令人失望。相反，博奈尔岛确实被证实是大量盐的来源。[60]

荷兰人和葡萄牙人于1641年签署的十年停战协议解决了盐的问题，因为允许荷兰船只返回塞图巴尔了。[61]尽管如此，加勒比地区在荷兰的盐业贸易中继续扮演着重要角色，因为西印度公司租用了运盐船将部队和战争物资运往巴西。这些船只将在返航途中装盐，这些盐不仅会在欧洲出售，还可以通过装在这些船上以延长盐的保存时间。[62]最终，甚至于在荷兰人统治巴西时期也与盐业贸易变得密不可分。正如我们所看到的，在1669年的《海牙条约》中约定，要征服荷属巴西，葡萄牙要付出塞图巴尔的盐。鉴于糖是1624年和1630年入侵巴西的重要原因，巴西与盐的密切联系显得具有讽刺意味。

制糖业有多重要？人口稀少的殖民者们来自荷兰海洋帝国，以任何标准来看，在这一地区，农业并不是其主要的追求。新尼德兰的人们埋头发展谷物自给的农业，大多数荷属加勒比岛屿和圭亚那的定居者都选择种植烟草，尽管其数量太少不值得计入阿姆斯特丹的主要市场。只有在巴西才有大规模的糖和烟草这些经济作物的生产，它们主要是由被征服的葡裔巴西人完成的。然而，直到1635年占领了一片栽种作物的大面积区域，糖料作物种植才使荷属巴西人受益。即便如此，与伊比利亚人的战争推迟了这些种植园的建设。多年来，荷兰人破坏敌对一方的制糖产业以实施焦土政策；现在，双方的角色发生了互换，哈布斯堡王朝的士兵烧毁了甘蔗种植园和磨坊，砸碎了糖罐和其他设备。[63]

在这场行动继续进行时，高级议会徒劳地试图将葡裔巴西种植者从自我放逐中吸引回来。因此，在1637年至1638年间，政府拍卖了这些种植园（其中大部分种植园位于伯南布哥）。[64]但是，荷兰人要想经营糖厂，就只能依靠葡萄牙的代理商和农民的专业知识。[65]不过，荷兰人拥有地产的所有权，这使得这些种植园和共和国的炼糖厂之间建立了直接联系。让·德梅伊（Jean de Mey）是一名来自鲁昂（Rouen）的移民，他在鹿特丹拥有2家炼糖厂，因而可以利用他的家族关系。他妻子的姐姐的一个女儿嫁给了在巴西拥有3座甘蔗种植园的艾萨克·德拉西埃（Isaac de Rasière），另一个女儿的丈夫也在巴西经营着1家糖厂。[66]

最终，荷属巴西的糖农们没有从他们的新产业中得到太多收益，因为即便是在起义开始之前的短暂时间里，荷属巴西的糖产量也远远低于其产能。据莫尔贝克估计（请参阅第二章），联合省的进口量为每箱500磅，共计6万箱糖，但在荷属巴西时代（1630—1654），每年实际的平均进口量接近6,000箱,没有任何一年的进口量超过2.1万箱。[67] 起义开始后,荷属巴西糖产量严重下降,这促使前任总督约翰·毛里茨向联省议会提议大赦除主犯以外的巴西起义士兵。他认为,如果没有葡萄牙人,巴西殖民地将对西印度公司毫无益处,因为制糖是其主要活动,而这一活动严重依赖葡萄牙人的专业知识。[68] 这位总督并不是唯一强调荷兰人高度依赖葡萄牙种植者和专业工人的人。[69]

一些拥有种植甘蔗专业能力的犹太人和基督教教徒于1654年离开了巴西。[70] 这些人中包括将继续在外国殖民地从事这种贸易的人。扬·范奥尔(Jan van Ool)就属于这种情况。1641年,他是巴西一家糖厂的产权共有人;1660年,他还是马提尼克岛一家拥有25名奴隶的糖厂的产权共有人。[71] 1671年,荷属巴西的另一位前居民皮埃尔·莱尔米特(Pierre l'Hermite)和他的儿子共有马提尼克岛的3座甘蔗种植园。[72] 至少有26名荷兰人和6名荷属巴西的前居民搬到了瓜德罗普,那里几乎所有人都在统计中被登记为"居民"或"糖农"。他们当中包括克莱斯·克拉斯(放弃维杰福克堡的中校),阿德里安·布勒斯特拉滕(Adriaen Bullestraeten,前木匠,曾在巴西执政委员会任职),约翰·利斯特里克(Johan Listrij),何塞·皮特(Josse Pitre)和阿里安斯·范施皮格勒(Arrians Van Spiegle)。似乎也是从巴西来的荷兰人尼古拉斯·扬森(Nicolaes Jansen),他的种植园到1669年时已成为该岛的第二大种植园。[73] 雅各布和让·德斯威尔斯(Jean de Sweers)凭借所获得的专业知识,干脆回到了他们在巴西曾经待过的地方,并至少使他们在巴西雇用过的一些自由人和被奴役的工人继续工作。他们还延续了与他们在阿姆斯特丹的兄弟保卢斯的合伙关系,保卢斯过去曾向巴西运送粮食和其他必需品,并于1654年后将此类货物改运往瓜德罗普。[74] 1687年,大约有100名荷兰移民及其后代仍然构成了瓜德罗普新教教徒的主要部分——当时他们的宗教被认定为非法。为方便起见,他们开始信奉天主教,有些人在禁令颁发之前就已经采取措施。[75]

尽管阿姆斯特丹的炼糖厂增加了1倍,从1622年的25家增加到1662年的50家以上,每座炼糖厂有五六层,相当于20万荷兰盾的投资,但到1662年,几乎没有糖料是从圭亚那的新的荷属殖民地运来的。[76]尽管如此,一份17世纪60年代的原本是为埃塞奎博的荷兰糖农准备的手稿揭示了当地的产糖知识。该作者认为,每年的5月~7月的几个月时间里砍伐树木,在第一年需要30名黑人奴隶;到了9月,木材达到干燥程度,准备用来燃烧和清理;10月,整理土地并在当年的最后2个月进行播种。有40块土地将被用来种植甘蔗和玉米,另外10块则种植山药、木薯和豆类,所有这些都用来供奴隶们食用。同样的时间段,在第二年,需要再增加40名奴隶,连同第一批奴隶一起在60~70块土地上种植甘蔗和粮食。第二次种植完成后,就需要建1座糖厂、1个高温清洁区、1间马厩以及1间蒸馏白兰地的房子。其他成本还包括马、牛、6个铜坩埚、2台白兰地蒸馏器以及水槽和排水沟。[77]

到17世纪60年代中期,荷兰人开始正式从事糖料作物种植业。

虽然1664年时，埃塞奎博只有一位孤独的先驱者从事糖料作物种植业，但第二年，英格兰人就在圣尤斯特歇斯岛建起了6座"产糖的优质种植园"。[78]一位多巴哥居民的一本书中提到了该岛上的另外6座糖料作物种植园，而英格兰的一支远征队则认为有不少于18座。[79]其中有多少座种植园实际上是由荷兰人经营的仍然不得而知，因为圣尤斯特歇斯岛上的荷兰定居者们与众多英格兰人、爱尔兰人和苏格兰人共享这座岛屿，而在多巴哥的法兰西人人数超过了荷兰人。直到1674年，一位英格兰观察家注意到苏里南的荷兰人"没有制糖的技能，却雇用了一些蹩脚的英格兰人……"[80]然而，正是从1667年开始在苏里南，荷兰人的处境才有了转机。尽管该殖民地最初面临一些麻烦——在制糖初期严重缺乏专业的制糖知识，并且几乎没有牛来拉磨——但到了1671年，种植园的数量增加到了52座。[81]

奴隶贸易

对巴西大部分产糖区长达10年之久的控制，使荷兰人接触到非洲黑人的贸易。尽管荷兰人将在17世纪中叶主导大西洋世界的奴隶贸易，但在西印度公司成立之初，很少有荷兰商人有运输这种"货物"的经验。1621年之前，荷兰人有记录的此类航行不超过11次。尽管如此，荷兰人还是对奴隶贸易较为熟悉。首先，他们的数十名同胞丧生于北非的信奉伊斯兰教的统治者的帆船和宅邸内，他们是柏柏里（Barbary）海盗的受害者。这些海盗对货物不感兴趣，他们的目标是活捉人质并勒索赎金。因为大多数基地都位于北非，所以他们的主要活动范围在地中海一带，但也有一些团伙在摩洛哥沿大西洋海岸附近活动，在那里俘获大西洋上的船只。

荷兰船运的成本很高。即使船长幸免于被俘，他们的船可能会被损坏，船员也可能被杀或受伤。例如，在1639年，"苏特卡斯号"（Soutcas）在与柏柏里"海盗们"进行了2天的海战之后确实到达了巴西，但却失去了船主以及20名水手和士兵。[82]并非所有参与勒索活动的群体都是活跃的私掠海盗。控制马拉喀什（Marrakech）以南的苏斯（Sous）地区的西迪·阿里·本·穆萨（Sidi Ali ben Mussa）和他的部下，就可以坐等船员们落入他们的手中。1638年，开往黄金海岸的"伊拉斯谟号"（Erasmus）奴隶船和1639年前往巴西的"梅希特·范多德雷赫特号"（Maecht van Dordrecht）商船都在西迪·阿里的总部附近遭到破坏。2艘船上分别有51名和27名船员，在被荷兰当局赎回之前，他们被奴役了3年。[83]为了这些北非奴隶——即使不是成千上万，也有成百上千——当局在荷兰各地数十座城镇的教堂，在他们的亲戚、水手伙伴中，挨家挨户地上门筹钱以赎回他们。[84]

荷兰人获得跨大西洋奴隶贸易第一手资料的一种方式，是通过他们自己的私掠活动。一个典型事件是1596年，一艘荷兰私掠船将一艘被俘葡萄牙船上的130名奴隶带到了米德尔堡。该市市长感到非常尴尬，泽兰省下令这些非洲人应被"恢复其天然的自由"。尽管有9名非洲人留在岸上并在接下来的几个月内死去，但船长似乎无视这一规定并将大多数奴隶带到了美洲。[85]在随后的几十年中，荷兰私掠船俘获了更多的葡萄牙奴隶船，并将非洲奴隶丢弃在船上任何可能的地方。[86]例如，1619年抵达弗吉尼亚的20多名非洲人（他们长久以来被认为是第一批被运送到北美的黑人），可能是被葡萄牙人俘获的，这些葡萄牙人来自一艘与英格兰船串通的弗利辛恩的船上。[87]荷兰人在新尼德兰定居后，一些作为葡萄牙人战利品的非洲人也被当作奴隶送到了那里。例如，在1630年，米希尔·波夫（Michiel Pauw）收到了不少于50名属于葡萄牙"战利品"的非洲人。[88]在另一些情况下，私掠船的船长们放走了被扣押的船，因为他们无法填饱船上所有人的肚子。

在西印度公司成立之前的几年时间里，共和国的居民除了掠夺葡萄牙奴隶船以外还做了很多。葡萄牙裔犹太人拥有船只，自罗安达出发从事奴隶贸易，这些船通常由荷兰的基督教教徒投保。[89]此外，少数信奉基督教的商人无视联省议会的人口贸易禁令，为葡萄牙同伙或为自己的利益直接参与非洲的奴隶贸易。[90]但是很长一段时间以来，由于显而易见的原因，荷兰的奴隶贸易仍然很少。直到17世纪20年代，在新世界才建立了持久的荷属殖民地。只要荷兰人还在进行掠夺和贸易，而不是在整个大西洋世界殖民，他们就不奴役非洲人。在西印度公司成立之时，荷兰的奴隶贸易仍然发展迟缓，甚至在亚马孙河河口的荷兰人的种植园里工作的少数非洲人最初可能都是外国人提供的。[91]

开展奴隶贸易是1623年11月在西印度公司举行的第二次董事会会议上的一项议题。其中的联系显而易见：一旦控制了世界上最大的糖料产区巴西，西印度公司就会让非洲奴隶前去工作以使种植园获利。因此，不仅需要从几内亚和安哥拉输送非洲工人，而且要保证稳定供应，由公司本身来组织运输显得非常有必要，这比依赖外国商人更好。因此，在几周时间内，3艘船被派往安哥拉。但是，这是一个错误的开始。从1624年开始，西印度公司确实从贝宁湾（Bight of Benin）将俘虏带到非洲黄金海岸的拿骚堡，但荷兰人还需要十几年的时间才能积极参与美洲的奴隶贸易。[92] 目前尚不清楚居住在阿姆斯特丹的葡萄牙人（包括其犹太人群体）在何种程度上继续参与17世纪20年代和30年代的伊比利亚半岛的奴隶贸易。秘鲁总督认为之前参与奴隶贸易的人们仍然活跃，由于走私者造成的经济损失，他在1638年建议国王关闭布宜诺斯艾利斯港口。他声称，这些走私者是"来自荷兰的希伯来人"，他们利用葡萄牙的中间人从事奴隶贸易，并为其荷兰主子工作。[93]

直到荷兰人控制了巴西制糖业，奴隶劳工在荷属美洲的需求才显现出来。一位荷兰观察家写道："没有这些奴隶，巴西就不可能完成任何事情。没有他们，糖厂将无法运转，土地也无人耕种。""而且，"他补充说，"如果有人对此持怀疑态度，那只会是不必要的谨慎。"[94] 十九人委员会对参与非洲奴隶贸易毫无疑虑。1635年，他们命令船长们在非洲海岸开始奴隶贸易，荷兰人在那里的阿尔金（Arguin）、戈里和穆里拥有交易中心。[95] 为了提供额外的物资，荷属巴西当局让私掠船将目标对准了葡萄牙的奴隶船，并鼓励士兵从敌人手里偷窃奴隶。[96]

在4年时间内（1637—1641）征服埃尔米纳、罗安达以及圣多美也与巴西的劳工问题有关。据说前述这些地方是被两支在巴西而不是在阿姆斯特丹装备的荷兰舰队征服的。埃尔米纳是葡萄牙在几内亚的主要据点，就如同安哥拉是西南非洲的主要据点一样。荷兰人特别热衷于将安哥拉纳入其帝国。他们认为，这不仅可以确保奴隶的稳定输入，同时他们的大敌西班牙也将因此遭受沉重打击，因为没有非洲人，西班牙的银矿（西班牙的财富之源）将无法运作。[97]葡萄牙官员一直都很清楚安哥拉对荷兰人的重要性。在他们失去这颗非洲王冠上的宝石的5年前，葡萄牙议会要求增援以防止荷兰入侵安哥拉。[98]顺便说一下，罗安达和埃尔米纳不是荷兰奴隶仅有的2个供应商。奴隶贩子还前往阿德拉和卡拉巴尔，西印度公司在17世纪40年代初在那里建造了小型据点，从那以后代理商们就一直与当地的贵族和商人保持着联系。[99]

奴隶贸易与其他贸易一样，但具有自己的特点。不熟悉这些特点的荷兰人最初在几内亚和安哥拉犯了很多错误，首先是高估了他们在非洲购买奴隶的能力。部分原因是罗安达在葡萄牙奴隶贸易中扮演着关键角色，所以荷属巴西当局希望每年从安哥拉首府输入1.5万名奴隶。[100]荷兰指挥官与刚果国王和桑霍伯爵签署了条约，但这些条约均未得到履行。在荷兰征服巴西之后的9个月中，实际上只有不到500名奴隶被运往巴西。荷兰人没有意识到的是，刚果和桑霍不再是主要的奴隶中心,大多数奴隶来自内陆的其他地区,如马坦巴、恩东戈(Ndongo)和庞博(Pombo)。而被荷兰人赶出罗安达并逃往内陆的那群葡萄牙人封锁了奴隶商队的通道。[101]

另一个错误是,荷兰人认为非洲人可能会被任意奴役。正如荷属巴西当局在1641年向负责征服罗安达的官员指出的那样,"我们的意图不是让您突袭(黑人)或任意破坏"。[102] 1年后,联省议会在其对安哥拉沿岸荷兰占领区政府的指示中补充说,不应奴役那些自由的土著人。[103]显然,并不是每个人都理解这些信息,因为在从安哥拉驶往巴西的第一批船上是一些"出身高贵的"妇女,她们从内陆被送往罗安达,荷兰人在那里抓获了她们。

荷兰人的无知还涉及用什么商品换取奴隶。他们很快了解到,有时需要多达二三十种不同的商品,包括贝壳、棉布和铜臂环;[104]荷兰人在1641年占领的圣多美岛上生产棕榈油、布料和其他通常被用于交换俘虏的商品。[105]以物易物所需要的商品因地而异,[106]并且还需要紧跟当地的潮流。一位荷兰代理商给他在埃尔米纳的上司写信说,他的英格兰对手"在贸易上胜过他,这要归功于一种新潮的用白色和黄色珠子盘旋装饰而成的饰品"。一份样品立即被送到了尼德兰,代理商同时要求提供相同样式的珠子。在某些地方,根本买不到奴隶,例如在贝宁王国,该王国的统治者一直禁止出售男性俘虏。在这里,荷兰人只能购买少量的女奴。[107]

奴隶贸易利润丰厚,至少在纸面上是这样的。用价值100荷兰盾的炮弹可以在刚果河上购买奴隶,在巴西可以5~6倍的价格转售；在贝宁湾用铁条（在当地用作货币）购买的较便宜的奴隶被以10倍的价格卖出。[108]然而，仅把差额当作净利润的计算方式则过于简单。毕竟，制造奴隶船、支付船员薪水、购买枪支和镣铐等都需要钱，这还只是列举了需要扣除的费用的一部分。[109]不过，有些人的生意做得很好。其中一位受益者是弗朗西斯科·费罗尼（Francesco Feroni，1614/1616—1696），他来自托斯卡纳（Tuscany），于17世纪40年代初移居阿姆斯特丹。他专门从事波罗的海到意大利的谷物贸易，该贸易主要依靠荷兰船进行。他的成就使他得到了托斯卡纳驻荷兰共和国官方特使的职位。在1645年巴西起义后的某个时候，费罗尼参与了加勒比海的奴隶贸易，为三角贸易装配了自己的船。与谷物贸易相比，利润率显著提高，他成了有钱人。西印度公司董事会有时甚至在其家中开会。[110]

当时的报告表明，奴隶运输的组织工作还有很多不足之处：没有定期清洗甲板，非洲人衣不蔽体，水和食物供给不足。一位经验丰富的奴隶商在1639年提交工作建议给荷属巴西当局，但显然没有引起人们的注意。他建议，奴隶们必须得到一锅豆类、稀粥或大麦粥，并添加一些棕榈油。2年后，有人建议奴隶船上应供应6周的食物，并且第一天给每个奴隶配给玉米，第二天配给豆类，此外还要给奴隶供应干鱼、咸鱼以及用盐和棕榈油烹制的大象肉或河马肉。[111]但是又过了1年，荷属巴西当局发现奴隶生意经营不善，船上因缺少补给品和水造成了大量人员伤亡。此外，许多奴隶跳入海中或毒死自己。那些活着到达彼岸的非洲人被形容为"影子"。在抵达累西腓之后，他们的困境并没有得到改善，那里几乎是永久性的粮食短缺。直到1646年，人们在西印度公司的一份官方报告中才发现，罗安达为跨大西洋运输中的奴隶准备的食物不足，造成了大西洋中央航线上的多人死亡。[112]

尽管葡萄牙人最初阻止荷兰人从安哥拉腹地俘获大量奴隶，但荷兰和葡萄牙于1642年6月达成的停战协定使葡萄牙人成为荷兰人在非洲的贸易伙伴。此外，邻近的非洲国家之间的战争激化导致200英里以外的内陆非洲人不断地涌向海岸。[113]但具有讽刺意味的是，荷兰奴隶贸易在岸上的顺利运作带来了问题。中央航道上缺少食物和水，而巴西则缺乏安置奴隶的房屋设施。毫不奇怪，在1643年10月之后的6个月中，来自安哥拉的1,800名非洲人中有超过四分之一在横渡大西洋的过程中死亡。[114]也不是所有幸存的奴隶都被卖给糖料作物种植园，政府和军队排在种植园之前先行挑选。另一个问题是天花的传入，它可能起源于阿德拉。[115]该病给巴西种植园带来了一连串的死亡，仅在帕拉伊巴，1642年就有1,000多名奴隶死于这种疾病。[116]

不久，荷兰向巴西运送奴隶的全盛期就结束了。1645年6月起义开始之后，数十个糖料作物种植园被摧毁，这使得荷兰人几乎不可能出售新近到来的奴隶。累西腓为了节省粮食，将850名非洲人先运送到费尔南多·迪诺罗尼亚岛，但那里的粮食同样短缺，荷兰人又把这批奴隶卖到加勒比。从安哥拉抵达的新一批251名奴隶连这种待遇也没有得到。这些可怜的男女被迫在巴西海岸一个荒岛上生存，在那里能供他们食用的唯一食物是老鼠。现在非常明确的是，必须停止运输奴隶，这一决定相应地要告知在罗安达的荷兰人。从此以

第五章 跨帝国贸易

后，从内陆到达这座城市的许多俘虏，直到得到更进一步的通知前，都被关押在棚屋和旧船里，大多数人都在1年之内逃走了，还有数不清的人死亡。[117]

如第三章所述，葡萄牙人在巴西与荷兰人的争夺战本身与奴隶贸易有关。主谋们主要是糖场主，这些大型种植园的所有者缺乏流动资产，早已声名狼藉。为了偿还债务，他们不得不抵押所有财产：制糖厂、役用牛和奴隶。在这种情况下，荷兰人允许他们以赊账的方式购买奴隶，这种解决方案在18世纪的法兰西和英属加勒比的产糖群岛上非常普遍。[118] 1645年起义爆发，同年这些糖料作物种植园主应开始还清债务，超过460万荷兰盾的债务被免除，其中大部分是签约购买奴隶所产生的债务。[119]

在荷兰统治巴西的最后9年中，抵达累西腓的非洲奴隶人数不超过1,550人。各公司商会几乎立即停止了从非洲运输奴隶，并开始允许私人从罗安达输入奴隶。尽管仍要求这些商人带着奴隶在累西腓上岸，但如果无法在累西腓将奴隶卖出，奴隶们有权从荷属巴西出发航行至其他任何目的地。[120]

这是荷兰奴隶贸易史上新的开始。在接下来的几十年中，非荷属殖民地将成为荷兰人跨大西洋运输的大部分奴隶的收货方，荷兰人迅速成为该领域的专家。[121] 17世纪50年代和60年代已知登船地点的202次荷兰奴隶运输中，只有30次以荷兰殖民地为主要目的地[122]——相比之下，在同一时期，只有3次英格兰人的奴隶运输的目的地为非英格兰的登船地点。[123] 在此过程中，荷兰人成为大西洋上主要的奴隶贸易商,而历史学家并没有承认这个事实。1641年至1670年间,荷兰人进行了300次有记录的航行,英格兰紧随其后有225次,其次是葡萄牙71次、西班牙21次、法兰西14次、瑞典和丹麦各6次以及热那亚1次。换句话说,在17世纪中叶的30年里,所有跨大西洋的奴隶贩运中几乎有一半(约47%)是由荷兰人组织的。[124]

荷兰人在大西洋奴隶贸易中扮演着日益重要的角色。由于海上航行的时间极度漫长,所以引发了几次巨大的人类苦难。例如,2艘原定从西非航行到新阿姆斯特丹的船遭遇了一场暴风雨之后,突然发现船不在北美附近,而是在加勒比海南部。西班牙当局拒绝他们入境,因此这2艘船不得不继续航行,以致耗尽了船上的水和食物,400名非洲人被饿死。[125]下船后的奴隶们也都丧了命。1680年,西印度公司的董事们向库拉索岛的总督控诉,新近抵达的4,847名奴隶中有1,196人死亡。非洲人饱受虐待,他们只能吃到病死的马肉,这也可以解释奴隶高死亡率的原因。[126]

与英属美洲和法属美洲的贸易

荷兰人与其他大西洋地区的殖民地居民的不同之处在于,无论是作为奴隶贸易商,还是货物的承运人,他们都是整个加勒比海以及北美洲和南美洲沿海地区殖民者的贸易伙伴,而不用去考虑对母国的忠诚。进入外国殖民市场的一种方法是船队海上巡航,巡航并不是荷兰人的发明，在他们开始探索大西洋水域之前，就有几代法兰西人尝试过。船队沿着大洋南部路线航行，到达巴西海岸，然后从那里航行到加勒比海任何允许进入的港口，通常一次巡航即可访问多个港口。[127]

1630年之后对伯南布哥的控制，使荷兰人也有可能进行类似的巡航，荷兰人的巡航经验与北欧人向小安的列斯群岛的迁徙保持同步，后者从17世纪20年代中期开始并在17世纪30年代加速。米希尔·德勒伊特的航行就是一个例证。在海军服役之前，德勒伊特是一艘多次穿越大西洋的商船的船长。在1640年至1641年间，他2次横渡大西洋到达累西腓，并经加勒比海返回。虽然这两次航行都不能称之为巡航，但德勒伊特确实于1641年在圣克里斯托弗岛做过一些贸易。无论如何，他获得了在加勒比海地区进行贸易和航行的有用知识，他在1646年回到该地区时就利用了这一优势。当他的船于当年2月25日到达巴巴多斯后，德勒伊特与该岛的总督会面，安排用其商品交换烟草。卖掉葡萄酒后，他于2月27日从巴巴多斯出发，24小时后到达马提尼克岛。在那里，德勒伊特再次与总督达成协议，卖出货物。3月6日，这些船驶往圣基茨岛（St. Kitts，全称为"圣克里斯托弗岛"。——编者注），2天后船在那里抛锚。获得许可证后，德勒伊特也在这里进行了一些交易。[128] 由此可见，他在从事跨帝国贸易时十分谨慎。

那些偶然航行到大西洋彼岸的冒险家们没有学到这些。亚伯拉罕·阿尔瓦雷斯（Abraham Alvares）就是其中之一。1659年年末，他从泰瑟尔岛出海，前往马提尼克岛和"印度群岛海岸"。这次探险的结果是，一系列试图引起外国人对贸易兴趣的努力都以失败而告终。由于无法卖出他的商品，阿尔瓦雷斯最终只能将商品留在了库拉索岛上，然后乘空船回家。[129]

巡航并不意味着不加选择地在新世界港口停靠。直到1648年，船长们都在努力避开大多数美洲港口，因为它们恰好是西班牙殖民地的一部分。在17世纪20年代、30年代和40年代，英属美洲是巡航舰队的首选目的地。收获后不久，来自英属殖民地的农作物就在荷兰港口销售。早在1630年1月，巴巴多斯的烟草就在鹿特丹出售，距巴巴多斯人开始出售农作物不到2年时间。[130]大约在同一时间，荷兰人开始参观新的英属殖民地普罗维登斯岛。该岛的主人在伦敦一开始就明确表明了他们已经为荷兰人设定了角色。岛上的荷兰人"只是作为对土地感兴趣的占用者和管理者"，[131]换句话说，他们不能充当商人。然而，这些人在6年后痛苦地得出结论，该岛的商品都被荷兰人带走了。最终，由于英格兰船运的严重匮乏，以至于该岛的主人命令普罗维登斯岛的总督和议会允许荷兰人进行自由贸易。[132]

除了货运能力外，荷兰人还因其种类繁多、价格低廉的商品，特别是纺织品（包括亚麻、丝绸、缎子和花边）以及工具和其他五金件，还有陶瓷和食品而引人注目。另外，他们愿意扩大信贷，也愿意自己承担货物的风险，所以英格兰的种植园主们宁愿选择更昂贵的方式将货物运到阿姆斯特丹。[133]因此，荷兰商人在背风群岛上面积分别为65平方英里和39平方英里的圣克里斯托弗岛和蒙特塞拉特岛

（Montserrat）大献殷勤。圣克里斯托弗岛以其优良的烟草作物而闻名。[134] 始建于1624年的英格兰"种植园"被夹在两个法兰西殖民点之间，荷兰人在17世纪30年代在那里保留了大部分仓库，尽管他们也运去许多英格兰的农产品。[135] 直到第一次英荷战争爆发时，在蒙特塞拉特岛上才建起了多座荷兰仓库，每座三四层楼高，当时圣尤斯特歇斯岛上的商人向该岛派去了许多船只和单桅帆船。出生于爱尔兰的蒙特塞拉特岛总督罗杰·奥斯本（Roger Osborne）不仅放任此交易，还从中受益许多。[136] 烟农们蜂拥而至，烟草种植者纷纷向这些外国商人提供一两年的信贷。结果，到1655年，有100名蒙特塞拉特岛上的种植者和146名安提瓜岛上的种植者被列为荷兰人的债务人。[137] 20年后，荷兰人仍然是该岛农产品的主要承运人。[138]

一些烟草种植者与鹿特丹建立了直接联系。1639年，圣克里斯托弗岛的英格兰居民与一艘鹿特丹船的船长签署了一份合同，后者与他的一位委托人一起前往圣克里斯托弗岛，并装载大量烟草，其中的三分之一送到怀特岛村，剩余的则送往鹿特丹。[139] 同样，来自巴巴多斯的商人约翰·阿内特（John Arnett）在鹿特丹购买了60把步枪，这些步枪将运往巴巴多斯并换成3,300磅的烟草。[140] 阿内特是来自圣克里斯托弗岛和巴巴多斯的11个人中的一员，他们于1644年到鹿特丹发展自己的事业，无疑是为了与当地商人讨论新的贸易安排。[141] 这些旅行的种植园主们也在寻找契约佣工。阿姆斯特丹公证档案中的服务合同引起了被派往圣克里斯托弗岛烟草种植园工作的荷兰本地人以及成群的在巴巴多斯待了三到五年从事各种烟草工作或摘棉花工作的男孩们（可能是孤儿）的注意。[142]

在接下来的几年中，鹿特丹商人通过利用英伦诸岛上的代理商增强了彼此之间的联系。例如，约翰·盖伊（John Gay）雇用了他在巴巴多斯的兄弟理查德——他在那里拥有一间仓库——并从那里购买烟草和棉花。[143]盖伊是17世纪20年代和30年代在鹿特丹定居的众多英格兰人之一。在经济机会和宗教宽容政策的推动下，他们的到来促进了该市与英属美洲之间的贸易。尤其是在1635年商人冒险家们从米德尔堡迁至鹿特丹之后，前往英属西印度群岛的船只增加。为了换取铁器、纺织品、粮食、帆和绳索，探险家们进口了烟草、棉花、糖、靛蓝染料和黄颜木。[144]阿姆斯特丹的商人们也给巴巴多斯送去了一些物品，一些巴巴多斯的种植者则利用起了自己在阿姆斯特丹的代理商身份。[145]

在北美大陆，荷兰商人大多对切萨皮克感兴趣，他们在那里售出了各种各样的荷兰商品，包括亚麻、粗布、白兰地，偶尔还有奴隶。[146]泽兰商人虽是先驱，但阿姆斯特丹和鹿特丹也参与了与弗吉尼亚的烟草贸易，这可以从弗吉尼亚种植商对这些港口的商人们的债务中推测出来。[147]此外，随着为阿姆斯特丹或鹿特丹公司工作的当地商人装备了可以参观切萨皮克湾种植园并带着烟草返回的小型船只，新阿姆斯特丹发展成为弗吉尼亚人的可靠伙伴。在切萨皮克主要的阿姆斯特丹商人，迪尔克·科尔森·斯塔姆（Dirck Corssen Stam，生于1608年）和阿伦特·科尔森·斯塔姆（Arent Corssen Stam，1615—1646）都在17世纪30年代后期定居弗吉尼亚，并在伊丽莎白郡购买了860英亩（美英制面积单位，1英亩≈0.004平方千米。——编者注）土地以及詹姆斯岛（James Island）的土地。[148]这些投资为今后几年弗吉尼亚和阿姆斯特丹之间的活跃贸易奠定了基础，当时斯塔姆兄弟向欧洲运送的烟草数量超过了英格兰的任何一家公司。仅在1641年，他们就运送了超过10万磅的烟草。[149]的确，荷兰船在切萨皮克的烟草出口中的份额至少有时是相当可观的。[150]然而，一本匿名的英语小册子的作者认为，在弗吉尼亚停泊的所有购买烟草的欧洲船中有一半是荷兰船，这一估计有些夸张。[151]

与此同时，荷兰与巴巴多斯的贸易也在蓬勃发展。回望1651年，岛上的总督和议会非常重视自殖民初期就一直定期来访的外国人。他们认为："所有古代居民都非常清楚，他们对低地国家的人们有多么感激以及这将是多么困难……在没有他们的帮助下在这些地方定居或稳定地生存下来。"[152]

历史学家进一步称，荷兰人的作用不仅限于对必需品的供应和对当地农作物的购买。据称，荷兰的影响力是更加深远的。[153]荷兰人是不可或缺的那一环，他们是重要的救星，有了他们，巴巴多斯以及加勒比海的其他几个英属和法属殖民地才能在几乎一夜之间创造出非常成功的制糖业。[154]在获得对巴西糖料作物种植的控制权之后，荷兰人将他们的资本、技能和技术都输送到西印度群岛，他们掀起了起源于巴巴多斯的制糖革命。正如历史学家艾伦·泰勒（Alan Taylor）所写的那样："由于仅由荷兰人经营的种植园无法足量供应（阿姆斯特丹的）精炼厂原料，于是荷兰商人资助了巴巴多斯的糖料作物种植园和糖厂。"[155]据说荷兰人教种植者如何生产糖，借给他们资金用来购买土地、设备并建立糖厂，提供在种植园工作和压榨甘蔗的奴隶，并将成品运往欧洲。[156]

诚然，荷兰船经常停靠在英属殖民地，以信贷方式供应各种商品。在内战期间，当西印度群岛只有为数不多的几艘英格兰船时，荷兰船及货物帮助其渡过了难关。[157]同样确定的是，种植园中役用的马匹通常来自荷兰船。[158]同样，用来煮甘蔗汁的熔炉似乎是在荷兰船上经常被用作压舱物的荷兰的砖（klinkers）搭建的。[159]此外，工作流程和分工方式无疑也从伯南布哥引进巴巴多斯，虽然荷兰人可能没有直接参与其中。[160]但令人怀疑的是，糖厂和坩埚等生产资料是否有被大量提供。实际上，几乎没有任何证据可以证明这种猜测。相反，荷兰的档案显示，去往加勒比海地区的轮船主要运载的是纺织品和粮食，而五金等硬件设施仅占出口货物的一小部分。[161]

关于荷兰制糖业转移理论中的一个关键要素是其奴隶供应量。但是，荷兰人在英格兰的制糖业发展的早期阶段就出售了大量非洲人这一传统假设缺乏证据来证明。[162]如前所述，在始于1639年的制糖业黄金时期，荷兰人仍在努力地将奴隶送往巴西。此外，荷兰的奴隶贸易由西印度公司垄断，而西印度公司董事会竭尽全力将非洲奴隶带到他们的巴西殖民地。该公司仅在1645年巴西起义后才允许将非洲人运往外国殖民地，当时巴巴多斯的糖料作物种植业已经开始发展。[163]同年12月，巴西高级议会甚至建议最好在巴巴多斯出售奴隶，因为那里的奴隶需求量很大，利润最为丰厚。[164]又过了4个月，荷属埃尔米纳总督建议将巴巴多斯当作奴隶的备用目的地。[165]然而，在未来的几年中，几乎没有西印度公司的船或荷兰走私船载着奴隶抵达该岛。在17世纪40年代中期，仅有3例被记录在案。[166]小安的列斯群岛也不是1645年后从伊比利亚半岛抢来的非洲人和奴隶的接收地，这些人几乎都被卖到了西班牙殖民地。[167]此外，荷兰人供应奴隶的能力受到1648年失去罗安达（非洲劳工的主要来源）的严重影响。直到荷属巴西时代的后期，才有迹象表明荷兰奴隶贸易发生了有利于英属殖民地的结构性调整，[168]并且那时，《航海法案》的实施使得前往这些殖民地的航运变得危险起来。[169]

综上所述，似乎在殖民初期，英格兰在巴巴多斯的奴隶贸易比大多数历史学家所意识到的更为重要。[170]有文献记载，到17世纪40年代，英格兰人前往巴巴多斯的奴隶运输航行共有20次，尽管我们对这10年里最初几年的情况仍然知之甚少。然而，根据荷兰商人和非洲总督们的报告，英格兰人经常在卡拉巴尔购买奴隶，并在航行至巴巴多斯之前，在海岸的其他地区补充奴隶。[171]此外，荷属埃尔米纳总督提供的消息暗示，1645年至1647年间，运送到英属加勒比海地区的奴隶仅由英格兰船运送。荷兰人也有统计，从1652年到1657年，仅在黄金海岸就有75名来自英格兰的奴隶贩子。[172]

因此，我同意约翰·麦卡斯克（John McCusker）和拉塞尔·梅纳德（Russell Menard）的观点，他们认为巴巴多斯的糖业繁荣不是荷兰人的功劳。他们指出，在殖民初期，定居在该岛的英格兰商人和当地的家庭才是岛上制糖业从17世纪40年代开始迅速发展的关键。

这些家庭从一开始就节省了生产棉花和烟草的资金，并将其用于投资糖料作物种植园。[173]背风群岛（荷兰人确实在其中扮演着重要角色）与巴巴多斯之间的主要区别在于最初优质主食的缺乏，随后巴巴多斯迅速向制糖经济过渡，吸引了许多英格兰商户。因此，荷兰商人从来没有机会在巴巴多斯建起和拥有大量仓库。[174]

然而，荷兰人在巴巴多斯殖民地发展初期确实提供了帮助。岛上的统治者认识到荷兰人的作用，但是一心打算赚取关税，于是在1634年开始对外国船征收20先令（shilling，英国1971年前的货币单位，1先令合20英镑。——编者注）的税，对其出售的所有商品征收7%的税。为了填补已耗竭的国库，国王查理一世随后也采取了这项措施，下令将英格兰的烟草直接运送到外国港口的船需要支付适当的关税。[175]在弗吉尼亚，荷兰人太强大，以至于英格兰政府早在1627年就要求所有离开该殖民地的船都要先驶向伦敦。在1637年、1638年和1641年，英政府下令弗吉尼亚总督和议会限制与荷兰人进行贸易，除非出现严重的经济问题。[176]由于荷兰人的商业和金融活动满足了广泛的需求，所以这样的命令通常难以实施，不服从才是真正的规则。内战结束后不久，伦敦商人游说采取措施限制荷兰人的商业活动，结果遭到了弗吉尼亚议会和总督威廉·伯克利（William Berkeley）的抗议，后者坚称荷兰人在战争期间拯救了该殖民地。[177]

英格兰议会通过的《航海法案》破坏了荷兰与所有英属美洲殖民者之间的紧密联系。就其本身而言，1651年的第一部法案是一项温和的商业措施，要求殖民地产品只能由英格兰的船运输到英格兰、爱尔兰或其他英属领土,并且这些船必须直接航行到目的地。货物只能直接从其制造地运送到英格兰境内港口的规定,使得从荷兰共和国运送大多数产品成为非法行为。[178]

对于来自鹿特丹的艾尔布雷希特·考克斯(Aelbrecht Cockx,1616—1656)这样的人来说,《航海法案》是重重的一击。考克斯是一位船长的儿子,虽然他还参与了一些前往马德拉和北非的冒险活动,但他主要与新世界进行贸易。[179]因为主要对进口烟草感兴趣,他与荷兰烟草贸易的中心城市阿姆斯特丹的商人保持着联系,[180]并经常亲自驾船到圣克里斯托弗岛、巴巴多斯和切萨皮克。在17世纪40年代,他不再亲自参与,而是从圣克里斯托弗岛雇用了一名代理商,并在巴巴多斯雇用另一名代理商。[181]除了干货,考克斯还把契约仆人运到英伦诸岛,有一次他在苏格兰到巴巴多斯的途中接载了160名仆人。[182]尽管考克斯没能发财,但也确实发展得不错。他造了1艘游艇,拥有至少1艘船,还和其他人共有好几艘船,其中包括"明镜号"(Spiegel),他曾和其兄弟哈维克(Havik)在1644年乘这艘船前往马里兰。[183]在那一年,考克斯参与了至少5次从鹿特丹前往美洲的船运。[184]《航海法案》的实施和第一次英荷战争迫使考克斯换了一种方式谋生。在1655年至1656年,他参加了西印度公司在非洲沿岸的一次私掠远征。在那次冒险中,他死于加蓬,被葬在大西洋世界的偏远角落。[185]

与英伦诸岛进行贸易的其他荷兰商人也因《航海法案》的实施而损失惨重,伦敦政府为支持这一法案派遣了7艘战舰和12艘武装商船在巴巴多斯及附近地区俘获了至少19艘荷兰船。[186]几年后,也即1655年,一支英格兰的舰队突袭了巴巴多斯附近的另外24艘荷兰商船,它们是因违反了这一法案而在17世纪50年代在英伦诸岛被扣押的300艘船(大多数是荷兰船)中的一部分。[187]如果仅仅是因为1655年巴巴多斯陪审团裁定为"属于反对议会和国家的外地人"而被没收了船,这些抓捕活动可能吓退了一些荷兰商人,但绝不是全部。[188]

总体而言,荷兰人的贸易活动在巴巴多斯和背风群岛上持续存在,这些地区的英格兰人努力保持着与荷兰人的联系,而复辟政府却力图解除这种联系。1654年,巴巴多斯居住着足够多的荷兰人,他们被赋予在星期日举行宗教礼拜聚会的权利。[189]具有讽刺意味的是,第二次英荷战争造成了物资短缺和经济危机,反而鼓励了荷兰人的贸易活动。[190]但是,随着时间的流逝,来自联合省的商人们开始遵守《航海法案》。他们再也不能求助于该岛上的荷兰代理商,而只能依靠英格兰的代理商或者已经成为大英帝国居民的荷兰人。他们还联系英籍船长来接收他们的货物,让他们的船在伦敦或外港转运货物,并利用英籍船长和船员将他们的船伪装成英格兰的船派出去。[191]当然,除此之外,他们继续进行着直接贸易。这种贸易虽是非法的,但仍然有利可图。

《航海法案》也影响了荷兰到北美的运输,尽管很大程度上是在英格兰征服了新尼德兰之后。从阿姆斯特丹到哈得孙河上游的荷兰曾经的据点奥兰治堡的货物运输一直持续到17世纪80年代后期,直

第五章 跨帝国贸易

到17世纪90年代才开始逐渐减少。[192]更重要的是，在1664年英格兰入侵之后不久，共和国与新阿姆斯特丹之间的直接贸易得到恢复。鉴于英格兰的物资缺乏，以及新阿姆斯特丹居民希望与阿姆斯特丹保持联系，伦敦当局开始许可荷兰船在新阿姆斯特丹进行贸易。而且，当更多的荷兰船停靠时，历任新阿姆斯特丹总督们都装作没看见。1674年，荷兰人失去曾经再次征服的新阿姆斯特丹之后，新阿姆斯特丹的英荷贸易越来越遵守《航海法案》开展。大多数进出阿姆斯特丹的船都会经过多佛港（outport of Dover）并在那里清关。他们将带着托运给英格兰和荷兰商人的货物返回。荷兰人和英格兰人成为这些合作的投资者。[193]

关于荷兰在促进加勒比海地区糖业繁荣中扮演关键角色的假设，在法属殖民地确实成立。在17世纪中叶，荷兰在法兰西早期殖民贸易中的主导地位是无可争辩的。[194]来自米德尔堡的泽兰港口和弗利辛恩的商人们在法属加勒比海地区格外活跃。一位来自泽兰的船主甚至可以被认为是在法属殖民地圣克里斯托弗岛烟草种植的先驱。[195]在阿姆斯特丹，交易商们都有法兰西籍的代理商，而不仅仅只是荷兰人。[196]

1636年荷兰人征服圣尤斯特歇斯岛之后，他们与法兰西殖民者之间的关系稳定下来了。[197]4年后，该殖民地的统帅菲利普·德朗维利耶·德庞西（Phillippe de Longvilliers de Poincy）与泽兰商人签署了一份契约，后者将为殖民地提供所有必需品。[198]1663年，一场由制糖厂煮糖室引发的种植园火灾，烧毁了60多间存货充足的荷兰仓库，损失总计超过200万里弗尔（livre，一种法兰西货币单位名称。——编者注）。[199]

同样，法兰西历史学家称赞荷兰人帮助瓜德罗普和马提尼克岛度过了种植园早期的艰难岁月。[200]瓜德罗普总督在1665年表示，最好的糖料作物种植园都要归功于荷兰人的先进经验。岛上不少于637名居民都欠了这些外国人的债。[201]同样，即将赴法属西印度群岛上任的中将发现马提尼克岛拖欠了荷兰人大量债务。[202]除了装配出海商船的荷兰商人外，[203]在1630年至1634年间，法兰西烟农也经常前往联合省以建立双方的往来关系。[204]这些种植园主并不是在寻找仆人，因为仆人通常来自法兰西本土。尽管如此，1649年，一位法兰西军官确实从马提尼克岛出发前往荷兰共和国以引进契约仆人，他在第二年又带着9个也许是10个人返回。[205]然而，荷兰人在17世纪60年代几乎完全控制了法属殖民地的奴隶贸易（参见附录1）。[206]在1664年到1665年间，许多非洲人来到法属群岛，以至于船舱太小导致无法运载交付给荷兰人的糖料。[207]在这10年中，仅有的载着非洲人一起抵达的2艘法兰西船实际上都是荷兰船伪装的，它们首先从荷兰港口出发。[208]在苏里南殖民地早期，为了购买奴隶而提供的糖料的数量甚至使荷兰的船长对种植园主产生了看法。当1669年抵达苏里南的2艘奴隶船的船长发现种植者无法向自己提供糖料时，威胁要带着450名非洲人离开并前往法属殖民地。[209]

荷兰人提供了种植者开始糖业生产所需要的一切。除奴隶外，他们还提供信贷，同时进口马匹供种植园使用，并引进了技术。库拉索岛直到1670年一直在为法兰西殖民地提供大量的牛和马匹。荷属岛屿尤其为促进圣克里斯托弗岛的发展做出了贡献，到1658年，他们提供的马匹足够在6座糖厂中的5座拉磨。[210] 1654年离开荷属巴西的匠人们教法兰西人如何组装压碎甘蔗的金属圆筒和提纯甘蔗汁的锅炉。他们还指导法兰西人制作结晶糖浆的模具，以及如何利用未经提炼的红糖制造白糖。[211] 就连从巴西撤出的荷兰士兵也在法属加勒比地区新兴的制糖业中发挥了作用。1654年6月，法兰西殖民者受到土著人袭击的威胁，被迫决定放弃格林纳达岛的关键时刻，64名荷兰士兵赶到该岛。荷兰人的军事援助使他们得以留下并将该岛变成了一个糖料作物殖民地。[212]

17世纪中叶，殖民地从宗主国的控制中逐渐摆脱出来的局面引起了法兰西王室的注意。科尔伯特特别热衷于终止与荷兰这个"鲱鱼与奶酪商之国"之间的贸易。[213] 他估计，1662年在法属西印度群岛进行贸易的150艘船中，法兰西船不过三四艘。[214] 1664年5月，根据皇家法令，法兰西西印度公司成立，标志着法兰西当局开始驱逐荷兰人的决心。法兰西人所做的不仅仅是将殖民地贸易的垄断权转给一家新公司。他们的商人实际上参与了向殖民地运送货物的活动，建造的船只数量急剧增加。[215] 只有在这种情况下，重商主义者们企图切断荷兰人贸易的努力才有效果，尽管它给殖民地带来了严重问题。1664年对荷兰船实施的全面禁令没有奏效，2年后法兰西当局允许荷兰共和国的船缴纳5%的关税后进行贸易的举动说明了这一点。[216] 然而，到17世纪末，法兰西的关税壁垒过高以至于阻碍了荷兰商人的贸易活动,因为荷兰商人不得不向法兰西西印度公司支付10%的进出口关税。[217]尽管如此,以前合法的贸易仍在秘密进行。1670年,在瓜德罗普进行的司法调查表明,来自圣尤斯特歇斯岛的船仍在用欧洲产品交换糖和朗姆酒,在法属岛屿上出生的2名荷兰居民担任了中间商。[218]

禁止与荷兰人进行贸易的王室禁令最初是以阿姆斯特丹瘟疫流行为借口颁布的,由此导致抗议频频,首先是在马提尼克岛(1665—1667),然后是几年后在圣多曼格(1670—1671),荷兰商人在那里煽动定居者抗议。[219]许多人根本不需要任何鼓动,他们本就对法属公司的垄断充满怨恨,以至于他们称自己为"白人奴隶"。[220]在与官员达成妥协后,抗议终于平息了。[221]别无选择的荷兰商人要求联省议会就许多昂贵船只和货物的损失向法兰西国王提出抗议,但最终他们放弃了。[222]因编写的贸易手册《完美的交易者》(*Le Parfait Négociant*, 1675)而闻名的商人雅克·萨瓦里(Jacques Savary)称,这种影响是灾难性的。不仅米德尔堡和弗利辛恩的一些主要商人破产了,仅在阿姆斯特丹就有30多家糖厂破产,至少萨瓦里是这样说的。[223]尽管萨瓦里之言有所夸大,当局的禁令确实对荷兰的贸易产生了不利影响。实际上,荷兰人仍然在法属群岛上维持商业贸易,1672年开始的6年法荷战争都没有终结这一局面。与在法兰西的荷兰人不同,国王路易十四写给法属群岛总督的信件表明,这些岛屿上的荷兰人并没有被驱逐。[224]

尽管如此,荷兰人的撤离注定会发生。《奈梅亨条约》(1678)

签订之后，法兰西当局成功取消了荷兰代理商。1665年出版的《闲谈》中的一个角色做了一场噩梦，这在得知德勒伊特恢复荷兰在西非的地位之前就曾被写过，如今成为现实："既然我们已经失去了新尼德兰和几内亚，"那人惊呼道，"而且法兰西人还想禁止荷兰人在加勒比岛进行贸易活动，那我们还能去哪里呢？！"[225]答案很快就出现了：西属美洲。

与西属殖民地的贸易

与英属殖民地形成对比的是，荷兰商人在很长一段时间里避开了西属美洲。直到《明斯特条约》（1648年）签订之后，荷兰船才敢冒险驶入西属加勒比海的许多港口。荷兰商人和西班牙当局都立即意识到，荷兰人可以控制西班牙殖民地的贸易。[226]特别是奴隶贸易前景诱人。葡萄牙商人传统上都是将非洲人运送到西属美洲殖民地的，但在1640年葡萄牙对抗西班牙成功起义之后，他们之间的贸易突然中断。供应奴隶的垄断合同让位给了个人许可证。[227]当该解决方案不起作用时，运送奴隶的工作被分配给了塞维利亚商业公会，但这也失败了。在《明斯特条约》签订之后不久，荷兰商人看到了这一机会，他们在1651年至1670年间组织了52次直接将奴隶运送到西班牙的航行（参见附录2）。此外，他们还规划了68次前往库拉索岛的奴隶航行，库拉索岛随后就成为前往西属美洲的奴隶贸易中转站。[228] 在这20年时间里，荷兰人平均每年有6次前往西属美洲港口的奴隶贩运行动。荷兰人由此控制了对西属殖民地的奴隶供应。根据记录，这些年来，由非荷兰人组织的奴隶运输仅有43次。

荷兰人花了一些时间才发现满足西班牙需求的货物。"先知但以理号"（*Propheet Daniel*）是为此目的而出航的第一艘船，它的这次出航与以后几年中的一些成功的荷兰冒险活动具有相同点。虽然该船于1649年从阿姆斯特丹驶离，但船长是一名西班牙人，名为佩德罗·加西亚·比莱加斯（Pedro García Billegas），另一名西班牙人弗朗西斯科·瓦斯·平托（Francisco Vaz Pinto）也在船上。许多商人投资了这次冒险活动，其中包括东印度公司董事赫里特·范帕彭布罗克（Gerrit van Papenbroeck）、西印度公司董事亚伯拉罕·德菲斯海尔（Abraham de Visscher）和富有的银行家吉洛尔莫·巴尔托洛蒂（Guillelmo Bartolotti），但最终的结果肯定吓阻了大多数人。[229] 在带着从阿德拉买来的奴隶横渡大洋之后，这艘船不得不在波多黎各进行修缮。在该岛总督的请求下，他们将奴隶在岛上卖掉。圣多明各的居民随后而来，他们指责这些水手是海盗，争辩说这次行动的组织者是犹太人。结果，这艘船被没收了。[230]

密集的人口运输反映了17世纪50年代和60年代荷兰共和国商人与西属美洲的西班牙殖民者之间大规模贸易的总体趋势。西印度公司和其他荷兰船船东均无视西班牙对其殖民地进行对外贸易的正式禁令，声称在西班牙的"西印度群岛"上未发生任何非法交易。[231] 这些贸易具有高风险，这不仅因为西班牙官方垄断了西属美洲殖民地的贸易，也因为这些冒险活动参与的都是价值数万或数十万荷兰盾的商品运输。此外，这些海上贸易探险要途经多站做不同性质的交易，任何干扰都可能导致整个生意崩盘。[232]因此，有资本的人如昂里科·马蒂亚斯（Henrico Mathias，1609—1676）方能加入。

马蒂亚斯出生于德意志北部荷尔斯泰因的吕特延堡（Lütjenburg），他在17世纪40年代末从汉堡抵达阿姆斯特丹。1649年与玛丽亚·蒂默曼（Maria Timmermans）结婚后，他的事业开始腾飞。[233]玛丽亚的父亲鲍威尔·蒂默曼（Pauwel Timmerman，1590—1660）是阿姆斯特丹制糖厂主兼西印度公司董事，她的叔叔塞缪尔·蒂默曼·德奥德（Samuel Timmerman de Oude）是一名制糖业从业者，娶了莉奥诺拉·科伊曼斯（Leonora Coijmans），她是巴尔塔萨的姐妹，一个著名的参与奴隶贸易的银行的继承人。[234]这种关系对马蒂亚斯很有帮助，他的跨大西洋生意很快发展起来。仅在1655年，就为以下路线的货船提供担保：波多黎各—阿姆斯特丹、圣马洛（Saint-Malo）—纽芬兰—奇维塔韦基亚（Civita Vecchia）、加的斯—阿姆斯特丹、法鲁（Faro）—安哥拉—萨尔瓦多（巴西）—里斯本以及加的斯—哈瓦那—韦拉克鲁斯。[235]对于非洲奴隶贸易，马蒂亚斯在安哥拉、埃尔米纳、穆里、海岸角、阿克拉和科曼廷都有代理商。[236]他协助组织的其他商业活动将新阿姆斯特丹与博奈尔岛连接起来，后来又使新阿姆斯特丹与库拉索岛之间建立了往来。[237] 1662年，马蒂亚斯筹集了足够的资金，购买其姻亲的制糖厂，尽管他的新投资在1670年化为乌有，但他仍然足够富有，可以被列为西印度公司阿姆斯特丹商会的主要股东。[238]

在西属殖民地范围内进行巡航的主要是阿姆斯特丹商人，马蒂亚斯是其中最著名的商人之一。例如，在17世纪60年代中期，他帮助组织了"爱之号"（Liefde）的航行，这次航行在古巴的几个港口包括加拉加斯（Caracas）、马拉开波（Maracaibo）和里奥阿查（Río Hacha）都进行了贸易。这艘船带着4,000张兽皮、3,000罐烟草和3万比索现金返回共和国。[239]马蒂亚斯将这种探险与奴隶运输相结合。大约在他装备"爱之号"的同时，也为"埃尔普林西比号"（El Principe）的出发做准备，该船的预计航线是安哥拉—布宜诺斯艾利斯。该船确实载着奴隶抵达了布宜诺斯艾利斯，但西班牙政府没收了这艘船和315名幸存的非洲奴隶。[240]

像马蒂亚斯这样的船东及其船长们采取了各种措施来应对随之而来的贸易风险。荷兰奴隶船"埃尔卡巴莱罗号"（El Caballero）的船长以搜寻粮食为借口，请求准许进入布宜诺斯艾利斯港口。[241]船东们还安排西班牙人、荷兰人、佛兰德人或其他精通西班牙语的外国人作为押运人随行。[242]令西班牙当局沮丧的是，圣詹姆斯（St. James）精英军事组织成员安德烈斯·德罗萨斯（Andrés de Rozas）于17世纪50年代成功率领一艘荷兰船驶往布宜诺斯艾利斯。[243]另一种经过实践检验的方法是以西班牙语（通常是天主教教徒的名字）给船命名。此外，荷兰人临到出发之际经常更换船名和船长，这显然使西班牙驻荷兰的外交官及其间谍在之前得到的所有情报都失去了价值。[244]1659年，从阿姆斯特丹出发的3艘荷兰奴隶船船东的野心更大了,他们在特内里费岛招募西班牙水手将自己的船伪装成西班牙船。[245]

船长们千方百计获取国王腓力四世和西属尼德兰总督在1648年之后签发的特许证。1651年的一份报告(可能是由德意志人写的)声称,一旦获得了特许证,许多联合省的荷兰和葡萄牙居民便会在荷兰港口将船装满,在法兰西和里斯本补货,然后航行到非洲去购买奴隶。他们的目标是谎称其船只是从葡萄牙或法兰西(当时都是西班牙的敌人)掠夺来的战利品,从而无须支付关税就可以直接进入西属美洲。[246] 3名荷兰船长试图在没有西班牙政府许可的情况下实现同样的目标。在17世纪60年代早期,他们在罗安达购买了奴隶,其中1艘船上载着800名非洲人,3艘船组成的船队一起航行到布宜诺斯艾利斯。当看到港口时,荷兰人假装与奴隶船进行海战——该船上有来自葡萄牙的商人,当时葡萄牙在与西班牙作战。战斗以其他2艘船打败了奴隶船而告终。但是,实际情况并未完全按计划执行,因为葡萄牙人在法兰西人的帮助下与200名非洲人一起上了岸。总督逮捕了荷兰船的船长,然后将他们运送到西班牙,在那里他们只能通过赎身重获自由。[247]

荷兰人也可以通过为高级官员带去"礼物"来降低风险。2艘来自阿姆斯特丹的船在1658年通过向总督费尔南多·德拉里瓦·阿圭罗(Fernando de la Riva Agüero)行贿6万比索进入波托韦洛进行贸易。通常情况下,比其更小价值的礼物已经足够,例如1665年在哈瓦那支付了4,000比索。[248]一些带着封口费的船只所有者是纪尧姆·贝林·德拉加德（Guillaume Belin de la Garde，生于1620年），他是阿姆斯特丹商人，也是圣马洛人，经常与布宜诺斯艾利斯进行贸易往来。他与同为商人的托马斯·布勒斯（Thomas Broes）一起与布宜诺斯艾利斯管理者以及其他3人保持着联络。[249]其中之一是托马斯·德罗哈斯（Tomás de Rojas），曾担任数名荷兰人的代理商长达12年，直到他入狱为止。在缴纳了1,300比索罚款后，他再次成为自由人。[250]

尽管据称有些商人使用伪造的许可证，[251]但在加的斯或加那利群岛这两个通往西属印度群岛的门户，想办法获得真正许可证的做法要常见得多。加的斯在17世纪取代塞维利亚成为西班牙船队与美洲进行贸易的港口。外国人在这项交易中占比很高，但他们只能通过为西班牙货轮工作来参与其中，同时他们自己仍然需要承担风险。[252]一些荷兰人在战争期间参加了西班牙跨大西洋的贸易体系，但是直到《明斯特条约》签订后，他们才开始在加的斯开展大规模活动。到1649年秋天，他们的进口额已达600万比索。[253]科尼利厄斯·苏伊斯肯斯（Cornelius Suijskens，1634—1679）在17世纪60年代定居加的斯，并于1666年入籍，但他从未放弃与荷兰的商业往来。他的代理商中有他的儿时朋友菲利普斯·范许尔滕（Philips van Hulten，约1631—1692），他负责供应靛蓝染料和其他热带作物。[254]范许尔滕深度参与大西洋贸易，与昂里科·马蒂亚斯定期合作。他帮助装载的一艘船被拒绝进入西属西印度群岛，这迫使船长驾驶满载货物的船再次穿越过海洋停在加的斯。船员将货物交给了苏伊斯肯斯，苏伊斯肯斯将其转移到由一名巴斯克（Basque）商人租用的轮船上，后者刚刚拿到开往布宜诺斯艾利斯3艘船的许可证。事实证明，这次冒险是成功的，为范许尔滕和公司带回了2万张兽皮和大量白银。[255] 还有一次，苏伊斯肯斯为一艘600吨重的船安排好了合法的航行许可证。这艘船由包括范许尔滕在内的一批商人共有，该船与西班牙大帆船一起航行至美洲。[256]

就像1621年以前一样，来自西属尼德兰的商人帮助荷兰人弥合了与西班牙世界的文化和语言鸿沟。佛兰德人一直参与阿姆斯特丹取道加的斯前往美洲的冒险活动。来自安特卫普的扬·博拉尔（Jan Bollaert）是一艘从西属殖民地带着10万比索返航的船只的共有人，2名佛兰德的押运员在利马收到了这笔货款。[257] 博拉尔在1664年还装备了3艘船，与加的斯的一些佛兰德商人以及2名荷兰商人一起在西属加勒比地区进行贸易。这些"荷兰人"其中之一是雅克·亚历山大·贝尼（Jacques Alexander Beni），他在加的斯住了8年，并通过与古巴和坎佩切（Campeche）总督达成协议，为这次冒险活动打下了基础。[258] 同年，另一位安特卫普商人艾伯特·詹森（Albert Janssen）与一群阿姆斯特丹商人签署了契约。他通过马德里的一名记者为2艘开往布宜诺斯艾利斯的船获得了许可证。[259] 同样，出生于敦刻尔克的佩德罗·科拉特（Pedro Colarte）为在加的斯和西班牙殖民地之间进行贸易的荷兰商人提供了各种金融服务。[260]

荷兰人在与西属美洲的往来过程中还利用了加那利群岛的港口。他们与加那利人的联系至少可以追溯到16世纪90年代，当时荷兰船在前往巴西途中停靠在加那利群岛，[261]尽管在停战和《明斯特条约》签署期间，荷兰人与加那利人之间的贸易往来并不多。[262]然而，在《明斯特条约》签署后的4年内，西班牙驻阿姆斯特丹的领事报告说，荷兰人在行贿并用荷兰商品换来西班牙船运载的美洲殖民地产品之后，正在加那利群岛进行贸易活动。[263]在接下来的几年时间里，进行贸易的荷兰人的人数继续增长。[264] 1649年，西班牙王室决定授予加那利群岛每年最多出口700吨（或64.4万千克，在1657年提高到1,000吨）货物的权利，这使得荷兰人能够更容易地将加那利群岛作为与西属殖民地进行贸易的跳板。西班牙王室还规定，离岛的产品只能用加那利群岛或比斯开（Biscay）建造的船运输。因此，如果荷兰人遵守规则，就必须使用西班牙船进行货运。[265]实际上，他们使用的全部都是自己的船。

尽管一些船驶向了未指定的加勒比目的地，[266]但大多数船都按照指示进入一个或多个指定港口，尤其是加拉加斯和哈瓦那。"圣彼得号"（St. Pieter）就是最早参与的船之一，于1649年从阿姆斯特丹出发，经加那利群岛到达加拉加斯，随后直接返回阿姆斯特丹。[267]为了在古巴进行贸易，荷兰商人以加那利居民（实则对应的是阿姆斯特丹船东）的名义获得了登记证（或许可证）。登记证通常代表允许携带加那利的酒进入哈瓦那的许可证，但哈瓦那并不是最终目的地，在那里可以获得去往西属美洲其他地区的新的贸易许可证，从而使航程得以继续。[268]无证航行是不可取的，理想的情况是，在船只离开共和国时就已经拥有了许可证。阿姆斯特丹"新市政厅号"

(Nieuw Stadhuis van Amsterdam)的船东们得到了教训,他们的船于1657年在去加拉加斯和西班牙海道的途中在圣克鲁斯被俘获,船东们损失了全部货物。[269]

一些在阿姆斯特丹进行的商业探险很难被认定是荷兰人所为。"希望号"(Hope)的所有者们在1657年至1658年在特立尼达、库马纳和特鲁希略(Trujillo,在洪都拉斯)进行贸易,他们是来自伦敦的3名英格兰商人、居住在同一城市的2名葡裔犹太人以及阿姆斯特丹的2名居民——爱尔兰商人约翰·蒂利(John tilly),之前住在伦敦的约翰·钱特威尔(John Chanterwell)。该船伪装成西班牙船,载着由西班牙人、荷兰人和爱尔兰人组成的船员,在返回阿姆斯特丹时被英格兰人扣押。[270]

阿姆斯特丹人、佛兰德人和伦敦人并不是这一贸易的唯一发起者。来自伊比利亚半岛、加那利群岛和殖民地的西班牙人在此贸易活动中也很活跃,他们定期前往阿姆斯特丹。来自塞维利亚的佩德罗·罗德里格斯·恩里克斯(Pedro Rodríguez Henríquez),在1651年租了一艘荷兰船,经加那利群岛前往西属加勒比。[271] 1658年,另一位船长,来自加那利群岛的安东尼奥·德巴斯孔塞洛斯(Antonio de Vasconcelos),在阿姆斯特丹与两名计划将一艘船从加那利群岛送到西属西印度群岛的当地商人扬·布罗兹(Jan Broersz)和艾萨克·赫尔曼斯(Isaacq Hermans)最终达成交易。这批货物将以德巴斯孔塞洛斯的名义被送出。[272] 1661年,来自特内里费岛的杰罗尼莫·德埃雷雷·莱瓦(Geronimo de Herreray Leiva)和在阿姆斯特丹的一名意大利商人一起买了一艘船，他知道这个意大利商人将获得加那利群岛的注册登记证。[273]同年，来自加拉加斯的特里斯坦·穆尼奥斯·德拉德斯马（Tristán Muños de Ladesma）到达阿姆斯特丹，并安排了一艘船经加那利群岛前往拉瓜伊拉（La Guaira）。从昂里科·马蒂亚斯处借来的钱使这名男子得以支付这笔货款。[274]与古巴之间的联系得益于来自岛上的克里奥尔人（Creoles）搭乘荷兰船的航行。1663年，来自古巴巴亚莫（Bayamo）的胡安·菲亚斯（Juan Fias）乘"希望号"（Esperanza）航行，该船带着从加那利群岛得来的奢侈品，横渡大西洋到达他的家乡或者另一个古巴港口。[275]同样地，1665年，来自特内里费岛的胡安·埃斯特万·吉伦（Juan Esteban Guillen）向阿姆斯特丹的商人保证自己有前往哈瓦那的注册登记证之后，两名古巴人登上"圣阿格达号"（Santa Agueda）。[276]

在17世纪60年代下半叶，由于英格兰和法兰西商人之间的竞争加剧，加那利群岛失去了作为荷兰商人的市场以及荷兰与西属美洲贸易的中转站的重要地位。根据西班牙驻阿姆斯特丹的领事收集的数据，1667年至1668年，荷兰与加那利群岛的贸易在数量和价值上都大幅减少。[277]造成这一下降的另一个原因是，阿姆斯特丹船东在17世纪60年代中期决定放弃从联合省出发的直接贸易方式，而是选择利用库拉索岛打开西属美洲市场。在被荷兰统治的前20年，库拉索岛是一个在经济上无法独立生存的殖民地，其在商业上的成熟降低了共和国的船东与西属美洲进行贸易的风险。他们没有选择可能导致船和货物被没收的多停靠点的长途航行，而是将船直接开向库拉索岛，再由其他较小的船从那里出发将货物运给客户。

作为回报，荷兰人从危地马拉得到了靛蓝染料。1660年，2名因为与荷兰人进行贸易的危地马拉人被判处死刑，1名被判处无期徒刑。[278]但是可可豆是从西属美洲，特别是从全球最大的农作物生产地委内瑞拉进口的主要产品。我们第一次无意中发现库拉索岛与可可豆之间的联系。在1656年年初，当时英格兰人征服了牙买加之后，印度群岛陷入了混乱。阿姆斯特丹商人利用这一点，将装满可可豆的船开到西班牙，向西班牙官员解释说，他们是从库拉索岛买到这些作物的，并补充说可可是在那儿种植的，但此言并不属实。[279]同时，库拉索岛和加勒比西南角的波托韦洛之间的贸易成了大宗生意。这是一个进行贸易的极具吸引力的场所，因为它过去曾是并且多年来一直都是举办商品交易会和用西班牙产品交换白银和农产品的地方。倡议是由西班牙人提出的。他在1657年向贝克总督提议在波托韦洛出售奴隶，以开辟一条西班牙人将来到这里交换俘虏的途径。[280]经过4年左右，库拉索岛人破坏了波托韦洛的市场，而巴拿马皇家听证会主席对造成此局面应归咎于谁毫无疑问：库拉索岛上的犹太人。他说，他们在该岛上拥有300栋（贸易）房屋。[281]

到1670年，库拉索岛已经成功发展成为一个对欧洲商人越来越具吸引力的转运港。西班牙驻阿姆斯特丹的领事报告说："在这里通过库拉索岛与印度群岛进行的贸易仍在持续，他们把不少于从加的斯运来的货物运到印度群岛。通过可靠的权威人士，我了解到，加的斯的一些商人已经让他们的代理商通过库拉索岛将商品送到印度群岛。"[282]

荷兰商人在南美洲北部获得成功的关键之一，是他们有能力稳定地供应大量奴隶。昂里科·马蒂亚斯和弗朗西斯科·费罗尼在此关键节点组织了多次航行，建立了阿姆斯特丹与加拉加斯和波托韦洛之间的联系。马蒂亚斯是"邦特科号"（Bontekoe，1657年到达库拉索岛）的唯一所有者，还是"圣彼得号"（布宜诺斯艾利斯，1658）、"爱之号"（库拉索岛和波托韦洛，1659）、"卡瑟琳娜小姐号"（Juffrouw Catharina，库拉索岛，1665）、"利奥诺拉号"/"雌狮号"（Leonora/Leeuwinne，库拉索岛，1669）、"正义号"（Gerechtigheid/Justitie，库拉索岛，1672）、"爱之冠号"（*Gekroonde Liefde*，库拉索岛，1673）与"协和号"（Eendracht，库拉索岛，1674）的共有人。[283] 马蒂亚斯与他的合作伙伴纪尧姆·贝林·拉加德以及菲利普斯·范许尔滕在库拉索岛共有一名代理商。[284] 他还与库拉索岛总督马蒂亚斯·贝克保持着密切联系，而贝克的继任者卢多维克斯·鲍德韦因（Ludovicus Boudewijns）是昂里科的姐夫，这并非完全偶然。作为西印度公司的主要股东，昂里科必然施加了一定的影响力。但是，他的努力徒劳无功，因为鲍德韦因在抵达加勒比岛5天后就去世了。[285]

费罗尼是17世纪60年代组织垄断贸易的商人团体的成员。当西班牙王室在1662年复兴垄断贸易时，他与来自热那亚的两位声誉卓著的商人多梅尼科·格里略（Domenico Grillo）和安布罗西奥·洛梅利诺（Ambrosio Lomelino）联手。作为回报，他们与西印度公司以及皇家非洲公司签署合同，承诺将奴隶运往库拉索岛、牙买加和巴巴多斯。代理商们将非洲奴隶从那里运送到西属美洲的港口。[286] 费罗尼担任西班牙商人在阿姆斯特丹的代理商，因此与其他一些商人一道，亲自装备奴隶船并提供给养，而西印度公司则负责在安哥拉购买奴隶。[287]

西属殖民地的奴隶贸易就此开始繁荣。在1658年之后的70年中，荷兰人直接或更普遍地通过库拉索岛向委内瑞拉、哥伦比亚、古巴和巴拿马运送了大约10万名非洲奴隶。[288] 这些奴隶中只有一小部分是从黄金海岸运输的，在失去罗安达和圣多美之后，荷兰人大多被限制在这一区域。在17世纪60年代，贝宁湾成为奴隶的主要来源，西印度公司在阿德拉拥有一座工厂。其他奴隶来自罗安达北部海岸，荷兰人在17世纪50年代在那里建起了商业网络。到1670年，大约3,000名奴隶集中在位于卢安果的荷兰工厂。[289]

尽管在短期内与西属美洲殖民地的大量贸易弥补了荷兰与法属和英属加勒比殖民地密集的荷兰商业运输的损失，但西属美洲殖民地的经济却未能跟上英属群岛和法属群岛的步伐。因此，对奴隶和商品的需求没有迅速增加，库拉索岛的发展受到了抑制。[290] 再者，即使高度参与和西属美洲的商业活动，库拉索岛的能力也已达到极限。该岛几乎没有为非洲奴隶的大量涌入做足准备。1669年，大量奴隶来到岛上，几乎所有的牛被宰杀才能养活他们。为了保护岛上的牛和羊，西印度公司从阿姆斯特丹送来了腌肉和培根。[291]

除了为垄断贸易送去许多奴隶外，奴隶贩子们还为自己的利益出卖了相当数量的奴隶。为了遏制这种做法，1671年，西印度公司的董事们在阿姆斯特丹决定开始在奴隶身上打上烙印：成年人印在右胸，孩童则印在左上臂。[292]正如这项措施所显示的那样，被运送的非洲奴隶不过是荷兰商人的商品。因此，无论在航行中还是下船后，他们都必须得到充足的食物与善待。[293]这也适用于垄断贸易代理商以身体缺陷为由拒绝购买的那些非洲人。早在1670年，一个在伦敦、波士顿和鹿特丹都有办事机构的英格兰财团与西印度公司签约，从库拉索岛输入这些奴隶以换取新英格兰的商品。[294]

外国伪装下的国内竞争

在与西属美洲殖民地的贸易中，荷兰人采用各种方法来规避官方的对外贸易禁令。最终的解决方案是将库拉索岛从一座沉寂的岛屿转变为繁华的殖民地，成为中转中心。将库拉索岛设为其商业总部的商人们可以利用垄断商的身份进行活动，就像西班牙许可证为荷兰商人与西属殖民地的远距离贸易打开大门一样。与西班牙相比，在17世纪50、60年代重商主义开始之前，许可证在法属和英属大西洋殖民地并不常见。因此，荷兰人采取了与在西属美洲贸易时相同的某些策略，他们带来了"礼物"，并尽一切可能地钻法律的空子。所以，荷兰与弗吉尼亚和巴巴多斯的贸易并没有被切断，而是以不同的方式组织起来。[295]例如，荷兰商人将货物运到英格兰，再由他们的一名同伴以英格兰人的名义将该货物送进港口，以避免"外国人的"关税。无论是出港还是回程，货船最好停在一个小口岸，海关官员在那儿收受贿赂从而使大多数货物免税。就是这样，荷兰商人得以在一些英属殖民地继续与英格兰商人竞争。[296]

除外国商业限制外，荷兰商人还必须应对西印度公司强加的垄断规定。西印度公司无法履行其商业责任，无法及时提供商品，也无法运送足够的平民雇员。这些缺点严重阻碍了荷兰人在非洲的贸易，为其英格兰竞争对手打开了大门。[297]与伊比利亚人的战争是西印度公司商业表现不佳的主要原因。公司成立9年以来，昂贵的战争成本带来了沉重负担，以致资金不足以资助一些大型商业探险计划。正是这个原因，为西印度公司支付补贴的联省议会在征服伯南布哥之后立即迫使西印度公司放弃了部分垄断权，首先向股东开放与新殖民地的贸易机会，然后向感兴趣的荷兰人和葡裔巴西人开放贸易。由于战争和禁止出口的关税，个人在最初的几年里很少会进行这种贸易。但是随着荷兰控制殖民地范围的扩大、运费的降低以及私人贸易范围的扩大，情况很快就发生了变化。尽管西印度公司的董事们满怀信心地认为自己的商业优势不会受到挑战，但不久之后，个体贸易商就主导了巴西贸易。[298]个体贸易商们在港口城镇建造仓库，并开始向共和国运送大量的糖和巴西木材。

而在荷兰国内，爆发了一场关于垄断的优劣以及谁将从中受益的激烈论战。西印度公司泽兰商会坚持垄断，以使他们所在省份的商人能够获得原本难以获得的新世界的财富，所以商会强烈反对任何违规行为。乌得勒支省持相同态度的股东们也对个体贸易商的所谓寄生行为（他们没有参加西印度公司却从公司在巴西建立的殖民地获得商业利益）感到不满。[299] 1636年，一场针对个人股东筹集资金的运动让这个问题到了非解决不可的地步，筹集的资金可以帮助改善西印度公司惨淡的财务状况，并且能更有助于支持在巴西的战争。然而，股东们对此毫无兴趣，因为自由贸易分毫未损，他们声称，这意味着公司仍将缺乏现金和信贷支持。[300]

在巴西的西印度公司成员的支持下，自由贸易的反对者们取得了暂时胜利，联省议会支持了他们并于1636年年末恢复了垄断政策。各省希望，公司只有这样才能管理殖民地。16个月后，即1638年4月，各省通过再次开放对巴西的贸易推翻了上述决定，尽管并非没有妥协。奴隶贸易将仍然由西印度公司垄断，自由贸易商必须拥有公司的股份才能按照其股份的价值进行交易，西印度公司的收入因此得到了保障。[301]但是无论受到怎样的限制，自由贸易都是大势所趋，2年后，联合省与新尼德兰之间的贸易也因自由贸易而受益。私人贸易商的下一个特许权于1646年获得，他们有权装备自己的船。在此之前，他们被迫使用西印度公司的船舱。[302]最后的垄断是1648年的奴隶贸易。[303]

在西印度公司垄断期间，其垄断行为在所有荷属殖民地中滋生了非法贸易。从荷兰港口抵达新阿姆斯特丹的船上的船员们经常将箱子扔到船外，以便其他船只可以将其并排拖走。同样，返航的船也会把海狸皮丢在沿海的荒岛上。[304]在巴西的走私会进行另一种伪装。狂风或汹涌的海浪是从荷兰来的商人将船停在外面常用的借口。黄昏时分，小船会驶来，把一部分商品交给自由贸易商。这些货物随后会被卸到累西腓的北部或南部。这些远洋船的船长和水手长们显然参与了密谋，他们向当局保证，货物一定是在自己登陆时被盗或失踪了，要不然就是提单神秘消失了。[305]有时，非洲奴隶在巴西下船或在上岸后也消失了。为了掩盖其盗窃行为，他们给出的标准解释是那些人已经死亡。[306]

埃尔米纳对走私的处罚最为严厉，违法者不仅会损失财产和薪水，还会被鞭打，有时会被判入狱很长时间。[307]但是要惩罚绕过埃尔米纳在非洲沿岸其他地区进行贸易的荷兰人则难得多。1659年，"拉梅伦贝格号"（Lammerenbergh）船和"苏伊赫拉姆号"（Suichlam或Zuiglam）游艇在未通知西印度公司的情况下，在新卡拉巴尔（New Calabar）购买了350名奴隶。这些非洲奴隶在多巴哥和埃塞奎博被贩卖。[308]

通常，荷兰人为规避西印度公司在非洲贸易中的垄断而为外国君主工作。[309]特别是在1645年荷属巴西起义开始后，西印度公司的航运减少，荷兰商人为了获得非洲财富，向外国船东示好（反之亦然），尽管荷兰官方禁止为外国船只航行，但外国的船东们仍雇用了许多荷兰水手。[310]1645年，飘扬着库兰公爵（Duke of Courland）旗帜的"福图因号"（Fortuyn）出现在黄金海岸，但货物是在荷兰共和国被带上船的，而且全体船员和所有军官都是荷兰人，船长甚至是西印度公司的前雇员。该船（包括船上的货物）在返回荷兰时被扣押,但"出于礼貌和国家原因而被释放"。[311] 1646年,瑞典的"圣雅各布号"(St. Jacob)载着大部分是荷兰籍的船员们抵达黄金海岸,船长是一名叫阿伦特·加比斯[Arent Gabbes,或加贝森(Gabbessen),1609—1651]的荷兰人。在前往瑞典之前,他在西印度公司奴隶贸易中积累了一些经验,他之所以去瑞典也许是因为公司董事指控其欺诈。他举家迁往瑞典,并开始在荷兰船员占多数的飘扬着瑞典旗帜的船上到非洲进行贸易。1649年,加比斯与埃富图的统治者达成协议,在海岸角堡建起了"瑞典小屋"。[312] 瑞典非洲公司(1649—1663)严重依赖荷兰的货物和荷兰人的专业知识。[313] 昂里科·马蒂亚斯、纪尧姆·贝林·拉加德以及菲利普斯·范许尔滕都以这样或那样的方式参与其中。[314] 非洲土地上的关键人物是亨德里克·卡洛夫(Hendrick Caerloff),他于17世纪20年代初出生于德意志的罗斯托克镇(town of Rostock)。在圣多美和埃尔米纳为荷兰人服务后,卡洛夫于1649年前往阿姆斯特丹,但不到1年便返回瑞典,担任瑞典非洲公司的董事。在一次争吵之后,卡洛夫与瑞典人分道扬镳,但他于1657年再次前往黄金海岸,这次是为完成一项丹麦国王的军事使命。因此,他帮助丹麦非洲公司在一家实际上是荷兰人开的公司找到了所需要的轴承,艾萨克·科伊曼斯(Isaac Coymans)是这家公司主要的资助者之一。当卡洛夫与其丹麦负责人决裂时指认科伊曼斯犯有叛国罪,因为他把荷兰人的军事计划告知了丹麦公司。科伊曼斯被判入狱6年,罚款2万荷兰盾,并被逐出联合省和西印度公司统治的地区。[315]

丹麦商人曾经利用过荷兰人的服务。出生在阿姆斯特丹的蒂勒曼·威利肯斯（Thieleman Willekens）是荷兰奴隶贸易中的老手，他在卡拉巴尔海岸生活了4年并投诚丹麦。1647年，他受丹麦的委托驾船前往卡拉巴尔，购买运往加勒比的奴隶。尽管威利肯斯完成了前往巴巴多斯的行程，但这似乎是他唯一的丹麦之旅。在返回格吕克施塔特（Glückstadt）的途中，由于风暴和船舱渗水，他被迫进入新阿姆斯特丹，总督施托伊弗桑特没收了他的船和货物。[316] 1年后，另一艘载着从黄金海岸运往荷兰共和国的黄金和象牙的"丹麦"船在返航时被扣押。1647年，至少有2艘法兰西奴隶船在黄金海岸航行，其船长是荷兰人，其中之一是西印度公司的退伍军人。荷兰人在圣多美没收了其中一艘船。1648年，另一艘由荷兰人担任船长的船在黄金海岸被俘获。6个月后，阿姆斯特丹商人派出的另外2艘船被俘获，其中之一的船长是荷兰人，另一艘船上的船长和22名水手是荷兰人。[317] 同样，1648年，西班牙奴隶贸易探险队从西班牙的桑卢卡尔（Sanlucar）出发前往冈比亚（Gambia）。这艘"圣费利佩号"（San Felipe）船上也有几名荷兰商人，还有荷兰籍的舵手、船长和厨师。[318] 1650年，葡萄牙贸易商依靠2名荷兰商人——他们是来自米德尔堡的彼得·鲍达特（Pieter Baudaart）和来自阿姆斯特丹的埃格伯特·舒特（Egbert Schut）——从贝宁输入103名奴隶，再将其在加勒比出售。"黄金财富号"（Goude Fortuijn）和"德埃兰特号"（De Elant）带着多达80名荷兰人完成了任务。[319] 另一艘从荷兰出发前往非洲的船是1654年的"埃尔·圣雷伊·唐费迪南多号"（El

Santo Rey Don Ferdinando），该船由西班牙人装备，由荷兰人担任船长，并载有二十六七名荷兰船员，他们在贝宁湾购买了奴隶。[320]

1652年，埃尔米纳总督鲁伊查弗向联省议会抱怨，荷兰人为"获取超额报酬"积极参与外国的奴隶贸易。在为西印度公司服务中获得经验之后，他们为了金钱将这些经验贩卖，"结果把它毁了"。[321]这些荷兰军官和水手提供的专业知识不仅限于航海，他们在非洲贸易中经验丰富，了解价格、产品以及他们出售的商品的非洲名称。[322]例如，亨德里克·卡洛夫（他当然不是荷兰人，而是一位具有"荷兰"专业知识的人）在1665年以后再次提供的服务对法兰西西印度公司非常重要。卡洛夫至少参与了5次从阿姆斯特丹出发的有记录的三角航行，在奥弗拉（Offra）建立了一家法兰西工厂，并乘船驶往法属加勒比地区以开展业务。[323]另一位向法兰西西印度公司提供服务的西印度公司前员工是赫里特·范泰兹（Gerrit van Tets），他在17世纪40年代中期曾在拿骚堡和海岸角城堡担任荷兰人的初级职员，并在沙马小屋（Shama lodge）担任职务。在与卡洛夫合作数年之后，范泰兹分别于1666年至1667年（为法兰西西印度公司）和1668年（为丹麦非洲公司）前往西非。因为在1677年被判定犯欺诈贸易罪，他回到荷兰的时间很短。[324]

在接下来的几年时间里，挂着奇怪旗帜的"荷兰对手"逐渐消失了，因为外国人已经学到了荷兰人的专业知识，不再需要他们的帮助。那些没有寻求外国保护伞来推进自己计划的荷兰走私者（尤其是泽兰省的）开始了自己的策划。西印度公司在1655年至1657年没收了5艘走私船,并在1660年至1664年扣留了另外7艘船。在随后的几十年中,该公司继续追捕有嫌疑的走私者。[325]然而,正义并不总会到来。西印度公司缺乏用于拦截走私者的快艇,埃尔米纳的雇员们也没有尽全力追捕走私者。事实证明,他们中的许多人自己也曾是走私者。[326]

西印度公司的员工普遍不再忠诚而要加入外国公司的意愿,不止明显体现在非洲沿岸。如果没有荷兰人的投资、商业技能以及与土著居民发展关系的经验,那么瑞典殖民地新瑞典(位于今天的特拉华州)可能不会取得进展。[327]只是给这些荷兰人贴上"投机者"的标签并止步于此太过简单了。"共和国的子民"这个身份仍处于起步阶段,他们首先忠于城镇或小区域。因此,在新政体下的身份认同不是自然而然的。至少在17世纪上半叶,对于外国国王的臣民来说,创造或拥抱海外的机会也不罕见。正如英格兰《航海法案》首次指出的那样,随着时间的推移,对重商主义的日益重视开始阻碍商业的发展。

如果说西印度公司的雇员与外国贵族的仆人之间的区别有时很难被察觉,那么垄断者和自由贸易的支持者之间的分界线也并不总是很清晰。西印度公司人员的利益并不一定与官方的垄断相一致——受益于他们所获得的秘密情报,西印度公司的董事们是自由贸易商的主体。[328]同样,通过购买股票,股东可以掌握有关大西洋世界的第一手商业信息,并能够保护其在背地里的商业活动免于被公司采取法律行动。与东印度公司不同,西印度公司成为在大西洋世界经营的商人们的一个特殊利益组织。[329]

　　各殖民地间的贸易是荷兰在大西洋世界的标志，尤其是在与荷属美洲殖民地的贸易中废除了西印度公司的大多数垄断权之后，跨帝国贸易开始繁荣发展。荷兰商人在弗吉尼亚早期的活动非常重要，他们往来西属美洲所提供和带回的货物令人印象深刻，他们在法属加勒比殖民地建立的奴隶贸易对于法兰西制糖业的发展也不可或缺。在与非洲的贸易中，荷兰人不依赖其欧洲同行，而是自己与非洲客户和供应商们打交道。外国竞争者从受西印度公司垄断挤压的荷兰人那里学到许多经验与技能。

　　随着外国势力采取重商主义措施，在商业变革的支持下，荷兰在大西洋世界开始比以前更加依赖对殖民地的开发。因为种植园经济的发展，他们开始生产经济作物。与外国殖民地的贸易仍在继续，库拉索和圣尤斯特歇斯岛作为区域性的转运港发挥其作用。但是，与过去几十年来在海外无处不在的活动相比，荷兰商人不再像以前那样广泛地与海外建立商业往来。现在，他们将精力集中在那些外国的殖民地港口，通过它们，荷兰人可以从加勒比岛的贸易基地获利。

第六章
移民与定居点

人口、职业和家庭

优势与特权

与尼德兰的关系

归正教会

17世纪的荷属大西洋殖民地既是战场，也是连接各大洲的商业桥梁——对于欧洲移民而言，它并不是一条光明大道。但这并不是因为缺乏计划。"十二年停战"结束后，一些荷兰人开始鼓励大规模移民。鉴于联合省内各省的人口过多，一位小册子作者建议在新世界建立殖民地作为他们的"庇护所"（*asylum pauperum*）。[1] 1623年，《闲谈》中的一个主角不认可荷兰殖民地将无人居住的观点。他说，这太荒谬了，因为宗教法庭会从天主教的土地上源源不断地为我们送来相同信仰的人。他们将帮助启蒙那些盲目愚钝的异教徒和美洲印第安人。[2] 四分之一个世纪过去之后，很明显，移民来得不算多。

1649年，*Haerlems Schuyt-praetjen*中的一个人物坚持认为，即使恢复了所有失去的土地，也无法拯救巴西的殖民地。巴西需要1万名移民，但免税或宗教自由并不能说服大多数人离开自己的家园。如果西印度公司想恢复荷兰对巴西的统治，就只能向殖民地引入法兰西人、英格兰人、葡萄牙人和非共和国居民的黑人。荷兰这个国家天然地不适合建立海外殖民地。看看那些加勒比岛屿，那里对荷兰人开放，对居住在那里的成千上万的法兰西人和英格兰人同样是开放的。荷兰人对其在新尼德兰的哪块殖民地不是不遗余力地花钱建设呢？这个人物有些夸张地说，荷属殖民地在面积上甚至还不到英属弗吉尼亚的百分之一。

由于移民不是西印度公司的头等大事，因此在许多情况下，西印度公司的董事们将组织移民的事务留给了资源丰富的个人去做。但是，即使不参与建立海外定居点，西印度公司的政策也影响了移民活动。西印度公司贸易垄断的反对者将对个人贸易商与潜在移民对跨大西洋迁徙的反感联系起来。那些克服了不适情绪并移居到美洲的荷兰人发现自己处在一个熟悉的世界中，农作物、法律、节假日以及归正教的关键作用，无不让人想起他们本已离开的国家。他们就是帝国的基石。

人口、职业和家庭

《闲谈》中人物的观点是正确的。在美洲没有出现人口稠密的荷属殖民地，即使是居民最多的巴西殖民地，人口数量也依然很少。尽管在其鼎盛时期的1640年，荷兰控制下的巴西人口可能在9万～11万之间，但绝大多数人是在过去10年中被征服的。[3]反荷起义一开始，仅剩一小部分人仍处于荷兰统治之下。根据人口调查显示（如表3所示），1645年9月，有13,378人居住在荷属巴西，其中一半以上来自欧洲[4]。人口第二多的是新尼德兰，其人口在外来移民和自然增长的双重作用下迎来了一波稳定增长，到1664年被英格兰占领时，已有7,000～8,000名居民。[5]在西印度公司成立最开始的几年里，奥兰治堡的主要定居点一直只是为公司工作的8个家庭以及10～12名水手的家园。甚至到1650年时，整个殖民地住着不超过2,000人。[6]苏里南种植园主们估计，1671年该殖民地的人口为3,800人，尽管有死亡和迁出人口，但该地区人口在接下来的12年内增长了1,000多人。[7]尽管有一定的人口增长，帕拉马里博（Paramaribo）的首府却缺乏一座城市该有的所有标志。一位即将上任的总督表示，这是一个仅有少数寓所的充满悲伤的、被冷落的贫困而破败的地方。[8]值得注意的是，荷兰居于世界上城市化程度最高的国家之列，而荷兰的几个殖民地却缺乏产生真正城市的环境。例如，在埃塞奎博，根本没有出现城镇。[9]

表3 荷属美洲的人口

殖民地	年份	总人口	欧洲人	非洲人	美洲印第安人
巴西[①]	1640	90,000～11,000	7,124	2,671	35,830
	1645	13,378			
新尼德兰[②]	1650	1,500～2,000			
	1664	7,000～8,000			
苏里南[③]	1671	3,800	800	2,500	500
	1684	5,092	811	4,137	144
多巴哥[④]	1662	1,600～1,700	1,200	400～500	
波默伦和莫鲁卡[⑤]	1662	2,130	430	1,500	200
圣尤斯特歇斯岛[⑥]	1665	1,170	330		
库拉索岛[⑦]	1665	600			
埃塞奎博[⑧]	1660	300～400			
萨巴岛[⑨]	1665	236	111		
卡宴[⑩]	1664	230	100	130	

①埃瓦尔多·卡布拉尔·德梅洛：《重建奥林达：在东北部的战争与糖（1630—1654）》(*Olinda Restaurada: Guerra e Açúcar no Nordeste, 1630–1654* .Rio de Janeiro: Editora Forense-Universitaria; São Paulo: Editora da Universidade de São Paulo, 1975)，168；维克托·恩west文（Victor Enthoven）：《荷兰人的十字路口：尼德兰与新世界之间的迁徙（1600—1800）》[*Dutch Crossings: Migration between the Netherlands and the New World, 1600–1800*. Atlantic Studies 2, no. 2（2005）, 155]。

②亚普·雅各布斯：《17世纪哈得孙河谷里的世界》之《离开所有朋友生活在如此遥远的土地上：荷兰人为什么在新尼德兰》》(*In Such a Far Distant Land, Separated from All the Friends: Why Were the Dutch in New Netherland?* in Worlds of the Seventeenth-Century Hudson Valley, ed. Jaap Jacobs and L. H. Roper，Albany: SUNY, 2014, 15)。

③ZA，SZ 2035/225，苏里南居民向泽兰省提交的请愿书，1671年3月11日；克劳迪娅·施努尔曼（Claudia Schnurmann）：《大西洋世界：在美洲-大西洋地区的英格兰人与尼德兰人（1648—1713）》(*Atlantische Welten: Engländer und Niederländer im amerikanisch-atlantischen Raum 1648–1713*. Köln: Böhlau, 1998, 382)。

④阿里·布默特（Arie Boomert）：《美洲印第安人与欧洲人在多巴哥及其周边地区的交锋（1498—约1810年）》[*Amerindian-European Encounters on and around Tobago（1498–ca.1810）. Antropológica* 97–98（2002）, 128]。哈梅尔伯格关于1665年多巴哥有7,000名奴隶的估计过高，见J. H. J.哈梅尔伯格：《多巴哥：一个被遗忘的荷属殖民地》，载于《库拉索岛的威廉斯塔德的第四次历史、语言、乡村伦理学学会年度报告》(*Tobago: Een vergeten Nederlandsche kolonie. Vierde jaarlijksch verslag van Geschied-, Taal-, Land- en Volkenkundig Genootschap, gevestigd te Willemstad, Curaçao*. Amsterdam: J. H. de Bussy, 1900, 18)；科内利斯·C.哥斯林格（Cornelis C. Goslinga）：《加勒比海及狂野海岸上的荷兰人（1580—1680）》(*The Dutch in the Caribbean and on the Wild Coast, 1580–1680*. Assen: Van Gorcum, 1971, 44)。

⑤乔治·林肯·伯尔（George Lincoln Burr）：《圭亚那边界：美国委员会工作的后序》[*The Guiana Boundary: A Postscript to the Work of the American Commission. American Historical Review* 6, no. 1（October 1900）, 57–58]。

⑥伦德特·扬·约瑟（Leendert Jan Joosse）：《新世界的信仰：遇见非洲人以及美洲印第安人（1600—1700年）》[*Geloof in de Nieuwe Wereld: Ontmoeting met Afrikanen en Indianen（1600–1700）*. Kampen: Uitgeverij Kok, 2008, 351]。

⑦伯纳德·布丁:《范邦特和斯诺:库拉索岛的威廉斯塔德自1634年以来的起源和成长:1700年至1732年间,威廉斯塔德和米克韦·伊斯雷尔-伊曼纽尔犹太教堂的建造历史(1730—1732)》(*Van Punt en Snoa: Ontstaan en groei van Willemstad, Curaçao vanaf 1634: De Willemstad tussen 1700 en 1732 en de bouwgeschiedenis van de synagoge Mikvé Israël-Emanuel 1730–1732*. 's-Hertogenbosch: Aldus Uitgevers, 1994, 42)。

⑧据估计,17世纪50年代后期,有1,500~1,600人住在埃塞奎博,但由于饥荒,该地区经历了人口锐减。见约瑟:《新世界的信仰》,第376页。

⑨1665年8月23日,西奥多·卡里上校致圣尤斯特歇斯岛的阿尔伯马勒公爵,见W.诺埃尔·塞恩斯伯里(CSP):殖民地系列《美洲与西印度群岛(1661—1668)》(*America and West Indies, 1661–1668, Preserved in the State Paper Department of Her Majesty's Public Record Office*. London: Her Majesty's Stationery Office, 1880, 319)。

⑩1664年时,这一犹太人殖民地包括60名欧洲人和80名非洲奴隶。洛德韦克·奥古斯蒂努斯·恩里·克里斯蒂安·赫尔斯曼:《荷属亚马孙地区:1580—1680年间与美洲印第安人的贸易》(*Nederlands Amazonia: Handel met indianen tussen 1580 en 1680*. PhD diss., University of Amsterdam, 2009, 150)。卡宴最初的基督教殖民地住着三四十名定居者,但没有关于非洲奴隶的数据。我估计他们的人数为50人。见NAN, SG 5767, 西印度公司董事J.里卡耶(J. Rijckaerts)和戴维·范巴勒(David van Baerle)于1664年2月21日致阿姆斯特丹市议会。1680年在伯比斯的欧洲居民不到100人。见本书第156页。

少数荷兰人定居在圭亚那和亚马孙附近地区,这些地区都曾被哈布斯堡王朝宣称拥有主权,但并没有伊比利亚人定居于此。实际上,这里仍然是美洲印第安人的土地。荷兰人稀疏散布在一个广阔的地区,尽管他们更喜欢圭亚那的西部地区,尤其是卡宴和奥亚波基河[Oiapoque River,或维雅博克河(Wiapoco River)]河口,从1598年到1677年,荷兰商人和殖民者在那里的活动几乎没有中断过。[10]不论是在这里还是其他地方,荷兰人的跨大西洋移民都如此之少,以至于在智利的一名荷兰囚犯(亨德里克·布劳威尔远征队成员之一）承认，移民永远不会主动前往，必须对他们施以哄骗的手段。[11]一本小册子的作者声称，男人们通常不准备离开家园，除非他们被迫或怀着改善生活的渴望离开。正如一位现代社会学家所说的那样，促使人们迁移的动力，是认识到他们目前的满意度与他们期望在新土地上获得的满意度之间的差距。[12]西印度公司的董事们认为，每个想要工作的人都可以在联合省找到工作，没有理由要搬迁到一个遥远的地方，去面对充满未知的将来。[13]此外，董事们并不知道的是，从16世纪70年代开始，超过一个世纪，实际薪水一直在上涨，直到17世纪80年代才开始下降。[14]潜在的移民们意识到，海洋另一端的草并没有更鲜绿。即使在17世纪50年代和60年代战争期间物价上涨时，他们还是持观望态度，盼着经济能够很快复苏。在这几十年里，只有新尼德兰吸引了数量可观的移民。一本小册子的作者给荷兰农民对迁居那里犹豫不决的态度提供的解释是：已经定居在普法尔茨、东弗里斯兰和勃兰登堡（Brandenburg）的荷兰农民的糟糕经历。[15]他们的失败使那些潜在的移民们对远渡重洋非常慎重。

殖民地人口稀少的原因之一是女性移民少。第一批横渡大西洋到殖民地定居的人是男人，从这个意义上讲，殖民地是人们在船上生活的延续。[16]女性有时甚至被禁止登船，因为据称她们的存在可能使船上的两性关系变得紧张。[17]1633年，在西班牙重新征服的前夕，荷兰在圣马丁岛的殖民地上有95名白人男性和2名荷兰女性。[18]在早期的库拉索岛，女性同样少见。1639年，新任总督带来了250名男子（部分取代了服役期满的人），使男性总数增至273名。总督也带

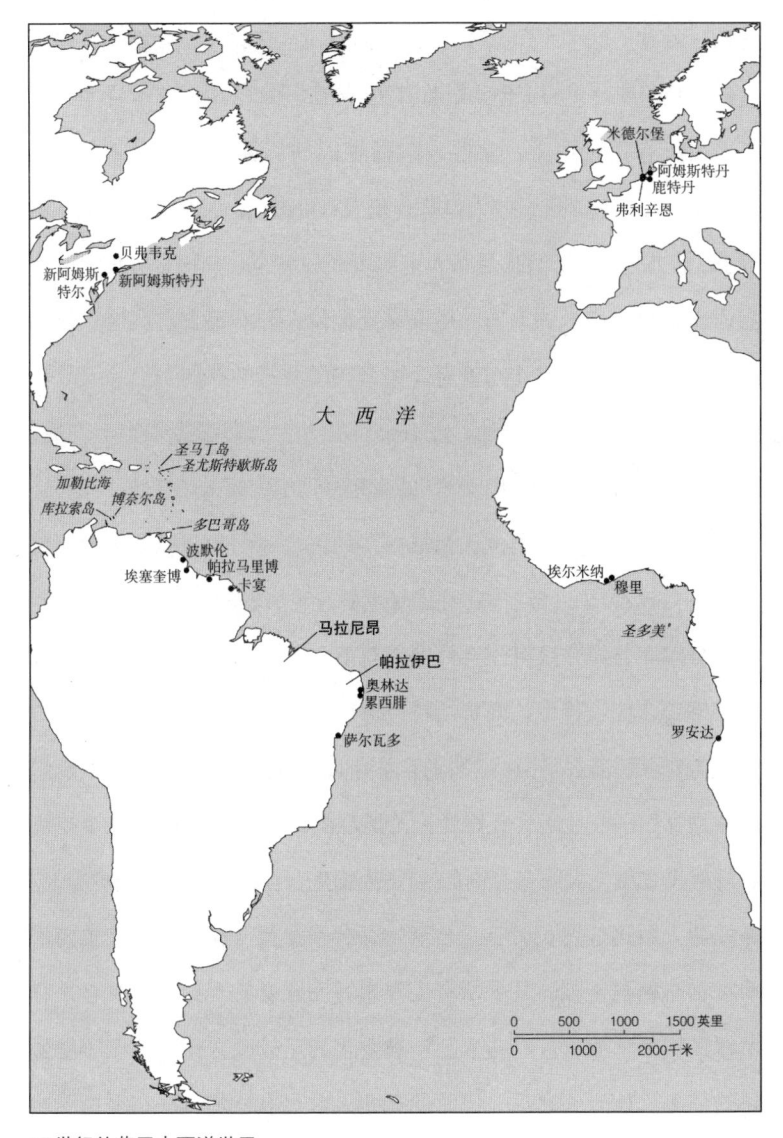

17世纪的荷属大西洋世界。

第六章　移民与定居点

来了10名女子，但这个数字在一年之内减少了一半，因为其中1人死亡，另有4人返回了欧洲。[19]在非洲的荷兰贸易站，女性人数相当少——西印度公司的工作人员将其配偶带到那里的情况非常罕见。

在所有殖民地中，女性人口稀少的问题并不明显。1645年至1646年，在累西腓进行的人口普查记录有855名男性和452名女性（还有397名儿童），他们都是私人定居者。另有500名妇女和儿童被列为西印度公司雇员的家属。可以肯定地说，妇女至少占到这一数字的一半。如果她们都住在首府，那么在累西腓的欧洲女性总人数一定在700人左右。[20]同样地，在1665年英格兰人征服斯塔提亚之后，该地的76位男性及42名妇女和132名儿童拒绝宣誓效忠王室。[21]然而，没有哪个地方的女性比例比新尼德兰的更高，至少在荷兰统治的最后10年是这样的，当时的荷兰家庭占所有定居者的70%。[22]

西印度公司并没有让女性轻易就能独自迁往殖民地。女性只有在结婚后才能这样做，阿姆斯特丹商会还要求妻子出示证据以证明其丈夫要求她前去陪同。[23]的确有单身女性生活在荷属巴西，但她们往往是寡妇——在起义开始后，尤其是在1648年至1649年的瓜拉拉皮斯战役之后，大约有1,550名荷兰人丧生。该地（尤其是德意志人）寡妇的人数迅速增长。有几名寡妇在试图为累西腓之外的孩子们采购食物时被捕入狱。几乎所有人都想返回联合省，但是很少有人有足够的钱踏上旅程。有些人甚至被要求为已故丈夫偿还欠西印度公司的债务。1645年之后，巴西的孤儿人数也有所增加。在毛里茨城的孤儿主管（其任务是为孤儿指派监护人）承认他们已无法掌控情况后，政府为孤儿（由于没有孤儿院，他们中的大多数都住在累西腓的医院）指定了收养他们的父母。[24]

并非所有迁徙到殖民地的女性都是西印度公司的雇员或自由定居者的妻子，其中有一小部分人与男性殖民者签订了卖身契。1659年，有2名妇女与殖民者订立了前往新世界的契约。扬妮特·扬斯（Jannetje Jans）受雇于一位即将前往卡宴的阿姆斯特丹商人戴维·迪亚斯·安图内斯（David Dias Anthunes），为其做2年的家佣，商人向她支付旅费、舱位费以及到达之后的伙食费。[25]对于混血女人萨拉（Sara）来说，为艾萨克·塞拉诺（Isaac Serrano）家人服务不是什么新鲜事。她签订了在库拉索岛做3年管家的契约，这与她在阿姆斯特丹家中做了19年的工作相同。[26]

关于殖民地居民处于危险之中的报道可能阻止了许多身处旧世界（Old World）的女性迁居新世界。当然，横渡大洋本身也并非没有危险。1658年，一艘载有160名自由人的荷兰船在前往新泽兰迪亚的途中被柏柏里海盗俘获，后者将这批旅客当作奴隶带到了北非。[27]20年后，这种情况再次发生。与法兰西的6年战争结束之后，42名男女老少怀着开启新生活的希望到达苏里南。然而，所有人都被柏柏里海盗劫持并在阿尔及尔沦为奴隶。[28]疾病是另一场灾难。1677年，一种传染病摧毁了一艘开往奥亚波基河的移民船，43人葬身大海。[29]

同样折磨着荷属殖民地的是移民回流。家庭责任、思乡之情和各种其他情况（如巴西的起义）都有可能使移民们再次横渡大洋。[30]例如，来自库拉索岛的一名面包师汉斯·弗雷德里克斯（Hans

Fredericks）就回国了，因为他已经与荷兰省的一位寡妇订婚几年，担心她会在他不在时嫁给别人。[31]种植园主尼古拉斯·德祖特（Nicolaes de Zoutte）声称，离开苏里南是因为严重的背痛折磨着他和他的配偶。[32]此外，他的妻子补充说，这个殖民地"让他们想到了索多马（Sodom，罪恶之地，源自《圣经》。——编者注）和娥摩拉［Gomorra，罪恶之都，是《圣经》中因其居民罪恶沉重而与索多马一起被神毁灭的古城。——编者注］"，谎言、欺骗、喊叫、侮辱和放纵在这里司空见惯，而那些没有这么做的人就会被归为"告密者和教会的顶梁柱"。[33]许多人刚来时想着碰碰运气，希望在这里发笔财就回家。结果却是，在新尼德兰，殖民社会不断处于变动之中：商人和代理商往返于旧世界与新世界之间；官员们任期结束就返回国内；如果这片应许之地没有达到人们的预期，农民和工匠们也会离开。[34]

尽管最初从累西腓回到联合省相对容易，但在1647年这一行动变得困难起来——当时发布了一项命令，规定所有打算回国的人都必须在出发前6周将自己的名字列入名单，这样就可以防止债务人和罪犯偷偷溜走。[35]在开船之前，会计、议员和一些士官将对登上甲板的乘客进行检查，并在各个角落搜寻偷渡者。[36]有一次，水手允许一对既没有获准离开也没有将名字登记到名单上的夫妇上船，这对夫妇非常害怕遇到稽查人员，所以他们藏在了一只粗腰桶里。之后他们被发现因窒息而死。[37]

在1647年之后仍设法离开累西腓的众多移民中，有阿德里安·克里嫩·波斯特（Adriaen Crynen Post）和他的妻子克拉拉（Clara）。

他们于1649年年末回到故土，直到1650年6月才前往斯塔滕岛。[38]返回者发现自己无法再住在联合省的情况并不少见。艾萨克·德拉西埃曾是新阿姆斯特丹市议会的一等秘书，后来他作为商人与妻子伊娃（Eva）一起在巴西定居。在该殖民地消亡之后，这对夫妇被迫返回了共和国，他们于1669年，在巴巴多斯定居后再次移居美洲。[39]一些返回的移民充分利用了他们与殖民地的联系和他们的专业技能。亚伯拉罕·德拉戈（Abraham Drago，1628—1697）于1655年返回阿姆斯特丹之前在库拉索岛住了4年，在那里他成为与库拉索岛进行贸易最活跃的商人之一。他还往返旅行，以鼓动人们带着全家人一起移民。[40]其他在荷属美洲的移民们，无论男女，也多次横渡大洋以维持和扩大其商业联系。[41]

为了在大洋彼岸重新开始而从共和国移民的显然是城市人。在第一批来到新尼德兰用了6年时间开垦土地的人当中，许多人都没有任何农耕经验。他们甚至在契约到期之前就回国了。[42]相比之下，在荷属美洲的移民中，商人、小企业主和旅馆老板占有相当比例。[43]在苏里南拥有种植园的一位牧师写信给他的叔叔说，这里甚至连农民都不需要。这里既不需要割草和播种，农民也教不了奴隶任何东西。相反，农民将不得不学习种树、砍树和整理木材。[44]也就是说，这里需要的是木匠、泥瓦匠、铁匠、造船工人、单桅帆船制造商和锯木工人。[45]

渴望在大西洋世界担任官职的人很少。不过，对于聪明、勤奋的年轻男性来说，还是有机会的，他们可以获得食宿，收入也相当不错。在巴西，总督及其顾问可以自由地按自己认为合适的方式建立公务员制度,人们可以找到诸如书记员、文员、接待员、警员、监狱看守或其他公职人员之类的工作。书记员和小职员的工作并非谁都能做,通常要求从业者具有良好的荷兰语读写能力以及数学运算和规范写作的能力,但是血缘关系和人情往来可以成为一些移民拿到这些工作机会的敲门砖。[46]一本小册子作者称,与一名西印度公司董事有交情是被提名为西印度公司任意高级职位的前提条件,无论是在国内还是国外。[47]

艾萨克·斯威尔斯(Isaac Sweers,1622—1673)正是一个依靠自己朋友圈的人。艾萨克是东印度公司董事阿伦特·斯威尔斯(Arent Sweers)之子,他在18岁时就由在东印度群岛发迹的兄长萨洛蒙(Salomon)负责照顾。萨洛蒙对他进行了6~7个月的培训,教他抄写日志、法案、合同、遗嘱和其他文件,为他以后可以在西印度公司或东印度公司工作做好准备。在朋友的帮助下,艾萨克得到了2个机会:做前往亚洲的轮船上的初级商人或前往巴西的轮船上的押货员。他选择了后者,部分原因是他另一个兄弟亚伯拉罕在该殖民地任职。[48]从累西腓政府办公室的职员做起,艾萨克成长为一名公证员和法律顾问。随后,他在巴西开始了军旅生涯,并以担任联合省的海军中将为其职业顶点。[49]

尽管有时要想在大西洋世界里谋得一个高级职位需要天时地利,但是提前接受一些培训也没有什么坏处。在新尼德兰,巴斯蒂安·扬斯·克罗尔(Bastiaen Jansz Krol,约1595—1674)是一名布艺工人改行做了病患安慰者,他于1624年作为西印度公司的职员在奥尔巴尼的奥兰治堡的政府部门担任公务员，不久他就被任命为奥兰治堡的管理者。1632年，总督彼得·米纽伊特（Pieter Minuit）被召回荷兰，克罗尔成为新尼德兰的代理总督，不过他在职仅1年多。[50]如果放在亚洲，克罗尔如此快速的晋升是绝无可能的，或者说至少是非常特殊的。但在大西洋世界，仅靠活着就可以成就一番事业的情形并不少见，比如迪尔克·威尔里（Dirck Wilree，1636—1674）正是如此。22岁时，荷兰人威尔里是入侵非洲海岸的丹麦船上的一名商人，这是一艘单桅货船。发现这艘船状况不佳后，船员们在喀麦隆河上将其焚毁，随后威尔里在那里登上了一艘英格兰船，去了埃尔米纳。由于4月~7月的雨季里常常有大批欧洲人死去，埃尔米纳的公务员严重短缺，以至于西印度公司立即提供给威尔里一个助理职位。因为有在黄金海岸的多家荷兰工厂的工作经历，威尔里很快就被晋升为高级职员，仅仅1年后，他又被任命为穆里——与阿肯人进行黄金贸易的重要堡垒——的货物主管。总督于1661年5月去世后，威尔里临时接替了他的职位。抵达西非不到两年半后，他发现自己拥有了250名士兵。在接下来的13年的大部分时间里，他都是黄金海岸最高级别的荷兰官员。[51]

那些打得一手好牌的人也会利用所积累的专业知识来开启自己的从商生涯。1633年，来自西属尼德兰的蒂伦豪特（Turnhout）的霍弗特·鲁克曼斯（Govert Loockermans，1616/7—1670/1）作为厨师的助手抵达新阿姆斯特丹，与他在同一艘船上的新任总督沃特·范特威勒（Wouter van Twiller）任命这名16岁的少年担任西印度公司的职员。

6年后，鲁克曼斯成长为一名自由贸易商——在搬到新阿姆斯特丹之前，他往返阿姆斯特丹多年。没过多久，他就成为这座城市的主要商人之一。[52]彼得·阿尔德洛夫（Pieter Aldroff）22岁时开始在累西腓担任西印度公司理事。3年后，他晋升为专员（职员主管）并在该职位上活跃了2年一直到1647年。他回到阿姆斯特丹可能是为了在累西腓经商，他于1650年至1652年在该地做生意。在最后返回阿姆斯特丹之前，阿尔德洛夫似乎一直都留在巴西。[53]

尽管事务性的工作有助于创业，但在大西洋世界取得进步与在亚洲谋求发迹截然不同。亚洲工厂没有大西洋世界那样的定期交换信息和商品的网络，也没有一个（时常被提到的像累西腓那样的）中央总部。1654年，葡萄牙人击败荷属巴西是一个重要的分水岭。如果荷兰人能保住他们在巴西的统治地位，累西腓可能会像巴达维亚（Batavia）一样，并与荷兰人在北美、加勒比和非洲的属地建立起稳定的联系。继英格兰人征服新尼德兰10年后，荷兰又失去了巴西，致使联合省不再是有能力的年轻人的发展平台。在接下来的3个世纪中，荷兰人主要在亚洲发展其殖民地。

几名男子利用他们在大西洋的经验优势为东印度公司工作。出生于德累斯顿的扎卡赖亚斯·瓦格纳［Zacharias Wagner，或瓦赫纳格（Wagenaer），1614—1668］无论从哪方面看都是一位杰出的人物，他最初以普通士兵的身份来到巴西。这位自学成才的学者汇编了一本当地野生动植物和人物的水彩画作合集，后来经过自己的努力，他成为约翰·毛里茨的宫廷军需官。1643年，瓦格纳作为候补军官（比普通士兵高一级）乘船抵达巴达维亚后，被任命为荷兰侵占的中国台湾地区（Dutch Taiwan）执政委员会的委员，两度担任出岛（Deshima）工厂的负责人，还任巴达维亚法院司法委员会委员以及开普殖民地的二把手。1667年，他作为返航舰队副司令回到了国内。[54] 马托修斯·范登布鲁克（Mattheus van den Broucke, 1620—1685）在巴西为西印度公司工作了10年，其间他曾被葡萄牙人俘虏。1648年，他登上了东印度公司的舰艇，担任在孟加拉的荷兰贸易站的主管和印度群岛议会的成员。作为返航舰队的海军上将被调回国后，范登布鲁克就任东印度公司阿姆斯特丹商会会长和多德雷赫特市市长。[55]

优势与特权

尽管移民计划获得成功，但十九人委员会成员却突然意识到，他们还没有履行西印度公司章程中的第二条，即要求人们居住在"（土地）肥沃而无人居住的地区"。别无选择，他们只能把这一任务外包出去，尽管他们不想向任何个人开放殖民地。公司的实质股东将以"大庄园主"的身份参与殖民统治，获得与共和国内的庄园主类似的特权。[56] 这些大庄园主会被授予可使用的领地，条件是在4年内要实现有五六十名年龄在15岁以上的移民移居到其领地。[57] 大庄园主对获得的领地负责，并被赋予继承权。他可以分配自己所拥有的领地，征收什一税以及消费税。[58] 大庄园主仅代表西印度公司和联省议会行使广泛的权力,当其领地上建立起一个或多个城镇时,他将会被授权任命官员和治安官并制定法律。北美洲的大庄园主还对死罪拥有司法权。[59]

阿姆斯特丹和泽兰的西印度公司董事们争相竞争成为北美、圭亚那种植园和加勒比海岛屿的大庄园主,尽管只有少数人得到了机会。[60]圣马丁岛、圣尤斯特歇斯岛和萨巴岛也出现了很多大庄园主,这些地方在17世纪30年代被荷兰人占领后不久就被分给了大庄园主,而多巴哥在一段时间内以新瓦尔赫伦(New Walcheren)的名义出现。在圭亚那,伯比斯从1627年开始就是泽兰的范佩雷(Van Pere)家族的私人领地。[61]17世纪20年代,在北美出现的多块大庄园主领地中,只有在奥尔巴尼及附近地区的基利安·范伦塞拉尔(Kiliaen van Rensselaer,约1586—1643)的领地挨过了困难的初期阶段。[62]考虑到在伦斯勒斯维克成立的最初10年中,几乎有一半移民搬去了新尼德兰的其他地方或返回了欧洲这一事实,在4年内建立起一个有50人定居的移民点是一项不可能完成的任务。[63]这绝非一件不起眼的小事。

由于巴西没有被分派任何大庄园主,因此西印度公司不得不自己担负起为该殖民地带去移民的任务。[64]在1630年入侵之后,西印度公司以自由通行的承诺吸引有兴趣从事贸易或农业的个人或家庭,还有工匠、理发师、外科医生、药剂师和男教师移居巴西。[65]在取得一系列战事胜利之后,西印度公司还鼓励士兵们定居下来,转业成为农民。1634年,联省议会颁行了一项关于移居巴西的全面法令,允许个人和集体移民。由参与者选择的总督、传教士和其他管理者领导的移民集体背负着建立城镇的使命。这种移民方式的最小规模是25个家庭或者50个人。如果移民数量较少，则将被视为个人移民。[66]

泽兰商会于1628年发布了用以规范大庄园主的《自由与豁免法案》(*Freedoms and Exemptions*)的法律框架文件。阿姆斯特丹商会于1629年出台了类似规定，其他商会也在之后陆续发布相关条令。前两条特权规定，西印度公司的船将在收到交通费和运费的情况下将移民送往其大庄园主的土地上。规定还明确指出，西印度公司将殖民地居民视为农民。如果有足够的空间，动物和工具被免费运送。只要使用西印度公司的船运送货物，所有移民都将免税10年，并且可以在美洲进行自由贸易。[67]如我们所见，17世纪20年代和30年代在荷兰引起激烈争论的自由贸易是一个棘手的问题。那些争论围绕着究竟哪种方式能够更好地服务于殖民地而展开：是延续西印度公司的垄断贸易，还是实行自由贸易？哪种方式能够更好地刺激人口向殖民地迁移？主张西印度公司垄断贸易的一派坚决反对自由贸易的提案，他们认为即使是在新尼德兰的荷兰人也应控制在必要的范围内，以缩减西印度公司在防卫和食物供应方面的开支。[68]这场争论不仅仅使西印度公司和与西印度公司没有联系的商人们之间产生了对抗。西印度公司阿姆斯特丹商会提倡自由贸易，认为这将有助于防止金融崩溃。董事们指出，在有限的自由贸易体制下，西印度公司在关税方面的收益将超过其从事贸易所得到的收益。[69]他们还利用了另一个论点。他们说，在巴西，垄断将会使大量的葡萄牙人离心离德，随后殖民地注定要消亡，"因为有多达1,000以上的葡萄牙人家庭"。[70]约翰·毛里茨在写给十九人委员会的信中也附和了这一意见。他在一次对话时发现,葡萄牙人反对垄断,"说他们宁愿把作物留在地里,也不愿在垄断的贸易中为他人服务,成为西印度公司的奴隶……"[71]这一观点认为,"自由"移民(工匠、商人和其他不为公司服务的移民)的迁入比士兵在殖民地的存在更有助于保证殖民地的持续。"有人的地方才会有财富",荷兰驻巴西总司令克日什托夫·阿尔奇谢夫斯基合辙押韵地说道。[72]此外,如果没有贸易,军队必然会成为一种负担,因为士兵的薪水和给养会耗尽西印度公司的预算。[73]"自由"人口将创造经济活动,支付进出口关税,同样也肩负着军人的重任。[74]

阿尔奇谢夫斯基的观点得到了约翰·毛里茨的支持,对于1638年在巴西采用符合条件的自由贸易政策很有帮助。各省于同年观察、分析新尼德兰情况时得出的结论是:该殖民地充其量只有适度的人口,但现在该地人口开始减少,"而西印度公司似乎忽视了这一点。住在这里的外国王子和有权势的人们都在努力吞并新尼德兰,如果不及时处理这些问题,他们马上就能占领整个新尼德兰"。[75]联省议会是时候采取行动了。被派往西印度公司的代表受命确保该公司将为新尼德兰带去人口,否则各省就会取代西印度公司在该殖民地的地位。[76]

一些垄断派反对将移民派到各殖民地,他们认为人口众多的殖民地将来可能会摆脱其控制。他们希望把社会上的渣滓败类送到海外,因为这些人根本不利于建设有序社会,其存在只会败坏那些品德高尚的人。[77]巴西议会同意了这一观点。不加选择地为殖民地带去人口并不是鼓励发展的正确做法。在制糖经济中,首先需要的是资本家。而且，正如约翰·毛里茨所认为的，制糖业只会给有资本和头脑的移民带来利益。[78]

30年后，苏里南的居民质疑这个"只有种植园主应当受到欢迎"的观念。雇工们，或者至少是可以从事农业劳动的人才是殖民地的灵魂，他们才是诞生优秀而智慧的种植园主的源头。[79]苏里南的征服者亚伯拉罕·克里金森已经建议往苏里南输送移民。他的提议不仅满足了海外殖民地人民的需求，而且基于将穷人和流浪汉培养成为种植园主的崇高理想。克里金森指出，种植园主们迫切需要有人照看他们的奴隶。这些移民将获得食物和一小笔收入，并很快有机会获得更高的职位。大多数在巴巴多斯拥有大庄园的种植园主都是这样起步的。[80]因此，克里金森写道，希望泽兰省能够将流浪汉和乞丐们送到苏里南，特别是那些不来就只能一直待在拘留所里日渐衰弱的人。[81]

与其他大西洋大国（尤其是英格兰）不同，荷兰从未向大西洋的另一端送过多少罪犯，尽管殖民地本可以对这些人力加以利用。[82]在苏里南方面提出这一要求之前，向殖民地输送罪犯已经被讨论过但一直没有定论。1636年，联省议会曾提议将流浪汉们送到新尼德兰，在那里"这些人应恢复其原来的状态并享有自由"。[83] 12年后，荷兰省讨论了一项关于将乞丐和流浪汉们安置在陷入困境的荷属巴西殖民地的计划，但最后他们觉得往该殖民地送去品行端正的人会更好一些。[84]

孤儿是另一类潜在的移民。在17世纪50年代，至少有50名孤儿被送往新尼德兰，[85]并有超过177名来自阿姆斯特丹的牧师孤儿院（是该市市政府组织成立的两所孤儿院之一）的孤儿在17世纪80年代后期被送到了苏里南。[86]在17世纪中叶,将孤儿送到库拉索岛的计划从未实现,包括由100名西印度公司股东承诺在17世纪70年代将多达2,400名男孩和女孩送往苏里南和亚马孙河之间的新殖民地的计划也没有实现。[87]确实有孤儿从荷兰港口离开,但他们通常被送到东印度群岛。[88]

孤儿可以自由通行,但他们并不是可以自由通行的唯一群体。如前所述,大庄园主和西印度公司经常会为迁往新尼德兰的移民预付或支付交通费。伴随着自由穿越,基利安·范伦塞拉尔还以需要对方偿还为条件,为移民们提供可食用和播种的谷物,挑选建造农场的合适地点,建造带有营房和谷仓的房屋,并给他们提供1辆四轮马车、1张犁还有其他工具以及4匹马和4头奶牛。[89]在巴西的移民可以免费通行和免缴什一税(开始是免税2年,后来改为7年,每个孩子可增加1年)。他们还被允许自由砍伐树木以建造房屋和船。[90]1663年,西印度公司的做法更进一步,他们为迁往卡宴的个人移民免除全部税种10年。[91]阿姆斯特丹市承诺为新阿姆斯特尔的移民预付运输费,并提供1年的衣服、粮食和可播种的种子,希望借此发展出一个波罗的海的替代粮仓。[92]每个家庭都被允许可以拥有至少40英亩的土地,但前提是该土地必须在2年内耕种完毕。[93]农民可免缴10年的有角牲畜税和盐税,以及免缴20年的什一税。[94]6年后,即1662年,特拉华河的门诺派移民获得了免缴20年什一税和所有税费的优待。阿姆斯特丹也向每名男性预支了100荷兰盾以支付交通费,并全额支付了妇女和儿童的交通费。[95]

上述优待政策可能会帮助潜在的移民下定决心。[96]有些人可能也会被以他们为受众的小册子影响。约翰尼斯·德拉埃特和尼古拉斯·范瓦塞纳描绘了新尼德兰美好的自然风光与充满机遇的光明前景。另一位匿名作者宣称，宜人的气候让移民免于生病，他宣称"这是这个世界上最美好、最宜居、最肥沃的土地"。他建议移民在特拉华河岸建立家园，那里土地肥沃，比欧洲更适宜耕种。移民也不必害怕当地的美洲印第安人，因为他们缺少狂热的气质。[97]而且，移民会发现自己处于一个自由的王国，不会成为任何人的仆人。[98]就在阿姆斯特丹商会以及那些在新阿姆斯特尔建立大庄园的人大肆宣扬移居北美洲的优势时，泽兰商会把重点投放到了圭亚那的殖民地。来自德意志巴伐利亚选区的一名使者亲身感受到了两个商会与新世界不同地区的密切联系。1664年，当他与西印度公司董事们会面讨论可能的巴伐利亚大庄园主的空缺时，阿姆斯特丹商会盛赞了新尼德兰的优势，但忽视了该地最近正遭英格兰人侵占。巴伐利亚人被告知新尼德兰气候适宜，土壤肥沃，可以种植小麦、大麦、燕麦、烟草、葡萄和各种果树。这里鱼鸟富足，山上富含铜矿和水晶矿。而圭亚那则不利于人体健康，气候炎热且多沼泽。同时，泽兰商会的董事们强调新尼德兰的贫穷和圭亚那的富有，称圭亚那盛产黄金、白银、珍珠、水晶、宝石、硝石、香脂、橡胶、糖和染料木。[99]以上这些对新世界相互矛盾的愿景描述，可能使热带和温和气候的吸引力都遭到贬损。[100]

此外，尽管上述关于丰饶之地的故事可能充满诱惑，但它们是否能说服荷兰人进行跨越大西洋的迁徙令人怀疑。历史学家恩斯特·范登博哈特（Ernst van den Boogaart）发现，大多数离开家园去新尼德兰工作的人（做仆人、工匠、代理商、农场工人或女佣）都是被已经生活在大洋彼岸的人们聘去的，"或是在回国期间亲自聘的，或是通过商业往来、亲属关系，还有在少数情况下是通过定期航行到美洲的船长招聘的。其他人则是与即将迁移出去的人订立契约"。[101] 大庄园主基利安·范伦塞拉尔拥有的土地位于联合省中部相当贫瘠的霍伊（Gooi）和费吕沃，他的代理人成功说服那里的农民移民，他们将其领地改造成了一个自给自足的农业殖民地。没过多久，在曼哈顿的西印度公司就需要完全依赖伦斯勒斯维克生产出的过剩的粮食。[102] 回到尼德兰的家中，在统治新阿姆斯特尔期间（1656—1664），阿姆斯特丹也从费吕沃和贝蒂沃（Betuwe）招募移民。其代理人公示了移民条件。[103] 像他的叔叔基利安·范伦塞拉尔一样，新尼德兰前总督沃特·范特威勒与家乡费吕沃的佃户订立契约，约定他们到他位于曼哈顿的农场去工作。在一份契约中是这样约定的：农场工人必须按照"海尔德兰的方式"进行播种、割草和耕作。[104] 殖民地征募者通常偏爱中部和东部省份的农村劳动力，他们被认为是品行良好而勤劳的农民。在荷兰东部的农村地区，与西班牙军队之间断断续续的交战破坏了当地经济，许多家庭艰难度日。尽管当地的烟草业在17世纪后半叶缓解了当地的贫困状况，但很少有健全的工人参与其中，对他们而言，移民可能是一种选择。[105]

尽管有大量农民迁入，对于英格兰人而言，新尼德兰仍是一个单纯的贸易站。威廉·卡斯特尔（William Castell）在他的《美洲海岸及大陆的短暂发现》（*Short Discoverie of the Coasts and Continents of*

America，1644）一书中描写了一个荷兰人未能开发的殖民地。他们没有耕种土地，而是让土地休眠，专注于商业贸易。像美洲印第安人一样，他们的存在和对土地的权利主张可能会被忽视。[106]我们不禁想知道，如果卡斯特尔能够预见在殖民地最后几年（1657—1664）里迁入新尼德兰的移民以农民为主，他是否还会如此直言不讳？然而，即使到那时，新尼德兰的移民人数仍无法与迁往英属美洲的移民人数相提并论。尽管如此，与宾夕法尼亚这样的殖民地相比，新尼德兰的人口并不少。显然，上述两个殖民地都不需要太多的非奴隶的劳动力，整个荷属美洲都是如此。所以，来自联合省、德意志和斯堪的纳维亚半岛的潜在移民并不是以"自由"身份移民而是以西印度公司的雇工身份远渡重洋的。[107]

与尼德兰的关系

无论是移居热带还是温带殖民地，移民们都进入了一个熟悉的世界。这些殖民地无疑是荷兰共和国的西部分支，特别是在饮食习惯和法律体系方面。而获取食物从来都不是一件容易的事。一些殖民地的人口太少，以至于他们很难持续生产出足够的食物给外来的移民维持生活。最早的移民只能吃随荷兰船带来的荷兰食物，这并不奇怪。例如，在哈得孙河西岸的帕沃尼亚大庄园主土地上的居民以硬面包、黄豌豆和生黄豆为食。[108]理想的状态是，当地种植的农作物很快可以作为从荷兰带来的食物的补充。在荷属库拉索岛上收获的第一批作物包括豆类、南瓜、玉米、木薯、土豆、香蕉和各种瓜类。[109] 在巴西的荷兰人把从荷兰带来的种子种在地里，例如莴苣、白菜、萝卜、芜菁、菠菜，甚至土豆，还种出葡萄、无花果、柠檬、橙子和其他柑橘类水果。[110] 同样地，移居奥亚波基的移民不仅种植了生菜、萝卜、南瓜、黄瓜、菊苣和豆类，也吃到了长在野外的玉米、菠萝、柠檬和香蕉。[111]

然而，即使经过多年的殖民，大多数荷属美洲的移民仍然依赖从祖国进口的食物。[112] 运往巴西的货物包括腌制的牛羊肉、培根、熏火腿以及各种鱼、葡萄酒、奶酪和黄油；将新任总督基夫特带到新尼德兰的船上还载有牛肉、猪肉、黄油、奶酪和硬面包、大麦和白豌豆。[113] 虽然新尼德兰也种植谷物，但种植谷物被当作一门生意与利润丰厚的海狸贸易相竞争，后者对贝弗韦克（在奥尔巴尼）的居民更具吸引力。在整个殖民时期，移民都依靠当地村庄的玉米、鹿肉和鱼类的供应来生活。[114]

在南半球，木薯应该已经解决了粮食短缺的问题。正如约翰尼斯·德拉埃特在征服巴西之前所说，葡萄牙殖民地上有充足的木薯。不过他没有补充说明，这种农作物虽然富含卡路里，但营养价值很低。[115] 即使当局要求种植园主们划出一些土地来种植木薯，但实际种植还有许多有待改进之处。约翰·毛里茨对当局的要求给予了许多豁免优惠，但种植园主和农民们依然对此视而不见，因为对他们而言，种植甘蔗更加有利可图。[116]

有时也会出现饥荒。在荷兰人征服的巴西最北端的马拉尼昂，移民靠从累西腓送来的多余食物勉强为生。仅仅1年后，此地濒临毁灭，当时有官员写道："我们的仓库里完全没有粮食，除了面粉和盐以外什么都没有，由于被包围，我们什么也收不到……"[117] 1645年以后，在巴西的其他地区，饥饿开始影响每一个人。司法委员会（高级上诉法院）的一个成员写道，他的妻子和孩子常常因缺乏食物而伤心地哭泣。[118]主人们尽量减少奴隶的面粉量而增加自己的份额，面包师减少了三分之一的面包供应。为加热炉子来烤面包，累西腓的居民收集被冲上岩石或港口附近海滩的浮木，但这种海洋垃圾中的沥青和焦油使烤出的面包有一种怪味。为了防止穷人反抗，地方法官在武装士兵的陪同下挨家挨户地排查，命令每个人交出所拥有的任何食物，并将其存放在公共仓库中。[119]无法实现粮食自给也困扰着苏里南。在1672年与英格兰爆发战争后，荷兰共和国的运输中断了，犹太人及其奴隶遭受了饥饿。在接下来的一年里，情况也没有得到太大改善。[120]

粮食供应常常不稳定，以至于许多人同时到来给粮食供应造成了极大的压力。1644年，离开马拉尼昂的450名西印度公司员工的突然出现，吓到了过去3年里一直在努力解决粮食危机的库拉索岛的统治委员会。因此，议员们决定将这群不速之客里的大多数人送往新尼德兰。[121]奴隶船的到来也造成了问题。1646年，累西腓粮食的供应不足影响了安哥拉奴隶的出售，这些奴隶随后被运往费尔南多·迪诺罗尼亚岛。[122] 1664年（在英军征服前几周）350～400名非洲奴隶进入新阿姆斯特丹,再加上一艘船载着粮食离开新阿姆斯特丹前往库拉索岛,新阿姆斯特丹的粮食库存几乎面临枯竭。[123]在成为跨大西洋奴隶贸易的过境港口的第一个10年里,库拉索岛面临粮食供应短缺的问题。1668年,库拉索岛几乎不可能给3,000名即将转运至西属美洲各殖民地的非洲俘虏供应食物。第二年,西印度公司阿姆斯特丹商会为这些非洲人送来了咸肉和培根,以补充人们对库拉索岛上牛羊肉的消耗。[124]

尽管西印度公司努力让其他殖民地向累西腓运送粮食,但海外殖民地,尤其是巴西,仍然依赖共和国大都市的粮食供应。1633年,西印度公司计划由新尼德兰向巴西、西非或库拉索岛出口谷物,但从未实现。在17世纪40年代中期,巴西殖民地急需食物补给时,西印度公司也没有说服新尼德兰的移民向巴西运送鱼、面粉和当地作物。[125]那时,即使解决了荷属巴西的粮食问题也无法促成荷属大西洋世界的一体化。实际上,巴莱乌斯声称巴西无力自给自足的原因之一,正是西印度公司拒绝了约翰·毛里茨提出的整合巴西和安哥拉的要求。董事们指出,巴西尚且要依赖共和国的食物供应,何谈养活"非洲"。此外,绕道巴西还将导致运往安哥拉的食物严重减少。[126]

食物并不是与祖国的唯一联系。在每个新的殖民地,西印度公司都会很快引入荷兰法律体系的主要原理。虽然在民事案件和商业纠纷中,殖民地与联合省一样优先适用罗马法,但在荷兰和泽兰二省实行的关于继承和婚姻方面的成文法和习惯法在殖民地还是被采纳了。[127]这些法律适用于以商业为中心的社会,并有助于维护荷兰殖民统治的权威性。[128]

美洲大陆殖民地的法律体系与共和国相似，尽管针对这些殖民地的具体规定都是在伯南布哥被征服之前的1629年10月13日制定的。这些规定最初仅适用于巴西，在隆克的舰队将其确定为一套适用于整个荷属美洲的一般性规定之前，这些规定已经被修订过了。平等权利是这套规范的基石。不论地位或民族，所有人的人身权利和财产权利都得到平等保护。在刑事司法方面，人们参考了共和国的司法实践，而在民事领域所采纳的诉讼程序来自荷兰省。[129]

在新尼德兰的18个城镇和巴西的至少7个城镇中均设立初级法院。2个殖民地的法院至少由3名法官组成，这些人选首先由殖民地委员会从移民提交的候选人名单中选出，随后由现任治安法官进行任命。累西腓和新阿姆斯特丹的地方法官享有比小规模殖民地的法官更大的权力。[130]在巴西的一些地区，说葡萄牙语的人多于说荷兰语的人，所以法院由3名葡裔巴西人和2名荷兰人组成。[131]

这些地方法院制定法律并执行法律。法官有权审理较小的刑事案件，但通奸、亵渎神明、盗窃和其他重罪不在其管辖范围之内。被指控犯有上述重罪的新尼德兰居民将会被捕并被移送首府。如果他们被误判为轻罪，则可以上诉到曼哈顿的殖民地委员会，荷属巴西人则可以上诉到累西腓。[132]统治委员会会密切关注初级法院，当地方法官寻求其帮助或发生冤案或误判时，他们通常会定期进行干预。在实践中，偏远的城镇能够最大限度地独立于首府。[133]但是，总的来说，新尼德兰和巴西的政府比共和国政府更强硬，城镇法院有权独立处理民事和刑事案件。[134]

在文化层面，来自联合省的移民抵达的海洋彼端的世界也是一个熟悉的世界。与共和国相同，城市住宅和仓库都有一扇狭窄的正门，并且房屋都倾向于向后延伸。在多巴哥的新弗利辛恩镇（town of Nieuw Vlissingen）盖起了带有典型的荷兰阶梯山墙的砖房。[135]在1641年1月至1643年7月间，从荷兰运来的1,154,550块砖也给累西腓带来了荷兰的感觉，而街道的命名更是增加了荷兰特色。[136]同样，新尼德兰的主要水道也以荷兰风格的名字命名，译为"清新河"（Fresh River）、"北河"（North River）与"南河"（South River），而英语名称则为"康涅狄格河"、"哈得孙河"与"特拉华河"。

在整个荷属大西洋殖民地，移民和旅居者们都会带去自己的食品和娱乐活动。他们使用与家乡相同的日历，庆祝相同的节日。主要的宗教节日是复活节（Easter）、耶稣升天节（Ascension Day）、圣灵降临日（Pentecost）和圣诞节（Christmas）。[137]人们也会庆祝荷兰本土的节日。在阿姆斯特丹集市日当天，于1629年前往伯南布哥的一艘船的船长分给水手们一大块猪肉。[138]同样，在哈勒姆集市日的前夕，埃尔米纳总督、哈勒姆人雅各布·鲁伊查弗送给堡垒中的士兵们一头母牛，还送给文职人员一头猪。[139]在联合省形成的其他习俗也根深蒂固，以至于移民们到了殖民地也改不过来。尽管巴西是热带气候，但是来自荷兰的母亲们仍然穿着厚重、深色的衣服，用襁褓裹着孩子，无视适应了新环境的葡裔巴西人的做法。[140]

与祖国的情感联系也没有因为在遥远的海岸而消失。菲利普斯·安塞尼森（Philippus Antheunissen）船长于1631年死在前往累西腓的途中，他在遗嘱中回忆起在米德尔堡的那些只有20荷兰盾的"普通穷人"。当扬·马丁斯（Jan Maertijns）于1640年在累西腓去世时，他留给阿姆斯特丹的穷人100荷兰盾。[141]对于荷属美洲的移民来说，联合省不仅仅是他们的故乡。祖国提供了一种合法性来源和一套可仿效的模式，海外省份的名称表述上表达了这一点：新尼德兰、新瓦尔赫伦（多巴哥）、新泽兰［加勒比岛上的圣克罗伊岛（St. Croix）］和新泽兰迪亚（埃塞奎博）。[142]此外，正如乔伊斯·古德弗伦德（Joyce Goodfriend）所说，荷兰语是"荷兰文化的核心，是记忆的纽带，也是与神沟通的方式"。[143]

殖民地当局引导公众关注那些在联合省或荷属大西洋值得记忆的事件，这是殖民地移民与祖国的另一种联系方式。在即将到来的重大活动中，每当获得胜利或者要寻求支持时，他们会感谢神。[144]在新瑞典被吞并后，新尼德兰宣布设立殖民地祈祷日，而在巴西也由于军事活动而经常举行祈祷日活动。例如，1646年，西班牙在荷兰的要塞许尔斯特（Hulst）投降，于是荷属巴西所有的堡垒全部用放礼炮的方式来庆祝这一胜利。[145]在某些情况下，感激和祈福活动会融合在一起。1641年，一个中队离开累西腓向安哥拉发动攻击时，巴西高级议会认为，没有神的祝福，荷兰军队将无所作为，因此必须禁食一天和举行祈祷活动，以感谢神赐予的无尽福祉，并恳求神对这次"为扩张他的王国"而进行的远征施以祝福。[146]在库拉索岛会举行一年一度的祈祷、禁食和感恩节庆祝活动，庆祝1678年不幸

第六章 移民与定居点

的法兰西海军远征队的失败。这一远征队在正要摧毁该岛时出乎意料地搁浅在了阿韦斯群岛的珊瑚礁上。[147]当美洲印第安人攻击或"热病和危险疾病"侵袭时,人们也会祈祷。所有这些"不幸"都归因于移民的罪过。[148]一旦危险过去,他们就会举行感恩活动。[149]

归正教会

17世纪,无处不在的宗教影响着人们生活的方方面面,在荷属大西洋世界也不例外。在荷兰的海外贸易站和殖民地,归正教会不仅仅作为宗教团体而存在,它也是主要的文化机构。历史学家威廉·弗里霍夫认为,它"定期将人们聚在一起,保护语言和文化遗产,捍卫欧洲价值观,培育团体精神"。[150]在纽约,正是荷兰的归正教会坚持使用荷兰语作为人们礼拜的媒介,才使得荷兰语能够在英语成为官方语言很久以后依然继续蓬勃发展。[151]

尽管教会在荷属大西洋世界具有举足轻重的地位,但当局并未采纳威廉·于塞尔林克斯在1619年起草西印度公司章程草案时提出的只允许教会成员成为移民的建议。[152]但是,一些殖民地的地方执政官认同于塞尔林克斯的观点。在伦斯勒斯维克,人们每周都必须去一次教堂,否则会根据其财产和性别被当局处以罚款。[153]在库拉索岛,总督马蒂亚斯·贝克命令所有卫戍部队和港口船舶上的水手在每周日参加新教教会的礼拜仪式。[154]

但是，以上这些都是例外。尽管政教合一在其他国家是不言而喻的，可是归正教会并非荷兰国教（教会成员资格并没有规定在法律里）。同时，它是"公共教会"——社会的官方精神机构，这意味着统治者必须为宗教改革扫清障碍。[155] 1642年，在圣多美的临时指令中提道："议会会长和地方议会应推崇真正的归正教会，并在本地公开宣扬之，利用一切可能的方式［如传教士或（《圣经》的）读经人］保证神的圣言在周日的早晨和下午以及其他日子里被传授或宣读。人们每日的早晨和傍晚都要向主祈祷，以免他发怒，因此恩典与福祉可能会再次降临在人们身上。"[156]

对于那些无论在东方还是西方的海外荷兰人的宗教关怀被委托给法院任命的人员。阿姆斯特丹宗教法院于1621年3月25日提出创建一个"代表委员会"（deputati ad res Indicas）来承担这一任务。该委员会最初以荷兰在亚洲的要塞为目标，但不久之后便开始兼顾大西洋世界。阿姆斯特丹宗教法院还于1623年7月27日劝诫十九人委员会在驶向美洲的船上配备神职人员。1636年，教会下的一个分支机构，即长老监督会，从宗教法院那里接过统治权，掌控了东印度群岛和西印度群岛的宗教事务。[157]

事实上，所有荷属殖民地的教会最开始都是由驻军组成的，只是后来才逐渐为类似于共和国模式的机构所取代。[158] 最终，在巴西和新尼德兰都引入了基于教区的联合省教会组织，每个教区都有一所宗教法院。在荷属大西洋世界的其他角落，由于教会成员数量很少，所以没有成立此类组织的必要。1662年，库拉索岛的教会只有

20名成员，随后人数还在减少。[159]因此，大多数殖民地或贸易站只有1名牧师。1659年，十九人委员会认定在几内亚不需要第二名牧师，因为埃尔米纳的教会规模也很小，驻扎在附近要塞和营地的荷兰人可以到埃尔米纳做礼拜。[160]

每周开会的宗教法院由传教士和致力于慈善工作的普通教徒组成。这些人常常来自中间阶层，在宗教法院行使着他们在政界所没有的权力。他们的主要任务是维护道德和维持牧师的纪律。[161]在联合省，同一地理区域内的牧师们在长老监督会（协调区域内教会事务的机构）会面。新尼德兰一直没有获准成立自己的长老监督会，而1636年，巴西的12所宗教法院都加入了一个长老监督会。与共和国相似，每个殖民地的长老监督会组成教会会议，在1642年至1646年间，伯南布哥和帕拉伊巴的长老监督会成立了巴西教会会议，这是荷兰殖民历史上独特的一章。值得注意的是，虽然泽兰和阿姆斯特丹的教会对此表示反对，但是教会会议却是在当地教会的倡议下成立的。[162]

传教士是归正教会的主要雇员。他们需要通过教义学、护教学和释经法方面的测试，但并不需要考察他们对土著或土著语言的了解程度。[163]在形式和内容上，他们的布道可能类似于在联合省的教会布道。布道敦促会众忏悔和自责、宣讲《圣经》和与异见者辩论。[164]正如南荷兰教会会议所称，对于任何一位牧师而言，一项重要的任务是在水手中间"谨守严格的纪律和对主的敬畏"。[165]几名牧师在多个殖民地长期服务于教会，他们的流动能力令人吃惊。弗雷德里克·维特乌斯（Frederick Vitteus）最初在伯南布哥担任职务（具体不详），随后建立了归正教会分部。1635年，他被任命为库拉索岛的圣职候选人，担任驻军牧师3年。返回阿姆斯特丹后，他又以圣职候选人的身份被送回累西腓，并于1641年随约尔的舰队航行到了安哥拉，成为一名牧师。不久，他就以这一身份在这个新殖民地去世。[166] 维特乌斯的继任牧师也是一位环球旅行者。乔纳斯·埃特斯（Jonas Aertsz）作为病患安慰者去了3趟东印度群岛，在停留尼德兰期间被任命为牧师。同样，他先在巴达维亚传教，随后又在特尔纳特［Ternate，摩鹿加群岛（Moluccas）］传教，之后还前去罗安达传教，最后在库拉索岛去世。[167]

与殖民地的距离可能会影响长老监督会对殖民地教会的监督。事实证明，库拉索岛的牧师迈克尔·西佩里乌斯（Michael Sijperius）不仅没有通过所要求的考试，他甚至都不是教会成员。人们不禁怀疑他的牧师身份是自封的。[168]填补牧师职位的空缺通常很难，尤其是在荷兰人统治安哥拉的7年时间里。赫尔曼努斯·诺迪乌斯（Hermannus Noldius）开始承诺要前往，但由于未能说服妻子和他同行，于是他决定留在家里。随后，威廉·温曼（Willem Vinman）毛遂自荐，他在西印度群岛和东印度群岛均有过任职，并且在过去6年里在须得海（Zuiderzee）上的斯霍克兰岛（island of Schokland）传教。尽管他并不是不愿意去，但后来他改变了主意。[169]下一个候选人是埃姆兰德［Emderland，东弗里西亚（East Frisia）］的前牧师阿道弗斯·埃彭纽斯（Adolphus Empenius），他因"三十年战争"而被迫逃亡。他接受了邀请，但经询问得知他去过阿姆斯特丹一家

第六章　移民与定居点

"臭名昭著的妓院"并留在那里过夜。直到1648年12月28日，经过4年的寻找（失去安哥拉4个多月之后），长老监督会仍在敦促为罗安达寻找合格的牧师。[170]

道德上的正直是身为牧师的一项关键品质，因为他们被认为是道德的守护者。这意味着他们的工作是为自己量身定制的，尤其是在维护基督教安息日（Christian Sabbath）的名誉方面。巴西重复发布了几次禁止酒馆在人们礼拜时供应啤酒的禁令，[171]宗教法院认为，人们在酒馆里"唱歌、蹦跳、买卖、醉酒、玩耍和许多其他下流而无节制的行为会招致神的愤怒"，是对安息日的亵渎。[172] 1645年巴西起义开始后，一波新的宗教热潮激发了荷兰殖民政府的活力，促使其重新发布了禁止亵渎安息日、禁止亵渎教堂和禁止卖淫以及教堂的钟声响起后酒馆禁止卖酒的法令。1646年，归正教会命令犹太人在每周日关闭交易场所、禁止子女上学和奴隶工作。[173]大约在同一时间，彼得·施托伊弗桑特在新尼德兰实施了类似的政策。这是他将新阿姆斯特丹"转变为一个人人都按照《圣经》戒律智慧地生活的社会"计划的一部分。[174]他的做法是一种在旷野里的呐喊。甚至在其祖国，由于安息日禁令的遵守与执行将荷兰共和国分裂为两个派系，亲属之间都会互相对立。[175]

然而，没有什么地方比几内亚的情况更为糟糕，在那里，荷兰人试图将牧师局限于自己的工厂内部。在穆里建起第一个荷兰堡垒后没有几年，在西印度公司成立之前，从尼德兰来到几内亚的一位牧师目睹了彻底的道德堕落。从他位于士兵住所上方的住处可以看到士兵们整日醉酒，还能听到他唱一些不雅歌曲。[176]牧师们在几内亚永远不会受到欢迎，因为他们在布道时经常谴责那些初、高级雇员的行为——雇员们不被允许带妻子同行，所以他们和美洲印第安人、黑人和混血女性走得很近。尽管欧洲女性在美洲殖民地很受欢迎，但她们经常成为习惯说教的牧师批评的对象。牧师对那些他们认为过于放荡的单身女性提起诉讼的情况并不罕见。这样，牧师们的行为损害了殖民地的利益，因为殖民地本来就几乎没有女性。[177]

除了牧师，荷属大西洋世界（包括海洋和陆地）上还有另一批身负明确道德任务的宗教工作者——病患安慰者（或探望者）。该职位起源于联合省，病患安慰者们与加尔文教派的牧师们发起了一场反对通奸、醉酒、滥交和其他不轨行为的道德运动。但是，他们的影响更多地体现在长途航行和殖民地上。在几乎所有的殖民地和贸易场所，他们都是教堂军需官，在每个周日开讲坛、布道和吟唱赞美诗。只有当殖民地达到人数要求时才会有牧师到来。[178]自从他们在1598年首次登上驶往东印度群岛的第二舰队的船航行以来，这些病患安慰者就帮助塑造荷兰的殖民主义。第一个为非欧洲人（在毛里茨城的一名马达加斯加奴隶）施洗的荷兰人就是其中一位病患安慰者，而病患安慰者正是在远至巴达维亚、好望角和新阿姆斯特丹等地创立归正教会的人。[179]

这些普通教徒承担的任务比其称呼所暗示的要广泛得多。尽管没有受过大学教育，但他们还是通过阅读经文的方式来安慰病患，他们帮助虚弱、贫穷的人和孤儿，举行公开的《圣经》讲座，并警

第六章 移民与定居点

告人们不要违反"十诫"。[180]从理论上讲,只有牧师才能权威地解读神的语言,而实践中也允许病患安慰者传递和应用神的语言。[181]改革后的新教认为疾病是罪的产物,这为病患安慰者的活动提供了合理依据。因为疾病的康复取决于道德的纯净,所以病患安慰者具有重要作用。罪恶与疾病之间的联系对于前往伯南布哥(1629—1630)的舰队的士兵来说是显而易见的,当时他们面对的是船上鼓手的疾病无法治愈。饱受虱子折磨的鼓手被放到装满海水的浴盆中,他的同伴帮他清除了虱子。但是虱子很快就又来了,这个男人最后失明直至去世。船上的人们对此的解释非常明确:该名男子过着有罪的生活,有人甚至认为他殴打他的父母。[182]

威廉·弗里霍夫在船上说,在可能很快失控的紧张气氛中,病患安慰者们起到了缓和气氛的作用。在殖民地堡垒和定居点,作为无所不在的道德权威人物,他们的作用也同样重要。[183]因此,在实践中,病患安慰者在国外扮演的角色与在国内的牧师无异。尽管如此,长老监督会很少会授权他们去讲道、洗礼或主持婚礼,通常只有在缺少牧师的情况下他们才会被授权。[184]

病患安慰者们通常出身卑微,以裁缝、鞋匠和男教师占多数。[185]他们也没有挣多少钱。尽管是经过精心选拔才被选中的,但是大西洋世界的病患安慰者的酬劳一直未足额支付。[186]累西腓和穆里殖民地的官员还让病患安慰者们站岗执勤,从而进一步损害了他们的威信。只有在两地的病患安慰者们纷纷抗议这样的任务与其职务不符之后,这一命令才被撤销。[187]1640年至1641年,海上传教士和病患安慰者们的薪水成为一个热门话题,当时他们的酬劳是从士兵和水手的薪水中划拨的。教会人员和水手之间的关系剑拔弩张,于是西印度公司责令后者赶快停止他们的粗暴行动,并敦促他们重新接纳传教士和病患安慰者们回到船舱。[188]

他们的年轻解释了为什么在前往殖民地时许多病患安慰者仍然是单身的原因。种种迹象表明,荷属美洲各殖民地当局似乎普遍偏爱单身男子,这可能是因为容留单身汉的成本较低。另一方面,东印度公司试图阻止移民从殖民地返回祖国,同时允许公司雇员的妻子和子女(包括病患安慰者)以免费形式或极低的价格来到殖民地。[189]这种对比可能解释了为什么在大西洋贸易站工作的许多病患安慰者都被吸引到亚洲的原因。[190]

病患安慰者的年龄必须至少为20岁。[191]为取得资格,他们需要先通过一项道德测试,然后通过一项确定他们能力的考试。通过测试后,候选者们必须大声朗读《圣经》,并完美吟唱大卫王的诗篇。随后,许多人被建议练习唱歌或学习基督教的基础知识。[192]彼得·弗朗桑(Pieter Fransen)是个特例。他生于1578年,一生都在制作乐器,其中包括于1625年制成的一把众所周知的"古大提琴"(Viola da gamba)。1631年,经济问题开始困扰他。1640年时,他申请了一个病患安慰者的职位,尝试转行。尽管他在唱歌和阅读方面还算合格,但最终他被认为无法胜任这一职位。但是因为他已经60多岁了,阿姆斯特丹长老监督会的成员们不忍让他空手而归,于是,弗朗桑被派往了几内亚。[193]在目的地,他可能遇到了另一位病患安慰者,

第六章 移民与定居点

此人即使已经失明，仍在继续布道。[194]

在检查是否存在道德缺陷后，长老监督会有时会淘汰一些候选者。例如，阿姆斯特丹的一名教师，卡雷尔·德赫罗特（Carel de Groote）被发现有酗酒问题，于是他去西印度群岛的计划落空了。[195]亚伯拉罕·卡斯珀斯（Abraham Caspersz）在西印度群岛任职期满后申请了东印度群岛的职位。长老监督会拒绝了他，告诉他沉迷饮酒会遭受人们的嘲笑，他们建议他换种方式养家糊口。[196]彼得·德布勒因（Peter de Bruyn）因其"生活堕落"而被从帕拉伊巴遣返。[197]在安哥拉工作的斯托费尔·科内利森·布尔（Stoffel Cornelissen Bull）由于被发现不仅酗酒，而且在安哥拉和一名当地妇女育有一个孩子，他还将该妇女与孩子都当作奴隶卖掉，因此他想去东印度群岛工作的要求也被拒绝了。[198]在这个问题上，真实情况并非始终都是决定性因素。一名病患安慰者必须做到无可指摘，而那些毫无根据的谣言也可能会让他失去这个职位。[199]

荷兰向美洲大量移民的期待从未实现，因为促使人们离开有着充分就业机会和自由劳动力市场的共和国的理由太少了。许多殖民地都经历过失败的开端，而其他殖民地又太小以至于无法生存，还有一些殖民地需要持续依赖从荷兰本国港口送来的食物。因此，来自共和国的饮食习惯连同荷兰文化的其他形式（如法律制度）一起进入了那些海外较小的殖民地。同样，加尔文教派也在荷属大西洋世界留下了印记。尽管归正教不是荷兰国教，但归正教会作为聚会场所、道德守护者和文化遗产的保护者，对于荷属殖民地而言相当重要。

第七章
异族人

英格兰人、瓦隆人与葡萄牙人

一个审判者不如两面橙色旗帜

宗教宽容

土著邻居

奴隶制

归附

尽管荷兰文化的盛行可能暗示着另外一种情况，但在荷属美洲的移民中，有相当数量并非荷兰人。如果我们把葡裔犹太人计算在内，在荷属美洲的欧洲移民中外国人实际上占了大多数，这一情形使荷兰在大西洋的殖民地有别于当时大西洋其他国家的殖民地。荷兰在大西洋世界的建设需要外国人，因为正如克日什托夫·阿尔奇谢夫斯基所说，"只有荷兰人是无法成为一个王国的"。[1]所以，将外国人纳入荷兰的殖民计划从来就不是问题。在殖民者踏进荷属美洲之前，威廉·于塞尔林克斯早已写道，应允许德意志人和斯堪的纳维亚人到荷兰的海外殖民地参与殖民。*Levendich Discours*（1622）一书中断言，当局可以招募许多不错的人到巴西，包括瓦隆人、佛兰德人、布拉班德尔人（Brabanders）、德意志人、丹麦人以及其他斯堪的纳维亚人和波罗的海人。他们纯朴、勤奋，"既不过于优秀，也不容易反抗，而且与我们的同胞在本质上相似"。[2]新阿姆斯特尔的官员和董事甚至反对荷兰移民："因此，只有那些拥有较强的劳动力且可以熟练务农的人才能被派往这里。为此，必须雇用和吸引的是除荷兰人以外的其他任何国家的人，其中瑞典人和芬兰人（已经有相当数量的人在这里）尤其合适。"[3]

值得记住的是，国家身份认同机制尚未完全建立，东部省份的荷兰人与来自德意志边境的荷兰人之间的差异也被忽略。此外，外国人在经过共和国或在共和国生活时必然受到荷兰文化的影响。"这是值得注意的，"一位小册子的作者在1681年指出，来自我们周围国家的陌生人"在我们中间生活或为我们工作了好几年，已经拥有了荷兰人的特质。他们实际上离开了祖国和家庭世系，并将好的荷兰特质传承给了下一代"。[4]那些在荷属美洲仍忠于自己文化的外国人，可能会为了社会和平而期望某种形式的宗教宽容。

荷兰当局还寻求与美洲印第安人和非洲人保持良好关系，荷兰人正是在他们的土地上建立了殖民地和贸易站。因为发展贸易需要和谐的关系，所以荷兰人向当地首领赠送礼物，承认他们的地位。和谐关系也存在于个人层面上，因为与当地居民共处一地有时会使荷兰男性与当地女性之间产生亲密关系，尤其是在欧洲女性较少的情况下。与这种平等形成鲜明对比的，是对美洲印第安人和非洲人的奴役。大加勒比地区的荷兰商人利用当地的奴隶贸易为殖民者提供被迫像奴隶一般工作的保税工人，而巴西和其他殖民地的种植园主则利用那些漂洋过海的非洲奴隶。

英格兰人、瓦隆人与葡萄牙人

西印度公司的董事们期望许多周边的外国人搬到荷属美洲以逃避宗教迫害。安置宗教难民的计划可以追溯到荷兰人在美洲的早期阶段，当时荷兰当局认为圭亚那就是合适的难民安置点，并将其定位在西部阿拉亚角或特立尼达和东部的亚马孙河之间的地区。[5]向联省议会请愿的第一批人似乎是再洗礼派，但联省议会不准他们前往圭亚那。[6] 60年后，荷兰人又想出另外两个针对圭亚那的定居计划以容纳宗教难民。其中之一是由荷兰省提出的：在圭亚那建立新殖民地的一个重要目的，是为所有遭受迫害或被赶出家园的新教教徒提供庇护。[7]特定的新教团体在奥亚波基河的一个殖民地受到了欢迎，它是由海牙的一名英格兰牧师约翰·普赖斯［John Price，又名约翰·阿帕里奇乌斯（Johan Aparicius）］建立的，他曾在荷属巴西的归正教会工作。普赖斯禁止阿利乌教派（Arian）、苏西尼派（Socinian）、再洗礼派和贵格会（Quaker）的教徒进入，但他欢迎长老会教徒（Presbyterians）或来自英格兰、苏格兰、爱尔兰、法兰西和其他国家的独立人士。[8]像圭亚那殖民地一样，阿姆斯特丹市议会将新阿姆斯特尔视为各种教派穷困的基督徒和（特别是）受迫害的新教教徒的避风港。[9]瓦勒度派教徒（Waldenses）是来自萨沃伊（Savoy）的难民，与他们信奉同一教派的教友在1655年遭到屠杀，他们似乎在第二年从阿姆斯特丹上船前往新阿姆斯特尔。[10]

即使很少有来自欧洲的宗教难民定居在荷属美洲，这里也不缺外国人。在某些情况下，与1611年一样，泽兰人与英格兰人合作，当时他们协助英格兰人和爱尔兰难民向亚马孙河上游的三角洲迁移。出于对西班牙腓力三世的尊重，英格兰国王詹姆斯一世严禁其臣民移居到西班牙的海外领土。但是詹姆斯一世却忽略了弗利辛恩这个漏洞,它是众多英格兰士兵和商人的住所。在来自不列颠群岛的移民陪同下,他们乘坐泽兰的船前往亚马孙河,许多人居住在那里的泽兰殖民地,于是这些殖民地迅速被英化。[11] 1616年,泽兰船载着英格兰人穿越大西洋的情景再次出现,当时有130名英格兰人加入登上前往亚马孙河船只的移民行列,其中包括14个家庭。他们曾居住在泽兰省的2个港口——弗利辛恩和拉梅肯斯,男人们可能是驻军士兵。正如我们在第一章中所提到的,上述2个地方以及布里尔一直都是"警示性的"城镇,是为感谢伊丽莎白女王提供的援助而在1585年由荷兰送给英格兰人的回馈。这些城镇的税收被用作支付英军支援的费用。然而,在1616年,联省议会还清债务并赎回该城镇以后,这些英军被解散,也促使一些士兵想去南美碰碰运气。他们在亚马孙的殖民地一直保留到1623年,当时殖民者厌倦了被当地人袭击,决定返回欧洲。大多数人试图去英格兰,但他们可能遇难了。[12] 在未来的岁月里,生活在亚马孙河沿岸殖民地的英格兰人和爱尔兰人仍然依靠泽兰船运。同样地,在泽兰的英裔居民继续乘坐泽兰船迁移到新世界,但更常见的是乘坐从英格兰出发的船。[13]

另一群英格兰人倾向于成为荷属北美殖民地的第一批移民。1620年2月2日,新尼德兰公司的董事们向总督毛里茨和联省议会请求,准许居住在共和国和英格兰的英格兰人居住在该地区。位于莱顿的宗教异见者团体在请愿中没有被提及,但他们现在被称为"清教徒"。在与毛里茨协商后,联省议会拒绝了该请求。那年晚些时候,清教徒们在北美为英格兰开拓了一片新领土。尽管已将荷兰抛诸脑后，但他们在新英格兰的生活会带有在莱顿生活的烙印。杰里米·班斯（Jeremy Bangs）由此产生联想，基于每年在莱顿举行的祈祷日和感恩节，清教徒在1621年第一个美洲夏季结束时的感恩节，可能正是用以纪念1574年西班牙解除围困。[14]

在普利茅斯的第一个感恩节前后，大约有五六十个瓦隆和法兰西家庭（他们全部是荷兰共和国的新教移民）向英格兰驻海牙的大使馆申请定居弗吉尼亚。当希望建立一个自治城市的愿望未获准许后，他们放弃了该计划，转向西印度公司的董事们寻求帮助。1623年7月，11个家庭的代表终于乘西印度公司的船前往圭亚那去进行评估，那里似乎提供了良好的移民前景。然而，葡萄牙人从贝伦（Belém，在巴西）对欣古河（Xingu River）上的荷属殖民地发起的突袭使人们确信，这一地区不是定居的理想之地。[15]最终，30名瓦隆人组成的团队前往新世界，定居在新尼德兰，他们是那里的第一批移民。[16]虽然这些殖民者留下了很多后代，但是帮助建设库拉索岛的瓦隆人很快就默默无闻了。1635年，大约有7名男女上岸，他们可能和10名英格兰人一起开始在岛上种植烟草、棉花或其他农作物。除此之外，他们的命运不得而知。[17]其他瓦隆人搬到了圣尤斯特歇斯岛，1636年到达这里的41名移民中有23名佛兰德人和瓦隆人。[18]

最终，新尼德兰确实成了英格兰人的家园，特别是那些来自新英格兰的人的家园，他们在那里形成了6个村庄。他们被赋予与荷兰移民相同的权利，被允许建立自己的堡垒和教堂，并且可以选举自己的官员。[19]此外，法兰西北部的人们在1656年至1664年进入新尼

第七章 异族人　　　　　　　　　　　　　　　　　　　　　　323

德兰，定居在斯塔滕岛和曼哈顿的新哈勒姆（Nieuw-Haarlem），英格兰人接管此地时有一半居民讲法语。[20]来自不列颠群岛的人们也移居到圣尤斯特歇斯岛，在1665年，这里有61名英格兰人、爱尔兰人和苏格兰人（至少有269名荷兰人），而同年，在萨巴岛的英格兰人、苏格兰人和爱尔兰人的人数（54人）几乎与荷兰人（57人）持平。[21]

荷兰语有时是外国人融入荷兰的障碍，尽管这对许多母语为低地德语（Low German）的士兵来说从来不是问题，因为这两种语言之间的差异相对较小。[22]但在新尼德兰的瓦隆人和胡格诺派教徒很少有会荷兰语的。[23]在巴西的犹太人缺乏对荷兰语的了解有时处境尴尬，[24]而且荷兰语也给在新尼德兰以英语为母语的移民带来了困难。西印度公司扫地式地寻找该殖民地会讲双语的归正教会牧师，结果找到了1名英格兰的教会牧师塞缪尔·德里修斯，他甚至能用法语布道。[25]双语牧师非常受欢迎。伯南布哥当局要求2名牧师能说流利的葡萄牙语和英语，因为那里有很多英格兰士兵。[26]后来，在1647年，累西腓需要1位英格兰牧师以及1位可以用英语和荷兰语主持礼拜的牧师。圣尤斯特歇斯岛上也有1名荷兰牧师，他能用法语和荷兰语布道。[27]因为这种具有语言天赋的牧师很难替代，所以他们的离开可能会造成职位空缺。毛里茨城里服务于法兰西人的法兰西新教教堂，是为维护当地法兰西人群的利益而在1642年修建的，但由于唯一会讲法语的牧师返回了欧洲，仅仅2年后，该教堂便被停止使用。[28]

尽管语言可能会妨碍外国人与荷兰当局进行交流，但正如约翰·毛里茨和高级议会在1640年发现的那样,在荷属巴西的葡裔巴西人还有其他更严重的问题。那一年,他们召开了一次议会,听取来自伯南布哥、伊塔马拉卡和帕拉伊巴三地城镇代表的控诉。56名男子聚集在一起,其中大部分是糖厂主、糖仓库的所有者和商人。[29] 令这位葡裔巴西精英尤其不满的是遭受一类人的毒手,他们是治安吏和检察官身份相结合的一类人,经常在收取罚款时向居民勒索金钱以谋取私利。更恶毒的是,他们还在未经质证的情况下任意给他人定罪。约翰·毛里茨一直在寻求和平的解决方案,建议不再让他们负责除伤害、偷窃或凶杀类案件以外的其他案件的量刑工作。[30]

荷兰当局时常对在荷属巴西居住的葡萄牙移民保持警惕,因为他们可能与荷兰人的敌人结盟。政治委员会委员扬·罗伯茨(Jan Robberts)谴责葡萄牙人向敌人运送油、奶酪、火腿和其他食品。很快,当局发布了禁止荷兰居民向葡萄牙人出售食物的禁令。[31] 3年后,十九人委员会进一步指示约翰·毛里茨和议会将所有对荷兰人怀有敌意的葡萄牙人驱逐出殖民地。[32]

1672年第三次英荷战争爆发时,苏里南对第五纵队的担忧也显露出来。一名移民在给尼德兰亲友的信中写道:"我们一直害怕英格兰人,无论是那些与我们共同生活的人,还是外面的敌人。"[33] 所有英格兰移民随后被软禁。[34] 战争结束后,泽兰省唱起了不同的论调,他们认为安抚英格兰移民很重要。虽然政策委员会的成员全是荷兰人,但审判刑事案件的司法委员会里则有2名英格兰人。[35] 在更早的时候,新尼德兰总督施托伊弗桑特信任其英籍顾问,他在1650年与新英格兰就边界争端进行谈判时任命其中2名为殖民地的代表。这一决定引发了荷兰殖民者的严厉批评。[36]

一个审判者不如两面橙色旗帜

与英格兰人不同，犹太移民从未引起任何怀疑。事实证明，葡裔犹太人是荷兰人的可靠支持者，他们曾帮助荷兰人建立了多个殖民地。在17世纪早期，因为受到伊比利亚宗教法庭的迫害，犹太移民成为许多荷兰人眼中的盟友。迪里克·鲁伊特斯在他1623年出版的那本指南手册中写道，看到在美洲各省有如此多的犹太人，他备受鼓舞，因为他们宁愿看到"两面橙色旗帜，而不是一个审判者"。鲁伊特斯认为，如果荷兰人入侵，想要打败西班牙国王并破除宗教裁判之轭，犹太人无疑会为此甘冒生命危险。据说在伊比利亚人的大西洋殖民地有很多犹太人。鲁伊特斯断言，在拉普拉塔河以及从那里一直到亚马孙河沿岸居住的大多数葡萄牙人都是犹太人。[37]安哥拉也被视为犹太人的避难所。征服罗安达后，约翰·毛里茨及巴西议会聘请了一名葡萄牙人来劝说当地居民服从管理，这名男子是犹太人。议员们在写给十九人委员会的一封信中补充道："尽管犹太人在居民中占大多数，但他们对此并未公开。"[38]

西班牙在美洲的宗教法庭证实了议员们的观点。卡塔赫纳地区的宗教法庭获得的供述和指控似乎揭示了一个犹太人组织的存在，该组织的成立是为了支持荷兰对西班牙的海战，以及赎回被柏柏里海盗俘虏的在阿姆斯特丹的犹太人（相比之下此事不太重要）。[39]证明犹太人与荷兰人之间良好关系的另一个例子是征服萨尔瓦多（1624年）。根据一些人的说法，这是由于当地新教教徒背叛而成功的。西班牙剧作家洛佩·德维加在《巴西的再征服》（*El Brasil Restituido*）剧作中传播了这一观点。但是，实际上，只有少数背叛者是新教教徒。斯图尔特·施瓦茨（Stuart Schwartz）已证明，对新教教徒的犹太化指控使西班牙主教和士兵在第一次被荷兰人袭击后逃离该城市时得以免责（参见第二章）。[40]犹太人也因荷兰人成功入侵伯南布哥（1630年）而受到指责。在1634年埃斯特万·德阿雷拉·丰塞卡（Esteban de Ares Fonseca）上尉提交给马德里的西班牙宗教法庭的备忘录中，强调了一位来自阿姆斯特丹的犹太人的作用——曾指导荷兰人如何组织入侵。[41]

荷兰共和国的犹太人所在城镇实行的对犹太人的宽容政策，为荷兰人与犹太人之间秘密关系的假设增添了可信度。犹太人在联合省的存在一直毫不起眼，直到16世纪晚期，经济因素与更强烈的宗教原因相互交织，开始使大批葡裔犹太人涌向阿姆斯特丹。在1580年西班牙和葡萄牙建立共主联邦之后的几年中，葡萄牙宗教法庭的活动有所加强，特别是对新教教徒的迫害。由于宗教法庭常常针对整个家族或宗族，因此这些新教教徒成群结队地离开葡萄牙。在阿姆斯特丹，许多新来的葡萄牙人逐渐恢复信仰犹太教，法律也承认了人们私下信仰犹太教的权利。[42]在这方面，荷兰人对待他们和对待罗马天主教教徒的态度没有什么不同。

实际上，许多在阿姆斯特丹的犹太人确实支持西印度公司的好战行为。在西印度公司成立之初，他们就明确地为入侵巴西进行游说。[43]犹太人的支持还体现在至少有40名伊比利亚裔犹太人和20名德裔犹太人参加了1629年至1630年对伯南布哥的入侵。最初，他们乘一艘船航行，后来又被分配到各个舰队。[44] 1647年，1名犹太人代表向联省议会请愿征服伊塔帕里卡岛，以维持巴西的殖民地。[45] 20年后，众多犹太商人和船东共同请求荷兰当局重新夺回新尼德兰。[46]

1629年，当局的行政指导方针将信仰自由扩展到伊比利亚半岛殖民地的犹太人，并适用于所有荷属殖民地。此举引起了一个问题，即西印度公司如何得知美洲（和非洲）有犹太人。由于17世纪早期，十几名葡萄牙人在阿姆斯特丹从事糖业贸易，他们前往阿姆斯特丹既是为了处理业务，也是为了恢复其祖先的信仰，因此董事们可能意识到了犹太人的秘密存在。[47]与在阿姆斯特丹一样，荷属大西洋世界的犹太人也从非基督教教徒的异族人的身份中受益。

尽管自伊比利亚半岛殖民时代开始以来，犹太人确实秘密地生活在新世界，但犹太人首先被允许居住在荷属巴西，并按照他们的信仰在美洲光明正大地生活。1636年在累西腓的犹太教堂开放是一个重要的里程碑。它不仅是美洲也是荷兰海洋帝国的第一座公共犹太教堂，比在阿姆斯特丹的犹太教堂早开放了3年。不久之后，其他犹太教堂在帕拉伊巴、毛里茨城和圣弗朗西斯科河岸［今天的佩内杜城（town of Penedo）所在地］纷纷建起。但是，只有累西腓和毛里茨城的犹太教堂与教会有联系。[48]当前来的犹太人找到可以自由表达宗教信仰的群体时，犹太人转信基督教的情况极为罕见，特别是与缺乏会众的荷属东印度群岛相比。[49]来自阿姆斯特丹的移民戴维·阿布拉瓦内尔·多米多［David Abravanel Dormido，又名曼努埃尔·马丁斯（Manuel Martins）］是一位新教教徒，曾为西班牙国王腓力四世担任司库，但因信奉犹太教而被定罪。在1632年获释之前，阿布拉瓦内尔与其妻子和女儿一起在一座宗教法庭监狱里度过了5年。1640年，他经波尔多抵达阿姆斯特丹并定居于此。[50]

可以说，犹太人在巴西比在荷兰共和国生活更富裕。与在阿姆斯特丹不同的是，他们被正式赋予了居住权和零售权，这无疑是对他们为荷属大西洋世界经济做出重要贡献的认可。欧洲贸易的衰落迫使犹太人来到新殖民地碰碰运气，在巴西，他们找到了商机。[51]大多数犹太男性找到了征税、放贷、糖料出口以及零售和奴隶贸易的工作，为数不多的人经营糖料种植园——1637年卖出的44家糖厂中，只有6家被4名犹太人买走。[52]

1645年的巴西起义动摇了犹太人在荷属大西洋世界的根基。从经济和情感上讲，那个夏天发生的事件是如此令人震惊，以至于人们需要用很多年才能平复这种情绪。[53]起义开始后不久，当地的葡萄牙居民立刻杀害了3名在伊波茹卡（Ipojuca）的犹太人，其中包括一名富有的知名人士。[54]8月30日，另外2名犹太人被捕并被绞死。同一天，又有2名犹太人在鲍·阿马瑞洛（Pau Amarelo）被俘，之后受洗并被杀害。还有几个人被送往里斯本，宗教法庭在那里对他们

第七章 异族人　　329

进行了审判。其中有一个名叫艾萨克·德卡斯特罗·塔尔塔（Isaac de Castro Tartas）的被活活烧死。那些像佩内杜的塞缪尔·伊斯雷尔（Samuel Israel）一样可以证明自己生来就是犹太人的人最终被释放了。[55]

随着迫害的加剧，荷兰联省议会在12月7日给巴西高级议会的一封措辞明确的信中的命令远远超出了宗教宽容政策的适用范围，它要求留在殖民地的犹太人受到保护，其人身和财产安全也应免受任何损害。[56]在阿姆斯特丹的犹太人群体的领导人，通过其所在城市的市长联系到联省议会后，仅仅10天，海牙就发出了这封信。他们对巴西教友的命运表示担忧，后者对即将发生的起义已经向高级议会发出警示。由于这一消息的披露，起义军宣布绝不饶恕被捕的犹太人。[57]在导致1654年投降前的谈判过程中，荷兰的保护性承诺得到了保证。获胜的巴瑞托将军宣布，无论是谁伤害了犹太人，都会受到严厉的惩罚。而且，将军还允许犹太人出售自己的商品，以及乘船前往联合省。[58]

无论是以信仰自由还是公共礼拜自由的形式，荷属美洲官方层面对犹太教的宽容政策都经常引起牧师们的抗议。在巴西的荷兰归正教会与信奉天主教的葡萄牙人一起反对累西腓犹太人的宗教自由。教会会议称犹太人租两处房屋来举行宗教仪式的行为有失体面。据称在1638年1月的一次会议上，有人说犹太人激怒了虔诚的基督教教徒，并使荷兰人失去了葡萄牙人对他们的尊重——葡萄牙人怀疑每个支持宽容政策的荷兰人都是半个犹太人。1640年11月，该会议在致西印度公司董事会的一封信中重申了他们的不满，并指出："既然世界上没有一个国家不限制犹太人"，巴西也不应如此。[59]巴莱乌斯看过约翰·毛里茨的来信后写道，总督与牧师们意见一致，即坚持犹太人应尊崇基督为弥赛亚的原则。[60]换句话说，荷兰当局实行宽容政策，但他们的目标仍然是使天主教教徒和犹太人改变信仰。尽管并非所有荷兰官员都同意这项政策，但想要拒绝犹太人进入新尼德兰殖民地的总督施托伊弗桑特却与1652年（第一批犹太人抵达新阿姆斯特丹的前两年）给他写信的西印度公司董事们一样是反犹太者，信中说："这个民族是狡猾而善于欺骗的，因此人们不应太过于信任他们。"[61]

对犹太人的偏见在荷属巴西殖民地也不例外。来自累西腓的66名"普通基督教教徒"指责犹太人撒谎、欺骗，并由此垄断了贸易和代理业务，在发现其他国家的犹太人必须戴红色帽子或佩戴黄色徽章之后，他们对犹太人的不满到达了顶点。究竟是什么阻止了地方当局做同样的事情呢？[62]这种情绪在累西腓的部分基督教教徒中持续蔓延，从而导致1651年的祖尔以色列（Zur Israel）圣会会众在诵经节（Simhat Torah）之夜关闭了犹太教堂的大门，其目的就是避免发生骚乱。[63]

传说荷兰投降后，一些犹太人留在了巴西。文纳韦尔（Venhaver，原文如此，疑误。——编者注）是位于北里奥格兰德内陆的一个小镇。这里最早的移民直到今天仍然保持自己的身份，在传统和信仰上与其他居民相区别，后者将他们称为犹太人或犹太人的后裔。实际上，他们可能是葡萄牙的新教教徒的后裔，曾由于巴西其他地方的宗教调查活动而在北里奥格兰德定居。[64] 1654年荷兰投降后，荷属巴西的大多数犹太人仓皇出逃。一大批犹太人和荷兰人前往马提尼克岛，耶稣会的牧师劝说该岛的所有者雅克·迪尔·迪帕尔凯（Jacques Dyel du Parquet），称没有什么比允许异教徒和犹太教教徒进入殖民地更具有反抗国王的意味了。这批难民在被拒绝进入后继续逃亡，最后在瓜德罗普岛登陆，该岛的主人没有那么严苛。此后不久，另一艘载着包括奴隶和七八个犹太家庭在内共300名男男女女的大船停在马提尼克岛，迪帕尔凯热情友好地迎接了他们。由此，犹太人群体在马提尼克岛幸存下来，直到1685年被驱逐出岛。[65]

1654年9月，23名犹太人抵达了新阿姆斯特丹。同年，至少有另外7名来自巴西的犹太流亡者先逃往共和国，随后来到同一城镇。这23个人里没有人定居在新阿姆斯特丹。那年早些时候，从阿姆斯特丹出发的3名男子是第一批到达的犹太人。新阿姆斯特丹没有犹太教堂（尽管可能有举行私人的礼拜集会），并且如果总督施托伊弗桑特继续坚持己见，那么所有犹太人都将被赶走。当地的加尔文派牧师也持相同观点，但西印度公司阿姆斯特丹商会认识到犹太人在经济活动中的重要作用，因此命令施托伊弗桑特容忍他们的存在。[66]

1654年离开巴西的大多数犹太人横跨大西洋返回了荷兰。在1646年至1655年期间，约有200个犹太家庭从巴西抵达阿姆斯特丹，[67] 其中的一些家庭非常贫穷，以至于一次又一次地利用阿姆斯特丹的葡萄牙人的犹太教堂制作的收藏品来改善自身的境况。[68] 但新世界很快就吸引着荷兰犹太人返回,部分原因是阿姆斯特丹开始变得拥挤不堪。[69] 1656年6月从波兰抵达的300名犹太难民在分到公寓之前,首先被安置在了2座仓库中。但是,没有足够的空间容纳所有人,有一些人迁移到包括英格兰在内的其他地方。[70]而且不是只有阿姆斯特丹的犹太人人口达到了临界点,奥利瓦雷斯伯-公爵(有势力的西班牙大臣和犹太人的保护者)的倒台,也造成了伊比利亚人的外流。失去了荷属巴西,建立新的犹太人群落的需求变得更加迫切。[71]

对犹太人移民来说,因为他们之前在巴西被认可的权利得以保留,所以巴西的犹太人社会得以在圭亚那重建。埃塞奎博(新泽兰迪亚)的一个农业殖民地的犹太组织者的要求,甚至超越了宗教自由和人身保护的范围。不仅如此,他们还要求犹太人不必在安息日出庭,并且希伯来人的代表可以向政府提出建议,所有这些要求均得到了支持。这些自由权利为犹太人拓展到苏里南英属殖民地奠定了基础,苏里南显然在与邻近的荷属殖民地争抢犹太移民。[72]

荷兰和泽兰二省均采纳了上述关于犹太人权利的提议。戴维·科恩·纳西〔David Cohen Nassi,又名约瑟夫·努内斯·达丰塞卡(Joseph Nunes da Fonseca),1612—1685〕,在巴西投降前几年离开了那里,并于1657年与泽兰省签署了一项协议,允许他和其他巴西的退伍军人在埃塞奎博进行殖民活动。[73]犹太人也定居在波默伦河附近。1658年到达这里的2个男人对这里温暖的气候非常满意,这与荷兰寒冷的冬天形成了鲜明的对比:"我们要感谢神,他将我们从冰雪地狱中解救了出来,并把我们安全地带到了这个美丽的国家,多

第七章 异族人　　333

年后我们将在此安息。"[74] 1658年至1666年,波默伦的殖民点正欣欣向荣,英军入侵圭亚那西部并摧毁了荷兰对殖民地的统治。[75]荷属殖民地卡宴的寿命也同样短暂,1659年,西印度公司授予戴维·纳西更多的特权,这使人想起了犹太人在巴西享有的自由权。他们可以公开自己的宗教信仰、开办学校以及建造犹太教堂,并在殖民地的特定地区拥有管辖权。[76]纳西不时地往殖民地运送移民,但法兰西在1664年的征服行动终止了移民潮。[77]那时,大约有60名犹太人住在卡宴,拥有80名奴隶。[78]来自这些失败殖民地的一些难民(包括纳西)在1667年亚伯拉罕·克里金森征服成功之后,到达了英格兰在苏里南的殖民地,并正式成为泽兰省的臣民。[79]

葡裔犹太人留在了苏里南。在这里,其领导者在1785年写道,他们的祖先为了恢复因宗教法庭而失去的和平,带着源自葡萄牙尤其是巴西的财富而来。[80]为了维护和平,苏里南的每一代犹太人都必须与不愿履行其承诺的宽容政策的地方当局进行抗争。[81]另一个荷属殖民地库拉索岛的犹太群体就免于这种困扰。1651年,甚至早在累西腓沦陷之前,就有13名犹太先驱到达这里,8年后,又有一支更大的队伍到来,其中还包括曾在累西腓担任过公共领袖的人。犹太男性立即参与到区域贸易中来,后代也都以此为生。[82]之前住在荷属巴西的移民若昂·德伊兰(João de Yllán,1609—1696)是库拉索岛转变为转运港的重要纽带。在关于建立犹太人殖民地的谈判成功后,他很快面临被驱逐的危险,因为他从事了商业活动,而他只被允许在此种植水果和其他农产品。[83]实际上,德伊兰是在没有船东、造船、修理、装卸、财务或内陆运输设施的港口，从进口马匹和向西印度公司员工提供面粉和衣物开始创业的。[84]他开创的这一趋势为其他犹太人所延续，例如约书亚（Jeoshuah）和摩德凯·恩里克斯（Mordechay Enriquez）等人，在当代文献中将其描述为贩卖牲畜的小贩和商人。据说约书亚还鼓励阿姆斯特丹的犹太人搬到库拉索岛。[85]这些犹太人及时地帮助当地与附近的西班牙殖民地建立了联系。然而，他们的成功掩盖了加勒比殖民地许多其他犹太人的贫穷。为了摆脱贫困，戴维·阿尔瓦雷斯·托雷斯（David Alvares Torres）不断地进行跨大西洋旅行。在1652年从巴西回到阿姆斯特丹后，他于1661年离开马提尼克岛，在1662年到1668年又返回阿姆斯特丹，并得到了葡萄牙人群体对他本人和他不断增加的家庭成员的持续不断的帮助。这个群体还为他支付了一些进入新世界的旅费。他于1668年乘船航行到巴巴多斯，1675年回到阿姆斯特丹，第二年又返回巴巴多斯，并在库拉索岛、牙买加和伦敦居住，然后在1681年再次返回阿姆斯特丹之前又回到巴巴多斯。他于1684年去世。[86]

曾经住在荷属巴西的荷兰人安东尼奥·德蒙特齐诺斯（Antonio de Montezinos）推动了犹太人在美洲定居点的发展。1644年，德蒙特齐诺斯到达阿姆斯特丹，向玛纳西·本·伊斯雷尔（Menasseh Ben Israel, 1604—1657）讲述了他与南美洲的印第安人会面的故事，他认为那些人是讲希伯来语的犹太人和失踪的以色列十支派人（Ten Lost Tribes）。玛纳西确信这是弥赛亚即将来临的信号，于是他开始计划在英格兰和美洲建立新的犹太人定居点，特别是为来自伊比利亚半岛和波兰的受迫害的犹太人建立定居点。他希望这种迁移将加速犹太人在全球的分布，这是弥赛亚来临的前提。玛纳西在《以色列的希望》（Hope of Israel，1650）中阐述了自己的观点，该作品吸引了众多追随者。库拉索岛的犹太人群体以该书的希伯来文标题"Mikveh Israel"为名。布里奇敦（Bridgetown，巴巴多斯）、斯佩茨敦（Speighstown，原文如此，疑误。——编者注）、新阿姆斯特丹和纽波特（Newport）的会众也表达了这样一种信念：散布在全世界的犹太人将大团聚。[87]

玛纳西的想法之所以能广为流传，是因为他居住在阿姆斯特丹——"西方的耶路撒冷"（Jerusalem of the West）。那里发展成为美洲大多数犹太人殖民点的"母邦"。巴西、圭亚那、加勒比和北美的犹太人通过复制荷兰城市最近兴起的机构，恢复了完整的犹太式宗教和文化生活。1638年的阿姆斯特丹会众的章程（ascamot，bylaws）是17世纪新世界所有会众章程的原型。在巴巴多斯和库拉索岛，人们甚至紧随荷兰原版章程的条款数量——42条不变。[88]阿姆斯特丹的公共领袖花费了数千荷兰盾来赞助犹太人在1658年至1660年间向埃塞奎博的迁移——不仅提供了旅费，还为已经定居在那里的犹太人购买了46名奴隶；少量的钱花在了民众向卡宴和库拉索岛的迁移上。[89]阿姆斯特丹会众还向新阿姆斯特丹（1655年）、巴巴多斯（1657年）、卡宴（1659年）、库拉索岛（1659年）和马提尼克岛（1676年）捐赠了《摩西五经》。[90]此类举措符合1612年以来的阿姆斯特丹领导传统。在那年，阿姆斯特丹的葡裔犹太人群体派雅各布·佩雷格里诺（Jacob Peregrino）带着祈祷书和仪式器具，作为精神领袖前往西非的港口若阿勒港（Port of Joal）和阿雷港（Porto d'Ale）。佩雷格里诺抵达塞内冈比亚（Senegambia）的葡裔犹太人聚集地后不久便着手建了一座犹太教堂。[91] 通过所有这些方式，阿姆斯特丹与比荷兰海洋帝国更加广阔的大西洋世界连接在了一起。

宗教宽容

大量犹太人和其他外来者能够在荷属美洲殖民地定居，在一定程度上是由于当地推行宗教宽容政策。在现代世界早期，宗教宽容被理解为允许"不同信仰的人在一个社会中和平地生活"。[92] 宗教宽容是荷兰共和国的标志，其创始基石是乌得勒支同盟（1579年）承认个人的信仰自由。在大西洋世界也是如此。1629年，在西印度公司征服或即将征服的所有荷属殖民地相继制定了一系列施政原则，信仰自由原则被引入其中。

考虑到宗教宽容的受益者，很明显，该政策的初衷并非刺激欧洲人移民，而是为了在军事征服之后建立起一个新的社会："西班牙人、葡萄牙人和当地人的信仰自由都会得到尊重，不论他们是罗马天主教教徒还是犹太人。"[93] 1642年南部非洲（即安哥拉）政府的指示更为详尽："葡萄牙人和当地人，无论是天主教教徒、犹太人，还是其他宗教信徒，都将保有自由，他们的信仰或私人住宅不会遭到干涉或调查,……前提是犹太人或天主教教徒避免丑闻"以及不亵渎基督教福音。[94]西印度公司的董事会预计,荷兰入侵者在执行大战略期间在任何地方都会遇到天主教教徒和犹太人。扩大信仰自由的范围将有助于他们融入战后社会。但是,公众信仰自由是另一回事。例如,同样是给安哥拉的指示,特别规定禁止所有牧师公开传教。[95]

宗教自由的范围因时间和空间上的不同而存在差异。宽容从来都不是一成不变的,而是经过不断协商而达成的。有些宗教享有比官方允许的宗教自由更广阔的自由,而另一些宗教受到的迫害则比我们想象的更加严重。因此,甚至天主教教徒也可以享受到一定程度的自由。跨大西洋殖民地的建立类似于联合省建立的初期,给天主教生活带来剧变。在荷兰共和国的所有宗教少数派中,天主教教徒是16世纪70年代和80年代最被边缘化的群体,当时政府建立了新的公共宗教秩序,使罗马天主教教会的财产世俗化。教堂、修道院和教区的收入被没收,公众不得公开做弥撒、担任牧师、公开游行、戴念珠和唱赞美诗,这一切使虔诚的天主教教徒的生活变得艰难。尽管在此后的几十年中,官员们偶尔会默许牧师的存在,但没收圣俸让牧师几乎无法维持生活。尽管明显存在地区差异,但是在葡萄牙殖民地也推行了这些政策。在与天主教军队成功对抗之后,荷兰当局没收了用于宗教或民间用途的教堂,将圣俸用于建造和维系学校、教堂、孤儿院和医院的生存。[96]

与在荷兰共和国一样,在官方层面,在巴西的天主教教徒是不允许公开做礼拜的,牧师也不得公开露面,但实际上,僧侣的人数有所增加，而牧师"到处"做弥撒，这要归功于什一税的征收。圣人画像被抬着上了街，教堂在未经允许的情况下建了起来，归正教教徒抱怨游行是在葬礼的幌子下进行的，"圣像崇拜"在"喜剧的面纱下"也已经重新出现。[97]尽管是一名坚定的加尔文教教徒，但总督约翰·毛里茨把这一切看作宽容政策的体现，默许了这些行为。

尽管宽容政策有着显而易见的慷慨，但是这一政策本来的目标受益者却并不感激，他们遭受了迫害。历史学家查尔斯·帕克（Charles Parker）总结了天主教教徒在联合省遭受的各种形式的迫害：神圣财产被破坏，圣餐礼被破坏和禁止，牧师被逮捕、监禁、勒索和驱逐，信众被勒索财物；令人恐惧的骚扰，不得担任公职以及必须经过伪装后才能出行，只能在晚上秘密举行礼拜。[98]在殖民地也发生了类似的迫害行动。就像锡兰（Ceylon）执政者，根据荷兰殖民政府的秘密命令对牧师进行了骚扰。[99]在萨尔瓦多（1624年），西印度公司严密控制着天主教神职人员，这是耶稣会的大主教和其9名教徒发现的。他们从巴西其他地方筹款归来，对荷兰人的接管一无所知，一到萨尔瓦多就被逮捕，并与4名本笃会修士（Benedictine）和2名方济各会修士一起被送往荷兰。[100]同样，在1630年入侵伯南布哥之后，荷兰人俘虏了17名耶稣会会士并将其驱逐出境。[101]对耶稣会会士的迫害并非任意。自从耶稣会的领袖意识到马丁·路德（Martin Luther）的思想在神圣罗马帝国中传播到何种程度以来，就一直反对新教徒。[102]因此，1629年在巴西被征服地区的暂行规定将耶稣会列为危险组织，所有耶稣会会士都因此而被禁止进入由荷兰人控制的

第七章 异族人　　　　　　　　　　　　　　　　　　　　339

地区。[103]在实际操作中，直到1636年，耶稣会牧师鼓励美洲印第安人与荷兰人作战之后才开始被禁止。1639年和1640年初，在伊比利亚舰队对海岸的威胁下，其他牧师被西印度公司驱逐或受到了严酷的对待。[104]随着时间的推移，人们反耶稣会的怨气并没有消退。在1673年荷兰重新占领新尼德兰之后，殖民地的新领导人想努力将耶稣会会士从易洛魁人的领土驱逐出去，但是并没有成功。[105]

通常情况下，当局应该根据当地情况来确定是否推行公共礼拜的自由。在新尼德兰，新瑞典的居民被授予了这项权利。在1655年该殖民地被施托伊弗桑特征服后，居民们发现自己被"困"在了荷兰的殖民地上。这些瑞典人和芬兰人不必放弃他们的路德教义，他们被允许公开信仰。考虑到帕拉伊巴的少数路德教教会、新阿姆斯特丹的150个信奉路德教的家庭以及无数在荷兰服役的德意志士兵不能公开表明其宗教信仰，这是荷兰政府采取的一个非常友好的姿态。[106]阿姆斯特丹则不同，路德教教会群体在阿姆斯特丹发展迅速，他们在自己的教堂（于1633年开放）进行宗教活动。[107]

公众信仰自由与个人信仰自由之间的区别并不明晰。新瑞典的路德教教徒的自由仍然受到限制，而新阿姆斯特丹的路德教教会的宗教习俗则以各种形式被默许。这种默许的做法于1656年在新尼德兰暂时被终止。当时彼得·施托伊弗桑特及议会决定，新教教徒仅可获得在家中做礼拜的权利。他们不得与非亲戚的男女一起做礼拜。西印度公司并不支持这一单方面的决定，他们认为这是对既定惯例的破坏。阿姆斯特丹商会回应了这一尖锐的指责。[108]为了促进对路德教教会的同化，阿姆斯特丹商会引入了略有变化的洗礼方式，使路德教教徒能够在归正教会为其孩子施洗礼。[109]

荷兰的宗教宽容政策是为了应对宗教多样性，而非促进。[110]与新瑞典一样，宗教信仰自由旨在使当地人口而不是使那些仍需移民的人受益。另外，就像在新瑞典一样，受益者的宗教信仰和种族通常是一致的。因此，在某种程度上发生在巴西和后来的库拉索岛的允许天主教教徒自由地信仰宗教的情况，就等同于赋予罗马天主教教徒以宗教自由。来自共和国的天主教教徒不适用于这些情况，我们也不知道是否有由于这种特权而移居殖民地的天主教教徒。[111]令人震惊的是，1650年居住在法属圣克里斯托弗岛的荷兰商人非常希望有自己的牧师。这样的请求在荷属殖民地是不会被批准的。[112]

从1634年占领帕拉伊巴起，荷兰人的征服带来了巴西天主教教徒的宗教自由。在一项正式条约中，荷兰人允许他们进一步使用教堂和神圣的祭物，并承诺牧师和圣像会得到保留。虽然尚不清楚促使荷兰官员同意这些条款的原因，但这可能与1632年林堡（Limburg）被占领后在尼德兰签署的类似条约有关。他们的措辞几乎一模一样。[113]在荷兰人征服伯南布哥、里奥格兰德和戈亚纳（Goiana）之后，该条约的主要内容也适用于这些地方的居民。方济各会、加尔默罗会（Carmelite）和本笃会的修士组成了9个修道院，他们将获得完全的迁徙自由，并可以继续以传统方式维护其宗教秩序。[114]这些条约似乎说服了许多逃离战区的葡裔巴西人返回家园。[115]

如果说林堡的那些条约对荷属巴西人产生了影响，那么反过来

第七章　异族人　　341

巴西似乎也对荷兰人在亚洲引入宗教自由产生了影响。1641年,荷兰击败葡萄牙后,在马六甲的东印度公司官员于斯特斯·斯豪滕(Justus Schouten)立即开始考虑可以引入什么样的治理方式。当他考虑引入某种宗教自由措施时,没有以联合省的做法为模板。相反,他首先提到了西印度公司在巴西的做法,然后列举了过去几年里其他国家不同宗教和平共处的例子,例如前几年的德意志、波希米亚和匈牙利以及当时的法兰西和波兰。斯豪滕建议允许罗马天主教教徒公开信教,以增强他们与新统治者的联系,吸引葡萄牙商人,并诱使更多的敌对城镇投降。[116] 这些为林堡和巴西的条约提供了理论依据,并且当荷兰人在印度的科钦(Cochin,1663)和纳格伯蒂讷姆(Nagapattinam,1664)赢得战争胜利后,为天主教教徒在印度获得宗教自由发挥了作用。[117]

巴西的条约一方面造成了累西腓和毛里茨城之间的鸿沟,后者具有更强烈的加尔文主义特征;另一方面,导致了葡裔巴西人占多数的内陆城镇和正式享有宗教信仰自由的城镇的分野。[118] 一段时间以来,享有宗教信仰自由的地区的人们和平共处,荷兰居民在加尔文教派牧师缺席的情况下邀请天主教神父为他们的孩子施洗礼和主持婚礼。[119] 甚至每年都有神父来到一些荷兰人的制糖厂,为榨甘蔗季节的开始送去祝福。然而,归根结底,宗教自由并不是帕拉伊巴、伯南布哥和里奥格兰德的居民必然会拥有的。战争的加剧很快导致西印度公司拒绝天主教教徒进入他们的教堂和担任神职人员。[120] 在卡尔沃港,所有神职人员在战争期间都被赶走。在约翰·毛里茨及议会于1640年召集的会议上,葡裔巴西人代表提出了附带4个要求的1项请求:允许人们向罗马请愿为荷属巴西派来代理主教或主教,允许新的牧师进入荷属巴西,允许牧师收受圣俸,以及允许天主教教徒在家中、街道和公共场所公开自己的信仰。[121]

但是,正如1642年1月6名嘉布遣会修士(Capuchin friars)的到来所证实的那样,事情没有任何进展。修士们在前往刚果时被一艘荷兰船上的人们逮捕。约翰·毛里茨决定在奥林达为他们提供一座修道院,并赋予他们完全的宗教信仰自由。伯南布哥当地天主教教徒的欢乐表明了他们当时的处境有多糟糕。[122]那年晚些时候,当葡萄牙和荷兰共和国签署停火协议的消息传来后,天主教居民在写给荷兰联省议会的一系列信件中再次发泄了他们的不满。葡裔巴西发言人称,他们在战争期间一直保持沉默,现在他们应享有原始条约所赋予的权利。让他们感到恼火的是禁止神职人员移民,这意味着没有人来替代已故的神职人员。戈亚纳和伊塔马拉卡辖区的葡萄牙领导人透露,那里只有3名牧师活着且都已经胡子花白,因此人们正处在很快将成为异教徒的危险之中。[123]荷兰人拒绝接纳来自荷属巴西以外的神职人员,是因为担心新来者会与其敌人结盟。出于同样的原因,联省议会禁止联合省以外的僧侣进入林堡的修道院。[124]

同时,荷兰神职人员对罗马天主教教徒享有宗教宽容的大声抗议无异于火上浇油。他们对在公共教堂里布教传道、住在修道院里的僧侣以及建造新宗教场所感到震惊。此外,正如我们所了解到的,他们强烈抗议他们认为的圣像崇拜。[125]牧师文森特·索莱尔(Vincent

Soler，一位归附了加尔文教的西班牙人）可能表达了教会的普遍想法："天主教教徒"在荷属巴西享有与在罗马一样的自由。[126]而神职人员并不是唯一妨碍双重信仰社会的人。在西印度公司的支持下，当地荷兰人在巴西的天主教教徒中积极传教，并分发解释其信仰错误的书籍。通过鼓励新教和打击天主教，西印度公司不仅希望铲除"教宗的迷信"，而且希望两个宗教群体之间能相互理解，促进通婚，从而培养出对政府有良好意愿的单一群体。在奉行这项政策时，高级议会没有羞于宣布天主教牧师主持的婚姻是非法的。然而，在1642年，约翰·毛里茨及管理委员会得出结论，认为这种政策行不通。天主教教徒对自己的宗教信仰过于执着。[127]总督在离开殖民地2年后写下的"政治意愿"中选择了较为温和的语气，但他也明确表示宽容是暂时性的必要措施。[128]在较早时期，克日什托夫·阿尔奇谢夫斯基预测当地的天主教教徒不会留在荷属殖民地。葡萄牙统治下的自由（包括宗教自由）实在太诱人了。换句话说，宽容不是万能的灵丹妙药。[129]

尽管有约翰·毛里茨的崇高意图（支持在毛里茨城的天主教邻居们享有宗教自由，这意味着要恢复他们的教会），但一切都没有改变。这位总督认为，宗教自由之外的另一种选择是起义。的确，不到3年后，毁灭性的起义在葡裔巴西居民中爆发。荷兰人拒绝遵守《帕拉伊巴条约》及其副本（历史学家所忽略的）是这场起义的重要起因。起义开始1年后，伯南布哥的天主教教徒在安特卫普出版的小册子证明了这一点。文中说，荷兰人在签订条约后立刻信守了诺言,但最终他们还是无视了条约,逮捕了神职人员并迫使其流亡。[130]对于这些天主教教徒来说,确实容易将宽容误认为是迫害。[131]

在巴西的冒险之旅结束后,荷兰共和国逐渐接受公开信奉天主教的趋势在1648年之后扩展到一些殖民地。因此,总督和西印度公司于1661年允许天主教教徒在库拉索岛定居。随着当局接纳垄断的热那亚承包商,商业原因加速放宽了对天主教礼拜的限制。到17世纪70年代,每当有生意把商人们带去该岛时,带有祭坛的小教堂便会被使用。[132]在1680年至1705年之间,有不少于55名来自附近西属殖民地的牧师紧随其后赶来。当这些人有意愿时,苏里南总督邀请牧师来到其殖民地。他认为,如果罗马天主教种植园主被允许在此定居,他们就有权获得精神上的关怀。[133] 3名身穿便服的牧师一出现就引起了骚动,泽兰省对此感到不安,要求将这些人遣送回荷兰。总督对这种干涉感到不满,依然自行其是。这些牧师在此期间过世,总督将其遗体运往泽兰。[134]

土著邻居

1629年荷兰共和国制定的关于宗教方面的指导方针规定,美洲印第安人的宗教自由也应得到尊重,尽管此规定只针对天主教教徒或犹太人。在实践中,宗教问题很少会离间荷兰人和其土著邻居之间的关系,它甚至可能已经成为将双方团结在一起的纽带。但是正

第七章 异族人 345

如我们将看到的那样，传教的努力是有限的，而且很少见效。在巴西以外的地方，接触点主要在经济而不是宗教层面。

殖民社会是在反复试错中形成的。在此过程中，荷兰殖民者通常依赖美洲和非洲本地人的援助和专业知识。在刚开始接触时，沟通与交流可能会很困难。南美洲的胡安·费尔南德斯群岛（Juan Fernández Islands）上的4名土著告诉我们，17世纪的最初10年间一支荷兰舰队的人想上岸。土著们还大声喊了一些话，但是荷兰人听不懂，正如其中一人后来提到的那样，"我们用西班牙语、马来语、爪哇语和荷兰语对他们大喊"。[135]在整个17世纪，尽管当地语言的习得对于建立持久的纽带关系至关重要，但是一些荷兰人继续使用手语。[136]实际上，至少在北美地区，人与人之间的日常交流经常混杂着各自的母语。[137]那些能流利地说当地语言的荷兰人变得不可或缺。在17世纪20年代，托马斯·扬森（Thomas Janssen）生活在加勒比人中间，并且学会了他们的语言，他提供了一些有关加勒比海岛屿名称的地形学的线索。[138]彼得·巴伦森（Pieter Barentsen）在1619年前往加勒比、圭亚那和佛罗里达的一次考察中，掌握了当地的语言和习俗。他的语言能力以及他与美洲印第安人打交道的老练程度对新尼德兰的殖民者非常有用，因此被总督彼得·米纽伊特任命为奥兰治堡的指挥官。[139]在奥亚波基河上的一个荷兰代理商被过分同化，以至于他在1627年遇到一名荷兰舰队的船员时已经忘记了自己的母语。[140]

最好的代理商不仅能促进双方的沟通与交流，还能赢得美洲印第安人的信任。阿尔特·阿德里安斯·格勒内韦根（Aert Adriaensz Groenewegen）就是一个典型的例子。他最初在奥利诺科三角洲担任西班牙的商务代理，后于1615年开始为来自泽兰的英格兰和荷兰商人财团工作。当埃塞奎博河上建立要塞后，他担任了数十年的荷兰高级官员，这在很大程度上要归功于他与当地人的良好关系。[141]另一个例子是伦斯勒斯维克的代理商阿伦特·范柯勒（Arent van Curler，1620—1667），他被莫霍克人视为忠实的盟友。他去世后，当地人将"科拉尔"（Corlaer，他名字的一种变体）加入后来他们称呼纽约州州长的头衔中。[142]

事实证明，美洲印第安人是荷兰人可靠的代理商。在苏里南河上，一名年轻的美洲印第安人在17世纪最初的10年为一些阿姆斯特丹商人提供服务，代表他们进行贸易、陪伴出行，并为他们担任翻译。不知什么原因，一名荷兰代理商在1613年用燧发枪击中了这个年轻人并致其重伤。据一位目击者称，那年轻人后来去世了。[143]在北美，荷兰人还利用外国的"代理商"或贸易代理人与当地人民结盟，例如胡安·罗德里格斯（Juan Rodríguez），他可能是来自圣多明各的欧非混血儿，是一艘名为"蒂斯·沃尔克特兹·莫塞尔号"（Thijs Volckertsz Mossel）的荷兰船的船长，他在1613年作为下哈得孙河谷的商务代理商，用商品与讲阿尔贡昆语（Algonquian）的当地人交换海狸毛皮。[144]在非洲，荷兰人通过代理人（通常是商人或随从）与当地统治者进行交流。代理商的服务通常能换来一份高薪，但是他们经常在没有事先通知的情况下放弃一位雇主而转为另一位雇主工

第七章　异族人　347

作。他们的背景千差万别。有些人与王室家族有关，而另一些人则是混血儿或生来就是奴隶。[145]

本土代理业务也可以传授。在1600年，迪尔克·格里兹·希纳（Dirck Gerritsz China）在智利被西班牙绑架者审问关于荷兰人的美洲计划时，他直接和盘托出。他说，这次探险的计划是寻找适合殖民的优质土地，并将一些当地男子带回荷兰，教他们荷兰语，并将其作为朋友对待。一旦他们坐上同时载有荷兰殖民者返回的船，贸易就开始了。他补充说，该模式是葡属印第安人的模式。[146]他们在联合省逗留期间，其主人般的力量和文明表现给当地人留下了深刻的印象。此外，将新的盟友转变为加尔文教教徒被认为是必要的。[147]但是，阿姆斯特丹商人迪奥戈·迪亚斯·克里多（Diogo Dias Querido）将几个非洲人带回家中的目的在一个方面与上述有所不同，除了教他们荷兰语，使之成为非洲海岸的商人们的口译员之外，克里多似乎还让他们转信了他自己的宗教：犹太教。[148]

新世界的荷兰代理商有时会与当地妇女发生性关系，她们愿意与来访的荷兰商人发生性关系，可能是一种巩固这些荷兰男子与本地人之间联系的公共策略。[149]荷兰人与当地的莫霍克和图皮的女子组成家庭的例子不胜枚举。[150]一名牧师在他的 *Brasyls Schuyt-Praetjen* 一书中将1645年的巴西起义归咎于荷兰人与本地妇女的交往。就像神把迦南地分给以色列人的条件是他们与异教的神或他们的女儿交往不造成任何罪过一样，神以同样的条件带领荷兰人来到巴西。但是，牧师认为："我们与葡萄牙人的妻子和女儿交往时，我们对罪恶和财富的尊崇超过了神的诫命，甚至超出了与黑人女性、混血儿（欧非混血）、巴西（图皮人）和塔普亚妇女联系的界限。因为我们的罪，我们受到了公正的惩罚。"这位虚构的牧师提到的是对本地妇女的虐待，这显然不是例外。教会反对基督徒与本地妇女发生任何亲密关系。西非一位牧师写道，只有与本地人虔诚地交往才能使盲目的异教徒进入基督的王国。[151]在美洲，西印度公司也禁止这些性关系，以免损害其与美洲印第安盟友的联盟。[152]尽管如此，在欧洲女性远远多于男性的任何地方，本地女性仍然很抢手。为了避免产生问题，西印度公司敦促德意志哈瑙（Hanau, 1669）的男性移民将自己的妻子带到圭亚那。[153]

更为明显的是，荷兰男性倾向于与非洲黄金海岸的欧非混血妇女有密切的关系。西印度公司官员如果让当地妇女怀上了自己的孩子，他们的部分收入就会被公司扣下，然后转给孩子的母亲或监护人，从而与非洲领导人保持良好的关系。[154]葡萄牙人为欧洲人和非洲人的关系定下了基调。自1638年以来一直在埃尔米纳的路易斯·菲德勒留斯（Louis Fidelerius）少尉的妻子，是一个葡萄牙男人和一个欧非混血女人的女儿。[155]另一位欧非混血女性陪伴过埃尔米纳不少于3名西印度公司雇员。海伦娜·科雷亚（Helena Correa）是一名本地妇女和阿克西姆的葡萄牙总督伊曼纽尔·科雷亚（Emanuel Correa）的后代。海伦娜在阿克西姆与一名葡萄牙男子结婚，该男子于1642年荷兰人占领要塞后离开。随后，她与卡波·科斯（Cabo Cors，海岸角城堡）的荷兰工厂的副厂长扬·吉兰登克（Jan

Gelendonck）结婚，后者是一名葡萄牙船长和一名黑人女奴的儿子。1650年前后，她与埃尔米纳的新任检察官扬·范瓦尔肯伯格发生了一段较长的婚外情，并生下了儿子。范瓦尔肯伯格在离开荷兰前就已经结婚了，但他在1656年被任命为总督时，让海伦娜成为埃尔米纳城堡的第一夫人。范瓦尔肯伯格于1659年前往荷兰，当他回到埃尔米纳时，海伦娜成了之前提到的未婚的迪尔克·威尔里的情妇，并为他生下了3个儿子。[156]

亲密接触为了解当地文化提供了一个窗口。在埃尔米纳上岸的第一天，迈克尔·海默萨姆［Michael Hemmersam，来自纽伦堡（Nuremburg）的西印度公司员工］惊讶于一名当地妇女的举动，她"跳向我，伸出手给我，想和我说话。这让我大为震惊，我问那些可以与她交谈并懂其语言的人，问他们这是什么意思，或者结果会怎样。他们说，当其中一个人死亡时，他们以为他去了另一个地方。现在，这个穆尔斯人（Mooress）的丈夫不久前去世了，她说我就是她已故的丈夫。她的丈夫死去了，变成了白色，现在正与其他人一起去那个地方，这样就不会被认出来"。她的"丈夫"回来后，这个女人和其家人告诉海默萨姆，他是她丈夫的兄弟。"我不得不让她的幻想继续存在，"他总结说，"我以前也曾是一个穆尔斯人。"[157] 与海默萨姆不同，在角山（今利比里亚）进行贸易的泽兰商人倾向于分享当地的信仰。一位瑞士医生在其船上报告说，这名男子"告诉我，他听到了恶魔的可怕声音，要求当地人为他献祭。我问我的代理商他在哪里听到的，他说：'在森林里。但是那天除了国王塔巴·弗拉莫尔（Thaba Flamore）和他的顾问之外，没有人可以到那里去.'同一天，我几次听到一个令人毛骨悚然的声音，我看到妇女和儿童以及那些不属于献祭群体的人出于对邪恶之灵的极大恐惧而逃回了自己的家园"。[158]

深刻理解当地习俗，荷兰人才能与美洲和非洲国家建立并维持商业和外交关系。优质和足量的互惠礼物是这些关系的黏合剂。例如，在与北美五国的人们会面时，荷兰人被建议赠送例如水壶、斧头、火药和铅这样的礼物来强化他们的承诺。同样，巴西的当地盟友也收到了帽子、亚麻布、斧头、刀、剪刀、罐子、鱼钩和镜子。[159] 1598年，荷兰人与黄金海岸的萨布国王建立了同盟。在这个小王国，荷兰商人与阿肯人的黄金供应商进行贸易。该国还定期收到礼物，其中一些还是总督毛里茨送来的，从而进一步强化了这一同盟。[160]

在那些荷兰人最终建立了长期贸易站的西非地区（例如穆里和埃尔米纳），他们需要依赖非洲当局的保护。为了得到非洲人的合作，荷兰人不仅要给他们送大量的礼物，还要表达出对其国民应有的尊重。荷兰人始终视非洲统治者为王公，并与他们缔结了同盟条约。双方对荷兰人根据此类书面协议寄给统治者的商品和黄金有不同的解释。西印度公司告诉其欧洲竞争对手，这是一个拥有要塞和贸易站的主权国家提供的礼物，而当地统治者则将自己视为出租沿岸土地的主权国家，因此他们收到了黄金和商品形式的贡物。在他们看来，这些协议也没有授予西印度公司专有的贸易权。[161]荷兰人

第七章 异族人　　　351

与美洲印第安人的互动也是如此。门西人在将其土地"出售"给西印度公司时,并不打算将其领土永久地移交给荷兰人。他们从未放弃自己作为主权国的地位,只允许荷兰人共同占用该土地。[162]在当地人看来,荷兰人充其量是平等的合作伙伴。当时的易洛魁人也这么认为,他们似乎与荷兰商人达成了协议,该协议基于互惠互利和互不干涉的基础,确立了双方平等关系的原则。[163]

奴隶制

在美洲各地,荷兰殖民者和商人不仅与当地人进行贸易,而且还买卖他们。在圭亚那的殖民者从美洲印第安人的敌人那里购买本地奴隶,他们通常会把这些奴隶卖给沿海的欧洲人。[164]在17世纪40年代,与西印度公司无关的荷兰商人开始将来自多米尼克的当地人和马拉尼昂的巴西舰长作为奴隶出售到加勒比。[165]同年在巴巴多斯的英格兰人的情况也一样,这是一种间歇性的贸易,它是非洲奴隶贸易活动的补充。[166]在殖民地成立的最初几年,似乎有相当数量的美洲印第安奴隶被运送到圣尤斯特歇斯岛,他们是由荷兰人和外国的走私者提供的。本地奴隶也从同一岛上输出。1642年,一些殖民者以友谊和贸易为幌子欺骗了81名当地居民上船。这些居民随即被绑架,然后可能被卖到了其他地方。[167]

在官方层面,任何美洲本土居民都不能被强迫从事违背自己意愿的工作。他们应该与其他所有人一样被管理。1636年8月23日，联省议会决定，该国的本地人"应不受干扰地享有自由；他们绝不应该成为奴隶，而是要与其他居民一起享有政治的和公民的权利；他们应该按照自己的法律被统治"。[168]但是，6年后，西印度公司确实授权，对那些向荷兰当地的盟友发动战争的美洲印第安人进行奴役。这些奴隶将被出售，或者为西印度公司服务7年。[169]此外，在马拉尼昂，本土的奴隶被给予完全的行动自由。由此，缺乏非洲奴隶使得十九人委员会不得不继续奴役曾经为葡萄牙工作的奴隶。几个月之后，因为荷兰与美洲盟国就这项政策而关系紧张，于是十九人委员会撤回了这一决定。尽管法律地位发生了变化，但马拉尼昂的许多印第安人仍处于准奴隶状态。[170]

正如历史学家洛德韦克·胡尔斯曼所指出的那样，印第安人自愿工作与作为奴隶而工作的界限通常很难确定。[171]尽管确切条件尚不清楚，但绝不是荷兰人在巴西雇用的所有美洲印第安人都是奴隶。一些美洲印第安人在种植园砍伐木材、种植甘蔗、清理甘蔗地、驾驶马车和放牧牲畜。[172]还有一些人是私人仆役，例如一个塔普亚男孩，他和荷兰军队的士兵彼得·汉森·哈伊斯特鲁普一起住了5年。荷兰战败后，哈伊斯特鲁普带他去了欧洲。[173]这种仆人是否为正式奴隶我们不得而知。我们也没有关于荷兰人在第一次伊索珀斯战争中俘获的10个俘虏的法律地位的信息——这些俘虏于1660年被从新尼德兰送往库拉索岛。[174]在库拉索岛的拓荒期，西班牙战败后留在岛上的美洲印第安人也为荷兰人工作，但人数不多。1640年，1名本土岛民在加拉加斯被西班牙当局盘问时透露说,该岛上有10名男子在荷兰的堡垒里工作,另外12人负责割草、搬运草来喂荷兰人的马匹,还有2名女性帮助种植蔬菜。[175]

荷兰的2个殖民地圣尤斯特歇斯岛和苏里南在17世纪确实实行了大规模的本土奴隶制度。到1665年,斯塔提亚已是400多名本土奴隶的家园。[176] 47名早期荷属苏里南的居民们估计,1671年苏里南殖民地共有500名被奴役的美洲印第安人奴隶,他们都是英格兰殖民时期的遗产。[177]在1684年这一数字迅速下降到106,部分原因是移居巴巴多斯的英格兰殖民者强行带走了本地人。[178]直到18世纪,苏里南的本土奴隶制才逐渐消失。

荷兰人开始奴役美洲印第安人之前,已经在印度洋积累了建立奴隶制度的经验。但是,他们起初并没有参与较大规模的奴隶贸易。到1618年,在爪哇岛(Java)的荷兰总部居住着不超过70名奴隶。几年之内,这个数字就大大增加了,尤其是在1622年至1623年从印度科罗曼德尔海岸(Coromandel Coast)运来1,900名奴隶之后。[179]在阿姆斯特丹,人们对奴隶也并不陌生,葡萄牙人经常带着他们的非洲奴隶经过这里。[180]例如,一个5岁男孩在罗安达被购买后,于1618年前后到达这座城市。他受洗,被给予教名为安东尼奥,并由其主人加斯帕尔·阿丰索·马特尔(Gaspar Afonso Martel)教他背诵《主祷文》(*Lord's Prayer*)和《圣母经》(*Hail Mary*)。大约1年后,2人前往巴西。[181]同样,安东尼奥·亨利克斯·阿尔文(Antônio Henriques Alvin)在1626年与8名奴隶一起在阿姆斯特丹住了几个月,此前这些奴隶被从巴西驶往葡萄牙的荷兰私掠船俘获。[182] 1614年，针对葡裔犹太人群体的规定中也提到了俘虏，声称为"非我们国家的奴隶、仆人和犹太女孩"留出一块单独的墓地。[183]然而，在17世纪下半叶，奴隶制似乎已从犹太居民区消失了。于1654年打算离开巴西搬到巴巴多斯的一名商人的奴隶意识到自己是自由的，没有义务为主人服务后，希望留在阿姆斯特丹。[184]来自西班牙的犹太居民亚伯拉罕·伊达尼亚（Abraham Idaña），在给一位西班牙朋友的信中证实，在阿姆斯特丹，自由是普遍的："奴隶制在这里是不被允许的。来到这里的奴隶都会立即被释放。从巴西和其他地区来的许多黑人都在这里工作赚钱。"[185]尽管如此，即使在阿姆斯特丹的犹太人中的奴隶制可能已经消失了，但至少还有一个"奴隶"仍留在这座城市，那就是基督教教徒的财产。1694年，在非洲人的要求下，洛伦斯·德拉西埃（Lourens de Rasière）的遗孀阿莱塔·范胡图因（Aletta van Houttuin）释放了18岁的扬·皮克·范安哥拉（Jan Pick van Angola），这名奴隶服侍了她出生在巴西的丈夫许多年。[186]

在荷兰殖民美洲的早期阶段，白人与黑人之间的关系并不总是受到种族等级的影响。他们之间的关系就像切萨皮克的英属殖民地在起步时期相对轻松的互动关系一样，当时非洲人很少，黑人与契约仆役及其主人一起种植烟草。[187]例如，简单的善意举动就标志着荷兰船员与新世界的黑人之间的互动关系。一位曾在伊斯帕尼奥拉岛短暂雇用了5名黑人的船长（这些人自愿为他工作以换取给养）打算按照对方的意愿让他们在托尔图加岛上岸。但是当他们担心在那里找不到食物而改变主意时，这位船长出于同情，将他们带到了阿姆斯特丹。[188]在新尼德兰，出现在法庭上的奴隶与白人嫌疑犯的待遇相同。他们甚至可以起诉自由人。[189]在殖民地黑人民兵中服役的一群奴隶为争取"半自由"进行谈判：以每年支付的赔偿金作为交换，他们将获得自由，而他们的孩子则继续作为奴隶为西印度公司服务。[190]尽管如此，荷兰当局还是挫败了白人和黑人试图融合的尝试。在给库拉索岛首任总督的指示中，西印度公司的权威人士不赞成白人与黑人之间的性接触，尽管基督教教徒被准许与受洗的非洲人结婚。[191]新尼德兰的白人也不被允许与美洲印第安人或黑人有性接触。[192]

在荷属萨尔瓦多（1624—1625）的黑人的工作在某种程度上有点像本地的仆人，其法律地位并不总是很清楚。这些非洲人被命令执行危险的任务，例如从被围困的城市冒险采购木薯、香蕉、橙子、菠萝和其他水果。[193]身体强壮的男性被纳入荷兰军队，且在武装部队中占有相当大的比例。在荷兰投降时，伊比利亚人统计发现其中共有2,000名欧洲士兵和590名黑人。[194]1630年，当荷兰人在伯南布哥建立据点时，700名黑人中有500名加入了他们。军方领导人决定利用这些男人来帮助建立堡垒与敌人作战，并以其他方式支持战争。[195]在持续的敌对行动造成的混乱中，许多黑人在接下来的5年中纷纷逃走，[196]到1645年至1646年，西印度公司的军队中仅剩下259名非洲人。[197]

尽管荷兰人在1635年之前对非洲人还未持有明显的种族主义的

看法，但当荷兰人控制了巴西大片种植园时，他们的态度迅速发生了变化。面对一个已经存在种族隔离的社会，荷兰人在赶走伊比利亚人后没有采取任何消除这种氛围的措施。为他们的入侵提供理由的种植园制度意味着荷兰人主要将黑人奴隶视为一种投资而非人类。关于这一点，在1642年从德夫哈芬（Delfshaven）驶向罗安达的"布林维奇号"（Bruynvisch）奴隶船得到的指示就可以证明。西印度公司默兹商会（WIC Meuse Chamber）的董事局规定，该船将带着"黑人或其他商品"从罗安达航行到伯南布哥。[198]

并非所有在荷属巴西的非洲人都被迫在种植园工作。由于缺乏身价昂贵的荷兰工匠，在荷属巴西的非洲人接受培训成为木匠、瓦匠和铁匠，就像在新阿姆斯特丹和非洲的荷兰要塞的黑人一样，事实证明他们能够胜任这些工作。但是，即使他们通过每日的工作证实自己能够完成以前为荷兰人保留的工作，但是几乎所有在巴西的非洲人仍然是奴隶。新阿姆斯特丹的情况是截然不同的。到英格兰征服该地时，375名黑人居民中有75名获得了自由，他们以家庭为单位居住在被解放时给予他们的土地上。[199]

奴隶在热带种植园受到的待遇经常是不人道的。巴西的种植园主不仅让奴隶们在星期天工作（至少直到政府禁止这种做法之前），而且以最残酷的武力镇压个人或集体的反抗。[200]殖民政府允许奴隶主实施某些体罚，例如用鞭子、棍子或皮带殴打奴隶以及将他们绑在铁链或木桩上，再铐住他们的脖子和脚。[201]所以难怪有人试图逃跑并成功了——他们或者走陆路逃到了帕尔马雷斯（Palmares）的黑

第七章 异族人　　　　　　　　　　　　　　　　　　　　　357

人居住区，或者从海上逃到了费尔南多·迪诺罗尼亚岛。[202] 在1646年粮食短缺近乎饥荒的情况下，对待黑人的非人手段可以令巴西当局将奴隶与自由人区分开。黑人不得不忍受没有食物的生活，并承受着后果。[203] 约翰·纽霍夫（Johan Nieuhof）表示，极度的饥饿使他们的眼神中透出一种可怖的空洞感，甚至能吓走最勇敢的人。[204]

荷兰在大西洋世界扩张的早期，荷兰知识分子和西印度公司之间就黑人奴隶制的合法性问题一直没有达成共识。一些人否认有任何奴隶劳动的需要。*Levendich Discours*（1622）一书的作者认为，在荷兰接管巴西（仍只是假想）之后，黑人将成为自由劳动者，他们可以通过努力工作购买精美的衣服并让自己变得更有教养。他说，（现在的）葡萄牙的奴隶只有被打才会工作。[205] 威廉·于塞尔林克斯也认为，没有必要将奴隶运送到荷属殖民地。他想，由荷兰人来做这些工作更便宜，而荷兰人也会更加努力。[206] 但他对奴隶贸易没有异议。他认为奴隶制给非洲人带来了生命的恩赐。如果没有人买他们，他们将因所犯的罪行而被杀，或被赢得战争的一方俘虏后处决。[207] 后一个观点被牧师戈德弗里杜斯·乌德曼斯（Godefridus Udemans，1581/2—1649）在一本颇具影响力的书——《商船的精神舵》（*'t Geestelyck Roer Van't Coopmans Schip*，1638）中回应了。这本书在埃尔米纳被征服（1637年）仅仅1年后重印。在这本书中，他为荷兰人参与奴隶贸易设计了全面的新教教义。[208] 乌德曼斯认为，根据《利未记》（*Book of Leviticus*），如果异教徒或土耳其人在战争中被俘，或者被他们的父母或其他主人以合理的价格卖掉了，那么荷兰人可以奴役异教徒和土耳其人，如同被报道的安哥拉的情况一样。[209]哲学教授约翰尼斯·德梅伊（Johannes de Mey）认为，基督教教徒确实可以善意购买那些本来会被其敌人杀死或吃掉的人。这项交易不仅使其免于死亡，而且还能通过向他们介绍真理和基督的教义而使之更加幸福。[210] 1637年来自巴西的西印度公司的公文写作者格德翁·莫里斯（Gedeon Morris；原文如此。——编者注）也提出了奴隶贸易避免同类相食的观点。他认为，在亚马孙三角洲相互交战的13个部族会吃掉敌方战俘，荷兰人不应该因为这样的交易拯救了自己而反对购买奴隶。[211]最后，1680年前后在西非的西印度公司工作的彼得·盖尔斯（Pieter Geyers）补充说，来自刚果的非洲人天生就是奴隶，他们中没有一个人想离开新世界回到自己的非洲家园。[212]

对许多荷兰土著来说，黑色似乎一直就很奇怪或令人恐惧，并且越来越多地与不文明联系在一起。在关于西印度公司的四卷本的历史书中，部分是基于与船长和船员的交谈，德拉埃特描述了1625年在塞拉利昂海军上将安德里斯·韦龙（Andries Veron）舰队中的荷兰水手与一只类人动物之间的遭遇。这是一种以前从未有人见过的动物。[213]他关于同一次远征的另一个说法描述了荷兰人是如何捕到一头巨大野兽的。它长了一副女人的面容，长发在头部的两边垂下，手脚像人类一样。它被带上了船……吃了面包，喝了水。当有人假装哭泣时，它也随之哭泣，而且哭得越来越厉害。它很痛苦，把爪子放在头下，悲伤地坐着。总之，当它在每件事情上都表现得如此

"人性化"时……普通的水手们经过重新考虑改变了主意，想知道这实际上是不是一个被诅咒的女人，一直居住在灌木丛中直到被捕。他们多半被这种狂热所迷惑，就将那只巨大的野兽扔进海里——它被淹死了。[214]

韦龙舰队上成员的思想并不仅仅反映了他们的无知或想象力。德拉埃特的叙述和有关与人形怪兽（可能是大猩猩）遭遇的第三份报告都表明，这并不是欧洲魔法思想投射的简单案例，相反，荷兰人认为，当地的黑人相信自己死后，灵魂会安息在动物体内。[215]

然而，对非洲人缺乏了解确实导致了一些荷兰人求助于基于传闻和幻想混合而来的陈述。16世纪90年代的一份备忘录的作者写道，在非洲内陆，"很多人不说话只吹口哨，有的人长着山羊的脚，还有人像灰狗。这些人都没有房子，而是像野兽一样生活在田野里"。[216]最早的荷兰人对非洲黄金海岸的第一手描述（1602）呼应了外国旅行者的信息，即非洲人是一种较为落后的人类——他们是未开化的、残酷而肉感十足的野蛮人。[217]作家彼得·德马里斯称非洲人是有偷窃癖的贪婪的野蛮人，是只会对孩子进行严厉惩罚而不会对其进行教育的人。[218]但他继续指出："（这个国家）的人都是出色的、正直的人。他们是好的工人，有着像树木一样健壮的身体。他们学得容易、理解得快，并且当他们看到某样东西被展示出来时，就会迅速地复制它……他们在贸易活动方面非常聪明，但他们仍然每天向荷兰人学习，因此，他们将来会比荷兰人更聪明。"[219]

由于在荷兰没有黑人，所以荷兰人将黑人视为异族也许是很自然的。在17世纪的前几十年中，联合省里只有不到几十个有非洲血统的人。[220] 自从14世纪以来，通过欧洲人的画作，一些荷兰人可能已经了解到了非洲人的模样。到17世纪，荷兰人的绘画作品在相当大的范围内描绘了非洲人。一些代表作品是积极的，但也有一些较为消极的联想。《三博士来朝》(Adoration of the Magi)这幅画中的黑人国王卡斯珀被描绘成一位优雅的男士，但是埃塞俄比亚宦官通常被描绘成下等人，其受洗礼是荷兰艺术家最喜欢的主题。[221]

诗人兼医生威廉·戈德沙尔克·范福克布罗克（Willem Godschalck van Focquenbroch，1640—1670）在埃尔米纳度过了自己短暂一生的最后2年，他观察到非洲人与犹太人习俗之间的相似之处。他写道："非洲人从古希伯来人或以色列子孙那里继承了很多遗产，他们生活在没有书本和书写体系的时代，其中的一些习俗随着时间的流逝已经消失。他们有许多相当符合《旧约》(Old Testament)的法律和仪式：他们中的许多人在许多地方受了割礼。"[222] 非洲及其居民的观念通常也源于《创世记》中诺亚（Noah）的故事。诺亚判定他的儿子哈姆（Ham）的后代被永久地奴役。在欧洲艺术中，将哈姆的后代描绘成黑人是惯常的做法。这种解释早在13世纪就已出现在荷兰。[223]

一旦荷兰人进入非洲奴隶贸易，对哈姆的诅咒——一种基督教教徒认为非洲人落后的常见解释——就开始在荷兰人的论述中有所体现。[224] 例如，这个诅咒出现在库福尔登（Coevorden）的牧师约翰·皮卡尔（Johan Picart）撰写的 Korte beschrijvinge van eenige *vergetene en verborgene antiquiteiten*（1660）中。皮卡尔承认哈姆及其后代在非洲建立了强大的国家。但他补充说，奴隶制一直是非洲历史上的核心元素。几个世纪以来，大多数非洲人都被自己的国王所奴役，许多人现在仍然被奥斯曼帝国奴役。诸如刚果、安哥拉和几内亚等地的居民被当作奴隶到处运送。他认为，这未必是一件坏事……[225]

乌德曼斯强调，荷兰主人必须善待自己的奴隶。他甚至建议在若干年后释放俘虏，以避免非洲人灰心，并促使他们归附。一些作者引用《出埃及记21：2》(*Exodus 21:2*)或《申命记》(*Deuteronomy*)，其中规定了在第七年要解放奴隶。德梅伊提出了一个建议，要求在6年后释放那些身为忠实的基督教教徒的奴隶。获得自由的希望将带来更多的自愿和忠诚的服务。此外，他坚持认为，尽管主人对奴隶的控制权很大，但主人作为一名基督教教徒的行为必须用公平和仁慈来调和。基督教教徒还必须认识到，他有个在天堂的主，与之相比，他是一个微不足道的仆人，比世界上最强大的主人的最卑微的奴隶更加微不足道。[226]

一些作家谴责奴隶贸易或批评奴隶制的某些方面。他们将奴役归类为盗窃人体，他们认为这是禁忌，正如他们所谴责的天主教国家绑架儿童令其进入修道院或加入宗教团体的习俗一样。其他作家并不反对奴隶贸易本身，而是反对将非洲人卖给天主教教徒。乌德曼斯特别警告荷兰人不要将奴隶卖给"残暴的"西班牙人和葡萄牙人。具有讽刺意味的是，这正是荷兰人未来几年会做的事情。[227]另一些人知道奴隶主将女奴当作妾的习俗，他们反对与有非洲背景的女性发生性关系。在加勒比航海5年后，诗人兼剧作家扬·巴拉（Jan Bara）斥责自称是基督教教徒的"黑人情妇"，称她骨子里并非基督教教徒，她的欺骗行为亵渎了神的名字。[228]

"第二次改革"（Nadere Reformatie，Second Reformation）的几位代表人物发表了自己的批评意见。他们强调通过"改邪归正"和与神的个人关系，在生活中表现出一种本能的、敬畏神的虔诚行为。其中一位代表人物是科内留斯·普德罗延（Cornelius Poudroyen），他用口语化的语言表达了著名的正统的加尔文派神学家和传教士希斯贝图斯·沃提乌斯（Gisbertus Voetius，1589—1676）的思想。普德罗延驳斥了这样的论点，即在没有奴隶劳动的某些地区不可能耕种土地。他指出，在共和国的采石场、矿场工作的人，像锯木工和挖沟工一样。这些人可以被雇到遥远的地方。但是，主人不应将任何强加给自己或他人做的工作转嫁给奴隶，因为奴隶是他们的同胞。[229]普德罗延还认为也不应购买战俘。被敌人出售的人们在一场不正义或正义的战争中沦为奴隶。但是即使在后一种情况下，也有可能是非法奴役。基督教教徒陷入这种原始的、混乱的、危险的且不公平的交易之中，从而放大别人的邪恶，是不应当的。[230]

普德罗延的观点得到了其他神学家和牧师的支持，例如乔治·德拉德（Georgius de Raad）和雅各布斯·洪迪厄斯（Jacobus Hondius）。洪迪厄斯是霍伦的一名牧师，也是沃修斯的追随者，他在1679年的《一千种罪孽的黑名单》（*Swart Register van Duysent*

Sonden）中谴责了归正教会成员，特别是参与奴隶贸易的西印度公司和东印度公司的董事。洪迪厄斯写道，奴隶不是动物。他们也许是"悲惨的人"，但他们的本性与教会成员相同。犹太人、土耳其人、异教徒和所谓的基督教教徒可能会参与奴隶贸易，但"归正教会成员不应用这种无情的贸易来玷污自己的双手。相反，他们应该像敬畏神一般地行事，这样他们赚到的钱才会是一种祝福，而不是诅咒"。[231]

哲学家弗朗西斯库斯·范登恩登与第二次改革没有任何联系，他在1662年的一篇文章中赞扬没有基督教教徒参与奴役同胞的新尼德兰。[232]范登恩登可能受到了彼得·普洛克霍伊思想的影响，后者在新阿姆斯特尔的殖民地没有奴隶或契约仆役。[233]卡斯珀·巴莱乌斯也表达了一种反奴隶制的情绪，这种情绪在当时极不寻常。他的论点非常有趣。他写道，在中世纪，奴隶制在欧洲仍然存在。但是，它在那些因基督教教义和思想而被教化的人中间变得不受欢迎了，这也许是因为奴役了被基督之血救赎的基督教教徒，或者通过展现不寻常的人性迫使异教徒归附基督教的做法被认为是有罪的。结果，奴隶制在1212年消失了。但是现在，在归正教会的基督教教徒中，这种贪婪又滋生了出来。他们恢复了买卖人的习惯，即使人是按照神的模样造的并得到了基督的救赎。由于这种习惯，一个聪明人服侍一个愚昧无知的人，或一个好人服侍罪犯的情况并不少见。[234]

归附

尽管海外的荷兰人有时被描绘为只对贸易特别感兴趣，但在非洲和美洲，将福音传播给"盲目的异教徒"是归正教会传教士的既定目标之一。就其本身而言，这一目标与宗教宽容政策背道而驰。自1629年以来，十九人委员会就指示荷兰人要保障土著人的宗教信仰自由。[235]承担传教任务的一个原因是要阻止天主教教徒做同样的事情。[236]因为天主教传教士通常在任何一个有荷兰人出现的地方都很活跃，所以他们的出现经常会导致一场教义辩论，例如1641年在罗安达就发生过这样的情况。[237]荷兰传教士的热情体现在对刚果的许多新教出版物的介绍中。刚果国王声称，荷兰人失去安哥拉后，他公开烧毁了"异端书籍"。这些书并没有让多少人归附。一位葡萄牙修士断言，没有当地人来听荷兰语，甚至当这些外来者来购买象牙时，当地人看着他们就像看到魔鬼一样。[238]

语言问题困扰着荷兰的传教使团。新尼德兰奥兰治堡的官员称，美洲印第安人每过两三年就会故意改变一次他们的语言。[239]黄金海岸的牧师劳伦修斯·班德留斯（Laurentius Benderius）在1633年写道，与当地人的语言鸿沟解释了为什么他为传教所做的努力无法奏效。阿姆斯特丹商会回应了他提出的派出能教荷兰语的男教师的请求，但这位教师很快就因缺乏非洲语言的书籍而放弃了。[240]在巴西，有几位牧师定居在传教的村庄。一位牧师撰写了三卷本的书以介绍新教。他的书用图皮语、荷兰语和葡萄牙语介绍了包括洗礼和圣餐礼的规则在内的许多教义,许多美洲印第安人以这些语言为他们的第二语言。作者承认,由于图皮语"未开化的"的特性,他无法将所有神学术语正确地表达,只能用图皮语的简单语言进行介绍。当事态严重时,这些教义问答书可能被搁置,部分原因是联合省的教会认为这位作者的神学立场可疑从而对其提出了抗议。[241]

基于在亚洲的荷兰人偶尔使用的一种方法(可能受到葡萄牙殖民者的启发),新尼德兰牧师若纳斯·米恰伊留斯(Jonas Michaëlius)建议让土著青年离开父母,并把他们安置在荷兰人家庭中,在那里他们会接受基督教教义的教育。但是该提议因当地成年人的反对而被终止。[242]在巴西的一项类似举措也没有取得更好的进展。1642年,3名牧师向殖民议会提交了一份书面报告,他们提议将孩子与父母分开并送进寄宿学校,并在基督教教义、艺术与手工方面对他们进行培训。十九人委员会对此表示赞许,但伯南布哥和塞阿拉的美洲印第安人愤怒地拒绝了这一提议,数名荷兰人因抗议而被杀害。于是这一举措也被废止了。[243]尽管如此,荷兰人仍尝试通过土著中间人联系到更多土著。牧师若阿尼斯·巴克鲁斯(Joannis Backerus)用荷兰语和宗教基金指导了库拉索岛的一名美洲印第安人,而约翰尼斯·麦格波伦(Johannes Megapolensis)在新尼德兰做了同样的事情。在巴西,荷兰人甚至任命了图皮人做校长。[244]

巴西3名牧师的提议是基于这样的假设,即有必要在美洲印第安人中间进行文明教化活动。为了保持欧洲普遍的文化与种族融合,荷兰当局在国内和殖民地一直有一种不言而喻的假设,那就是美洲印第安人代表着野蛮和未开化。[245]因此，1636年针对库拉索岛的政策指导方针认为，应采取一切措施将美洲印第安人从野蛮状态中解救出来。对儿童的教育以归附基督教和道德生活为目标。[246]对于新尼德兰的牧师若纳斯·米恰伊留斯而言，野蛮行为所带来的后果是显而易见的。他认为，美洲印第安人已经沦为魔法和无神论的受害者，这导致了不自然的野性和性行为上的肆意。[247]巴西的图皮人被告知，文明意味着只能有一位妻子，不得有妾，不得找妓女。一个文明人也不应在身体上做彩绘和参加集体舞蹈。[248]此外，文明与市场相连。如果美洲印第安人拥抱文明并开始打扮自己，他们将成为荷兰纺织品的消费者。[249]尽管牧师们辛勤工作，但他们的传教使命依然没有达成。最终，巴西的牧师不得不得出以下结论：有2个恶习是无法根除的——醉酒和对婚姻不忠。[250]

总的来说，荷兰传教士的努力不是很成功。1654年，在新尼德兰，2名牧师只报告了一宗可能的本地人归附事件，但该人被证明并非真正改变了其宗教信仰。3年后，还是这2名牧师写道，那个人发生了改变："他开始喝白兰地，典当《圣经》，变成了一头普通的野兽……"[251]牧师文森特·索莱尔在荷属巴西生活了7年，他在1636年到达巴西时指出，知道奥兰治亲王的美洲印第安人比知道神的人要多。[252]20年后，牧师们仍然没有接触到更多的美洲印第安人。在荷兰人声称享有控制权的非洲地区，成功率也同样很小。中非的嘉布遣会牧师报告说，当地的"异教徒"并不尊重荷兰人的宗教。他们说，荷兰人的所谓宗教只不过是口头上说说而已，并没有像他们一样有供物和献祭等行为表现。[253]我们可能还要补充的是,非洲宗教有着众多神和灵魂,它们与罗马天主教宇宙论(而不是新教)更加相似。罗马天主教认为,许多圣人在信徒和基督教的至高的神之间充当媒介。无论如何,荷兰牧师很难消除他们所遇到的许多非洲人和美洲印第安人的跟随其一起成长起来的天主教习俗和信仰。

我们也可以质疑荷兰传教士的热情。马克·莫伊维塞得出以下结论:"无论何时,当传教计划干扰商业或地缘政治目标时……西印度公司就会停止传教工作。"[254]归正教会也没有坚定地致力于传教的目标。在荷属大西洋世界的某些角落,牧师们显然不清楚谁可以作为受洗对象就到殖民地来了。1644年,库拉索岛上的约翰尼斯·巴克勒斯(Johannes Backerus)和安哥拉的雅各布斯·范德伯格(Jacobus van der Burgh)都在询问阿姆斯特丹的长老监督会应该做什么。基于多特会议(Synod of Dordt)的答案是:只有由归正教的成年人抚养的异教徒才能被选中受洗。[255]根据这项政策,一名由荷兰船长从非洲带到阿姆斯特丹的12岁男孩只要在之后受过归正教教义的教导就可以受洗。[256]普德罗延的沃提(Voetian)的教义问答书也强调那些犹太人、土耳其人或异教徒的孩子,其父母中至少有一位信奉归正教的,才有资格受洗。[257]正如长老监督会于1661年写信给库拉索岛的牧师范博蒙特(van Beaumont)说的那样,即使天主教早前就为父母双方进行大规模的施洗,这些人仍不算是基督教教徒。[258]换句话说,只有那些在归正教教导中长大的非洲和美洲印第安人的孩子奉行自己的归正教信仰,并且其父母也具有同样的信仰,这样的孩子才可以受洗。就像丹尼·诺兰德所说的那样,"教会为归附设定了极端而僵硬的标准"。[259]

在阿姆斯特丹,当地的葡萄牙犹太教会提出了一系列禁令,以防止非洲人后裔获得与伊比利亚人相同的地位。1641年,"混血儿"或黑人妇女在白人女性到来之前不准在教堂落座。[260] 3年后,法令规定未行割礼的黑人犹太人不得诵念《摩西五经》或承担任何在犹太教堂中执行的荣誉职责。[261]在1650年,律法学校(Talmud Torah)通过确定只有拥有葡萄牙或西班牙血统的人可以行割礼或洗圣浴(这是举行犹太葬礼的前提),从而有效地将黑人排除在会众之外。[262]

在巴西的黑人没有被排除在犹太教会众之外,荷属美洲的黑人也没有被禁止进入加尔文教派的教堂。在1647年至1654年间,在巴西,受归正教会牧师洗礼的黑人和"黑白混血儿"(主要是国内奴隶)有199人。而在新尼德兰,到1656年,至少有56名非洲人后裔受洗。[263]当然,这些数字与伊比利亚半岛上的传教士声称归附天主教的人数相比显得微不足道。与伊比利亚半岛的奴隶主不同,荷兰种植园主认为奴隶受洗是一个棘手的问题。在新世界,也存在类似问题。丹麦王室告诉在维尔京群岛的路德教传教士,"奴隶们不会因为成为基督教教徒而获得自由",英格兰总检察长对英属西印度群岛也强调了同样的原则。让圣克里斯托弗岛的法兰西当局感到震惊的是,嘉布遣会传教士宣扬,黑人在受洗后不能再被当作奴隶。[264]位于好望角(南非)的荷属殖民地当局坚持同样的原则。[265]在新尼德兰,非洲人积极地为自己的孩子寻求洗礼,(但是根据一位荷兰牧师的说法）是出于错误的理由——他们想将后代从奴隶制中解救出来。对于这些非裔美洲人来说，洗礼意味着加入基督教群体，而基督教教徒不能成为奴隶。[266]

作为荷兰归正教会的最后一次全体大会，多特会议（1618—1619）决定，受过基督教教义教导、已经为未来做好安排、已经寻求洗礼并被施洗的异教徒子女，将享有与其他基督教教徒相同的自由。但是这一类人很少，仅包括被荷兰人从其父母手中夺走并当作奴隶的孩子。[267]因此，通常，荷兰牧师会小心翼翼地将洗礼等同于自由。在巴西，奴隶接受宗教教育的主要目的是使他们接受自己的命运。[268]牧师们非常鄙视定居海外的非洲人而不是同情。新尼德兰的首位荷兰裔牧师若纳斯·米恰伊留斯在抵达后不久写道："安哥拉的女奴们是偷窃、懒惰和不受欢迎的垃圾。"[269]没有一个牧师公开拒绝过为服侍他们而作为礼物被西印度公司送来的奴隶，因为这是理所当然的事情。牧师约翰尼斯·波海缪斯（Johannes Polhemius）在巴西传教期间，甚至卖掉了至少9名非洲人。[270]唯一的例外是累西腓的牧师雅各布·达珀（Jacob Dapper），他提出了一个问题，即基督教教徒买卖或拥有黑人奴隶是否合法。约翰·毛里茨并不是唯一认为那些都是不必要的顾虑的人。[271]

在失去巴西和新尼德兰之后，荷兰传教士的传教热情迅速消退。这似乎意味着刺激跨大西洋战争和引导加尔文教派在新海岸传教的宗教热情已经熄灭了。荷兰人在安哥拉战败之后，葡萄牙人仍然惊恐地发现，"无数的异端教义问答，会影响所有人"。[272]据耶稣会会士安东尼奥·德维埃拉（Antônio de Vieira）称，在伊比亚帕巴山（Serra de Ibiapaba）的巴西裔美洲印第安人中发现了相同的教义，他们将伊比亚帕巴山变成"当地的日内瓦"。[273]然而，到1660年，阿德里安·范博蒙特（Adriaan van Beaumont）牧师从库拉索岛向阿姆斯特丹的长老监督会报告说，教导当地儿童归正教教义的努力已停滞不前。他写道，他们生活在"没有神的世界里，像动物一样"，一名以前曾担任过他们老师的黑人教给他们的只有无神论。范博蒙特试图扭转这种局面，他为15个当地孩子施洗，但他不久后就去世了。他的继任者在1664年告知长老监督会，他准备与美洲印第安人交往，但他的传教似乎并未起效。不久之后，荷兰的牧师们放弃掌控当地人和黑人的宗教信仰，将这项任务留给了从大陆来的天主教牧师。[274]国内对这种在荷兰其他殖民地也发生过的倒退毫无反应。尽管来自泽兰的西印度公司股东确实强调了公司教导"这些摩尔人"的必要性，但荷兰人现在很少讨论对奴隶传教的事情。[275]总的来说，有不少人以在"盲目的异教徒"中传播"真正的宗教"的必要性来为荷兰人在海外的存在进行辩护，但这种日子已经一去不复返了。1676年，令乌得勒支的牧师约多库斯·范罗登斯坦（Jodocus van Lodenstein）仍感遗憾的是，启蒙异教徒的活动太少。他写道，应该派出成千上万的牧师来传播福音的光辉，但实际上，几乎没有足够的牧师到大洋彼岸去向当地的欧洲人传教。但是范罗登斯坦只是哀叹福音活动减少的少数人之一，而福音活动似乎一直是荷兰扩张的重要组成部分。一位1645年出版的小册子的作者所做的噩梦成

第七章 异族人 371

了现实。他说，如果荷兰人停止在美洲印第安人和非洲人中间传播福音，葡萄牙人将他们等同于海盗就是正确的。[276]

在提到正式将信仰自由的范围扩大到其他宗教时，荷兰共和国在大西洋的政策与伊比利亚人明显不同。其他宗教的活动因此可以在个人的家中进行。此外，某些团体，例如犹太人，则享有公开的信仰自由。这两种形式的宽容政策都不是为了鼓励移民到殖民地，而是为了解决当地的宗教分歧。这些政策取得了成效，使殖民地的欧洲其他国家的人口数量远远超过了（归正教会的）荷兰人。尽管如此，殖民地社会仍不稳定。巴西和新尼德兰这两个最大的殖民地，甚至也因其欧洲移民和当地邻居的紧张关系而表现出不确定性和军事脆弱性。无论如何传教，最终都未能使这两个群体团结起来。牧师们在美洲殖民地对非洲人及其后裔传教以使得他们改变宗教信仰的努力也没有取得太大进展。

尾声
战争、暴力、奴役与自由

乐观主义蒙蔽了大战略设计师们的眼睛。他们鼓励荷兰人加入西印度公司的观点被浓缩在了1622年出版的一本小册子中。其作者问道，我们的敌人给我们制造多大阻力呢？他自问自答说，几内亚不会有太大的阻力，因为我们的商人多年来一直在那里进行贸易，而且并未受到干涉。但是，西班牙人将不遗余力地保护美洲，派遣一支又一支舰队来挫败我们，并建造他们的防御工事。我们知道我们的敌人过去因为害怕英格兰或法兰西入侵的所作所为，所以，我们需要的是大量装备精良的船、水手和士兵以及足够的资金。所有这些都是我们力所能及的。我们擅长造船，只需要西班牙人一半的成本就能造出船来。而且，世界上还有哪里能像我们的土地上一样拥有如此众多英勇而富有经验的水手呢？我们也不必去别处寻找士兵。至于财政方面，我们所需要的只是那些拥有至少1万荷兰盾的有资格人员将2%～3%的资金投到公司里。这将产生1,000万荷兰盾的初始资本。西班牙的防御工事不足以使我们忧虑。只有七八座堡垒能配得上"堡垒"二字，其中一些曾在过去被荷兰和其他国家占领过。我们为出击做好了充分的准备，因为我们中的许多人已经在美洲生活过一段时间，知道如何进攻那里。[1]

尽管西印度公司花费了很长时间才能获得可流动的资金,但对大战略的追求却没有考虑其成本。很快,人们就发现这些投资的效益很低。在1626年发表的一篇两位西班牙绅士唐佩拉希奥(Don Pelagio)和唐波纳文图拉(Don Bonaventura)之间的虚拟对话中,后者注意到荷兰人在前几年以巨额成本向"西印度群岛"派去了100多艘装备精良的船。假设每艘载有3年给养的船的价值为10万荷兰盾,那么唐波纳文图拉得出的结论是,这些船将亏掉1,000万荷兰盾。[2] 5年后,在入侵伯南布哥后,人文主义者阿诺尔德斯·布切里乌斯在日记中写道:"我一直认为征服和维护那些地方对西印度公司非常不利。"他补充说,尽管萨尔瓦多沦陷了,但董事们还是在重蹈覆辙。通过在伯南布哥驻扎大量驻军,他们浪费了钱财,需要各省提供援助。[3] 失去荷属巴西后,彼得·德拉考特(Pieter de la Court)写道,战争对于依赖贸易的荷兰省非常不利。他赞同并援引了荷兰诸省于1640年向总督弗雷德里克·亨利提出的请求,即不参与以后的征服行动。否则,这个国家可能像被侵蚀的山脉一样坍塌。[4]

皮特·海恩、米希尔·德勒伊特以及萨尔瓦多和伯南布哥的胜利者们都欢呼雀跃,这表明他们的跨大西洋开拓行动对建立一个荷兰人的国度至关重要,布切里乌斯和德拉考特言之有理。[5] 夺取敌人的殖民地成本很高,维持它们亦如此。征服巴西主要产糖区带来的合乎逻辑的结果是,在正在发展的荷兰帝国的版图中增加了埃尔米纳和罗安达。然而,即使在西印度公司远征队前往非洲之前,以及在挥霍无度的约翰·毛里茨被任命为巴西总督之前,财政情况已经是灾难性的了。到1636年，其债务已达到1,800万荷兰盾，但西印度公司的财务状况从未恢复正常。于1638年失败的萨尔瓦多征服行动本来可以扭转局势，但即便如此，西印度公司仍需要很长时间才能恢复。

尽管人们应该在荷兰与西班牙休战期满后进行新的战争尝试的背景下来看待西印度公司扩张的野心，但这野心也是其他欧洲国家共有的。欧洲各国政府的战略野心与实现这些野心的能力之间的鸿沟从未像"三十年战争"期间那样大。[6]荷兰人的野心似乎主要是政治性的，但是我们也好奇：荷兰商人和他们的支持者是否以与伊比利亚人的战争作为他们向西扩张的借口；开辟第二战场，将敌对一方的人员和武器从国内撤出的想法是真的吗？荷兰扩张，不仅是在大西洋，而且是在世界范围内，也可能是独立进程的结果。与德意志和意大利领导人相似，出于对自己国家统一的不满足以及希望获得殖民地，有影响力的荷兰人可能试图利用这一势头，使共和国在1609年在欧洲以外的地区实现事实上的自治。

与其竞争对手不同，荷兰人并没有在国内，而是在大西洋世界遭受了他们不切实际的计划所带来的后果。然而，西印度公司的董事们拒绝承认过度扩张是荷兰海洋帝国垮台的根本原因。他们在1669年认为，失败的原因是殖民地缺少种植园主。如果有足够多的致力于耕种土地的人来美洲殖民地定居，那么巴西和新尼德兰就还会掌握在荷兰人的手中。此外，正如荷属卡宴的前总督5年后指出的那样，人口众多的殖民地可以抵御入侵者。那是他从1674年荷兰人对马提尼克岛发动的失败攻击中学到的教训。[7] 17世纪30年代，自由贸易的拥护者也曾提出同样的论点，即强有力的定居点可以产生民兵，无须再派遣士兵。实际上，事情并非那么简单。西印度公司的董事们在17世纪60年代初向彼得·施托伊弗桑特做此提议，建议武装的定居者应在空旷的田野里攻击敌对的土著，新尼德兰的主管对此提出强烈抗议。他写道："我们不记得公民和居民们在祖国会被扣押或被强迫"服兵役，应该派士兵去做这项工作。[8]

战争除开疆拓土外，还会通过私掠船和海军攻击港口的形式呈现，所有这些对于17世纪大西洋世界里荷兰政治势力的兴盛与衰落都是必不可少的。荷兰人针对葡萄牙和西班牙的船只、殖民地和前哨基地早期取得的成功，使他们成为大西洋世界的玩家。反之，巴西在1645年后的命运逆转，开启了荷兰在大西洋世界的衰落进程，这一进程被1654年巴西投降、1664年海岸角城堡的非洲前哨基地被夺、1674年西印度公司破产、同一年彻底放弃尼德兰所强化。同时，荷兰的商业实力通常与其军事自信无关。荷兰与法兰西和英格兰殖民地以及1648年以后的西班牙殖民地之间进行了大量的贸易活动，这是由众多未被西印度公司雇用的个体商人所引发的结果。

一些当代人认为，如果荷兰人继续在大西洋世界进行贸易活动，而不是发动战争和征服殖民地，他们本可以节省很多时间、精力和金钱。他们认为西印度公司是问题的一部分，而不是解决方案。1649年的一位小册子作者讨论了这样一个观点：西印度公司的衰落将意味着阿姆斯特丹的衰败，这是不可避免的。他坚持认为这是一个谎言。阿姆斯特丹不受来自巴西的糖料运输量下降的影响，因为这些损失都会从来自葡萄牙的大量糖料那里弥补回来。[9]

我们可能想知道，如果不部署海外部队，荷兰在大西洋世界的基地是否会出现。的确，在1678年之后荷兰人留下的主要殖民前哨全都被军事远征队征服（库拉索岛、埃尔米纳和苏里南）或重新征服（圣尤斯特歇斯岛）。诚然，正如荷兰商人与英属和法属殖民地进行贸易往来一样，贸易本身也可能引发战争。他们之间令人印象深刻的贸易活动是英荷战争和法兰西与荷兰共和国战争的重要原因。但是作为大西洋玩家的丹麦的情况具有指导意义。在没有付出重大代价的情况下，丹麦人于17世纪末和18世纪初占领了3座加勒比岛屿，并将其转变为像苏里南那样的经济作物生产地，还有像库拉索岛和圣尤斯特歇斯岛那样的跨帝国走私基地。西印度公司的创始者则会反对这种分析思路。他们主要的目标不是开辟可存活的殖民地，而是建立第二条对抗西班牙敌人的大西洋战线。此外，西印度公司战争的捍卫者本可以举出威尼斯的例子，就像17世纪30年代中期的一位小册子作者所做的那样。他认为，威尼斯人之所以失去了在黎凡特贸易中的主导地位，是因为他们没有像葡萄牙人和荷兰人那样加入海外征服行动——只有征服才能保护海外贸易。[10]

这些作者没有预见到的是，暴力将不仅仅是与宿敌联系起来的一种方式。取而代之的是，暴力成为在宗教和文化意义上对作为荷兰人意味着什么的终极表达。在表面出现暴力的地方，荷兰人和其邻居之间也会不可避免地产生问题，正如当代文学作品里所反映的那样。1659年的《闲谈》里的一个人物提到了一些荷兰人惯常缺乏同情心的例子。他认为，虽然柏柏里海盗剥夺了荷兰人的自由，但荷兰人却通过将海盗背靠背捆绑在一起并扔入水中的方式直接夺去了他们的生命。他补充说，众所周知，荷兰人在巴西和其他地方对待他们的奴隶有多残忍，他还指出船长们对待自己船员的方式比对待奴隶还要糟糕。[11]

暴力也是荷兰征服者与伊比利亚半岛殖民地信奉天主教的居民之间关系紧张的一个原因。在多次征服行动中，荷兰士兵并不总会区分军事敌人和平民目标，对敌方城市和村庄的袭击常常伴随着洗掠。在荷兰人征服大西洋世界之后，发生了至少7次大型掠夺事件：萨尔瓦多（1624年）、尤卡坦的西沙尔（Sisal，1624年）、奥林达（1630年）、罗安达（1641年）、圣多美（1641年）、圣路易斯－迪马拉尼昂（São Luís de Maranhão，1641年）和黄金海岸的科曼廷（1665年）。[12] 抢劫和掠夺行为与女性和酒精一样，都是非正式的"战争薪水"的一种。他们还能将个人和集体抗议相结合——士兵和水手在船上的匮乏生活与其在萨尔瓦多和罗安达上岸后的不良行为之间存在因果关系。[13]

但是其他行动，特别是那些沉浸在反天主教情绪中的行动，则是针对敌人的。根据一位历史学家的说法，"加尔文教派的军队（在巴西）进攻当地居民，他们正在庆祝使徒圣菲利普（St. Philip）和圣詹姆斯的节日。进攻者为了掠夺珠宝，割下了盛装打扮的当地妇女的耳朵和手指。"[14] 真的发生了这些事吗？人们在17世纪的巴西出版物中很难将宣传和事实区分开来。1645年开始的起义完全改变了人们对前一时期的看法，这也许导致了夸张和虚构。例如，一位作者断言，1632年，迪德里克·范瓦尔登堡率领1,500名荷兰士兵进攻累西腓北部的伊加拉苏（Igaraçu）时，绑了方济各会修道院的所有修士，并杀死了许多居民。但是，因为这名作者出生于1625年，所以他不可能回忆起这些事件。[15]

荷兰人在美洲的军事行动似乎并未对个人过度诉诸暴力。相反，教堂是士兵们的首选目标。[16]他们的暴力行为延续了法兰西人和英格兰人在美洲开创的反西班牙传统，呈现出老式的破坏圣像的方式。[17]遭到破坏的大多数物品的详细信息已经被打破传统的人忽略掉了，破坏者们打碎它们只是因为它们是"圣像"。也许受欢迎的圣人的画像和雕塑是他们首选的目标，像归正教会初期所做的那样，但没有太多证据可以证实这一结论。然而，一些天主教的物品（如从伯南布哥带到埃塞奎博的神龛）被人们注意到了。[18]荷兰人嘲笑把圣体放在令人崇敬的盒子里作为"圣像"的行为，试图证明它没有任何魔力。他们的行为与早期改革激进分子的行为相似，对传统礼拜的挑战体现在对天主教仪式的有意嘲弄中。除此之外，对敌对一方圣像的破坏被认为等同于削弱了西班牙政权或葡萄牙政权的力量。[19]其他的荷兰圣像破坏者似乎批评了天主教礼拜的媒介性质。[20]征服了巴西奥林达（1630年）的士兵用圣杯喝水，穿着礼拜法衣和兄弟会长袍离开教堂，或者用礼拜装饰品装饰他们的马匹。[21]在1641年入侵马拉开波潟湖期间，荷兰人亵渎了"圣像，将圣像切开并加以嘲弄，还以同样的方式破坏了圣杯、圣餐盘、圣灯和十字褡"。[22]在萨尔瓦多（1624年），荷兰入侵者用空瓶代替圣物，把圣像换成毛里茨总督与其亲人的肖像画。[23]他们一定意识到了天主教教徒对圣物多么的有感情。[24]

其他反传统者并不会肆意破坏画像。1626年，在波多黎各的圣胡安，荷兰入侵者洗劫了大教堂，偷走了教堂的钟（这座钟的钟声不久后便在新阿姆斯特丹的第一座荷兰教堂中响起）、风琴和大多数装饰品。他们烧掉了所有的圣像、祭坛的装饰物、精美的神龛和赞美诗集。1637年，荷兰军队在奥里诺科河上的圣多美的所作所为也与之非常相似。他们烧毁了教堂和所有祭礼用的装饰品，"以一千件恶行亵渎了神殿"，几乎将所有圣像都烧成碎片，并将神龛装进圣物箱里带走。[25]仅仅将此类行为自动贴上"故意破坏文物行为"的标签会忽视它们的象征意义，破坏者试图通过折断雕像的肢体或砍下圣像的头颅使之失去圣力。[26]然而，粉碎和燃烧画像不仅象征着新时代的开始和对旧时代的否定，它更意味着与过去彻底的不可逆转的决裂。[27]在伊加拉苏，一位观察家写道，荷兰人"将基督和圣母马利亚以及其他圣徒的形象打碎并疯狂地践踏，在他们看来，这样做似乎就是在消灭罗马天主教教徒的信仰"。[28]

值得注意的是，圣像被破坏的现象在荷兰消失很长时间后又重新出现，这揭示出士兵们面对天主教礼拜堂后被重新激发出来的对天主教持久的反感与憎恶。低地国家的圣像破坏活动是反哈布斯堡抵抗运动的第一种形式。如前所述，在1566年，通常由牧师和贵族精心组织的破坏圣像活动由安特卫普急速蔓延到荷兰北部。[29]在宗教改革的早期，伊比利亚半岛殖民地的荷兰圣像破坏者的行为与荷兰以及斯特拉斯堡、巴塞尔和苏黎世的圣像破坏者的行为类似，那里的攻击不仅针对具象艺术（如祭坛装饰和雕塑），还包括天主教的所有物质文化，包括圣灯和礼拜法衣。[30]圣像破坏活动在荷兰并没有完全消失，它在《明斯特条约》签订后立刻出现在大多数地区，以回应荷兰人在伊比利亚半岛殖民地所见到的同样"毫不掩饰地表现天主教感情"。不同之处在于，士兵们在执行移除圣像的命令时，明确地代表着荷兰当局。[31]

荷兰士兵在美洲的行为并没有背离加尔文主义教义的精神。圣像破坏活动使焦躁不安的男人们借机发泄他们的不满，同时能够巩固他们的团队精神。但是因为它是有选择地发生的，所以就会出现为什么会发生以及何时会发生的问题。在我的印象中，反天主教是根本原因，但引发圣像破坏活动的是对敌对行为的愤怒和沮丧。[32]当荷兰士兵的愤慨不是由敌人行为引起时，他们会选择逃走，而不是发泄在天主教教堂或教徒身上。这通常是遭遇无良对待的士兵的个人或集体反应，无论是缺乏粮食、辛苦劳动，还是不公正的待遇。在相对荒凉的新世界，逃亡通常意味着加入敌方军队。在经历了几个月的饥饿和不适之后，在巴西至少有8个荷兰士兵连队在1645年加入了敌方阵营。[33]促使许多士兵团结凝聚的动力是基本的反教宗主义，表现在针对教会和牧师的远征中。在圣像破坏活动的冲击下，这种流行的反教宗主义里混杂了个人动机。[34]这些破坏性活动中，不是所有参与者都是新教教徒。在圣像破坏者们严重破坏了奥林达的一座耶稣会教堂之后，至少3名荷兰人在主祭坛中央的壁龛用木炭题词承认了自己的罪恶，潦草写下了这一年（1631年）的时间并加上了自己的名字。[35]

巴西的士兵们表现出的赤裸裸的反天主教行为使葡萄牙殖民地的许多居民不悦。和反对荷兰统治起义初期发生的一样，雅各布·拉贝在教堂里的首次大屠杀使居民们更加反感这些外来的新教教徒。于是，一方对自身身份的强调更加巩固了另一方的势力。

在荷兰人与美洲印第安人的关系中，暴力同样无处不在。从入侵新世界开始，荷兰人就在当地土著的手中丧生，这常常（至少在最初）是因为他们被误认为是其他陌生人。1599年在智利遭受当地土著暴力侵害的荷兰人很可能被误认为是西班牙人。[36]在小安的列斯群岛，加勒比人为抵御北欧人的侵略竭尽全力保护自己，后加入皮特·海恩著名的1628年舰队的2艘船在格林纳达岛上总共损失了33人，均被美洲印第安人杀害。这些暴力活动似乎是为了报复一些法兰西人绑架大量美洲印第安人并计划在圣基茨将其出售的行为。[37]这些年来，来自圣文森特和格林纳达的加勒比岛上的人似乎袭击了多巴哥的荷兰定居者，这促使西印度公司泽兰商会的董事们指示海军上将隆克在他离开伯南布哥之前，"正如我们的敌人正在利用的那样，在与我们有友好关系的土著的帮助下"，抓捕尽可能多的格林纳达岛上的人。隆克打算在古巴出售他们。[38]

尽管如此，很明显，荷兰人本身经常犯下招致复仇的罪行。这发生在康涅狄格。1633年，荷兰人在那里建造了好望堡（Fort House the Good Hope），后来发展成哈特福德镇（town of Hartford）。目的是为了保护荷兰人与美洲印第安人的贸易免受新英格兰东部的英格兰对手的干扰。同年，荷兰人与他们的佩科特贸易伙伴签署了一项条约，允许佩科特人占领附近的土地，但同时也指出其他本地群体可以自由进入设防的贸易站。当几名佩科特人在好望堡附近杀死敌对的美洲印第安人时，荷兰人以谋杀佩科特的大酋长塔托贝姆（Tatobem）作为对这一违约行为的回应。暴力循环继续下去，佩科特人暗杀了船上的8名船员，因为他们被误认为是荷兰人。[39]这些人实际上是英格兰人，所以这场屠杀最终导致了英格兰人和佩科特人之间的佩科特战争。

同样，荷兰人在1644年的行动引发了巴西的土著人起义，导致荷兰人失去了马拉尼昂，并危及荷兰在塞阿拉的统治。荷兰人被认为（可能是正确的）对天花的传入负有责任，但同样重要的是，他们在马拉尼昂对美洲印第安人的奴役、在塞阿拉的盐田对本地劳工的剥削引发了当地人起义。[40]在加勒比和圭亚那，荷兰人与当地人的冲突也引起了暴力反应。1668年，总督亚伯·提索（Abel Thisso）不明智的政策在一定程度上导致了加勒比人对多巴哥的荷兰定居者的围困。[41]第一次小规模冲突并未导致流血，但冲突继续发展并在1670年变得更加暴力，美洲印第安人杀死了19名定居者。[42]

荷属苏里南的移民几乎从一开始就不信任美洲印第安人。1678年，一场以当地土著袭击种植园、欧洲人被杀以及被奴役的非洲人投奔美洲印第安人为标志的游击战爆发。[43]这给当时人口数量的变化带来的影响非常大。据总督海因修斯在1679年5月估计，欧洲移民的数量在12年内从1,500人减少到500人。来自尼德兰的军队与当地土著殊死搏斗，最终结束了这场战争。在一次冲突中，他们俘虏了82名当地男性并将他们全部绞死，其妻子和子女也全部沦为奴隶。具有讽刺意味的是，奴隶是荷兰人与美洲印第安人之间战争的根源。海因修斯得出的结论是，前往当地村庄敲诈勒索居民的商人们挑起了这场流血事件。德梅拉拉（Demerara）的指挥官亚伯拉罕·贝克曼（Abraham Beeckman）说得更为具体，他说，这些贸易商在很大程度上参与绑架了他们找得到的美洲印第安女性，然后将其作为奴隶出售。[44]

荷兰人与美洲印第安人的互动方式类似于其他欧洲人与土著居民的互动方式。苏里南土著起义者的妻子和孩子所遭到的奴役，使人想起了西班牙在17世纪大部分时间里对智利参与起义的土著的奴役。[45]与海外的英格兰人相似，荷兰殖民者们认为，如果怀柔政策失败，武力是一种可以接受的选择。[46]实际上，荷兰与英格兰殖民主义的相似之处比比皆是。与在北美的英格兰殖民者一样，紧密的贸易关系、对当地食物供应的依赖、人际关系以及地域上的邻近，无助于消除荷兰人对新世界的美洲印第安邻居的猜忌，而猜忌滋生了暴力。因此，在殖民社会中，"冷战"与军事冲突交替出现，导致了欧洲殖民者数量的减少，从而直接危及殖民地本身的生存。对于想要为饱受战争之苦的欧洲寻找替代品的殖民者来说，新世界的暴力程度一定没有降低。

荷兰和英格兰关于奴隶制和自由的理念与实践方面的相似之处也很明显。作为伊丽莎白时期海盗的学徒和理查德·哈克卢特的学生，荷兰人认为西班牙是世界上最大的压迫者，正是美洲的财富使西班牙成了这样的威胁。因此，西印度公司的领导人和支持者认为，与西班牙哈布斯堡王朝的长期战争的下一步计划是，通过军事扩张进入大西洋世界。为了国内战争的利益，他们打算放出大西洋的这头荷兰雄狮，解放甚至扩展欧洲以外的盟友，因为荷兰军队试图解放那些他们认为在"西班牙之轭"下遭受苦难的人们。拿骚舰队似乎是在17世纪20年代带着解放黑人的信件到达秘鲁的。20年后，布劳威尔远征队的目的是将智利的美洲印第安人从奴隶制和"西班牙暴政"中解放出来。布劳威尔的继任者埃里亚斯·赫克曼斯在对当地酋长演讲时，明确对比了当地土著自1555年以来就一直为从西班牙争取自由而进行的斗争以及荷兰与西班牙之间进行到第八十年的战争。[47]

就像他们的英格兰同行一样，荷兰的建设者们梦想着在新世界建立与西属印度群岛正好相反的殖民地，如他们所宣称的那样，后者是以罗马教会的暴政和对土著居民的残酷剥削为标志的。与之不同的是，在荷兰人的殖民地，真正的信仰将连同文明的原则一起得到保护，并提供给美洲印第安人。他们将在完全自由的状态下与欧洲人并肩生活。尽管鼓吹英格兰在北美殖民地发展的作家理查德·哈克卢特以及欧洲居民，谴责来自英格兰的殖民者，但荷兰人从未认真地考虑过这个想法。[48]确实，与英属大西洋上的殖民地发生的情况相反，从未有罪犯被送往荷属殖民地。自由的荷兰人也没有成群结队地进入新世界——荷属大西洋的一个显著标志是，外国出生的欧洲移民所占的比例很高。他们是否是受宗教宽容政策的吸引而来很难说，但商业机会无疑在他们的越洋动机中起到了重要作用。在整个17世纪的大部分时间里，贸易活动一直比在荷属大西洋世界发展种植园更为重要。

荷兰人的商业自由植根于战争方面的努力。1585年，斯海尔德河道的关闭使阿姆斯特丹（以及其他受影响较小的港口）放弃了其在荷兰与欧洲南部和伊比利亚半岛殖民地贸易中的辅助角色。因为这里的商人现在都自己去寻找这些商品，所以开始超过安特卫普。西班牙国王颁布的贸易禁令进一步鼓励荷兰商人绕过伊比利亚半岛。他们航行的目的地遍及整个大西洋流域，成为自由贸易的捍卫者。在法属和英属美洲，他们是当地居民们的天然盟友，他们反对具有强限制性的重商法律，组织了反政权的起义。1650年在巴巴多斯掌权的保皇党人并不惧怕克伦威尔或议会，因为他们"会找到保护的方法，也就是荷兰人"。同样，加入了培根阵营（Bacon's Rebellion）并试图将自己从弗吉尼亚的航行法中解放出来的反保皇党，以荷兰人武装保护他们为假定前提，向国王提出了挑战。[49] 1665年，荷兰人切断了对马提尼克岛的补给，没有了荷兰人用来运输烟草和糖料的据点，马提尼克岛上的法兰西移民发动起义，同时伴随着"荷兰万岁"（Vive les Hollandais）的呼喊。最后，在圣多曼格，为捍卫自己的商业自由，荷兰人在17世纪70年代插手了2次威胁法兰西统治的起义。尽管都没有成功，但移民们已经将荷兰人与自由贸易联系起来。正如一位法兰西官员所说，移民们有一颗"荷兰心脏"。[50]

正如戴维·埃尔蒂斯（David Eltis）所言，如此众多的荷兰人能够离开欧洲水域并建立新的贸易路线，是建立在欧洲西部个人与国家之间的特殊关系之上的。这样的举措在当时的非洲或哥伦布到达之前的美洲是不可能的。此外，埃尔蒂斯还认为，同样的关系"暗示着奴役他人的自由"。[51]和英格兰人一样，荷兰人和当局也赞成黑人奴隶制，他们认为黑人奴隶制对荷属大西洋世界的种植园经济运作必不可少。因此，成千上万被奴役的非洲人从被运上船开始，一生就会在白种人主子的胁迫和折磨中度过。当苏里南被荷兰统治时，奴隶的待遇对前来的荷兰人来说已是奇观。刚从共和国出发完成航行的一艘船的船员在一封信中告诉他的兄弟他前一天目睹的一切：3名黑人被鞭打并被烙上了烙印，其中1人失去了1只耳朵，而另1人的2只耳朵都被割掉了。[52]然而，荷兰人需要花费一些时间来接受对非洲人的奴役。与他们的英格兰邻居类似，荷兰人对新世界的规划最初并不包括奴隶制或强迫劳动。在新尼德兰，如同在早期弗吉尼亚一样，黑人通常是该群体中的一员。相比之下，黑人奴隶制很快就在种植糖料的巴巴多斯成为一种常态，就像在荷属巴西一样。[53]

最后，在荷属和英属大西洋殖民地，非洲人（或美洲印第安人）并不是唯一被剥削和被剥夺自由的殖民地居民。大量加入英属殖民地的契约仆人同样过着悲惨的生活，并常常要忍受工作时间被延长。有些人将他们的境况与奴隶相提并论。苏里南的总督海因修斯写道，在荷兰是找不到仆人的，这使荷兰人除了接收士兵以外，没有其他可以增加殖民地人口的办法。他补充说,他将使他们成为良好的种植者。[54]实际上,在荷属大西洋殖民地从来没有士兵成为种植者。他们陷入悲惨的生活。他们被忽视,营养不良,受虐待,并且往往在服役期满数年后还无法返回家园。他们开始把自己视为奴隶,或者至少一些人这样认为,这给荷兰海洋帝国带来了致命的后果。

一位作家最近主张:"在因过度扩张和内部矛盾而衰落之前,历史上的所有帝国的繁盛期都不超过一个半衰期。"[55]但是,半衰期指的是什么呢?大西洋上的西班牙殖民帝国存在了3个多世纪。另一方面,荷兰萌芽于17世纪20年代,并在17世纪70年代最后一次跨大西洋战争之后终结,那时舰队和军队已经不再用于扩张目的。大都会的商人们也放弃了他们大部分的与其他国家在美洲殖民地的直接贸易。"荷兰时刻"已然成为过去。

附录1

荷兰与法属加勒比的奴隶贸易（1653—1671）

年份	船名	出发地
1653	财富号（Fortuijn）	圣多曼格、马提尼克岛
1653	豹子号（Luipaard）	马提尼克岛、圣克里斯托弗岛
1654	红狮号（Rode Leeuw）	马提尼克岛
1655	圣扬号（St. Jan）	马提尼克岛
1659	普尔韦克号（Poelwijk）	瓜德罗普
1659	维特·帕特号（Witte Paert）	瓜德罗普
1661	康宁克-萨洛蒙号（Coninck Salomon）	马提尼克岛
1661	基甸号（Gideon）	瓜德罗普
1661	圣雅各布号（St. Jacob）	马提尼克岛
1662	财富号（Fortuijn）	瓜德罗普
1662	镀金之子号（Vergulde Son）	马提尼克岛
1662	维蕾德号（Vrede）	法属加勒比
1663	圣玛丽亚号（Sta Maria）	马提尼克岛
1663	金海狸号（Vergulde Bever）	马提尼克岛
1664	希望号（Hoop）	马提尼克岛
1664	卡瑟琳娜小姐号（Juffrouw Catharina）	马提尼克岛
1664	爱之号（Liefde）	马提尼克岛
1664	摩尔号（Moor）	瓜德罗普

续表

年份	船名	出发地
1664	圣乔瑞斯骑士号（Ridder St. Joris）	卡宴、瓜德罗普
1665	钻石号（Diamant）	瓜德罗普
1665	正义号（Gerechtigheid）	马提尼克岛、圣克里斯托弗岛
1665	金虎号（Goude Tijger）	马提尼克岛、圣克里斯托弗岛
1665	卡瑟琳娜小姐号（Juffrouw Catharina）	马提尼克岛
1665	丽贝卡号（Rebecca）	圣克里斯托弗岛、瓜德罗普
1666	协和号（Eendracht）	马提尼克岛
1666	金豹/金虎号（Goude Luipaard/Goude Tijger）	马提尼克岛
1666	威廉小王子号（Jonge Prins Willem）	法属加勒比
1666	鲁伊特号（Ruijter）	瓜德罗普
1667	希望号（Hoop）	马提尼克岛
1667	莉奥诺拉号（Leonora）	马提尼克岛
1667	丽贝卡号（Rebecca）	马提尼克岛
1668	逍遥号（Tijdverdrijf）	法属加勒比
1668	狂狮号（Verstoorde Leeuw）	马提尼克岛
1668	维蕾德号①（Vrede）	马提尼克岛
1668	疯女号（Wilde Vrouw）	马提尼克岛
1668	泽兰迪亚号（Zeelandia）	马提尼克岛
1669	亚伯拉罕斯·奥弗兰德号（Abrahams Offerande）	马提尼克岛
1669	爱莱塔小姐号（Juffrouw Aletta）	卡宴、马提尼克岛
1669	印第安人号（Indiaan）	法属加勒比
1669	猎人号（Jager）	马提尼克岛

续表

年份	船名	出发地
1669	范奥兰耶·特·帕特王子号（Prins van Oranje te Paert）	马提尼克岛
1669	圣弗朗西斯库斯号（St. Franciscus）	格林纳达岛、卡宴
1669	雷纳·埃斯特号（Reine Esther）	格林纳达岛
1669	圣扬号（St. Jan）	马提尼克岛
1669	金号角号（Vergulde Posthoorn）	马提尼克岛
1669	N.N.号（N.N.）	法属加勒比
1670	旅行者号（Tourneur）	法属加勒比
1670	弗里登堡号（Vredenburg）	马提尼克岛、格林纳达岛、圣克里斯托弗岛
1671	希望号（Hoop）	马提尼克岛

来源：跨大西洋奴隶贸易数据库（http://www.slavevoyages.org），2013年6月25日。

注：这些航次中有16次将货物运送到法属与荷属殖民地（通常是库拉索岛）。上表并不是详尽无遗的。例如，"欧罗巴号"（Europa）于1666年从泰瑟尔岛出发，前往法属加勒比地区进行奴隶贸易，但关于其结果未见书面记载。参见[Abdoulaye Ly, La Compagnie du Sénégal（s.l.: Présence Africaine, 1958）, 97-98]。同时，根据跨大西洋奴隶贸易数据库记录，"皇冠眼镜号"（Gekroonde Bril，第11590号）和"绿鱼篓号"（Groene Viskorf，第44254号）在1664年航行至法属卡宴，但其目的地是法兰西接管之前的荷属卡宴。

①跨大西洋奴隶贸易数据库为编号11644（Vrede）和44285（Vreede）的船设立了不同的条目，但二者是同一条船，船长为亨德里克·布雷伊恩（Hendrick Breijhaen）。

附录2

荷兰直接与西班牙进行奴隶贸易

年份	船名	出发地
1649	先知但以理号（Propheet Daniel）	波多黎各、圣多明各
1652	挤奶女仆号（Melkmeid）	加那利群岛、加的斯
1652	圣雅各布号（St. Jacob）	加那利群岛
1652	黄金财富号（Goude Fortuin）	卡塔赫纳
1652	爱之号（Liefde）	西属西印度群岛
1653	黄太阳号/索尔号（Gele Zon/Sol）	圣多明各
1653	黄色天使号/加百利天使号（Gele Engel/Engel Gabriel）	圣多明各
1654	安娜号（Anna）	加那利群岛
1654	向日葵号（Zonnebloem）	卡塔赫纳
1655	财富号（Fortuin）	卡塔赫纳
1656	独角兽号（Eenhoorn）	卡塔赫纳
1656	圣玛丽亚号（Ste Maria）	卡塔赫纳
1657	协和号（Eendracht）	加那利群岛
1657	玛丽亚号（Maria）	布宜诺斯艾利斯
1657	黑狮号（Zwarte Leeuw）	波托韦洛
1657	黑色双鹰号（Zwarte Dubbele Arend）	波托韦洛
1658	摩尔号（Moor）	特内里费岛，加的斯
1658	圣彼得号（St Pieter）	特内里费岛
1658	圣彼得号（St Pieter）	卡塔赫纳
1658	圣彼得号（St Pieter）	布宜诺斯艾利斯

续表

年份	船名	出发地
1659	玛丽亚信使号（Boodschap Maria）	卡塔赫纳
1659	希望号/埃斯佩兰萨号（Hoop/Esperanza）	布宜诺斯艾利斯
1659	爱之号（Liefde）	里奥阿查[①]（Riohacha）
1659	圣扬斯堡号（St Jansburgh）	波托韦洛/西属西印度群岛
1659	恩卡纳西翁号（Encarnación）	拉瓜伊拉[②]
1659	金鲑鱼号（Vergulde Zalm）	拉瓜伊拉
1659	圣弗朗西斯库斯号（St Franciscus）	拉瓜伊拉
1659	黑鹰号（Zwarte Arend）	波托韦洛
1659	无名号（Unknown）	里奥阿查（Rio de la Hacha）
1660	布列克蒂耶号（Bleeckertje）	库马纳
1660	天使号/瓜达天使号（Engel/Angel de Guarda）	卡塔赫纳
1660	格罗特·科尔号/彼塔斯号（Grote Coer/Pietas）	布宜诺斯艾利斯
1660	圣扬-巴普蒂斯特号/圣胡安-包蒂斯塔号（St Jan Baptist/San Juan Bautista）	布宜诺斯艾利斯
1660	圣彼得号（St. Pieter）	西属中美洲[③]（Spanish Central America）
1661	克里斯蒂诞生号/圣克里斯托号（Geboorte Christi/Santo Christo）	卡塔赫纳
1661	帕兹号（Paz）	布宜诺斯艾利斯
1661	圣雅各布号（St Jacob）	圣玛尔塔（Santa Marta）
1661	圣扬-巴普蒂斯特号/圣胡安-包蒂斯塔号（St Jan Baptist/S Juan Bautista）	布宜诺斯艾利斯、里奥阿查、哈瓦那
1661	太阳号/英格兰皇家军号（Zon/Royal Arms of England）	圣玛尔塔
1661	圣扬号（St Jan）	卡塔赫纳
1661	海豚号（Dolfijn）	西属西印度群岛

附录2 荷兰直接与西班牙进行奴隶贸易

续表

年份	船名	出发地
1662	小王子号/莫佐王子号（Jonge Prins/Principe Mozo）	布宜诺斯艾利斯、加拉加斯
1662	圣若昂-包蒂斯塔号（S João Bautista）	布宜诺斯艾利斯
1662	圣玛丽亚号（Ste Maria）	西属西印度群岛
1663	橙树号（Naranjo）	布宜诺斯艾利斯
1667	卡巴莱罗号（Caballero）	卡塔赫纳
1667	范奥兰耶·特·帕德王子号（Prins van Oranje te Paard）	布宜诺斯艾利斯
1668	阿加莎号（Agatha）	加的斯
1669	圣卡瑟琳娜号（St. Catharina）	卡塔赫纳、波托韦洛
1670	希望号（Hoop）	卡塔赫纳、波托韦洛
1670	特兰之家号（Huis Ter Laan）	加那利群岛
1670	狂狮号（Verstoorde Leeuw）	加的斯
1670	协和号（Eendracht）	西属西印度群岛
1671	朱庇特号（Jupiter）	加的斯
1671	圣玛丽亚号（Sta Maria）	特内里费岛
1673	圣安德里亚号（Sta Andrea）	西属西印度群岛
1677	金色港湾号/协和号（Goude Poort/Eendracht）	加的斯
1677	圣鲁本号（Santa Luben）	布宜诺斯艾利斯

来源：跨大西洋奴隶贸易数据库（http://www.slavevoyages.org），2013年6月25日。

①SAA, NA 905, fol. 603, Act of September 2, 1660.

②1668年，独立将军埃斯特万·加马拉（Esteban Gamarra）向西班牙皇室投降（AGI, October 2, 1663）。"恩卡纳西翁号"船在跨大西洋奴隶贸易数据库中未有记录。

③可能是"查格雷斯号"（Chagres, AGI, Panamá, 22 R.6, N.97, audiencia president to the Crown, April 24, 1661）。

延伸阅读

荷兰人对美洲的思想和视觉理解是本杰明·施密特所著《海外无辜者：荷兰的想象与新世界（1570—1670）》(*Innocence Abroad: The Dutch Imagination and the New World, 1570-1670*. Cambridge, UK: Cambridge University Press, 2001）一书的主题；而米希尔·范格罗森的《阿姆斯特丹的大西洋：公共舆论与荷属巴西的制造》(*Amsterdam's Atlantic*: *Public Opinion and the Making of Dutch Brazil*. Philadelphia: University of Pennsylvania Press）则聚焦有关这片令人垂涎的荷属殖民地的媒体报道。1630年之前巴西、葡萄牙和低地国家之间的三角贸易在以下著作中得到探讨：克里斯托弗·埃伯特（Christopher Ebert）的《帝国之间：早期大西洋经济中的巴西糖（1550—1630）》(*Between Empires*: *Brazilian Sugar in the Early Atlantic Economy, 1550-1630*. Leiden: Brill, 2008）；丹尼尔·斯特鲁姆（Daniel Strum）的《糖贸易：巴西、葡萄牙和尼德兰（1595—1630）》[*The Sugar Trade*: *Brazil, Portugal, and the Netherlands*（1595-1630）. Stanford: Stanford University Press, 2013]。杰伦·德维尔夫（Jeroen Dewulf）的《效仿葡萄牙模式：比较视角下荷属巴西（1630—1654）与新尼德兰（1614—1664）的西印度公司奴隶政策和荷兰归正会》

[*Emulating a Portuguese Model: The Slave Policy of the West India Company and the Dutch Reformed Church in Dutch Brazil*（1630–1654）*and New Netherland*（1614–1664）*in Comparative Perspective. Journal of Early American History* 4（2014）：3-36］讨论的是葡萄牙人对荷属大西洋的影响。

亨克·登海耶的《西印度公司史》（*Geschiedenis van de WIC*. Zutphen: Walburg Pers, 1994）是对西印度公司的标杆性研究。吉斯·赞德弗利特的《为财富而制图：地图、计划与地形图以及它们在16—17世纪荷兰海外扩张中的作用》（*Mapping for Money: Maps, Plans, and Topographic Paintings and Their Role in Dutch Overseas Expansion during the 16th and 17th Centuries*. Amsterdam: Batavian Lion International, 1998）则聚焦于西印度公司绘制地图的目的。丹尼·诺兰德的《侍奉神与玛门：归正会与大西洋世界的荷兰西印度公司（1621—1674）》（*Serving God and Mammon: The Reformed Church and the Dutch West India Company in the Atlantic World, 1621-1674*. PhD diss., Georgetown University, 2011）描绘了荷属大西洋地区的神职人员。德博拉·哈默（Deborah Hamer）的《建造有序的社会：荷属大西洋的婚姻与性规则（1621—1674）》（*Creating an Orderly Society: The Regulation of Marriage and Sex in the Dutch Atlantic World, 1621-1674*. PhD diss., Columbia University, 2014）的主题则是殖民地的婚姻。

科内利斯·C.哥斯林格的《在加勒比与狂野海岸的荷兰人（1580—1680）》（*The Dutch in the Caribbean and on the Wild Coast,*

1580–1680. Assen: Van Gorcum, 1971）和乔纳森·I. 伊斯雷尔（Jonathan I. Israel）的《荷兰共和国与西班牙语世界（1606—1661）》（*The Dutch Republic and the Hispanic World 1606-1661*. Oxford: Clarendon Press, 1982）讨论了荷兰在大西洋世界扩张的政治背景。研究17世纪中叶之后的荷兰军事行动的重要作品包括：弗朗兹·宾德（Franz Binder）的《泽兰的私掠行动（1654—1662）》（*Die zeeländische Kaperfahrt 1654-1662. Archief: Mededelingen van het Zeeuwsch Genootschap der Wetenschappen*, 1976）；唐纳德·G. 肖梅特（Donald G. Shomette）和罗伯特·D. 哈斯拉赫（Robert D. Haslach）的《袭击美洲：1672—1674年间的荷兰海军征战》（*Raid on America: The Dutch Naval Campaign of 1672-1674*. Columbia: University of South Carolina Press, 1988）。

对荷属巴西的宝贵研究包括：查尔斯·拉尔夫·博克瑟（Charles Ralph Boxer）的《荷兰人在巴西（1624—1654）》（*The Dutch in Brazil, 1624-1654*. Oxford: Clarendon Press, 1957）；埃瓦尔多·卡布拉尔·德梅洛的《重建奥林达：东北部的战争与糖（1630—1654）》（*Olinda Restaurada: Guerra e Açúcar no Nordeste, 1630-1654*. Rio de Janeiro: Editora Forense-Universitaria; and São Paulo: Editora da Universidade de São Paulo, 1975）；米希尔·范格罗森主编的《荷属巴西的遗产》（*The Legacy of Dutch Brazil*. Cambridge, UK: Cambridge University Press, 2014）。研究新尼德兰最有洞见的著作包括：亚普·雅各布斯的《新尼德兰：17世纪美洲的荷属殖民地》（*New Netherland: A Dutch Colony in Seventeenth-Century America*. Leiden: Brill, 2005）；威廉·弗

里霍夫的《履行神的使命：牧师埃弗拉德斯·博加德斯的两个世界（1607—1647）》(Fulfilling God's Mission: The Two Worlds of Dominie Everardus Bogardus 1607–1647. Leiden: Brill, 2007）。对荷兰人在非洲的活动描写得最好的著作是：克拉斯·拉特尔班德《尼德兰人在西非（1600—1650）：安哥拉、刚果和圣多美》(Nederlanders in West-Afrika 1600–1650: Angola, Kongo en São Tomé. Zutphen: Walburg Pers, 2000）；菲利帕·里贝罗·达席尔瓦的《荷兰人与葡萄牙人在西非（1580—1674）：帝国、商人与大西洋体系》[Dutch and Portuguese in West Africa (1580–1674): Empires, Merchants, and the Atlantic System. Leiden: Brill, 2011]。

罗伯特·D.波特（Robert D. Porter）的《欧洲人在黄金海岸的活动（1620—1667）》(European Activity on the Gold Coast, 1620–1667. PhD diss., University of South Africa, 1975）和弗朗兹·宾德的《从黄金海岸到联合省的黄金进口（1655—1675）》(Die Goldeinfuhr von der Goldküste in die Vereinigten Provinzen, 1655–1675. in Precious Metals in the Age of Expansion, ed. Hermann Kellenbenz, Stuttgart: Klett-Cotta, 1981）关注了荷兰与西非的贸易。英荷之间在美洲展开贸易活动的相关内容体现在如下作品中：克劳迪娅·施努尔曼的《大西洋世界：美洲—大西洋地区的英格兰人与尼德兰人（1648—1713）》(Atlantische Welten: Engländer und Niederländer im amerikanisch-atlantischen Raum 1648–1713. Köln: Böhlau Verlag, 1998）；克里斯蒂安·J.库特（Christian J. Koot）的《帝国的边缘：不列颠殖民者、英荷贸易与英属大西洋地

区的发展（1621—1713）》（*Empire at the Periphery: British Colonists, Anglo-Dutch Trade, and the Development of the British Atlantic, 1621-1713*. New York and London: New York University Press, 2011）；维克托·恩托文和维姆·克罗斯特的《17世纪弗吉尼亚—荷兰贸易概况》（*Contours of Virginia-Dutch Trade in the Long Seventeenth Century. in Early Modern Virginia: New Essays on the Old Dominion*, ed. Douglas Bradburn and John Coombs, Charlottesville: University of Virginia Press, 2011）。所有有关荷兰奴隶贸易的研究都肇始于约翰尼斯·梅内·波斯特马（Johannes Menne Postma）的《大西洋奴隶贸易中的荷兰人（1600—1815）》（*The Dutch in the Atlantic Slave Trade 1600-1815*. Cambridge, UK: Cambridge University Press, 1990）。

荷属大西洋地区，尤其是荷属巴西的犹太人部分，是若泽·安东尼奥·冈萨尔维斯·德梅洛（José Antonio Gonsalves de Mello）的《国家的人民：伯南布哥的新基督徒和犹太人（1542—1654）》（*Gente da Nação: Cristãosnovos e judeus em Pernambuco 1542-1654*. Recife: Fundação Joaquim Nabuco and Editora Massangana, 1989）的关注点。研究荷兰与美洲印第安人关系的丰富文献中包括：阿里·布默特的《印第安人与欧洲人在多巴哥岛及其周边的交锋（1498—约1810）》[*Amerindian-European Encounters on and around Tobago (1498-ca.1810). Antropológica* 97-98（2002）: 71-207]；唐娜·默威克的《羞耻与哀伤：荷兰人与美洲印第安人在新尼德兰的相遇》（*The Shame and the Sorrow: Dutch-Amerindian Encounters in New Netherland*. Philadelphia:

University of Pennsylvania Press, 2006）；保罗·奥托的《荷兰人与门西人在美洲的相遇：争夺哈得孙河谷主权》（*The Dutch-Munsee Encounter in America: The Struggle for Sovereignty in the Hudson Valley*. New York: Berghahn Books, 2006）；苏珊娜·肖·罗姆尼的《新尼德兰的联络网：17世纪美洲的亲密网络与大西洋联系》（*New Netherland Connections: Intimate Networks and Atlantic Ties in Seventeenth-Century America*. Chapel Hill: University of North Carolina Press, 2014）。最后，马克·莫伊维塞的《战友，贸易伙伴：大西洋世界的荷兰—土著联盟（1595—1674）》（*Brothers in Arms, Partners in Trade: Dutch-Indigenous Alliances in the Atlantic World, 1595-1674*. Leiden: Brill, 2012）讨论了荷兰与新世界和非洲土著之间的联结。

致　谢

这本书本来是断断续续地写的，2013年为期长达一个学期的长假才让我得以完成大部分手稿。在几位大西洋主义者——阿维娃·本－乌尔（Aviva Ben-Ur）、卡雷尔·戴维兹（Karel Davids）、艾莉森·盖姆斯（Alison Games）、格特·奥斯廷迪（Gert Oostindie）以及本杰明·施密特的陪伴下，我在瓦塞纳（Wassenaar）的荷兰人文与社会科学高级研究所度过了5个月。他们的反馈意见或多或少地帮助我改进了本书。作为报刊评论员，艾莉森对本书的评论非常有针对性，让我借此解决了一些结构性的问题。我非常感激她。我也同样感激另一位报刊评论员亚普·雅各布斯，给我分享了来自荷兰国家档案馆的许多文件的电子副本，并对我的手稿提供了详细的批评意见，帮助我修正了许多错误。我也感谢杰伦·德维尔夫阅读了整部书稿并分享了自己的见解。这本书还得益于我在以下会议或机构发表文章、演讲时收到的诸多评论与质疑：美国历史学会年会（Annual Convention of the American Historical Association）、圣母学院（Assumption College）、布朗大学（Brown University）、加尔文学院（Calvin College）、哥伦比亚大学（Columbia University）、杜克大学（Duke University）、哈佛大学（Harvard University）、约翰·卡特·布朗图书馆（John Carter Brown Library）、荷兰外交部（Ministry of Foreign Affairs of the Netherlands）、阿姆斯特丹大学（University of Amsterdam）、爱荷华大学（The University of Iowa）和宾夕法尼亚大学（University of Pennsylvania）。我还要感谢印第安总档案馆（Archivo General de Indias，在塞维利亚）、锡曼卡斯总档案馆（Archivo General de Simancas）、荷兰国家档案馆（Nationaal Archief；在海牙）、英国国家档案馆［National Archives of the United Kingdom，在基尤（kew）］和阿姆斯特丹城市档案馆（Stadsarchief Amsterdam）的工作人员为了我所需要的大量档案材料而付出的辛勤劳动。同样，位于海牙的荷兰皇家图书馆（Koninklijke Bibliotheek）的馆员和克拉克大学的馆际互借工作人员也一次又一次地帮我获取二手文献。我还要感谢克拉克大学的希金斯人文学院（Higgins School of the Humanities）资助了本书的出版。最后，我非常荣幸能与我的编辑迈克尔·麦甘迪（Michael McGandy）合作。他令人信服的意见和充满智慧的建议令本书在成书的每个阶段都有所完善与改进。

注 释

引言 大转折

1. Daniel K. Richter, "War and Culture: The Iroquois Experience," *William and Mary Quarterly* ser. 3, 40, no. 4（1983）: 538; Paul Otto, "Henry Hudson, the Munsees, and the Wampum Revolution," in *Worlds of the Seventeenth-Century Hudson Valley*, ed. Jaap Jacobs and Louis H. Roper（Albany: SUNY Press, 2014）, 90–93; Linda M. Hey-wood and John K. Thornton, *Central Africans, Atlantic Creoles, and the Foundation of the Americas, 1585–1660*（Cambridge, UK: Cambridge University Press, 2007）, 145.
2. *Gründlicher Bericht von Beschaffenheit und Eigenschaft, Cultivirung und Bewohnung, Privilegien und Beneficien deß in America zwischen Rio Orinoco und Rio de las Amazones an der vesten Küst des in der Landschafft Guiana gelegenen ... Landes*（Franckfurt: Wilhelm Serlin, 1669）, 30–31, 39.
3. Henk den Heijer, *Geschiedenis van de WIC*（Zutphen: Walburg Pers, 1994）; Kees Zandvliet, *Mapping for Money: Maps, Plans, and Topographic Paintings and Their Rolein Dutch Overseas Expansion during the 16th and 17th Centuries*（Amsterdam: BatavianLion International, 1998）; Alexander Bick, "Governing the Free Sea: The Dutch West India Company and Commercial Politics, 1618–1645"（PhD diss., Princeton University, 2012）; Benjamin Schmidt, *Innocence Abroad: The Dutch Imagination and the New World, 1570–1670*（Cambridge, UK: Cambridge University Press, 2001）; Daniel Noorlander, "Serving God and Mammon: The Reformed Church and the Dutch West India Company in the Atlantic World, 1621–1674"（PhD. diss., Georgetown University, 2011）; Mark Meuwese, *Brothers in Arms, Partners in Trade: Dutch-Indigenous Alliances in the Atlantic World, 1595–1674*（Leiden: Brill, 2012）; Jaap Jacobs, *Een zegenrijk gewest: Nieuw-Nederland in de zeventiende eeuw*（Amsterdam: Prometheus/Bert Bakker, 1999）[translated as *New Netherland: A Dutch Colony in Seventeenth-Century America*（Leiden:

Brill, 2005）］; Lodewijk Augustinus Henri Christiaan Hulsman, "Nederlands Amazonia: Handel met indianen tussen 1580 en 1680"（PhD diss., University of Amsterdam, 2009）; Willem Frijhoff, *Wegen van Evert Willemsz.: Een Hollands weeskind op zoek naar zichzelf, 1607–1647*（Nijmegen: SUN, 1995）[trans. as *Fulfilling God's Mission: The Two Worlds of Dominie Everardus Bogardus 1607–1647*（Leiden: Brill, 2007）]; Donna Merwick, *The Shame and the Sorrow: Dutch-Amerindian Encounters in New Netherland*（Philadelphia: University of Pennsylvania Press, 2006）; Paul Otto, *The Dutch-Munsee Encounter in America: The Struggle for Sovereignty in the Hudson Valley*（New York: Berghahn Books, 2006）; Susanah Shaw Romney, *New Netherland Connections: Intimate Networks and Atlantic Ties in Seventeenth-Century America*（Chapel Hill: University of North Carolina Press for the Omohundro Institute of Early American History and Culture, 2014）; Evaldo Cabral de Mello, *O negócio do Brasil: Portugal, os Países Baixos e o Nordeste, 1641–1699*（Rio de Janeiro: Topbooks, 1998）; Michiel van Groesen, "Herinneringen aan Holland: De verbeelding van de Opstand in Salvador de Bahia," *Holland* 41, no. 4（2009）: 291–303; "A Week to Remember: Dutch Publishers and the Competition for News from Brazil, 26 August–2 September 1624," *Quaerendo* 40（2010）: 26–49; Klaas Ratelband, *Nederlanders in West-Afrika 1600–1650: Angola, Kongo en São Tomé*（Zutphen: Walburg Pers, 2000）; Filipa Ribeiro da Silva, *Dutch and Portuguese in West Africa（1580–1674）: Empires, Merchants, and the Atlantic System*（Leiden: Brill, 2011）. 关于荷兰帝国的最新概述是 Piet Emmer and Jos Gommans, *Rijk aan de rand van de wereld: De geschiedenis van Nederland overzee, 1600–1800*（Amsterdam: Bert Bakker, 2012）。

4. Evaldo Cabral de Mello, *Rubro Veio: O imaginário da restauração pernambucana*（Rio de Janeiro: Editora Nova Fronteira, 1986）, 330–332.
5. Cf. Stuart B. Schwartz, "Looking for a New Brazil: Crisis and Rebirth in the Atlantic World after the Fall of Pernambuco," in *The Legacy of Dutch Brazil*, ed. Michiel van Groesen（Cambridge, UK: Cambridge University Press, 2014）, 41–58.
6. Wim Klooster, "The Geopolitical Impact of Dutch Brazil on the Western Hemisphere," in van Groesen, *Legacy of Dutch Brazil*, 25–40: 38–39.

第一章　猛狮出闸

1. Barent Iansz. Potgieter, *VVijdtloopigh Verhael van tgene de vijf Schepen（die int jaer 1598*

tot Rotterdam toegherust werden om door de Straet Magellana haren handel te dryven) *wedervaren is tot den 7 September 1599 toe*(Amsterdam: Zacharias Heijns, 1600). 当荷兰人进入一个看起来不为其他基督教教徒占领的地带时,他们不能放弃既定的仪式。尽管如此,在麦哲伦海峡举行的仪式让人想起一年前在印度洋上的毛里求斯岛的仪式。在前往东印度群岛的途中,荷兰舰队的副海军上将把一块木板钉在树上,上面有阿姆斯特丹、荷兰和泽兰省的纹章。荷兰水手用西班牙语把他们的宗教信仰刻在木板上。见 Patricia Seed, *Ceremonies of Possession in Europe's Conquest of the New World, 1492-1640*(Cambridge, UK: Cambridge University Press, 1995), 166。狮子既是荷兰纹章中的常见符号,也常用来作为船名。

2. Louis Sicking and Raymond Fagel, "In het kielzog van Columbus: De heer van Veere en de Nieuwe Wereld 1517-1527," *Bijdragen en Mededelingen betreffende de Geschiedenis der Nederlanden* 114(1999), 316.

3. Eddy Stols, "Gens des Pays-Bas en Amérique Espagnole aux premiers siècles de la colonization," *Bulletin de l'Institut Historique Belge de Rome* 44(1974), 593; *Colección de Documentos Inéditos relativos al descubrimiento, conquista y organización de las antiguas posesiones españolas de América y Oceanía sacados de los archivos del Reino y muy especialmente del de Indias*, vol. 20(Madrid: Imprenta del Hospicio, 1873), 504, 506, 514.

4. "尼古拉斯·希拉尔多"在美洲生活了8年,他的哈勒姆同乡吉列尔莫·佩雷斯则在那里居住了16年。见 Bernard Lavallé, "Les étrangers dans les régions de Tucuman et Potosí(1607-1610)," *Bulletin Hispanique* 86(1974): 125-141。

5. Stadsarchief Amsterdam [SAA], Notarieel Archief [NA] 44/162V-163, act of July 30, 1593.

6. Hendrik Ottsen, *Journael van de reis naar Zuid-Amerika*(1598-1601), ed. J. W. IJzerman('s-Gravenhage: Martinus Nijhoff, 1918), cxxxviii.

7. Demetrio Ramos Pérez, "La prevención de Fernando el Católico contra el presumible dominio flamenco de América: La primera disposición contra el paso de extranjeros al nuevo continente," *Jahrbuch für Geschichte von Staat, Wirtschaft und Gesellschaft Lateinamerikas* 14(1977): 22-23.

8. Stols, "Gens des Pays-Bas," 572.

9. 在西班牙服役的水手和士兵经常旷工以躲避烦琐的移民规定。这类移民有时比合法入境者要多。见 Auke Pieter Jacobs, "Legal and Illegal Emigration from Seville, 1550-1650," in *"To Make America": European Migration in the Early Modern Period*, ed.

Ida Altman and James Horn (Berkeley and Los Angeles: University of California Press, 1991) , 78–79。

10. Stols, "Gens des Pays-Bas," 575.
11. Ibid., 583.
12. A. J. J. M. van den Eerenbeemt, *De missie-actie in Nederland* (± 1600–1940)(Nijmegen: Uitgeverij J.J. Berkhout, 1945) , 18.
13. Jonathan Irving Israel, *The Dutch Republic: Its Rise, Greatness, and Fall*, 1477–1806 (Oxford: Clarendon Press, 1995) , 156–157, 167–169.
14. Eddy Stols, "Os Mercadores Flamengos em Portugal e no Brasil antes das Conquistas Holandesas," *Anais de História. Publicação do Departamento de História da Faculdade de Filosofia, Ciências e Letras de Assis 5* (1973) , 33–34; Eddy Stols, *De Spaanse Brabanders, of de handelsbetrekkingen der Zuidelijke Nederlanden met de Iberische wereld, 1598–1648* (Brussel: Paleis der Academiën, 1971) , 107–108; Christopher Ebert, *Between Empires: Brazilian Sugar in the Early Atlantic Economy, 1550–1630* (Leiden: Brill, 2008) , 49; Daniel Strum, "The Portuguese Jews and New Christians in the Sugar Trade: Managing Business Overseas–Kinship and Ethnicity Revisited (Amsterdam, Porto and Brazil, 1595–1618) " (PhD diss., Hebrew University of Jerusalem, 2009) , 15–18. See also Daniel Strum, *The Sugar Trade: Brazil, Portugal, and the Netherlands* (*1595–1630*)(Stanford: Stanford University Press, 2013) .
15. Werner Thomas, "De mythe van de Spaanse inquisitie in de Nederlanden van de zestiende eeuw," *Bijdragen en Mededelingen van het Historisch Genootschap* 105, no. 3 (1990) , 353.
16. Stols, "Gens des Pays-Bas," 597.
17. Stols, "Mercadores Flamengos," 27.
18. Adela Pinet Plasencia, ed., *La Península de Yucatán en el Archivo General de la Nación* (San Cristóbal de las Casas, Chiapas: Universidad Nacional Autónoma de México, Centro de Investigaciones Humanísticas de Mesoamérica y el Estado de Chiapas, 1998) , 201.
19. 萨尔瓦多宗教裁判所的另一名囚犯是莱顿商人弗朗西斯科·卡贝尔乔的儿子若昂·阿劳若，又名亚伯拉罕·卡巴莱昂。见 Eddy Stols, "Dutch and Flemish Victims of the Inquisition in Brazil," in *Essays on Cultural Identity in Colonial Latin America*, ed. Jan Lechner (Leiden: Vakgroep Talen en Culturen van Latijns-Amerika, 1988) , 35, 55–58; Stols, "Mercadores Flamengos," 35。
20. Alfonso Toro, ed., *Los judíos en la Nueva España: Documentos del siglo xvi*

correspondientes al ramo de Inquisición (Mexico City: Archivo General de la Nación, Fondo de Cultura Económica, 1993 [1932] , 61–62, 66; Richard E. Greenleaf, *The Mexican Inquisition of the Sixteenth Century* (Albuquerque: University of New Mexico Press, 1969) , 208.

21. Greenleaf, *Mexican Inquisition*, 191–206.
22. A. A. M. Stols, "The Haarlem Printer Cornelio Adriano César Tried before the Mexican Inquisition 1598," in *Studia Bibliographica in Honorem Herman de la Fontaine Verwey* (Amsterdam: Menno Hertzberger, 1968) , 356–363; José Toribio Medina and Julio Jimenez Rueda, *Historia del Tribunal del Santo Oficio de la Inquisición en México*, 2nd ed. (Mexico City: Ediciones Fuente Cultural, 1954) , 85, 158; ibid., 185.
23. Agustín Millares, *Historia de la Inquisición en las Islas Canarias*, 4 vols. (Las Palmas de Gran-Canaria: Imprenta de La Verdad, 1874) , 2: 148–151.
24. J. A. Worp, "Dirk Rodenburg," *Oud-Holland* 13 (1895) , 84–85.
25. Henry Charles Lea, *The Inquisition, Spanish Dependencies. Sicily, Naples, Sardinia, Milan, the Canaries, Mexico, Peru, New Granada* (London: Macmillan, 1922) , 154.
26. 根据宗教法庭的档案记载，他出生于鲁汶，住在哥本哈根及其他地方。他是居住在弗利辛恩的安特卫普人。
27. Medina and Jimenez Rueda, *Historia del Tribunal*, 186.
28. Kristen Block, *Ordinary Lives in the Early Caribbean: Religion, Colonial Competition, and the Politics of Profit* (Athens: University of Georgia Press, 2012) , 87–88.
29. Archivo Histórico Nacional (Madrid) , Sección de Inquisición, Libro 1023, fols. 264–265.
30. Clé Lesger, *The Rise of the Amsterdam Market and Information Exchange: Merchants, Commercial Expansion and Change in the Spatial Economy of the Low Countries, c. 1550–1630* (Aldershot, UK: Ashgate, 2006) , 46, 65–67, 71, 74, 129–130, 135–137.
31. Ibid., 151, 173–179.
32. Ibid., 157–158, 162. See also J. Briels, *Zuid-Nederlandse immigratie 1572–1630* (Haarlem: Fibula-Van Dishoeck, 1978) , 37–41.
33. Oscar Gelderblom, *Zuid-Nederlandse kooplieden en de opkomst van de Amsterdamse stapelmarkt (1578–1630)* (Hilversum: Verloren, 2000) , 158, 178–182, 224; Lesger, *Rise of the Amsterdam Market*, 85–87; Ebert, *Between Empires*, 34.
34. Eric H. Wijnroks, *Handel tussen Rusland en de Nederlanden, 1560–1640: Een netwerkanalyse van de Antwerpse en Amsterdamse kooplieden, handelend op Rusland*

(Hilversum: Verloren, 2003), 267–273.

35. Felipe Fernández-Armesto, *Before Columbus: Exploration and Colonization from the Mediterranean to the Atlantic, 1229–1492* (Philadelphia: University of Pennsylvania Press, 1987), 217; Seed, *Ceremonies of Possession*, 149–150; Stols, *Spaanse Brabanders*, 101; Victor Enthoven, "Zeeland en de opkomst van de Republiek: Handel en strijd in de Scheldedelta, c. 1550–1621" (PhD diss., Rijksuniversiteit Leiden, 1996), 241.

36. Lodewijk Augustinus Henri Christiaan Hulsman, "Nederlands Amazonia: Handel met indianen tussen 1580 en 1680" (PhD diss., University of Amsterdam, 2009), 93.

37. Peter T. Bradley, *The Lure of Peru: Maritime Intrusion into the South Sea, 1598–1701* (London: Macmillan, 1989), 12, 201–202; examination of "Rodrigo Giraldo" (Dirck Gerritsz), Santiago de Chile, February 10, 1600, in *Colección de Historiadores de Chile y de documentos relativos a la historia nacional, vol. 45: Los holandeses en Chile* (Santiago de Chile: Imprenta Universitaria, 1923), 346.

38. SAA, NA 197:173–174, act of January 30, 1612.

39. SAA, NA 73, fol. 5, act of November 26, 1595.

40. Jan Wagenaar, *Amsterdam in zyne opkomst, aanwas, geschiedenissen, voorregten, koophandel, gebouwen, kerkenstaat, schoolen, schutterye, gilden en regeeringe*, 4 vols. (Amsterdam: Isaak Tirion, 1765), 2: 251. 这本词典是 C. Kiliaen's *Etymologicum teutonicae linguae* (Antwerp, 1599). Cornelis Maria Schulten, *Nederlandse expansie in Latijns Amerika. Brazilië: 1624–1654* (Bussum: Fibula-Van Dishoeck, 1968), 15。关于荷兰的巴西木材的进口，参见 José Manuel Santos Pérez, "Filipe III e a ameaça neerlandesa no Brasil: Medos globais, estratégia real e respostas locais," in *Brazilië in de Nederlandse archieven (1624–1654)*, ed. Marianne L. Wiesebron (Leiden: Leiden University Press, 2013), 159, 161。

41. Rudolf Häpke, ed., *Niederländische Akten und Urkunden zur Geschichte det Hanse und zur deutschen Seegeschichte*, 2 vols. (Lübeck: Verein für hansische Geschichte, 1923), 2: 421–426.

42. Stols, "Mercadores Flamengos," 37, 40; Ottsen, *Journael van de reis naar Zuid-Amerika*, xxvii–xxviii; Ebert, *Between Empires*, 82; Simon Hart, "De Italië-vaart, 1590–1620," *Jaarboek Amstelodamum* 70 (1978), 60n. 1; Gelderblom, *Zuid-Nederlandse kooplieden*, 181.

43. Roelof Bijlsma, "Rotterdam's Amerika-vaart in de eerste helft der 17de eeuw," *Bijdragen*

voor Vaderlandsche Geschiedenis en Oudheidkunde, ser. 5, no. 3(1916), 100. 范·德维肯与商人彼得·范德哈格组织的另一支商业远征队绕过了葡萄牙：Noortje de Roy van Zuydewijn, *Van koopman tot icon: Johan van der Veken en de Zuid-Nederlandse immigranten in Rotterdam rond* 1600(Amsterdam: Prometheus/Bert Bakker, 2002), 94。

44. Resolutions of the States General, November 9, 1603, in H. H. P. Rijperman, ed., *Resolutiën der Staten-Generaal van 1576 tot 1609, vol. 12, 1602–1603*('s-Graven-hage: Martinus Nijhoff, 1950), 631.

45. 例子包括："金狮号"、"圣彼得斯·派纳斯号"(*St. Pieters Pynas*)、"圣奥洛夫号"(*Sant Olof*)、"独角兽号"、"红狮号"(*Roode Leeuw*)、"伏格尔斯特鲁斯号"(*Vogelstruys*)和"英格兰问候号"(*Ingelsche Groet*)：SAA, NA, 47/96V, 48/21, 49/62, 50/39V, 76/208, 51/79, 52/59, acts of March 13 and June 10, 1595; March 5 and August 28, 1596; and April 17, April 27, and September 24, 1597。

46. Enthoven, "Zeeland," 275.

47. Jonathan Irving Israel, "Spain and the Dutch Sephardim, 1609–1660," in *Empires and Entrepots: The Dutch, the Spanish Monarchy and the Jews, 1585–1713*(London and Ronceverte: Hambledon Press, 1990), 363.

48. Ebert, *Between Empires*, 102.

49. Anne Pérotin-Dumon, "The Pirate and the Emperor: Power and the Law on the Seas, 1450–1850," in *The Political Economy of Merchant Empires: State Power and World Trade, 1350–1750*, ed. James D. Tracy(Cambridge, UK: Cambridge University Press, 1991), 206–207.

50. Eufemio Lorenzo Sanz, *Comercio de España con América en la época de Felipe II*, 2 vols.(Valladolid: Servicio de Publicaciones de la Diputación Provincial de Valladolid, 1980), 2: 157.

51. 1595年3月，"财富号"在圣多明各附近被伦敦船"玫瑰狮号"俘获，并被带到普利茅斯。见Kenneth R. Andrews, ed. *English Privateering Voyages to the West Indies, 1588–1595: Documents Relating to English Voyages to the West Indies from the Defeat of the Armada to the Last Voyage of Sir Francis Drake, including Spanish Documents*(Cambridge, UK: Cambridge University Press, 1959), 340–341, 345–352。

52. Examination of Bennetus Boetto in ibid., 371.

53. Venezuela-British Guiana Boundary Arbitration, *The Case of the United States of Venezuela before the Tribunal of Arbitration to Convene at Paris*, vol. 1(New York:

Evening Post Job Printing House, 1898), 63.

54. Ibid., 62. 可能这艘船在4个月内完成了返回玛格丽塔的旅程：John de Zantfort and Peter Helleman of Antwerp to Michael Bacher in Lisbon, July 6, 1595, in *List and Analysis of State Papers, Foreign Series Elizabeth I, Preserved in the Public Record Office*, vol. 6, ed. Richard Bruce Wernham（London: Her Majesty's Stationery Office, 1993), 209。

55. Cornelis Frans Adolf van Dam and Irene Aloha Wright, eds., *Nederlandsche zeevaarders op de eilanden in de Caraïbische Zee en aan de kust van Columbia en Venezu-ela gedurende de jaren 1621–1648: Documenten hoofdzakelijk uit het Archivo General de Indias*, 2 vols.（Utrecht: Kemink & Zoon, 1934), 1: 7–8n; Cornelis C. Goslinga, *The Dutch in the Caribbean and on the Wild Coast, 1580–1680*（Assen: Van Gorcum, 1971), 118, 122; Engel Sluiter, "Dutch-Spanish Rivalry in the Caribbean Area, 1594–1609," *Hispanic American Historical Review* 28（1948), 173,181. See also Huguette Chaunu and Pierre Chaunu, *Séville et l'Atlantique*（*1504–1650*), 8 vols.（Paris: Colin, 1955–1959), 8-1: 609, 610.

56. SAA, NA 195, fol. 181V, March 16, 1607; SAA, NA 120, fol. 111V, August 31, 1610; Sir Thomas Roe to the Earl of Salisbury, Port of Spain, Trinidad, February 28/March 10, 1611, in Joyce Lorimer, *English and Irish Settlement on the River Amazon 1550–1646*（London: Hakluyt Society, 1989), 153.

57. SAA, NA 102, fols. 90v-93, Act of September 24, 1605. Irene Aloha Wright, "Rescates: With Special Reference to Cuba, 1599–1610," *Hispanic American Historical Review* 3, no. 3（August 1920): 333–361; Sluiter, "Dutch-Spanish Rivalry," 184; César García del Pino, "El Obispo Cabezas, Silvestre de Balboa y los contrabandistas de Manzanilla," *Revista de la Biblioteca Nacional José Martí* 17, no. 2（1975), 34; Wim Klooster, *Illicit Riches: Dutch Trade in the Caribbean*, 1648–1795（Leiden: KITLV Press, 1998), 25–26.

58. 例如，泽兰海军部在1607年4月2日做出的决议，参见 Ivo J. van Loo, ed., *Resolutiën van de Gecommitteerde Raden ter Admiraliteit in Zeeland 1584–1648, deel V: 1606–1609*（Middelburg: Zeeuws Archief, 2012), 182–183。

59. Charles T. Gehring and William A. Starna, "Dutch and Indians in the Hudson Valley: The Early Period," *Hudson Valley Regional Review* 9, no. 2（1992), 10–11.

60. Jan Kupp, "Le développement de l'intérêt hollandais dans la pêcherie de la morue de Terre-Neuve: L'influence hollandaise sur les pêcheries de Terre-Neuve au dix-septième

siècle," *Revue d'Histoire de l'Amérique Française* 27, no. 4 (1974), 566–567; Simon Hart, *The Prehistory of the New Netherland Company* (Amsterdam: City of Amsterdam Press, 1959), 7.

61. H. H. P. Rijperman, ed., *Resolutiën der Staten-Generaal van 1576 tot 1609*, vol. 13, 1604–1606 ('s-Gravenhage: Martinus Nijhoff, 1957), 500.

62. Marc Lescarbot, *Histoire de la Novvelle France contenant les navigations, décou-vertes, & habitations faites par les François és Indes Occidentales & Nouvelle-France* (Paris: Iean Milot, 1609), 630; Marcel Trudel, *Histoire de la Nouvelle-France, vol. 2, Le comptoir 1604–1627* (Montréal and Paris: Fides, 1966), 66.

63. Cornelius Jaenen, "De Hollanders en de Vlamingen in de Franse visserij in Noord-Amerika," in *Atlantisch avontuur: De Lage Landen, Frankrijk en de expansie naar het westen, 1500–1800*, ed. Piet Emmer, Henk den Heijer, and Louis Sicking (Zutphen: Walburg Pers, 2010), 107–111.

64. Van Cleaf Bachman, *Peltries or Plantations: The Economic Policies of the Dutch West India Company in New Netherland 1623–1639* (Baltimore and London: Johns Hopkins University Press, 1969), 9–12.

65. S. Muller Fz., *Geschiedenis der Noordsche Compagnie* (Utrecht: Gebr. Van der Post, 1874), 67.

66. Jan Karel Jakob de Jonge, *De opkomst van het Nederlandsch gezag in Oost-Indië (1595–1610): Verzameling van onuitgegeven stukken uit het oud-koloniaal archief*, 13 vols. ('s-Gravenhage: Martinus Nijhoff, and Amsterdam: Frederik Muller, 1862–1909), 1: 178.

67. Klaas Ratelband, *Nederlanders in West-Afrika 1600–1650: Angola, Kongo en São Tomé* (Zutphen: Walburg Pers, 2000), 33;Günter Schilder, *Monumenta Cartographica Neerlandica VII: Cornelis Claesz (c. 1551–1609): Stimulator and Driving Force of Dutch Cartography* (Alphen aan den Rijn: Uitgeverij Canaletto/Repro-Holland, 2003), 188, 282。

68. Henk den Heijer, *Geschiedenis van de WIC* (Zutphen: Walburg Pers, 1994), 17–18.

69. Ibid.; John Vogt, *Portuguese Rule on the Gold Coast, 1469–1682* (Athens: University of Georgia Press, 1979), 166; "Consideratien van handelaars over het belang van den handel op de kust van Guinea," *Kroniek van het Historisch Genootschap gevestigd te Utrecht* 27 (1872), 262.

70. 1613年11月7日，西班牙国王腓力三世致信葡萄牙总督，引自J. Denucé, *Afrika*

in de XVIde eeuw en de handel van Antwerpen met een reproductie van de wandkaart van Blaeu-Verbist van 1644 in 9 folio-bladen（Antwerpen: De Sikkel, 1937）, 45n. 1. Cf. Bijlage F, in Klaas Ratelband, ed., *De Westafrikaanse reis van Piet Heyn 1624–1625*（'s-Gravenhage: Martinus Nijhoff, 1959）, 49; Vogt, *Portuguese Rule on the Gold Coast*, 166–167。

71. Ratelband, *Nederlanders in West-Afrika*, 33。
72. Ibid. 37–42. 1612年8月6日，联省议会正式承认，赫里特·赖恩斯特和他的公司是第一批前往刚果、卢安果和安哥拉的荷兰人。见 Arie Theodorus van Deursen, ed., *Resolutiën der Staten-Generaal, Nieuwe Reeks 1610–1670*, vol. 1, 1610–1612（'s-Gravenhage: Martinus Nijhoff, 1971）, 196。实际上，很可能有其他人先驶向了那里，但并未产生任何影响。见 De Jonge, *Opkomst*, 1: 37。
73. Ratelband, *Nederlanders in West-Afrika*, 41。
74. Mark Meuwese, *Brothers in Arms, Partners in Trade: Dutch-Indigenous Alliances in the Atlantic World, 1595–1674*（Leiden: Brill, 2012）, 84–85。
75. Nationaal Archief, The Netherlands［NAN］, Aanwinsten 1640, "Memorie van de gewichtige redenen die de heeren Staten Generael behooren te overweghen om gheensins te wycken vande handelinge ende vaert van Indien." Enthoven, *Zeeland*, 268. 关于这次贸易，参见 Ratelband, *Westafrikaanse reis*, app. F, 49。
76. Enthoven, "Zeeland," 267。
77. Peter Wolfgang Klein, *De Trippen in de 17e eeuw: Een studie over het onderne-mersgedrag op de Hollandse stapelmarkt*（Assen: Van Gorcum, 1965）, 146–149。
78. Frédéric Mauro, *Le Portugal, le Brésil et l' Atlantique au XVIIe siècle（1570–1670）: étude économique*（Paris: Fondation Calouste Gulbenkian, 1983）, 538。
79. David Michael Loades, *England's Maritime Empire: Seapower, commerce, and policy, 1490–1690*（London: Longman, 2000）, 120; Jan Heringa, *De eer en hoogheid van de staat: Over de plaats der Verenigde Nederlanden in het diplomatieke leven van de zeventiende eeuw*（Groningen: J. B. Wolters, 1961）, 232。
80. Loades, *England's Maritime Empire*, 123–124。
81. Ibid., 128。
82. Wallace T. MacCaffrey, *Elizabeth I: War and Politics 1588–1603*（Princeton: Princeton University Press, 1992）, 113–118。
83. Enthoven, "Zeeland," 181–182, 266; Ratelband, *Nederlanders in West-Afrika*, 36。

84. Jacques Henrij Abendanon, "De vlootaanval onder bevel van Jhr. Pieter van der Does op de Canarische eilanden en het eiland Santo Thomé in 1599 volgens Nederlandsche en Spaansche bronnen," *Bijdragen voor Vaderlandsche Geschiedenis en Oudheidkunde*, ser. 5, 8（1921）: 14-63.

85. 在此过程中，数十座糖厂被摧毁，其中大多数直到17世纪40年代时仍然处于停工状态。见 Adam Jones, ed., *West Africa in the Mid-Seventeenth Century: An Anonymous Dutch Manuscript*（Atlanta: African Studies Association Press, 1995）, 55-56。

86. Robert Garfield, *A History of São Tomé Island 1470-1655: The Key to Guinea*（San Francisco: Mellen Research University Press, 1992）, 155-157; Ratelband, *Nederlanders in West-Afrika*, 36-37。

87. F. Graefe, "Beiträge zur Geschichte der See-Expeditionen von 1606 und 1607," *Bijdragen voor Vaderlandsche Geschiedenis en Oudheidkunde*, ser. 7, 3（1933）, 222-225。

88. 从海峡出发前往卡亚俄的"信仰号"船上的莱顿木匠阿德里安·迭戈于1599年12月18日在卡亚俄发出的声明见 *Colección de Historiadores de Chile y de documentos relativos a la historia nacional*, vol. 45: Los holandeses en Chile（Santiago de Chile: Imprenta Universitaria, 1923）, 313。

89. 佩德罗·霍安1599年12月13日在卡亚俄发出的声明，见 *Colección de Historiadores de Chile*, vol. 45: 279-280; 迪尔克·格里兹于1600年2月10日在智利圣地亚哥发出的声明见 *Colección de Historiadores de Chile*, vol. 45（Santiago de Chile: Imprenta Universitaria, 1923）, 342-343。

90. Irene Aloha Wright, "The Dutch and Cuba, 1609-1643," *Hispanic American Historical Review* 4, no. 4（1921）, 598。

91. 联省议会于1605年4月15日、1606年7月1日和1611年2月5日的决议，载于 Rijperman, *Resolutiën der Staten-Generaal*, 13: 253, 807-808; van Deursen, *Resolutiën der Staten-Generaal*, 1: 316。

92. 1605年1月25日，保卢斯·范卡登致议会成员、行政官、法官和居民的正式公告见 Emilio Rodríguez Demorizi, *Relaciones históricas de Santo Domingo*, 2 vols.（Ciudad Trujillo: R. D. Editora Montalvo, 1942-1945）, 2: 236-238; Carlos Esteban Deive, *Tangomangos: Contrabando y piratería en Santo Domingo 1522-1606*（Santo Domingo: Fundación Cultural Dominicana, 1996）, 203-206。毛里茨因此代表荷兰君主行事，就像他在其他场合与非欧洲统治者的代表们会面时一样。见 Mark Meuwese, "The States General and the Stadholder: Dutch Diplomatic Practices in the Atlantic World before the West India Company,"

Journal of Early American History 3（2013）, 49。

93. Isabelo Macías Domínguez, *Cuba en la primera mitad del siglo XVII*（Sevilla: Escuela de Estudios Hispanoamericanos, 1978）, 329.

94. Kenneth R. Andrews, *The Spanish Caribbean: Trade and Plunder, 1530–1630*（New Haven: Yale University Press, 1978）, 178–179, 225–227; Joyce Lorimer, "The English Contraband Tobacco Trade in Trinidad and Guiana 1590–1617," in *The Westward Enterprise: English Activities in Ireland, the Atlantic, and America 1480–1650*, ed. Kenneth R. Andrews, Nicholas P. Canny, and Paul E. H. Hair（Liverpool, UK: Liverpool University Press, 1978）, 124–150: 128, 130; Sluiter, "Dutch-Spanish Rivalry," 182–183, 188, 193–194; Venezuela-British Guiana Boundary Arbitration, *Case of Venezuela*, 62; Roland D. Hussey, "Spanish Reaction to Foreign Aggression in the Caribbean to about 1680," *Hispanic American Historical Review* 9, no. 3（1929）, 294.

95. Bradley, *Lure of Peru*, 23.

96. Lorimer, "English Contraband Tobacco Trade," 147.

97. 雅克·欧西尔于1637年提交给西印度公司的陈述，见*Report and Accompanying Papers of the Commission Appointed by the President of the United States to Investigate and Report on the Divisional Line between the Republic of Venezuela and British Guiana*（Washington, DC: Government Printing Office, 1897）, 87–88。

98. 唐胡安·德索洛古伦于1637年11月19日的备忘录，见*British Guiana Boundary, Arbitration with the United States of Venezuela: Appendix to the Case on Behalf of Her Britannic Majesty*（London: Foreign Office, 1898）, 77。

99. Frederick P. Bowser, *The African Slave in Colonial Peru, 1524–1650*（Stanford: Stanford University Press, 1974）, 181.

100. Carlos Esteban Deive, *Los guerrilleros negros: Esclavos y cimarrones en Santo Domingo*（Santo Domingo: Fundación Cultural Dominicana, 1989）, 77; Archivo General de Indias（Seville）, Santo Domingo, 870, L.10, fols. 106v-107r, the Spanish Crown to Juan Bitrián de Beamonte y Navarra, governor and captain-general of Hispaniola, Madrid, July 1, 1638.

101. Macías Domínguez, *Cuba*, 337. Joannes de Laet, *Nieuvve Wereldt Ofte Beschrijvinghe van West-Indien*（Leyden: I. Elzevier, 1625）, 21–22. 他作战的时间被错误地记录为1606年。

102. Macías Domínguez, *Cuba*, 331–332; Deive, *Tangomangos*, 236.

103. Sluiter, "Dutch-Spanish Rivalry," 180, 188–190; Chaunu and Chaunu, *Séville et l'Atlantique*, 4: 127; Goslinga, *Dutch in the Caribbean and Wild Coast*, 121, 124; Enthoven, "Zeeland," 260.

104. Vogt, *Portuguese Rule on the Gold Coast*, 148, 155–156.

105. Ibid., 164–165; J. Bato'ora Ballong-Wen-Mewuda, *São Jorge da Mina 1482–1637: La vie d'un comptoir portugais en Afrique occidentale*（Lisbonne and Paris: Fonda-tion Calouste Gulbenkian, Commission Nationale pour les Commémorations des Découvertes Portugaises, 1993），473. 1613年初，80名士兵保卫了堡垒。见 resolutions of the States General, May 20, 1613, in Resolutiën der Staten-Generaal 1613–1616, ed. Arie Theodorus van Deursen（'s-Gravenhage: Martinus Nijhoff, 1984），65。

106. Paul C. Allen, *Philip III and the Pax Hispanica, 1598–1621: The Failure of Grand Strategy*（New Haven and London: Yale University Press, 2000），206–207, 232–233; Jonathan Irving Israel, *The Dutch Republic and the Hispanic World 1606–1661*（Oxford: Clarendon Press, 1982），5–6, 33.

107. Peter T. Bradley, *The Lure of Peru: Maritime Intrusion into the South Sea, 1598–1701*（London: Macmillan, 1989），30–48; Pilar Latasa Vassallo, *Administración virreinal en el Perú: Gobierno del Marqués de Montesclaros*（1607–1615）（Madrid: Editorial Centro de Estudios Ramón Areces, 1997），573–582.

108. Israel, *Dutch Republic and the Hispanic World*, 60; Maarten Prak, *Gouden Eeuw: Het raadsel van de Republiek*（Amsterdam: Boom, 2012），41.

109. Heringa, *Eer en hoogheid van de staat*, 232–233.

第二章　帝国扩张

1. 有关乡绅范瓦尔登堡的文献很少。他是里苏姆（Rijsum）和马斯坎普（Marscamp）的飞地领主、归正教会的成员。我们发现他于1622年担任荷兰陆军上士，7年后担任中校，指挥乌得勒支驻军。他曾被任命为荷属巴西总督，尽管他不能匹配该头衔并于1633年被遣返。1635年，法兰西国王路易十三任命他为法兰西军队里荷兰步兵团的指挥官，他还是第一次英荷战争中地中海地区荷兰中队的两名指挥官之一。关于他担任领主的记载，参见Arnoldus Johannes Cornelius Kremer, "Bemmel," *Algemeen Nederlandsch Familieblad* 11（1894），188。关于他作为归正教会成员的研究，参见Leendert Jan Joosse, *Geloof in de Nieuwe Wereld: Ontmoeting met Afrikanen en Indianen*（1600–1700）（Kampen: Uitgeverij Kok, 2008），128, 450。他担任上士的记载，参见 Constantijn Huygens, *De briefwisseling van Constantijn Huygens*（1608-1687）, vol. 12, 1634-1639, ed. Jacob Adolf Worp（'s-Gravenhage: Martinus Nijhoff, 1913）, 58n. 4。关于他担任中校的记载, 参见 NAN, Staten-Generaal［SG］5768, West India Company shareholders to the States General, 1668。关于他统治巴西的记载, 参见 Hermann *Wätjen, Das holländische Kolonialreich in Brasilien: Ein Kapitel aus der Kolonialgeschichte des 17. Jahrhunderts*（'s-Gravenhage: Martinus Nijhoff, Gotha: Perthes, 1921）, 180-181。关于他在法兰西服役的记载, 参见 Lieuwe van Aitzema, *Saken van staet en oorlogh, in, ende omtrent de Vereenigde Nederlanden*, 6 vols.（'s-Graven-Haghe: Johan Veely, Johan Tongerloo, ende Jasper Doll, 1669）, 2: 271; F. J. G. ten Raa, *Het Staatsche leger 1568-1795*, 7 vols.（Breda: De Koninklijke Militaire Acad-emie, 1911-1950）, 4: 301-302; Hugo de Groot, *Briefwisseling van Hugo Grotius*, vol 7, ed. Bernardus Lambertus Meulenbroek（Den Haag: Martinus Nijhoff, 1969）, 381n. 11。关于第一次英荷战争, 参见 Johan E. Elias, *Schetsen uit de geschiedenis van ons zeewezen*, 6 vols.（'s-Gravenhage: Martinus Nijhoff, 1930）, 6: 20。一本小册子的作者批评了西印度公司对待从巴西返回的范瓦尔登堡的方式。见 *De Brasilsche breede-byl; ofte T' samen-spraek, tusschen Kees Jansz. Schott, komende uyt Brasil, en Jan Maet, Koopmans-knecht, hebbende voor desen ook in Brasil geweest, over den verloop in Brasil*（s.l., 1647）, 31。我没有发现任何证据可以证明一名巴西翻译的说法。他说范瓦尔登堡在"三十年战争"初期曾在恩斯特·冯·曼斯费尔德的领导下参加战斗, 之后他加入加布里埃尔·贝特朗的军队, 还报名参加了威尼斯军队。见 *Olinda conquistada: narrativa do padre João Baers, capelão do C.el Theodoro de Waerdenburch*, trans. Alfredo de Carvalho（Recife: Typographia do Laemmert & C., 1898）, vii-viii。

2. Johannes Baers, *Olinda, ghelegen int Landt van Brasil, in de Capitania van Phernambuco, met Mannelijke dapperheyd ende groote couragie inghenomen, ende geluckelijck verovert op den 16. Februarij A.o 1630*（Amsterdam: Hendrick Laurentsz, 1630）, 13. 在第二次英荷战争中, 联省议会还建议战舰军官在上战场前给水手们一杯酒以鼓舞士气。Nicolaes Wittsen, *Aloude en hedendaegsche scheeps-bouw en bestier*（Amsterdam: Casparus Commelijn; Broer en Jan Appelaer, 1671）, 404。

3. Clé Lesger, *The Rise of the Amsterdam Market and Information Exchange: Mer-chants, Commercial Expansion and Change in the Spatial Economy of the Low Countries, c. 1550-1630*（Aldershot, UK: Ashgate, 2006）, 178-179。

4. Pieter Jan van Winter, *De Westindische Compagnie ter kamer Stad en Lande*（'s-Gravenhage:

Martinus Nijhoff, 1978), 78–79.

5. Alexander Bick, "Governing the Free Sea: The Dutch West India Company and Commercial Politics, 1618–1645" (PhD diss., Princeton University, 2012), 121, 127. See also pp. 98–111 for the first WIC drafts.
6. Van Winter, *Kamer Stad en Lande*, 7.
7. Peter Wolfgang Klein, "The Origins of Trading Companies," in *Companies and Trade*, ed. Leonard Blussé and Femme Gaastra (Leiden: Leiden University Press, 1981), 23–24.
8. Edwin S. Hunt and James M. Murray, *A History of Business in Medieval Europe, 1200–1550* (Cambridge, UK: Cambridge University Press, 1999), 219.
9. Henk den Heijer, *Geschiedenis van de WIC* (Zutphen: Walburg Pers, 1994), 33.
10. Arnoldus Buchelius, "VOC-dagboek 1619–1639," 101v, diary entry of March 12, 1623, http://www.gahetna.nl/sites/default/files/bijlagen/transcriptie_voc-dagboek_buchelius.pdf, accessed on February 12, 2016.
11. Guido de Bruin, "Het politiek bestel van de Republiek: een anomalie in het vroegmodern Europa?" *Bijdragen en Mededelingen betreffende de Geschiedenis der Nederlanden* 114, no. 1 (1999): 16–17; Arie Theodorus van Deursen, "Tussen eenheid en zelfstandigheid. De toepassing van de Unie als fundamentele wet," in *De hartslag van het leven: Studies over de Republiek der Verenigde Nederlanden* (Amsterdam: Bert Bakker, 1996), 321.
12. 在任命管理西印度公司的十九人委员会时使用了类似的规定。见 Willem Rudolf Menkman, *De West-Indische Compagnie* (Amsterdam: Van Kampen, 1947), 44–46; den Heijer, *Geschiedenis van de WIC*, 31。
13. Bick, "Governing the Free Sea," 111, 115–116, 129.
14. 来自各省的钱中有一半是补贴，另一半是对公司的投资。见 Johannes Gerard van Dillen, "De West-Indische Compagnie, het Calvinisme en de politiek," *Tijdschrift voor Geschiedenis* 74 (1961) 150–151. 西印度公司在法兰西大肆宣扬自己，在法兰西国王的允许下，他们在巴黎、鲁昂和拉罗谢尔等城市张贴了广告；"Brieven van David Nuyts aan Van Hilten," *Kroniek van het Historisch Genootschap gevestigd te Utrecht* 25, ser. 5, 5 (1869), 111。
15. Oscar Gelderblom, *Zuid-Nederlandse kooplieden en de opkomst van de Amster-damse stapelmarkt (1578–1630)* (Hilversum: Verloren, 2000), 237–238.
16. "Advies tot aanbeveling van der verovering van Brazilië door de West-Indische Compagnie. Uit het archief van Hilten," *Kroniek van het Historisch Genoot-schap*

gevestigd te Utrecht, ser. 6, pt. 2, no. 27（1871）, 230–232. 鉴于在风格和内容上与另一篇短文里文字的相似性（ *Redenen waarom de West-Indische Com-pagnie dient te trachten het Landt van Brasilia den Coninck van Spangien te ontmachtigen* [Amsterdam: Cornelis Lodewijcksz, 1624] ），该备忘录的作者无疑是扬·安德里斯·莫尔贝克。

17. Ewout Teellinck, *De tweede wachter, brengende tijdinghe vande nacht, dat is, Van het overgaen vande Bahia, met Eenen heylsamen raedt, wat daer over te doen staet* （'s-Graven-haghe: Aert Meurs, 1625）, C3.

18. *De Portogysen goeden buurman: Ghetrocken uyt de Registers van syn goet Gebuerschap gehouden in Lisbona, Maringan, Caep Sint Augustijn, Sint Paulo de Loando, en Sant Tomée. Dienende tot Antwoort op het ongefondeerde Brasyls-Schuyt-praetjen, Weest onnosel als de Duyven, En voorsichtich als de Slangen* （1649）.

19. 关于这一条件，参见 George Davison Winius, *The Fatal History of Por-tuguese Ceylon: Transition to Dutch Rule*（Cambridge, MA: Harvard University Press, 1971）, 61。

20. Rolf H. Bremmer Jr., "The Correspondence of Johannes de Laet（1581–1649）as a Mirror of His Life," *Lias* 25, no. 2（1998）, 150; Arnoldus Buchelius, "VOC-dagboek 1619–1639," 99r, diary entry of July 30, 1621, http://www.gahetna.nl/sites/default/files/bijlagen/transcriptie_voc-dagboek_buchelius.pdf, accessed on February 12, 2016.天主教教徒们可能没有投资，但至少在乌得勒支，天主教会会强迫其捐款。见 Utrechts Archief, 88, "Verzamelde stukken van de oud-katholieke kerk in Nederland: rekening van de door de vijf Utrechtse kapittels betaalde gelden ten behoeve van de Oost-en West-Indische Compagnie in 1601, 1621 en z.d."（p. 405）; 220 Kapittel van Sint Pieter te Utrecht, inventarisnummer 699-a, 2.4.1, 221 Kapittel van Sint Marie te Utrecht, inventarisnummer 1762。在1623年至1639年的4次资本驱动下，西印度公司的初始资本从700万荷兰盾达到了1,700万荷兰盾。见 Norbert H. Schneeloch, *Aktionäre der Westindischen Compagnie von 1674: Die Verschmelzung der alten Kapitalgebergruppen zu einer neuen Aktiengesellschaft*（Stuttgart: Klett-Cotta, 1982）, 27–29。

21. Ton Koot, "Het West-Indisch Huis: Een gebouw met een opmerkelijke geschiedenis," *Ons Amsterdam* 30, no. 3（1978）, 74. 历史学家们长期以来都认为这次会议是十九人委员会召开的第一次会议，但是根据比克的说法，更早的一次会议是1622年12月举行的。见《治理自由的海洋》第112页。

22. Johannes de Laet, *Iaerlyck Verhael van de Verrichtinghen der Gheoctroyeerde West-Indische Compagnie in derthien Boecken*, ed. Samuel Pierre l'Honoré Naber, 4 vols.

('s-Gravenhage: Martinus Nijhoff, 1931-1937), 1: 5.
23. David Goodman, *Spanish Naval Power, 1589-1665* (Cambridge, UK: Cambridge University Press, 1997), 17-19.
24. Jan Josephus Poelhekke, *'t Uytgaen van den Treves: Spanje en de Nederlanden in 1621* (Groningen: J. B. Wolters, 1960), 40-42.
25. *Redenen, Waeromme dat de Vereenighde Nederlanden, geensints eenighe Vrede met den Koningh van Spaignien konnen, mogen, noch behooren te maecken. Zijnde het Tweede Deel van't Tractaet tegens Pays, Treves, en Onderhandelinge met den Koningh van Spaignien* ('s-Gravenhage: Aert Meuris, 1630).
26. Kees Zandvliet, *Mapping for Money: Maps, Plans, and Topographic Paintings and Their Role in Dutch Overseas Expansion during the 16th and 17th Centuries* (Amsterdam: Batavian Lion International, 1998), 34.
27. Johannes Keuning, "Hessel Gerritsz," *Imago Mundi* 6 (1949), 49, 53, 56, 61.
28. Zandvliet, *Mapping for Money*, 165; ibid., 63.
29. *Iournael vande Nassausche vloot, ofte beschryvingh vande voyagie omden gantschen aerdt-kloot* (Amsterdam, 1626), preface.
30. Peter T. Bradley, *The Lure of Peru: Maritime Intrusion into the South Sea, 1598-1701* (London: Macmillan, 1989), 66; Jonathan Irving Israel, *The Dutch Republic and the Hispanic World 1606-1661* (Oxford: Clarendon Press, 1982), 28.
31. Willem Voorbeijtel Cannenburg, *De reis om de wereld van de Nassausche vloot, 1623-1626* ('s-Gravenhage: Martinus Nijhoff, 1964), xx-xxiii.
32. Ibid., 71-72.
33. Bradley, *Lure of Peru*, 64-65; Anne Doedens and Henk Looijesteijn, eds., *Op jacht naar Spaans Zilver: Het scheepsjournaal van Willem van Brederode, kapitein der mari-niers in de Nassause vloot* (1623-1626)(Hilversum: Verloren, 2008), 92.
34. Huguette Chaunu and Pierre Chaunu, *Séville et l'Atlantique* (1504-1650), 8 vols. (Paris: Colin, 1955-1959), 5: 77-79.
35. AGI, Santo Domingo, 869, L.7, fols. 143r-143v, 152v-153r, Royal Cédula to Francisco Venegas, Governor of Havana and Captain-General of Cuba, El Campillo, October 21, 1628, the Spanish Crown to Venegas, Madrid, March 27, 1622; Irene A. Wright, "The Dutch and Cuba, 1609-1643," *Hispanic American Historical Review* 4, no. 4 (1921), 602; Isabelo Macías Domínguez, *Cuba en la primera mitad del siglo XVII* (Sevilla:

Escuela de Estudios Hispanoamericanos, 1978）, 359-362; "Advies tot aanbeveling," 238-239.

36. "Advies tot aanbeveling," 234-235. 莫尔贝克提到的金额实际上与原计划中的金额相同。见*Redenen waarom de West-Indische Compagnie dient te trachten het Landt van Brasilia den Coninck van Spangien te ontmachtigen*（Amsterdam: Cornelis Lodewijcksz, 1624）, 8-9。几十年后的1651年，莫尔贝克承认自己曾试图代表葡萄牙大使馆贿赂联省议会的成员后，被逐出了荷兰、泽兰、弗里斯兰和乌得勒支。见F. Moerbeek, "Een omkoopschandaal in de 17e eeuw," *Nederlandse Historiën* 15, no. 4（1981）, 123-129。

37. E. M. Koen, "Notarial Records Relating to the Portuguese Jews in Amsterdam up to 1639," *Studia Rosenthaliana* 5（1971）, 110; Gelderblom, *Zuid-Nederlandse kooplieden*, 217; Daniel Strum, "The Portuguese Jews and New Christians in the Sugar Trade: Managing Business Overseas—Kinship and Ethnicity Revisited（Amsterdam, Porto and Brazil, 1595-1618）"（PhD diss., Hebrew University of Jerusalem, 2009）, 272.

38. Buchelius, "VOC-dagboek," 98v, diary entry of August 1621; Dierick Ruiters, *Toortse der zee-vaert*, ed. Samuel Pierre l'Honoré Naber（'s-Gravenhage: Martinus Nijhoff, 1913）, 36.

39. Francis A. Dutra, "Matias de Albuquerque and the Defense of Northeastern Brazil, 1620-1626," *Studia* no. 36（1973）, 119, 139.

40. Ibid., 126-133, 142.

41. George Edmundson, "The Dutch Power in Brazil（1624-1654）. Part I—the Struggle for Bahia（1624-1627）," *English Historical Review* 11, no. 42（1896）, 237-246; Samuel Pierre l'Honoré Naber, ed., *Documenten uit het archief van den Luitenant-Admiraal Piet Heyn*（Utrecht: Kemink & Zoon, 1928）, lviii-lxiii.

42. Stuart Schwartz, "The Voyage of the Vassals: Royal Power, Noble Obligations, and Merchant Capital before the Portuguese Restoration of Independence, 1624-1640," *Hispanic American Historical Review* 96, no. 3（1991）, 750-751.

43. 为了赶走荷兰人，葡萄牙人宽恕了罪犯。见Dutra, "Matias de Albuquerque," 151; Timothy J. Coates, *Convicts and Orphans: Forced and State-Sponsored Colonizers in the Portuguese Empire*（Stanford: Stanford University Press, 2001）, 54。

44. Johann Gregor Aldenburgk, *Reise nach Brasilien, 1623-1626*（Den Haag: Martinus Nijhoff, 1930）, 33-34.

45. Joaquim Veríssiomo Serrão, *Do Brasil Filipino ão Brasil de 1640*（São Paulo:

Companhia Editora Nacional, 1968), 193.

46. Michiel van Groesen, "A Week to Remember: Dutch Publishers and the Competition for News from Brazil, 26 August–2 September 1624," *Quaerendo* 40, no. 1 (2010), 27–28, 35–36.

47. K. van Damme with J. Deploige, "'Slecht nieuws, geen nieuws': Abraham Verhoeven (1575–1652) en de *Nieuwe Tijdinghen*: Politieke pers en propaganda in de Zuidelijke Nederlanden tijdens de vroege zeventiende eeuw," *Bijdragen en Mededelin-gen betreffende de Geschiedenis der Nederlanden* 113 (1998), 15.

48. NAN, SG 5751, "Sommiere staat van maandelijkse soldij voor 1600 mannen, bestaande in tien compagnieen," insert in A. Bruijningh and M. Huygens of the Council of State to the States General, June 27, 1624.

49. Schwartz, "Voyage of the Vassals," 735, 744.

50. Joseph Newcombe Joyce, "Spanish Influence in Portuguese Administration: A Study of the Conselho da Fazenda and Habsburg Brazil, 1580–1640" (PhD diss., University of Southern California, 1974), 334.

51. Cornelis Maria Schulten, *Nederlandse expansie in Latijns Amerika: Brazilië: 1624–1654* (Bussum: Fibula-Van Dishoeck, 1968), 30–32; Israel, *Dutch Republic and the Hispanic World*, 131; De Laet, *Iaerlyck Verhael*, 2: 83–84; Michael Georg de Boer, "De val van Bahia," *Tijdschrift voor Geschiedenis* 58 (1943), 47–48. 关于葡萄牙人的视角，参见 Bartolomeu Guerreiro, *Iornada dos Vassalos da Coroa de Portugal, pera se recuperar a Cidade do Salvador, na Bahya de todos os Santos, tomada pollos Olandezes, a oito de Mayo de 1624. & recuperada ao primeiro de Mayo de 1625* (Lisboa: Mattheus Pinheiro, 1625)。

52. Schwartz, "Voyage of the Vassals," 736.

53. Gonçalo de Cespedes, *Historia de Don Felipe III, Rey de las Españas* (Barcelona: Sebastian de Cormellas, 1634), 242.

54. NAN, SG 5751, WIC, Chamber of Amsterdam to the States General, October 17, 1625.

55. Schulten, *Nederlandse expansie in Latijns Amerika*, 32.

56. Henk den Heijer, ed., *Expeditie naar de Goudkust: Het journaal van Jan Dircksz Lam over de Nederlandse aanval op Elmina, 1624–1626* (Zutphen: Walburg Pers, 2006), 33; John Thornton and Andrea Mosterman, "A Re-Interpretation of the Kongo-Portuguese War of 1622 according to New Documentary Evidence," *Journal of African History* 51 (2010), 244.

57. Guerreiro, *Iornada dos vasallos*, 30.
58. De Laet, *Iaerlyck Verhael*, 2: 93. 关于大战略的精彩概述，参见 den Heijer, *Expeditie naar de Goudkust*, 31–39。
59. De Laet, *Iaerlyck Verhael*, 1: 108–109; "Relaçam da milagrosa victoria qve alcansov Dom Francisco Sovto," in António Brásio, *Monumenta Missionaria Africana*, 11 vols. （Lisboa: Agência Geral do Ultramar, 1952–1988）, 7: 389–392; John Vogt, *Portuguese Rule on the Gold Coast,* 1469–1682（Athens: University of Georgia Press, 1979）, 180–182; den Heijer, *Expeditie naar de Goudkust*, 53–55。
60. Teellinck, *Tweede wachter*, C3.
61. Virginia W. Lunsford, *Piracy and Privateering in the Golden Age Netherlands* （Gordonsville, VA: Palgrave Macmillan, 2005）, 108.
62. 一些荷兰船最初被葡萄牙人俘获。其中一艘在巴西海岸被荷兰人扣押，船的背面还装饰有总督的纹章。见 NAN, SG 5752, Arnoldt Kelffken and A. Bruijningh to the States General, Amsterdam, October 23, 1628。
63. NAN, SG 5752, the Admiralty of Zeeland to the States General, Middelburg, April 19, 1628. 这艘船被命名为"老弗利辛恩人号"，船长是雅各布·马滕斯。
64. "Commissie voor Pieter Pietersz Hein als Admirael en Capitein Generael ten dienste van de West-Indische Compagnie," in *Piet Heyn en de Zilvervloot: Bescheiden uit Nederlandsche en Spaansche archieven*, ed. Samuel Pierre l'Honoré Naber and Irene Aloha Wright（Utrecht: Kemink & Zoon, 1928）, 12.
65. Klaas Ratelband, *Nederlanders in West-Afrika 1600–1650: Angola, Kongo en São Tomé* （Zutphen: Walburg Pers, 2000）, 49.
66. Charles Ralph Boxer, *The Dutch in Brazil, 1624–1654*（Oxford: Clarendon Press, 1957）, 29, 33. 根据当时的估计，荷兰人于1625年至1626年在巴西贸易中扣押了80艘船，见 "Memorial do estado do Brazil pa. S. Mag. de," 1627, in *Livro Primeiro do Govêrno do Brasil 1607–1633*（Rio de Janeiro: Departamento de Imprensa Nacional, 1958）, 315。另一项估计则显示在1626年至1627年间，葡萄牙和巴西之间进行贸易的300艘船中有60艘输给了荷兰。见 Stuart Schwartz, *Sugar Plantations in the Formation of Brazilian Society: Bahia*, 1550–1835（Cambridge, UK: Cambridge University Press, 1985）, 174。
67. Leonor Freire Costa, *O transporte no Atlântico e a Companhia Geral do Comércio do Brasil（1580–1673）*（Lisboa: Comissão Nacional para as Comemorações dos

Descubrimentos Portugueses, 2002), 77, 他们也让官员们对潜在敌人的行动心力交瘁。作为"防御措施", 一位巴伊亚州州长在1634年到1636年初甚至禁止所有运糖船出海 (71—72)。

68. Robert Garfield, *A History of São Tomé Island 1470–1655: The Key to Guinea* (San Francisco: Mellen Research University Press, 1992), 180; Beatrix Heintze, "Das Ende des unabhängigen Staates Ndongo (Angola): Neue Chronologie und Re-interpretation (1617–1250)," *Paideuma* 27 (1981), 261; Enriqueta Vila Vilar, *Hispano-américa y el comercio de esclavos: Los asientos portugueses* (Sevilla: Escuela de Estudios Hispano-Americanos, 1977), 82.

69. De Laet, *Iaerlyck Verhael*, 4: 282–287. 西班牙议会估计, 1623年至1626年间荷兰入侵的成本超过500万杜卡多或600万比索。见Evaldo Cabral de Mello, *Olinda Restaurada: Guerrae Açúcar no Nordeste, 1630–1654* (Rio de Janeiro: Editora Forense-Universitaria; São Paulo: Editora da Universidade de São Paulo, 1975), 55。关于荷兰私掠船到达非洲西南部的论述, 参见Ratelband, *Nederlanders in West-Afrika*, 83–85。但是, 扣押伊比利亚船大多发生在西班牙和葡萄牙沿岸, 而且并不是西印度公司所为, 是荷兰的自由人和柏柏里海盗的私掠船所为。

70. *Vertoogh, over den toestant der West-Indische Compagnie, in haer begin, midden, ende eynde, met een remedie tot redres van deselve* (Rotterdam: Johannes van Roon, 1651).

71. Johannes Pieter Arend, Otto van Rees, and Willem Gerard Brill, *Algemeene geschiedenis des vaderlands, van de vroegste tijden tot op heden*, vol. 3 (Amsterdam: C. R. Schleyer and Zoon, 1863), pt. 4: 305–306.

72. Robert A. Stradling, *The Armada of Flanders: Spanish Maritime Policy and Euro-pean War, 1568–1668* (Cambridge, UK: Cambridge University Press, 1992), 20.

73. Enrique Otero Lana, *Los corsarios españoles durante la decadencia de los Austrias: El corso español del Atlántico peninsular en el siglo XVII (1621–1697)* (Madrid: Editorial Naval, 1992), 255, 257.

74. Ibid., 163, 258–259.

75. Stradling, *Armada of Flanders*, 35–36; *Israel, Dutch Republic and the Hispanic World*, 195–196; Arie Theodorus van Deursen, *Mensen van klein vermogen: Het 'kopergeld' van de Gouden Eeuw* (Amsterdam: Bert Bakker, 1992), 248–249.

76. NAN, SG 5753, WIC Board to the States General, c. April 1633; Otero Lana, *Corsarios españoles*, 436.

77. Lunsford, *Piracy and Privateering*, 112.
78. NAN, SG 5752, G. van Arnhem to the States General, Middelburg, December 13, 1630; Gemeentearchief Rotterdam［GAR］, Oud Notarieel Archief［ONA］93: 6/8, Act of January 25, 1631. 总的来说，只有不到五六艘从巴西返回的船落入了敦刻尔克人之手。见 Wätjen, *Holländische Kolonialreich in Brasilien*, 336。
79. Johan Hartog, *Curaçao, van kolonie tot autonomie*, 2 vols.（Aruba: De Wit, 1961）, 1: 190; Israel, *Dutch Republic and the Hispanic World*, 265. 另一次针对去往巴西的船的袭击，参见 *Copye van't Journael gehouden by Gedeon Moris, Koopman op het Schip vande West-Indische Compagnie, genaemt de Princesse, uytgevaren naer Bresilien van Zeelandt den 27 February 1640*（Amsterdam: Francois Lieshout, 1640）。对从美洲出发的荷兰舰队的系统性袭击并未发生，尽管来自吉普斯夸和敦刻尔克的私掠船确实同意在1635年实施这一计划。西班牙和法兰西之间爆发的战争阻止了该计划的实施。见 Otero Lana, *Corsarios españoles*, 436。
80. 几年来，荷兰人对佛兰德海岸进行了断断续续的封锁。见 Simon Groenveld, *Verlopend getij: De Nederlandse Republiek en de Engelse Burgeroorlog, 1640–1646*（Dieren: De Bataafsche Leeuw, 1984）, 135–172。
81. De Laet, *Iaerlyck Verhael*, 1: 130.
82. Dionysius Spranckhuysen, "Cort Verhael vande voyage gedaen door de vlote van de West-Indische Compagnye, onder het beleydt van den Heere Generael Pieter Pietersz. Heyn," in *Piet Heyn en de Zilvervloot: Bescheiden uit Nederlandsche en Spaansche Archieven*, ed. Samuel Pierre l'Honoré Naber and Irene Aloha Wright（Utrecht: Kemink & Zoon, 1928）, 193.
83. Fernando Serrano Mangas, *Armadas y flotas de la plata*（*1620–1648*）（Madrid: Banco de España, 1990）, 333. 这是印第安人长期以来的特点，参见 Pablo E. Pérez-Mallaína, *Spain's Men of the Sea: Daily Life on the Indies Fleets in the Sixteenth Century*（Baltimore: Johns Hopkins University Press, 1998）, 111–113。
84. Document no. IV, in Irene Aloha Wright, ed., *Bescheiden over de verovering van de Zilvervloot door Piet Heyn*（Utrecht: Kemink & Zoon, 1928）, 22.
85. Leví Marrero, *Cuba: Economía y Sociedad, III*（Madrid: Editorial Playor, 1975）, 108.
86. Schulten, *Nederlandse expansie in Latijns Amerika*, 35. 海恩舰队第一艘到达欧洲水域的船是"荷兰人号"，它不得不与5艘敦刻尔克船交战，而"独角兽号"在类似的战斗中失去了其船长，这艘船被同一舰队的另一艘船"乌得勒支号"搭救。见

Samuel Pierre l'Honoré Naber and Irene Aloha Wright, eds., *Piet Heyn en de Zilvervloot: Bescheiden uit Nederlandsche en Spaansche archieven bijeenverzameld* (Utrecht: Kemink & Zoon, 1928), cxxviii。

87. Petrus Scriverius, *Corte historische beschryvinghe der Nederlandtsche oorlogen, beginnende van den aenvangh der Nederlandsche beroerten tot in den jare 1646 incluis* (Amsterdam: Broer Iansz, 1646), 212. See also Daniel Heinsius, *Het beleg van 's-Hertogenbosch in 1629 en andere gebeurtenissen uit die tijd*, ed. Jan van Boxtel ('s-Hertogenbosch: Polare, 2013), 76.
88. Van Winter, *Kamer Stad en Lande*, 230.
89. J. M. van Wijhe, "Amsterdam in het begin der 17e eeuw: Aanteekeningen van Ernst Brinck," *Amstelodamum* 20 (1923), 32.
90. L'Honoré Naber and Wright, *Piet Heyn en de Zilvervloot*, clxviii.
91. Serrano Mangas, *Armadas y flotas de la plata*, 258; Marrero, *Cuba*, 110.
92. Koot, "West-Indisch Huis," 79; NAN, SG 5752, minutes of WIC meeting, November 30, 1628.
93. Stradling, *Armada of Flanders*, 17; Israel, *Dutch Republic and the Hispanic World*, 201. Compare Francisco de Céspedes, Governor of the Río de la Plata, to King Philip IV, October 28, 1629, in Pablo Pastells, *Historia de la Compañía de Jesús en la Provincia del Paraguay* (Argentina, Paraguay, Uruguay, Perú, Bolivia y Brasil) *según los documentos originales del Archivo General de Indias*, 2 vols. (Madrid: Librería General de Victoriano Suárez, 1912–1915), 1: 439.
94. Carla Rahn Phillips, *Six Galleons for the King of Spain: Imperial Defense in the Early Seventeenth Century* (Baltimore and London: Johns Hopkins University Press, 1986), 183.
95. Juan Manuel Zapatero, *Historia de las fortificaciones de Cartagena de Indias* (Madrid: Ediciones Cultura Hispánica del Centro Iberoamericana de Cooperación y Dirección General de Relaciones Culturales del Ministerio de Asuntos Exteriores, 1979), 53–61.
96. 1636年，荷兰人俘获了一艘从墨西哥到波多黎各的船，船上载着400名驻军士兵的薪水，见 Francisco de Tajagrano and Diego Nuñez de Peralta to the Crown, Santo Domingo, September 28, 1636, in Cornelis Frans Adolf van Dam and Irene Aloha Wright, eds., *Nederlandsche zeevaarders op de eilanden in de Caraïbische Zee en aan de kust van Columbia en Venezuela gedurende de jaren 1621–1648: Documenten hoofdzakelijk uit het Archivo General de Indias*, 2 vols. (Utrecht: Kemink & Zoon, 1934), 2: 54–55。

97. Enriqueta Vila Vilar, *Historia de Puerto Rico*（1600–1650）(Sevilla: Escuela de Estudios Hispanoamericanos de Sevilla, 1974), 169–174, 182; José Antonio Calderón Quijano, *Las fortificaciones españoles en América y Filipinas*（Madrid: Editorial Mapfre, 1996), 226–227.

98. Pablo Montero, *Ulúa, puente intercontinental en el siglo XVII*, Colección Historias de San Juan de Ulúa en la Historia, vol. 2（México: Instituto Nacional de Antro-pología e Historia, Internacional de Contenedores Asociados de Veracruz, 1997), 80–83; Calderón Quijano, *Fortificaciones españoles*, 86.

99. Macías, *Cuba*, 244, 262, 271, 294, 368, 370.

100. 乔纳森·伊斯雷尔认为加勒比殖民地为了免受荷兰袭击而遭封锁的观点有误。见 "Olivares and the Government of the Spanish Indies, 1621–1643," in *Empires and Entrepots: The Dutch, the Spanish Monarchy and the Jews, 1585–1713*（London and Ronceverte: Hambledon Press, 1990), 279。也见维姆·克罗斯特: "The Geopolitical Impact of Dutch Brazil on the Western Hemisphere," in *The Legacy of Dutch Brazil*, ed. Michiel van Groesen（Cambridge, UK: Cambridge University Press, 2014)。在一个远离船队运输路线的港口，荷兰于1630年入侵伯南布哥的消息的确引起了轰动。1631年年末，新任拉普拉塔总督佩德罗·埃斯特万·达维拉在其任期开始后不久，实施了一项保卫布宜诺斯艾利斯的计划，其中包括要建造一座堡垒。已经夺取了伯南布哥的荷兰人可能会发动袭击的消息使他感到震惊和警醒。此外，还有人看到一艘荷兰船正在寻找拉普拉塔河的河口。对荷兰人的恐惧直至他的继任者（1637年到达）统治时也没有消散。见 José Torre Revelo, "Los gobernadores de Buenos Aires（1617–1777)," in *Historia de la Nación Argentina*, vol. 3, ed. Ricardo H. Levene（Buenos Aires: Universidad de Buenos Aires, 1937), 476, 478–479; Serrano Mangas, *Armadas y flotas de la plata*, 369。

101. Den Heijer, *Geschiedenis van de WIC*, 63, 65; Cornelis C. Goslinga, *The Dutch in the Caribbean and on the Wild Coast, 1580–1680*（Assen: Van Gorcum, 1971), 215–223. 1638年约尔的失败尝试，参见 Didier Rault, "La información y su manipulación en la relaciones de sucesos: Encuesta sobre dos relatos de batallas navales entre españoles y holandeses（1638)," *Criticón* 86（2002), 97–115。

102. Flor Trejo Rivera, *La flota de Nueva España 1630–1631: Vicisitudes y naufragios*（Mexico City: Instituto Nacional de Antropología e Historia, 2003), 55–61; De Laet, *Iaerlyck Verhael*, 3: 68. 在大西洋和印度洋，许多葡萄牙船和货物就这样消失了。见 Jan Glete,

War and the State in Early Modern Europe: Spain, the Dutch Republic and Sweden as Fiscal-Military States, 1500–1660 (London: Routledge, 2002), 113。

103. NAN, SG 5752, "Utstaende schult vant subsidium," insert in Arnoldt Kelffken and A. Bruijningh to the States General, Amsterdam, October 23, 1628.

104. Frédéric Mauro, Le Brésil au XVIIe siècle: Documents inédits relatifs à l'Atlantique portugais (Coimbra: s.n., 1961), 175–176.

105. Ben N. Teensma, ed., Suiker, verfhout en tabak: Het Braziliaanse Handboek van Johannes de Laet (Zutphen: Walburg Pers, 2009), 85.

106. Simon Hart, The Prehistory of the New Netherland Company (Amsterdam: City of Amsterdam Press, 1959), 12.

107. Phillips, Six Galleons for the King of Spain, 183.

108. L'Honoré Naber and Wright, Piet Heyn en de Zilvervloot, clxxvi.

109. George Edmundson, "The Dutch Power in Brazil (continued)," English Historical Review 14 (1899), 686–93; Verovering van de stadt Olinda, gelegen in de Capitania van Phernambuco, door den E.E. Manhaften, Gestrenghen Heyndrick C. Lonck, Generael de Water ende te Lande (Amsterdam: Hessel Gerritsz [1630]), 3.

110. José Antônio Gonsalves de Mello, Tempo dos flamengos: Influência da ocupação holandesa na vida e na cultura do Norte do Brasil, 2nd ed. (Recife: Governo do Estado de Pernambuco, 1978), 35.

111. Bonifácio Mueller, O convento de Santo Antônio do Recife (Recife: Fundação de Cultura Cidade do Recife, 1984), 14.

112. Oscar F. Hefting, "High versus Low: Portuguese and Dutch Fortification Traditions Meet in Colonial Brazil (1500–1654)," in First Forts: Essays on the Archaeology of Proto-Colonial Fortifications, ed. Eric Klingelhofer (Leiden: Brill, 2010), 201–202.

113. Nicolaas Christiaan Kist, Neêrland's bededagen en biddagsbrieven: Eene bijdrage ter opbouwing der geschiedenis van staat en kerk in Nederland, 2 vols. (Leiden: S. en J. Luchtmans, 1848–1849), 2: 139. Baers, Olinda, 36. 也会举行感恩节活动以庆祝皮特·海恩俘获宝藏舰队和征服帕拉伊巴。见 Kist, Neêrland's bededagen en biddagsbrieven, 2: 133–134, 147。

114. Mark Meuwese, Brothers in Arms, Partners in Trade: Dutch-Indigenous Alliances in the Atlantic World, 1595–1674 (Leiden: Brill, 2012), 131–139.

115. 根据当代的一些文献记载，佩特在受伤后身穿盔甲绝望地跳入水中。见 Arend,

Van Rees and Brill, *Algemeene geschiedenis des vaderlands*, 3: 549. 德拉埃特对此事件的叙述有不同的版本,参见 *Iaerlyck Verhael*, 3: 15–16。

116. NAN, SG 5753, D. Waerdenburgh to the States General, Antonio Vaz, October 7, 1631; Samuel Pierre l'Honoré Naber, ed. *Reisebeschreibungen von deutschen Beamten und Kriegsleuten im Dienst der niederländischen West-und Ost-Indischen Kom-pagnien 1602–1797*, 13 vols. (Den Haag: Martinus Nijhoff, 1930), 2: 86–88; Phillips, *Six Galleons for the King of Spain*, 189–190; Boxer, *Dutch in Brazil*, 47–48.

117. 1634年,荷兰营地有4,136名士兵和1,528名水手,见Mello, *Olinda Restaurada*, 32, 41, 137, 166, 185。

118. Mello, *Olinda Restaurada*, 141.

119. Goslinga, *Dutch in the Caribbean and Wild Coast*, 293.

120. Israel, *Dutch Republic and the Hispanic World*, 245–249.

121. Ibid., 176–178; van Deursen, *Mensen van klein vermogen*, 241–242.

122. 1629年西印度公司泽兰商会的会议纪要,参见Johannes Hermanus Jacobus Hamelberg, ed., *Documenten behoorende bij "De Nederlanders op de West-Indische eilanden"* (Amsterdam: Emmering, 1979), 14; NAN, SG 5752, WIC directors Cornelis Bicker and Hendrick Broen to the States General, Amsterdam, July 30, 1629, and WIC directors, Chamber of Maze to unknown, Dordrecht, July 31, 1629。

123. Ten Raa, *Staatsche leger*, 4: 27.

124. Peter de Cauwer, *Tranen van bloed: Het beleg van 's-Hertogenbosch en de oorlog in de Nederlanden, 1629* (Amsterdam: Amsterdam University Press, 2008), 148. 此外, 每人都被迫要为4~6名西印度公司的士兵提供住所的默伊登居民抱怨说,这些人严重损坏了他们的房屋和家具,还带来了致命的疾病。见T. L. J. Verroen, "Een wapenzaal op het Muiderslot," *Jaarboek van het Genootschap Amstelodamum* 80 (1988), 64。

125. Michael Georg de Boer, "Een memorie over den toestand der West Indische Compagnie in het jaar 1633," *Bijdragen en Mededeelingen van het Historisch Genootschap* 21 (1900): 343–362. 该文件重申了十九人委员会4年前强调过的许多观点。见*Consideratien ende redenen der E. Heeren Bewind-hebberen vande Geoctrojeerde West-Indische Compagnie nopende de teghenwoordige deliberatie over den Treves met den Coning van Hispanien* (Haerlem: Adriaen Rooman, 1629)。

126. 1633年7月13日会议纪要,参见*Particuliere Notulen van de vergaderingen van de*

Staten van Holland door N. Stellingwerff en S. Schot, vol. 6, ed. Jannie W. Veenendaal-Barth（Den Haag: Instituut voor Nederlandse Geschiedenis, 2002）, 265。

127. 1633年6月15日荷兰省议会会议纪要，参见 *Particuliere Notulen Staten van Holland*, 6: 248–249。

128. Israel, *Dutch Republic and the Hispanic World*, 248–249.

129. Mello, *Olinda Restaurada*, 166–168.

130. Duarte de Albuquerque Coelho, *Memórias Diárias da Guerra do Brasil*（Recife: Fundação de Cultura Cidade do Recife, 1982）, 127; Cuthbert Pudsey, *Journal of a Residence in Brazil*, ed. Nelson Papavero and Dante Martins Teixeira（Petrópolis: Petrobas, 2000）, 59. 荷兰军队中可能有不少士兵有游击战的经验，因为这在近代欧洲早期很普遍。见 Geoffrey Parker, *The Military Revolution: Military Innovation and the Rise of the West, 1500–1800*（Cambridge, UK: Cambridge University Press, 1988）, 41。尽管如此，1647年，荷属巴西的一名上校仍然抱怨他的部队应对伏击不够熟练。见 Benjamin Nicolaas Teensma, "Verbrokkeld, verpuind, verwaaid: de laatste maanden van Fort Mauritius in Nederlands Brazilië: November 1646–April 1647," unpublished ms., 2015。

131. 腓力四世命令德阿尔布开克破坏协议。见 Mello, *Olinda Restaurada*, 241–242。

132. De Laet, *Iaerlyck Verhael*, 3: 153–155. 来自低地国家的一个例子是荷兰与西班牙1602年关于囚犯的议定书，该议定书于1622年被修订。见 Henry Hexham, *The Principles of the Art Militarie: Practised in the Vvarres of the Vnited Nether-lands: Represented by Figure, the Vvord of Command, and Demonstration*（London: Printed by M. P. for M. Symmons）, app. 3–8。

133. Boxer, *Dutch in Brazil*, 98–100, 104.

134. 此前，荷兰人在波多黎各战败之后，无视双方业已达成的协议，有200～300名荷兰人被运往西班牙。据报告，他们在西班牙被监禁期间受到了虐待。见 NAN, SG 5751, memorandum WIC for the States General, May 19, 1626。

135. NAN, Oude West-Indische Compagnie [OWIC]9, Heren XIX to Johan Maurits and the High and Secret Council of Brazil, Amsterdam, April 18, 1642. 1643年，西班牙王室指示古巴总督阿尔瓦罗·德卢纳·萨缅托停止骚扰或虐待荷兰战俘。见 van Dam and Wright, *Nederlandsche zeevaarders*, 2: 221。但是，这项措施并没有体现在哈布斯堡王朝于1640年以后就不再控制的荷属巴西的政策变化中。

136. Otero Lana, *Corsarios españoles*, 81.

137. NAN, SG 5755, Pieter Bisof [?] and Willem Constant, WIC directors, Chamber of Zeeland to the States General, Middelburg, March 23, 1640.

138. NAN, SG 5752, Henrick van Zevender, bailiff of Rosendaal, to the States General, [read] March 18, 1630.

139. Voorbeijtel Cannenburg, *Reis om de wereld*, lxxxiii–lxxxv.

140. Nicolaes à Wassenaer, *Het elfde deel of 't vervolgh van het Historisch verhael aller ghedencwaerdiger geschiedenisen, die van aprili tot october, deses jaers 1626 voorgevallen syn*(Amsterdam: Johannes Janssonius, 1626), 109.

141. *Amsterdams Dam-praetje, van wat outs en wat nieuws. En wat vreemts*. (Amsterdam: Ian van Soest, 1649). 这种困惑不只是荷兰人有。到达巴西几十年来，葡萄牙人就一直称美洲印第安人为"黑人"。见 Jonathan Schorsch, *Jews and Blacks in the Early Modern World*(Cambridge, UK: Cambridge University Press, 2004), 169。

142. Mary Helms, "Essay on Objects: Interpretations of Distance Made Tangible," in *Implicit Understandings: Observing, Reporting, and Reflecting on the Encounters between Europans and Other Peoples in the Early Modern Era*, ed. Stuart Schwartz (Cambridge, UK: Cambridge University Press, 1994), 371, 373. 异域风情也存在于荷兰其他城镇。西印度公司的梅兹商会于1625年出售了4只非洲犀牛角。大约20年后，约安内斯·哈泽尔贝克牧师带着一些他捐赠给当地大学的奇特物品的样本从巴西回到了格罗宁根。见 Nicolaes van Wassenaer, *'t Hiende deel of t vervolgh van het Historisch verhael aller gedenck-waerdiger, die van octobrj des jaers 1625. tot april, des jaers 1626. voor-ghevallen sijn*(Amsterdam: Johannes Janssonius, 1626), 105; van Winter, *Kamer Stad en Lande*, 226。

143. In Bremmer, "Correspondence of Johannes de Laet," 160–161.

144. Benjamin Schmidt, *Innocence Abroad: The Dutch Imagination and the New World, 1570–1670*(Cambridge, UK: Cambridge University Press, 2001), 34, 42; Michiel van Groesen, "Images of America in the Low Countries until the Sev-enteenth Century," in *Handbook Dutch-American Relations*, ed. Hans Krabbendam, Cornelis A. van Minnen, and Giles Scott-Smith (Amsterdam: Boom; and Albany: SUNY Press, 2009), 55.

145. Robin Law, *The Slave Coast of West Africa, 1550–1750: The Impact of the African Slave Trade on an African Society* (Oxford: Clarendon Press, 1991), 120.

146. Samuel Pierre l'Honoré Naber, "t Leven en bedrijff van vice-admirael De With, zaliger," *Bijdragen en Mededeelingen van het Historisch Genootschap* 46(1926), 85.

147. Wassenaer, *Elfd deel Historisch Verhael*, 102.
148. L'Honoré Naber, "Leven en bedrijff," 85.
149. Pieter Spierenburg, *De verbroken betovering: Mentaliteit en cultuur in preïndus-trieel Europa*(Hilversum: Verloren, 1998), 246.
150. Toby Green, *The Rise of the Trans-Atlantic Slave Trade in Western Africa, 1300–1589* (Cambridge, UK: Cambridge University Press, 2012), 237.
151. Compare Nigel Rigby, "Sober Cannibals and Drunken Christians: Colo-nial Encounters of the Cannibal Kind," *Journal of Commonwealth Literature* 27, no. 1(1992), 177.
152. Peter Mason, *Deconstructing America: Representations of the Other*(London and New York: Routledge, 1990), 97–117.
153. Nicolaes à Wassenaer, *'t Waelfde deel of 't vervolgh van het Historisch verhael aller gedenckwaerdiger geschiedeniss. die van octobri des jaers 1626. tot april, des jaers 1627. voorgevallen zijn*(Amsterdam: Johannes Janssonius, 1627), 62–64.
154. Sir Walter Ralegh, *The Discoverie of the Large, Rich and Bewtiful Empyre of Guiana*, transcribed, annotated, and introduced by Neil L. Whitehead(Norman: University of Oklahoma Press, 1997), 91–94.
155. L'Honoré Naber, *Reisebeschreibungen*, 1: 36–37; Elias Herckmans, "Generale beschrijvinge van de Capitanie Paraiba," *Bijdragen en Mededeelingen van het Historisch Genootschap gevestigd te Utrecht* 2(1879), 365–366.
156. Meuwese, *Brothers in Arms, Partners in Trade*, 56–58; Pieter de Marees, *Description and Historical Account of the Gold Kingdom of Guinea* (1602), ed. and trans. Albert van Dantzig and Adam Jones(Oxford: Oxford University Press, 1987), 26–32. See also Samuel Pierre l'Honoré Naber, ed., "Nota van Pieter Mortamer over het gewest Angola(met een bijlage)," *Bijdragen en Mededeelingen van het Historisch Genootschap* 54(1933), 31.
157. Mason, *Deconstructing America*, 43–50; Paul Otto, *The Dutch-Munsee Encounter in America: The Struggle for Sovereignty in the Hudson Valley*(New York: Berghahn Books, 2006), 64–65.
158. Benjamin Schmidt, " 'O Fortunate Land!': Karel van Mander, *A West Indies Landscape*, and the Dutch Discovery of America," *New West Indian Guide/Nieuwe West-Indische Gids* 69, no. 1–2(1995), 7.
159. Franciscus van den Enden, *Vrije Politijke Stellingen*, ed. Wim Klever(Amster-dam:

Wereldbibliotheek, 1992）, 34–37.

160. *Pertinente Beschrijvinge van Guiana. Gelegen aan de vaste Kust van America. Waer in kortelijck verhaelt wort het aenmerckelijckste dat in en omtrent het Landt van Guiana valt als de Limiten, het Klimaet en de Stoffen der Landen, de Mineralen, Edele Gesteenten, Vruchten, Dieren, ende overvloedigheyt der Vissen, nevens derselver Inwoonderen aldaer*（Amsterdam: Jan Claesz ten Hoorn, 1676）, 41.

161. William R. Jones, "The Image of the Barbarian in Medieval Europe," *Comparative Studies in Society and History* 13（1971）, 377.

162. Schmidt, Innocence Abroad, xxi–xxii, 75–76, 88, 96–99. 同样地，荷兰人带着解放当地人民的想法来到亚洲，据荷兰人称他们是葡萄牙罪行的受害者。见 Martine Julia van Ittersum, *Profit and Principle: Hugo Grotius, Natural Rights Theories and the Rise of Dutch Power in the East Indies*（*1595–1615*）（Leiden: Brill, 2006）, 81–97, 482–483。

163. Ernst van den Boogaart, "Infernal Allies: The Dutch West India Company and the Tarairiu, 1630–1654," in *Johan Maurits van Nassau-Siegen: A humanist prince in Europe and Brazil: Essays on the tercentenary of his death*, ed. Ernst van den Boogaart, in collaboration with H. R. Hoetink（Den Haag: Johan Maurits van Nassau Stichting, 1979）, 534.

164. Sabine MacCormack, "Limits of Understanding: Perceptions of Greco-Roman and Amerindian Paganism in Early Modern Europe," in *America in European Consciousness, 1493–1750*, ed. Karen Ordahl Kupperman（Chapel Hill: University of North Carolina Press, 1993）, 87.

165. Lee Eldridge Huddlestone, *Origins of the American Indians: European Concepts, 1492–1729*（Austin and London: University of Texas Press, 1967）, 118–128; Benjamin Schmidt, "Space, Time, Travel: Hugo de Groot, Johannes de Laet, and the Advancement of Geographic Learning," Lias 25, no. 2（1998）: 177–199.

166. "Alexander van der Capellen, ca. 1592–1656, edelman, staatsman en memorialist," in C. A. M. Gietman, I. D. Jacobs, R. M. Kemperink, and J. A. E. Kuys, *Biografisch Woordenboek Gelderland: Bekende en onbekende mannen en vrouwen uit de Gelderse geschiedenis 8*（Hilversum: Verloren, 2011）, 36–40; Bick, "Governing the Free Sea," 150–154.

167. Alexander van der Capellen, Gedenkschriften van Jonkheer Alexander van der Capellen, Heere van Aartsbergen, Boedelhoff, en Mervelt: beginnende met den jaare 1621, en

gaande tot 1654, 2 vols. (Utrecht: J. v. Schoonhoven en Comp, 1777–1778), 1: 302–303.

168. George Edmundson, "The Dutch in Western Guiana," *English Historical Review* 16 (1901), 663.

169. Gerrit Johan van Grol, *De grondpolitiek in het West-Indisch domein der Generaliteit*, 3 vols. ('s-Gravenhage: Algemeene Landsdrukkerij, 1934), 2: 31; Janny Venema, Kiliaen van Rensselaer (1586–1643): *Designing a New World* (Hilversum: Verloren, 2010), 215–216.

170. Jaap Jacobs, "Dutch Proprietary Manors in America: The Patroonships in New Netherland," in *Constructing Early Modern Empires: Proprietary Ventures in the Atlantic World, 1500–1750*, ed. Louis H. Roper and Bertrand Van Ruymbeke (Leiden: Brill, 2007), 303.

171. George Edmundson, "The Dutch on the Amazon and Negro in the Sev-enteenth Century," *English Historical Review* 18 (1903), 644.

172. Goslinga, *Dutch in the Caribbean and Wild Coast*, 412.

173. Miguel ángel Perera, *La provincial fantasma: Guyana siglo XVII: Ecología cul-tural y antropología histórica a de una rapina, 1598–1704* (Caracas: Universidad Central de Venezuela, Consejo de Desarrollo Científico y Humanistíco, 2003), 95, 100; de Laet, *Iaerlyck Verhael*, 2: 101.

174. Goslinga, *Dutch in the Caribbean and Wild Coast*, 435; Arie Boomert, "Amerindian-European Encounters on and around Tobago (1498–ca.1810)," *Antropológica* 97–98 (2002), 111.

175. NAN, SG 5754, directors S. Blomaert and J. Harijnchout of the WIC Chamber of Amsterdam, to the States General, Amsterdam, November 21, 1637; Boomert, "Amerindian-European Encounters," 112–113. 1633年，重新征服圣马丁岛的皇家指示最初要求杀死所有荷兰人，但这些指令在最后一刻被修改。见Thomas G. Mathews, "The Spanish Domination of Saint Martin (1633–1648)," *Caribbean Studies* 9, no. 1 (1969), 9。

176. 25名荷兰殖民者于1631年到达同一座岛。见Kiliaen van Rensselaer to the Heren XIX, November 25, 1633, in Arnold Johan Ferdinand van Laer, ed., *Van Rensselaer Bowier Manuscripts: Being the Letters of Kiliaen van Rensselaer, 1630–1643, and Other Documents Relating to the Colony of Rensselaerswyck* (Albany: University of the

State of New York, 1908），241。
177. 1637年雅克·欧西尔呈给西印度公司的陈述，载于 *Report and Accompanying Papers of the Commission Appointed by the President of the United States to Investigate and Report on the Divisional Line between the Republic of Venezuela and British Guiana*（Washington, DC: Government Printing Office, 1897），73–76, 87。
178. AGI, Santo Domingo 870, L.10, f. 67r–68r, the Spanish Crown to Juan Luis Camarena, governor of Margarita, Madrid, December 23, 1637.
179. Edmundson, "Dutch in Western Guiana," 671–672; Boomert, "Amerindian-European Encounters," 113–114, 116.
180. Cesáreo Fernández Duro, *Armada española desde la unión de los Reinos de Castilla y de Aragón*, 9 vols.（Madrid: Sucesores de Rivadeneyra, 1896），4: 32; Virginia Rau, *A exploração e o comércio do sal de Setúbal: Estudo de história económica*（Lisbon: s.n., 1951），140; Eddy Stols, *De Spaanse Brabanders, of de handelsbetrekkingen der Zuidelijke Nederlanden met de Iberische wereld, 1598–1648*（Brussel: Paleis der Academiën, 1971），45; Jonathan Irving Israel, *Dutch Primacy in World Trade 1585–1740*（Oxford: Clar-endon Press, 1989）. 138; Piet Boon, *Bouwers van de zee: Zeevarenden van het Westfriese platteland, c.1680–1720*（'s-Gravenhage: Stichting Historische Reeks, 1996），54; Wim Klooster, *Illicit Riches: Dutch Trade in the Caribbean, 1648–1795*（Leiden: KITLV Press, 1998），26–29. 许多年后，荷兰的政治家们似乎错误地认为，他们的采盐商在休战期间经常光顾阿拉亚。见 NAN, SG 7051, "Memorie tot naeder esclairissement op de Resolutie van de Ho: Mo: Heeren Staten Generael der Vereenichde Nederlanden, in dato 24 November 1657 nopende de zoutvaert op Punto del Reij"。
181. NAN, OWIC 1, unspecified fols. 1634年12月，指挥官兼海军少将托尔贝克秘密指挥船只、游艇和单桅帆船从伯南布哥开往西印度群岛。也见 fols. 24–25, 28–29; Benito Arias Montano to the Crown, discussed in Madrid, October 1 and 12, 1632, in van Dam and Wright, *Nederlandsche zeevaarders*, 1: 129–130（216）; Francisco Nuñez Melian to the Crown, Caracas, October 5, 1632, in van Dam and Wright, *Nederlandsche zeevaarders*, 1: 133（223）; Governor Benito Arias Montano to General Ruy Fernandez de Fuenmayor, Cumaná, June 10, 1638, insert in: Ruy Fer-nandez de Fuenmayor to King Philip IV, Caracas, November 28, 1639, in Antoine Maduro, ed., *Documenten uit de jaren 1639 en 1640 welke zich in de "Archivo General de*

Indias" te Sevilla bevinden en betrekking hebben op de door de Spanjaarden beraamde plannen om het eiland Curaçao op de Nederlanders te heroveren (Curaçao: Drukkerij Scherpenheuvel, 1961), 26-27; Goslinga, *Dutch in the Caribbean and Wild Coast*, 129-131,135; Carlos Saiz Cidoncha, *Historia de la piratería en América española* (Madrid: San Martín, 1985), 209。

182. Francisco Nuñez Melian to the Marquis of Cardereita, Caracas, October 15, 1633, in van Dam and Wright, *Nederlandsche zeevaarders*, 1: 145 (240-242); Bishop Juan of Puerto Rico to the Crown, Margarita, December 10, 1633, in van Dam and Wright, *Nederlandsche zeevaarders*, 1: 147-149 (244-247); War Council of the Indies to the King, Madrid, October 9, 1641, in van Dam and Wright, *Nederlandsche zeevaarders*, 1: 152-156 (252-259).

183. *Relacion de la famosa victoria, que la Armada que fue a las Indias este año de 1633 de q. fue General el Marquès de Cadereyta, alcançò del enemigo Olandes, echandole del Puerto, y Fortaleza de S. Martin. Dase cuenta de todos los sucessos desde el dia q. salieron de España, hasta que llegaron al dicho Puerto, y las personas q. mas se señalaron* (Sevilla: Pedro Gomez de Pastrana, 1633); Willem Rudolf Menkman, *De Nederlanders in het Caraibische zeegebied waarin vervat de geschiedenis der Nederlandsche Antillen* (Amsterdam: Van Kampen & Zoon, 1942), 38-39; Johan Hartog, *De Bovenwindse eilanden: Sint Maarten-Saba-Sint Eustatius* (Aruba: De Wit, 1964), 39-47; Mathews, "Spanish Domination of Saint Martin," 3-23; Goslinga, *Dutch in the Caribbean and Wild Coast*, 132-134. Phillips, *Six Galleons for the King of Spain*, 194-195.11年后，荷兰人试图重新占领该岛，尽管他们的人数超过敌人，但还是以失败告终。荷兰指挥官正是后来成为新尼德兰总督的彼得·施托伊弗桑特，他身受重伤，腿不得不被锯掉。

184. De Laet, *Iaerlyck Verhael*, 3: 83n. 4; Hartog, *Curaçao, van kolonie tot autonomie*, 1: 102-103; Zandvliet, *Mapping for Money*, 82-83. 关于范沃尔贝克的资料，参见威廉·弗里霍夫 "Neglected Networks: Director Willem Kieft and His Dutch Relatives," in *Revisiting New Netherland: Perspectives on Early Dutch America*, ed. Joyce Goodfriend (Leiden: Brill, 2005), 184-186。

185. Goslinga, *Dutch in the Caribbean and Wild Coast*, 263-268; Johannes van Walbeeck to the Heren XIX, August 27, 1634, in de Laet, *Iaerlyck Verhael*, 4: 301-311. 1636年，范沃尔贝克派30人到博奈尔岛。他们把用铅雕刻的荷兰徽章插在木板上以表示

该岛属于荷兰。见Carlos Felice Cardot, *Curazao hispánico*(*Antagonismo flamenco-español*)(Caracas: Italgráfica, 1973), 238。到1640年,已有70名军人驻扎在那里。见SAA, Acta Classis Amsterdam [ACA] 379: 224, Jonas Aertsz to the Classis Amsterdam, Curaçao, August 8, 1640。

186. 在1635年12月,有一次关于从库马纳组织远征军驱逐荷兰人的讨论。见Cipriano de Utrera, *Noticias Históricas de Santo Domingo*, 4 vols., ed. Emilio Rodríguez Demorizi(Santo Domingo: Taller, 1979), 4: 112。

187. Lucas Guillermo Castillo Lara, *San Sebastian de los Reyes*, 2 vols.(Caracas: Academia Nacional de la Historia, 1984), 1: 271, 275。

188. Phillips, *Six Galleons for the King of Spain*, 209。

189. David Beck, *Spiegel van mijn leven: Haags dagboek* 1624, ed. S. E. Veldhuijzen (Hilversum: Verloren, 1993), 183, 201; van der Capellen, *Gedenkschriften*, 1: 573。

190. Martine Julia van Ittersum, "The Long Goodbye: Hugo Grotius' Justification of Dutch Expansion Overseas, 1615–1645," *History of European Ideas* 36, no. 4(2010), 402。

191. NAN, SG 5752, burgomasters and regents of Amsterdam to the States General, February 27, 1626; Arturo Morales Carrión, *Puerto Rico and the Non-Hispanic Caribbean: A Study in the Decline of Spanish Exclusivism*(Rio Piedras: University of Puerto Rico Press, 1952), 33. See also den Heijer, *Expeditie naar de Goudkust*, 139。

192. Jan Willem Samberg, *De Hollandsche Gereformeerde Gemeente te Smirna: De geschiedenis eener handelskerk*(Leiden: Eduard IJdo, 1928), 18。

193. Iñigo de la Mota Sarmiento to the Crown, San Juan de Puerto Rico, July 25, 1636, in van Dam and Wright, *Nederlandsche zeevaarders*, 2: 53。

194. Bibiano Torres Ramírez, *La Armada de Barlovento*(Sevilla: Escuela de Estudios Hispano-Americanos, 1981), 35。

195. Goslinga, *Dutch in the Caribbean and Wild Coast*, 261–262。

196. Bremmer, "Correspondence of Johannes de Laet," 158; Johan Engelbert Elias, *Het voorspel van den Eersten Engelschen Oorlog*, 2 vols.('s-Gravenhage: Martinus Nijhoff, 1920), 2: 163。

197. Paul E. Kopperman, "Ambivalent Allies: Anglo-Dutch Relations and the Struggle against the Spanish Empire in the Caribbean, 1621–1641," *Journal of Caribbean History* 21, no. 1(1987): 55–77。

198. Jaap Jacobs, "Incompetente autocraten? Bestuurlijke verhoudingen in de zeventiende-

eeuwse Nederlandse Atlantische Wereld," *De Zeventiende Eeuw: Cultuur in de Nederlanden in Interdisciplinair Perspectief* 21（2005）, 69. 在17世纪50年代，人们对私人托运产生了不满，他们虽自愿要将新尼德兰和库拉索岛的信件送往共和国，但并未稳妥地交付。见 resolution, WIC, Chamber of Amsterdam, October 30, 1659, in Edmund Bailey O'Callaghan, ed., *Laws and Ordinances of New Netherland, 1638–1674, compiled and translated from the Original Dutch in the Office of the Secretary of State, Albany, N.Y.*（Albany: Weed, Parsons, and Co., 1868）, 379. 西印度公司保留了自行打开所有信件的权利，非西印度公司人员寄给其他"自由人"的信件除外。见 *Articulen, ende ordonnantien ter vergaderinge vande Negenthiene der Generale Geoctroyeerde West-Indische Compagnie geresumeert ende ghearresteert*（1641）。

199. Lesger, *Rise of the Amsterdam Market*, 240–241.

200. Voorbeijtel Cannenburg, *Reis om de wereld*, 26n. 1; Doedens and Looijesteijn, *Op jacht naar Spaans Zilver*, 128–129, 163.

201. Den Heijer, *Expeditie naar de Goudkust*, 92. 荷兰人在开始殖民好望角之前，就把这里当作类似的中继站，他们把信件放在石头下面，这是借鉴英格兰人的做法。见 Perry Moree, *"Met vriend die God geleide"*: *Het Nederlands-Aziatisch postvervoer ten tijde van de Verenigde Oost-Indische Compagnie*（Zutphen: Walburg Pers, 1998）, 32–42。

202. De Laet, *Iaerlyck Verhael*, 2: 92.

203. Jacob de Lange, *Demonomanie, of der Mooren Wonderheden: Zijnde een verhael, of Voiagie, nae het Moorse Koninckrijck van Guinea, als mede van haer Fitities, of de Magie, 't welck is Tovery; Handelende van hare Tovenaeren, en ghemeensaemheydt met de Duyvelen, en haer wechvaeren met dien*（Amsterdam: Bartholomeus Schouwers, 1658）, 32.

204. Lauric Henneton, "The House of Hope in the Valley of Discord: Connecticut Geopolitics beyond "Anglo-Dutch" Rivalries, 1613–1654" in *Worlds of the Seventeenth-Century Hudson Valley*, ed. Jaap Jacobs and Louis H. Roper（Albany: SUNY Press, 2014）, 169–194: 175.

205. Johan Carel Marinus Warnsinck, "Christoffel Artichewsky," in de Laet, *Iaerlyck Verhael*, 4: xxv–lxxiii; Maria Paradowska, *Przyjm laur zwycięski*（Katowice: Wydawnictwo "Śląsk," 1987）, 54–78; Edmund Stephen Urbański, "The Military Adventures of Krzysztof Arciszewski in Seventeenth Century Brazil and Europe," *Polish American*

Studies, 45, no. 1（1988）, 63-64.
206. De Laet, *Iaerlyck Verhael*, 4: xl.
207. Hartog, *Curaçao, van kolonie tot autonomie*, 1: 172-173.
208. Boxer, *Dutch in Brazil*, 68.
209. Wätjen, *Holländische Kolonialreich in Brasilien*, 184-185.
210. 关于这些画家的权威作品，参见Erik Larsen, *Frans Post: Interprète du Brésil*（Amsterdam and Rio de Janeiro: Colibris, 1962）; Quentin Buvelot, ed., *Albert Eckhout: Een Hollandse kunstenaar in Brazilië*（Den Haag: Koninklijk Kabinet van Schilderijen Mauritshuis; and Zwolle: Waanders Uitgevers, 2004）; Rebecca Parker Brienen, *Visions of Savage Paradise: Albert Eckhout, Court Painter in Colonial Dutch Brazil*（Amsterdam: Amsterdam University Press, 2006）。
211. Francisco Guerra, "Medicine in Dutch Brazil 1624-1654," in *Johan Maurits van Nassau-Siegen 1604-1679: A Humanist Prince in Europe and Brazil. Essays on the Occasion of the Tercentenary of his Death*, ed. Ernst van den Boogaart, in collaboration with Hendrik Richard Hoetink and Peter James Palmer Whitehead（'s-Gravenhage: Johan Maurits van Nassau Stichting, 1979）, 484, 490.
212. Hannedea van Nederveen Meerkerk, "Eine neue Stadt in der Neuen Welt: Wie die Idee zur Stadt wuchs," in *Sein Feld war die Welt: Johann Moritz von Nassau-Siegen（1604-1679）: Von Siegen über die Niederlande und Brasilien nach Brandenburg*, ed. Gerhard Brunn and Cornelius Neutsch（München: Waxmann, 2008）, 111, 114.
213. See John Huxtable Elliott, *Empires of the Atlantic World: Britain and Spain in America, 1492-1830*（New Haven: Yale University Press, 2006）, 248.
214. Vogt, *Portuguese Rule on the Gold Coast*, 183.
215. John K. Thornton, *Warfare in Atlantic Africa*, 1500-1800（London: UCL Press, 1999）, 59-60, 66. 关于西非商人小团体高效行事的情况，参见John Thornton, *Africa and Africans in the Making of the Atlantic World*（Cambridge, UK: Cambridge University Press, 1992）, 124。
216. Ratelband, *Nederlanders in West-Afrika*, 91-93; Vogt, *Portuguese Rule on the Gold Coast*, 189-192; Robert D. Porter, "European Activity on the Gold Coast, 1620-1667"（PhD diss., University of South Africa, 1975）, 167-174.
217. Coelho, *Memórias Diárias da Guerra do Brasil*, 342-343; Caspar van Baerle, *The History of Brazil under the Governorship of Johan Maurits of Nassau, 1636-1644*,

trans. Blanche T. van Berckel-Ebeling Koning (Gainesville: University Press of Florida, 2011), 76–84; Boxer, *Dutch in Brazil*, 87.

218. Otero Lana, *Corsarios españoles*, 283, 284.

219. Phillips, *Six Galleons for the King of Spain*, 218–219. 3个月后，德奥肯多也因病去世。

220. Pablo Emiliano Pérez-Mallaína Bueno and Bibiano Torres Ramírez, *La Armada del Mar del Sur* (Sevilla: Escuela de Estudios Hispano-Americanos de Sevilla, 1987), 218.

221. Joyce, "Spanish Influence in Portuguese Administration," 356, 358, 369; Boxer, *Dutch in Brazil*, 61; John Huxtable Elliott, *The Count-Duke of Olivares: The Statesman in an Age of Decline* (New Haven: Yale University Press, 1986), 478–479.

222. Joyce, "Spanish Influence in Portuguese Administration," 388–389; Wätjen, *Holländische Kolonialreich in Brasilien*, 203.

223. Johan Carel Marinus Warnsinck, *Van vlootvoogden en zeeslagen*, 3rd ed. (Amsterdam: P. N. van Kampen & Zoon, 1942), 128–159; Susana Münch Miranda and João Paulo Salvado, "Struggling for Brazil: Dutch, Portuguese and Spaniards in the 1640 Naval Battle of Paraíba," *Tijdschrift voor Zeegeschiedenis* 34 (2015), 59–62. 关于当时的细节，参见 *Het Naderste ende Sekerste Journalier Verhael ofte Copye van sekeren brieff* ('s-Gravenhage: I. Burchoorn, 1640); Benito Arias Montano to the King, Cumaná, March 3, 1640, in *Documenten uit de jaren 1639 en 1640*, 53。

224. Wright, "Dutch and Cuba," 627–630. "德布尔号"船上有63人伤亡。见GAR, ONA 344: 102/211, Act of October 18, 1641。尚不清楚在17世纪40年代，是哪一个荷兰人在墨西哥湾开展了什么海上活动，致使危地马拉高级法院的法官聚集了400千米范围内的所有西班牙男性。见Jean-Pierre Tardieu, "Las vistas de un arbitrista sobre la aparición de un hombre nuevo en las Indias Occidentales (mitad del siglo XVII)," *Anuario de Estudios Americanos* 50, no. 1 (1993), 246。

225. Charles Ralph Boxer, *Salvador de Sá and the Struggle for Brazil and Angola, 1602–1686* (London: Athlone Press, 1952), 141.

226. John Huxtable Elliott, *The Revolt of the Catalans: A Study in the Decline of Spain (1598–1640)* (Cambridge, UK: Cambridge University Press, 1963), 493.

227. 在巴西，葡萄牙的独立意味着西班牙和那不勒斯士兵被遣散，但在某些西班牙殖民地，葡萄牙士兵仍留在驻军中，就像在圣马丁岛一样。见Diego Guajardo Fajardo to the Spanish Crown, St. Martin, April 20, 1644, in van Dam and Wright, *Nederlandsche zeevaarders*, 2: 145。但是，总的来说，西班牙人不信任他们的邻居。见Stuart B.

Schwartz, "Panic in the Indies: The Portuguese Threat to the Spanish Empire, 1640–50," *Colonial Latin American Review* 2, no. 1–2（1993）: 165–187。

228. *Antvvoort vanden ghetrouwen Hollander: Op den aenspraeck van den heetgebaeckerden Hollander*（1645）.

229. NAN, SG 5756, Johan Maurits to the States General, Pernambuco, June 1, 1641.

230. 同上。征服罗安达后，一名荷属巴西的居民在给一位拉罗谢尔的朋友的信中说："西班牙人将在西印度群岛彻底失去黑人。"见 N. N., *A Little true forraine newes better than a great deale of domestick spurious false newes, published daily without feare or wit to the shame of the nation and beyond the liberty of Paris pasquils: vnto which is added a letter written by the lieutenant of the Tower to the Parliament in defence of himselfe and may give satisfaction to all men*（1642）, 11。

231. Instructions of Johan Maurits and the Secret Council of Brazil for Admiral Cornelis Jol, P. Moortamer, C. Nieulant, and J. Henderson, Recife, May 28, 1641, in Louis Jadin, ed., *L'ancien Congo et l'Angola 1639–1655 d'après les archives romaines, portugaises, néerlandaises et espagnoles*（Bruxelles and Rome: Institut Historique belge de Rome, 1975）, 35.

232. Ratelband, *Nederlanders in West-Afrika*, 41, 60–61.

233. Ibid., 100–105; Thornton and Mosterman, "Re-Interpretation."

234. Ratelband, *Nederlanders in West-Afrika*, 111–113, 121; NAN, SG 5756, Johan Maurits to the States General, Pernambuco, November 11, 1641.

235. Ratelband, *Nederlanders in West-Afrika*, 136, 143–149; Guerra, "Medicine in Dutch Brazil," 477.

236. Ratelband, *Nederlanders in West-Afrika*, 178; Jadin, *L'ancien Congo et l'Angola*, 147–151; Klaas Ratelband, *Vijf dagregisters van het kasteel São Jorge da Mina（Elmina）aan de Goudkust（1645–1647）*（'s-Gravenhage: Martinus Nijhoff, 1953）, lxxxvi; Advice of the Chamber of Accounts of the West India Company, delivered to their High Mightinesses' Commissioners, May 27, 1647, in Edmund Bailey O'Callaghan, ed., *Documents Relative to the Colonial History of the State of New-York; Procured in Holland, England and France by John Romeyn Brodhead*, 15 vols.（Albany, NY: Weed, Parsons, 1856）, 1: 243.

237. 占领阿克西姆的时间，参见 Olfert Dapper, *Naukeurige beschrijvinge der Afrikaensche gewesten van Egypten, Barbaryen, Lybien, Biledulgerid, Negroslant, Guinea,*

  Ethiopiën, Abyssinie（Amsterdam: Jacob van Meurs, 1676）。关于占领行动，参见 Michael Hemmersam, *West-Indianische Reissbeschreibung de An. 1639 biss 1645 von Amsterdam nach St. Jorius de Mina, ein Castel in Africa*（Nürnberg: Paulus Fürsten, 1663）, 21–26。

238. NAN, Collectie Radermacher 544, "Bedenckinge die de heeren Commis-sarissen over de secrete besoijgnes der vergaderinge van de heeren bewinthebberen vande camer in Zeelandt sijn voordragende."

239. Benjamin Schmidt, "Exotic Allies: The Dutch-Chilean Encounter and the（Failed）Conquest of America," *Renaissance Quarterly* 52（1999）: 440–473; Henk den Heijer, "De expeditie van Hendrick Brouwer en Elias Herckmans naar Chili," in *Brazilië in de Nederlandse archieven（1624-1654）*, ed. Marianne L. Wiesebron（Leiden: Leiden University Press, 2013）, 112–139.

240. 我们称之为"第一次荷兰—门西战争"所参照的是保罗·奥托：《荷兰人与门西人在美洲的相遇：争夺哈得孙河谷主权》, 第106页。

241. Evan Haefeli, "Kieft's War and the Cultures of Violence in Colonial America," in Michael A. Bellesisle, ed. *Lethal Imagination: Violence and Brutality in American History*（New York: New York University Press, 1999）, 18–19; Meuwese, *Brothers in Arms, Partners in Trade*, 241–243.

242. 另一个解释是基夫特试图通过复仇来恢复自己的名誉。见 Willem Frijhoff, *Wegen van Evert Willemsz.: Een Hollands weeskind op zoek naar zichzelf, 1607-1647*（Nijmegen: SUN, 1995）[trans. as *Fulfilling God's Mission: The Two Worlds of Dominie Everardus Bogardus 1607-1647*（Leiden: Brill, 2007）], 573。

243. Ibid., 578. Haefeli, "Kieft's War," 26–27.

244. David Naumec, "The Pequot Wars, Kieft's War, and the Decade of Conflict（1635-1645）"（文章发表在"美洲东北部17世纪的战争、外交与社会"会议上，玛莎塔克·佩科特博物馆，玛莎塔克，康涅狄格，2013年10月18—19日）。

245. Haefeli, "Kieft's War," 31–32; Otto, *Dutch-Munsee Encounter in America*, 122–124.

246. Meuwese, *Brothers in Arms, Partners in Trade*, 249.

第三章　帝国衰落

1. 英格兰共和制的"试验"从1649年持续到1653年，一些历史学家认为这一时期结束于1660年正式恢复君主制时。

2. Alison Brown, "Platonism in Fifteenth-Century Florence and Its Contribution to Early Modern Political Thought," *Journal of Modern History* 58, no. 2（1986）, 384.
3. Klaas Ratelband, *Nederlanders in West-Afrika 1600–1650: Angola, Kongo en São Tomé*（Zutphen: Walburg Pers, 2000）, 177–178.
4. José Antônio Gonsalves de Mello, *Restauradores de Pernambuco: Biografias de figuras do século XVII que defenderam e consolidaram a unidade brasileira: João Fernandes Vieira*（Recife: Imprensa Universitária, 1967）, 190.
5. Alexander Bick, "Governing the Free Sea: The Dutch West India Company and Commercial Politics, 1618–1645"（PhD diss., Princeton University, 2012）, 128.
6. Jan Heringa, *De eer en hoogheid van de staat: Over de plaats der Verenigde Nederlanden in het diplomatieke leven van de zeventiende eeuw*（Groningen: J. B. Wolters, 1961）, 263–264.
7. NAN, SG, Loketkasten en Secreetkasten 12561.72, Galileo Galilei to the States General, received November 11, 1636.
8. "Sir Ferdinando Gorges to Secretary Windebank," June 20, 1638, in W. Noël Sainsbury, ed., *Calendar of State Papers ［CSP］, Colonial Series, 1574–1660, Preserved in the State Paper Department of Her Majesty's Public Record Office*（London: Her Majesty's Stationery Office, 1860）, 218, 276.
9. Anthony Pagden, *Lords of All the World: Ideologies of Empire in Spain, Britain, and France, c. 1500–c.1800*（New Haven: Yale University Press, 1998）, 11–12.
10. Ludovicus Brouwers, *Carolus Scribani S.J., 1561–1629: Een groot man van de Contra-Reformatie in de Nederlanden*（Antwerpen: Ruusbroec-Genootschap, 1961）, 460.
11. Caspar van Baerle, *The History of Brazil under the Governorship of Johan Mau-rits of Nassau, 1636–1644*, trans. Blanche T. van Berckel-Ebeling Koning（Gaines-ville: University Press of Florida, 2011）, 29.
12. 因此，像帕特里夏·锡德所做的那样，认为荷兰是唯一一个不认为自己是罗马继承者的大西洋强国的想法是不正确的。见 *Ceremonies of Possession in Europe's Conquest of the New World, 1492–1640*（Cambridge, UK: Cambridge University Press, 1995）, 183。
13. 佩特鲁斯·德朗厄从1661年起就在他写的书中添加了荷兰海上探险的记录，但那时巴西已经被占领了。见 Benjamin Schmidt, *Innocence Abroad: The Dutch Imagination and the New World, 1570–1670*（Cambridge, UK: Cambridge University Press, 2001）, 253。

14. *Reden van dat die West-Indische Compagnie oft handelinge niet alleen profijtelijck maer oock noodtsaeckelijck is tot behoudenisse van onsen Staet*（1636）, 12. 关于于塞尔林克斯的观点，参见 *Naerder bedenckingen, over de zee-vaerdt, coophandel ende neeringhe, als mede de versekeringhe vanden staet deser vereenichde Landen, inde teghenwoordighe vredehandelinghe met den coninck van Spangnien ende de aerts-hertoghen*（1608）。后来苏里南总督毛里茨进行了一个罕见的对比，他将18世纪中叶的荷兰人与黑人之战比作罗马人与日耳曼部落之间的战争。见 Cornelis Ascanius van Sijpesteijn, *Mr. Jan Jacob Mauricius, gouverneur-generaal van Suriname, van 1742 tot 1751*（'s-Gravenhage: De Gebroeders van Cleef, 1858）, 86–90。

15. R. E. Eekhout, "The Mauritias: A Neo-Latin Epic by Franciscus Plante," in *Johan Maurits van Nassau-Siegen 1604–1679: A Humanist Prince in Europe and Brazil. Essays on the Occasion of the Tercentenary of his Death*, ed. Ernst van den Boogaart, in collaboration with Hendrik Richard Hoetink and Peter James Palmer Whitehead（The Hague: The Johan Maurits van Nassau Stichting, 1979）, 377–393; Schmidt, *Innocence Abroad*, 253–254. 关于约翰·毛里茨自己的罗马构想，参见 Michael Pye, "Johann Moritz—ein geträumtes Empire," in *Sein Feld war die Welt: Johann Moritz von Nassau-Siegen*（1604–1679）: *Von Siegen über die Niederlande und Brasilien nach Brandenburg*, ed. Gerhard Brunn and Cornelius Neutsch（München: Waxmann, 2008）, 62–64。

16. Van Baerle, *History of Brazil*, 143–144. 1659年，人们在清点巴西退伍军人约翰·贝廷克中尉的财产时发现，他家前厅里并排摆放着12座罗马皇帝半身像和一张巴西地图。见 Michiel van Groesen, "Officers of the West India Company, Their Networks, and Their Personal Memories of Dutch Brazil," in *The Dutch Trading Companies As Knowledge Networks*, ed. Siegfried Huigen, Jan L. de Jong, and Elmer Kolfin（Leiden: Brill, 2010）, 53–54。

17. See George Lincoln Burr, "Report on the Evidence of Dutch Archives as to European Occupation and Claims in Western Guiana," in *Report of the Special Commission Established by the President January 4, 1896, to Examine and Report upon the True Divisional Line between the Republic of Venezuela and British Guiana*（Washington, DC: Government Printing Office, 1898）, 119–406.

18. Krzysztof Arciszewski to Johan Maurits and the High Council of Brazil, Amsterdam, July 24, 1637, in "Missive van den kolonnel Artichofsky aan Graaf Maurits en den Hoogen

Raad in Brazilië, 24 juli 1637," *Kroniek van het Historisch Genootschap gevestigd te Utrecht* ser. 5, 25, no. 5（1869）, 240.

19. 关于法属殖民地的类似观察, 参见 Kenneth Banks, *Chasing Empire across the Sea: Communications and the State in the French Atlantic, 1713–1763*（Montreal and Kingston: McGill-Queen's University Press, 2002）, 7。

20. Martine Julia van Ittersum, "The Long Goodbye: Hugo Grotius' Justification of Dutch Expansion Overseas, 1615–1645," *History of European Ideas* 36, no. 4（2010）, 408.

21. Report of Adriaen van der Dussen to the Heren XIX, April 4, 1640, in Van Baerle, *History of Brazil*, 138–139. 西印度公司董事会可能派了范德杜森前往巴西评估情况。见 H. K. Nagtegaal, "Het Delftse geslacht Van der Dussen," http://www.hogenda.nl/wp-content/plugins/hogenda-search/download_attachment.php?id=999&type=genealogy, accessed February 13, 2016。

22. 十九人委员会不喜欢总督的挥霍, 因为他们的目的是在与葡萄牙结束休战后节省开支。见 Charles R. Boxer, *The Dutch in Brazil, 1624–1654*（Oxford: Clarendon Press, 1957）, 156。

23. Evaldo Cabral de Mello, *De Braziliaanse affaire: Portugal, de Republiek der Verenigde Nederlanden en Noord-Oost Brazilië, 1641–1669*（Zutphen: Walburg Pers, 2005）, 31.

24. Maria Thetis Nunes, *Sergipe Colonial*（Rio de Janeiro: Tempo Brasileiro, Universidade Federal de Sergipe, 1989）, 83–84.

25. J. V. Rasenberg to the Heren XIX, Recife, March 26, 1645, in Louis Jadin, ed., *L'ancien Congo et l'Angola 1639–1655 d'après les archives romaines, portugaises, néerlandaises et espagnoles*（Bruxelles and Rome: Institut Historique belge de Rome, 1975）, 644.

26. *Brasilsche Geltsack. Waer in dat claerlijck vertoont wordt waer dat de participanten van de West-Indische Comp. haer gelt gebleven is*（Recife: "in de Bree-bijl," 1647）.

27. Mello, *Braziliaanse affaire*, 30–33.

28. Cátia Alexandra Pereira Antunes, "Globalisation in the Early Modern Period: The Economic Relationship between Amsterdam and Lisbon, 1640–1705"（PhD diss., University of Leiden, 2004）, 149.

29. Mello, *Restauradores de Pernambuco*, 161–163.

30. Boxer, *Dutch in Brazil*, 162–166.

31. *Brasilsche Geltsack*; NAN, Collectie Leo van Aitzema, 91: legation of WIC director Michiel ten Hove and Gijsbert de With to Portugal, 1657.

32. Johan Nieuhof, *Gedenkweerdige Brasiliaense zee-en lant-reize: Behelzende al het geen op dezelve is voorgevallen. Beneffens een bondige beschrijving van gantsche Neerlants Brasil, zoo van lantschappen, steden, dieren, gewassen, als draghten, zeden en godsdienst der inwoonders: en inzonderheit ein wijtloopig verhael der merkwaardigste voorvallen en geschiedenissen, die zich, geduurende zijn negenjarigh verblijf in Brasil, in d'oorlogen en opstand der Portugesen tegen d'onzen, zich sedert het jaer 1640. tot 1649. hebben toegedragen* (Amsterdam: de weduwe van Jacob Meurs, 1682) , 75–76; Mello, *Restauradores de Pernambuco*, 164.

33. Evaldo Cabral de Mello, *Olinda Restaurada: Guerra e Açúcar no Nordeste, 1630–1654* (Rio de Janeiro: Editora Forense-Universitaria; São Paulo: Editora da Universidade de São Paulo, 1975) , 266.

34. Matheus vanden Broeck, *Journael ofte Historiaelse Beschrijvinge van Matheus vanden Broeck. Van't geen hy selfs ghesien ende waerachtigh gebeurt is, wegen't begin ende Revolte van de Portugese in Brasiel, als mede de conditie en het overgaen van de Forten aldaer* (Amstelredam: Gerrit van Goedesbergen, 1651) , 2; Nieuhof, *Gedenkweerdige Brasiliaense zee-en lant-reize*, 77, 79.

35. Diogo Lopes de Santiago, *História da guerra de Pernambuco e feitos memo-ráveis do mestre de campo João Fernandes Vieira, herói digno de eterna memória, primeiro aclamador da guerra* (Recife: Governo de Pernambuco, 1984) , 235–237; Mark Meuwese, *Brothers in Arms, Partners in Trade: Dutch-Indigenous Alliances in the Atlan-tic World, 1595–1674* (Leiden: Brill, 2012) , 172. 关于确切的死亡人数存在争议。莫伊维塞认为是35人，冈萨雷斯·德梅洛（Gonsalves de Mello）认为是36人。圣地亚哥公布的死亡人数为69人，但这有些夸大了。见Mello, *Restauradores de Pernambuco*, 173–174。纽霍夫认为只有塔普亚人应该对这两次屠杀负责。见*Gedenkweerdige Brasiliaense zee-en lant-reize*, 153。

36. Ernst van den Boogaart, "Infernal Allies: The Dutch West India Company and the Tarairiu, 1630–1654," in *Johan Maurits van Nassau-Siegen: A humanist prince in Europe and Brazil: Essays on the tercentenary of his death*, ed. Ernst van den Boogaart, in collaboration with H. R. Hoetink (Den Haag: Johan Maurits van Nassau Stichting, 1979) , 519–538; Meuwese, *Brothers in Arms*, 141–147, 173–174, 176.

37. Meuwese, *Brothers in Arms*, 150–151, 154–155, 157–158, 175, 189–190.

38. Frans Leonard Schalkwijk, *Igreja e estado no Brasil holandês, 1630–1654* (Recife:

Governo de Pernambuco, 1986），249; ibid., 166. 在伊塔马拉卡岛上，美洲印第安人一直占岛上人口的大多数。由于缺乏欧洲人，荷兰人于1633年与巴西人定居该岛。根据1649年的一次统计，该岛共有465名土著男子、妇女和儿童以及69名欧洲人和数量不详的欧洲士兵。见Johannes de Laet, *Iaerlyck Verhael van de Verrichtinghen der Gheoctroyeerde West-Indische Compag-nie in derthien Boecken*, ed. Samuel Pierre l'Honoré Naber, 4 vols.（'s-Gravenhage: Martinus Nijhoff, 1931–1937），3: 208; José Antônio Gonsalves de Mello, *Tempo dos flamengos: Influência da ocupação holandesa na vida e na cultura do Norte do Brasil*, 2nd ed.（Recife: Governo do Estado de Pernambuco, 1978），155n. 111。

39. Meuwese, *Brothers in Arms*, 148, 158–159.
40. Evaldo Cabral de Mello, *Rubro Veio: O imaginário da restauração pernambucana*（Rio de Janeiro: Editora Nova Fronteira, 1986），287–288.
41. Frank Ibold, Jens Jäger, and Detlev Kraack, eds., *Das Memorial und Jurenal des Peter Hansen Hajstrup*（*1624–1672*）（Neumünster: Wachholtz Verlag, 1995），72–74.
42. Boxer, *Dutch in Brazil*, 165, 167, 170–171. 许多年后的1692年，他的儿子请求葡萄牙王室为其父亲在这场投降中发挥的作用授予特权。见Cleonir Xavier de Albuquerque, *A remuneração de serviços da Guerra holandesa*（*A propósito de um Sermão do Padre Vieira*）（Recife: Universidade Federal de Pernambuco, Instituto de Ciências do Homem, Imprensa Universitaria, 1968），40。
43. Mello, *Tempo dos flamengos*, 145n. 62, 240.
44. Mello, *Restauradores de Pernambuco*, 27–29.
45. Bick, "Governing the Free Sea," 54–56.
46. *Iournael . . . nopende de Rebellye ende verradelycke Desseynen der Portugesen alhier in Brasil voorgekomen*（Arnhem, 1647）. 起义时住在累西腓的约翰·纽霍夫说，在圣灵降临节期间，多地的葡萄牙人以婚礼和比赛为幌子密谋屠杀荷兰人。见Nieuhof, *Gedenkweerdige Brasiliaense zee-en lant-reize*, 79。这种"巴黎的血色婚礼"是17世纪40年代的小册子中经常出现的主题，也是戏剧的主题。这些资料通常用来警告荷兰人提防法兰西人变节。见Hans Duits, *Van Bartholomeusnacht tot Bataafse opstand: Studies over de relatie tussen politiek en toneel in het midden van de zeventiende eeuw*（Hilversum: Verloren, 1990），40–93。
47. P. Le Candele, *Wel-Vaert vande West-Indische Compagnie. Waer in klaerlijck vertoont wert door wat Middel deselve Compagnie tot groote Conquesten soude konnen gheraken*

[Middelburg, 1646].
48. Ratelband, *Nederlanders in West-Afrika*, 240–241. 49. Ibid., 253–257.
50. Charles Ralph Boxer, *Salvador de Sá and the Struggle for Brazil and Angola, 1602–1686* (London: Athlone Press, 1952), 243, 253–257.
51. Ratelband, *Nederlanders in West-Afrika*, 262.
52. António da Silva Rego, *A dupla restauração de Angola 1641–1648* (Lisboa: Agência Geral das Colónias, 1948), 226–231, 236–237; Boxer, *Salvador de Sá*, 265–268; Ratelband, *Nederlanders in West-Afrika*, 269–272. 萨尔瓦多·德萨因此开始担任安哥拉总督和总司令。他的继任者之一是巴西起义的领导人若昂·费尔南德斯·维埃拉。见 Mello, *Restauradores de Pernambuco*, 165–200。
53. Lieuwe van Aitzema, *Saken van staet en oorlogh, in, ende omtrent de Vereenigde Nederlanden*, 6 vols. ('s-Gravenhaghe: Johan Veely, Johan Tongerloo, ende Jasper Doll, 1669), 3: 338.
54. Pieter Jan van Winter, *De Westindische Compagnie ter kamer Stad en Lande* ('s-Gravenhage: Martinus Nijhoff, 1978), 228.
55. Ratelband, *Nederlanders in West-Afrika*, 175–176, 286, 288–289.
56. *Nederlants beroerde ingewanden, over de laetste tijdinge, van de Munstersche vrede handelinge* (s.l., 1647), 5.
57. *Copye van de Resolutie vande Heeren Burgemeesters ende Raden tot Amsterdam op't stuck vande West-Indische Compagnie, Genomen in August 1649* (Uytrecht: Ian Havick, 1649).
58. Henk den Heijer, *Geschiedenis van de WIC* (Zutphen: Walburg Pers, 1994), 66.
59. NAN, OWIC 9, Heren XIX to Johan Maurits and the High Council, Amsterdam, October 1642.
60. Den Heijer, *Geschiedenis van de WIC*, 95–102.
61. Alexander van der Capellen, *Gedenkschriften van Jonkheer Alexander van der Capellen, Heere van Aartsbergen, Boedelhoff, en Mervelt: beginnende met den jaare 1621, en gaande tot 1654*, 2 vols. (Utrecht: J. v. Schoonhoven en Comp, 1777–1778), 2: 253.
62. Utrechts Archief, Huis Amerongen 5125, "extract vuijt het reces des lantdages in Septembris ende Octobri binnen Zutphen gehouden, anno 1650, voorslach tot redres vant verval der Westindische Compagnie." 荷兰省有4名代表，泽兰省有3名代表，其他5省各有2名代表。几内亚海岸及美洲殖民地和财产事务委员会于1795年承担了东

印度公司和西印度公司的职责，其定位类似于1650年的印度群岛议会。见Pieter Marinus Netscher, *Geschiedenis van de koloniën Essequebo, Demerary en Berbice, van de vestiging van de Nederlanders aldaar tot op onzen tijd*（'s-Gravenhage: Martinus Nijhoff, 1888），275。

63. Henk den Heijer, *Goud, ivoor en slaven: Scheepvaart en handel van de Tweede Westindische Compagnie op Afrika, 1674–1740*（Zutphen: Walburg Pers, 1997），25; Chris te Lintum, "De Kamer der West-Indische Compagnie te Delft," *Bijdragen tot de Taal-, Land-en Volkenkunde* 63, no. 1（1910），102–103。

64. 关于士兵，参见 NAN, SG 4845, Resolutions of the States General, December, 10, 1640。关于租赁的军舰，参见 NAN, SG 4845, Resolutions of the States General, January 16, 1646。关于护卫队，参见 NAN, SG 4845, Resolutions of the States General, resolutions July 20 and 21, 1639; June 14, June 28, and November 1, 1640; April 12, 1641; November 14, 1642; January 24, June 8, June 13, and October 30, 1643; and November 25, 1644。"海豹号"上的商人于1644年11月从加勒比海航行到法兰西西南部的圣马丁岛，加入了荷兰护卫队。NAN, Hof van Holland 12371, testimony of Nataniel Silvestre and Simon Dircksz, La Rochelle, January 8, 1645。

65. Willem Johannes van Hoboken, *Witte de With in Brazilië, 1648–1649*（Amsterdam: N.V. Noord-Hollandsche Uitgevers Maatschappij, 1955），3–4; NAN, SG, Resolutions of the States General, meeting of March 20, 1651; Julia Adams, "Trading States, Trading Places: The Role of Patrimonialism in Early Modern Dutch Development," *Comparative Studies in Society and History* 36, no. 2（1994），340。

66. NAN, SG 4845, Resolutions of the States General, September 16, 1647。

67. NAN, SG 4845, Resolutions of the States General, February 7, 1646。

68. 克雷格·E.哈林认为，"使许多荷兰小册子中的对话如此有趣的原因是，这些讨论的语境常常发生在荷兰人的具有真实而鲜明的荷兰特色的日常生活里。"见 *Pamphlets, Printing, and Political Culture in the Early Dutch Republic*（Dordrecht: Martinus Nijhoff, 1987），53。

69. *Haerlems Schuyt-praetjen op't Redres vande West-Indische Compagnie*（1649）.

70. Van Hoboken, *Witte de With in Brazilië*, 15–18.

71. Bick, "Governing the Free Sea," 76–77.

72. Willem Johannes van Hoboken, "Een troepentransport naar Brazilië in 1647," *Tijdschrift voor Geschiedenis* 62（1949），100–109; van Hoboken, *Witte de With in Brazilië*, 41; A. P.,

Remonstrantie aen alle steden ende vroetschappen der Vrye Vereenighde Nederlanden, by forme van discours（Dordrecht: Philips van Macedonien, 1647），13.

73. NAN, SG 4845, resolutions of the States General, March 12, 1646.
74. 德维特于1650年凭借自己的权威返回共和国后，威廉二世把他关进监狱，引起荷兰各省总督不满，纷纷指控国王干涉其权威。
75. Boxer, *Dutch in Brazil*, 194–195.
76. Santiago, *História da guerra*, 483, 496–497.
77. NAN, Collectie Radermacher 544, memorandum of Sigismund von Schoppe.
78. Van Hoboken, *Witte de With in Brazilië*, 86. 就其本身而言，让士兵们在背包里携带一周的食物是解决长期存在的军粮短缺问题的一个新办法。也是奥利弗·克伦威尔大约在这一时期独立提出的做法。见 Geoffrey Parker, *The Military Revolution: Military Innovation and the Rise of the West, 1500–1800*（Cambridge, UK: Cambridge University Press, 1988），76. 如果可以进行沿海或内河运输，船就可以运送食物，就像1636年在卡尔沃港附近发生战斗的那些日子里那样。见 Jens Jäger, "Die Schlacht bei Porto Calvo（Matta Redonda）im Januar 1636. Augenzeugenbericht eines Soldaten," *Militärgeschichtliche Zeitschrift* 54, no. 2（1995），531。
79. Boxer, *Dutch in Brazil*, 196–197.
80. NAN, SG, Loketkasten en Secreetkasten 12564.34.
81. Ivo J. van Loo, "Kaapvaart, handel en staatsbelang: Het gebruik van kaapvaart als maritiem machtsmiddel en vorm van ondernemerschap tijdens de Nederlandse Opstand, 1568–1648," in *Ondernemers & bestuurders: economie en politiek in de Noordelijke Nederlanden in de late Middeleeuwen en vroegmoderne tijd*, ed. Clé Lesger and Leo Noordegraaf（Amsterdam: NEHA, 1999），367; Mello, *Olinda Restaurada*, 83, 88. 根据一名目击者的描述，1648年荷兰私掠船和一艘从里斯本到里约热内卢的葡萄牙船之间发生了战斗。参见 Richard Fleckno, *Relation of Ten Years Travells in Europe, Asia, Affrique, and America: All by Way of Letters Occasionally Written to Diver Noble Personages, from Place to Place*［London（1656?）］, 63–64. 荷属殖民地得益于在葡萄牙船只上发现的奴隶。1649年，来自米德尔堡的游艇"哈森伯奇号"俘获了一艘从安哥拉前往里约热内卢的葡萄牙奴隶船。其中有300名非洲人已经死亡，其余200人在累西腓被出售。见 NAN, OWIC 65, president and council of Brazil to the Heren XIX, Recife, November 29, 1649. 1651年，在罗安达附近，"美人鱼号"突袭了一艘载有1,280名奴隶的船。这些非洲人在圣尤斯特歇斯岛和其他加勒比海岛屿

被出售。见 NAN, Aanwinsten Eerste Afdeling 992, minutes WIC, Chamber of Zeeland, January 15, 1652。目前尚不清楚1651年在马提尼克岛被卖掉的131名俘虏是否来自"美人鱼号"。见 NAN, Aanwinsten Eerste Afdeling 992, minutes WIC, Chamber of Zeeland, October 9, 1651。

82. 确切数目为3,444,409荷兰盾又11斯泰佛。见 NAN, SG 5766, "Lijste van prinsen by particuliere en Compagnies vaertuygen op de custe van Brasil verovert"。

83. Mello, *Olinda Restaurada*, 92.

84. Franz Binder, "Die zeeländische Kaperfahrt 1654–1662," *Archief: Mededelingen van het Zeeuwsch Genootschap der Wetenschappen*（1976）, 42.

85. NAN, SG 5752, admiralty of Zeeland to the States General, Middelburg, April 19, 1628; WIC Chamber of Zeeland to the States General, received May 26, 1628; Virginia W. Lunsford, *Piracy and Privateering in the Golden Age Netherlands*（Gordonsville, VA: Palgrave Macmillan, 2005）, 20.

86. Lunsford, *Piracy and Privateering*, 32–33.

87. *Amsterdams Vuur-Praetje, van't Een ende 'tander datter nu om gaet*（Amstelredam: Claes Pietersz, 1649）.

88. *Amsterdams Tafel-Praetje van wat goets en wat quaets en wat noodichs*（Gouda: Iasper Cornelisz, 1649）.

89. *Amsterdams Vuur-Praetje*.

90. NAN, SG, Loketkasten en Secreetkasten 12564.34, president and council of Brazil to the States General, Recife, June 22, 1651.

91. Binder, "Zeeländische Kaperfahrt," 42.

92. WIC directors Johan le Thor, Isaack van Beeck, and N. ten Hove to the States General's deputies for West India affairs, July 30, 1652, in O'Callaghan, ed., *Documents*, 1: 484.

93. Van Hoboken, *Witte de With in Brazilië*, 106–107, 201, 204, 219, 220, 224, 247; Boxer, *Dutch in Brazil*, 228, 233. 两艘从巴西返回的船被英格兰船只阻击并因此而搁浅，第三艘船则被俘获。见 NAN, SG 5899, fol. 7r, extraordinary ambassadors Jacob Cats, Gerard Schaep, and Paulus van der Perre to the States General, Chelsey, June 27, 1652。

94. *Relaçam diaria do sitio, e tomada da forte praça do Recife, recuperação das Capitanías de Itamaracá, Paraiba, Rio Grande, Ciará, and Ilha de Fernão de Noronha*（Lisboa: Na officina Craesbeeckiana, 1654）; Boxer, Dutch in Brazil, 239.

95. *Cort, Bondigh ende Waerachtigh Verhael Van't schandelijck over-geven ende verlaten*

vande voorname Conquesten van Brasil, Onder de Regeeringe vande Heren Wouter van Schonenburgh, President, Hendrick Haecx, Hoogen Raet, ende Sigismondus van Schoppe, Luyrenant Generael over de Militie, 1654（Middelburgh: Thomas Dircksz van Brouwershaven, 1655）.

96. *Motiven die d' E. Officieren der Militie in Consideratie hebben ghenomen*（1654）.
97. NAN, SG 5765, Sigismund von Schoppe to the States General, Mauritia, September 8, 1653.
98. *Cort, Bondigh ende Waerachtigh Verhael*. 这位匿名作者认为高级议会解雇了克拉斯, 但日常的会议记录显示这种情况并没有发生。见 NAN, Hof van Holland 5252, dagelijkse notulen Brazilië, January 20, 1654。
99. *Relaçam diaria do sitio*.
100. John Huxtable Elliott, *Imperial Spain 1469–1716*（London: Penguin Books, 1990 [1963]）, 355; John Huxtable Elliott, *The Revolt of the Catalans: A Study in the Decline of Spain（1598–1640）*（Cambridge, UK: Cambridge University Press, 1963）, 545.
101. "Some Considerations upon the Present Expedition Supposed for the West-India's, Humbly Remitted to his Highnesse the Lord Protector, and Delivered to Secretary Thurloe, in September 1654 Long before the Fleetes Departure," in F. B., *Considerations and Proposals Presented to His Late Highnesse Oliver, Lord Protector of England Touching the Not Warring with Spain, or the More Advantagious Prosecuting Thereof, after It Was Begun*（1659）, 3.
102. "Der Vertragstext," in *Der Frieden von Münster, De Vrede van Munster 1648*, ed. Gerd Dethlefs（Münster: Regensberg, 1998）, 78–79. 克里斯滕·布洛克错误地断言, 西班牙和英格兰1670年签署的《马德里条约》, 是西班牙王室第一次承认15世纪教宗禁止新教教徒移居美洲的禁令不再可行。《明斯特条约》应享有这一殊荣。见 Kristen Block, *Ordinary Lives in the Early Caribbean: Religion, Colonial Competition, and the Politics of Profit*（Athens: University of Georgia Press, 2012）, 205。
103. Rita Krommen, "Mathias Beck und die Westindische Kompagnie: Zur Herrschaft der Niederländer im kolonialen Ceará," *Arbeitspapiere zur Lateinamerikaforschung* 2, no. 1（2001）, 71. 在塞阿拉的荷兰高级官员马蒂亚斯·贝克写道, 有4,000名当地人到达那里, 而《瑞莱康的现场日记》(*Relaçam diaria do sitio*) 中列出的人数仅为852。

104. NAN, SG, Loketkasten en Secreetkasten 12582.4, President and Council of Brazil to the States General, received November 24, 1653.
105. Burr, "Guiana Boundary," 57–58; Binder, "Zeeländische Kaperfahrt," 43.
106. NAN, SG, Loketkasten en Secreetkasten 12564.40, inv. nr. 1, information supplied by Joost Weisberger, The Hague, March 10, 1655.
107. 第一批数量可观的士兵于1651年从巴西返回。见NAN, Raad van State 1871, fol. 51, secret resolutions of the States General, November 23, 1651。
108. NAN, SG 5766, request by officers who served in Brazil, read April 11, 1656.
109. NAN, SG, Loketkasten en Secreetkasten 12564.43, memorandum of Johannes Moll, cloth merchants, for the States General, The Hague, June 4, 1655; NAN, SG 5766, requests by cloth dealers and other shopkeepers in The Hague, April 11, 1656, May 13, 1656; NAN, SG, Loketkasten en Secreetkasten 12564.43, undated request by Catarina Merijn and Cornelia de Bruijn to the States General; NAN, SG 4846, resolutions of the States General, April 3, 1658. 阿姆斯特丹的两名寡妇要求联省议会偿还她们预支给前往巴西的一名士兵和一位学员的款项。见NAN, SG 5766, request by Janneke Gerrijts and Diewertie Jans, read November 9, 1656。
110. NAN, SG 5766, request by Pieter van Reusen, read April 11, 1656.
111. NAN, SG 5767, request by shopkeepers, innkeepers, and residents of The Hague to the province of Overijssel, July 3, 1660.
112. NAN, SG, Loketkasten en Secreetkasten 12564.42, WIC meetings of June 15 and 19, 1657; NAN, SG 5766, memorandum to Mr. Huijgens and the other deputies for matters regarding Brazil, read January 15, 1657.
113. NAN, SG, Loketkasten en Secreetkasten 12564.52, WIC meeting of April 29, 1661.
114. Ibid., WIC meeting of December 21, 1657.
115. Ibid., WIC meeting of September 9, 1659.
116. Ibid., WIC, Chamber of Amsterdam, to the States General, Amsterdam, undated（1679）and May 7, 1680.
117. Ibid., WIC meeting of August 11, 1656. 法尔肯哈根的儿子在5年后再次请求支付赔偿。见NAN, SG, Loketkasten en Secreetkasten 12564.52, WIC meeting of April 26, 1661。
118. NAN, SG 5765, memorandum, reported June 3, 1655.
119. NAN, SG, Loketkasten en Secreetkasten 12564.42, WIC meeting, August 10, 1656.
120. Van Winter, *Kamer Stad en Lande*, 41.

121. NAN, SG, Loketkasten en Secreetkasten 12564.42.
122. NAN, SG, Loketkasten en Secreetkasten 12564.42 and 12564.52, meetings of WIC, Chamber of Amsterdam, August 26 and September 4 and 6, 1659; and April 26, 1661.
123. Van Winter, *Kamer Stad en Lande*, 38–40. See also Norbert H. Schneeloch, *Aktionäre der Westindischen Compagnie von 1674: Die Verschmelzung der alten Kapitalgebergruppen zu einer neuen Aktiengesellschaft*（Stuttgart: Klett-Cotta, 1982）, 268–269. 他亲戚的监护人，威廉三世、奥兰治亲王也露面了。作为联省的将军，这位亲王索要1646年至1650年（即他出生前的4年）荷属巴西所有战利品总价值3.5%的赔偿金额。然而，后来发现，120,554荷兰盾收益均用于在巴西的荷兰军队的装备、服装和其他需求上。见NAN, SG, Loketkasten en Secreetkasten 12564.50, statement by Jacob Alrichs, former chief of tax revenues in Brazil, The Hague, July 5, 1655; Wardens of the Prince of Orange to the States General, November 17, 1656; extract from the register of resolutions of the States General, June 11, 1660。
124. 商会下跌了0.3%。见NAN, SG 5765, bookkeepers Gillis van Schendel and Johan van der Dussen to the States General, The Hague, October 12, 1654。
125. 最少金额为498,978荷兰盾。同上，bookkeepers Gillis van Schendel and Johan van der Dussen to the States General, The Hague, February 5, 1655。
126. 总成本为155,304荷兰盾又18斯泰佛。见NAN, SG, Loketkasten en Secreetkasten 12564.42。
127. NAN, SG 5765, resolutie Staten-Generaal, August 28, 1655, Council of State to the States General, The Hague, October 1, 1655.
128. NAN, SG, Loketkasten en Secreetkasten 12564.39, extract from the register of resolutions of the States General, November 15, 1656.
129. NAN, SG 5765, extract from the register of resolutions of the WIC, September 10, 1654.
130. Ibid., Adriaen van Adrichem to the States General, January 14, 1655, insert in W. van Alphen, president of the war council, to the States General, received March 20, 1655.
131. Boxer, *Dutch in Brazil*, 244.
132. NAN, SG, Loketkasten en Secreetkasten 12582.8, 秘密计划占领巴西的一个港口。该计划由奥托·凯耶上尉和德意志下士约斯特·魏斯贝格尔共同策划。
133. NAN, SG, Loketkasten en Secreetkasten 12577.32, petition to the States General, read May 15, 1655.
134. *'t Verheerlickte Nederland door d'Herstelde Zee-vaart*（1659）, 57.

135. Antunes, "Globalisation in the Early Modern Period," 154–155.
136. Cornelis van de Haar, *De diplomatieke betrekkingen tussen de Republiek en Portugal, 1640–1661*（Groningen: J. B. Wolters, 1961）, 145–151.
137. Binder, "Zeeländische Kaperfahrt," 44, 52. 罗宾·劳称，葡萄牙在阿拉达的奴隶贸易在17世纪20年代遭受了荷兰"海盗"的侵害。见"The Slave Trade in Seventeenth-Century Allada: A Revision," *African Economic History* 22（1994）, 64–66。我发现1657年至1661年间泽兰人两次俘获葡萄牙奴隶船。1658年，一艘来自弗利辛恩的船在巴西海岸附近扣押了一艘载有700名奴隶的船，并将俘虏卖给了圭亚那的新殖民地新泽兰迪亚。见 *Hollantsche Mercurius* 8（1659）, 161。在巴西海岸的另一次成功的私掠行动是1661年俘获"金狮号"，这艘船带着战利品——30名奴隶和一些制造品驶向加的斯。见 NAN, SG 7055, consul Jacome van den Hove to the WIC, Cádiz, March 27, 1661。
138. NAN, SG 5775, WIC directors to the States General, received May 20, 1715. 3年后这种不满情绪再次出现。见 NAN, SG 5775, WIC directors to the States General. May 12, 1718。
139. Cátia Antunes, "The Commercial Relationship between Amsterdam and the Portuguese Salt-Exporting Ports: Aveiro and Setúbal, 1580–1715," *Journal of Early Modern History* 12（2008）, 38–39; Mello, *Braziliaanse affaire*, 158.
140. Antunes, "Commercial Relationship," 39–40; Mello, *Braziliaanse affaire*, 175–178. 两个条约文本之间有300万荷兰盾的差额，对此可以用荷兰于1663年征服葡萄牙转运港——印度的科钦和坎纳诺尔解释。实际上，这300万荷兰盾是荷兰人为保住这些地方而向东印度公司支付的款项。见 Cornelis C. Goslinga, *The Dutch in the Caribbean and in the Guianas, 1680–1791*（Assen: Van Gorcum, 1985）, 31–32。
141. Den Heijer, *Goud, ivoor en slaven*, 308; Goslinga, *Dutch in the Caribbean and Guianas*, 31-2。
142. NAN, SG 5769, States General to the WIC, Chamber of Amsterdam, Feb-ruary 1, 1675; WIC, Chamber of Amsterdam, to the States General, Amsterdam, February 27, 1675; NAN, SG 5770, WIC, Chamber of Amsterdam, to the States General, Amsterdam, February 16, 1678 and October 31, 1679.
143. C. Fahner, "'De vrome omgang onzer natie': Nadere Reformatie, zending en de WIC," *Documentatieblad Nadere Reformatie* 17（1993）, 23. 哈曼努斯·维茨（1636—1708），更为人知的名字是埃尔曼·维特修斯，在神学研究方面成绩斐然，先后

在弗拉讷克、乌得勒支和莱顿任教。见 L. Knappert, "Witsius（Herman）," in *Nieuw Nederlandsch Biografisch Woordenboek*, ed. Philip Christiaan Molhuysen and Petrus Johannes Blok, 10 vols.（Leiden: A.W. Sijthoff's Uitgevers-Maatschappij, 1914）, 3: 1445–1448。

144. Archivo General de Simancas, Estado 8389, fol. 111, insert in Gregorio de Tapia to Esteban de Gamarra, Spanish ambassador in the Dutch Republic, Aranjuez, April 26, 1662. 60年后，又发起了另一项在拉普拉塔建立荷兰据点的计划，这是一次毫无根据的空想。Ruud Paesie, ed., *Voor zilver en Zeeuws belang: De rampzalige Zuidzee-expeditie van de Middelburgse Commercie Compagnie, 1724–1727*（Zutphen: Walburg Pers, 2012）, 32。

145. Algemeen Rijksarchief Belgium, Archives de l'Ambassade d'Espagne à La Haye, 534, consul Jacques Richard to Esteban de Gamarra, Amsterdam, October 5, 1657.

146. Cornelis C. Goslinga, *The Dutch in the Caribbean and on the Wild Coast, 1580–1680*（Assen: Van Gorcum, 1971）, 420–425.

147. *Hollantsche Mercurius* 9（1659）, 161–162.

148. Burr, "Guiana Boundary," 57–58. 1660年，那些非洲人里的一些人是从一艘叫"巴西协和号"的泽兰奴隶船上下来的。

149. 正如亚伯拉罕斯·韦斯特哈森所说："如果得到神的祝福，它就能够得以维持，而且它非常适合成为另一个巴西。"*Waerachtig verhael van de heerlyke overwinning van Pirmeriba ende de riviere Seraname*（'s-Gravenhage: Iohannes Rammazeyn, n.d.）。同样，一个由阿姆斯特丹市政委员会成员组成的委员会在1681年召开会议，讨论与苏里南的贸易问题，他们认为该殖民地可能成为"第二个巴西"。参见 Gerard Willem van der Meiden, *Betwist bestuur: Een eeuw strijd om de macht in Suriname 1651–1753*（Amsterdam: De Bataafsche Leeuw, 1987）, 31。1676年，在卡宴的雅各布·宾克斯写道，只要从荷兰迁来居民，这里就有足够的土地使该殖民地成为"第二个巴西"。见 Johannes Hermanus Jacobus Hamelberg, "Tobago: Een vergeten Nederlandsche kolonie," *Vierde jaarlijksch verslag van Geschied-, Taal-, Land-en Volkenkundig Genootschap, gevestigd te Willemstad, Curaçao*（Amsterdam: J. H. de Bussy, 1900）, 67。

150. Van der Meiden, *Betwist bestuur*, 73.

151. NAN, Nieuwe West-Indische Compagnie [NWIC] 109, fols. 291–292, Jan Pranger, G. Ockers, B. Overbeke, and J. Elet to the Heren X, Elmina, April 3, 1732.

152. Krommen, "Mathias Beck und die Westindische Kompagnie," 49–51.
153. NAN, SG, Loketkasten en Secreetkasten 12564.50, deposition of Jacob Alrichs, The Hague, July 5, 1655; John Romeyn Brodhead, *History of the State of New York: First Period, 1609–1664*（New York: Harper & Brothers, 1853）, 631. 贝克在1660年2月4日给施托伊弗桑特的信中称阿尔里斯为"我们的叔叔"。参见 Charles T. Gehring and Jacob Adriaan Schiltkamp, eds., *Curacao Papers 1640–1665*, New Netherland Documents XVII（Interlaken, NY: Heart of the Lakes, 1987）, 407。
154. Mark L. Thompson, *The Contest for the Delaware Valley: Allegiance, Identity, and Empire in the Seventeenth Century*（Baton Rouge: Louisiana State University Press, 2013）, 148–150.
155. NAN, SG 4846, Resolutions of the States General, February 26, 1663; Cornelis J. Wasch, "Braziliaanse pretensiën," *Maandblad van het genealogisch-heraldiek genootschap "De Nederlandsche Leeuw"* 5, no. 8（1887）, 75. 关于他在巴西的作用, 参见*Corte ende bondige deductie van redenen, dienende tot narechtinge van Hare Hoog Mogen-den de Heeren Staten Generael der Vereeniche Nederlanden*（'s-Gravenhage: Henricus Hondius, 1657）, 16。
156. Van der Meiden, *Betwist bestuur*, 28–29.
157. NAN, SG 5764, bailiff and aldermen of Mauritsstad to the delegates from Brazil, Mauritsstad, January 18, 1653; NAN, SG 4846, Resolutions of the States General, August 15, 1661. 关于他在黄金海岸工作的论述, 参见NAN, SG 5767, "Poincten waerop alle de leeden vande Geoctroijeerde West-Indise Compagnie beschreven werden," 1662。
158. NAN, SG 4846, Resolutions of the States General, June 25, 1663; NAN, SG 5769, document signed by WIC directors David van Baerle and Jacobus Reijnst, March 1, 1666.
159. 这首诗刊登在O. K.（Otto Keye）, *Het Waere Onderscheydt tusschen Koude en Warme Landen*（'s-Gravenhage, 1659）。
160. Jaap Jacobs, *Een zegenrijk gewest: Nieuw-Nederland in de zeventiende eeuw*（Amsterdam: Prometheus/Bert Bakker, 1999）[trans. as *New Netherland: A Dutch Colony in Seventeenth-Century America*（Leiden: Brill, 2005）], 63.
161. WIC directors Johan le Thor, Isaack van Beeck and N. ten Hove to the States General's deputies for West India affairs, July 30, 1652, in O'Callaghan, *Documents*, 1: 483–484.
162. Louise A. Breen, *Transgressing the Bounds: Subversive Enterprises among the Puritan*

Elite in Massachusetts, 1630–1692（Oxford: Oxford University Press, 2001）, 57–59; "摘自总督针对英格兰人的威胁所进行的陈述"。见 Berthold Fernow, ed., *Documents Relating to the History of the Dutch and Swedish Settlements on the Delaware River*（Albany: Argus Company, 1877）, 75; Petrus Stuyvesant to the WIC directors in Amsterdam, New Amsterdam, May 31, 1657, in Martha Dickinson Shattuck, ed., *New Netherland Papers, c. 1650–1660: From the Collected Papers of Hans Bontemantel, Director of the Amsterdam Chamber of the West India Company, Held by the New York Public Library*, trans. Dingman Veersteeg（Albany, NY: New Netherland Research Center and the New Netherland Institute, 2011）, 42。

163. WIC directors, Chamber of Amsterdam, A. Pater and Eduard Man, to director and council in New Netherland, Amsterdam, July 6, 1653, in Charles T. Gehring, ed. and trans., *Correspondence 1647–1653*（Syracuse: Syracuse University Press, 2000）, 208–209; Simon Middleton, "Order and Authority in New Netherland: The 1653 Remonstrance and Early Settlement Politics," *William and Mary Quarterly*, ser. 3, 67, no. 1（2010）, 66.

164. NAN, OWIC 5, fol. 139, "Advys van de kooplieden," Amsterdam, August 17, 1652, and fol. 162, Gijsbert Rudophij to the WIC, The Hague, December 19, 1652.

165. Thompson, *Contest for the Delaware Valley*, 86–88.

166. Hans Norman, "The Swedish Colonial Venture in North America, 1638–1655," in *The Rise and Fall of New Sweden: Governor Johan Risingh's Journal 1654–1655 in its Historical Context*, ed. Stellan Dahlgren and Hans Norman（Uppsala: Almqvist & Wiksell International）, 45–126: 90; Clinton Alfred Weslager, *The Swedes and Dutch at New Castle: With Highlights in the History of the Delaware Valley, 1638–1664*（Wilmington: The Middle Atlantic Press, 1987）, 83–89, 100–101, 123–126.

167. Norman, "Swedish Colonial Venture," 111–116. 关于这次征服的美洲印第安人的更多内容，参见 Cynthia J. Van Zandt, *Brothers among Nations: The Pursuit of Intercultural Alliances in Early America, 1580–1660*（Oxford: Oxford University Press, 2008）, 177–185。

168. Donna Merwick, *The Shame and the Sorrow: Dutch-Amerindian Encounters in New Netherland*（Philadelphia: University of Pennsylvania Press, 2006）, 219–222.

169. Paul Otto, *The Dutch-Munsee Encounter in America: The Struggle for Sovereignty in the Hudson Valley*（New York: Berghahn Books, 2006）, 142–155. 关于荷兰人对门西

人和其他北美土著的暴行，参见 Bernard Bailyn, *The Barbarous Years: The Peopling of British North America: The Conflict of Civilizations, 1600–1675*（New York: Alfred A. Knopf, 2012）, chaps. 8 and 9。在第二次荷兰—门西战争中，有40名荷兰人被杀；在第三次荷兰—门西战争（也称为第一次和第二次伊索珀斯战争）中，荷兰人损失了至少30名男人、女人和孩童。见Otto, *Dutch-Munsee Encounter in America*, 143; Marc B. Fried, *The Early History of Kingston & Ulster County, N.Y.*（Marbletown, NY: Ulster County Historical Society, 1975）, 33–34, 62。美洲印第安人的损失不详。

170. Manuel Herrero Sánchez, *El acercamiento hispano-neerlandés*（*1648–1678*）（Madrid: Consejo Superior de Investigaciones Científicas, 2000）, 366–367.

171. Louis H. Roper, "The Fall of New Netherland and Seventeenth-Century Anglo-American Imperial Formation, 1654–1676," *New England Quarterly* 87, no. 4（2014）, 685.

172. Jacobs, *Zegenrijk gewest*, 164–165; Megan Lindsay Cherry, "The Imperial and Political Motivations behind the English Conquest of New Netherland," *Dutch Crossing* 34, no. 1（2010）: 77–94.

173. Paul R. Huey, "Dutch Colonial Forts in New Netherland," in *First Forts: Essays on the Archaeology of Proto-colonial Fortifications*, ed. Eric Klingelhofer（Leiden: Brill, 2010）, 155.

174. Rev. Samuel Drisius to the Classis of Amsterdam, New Amsterdam, September 15, 1664, in Albert Eekhof, *De Hervormde Kerk in Noord-Amerika*（*1624–1664*）, 2 vols.（'s-Gravenhage: Martinus Nijhoff, 1913）, 2: xlvii.

175. Simon Hart, "De stadskolonie Nieuwer-Amstel aan de Delaware River in Noord-Amerika," *Maandblad Amstelodamum* 38（1951）, 92; Robert Carr to Richard Nicolls, October 13, 1664, in O'Callaghan, *Documents*, 3: 73.

176. Thompson, *Contest for the Delaware Valley*, 182.

177. 1662年6月，普洛克霍伊承诺将25个定居者带到特拉华河，他们得以免税20年。见O'Callaghan, *Documents*, 2: 176–177。

178. Jean Seguy, *Utopie coopérative et oecuménisme: Pieter Cornelisz Plockhoy van Zurik-Zee, 1620–1700*（Paris and La Haye: Moulton, 1968）, 58–59, 61, 63, 66; Henk Looijesteijn, "Between Sin and Salvation: The Seventeenth-Century Dutch Artisan Pieter Plockhoy and His Ethics of Work," *International Review of Social History* 56（2011）: 69–88; Evan Haefeli, *New Netherland and the Dutch Origins of American Religious Liberty*（Philadelphia: University of Pennsylvania Press, 2012）, 49–52, 238–251.

179. NAN, SG 5768, undated report by Petrus Stuyvesant to the States General.
180. Ambassador M. van Gogh to the Secretary of the States General, Chelsey, November 7, 1664, in O'Callaghan, *Documents*, 3: 78. 关于施托伊弗桑特的抗议，参见 "Copies of the Several Letters Which Passed between Col. Nicolls, the Present Governor, and the Late Dutch Governor Stuyvesant, before the Surrender of New York, under his Majesty's Obedience, with the Articles upon Which It Was Surrendered," New York, August 29–September 8, in W. Noël Sainsbury, *CSP, Colonial Series, America and West Indies, 1661–1668, Preserved in the State Paper Department of Her Majesty's Public Record Office*（London: Her Majesty's Stationery Office, 1880）, 225-228。
181. NA SG 5768, petition presented to the States General by Daniel Planck et al., 1667; *Praatje in't ronde, of verhaal van een gesprek, voorgevallen in den Hage in een Herberg, tusschen eenige Persoonen: Waer in verhandelt werden verscheiden zaken, noodig voor de Hollanders te weten*（Dordrecht: J. Redelijckhuisen, 1669）, 7; Pieter Geyl, *Oranje en Stuart 1641–1672*（Utrecht: Oosthoek, 1939）, 250.
182. Robert D. Porter, "European Activity on the Gold Coast, 1620–1667"（PhD diss., University of South Africa, 1975）, 123-128, 132, 315.
183. 关于外交上的反响，参见Joan Römelingh, *De diplomatieke betrekkingen van de Republiek met Denemarken en Zweden, 1660–1675*（Amsterdam: Drukkerij en uitgeverij Jacob van Campen, 1970）, 23-37。
184. Kwame Y. Daaku, *Trade and Politics on the Gold Coast, 1600–1720: A Study of the African Reaction to European Trade*（London: Clarendon Press, 1970）, 107-111; Margaret Makepeace, "English Traders on the Guinea Coast, 1657–1668," *History in Africa* 16（1989）, 244; Porter, "European Activity on the Gold Coast," 404-411.
185. Koninklijk Instituut voor Taal-, Land-en Volkenkunde（KITLV）, Leiden, Collectie Westerse Handschriften 65, report of director-general Valckenburg, September 1659, fol. 431.
186. Porter, "European Activity on the Gold Coast," 474-478. 荷兰人和丹麦人互相指责对方非法占用自己的领土，这导致丹麦人于1661年袭击了西印度公司在阿克拉王国的据点奥索。他们的非洲盟友在这次行动中杀死了数名荷兰人。见NAN, SG 5767, argument by Michiel ten Hove, January 31, 1664; Van Aitzema, *Saken van staet en oorlogh*, 4: 213-214, 225。
187. Porter, "European Activity on the Gold Coast," 489, 507. 埃富图人希望瑞典公司离开这

座城堡的另一种解释是，想要占领这里的英格兰人已经先贿赂了他们（同上，第548—549页）。

188. Ibld., 498, 549。
189. Binder, "Zeeländische Kaperfahrt," 47.
190. Porter, "European Activity on the Gold Coast," 568–570, 575, 582, 585–595; Ole Justesen, ed., *Danish Sources for the History of Ghana, 1657–1754*, 2 vols.（s.n.: Det Kongelinge Danske Videnskabernes Selskab, 2005）, 1: 13–17.
191. Roger Downing and Gijs Rommelse, *A Fearful Gentleman: Sir George Downing in The Hague, 1658–1672*（Hilversum: Verloren, 2011）, 131.
192. Adri P. van Vliet, " 'Sijt ghekommandeert te zeijlen na de Kust van Ghenee': Expeditionair optreden op de kust van West-Afrika, 1664–1665," in *Geweld in de West: Een militaire geschiedenis van de Nederlandse Atlantische wereld, 1600–1800*, ed. Victor Enthoven, Henk den Heijer, and Han Jordaan（Leiden: Brill, 2013）, 253. 德威特和他的心腹没有将即将远征的情况告知联省会议的几名不受他们信任的成员。见Gerard Brandt, *Het leven en bedryf van den here Michiel de Ruiter, Hertog, Ridder, &c. L. Admiraal Generaal van Hollandt en Westvrieslandt*（Amsterdam: Wolfgang, Waasberge, Boom, Van Someren en Goethals, 1687）, 292–294。
193. Pieter Verhoog and Leendert Koelmans, *De reis van Michiel Adriaanszoon de Ruyter in 1664–1665*（'s-Gravenhage: Martinus Nijhoff, 1961）, 22–23, 65, 69; Porter, "European Activity on the Gold Coast," 599–600. 西班牙国王腓力四世保证，德勒伊特的船队在西班牙港口享有与他自己的臣民相同的权利。见Herrero Sánchez, *Acercamiento hispano-neerlandés*, 382。
194. Brandt, *Leven en bedryf*, 305–312, 323, 327–328, 352; Porter, "European Activity on the Gold Coast," 605–610, 616–621; Verhoog and Koelmans, *Reis van Michiel Adriaanszoon de Ruyter*, 78–80; "Particulars of Our Voyage（in Capt. Reynolds' ship）on the Coast of Africa," April 1665, in Sainsbury, *CSP, 1661–1668*, 294–295.
195. Verhoog and Koelmans, *Reis van Michiel Adriaanszoon de Ruyter*, 82–87; Porter, "European Activity on the Gold Coast," 602, 610–612; Brandt, *Leven en bedryf*, 338.
196. Wim Klooster, "De Ruyter's Attack on Barbados: The Dutch Perspective," *Journal of the Barbados Museum and Historical Society* 60（2014）: 42–53.
197. Brandt, *Leven en bedryf*, 369, 389–393; Verhoog and Koelmans, *Reis van Michiel Adriaanszoon de Ruyter*, 91, 94–96, 103–104; Goslinga, *Dutch in the Caribbean and*

Wild Coast, 385–388; "Jo. Carlisle to Williamson," July 23, 1665, in Mary Anne Everett Green, ed., *CSP, Domestic Series, of the Reign of Charles II, 1664–1665, Preserved in the State Paper Department of Her Majesty's Public Record Office*（London: Longman, Green, Longman, Roberts and Green, 1863）, 487.

198. George Downing to the Earl of Arlington, August 14, 1665, in Herman Theodoor Colenbrander, ed., *Bescheiden uit vreemde archieven omtrent de groote Nederlandsche zeeoorlogen 1652–1676*, 2 vols.（'s-Gravenhage: Martinus Nijhoff, 1919）, 1: 282; Petrus Johannes Blok, *Michiel Adriaanszoon de Ruyter*（'s-Gravenhage: Martinus Nijhoff, 1930）, 222.

199. Ronald Prud'homme van Reine, *Rechterhand van Nederland: Biografie van Michiel Adriaenszoon de Ruyter*, 5th ed.（Amsterdam: De Arbeiderspers, 2007）, 52.

200. Violet Barbour, "Privateers and Pirates of the West Indies," *American Historical Review* 16, no. 3（1911）, 547.

201. Kris E. Lane, *Pillaging the Empire: Piracy in the Americas, 1500–1750*（Armonk, NY: M. E. Sharpe, 1998）, 110–111.

202. "Thomas Modyford to Secretary Lord Arlington," Jamaica, April 20, 1665, in Sainsbury, *CSP, 1661–1668*, 292.

203. "Colonel Theodore Cary to the Duke of Albemarle," St. Eustatius, August 23, 1665; "List of Things Found upon St. Eustatius"; and "Account of the Booty, Arms, and Persons Taken upon the Dutch island of Saba by the Jamaican Forces," in Sainsbury, *CSP, Colonial Series, 1661–1668*, 320.

204. "Governor Sir Thos.Modyford to Lord Archingdale," Jamaica, November 16, 1665; "The King to Thomas Modyford," Oxford, November 16, 1665; and "A True and Perfect Narrative by Col. Theod. Cary," in Sainsbury, *CSP, 1661–1668*, 329–330, 332–333. 库拉索岛上的荷兰人早就得知了这些计划。见NAN, SG 5768, Vice-Director Mathias Beck to the WIC, Curaçao, October 10, 1665。

205. 托尔托拉岛是一块大庄园地（见第六章）。见NAN, SG 5770, directors Paulus Godin and Nicolas van Beeck of the WIC Chamber of Amsterdam to the States General, Amsterdam, September 3, 1683。

206. J. H. Lefroy, *Memorials of the Discovery and Early Settlement of the Bermudas of Somers Islands, Compiled from the Colonial Records and Other Original Sources 1511–1687*, 2 vols.（London: Longmans, Green, and Co., 1879）, 2: 232–233.

207. Gregory E. O'Malley, *Final Passages: The Intercolonial Slave Trade of British America, 1619–1807* (Chapel Hill: University of North Carolina Press, for the Omohundro Institute of Early American History and Civilization, 2014 ）, 90.
208. Goslinga, *Dutch in the Caribbean and Wild Coast*, 439–444.
209. "An Exact Narrative of ye State of Guyana & of ye English Colony in Surynam," in Vincent T. Harlow, ed., *Colonising Expeditions to the West Indies and Guiana, 1623–1667*(London: Hakluyt Society, 1925 ）, 200.这一殖民地在圭亚那的位置尚不明确。
210. "Governor Lord Willoughby to (Sec. Lord Arlington)," Barbados, January 29, 1666; "John Reid to (Sec. Lord Arlington)," January 1666; and "Governor Sir Thos. Modyford to the Duke of Albemarle," Jamaica, June 8, 1666, in Sainsbury, *CSP, 1661–1668*, 354–355, 387.预计库拉索岛将遭到袭击，西印度公司在前一年向该岛派出了3艘带有弹药和补给品的船。见NAN, SG 4847, Resolutions of the States General, March 5 and May 7, 1665。尚不清楚各省是否批准了西印度公司关于将150名士兵派往库拉索岛的要求。见NAN, SG 4847, resolutions of the States General, January 12, 1666。
211. NAN, SG 5768, Ferdinandus van Overschelde to Willem van Vrijberge, delegate of the States of Zeeland, St. Christopher, December 21, 1666; Johan Hartog, *De Bovenwindse eilanden Sint Maarten, Saba, Sint Eustatius: Eens Gouden Rots, nu zilveren dollars* (Aruba: De Wit, 1964 ）, 98–105.
212. Johan Carel Marinus Warnsinck, *Abraham Crijnssen, de verovering van Suriname en zijn aanslag op Virginië in 1667* (Amsterdam: Noord-Hollandsche Uitgeversmaatschappij, 1936 ）, 3–15; Van der Meiden, *Betwist bestuur*, 20–21; Goslinga, *Dutch in the Caribbean and Wild Coast*, 396–397.
213. Warnsinck, *Abraham Crijnssen*, 27.
214. Westhuysen, *Waerachtig verhael*; William L. Shea, *The Virginia Militia in the Seventeenth Century* (Baton Rouge: Louisiana State University Press, 1983 ）, 90–92; Wietse Veenstra and Arjan Otte, "Financiering van de oorlogsvoering te water: De Admiraliteit van Zeeland," in *Overheidsfinanciën tijdens de Republiek en het Koninkrijk, 1600–1850*, ed. Henk Boels (Hilversum: Verloren, 2012 ）, 27–28.
215. Zeeuws Archief [ZA], Archief van de Staten van Zeeland [SZ], 2035/1, Abraham Crijnssen to the States of Zeeland, June 14, 1667; "Narrative of the Taking of the English Colony of Surinam by the Zealand Fleet, Together with the Articles of

Surrender," February 24–March 6, 1667; and "A Short Narrative of the State and Condition of the Colony of Surinam, and Especially of the Occurrences There since the Departure of Lt.-Genl. Willoughby to This Present Time," July 30 1668, in Sainsbury, *CSP, 1661–1668*, 599–600; van der Meiden, *Betwist bestuur*, 21–23.

216. ZA, SZ 2035/7, Johan Tressry to［Abraham Crijnssen］, Suriname, January 13, 1668. 苏里南糖厂的解散工作按照转让条款继续进行。最后，苏里南送出了412名奴隶、160头牛和20口制糖用的锅，剩下了714名奴隶和121口锅。见 Frederik Eliza Mulert, "De eerste uit Nederland naar Suriname gezonden landmeters（1667）," *Tijdschrift van het Konink-lijk Nederlandsch Aardrijkskundig Genootschap*, ser. 2, 29（1912）, 316–319; 30（1913）: 40–41; "Memorial of J. Meerman and Joh. Boreel, Dutch Ambassadors to the King," London, May 25, 1668, in Sainsbury, *CSP, 1661–1668*, 571–572。

217. Jean-Baptiste Colbert, "Propositions sur les avantages que l'on pourrait tirer des Etats de Hollande pour l'augmentation du commerce du royaume," in *Lettres, instructions et mémoires de Colbert*, ed. Pierre Clément, 2 vols.（Paris：Imprimerie impériale, 1863）, 2: 658–660; Abdoulaye Ly, *La Compagnie du Sénégal*（s.l.: Présence Africaine, 1958）, 104.

218. James Pritchard, *In Search of Empire: The French in the Americas, 1670–1730*（Cambridge, UK: Cambridge University Press, 2004）, 270; Stewart L. Mims, *Colbert's West India Policy*（New Haven: Yale University Press, 1912）, 195–199.

219. Hartog, *Bovenwindse eilanden*, 107; Goslinga, *Dutch in the Caribbean and Wild Coast*, 446; "The President and Council of Barbadoes to the Council for Trade and Plantations," Barbados, August 14, 1673, in W. Noel Sainsbury, ed., *CSP, Colonial Series, America and West Indies, 1669–1674: Preserved in Her Majesty's Public Record Office*（London: Her Majesty's Stationery Office, 1889）, 516–517.

220. Hartog, *Bovenwindse eilanden*, 106–107; Goslinga, *Dutch in the Caribbean and Wild Coast*, 469–472.

221. NAN, SG 5768, WIC directors Jacob Quina Carelsz and Jan van Erpecum, Chamber of Amsterdam, to the States General, August 17, 1673.

222. 苏里南的居民担心遭到英军袭击。1672年11月，在该殖民地有传言称，来自巴巴多斯的7艘护卫舰即将进行远征。见 National Archives of the United Kingdom［NAUK］, High Court of Admiralty［HCA］223, Franco Henriques Pereyra to unknown, Suriname, November 7, 1672。这些定居者不知道的是，7月，执政威廉三世秘密写信给国王查理二世，提出了一系列条件，其中包括将苏里南还给英格兰以换取和平。见 Wout Troost, *Stadholder-koning Willem III: Een politieke biografie*（Hilversum: Verloren, 2001）, 91。

223. Cornelis de Waard, *De Zeeuwsche expeditie naar de West onder Cornelis Evertsen den jonge, 1672–1674, Nieuw Nederland een jaar onder Nederlandsch bestuur*（'s-Gravenhage: Martinus Nijhoff, 1928）, xxi–xxxiii, 104–105; Goslinga, *Dutch in the Caribbean and Wild Coast*, 467–469.

224. De Waard, *Zeeuwsche expeditie*, 25–31.

225. Donald G. Shomette and Robert D. Haslach, *Raid on America: The Dutch Naval Campaign of 1672–1674*（Columbia: University of South Carolina Press, 1988）, 139–150, 203–205.

226. De Waard, *Zeeuwsche expeditie*, 40; ibid., 169–174.

227. NAN, Admiraliteitscolleges Evertsen XI-18, meeting of Admirals Cornelis Evertse and Jacob Binckes and the war council, New Orange, August 12 and 13, 1673.

228. NAN, SG 5769, bailiff, burgomaster, and aldermen of New Orange on the island of Manhattan in New Netherland to the States General, September 8, 1673.

229. Stephen Saunders Webb, *1676: The End of American Independence*（Syracuse: Syracuse University Press, 1995）, 332–335.

230. In Neil Salisbury, "Toward the Covenant Chain: Iroquois and Southern New England Algonquians, 1637–1684," in *Beyond the Covenant Chain: The Iroquois and Their Neighbors in Indian North America, 1600–1800*, ed. Daniel K. Richter and James H. Merrell（Syracuse: Syracuse University Press, 1987）, 69.

231. Thomas E. Burke Jr., *Mohawk Frontier: The Dutch Community of Schenectady, New York, 1661–1710*（Ithaca and London: Cornell University Press, 1991）, 119, 210.

232. Joyce Diane Goodfriend, "The Social and Cultural Life of Dutch Settlers, 1664–1776," in *Handbook Dutch-American Relations*, ed. Hans Krabbendam, Cornelis A. van Minnen, and Giles Scott-Smith（Amsterdam: Boom; and Albany: SUNY Press, 2009）, 122, 125. See also Roger Panetta, *Dutch New York: The Roots of Hudson Valley Culture*（New York: Hudson River Museum/Fordham University Press, 2009）.

233. Prud'homme van Reine, *Rechterhand van Nederland*, 282–290; Goslinga, *Dutch in the Caribbean and Wild Coast*, 473–477; Christian Buchet, *La lutte pour l'espace caraïbe et la façade atlantique de l'Amérique Centrale et du Sud*（1672–1763）（Paris: Libraririe de l'Inde éditeur, 1991）, 97–102; P. de Longuemare, *Une famille d'auteurs*

aux seizième, dix-septième et dix-huitième siècles: Les Sainte-Marthe. Etude historique et littéraire d'après de nombreux documents inédits（Paris: Alphonse Picard et Fils, 1902）, 197–201.

234. Gérard Lafleur, "Les Hollandais et les Antilles françaises（XVIIe–XVIIIe siècles）," in *Entre Calvinistes et Catholiques: Les relations religieuses entre la France et les Pays-Bas du Nord*（XVIe–XVIIIe siècle）, ed. Yves Krumenacker（Rennes: Presses Universitaires de Rennes, 2010）, 128.

235. Buchet, *Lutte pour l'espace caraïbe*, 103–104. 关于突袭行动对这些岛屿的破坏性影响，参见 Christian Schnakenbourg, "Recherches sur l'histoire de l'industrie sucrière à Marie-Galante, 1664–1964," *Bulletin de la Société d'Histoire de la Guadeloupe* 2–4（1981）, 18; Denise Parisis and Henri Parisis, "Le siècle du sucre à Saint-Martin français," *Bulletin de la Société d'Histoire de la Guadeloupe* 1–4（1994）, 10。1667年，在卡宴发生了一个有关荷兰人的小插曲。见 Stephen Sanders, *Het grijnzend doodshoofd: Nederlandse piraten in de Gouden Eeuw*（Amsterdam: Aksant, 2006）, 52–53。

236. 法兰西方面有40人死亡、95人受伤，而荷兰方面有33人死亡、37人受伤。见 Buchet, *Lutte pour l'espace caraïbe*, 106–107。

237. Ibid., 107–119, 149. 奎赖恩·斯普兰热在一年前写给联省议会的一封信中对多巴哥在敌对的法兰西、英格兰、加勒比人环伺的情况下保全自己的能力表示怀疑。见 NAN, SG 5769, WIC Chamber of Amsterdam to the States General. Amsterdam, September 20, 1675。

238. 库拉索岛重要性的一种体现是，尽管巴达维亚是1672年荷兰共和国寄出的大多数信件（83封）的目的地，但没有一个大西洋殖民地比库拉索岛收到更多的信件（60封）。见 Judith Brouwer, "Levenstekens: Gekaapte brieven uit het Rampjaar 1672"（PhD diss., Rijksuniversiteit Groningen, 2013）, 38–40。

239. 之后多年的时间里，为了纪念这一事件组织了感恩节仪式，就像马提尼克岛上的法兰西人组织一年一度的感恩节弥撒活动以庆祝德勒伊特袭击失败一样。见 S. van Dissel, "De Hervormde, thans vereenigde Protestantsche gemeente van Curaçao," in *Kerkhistorisch archief*, ed. N. C. Kist and W. Moll, 2 vols.（Amsterdam: P.N. van Kampen, 1857–1859）, 2: 300; Joseph Rennard, "à propos d'un récent essai sur l'histoire religieuse de la Martinique," *Revue d'histoire de l'église de France* 10, no. 48（1924）, 326–327。

240. Goslinga, *Dutch in the Caribbean and Wild Coast*, 447–456, 478–481; James Pritchard,

"The Franco-Dutch War in the West Indies, 1672-1678: An Early "Lesson" in Imperial Defense," in *New Interpretations in Naval History: Selected Papers from the Thirteenth Naval History Symposium Held at Annapolis, Maryland, 2-4 October 1997*, ed. William M. McBride and Eric P. Reed (Annapolis: Naval Institute Press, 1998), 11-15.

241. Buchet, *Lutte pour l'espace caraïbe*, 134-141, 146-148.
242. *Iovrnael ghehouden op het Schip de Princesse Aemilia* (s.l., 1640).
243. Binder, "Zeeländische Kaperfahrt," 46; AGI, Santo Domingo 5354, Manuel de Belmonte to the Count of Medellín, c. 1675.
244. Gerrit Johan van Grol, *De grondpolitiek in het West-Indisch domein der Generaliteit*, 3 vols. ('s-Gravenhage: Algemeene Landsdrukkerij, 1934), 1: 101; *Omstandigh Verhael van de Fransche Rodomontade voor het Fort Curassao* (s.l., 1673); Charles Frostin, *Histoire de l'autonomisme colon de la partie française de St. Domingue aux XVIIe et XVIIIe siècles: Contribution à l'étude du sentiment américain d'indépendance* (Lille: Université de Lille III, 1973), 98-99, 125-126; Charles Frostin, *Les révoltes blanches à Saint-Domingue aux XVIIe et XVIIIe siècles (Haïti avant 1789)* (Paris: L'école, 1975), 103-104, 113; Abraham Jacob van der Aa, *Biographisch woordenboek der Nederlanden, bevattende levensbeschrijvingen van soodanige Persoonen die zich op eenigerlei wijze in ons Vaderland hebben vermaard gemaakt*, 12 vols. (Haarlem: J. J. van Brederode, 1852-1878), 3: 671.
245. Nicolas Japikse, "De Witt en Wassenaer van Obdam vóór den slag van Lowestoft," De Navorscher 52 (1902), 298. 然而，联省议会仅在2年后就同意向西印度公司发放10万荷兰盾的补贴，用于加强其在非洲的防御能力。但这笔钱主要来自德勒伊特舰队从在非洲的英格兰人那里掠夺来的黄金。见NAN, SG 4847, Resolutions of the States General, February 9, 1666。
246. Schneeloch, *Aktionäre der Westindischen Compagnie von 1674*, 77-78; den Heijer, *Goud, ivoor en slaven*, 30, 46-49.

第四章　在饥与剑之间

1. Matthew Smith Anderson, *War and Society in Europe of the Old Regime, 1618-1789* (London: Fontana, 1988), 46.
2. Pieter Jan van Winter, *De Westindische Compagnie ter kamer Stad en Lande* ('s-Gravenhage: Martinus Nijhoff, 1978), 230.

3. NAN, SG 52, Resolutions of the States General, May 1, 1629. 尽管有零星文献提到来自东印度群岛的退伍士兵在大西洋服役的情况，但我们对士兵们的跨洋流动情况仍然知之甚少。案例可参见 Adam Jones, *German Sources for West African History, 1599–1669*（Wiesbaden: Franz Steiner Verlag, 1983），131。
4. NAN, SG 5768, Dirck Spiegel and Cornelis Cloeck, directors of the WIC Chamber of Amsterdam, to the States General, Amsterdam, September 13, 1666. 1665年年初，陆军将领们还在积极招募士兵参加与明斯特主教之间的战争。
5. Johannes de Laet, *Iaerlyck Verhael van de Verrichtinghen der Gheoctroyeerde West-Indische Compagnie in derthien Boecken*, ed. Samuel Pierre l'Honoré Naber, 4 vols.（'s-Gravenhage: Martinus Nijhoff, 1931–1937），1: 8–9; Samuel Pierre l'Honoré Naber and Irene Aloha Wright, eds., *Piet Heyn en de Zilvervloot: Bescheiden uit Nederlandsche en Spaansche Archieven*（Utrecht: Kemink & Zoon, 1928），55; Ambrosius Richshoffer, *Reise nach Brasilien 1629–1632: Neu herausgegeben nach der zu Strassburg bei Josias Städel im Jahre 1677 erschienenen Original-Ausgabe*（Haag: Martinus Nijhoff, 1930），33。
6. Klaas Ratelband, *Nederlanders in West-Afrika 1600–1650: Angola, Kongo en São Tomé*（Zutphen: Walburg Pers, 2000），103–104, 142; Pieter Verhoog and Leendert Koelmans, *De reis van Michiel Adriaanszoon de Ruyter in 1664–1665*（'s-Gravenhage: Martinus Nijhoff, 1961），23。
7. Adri P. van Vliet, "*Een vriendelijcke groetenisse*": *Brieven van het thuisfront aan de vloot van De Ruyter（1664–1665）*（Franeker: Uitgeverij Van Wijnen, 2007），39–40. 1670年，法兰西海军中将估计荷兰驻军有60人。见 Thilmans and N. I. de Moraes, "Le passage à la Petite Côte du vice-admiral d'Estrées（1670），" *Bulletin de l'Institut fondamental d'Afrique noire*, ser. 2, serie B, no. 1（1977），58。
8. Willem Rudolf Menkman, *De Nederlanders in het Caraibische zeegebied waarin vervat de geschiedenis der Nederlandsche Antillen*（Amsterdam: Van Kampen & Zoon, 1942），52; Gerrit Johan van Grol, *De grondpolitiek in het West-Indisch domein der Generaliteit*, 3 vols.（'s-Gravenhage: Algemeene Landsdrukkerij, 1934），1: 108; SAA, acta Classis Amsterdam 379: 224, comforter of the sick Johannes Walrave to the Clas-sis Amsterdam, Fort Amsterdam, July 8, 1649. 关于博奈尔岛的情况，参见 SAA, acta Classis Amsterdam 379: 224, minister Jonas Aertsz to the Classis Amsterdam, Curaçao, August 8, 1640。关于圣马丁岛和多巴哥的情况参见 Cornelis C. Goslinga, *The Dutch in the Caribbean and on the Wild Coast, 1580–1680*（Assen: Van Gorcum, 1971），134, 436。

9. Leendert Jan Joosse, *Geloof in de Nieuwe Wereld: Ontmoeting met Afrikanen en Indianen（1600–1700）*（Kampen: Uitgeverij Kok, 2008）, 163.

10. Filipa Ribeiro da Silva, *Dutch and Portuguese in West Africa（1580–1674）: Empires, Merchants, and the Atlantic System*（Leiden: Brill, 2011）, 104.

11. Ratelband, *Nederlanders in West-Afrika*, 130, 143, 150, 249n. 45, 286.

12. Jaap Jacobs, "Soldiers of the Company: Military Personnel of the West India Company in Nieu Nederlandt," in *Jacob Leisler's Atlantic World in the Later Seventeenth Century: Essays on Religion, Militia, Trade, and Networks*, ed. Hermann Wellenreuther（Münster: LIT, 2009）, 16.

13. 关于苏里南的情况，参见 H. van Breen, "Cornelis van Aerssen van Sommelsdijck, Gouverneur van Suriname（1683–1688）," *Tijdschrift voor Geschiedenis* 16（1901）, 16。关于波默伦的情况，参见 examination of "Pedro Pedro Bonostre," native of St. Eustatius, Santo Tomé, March 19, 1665, in *British Guiana Boundary, Arbitration with the United States of Venezuela: Appendix to the Case on Behalf of Her Britannic Majesty*（London: Foreign Office, 1898）, 162。

14. Utrechts Archief, Staten van Utrecht, 233, inv.nr. 231-24, fol. 190v-193, http://www.geneaknowhow.net/script/dewit/brazil.html, accessed February 14, 2016.

15. NAN, SG 5751, "Sommiere staat van maandelijkse soldij voor 1600 mannen, bestaande in tien compagnieen," enclosure in A. Bruyningh and M. Huygens of the Council of State to the States General, The Hague, June 27, 1624.

16. NAN, SG 5752, report of Gerhardt van Arnhem and Ewolt van der Dussen, delegates of the States General to the Heren XIX, Middelburg, August–September 1630.

17. 计算结果基于 Ambrosius Richshoffer, *Reise nach Brasilien 1629–1632: Neu herausgegeben nach der zu Strassburg bei Josias Städel im Jahre 1677 erschienenen Original-Ausgabe*（Haag: Martinus Nijhoff, 1930）, 62–71。

18. 计算结果基于 De Laet, *Iaerlyck Verhael*, 3: 80–81, 135–137; 4: 1–3, 118–119, 200–201。从1636年1月到1637年9月，有3,259名士兵抵达巴西；NAN, OWIC 53, fol. 195。

19. Willem Johannes van Hoboken, *Witte de With in Brazilië, 1648–1649*（Amsterdam: N.V. Noord-Hollandsche Uitgevers Maatschappij, 1955）, 111; NAN, SG, Loketkasten en Secreetkasten, 12564.20, 29. 巴西总督和议会于1648年汇编的巴西防御工事军事力量概览：里奥格兰德80人，帕拉伊巴320人，塔马里卡420人，伯南布哥3,200人。在接下来的几年中，军队总人数大幅度下降：3,364（1649年）、2,980（1650

年）、2,289（1651年）和2,297（包括40名非洲人，1653年）；NAN, SG, Loketkasten en Secreetkasten, 12564.29, no. 5, Generale lijst van de militia in Brazil, 5 November 1649; NAN, SG, Loketkasten en Secreetkasten, 12564.29, generale lijst militia in Brazil, 15 februari 1650; NAN, SG, Loketkasten en Secreetkasten 12564.34; NAN, SG 5764, Sigismund von Schkoppe to the States General, Mauritia, February 25, 1653。

20. *De Zeeusche Verre-Kyker*（Vlissingen, 1649）. 皮特·海恩舰队的获胜和舰队上水手的困境形成鲜明对比。一些有钱的苏格兰水手在返航的船停靠在英格兰港口时上岸。他们甚至没有索要自己的薪水。参见 Petrus Scriverius, *Corte historische beschryvinghe der Nederlandtsche oorlogen, beginnende van den aenvangh der Nederlandsche beroerten tot in den jare 1646 incluis*（Amsterdam: Broer Iansz, 1646）, 211。

21. NAN, SG 4845, resolutions of the States General, February 6, 1646.

22. Ibid., resolutions of the States General, March 12, 1646.

23. Ibid., resolutions of the States General, September 23, 1647; Willem Frederik, *Gloria parendi: Dagboeken van Willem Frederik, stadholder van Friesland, Groningen en Drenthe, 1643-1649, 1651-1654*, ed. Jacob Visser and G. N. van der Plaat（Den Haag: Nederlands Historisch Genootschap, 1995）, entry of October 16, 1647; van Hoboken, *Witte de With in Brazilië*, 39-40. 1645年年末，联省议会要求国务委员会为巴西从530个连队中各选出3名志愿兵。见 NAN, SG 4845, resolutions of the States General, December 23, 1645。

24. NAN, SG 4845, resolutions of the States General, October 2, 1647. 另一方面，西印度公司阿姆斯特丹商会几乎没有为招募士兵付出任何努力。见 Alexander van der Capellen, *Gedenkschriften van Jonkheer Alexander van der Capellen, Heere van Aartsbergen, Boedelhoff, en Mervelt: beginnende met den jaare 1621, en gaande tot 1654*, 2 vols.（Utrecht: J. v. Schoonhoven en Comp, 1777-1778）, 2: 234。

25. *Beneficien voor de soldaeten gaende naar Brasil*（'s-Gravenhage: Byde Weduwe, ende Erfgenamen van wijlen Hillebrant Iacobsz van Wouw, 1647）; van Hoboken, *Witte de With in Brazilië*, 41-42.

26. NAN, SG 4845, resolutions of the States General, May 27, 1650. 27. See also *Hollandsche Mercurius* 1652, pp. 14-15.

28. John Donoghue, *Fire under the Ashes: An Atlantic History of the English Revolution*（Chicago: University of Chicago Press, 2013）, 225-226.

29. Denver Brunsman, *The Evil Necessity: British Naval Impressment in the Eighteenth-*

Century Atlantic World（Charlottesville: University of Virginia Press, 2013）, 20.

30. Johannes de Hullu, "De matrozen en soldaten op de schepen der Oost-Indische Compagnie," *Bijdragen tot de Taal-, Land-en Volkenkunde van NederlandschIndië* 69（1914）, 318–323; Marc A. van Alphen, "The Female Side of Dutch Ship-ping: Financial Bonds of Seamen Ashore in the 17th and 18th Century," in *Anglo-Dutch Mercantile Marine Relations 1700–1850*, ed. Jacobus Ruurd Bruijn and Willem Frederik Jacob Mörzer Bruyns（Amsterdam: Rijksmuseum 'Nederlands Scheepvaart-museum'; and Leiden: Rijksuniversiteit Leiden, 1991）, 125–132.

31. Douglas Catterall, "Interlopers in an Intercultural Zone? Early Scots Ventures in the Atlantic World, 1630–1660," in *Bridging the Early Modern Atlantic World: People, Products, and Practices on the Move*, ed. Caroline A. Williams（Farnham, UK; and Burlington: Ashgate, 2009）, 83–87.

32. Samuel Pierre l'Honoré Naber, ed. *Reisebeschreibungen von deutschen Beamten und Kriegsleuten im Dienst der niederländischen West-und Ost-Indischen Kompagnien 1602–1797*, 13 vols.（Den Haag: Martinus Nijhoff, 1930）, 2: 5–6. 1658年，西印度公司匆忙向新尼德兰派遣了一批士兵，以至于他们在抵达后才宣誓效忠。见 WIC, Chamber of Amsterdam, to Petrus Stuyvesant, June 7, 1658, in Charles T. Gehring, ed., *Correspondence, 1654–1658*（Syracuse: Syracuse University Press, 2003）, 182。

33. NAN, SG 4845, Resolutions of the States General, November 27, 1649; GAR, ONA 135/196, f. 267, Act of June 28, 1637; 135/254, f. 347, Act of December 30, 1639; GAR, Archief Delfshaven, 3843, 74/291, Act of October 11, 1659; Susanah Shaw Romney, *New Netherland Connections: Intimate Networks and Atlantic Ties in Seventeenth-Century America*（Chapel Hill: University of North Carolina Press for the Omohundro Institute of Early American History and Culture, 2014）, 31.1641年之后，购买枪支的费用要从他们的月工资中扣除。见 *Articulen, ende ordonnantien ter vergaderinge vande Negenthiene der Generale Geoctroyeerde West-Indische Compagnie geresumeert ende ghearresteert*（1641）。

34. Willem Voorbeijtel Cannenburg, *De reis om de wereld van de Nassausche vloot, 1623–1626*（'s-Gravenhage: Martinus Nijhoff, 1964）, xlix.

35. NAN, SG 4845, resolutions of the States General, December 18, 1647.

36. Van Winter, *Kamer Stad en Lande*, 123; Voorbeijtel Cannenburg, *Reis om de wereld*, lxvi–lxvii; NAN, SG, Loketkasten en Secreetkasten 12564.34, President and Council of

Brazil to the States General, Recife, August 21, 1651.

37. I. B., *A Plaine and True Relation, of the Going Forth of a Holland Fleete the Elev-enth of November 1623, to the Coast of Brasile: With the Taking in of Salvedoe, and the Chief Occurrences Falling Out There, in the Time of the Hollanders Continuance Therein* (Rotterdam: M. S., 1626), 20.

38. NAN, SG, Loketkasten en Secreetkasten 12564.6, Huijgens, Niclaes van der Boeckhorst Duijst van Voorhout, A. Ploos van Amstel, Fredrick vryheer van Swartsenburch, Albert Coenraets Burch, J. de Laet, F. Franck, Pieter Claessen Bosschieter, F. Schillenburch, B. Hogenhoeck, and Ab. Wilmerdonck, representing the WIC, to Count Johan Maurits and the High Councillors in Brazil, The Hague, May 1, 1638. 拿骚舰队带着600箱殖民地产品，其中三分之二装满了糖。见 N. van Reigersberch to Hugo Grotius, April 19, 1638, in Barnardus Lambertus Meulenbroek, ed. *Briefwisseling van Hugo Grotius*, 10 vols. ('s-Gravenhage: Martinus Nijhoff, 1973), 9: 218。

39. L'Honoré Naber and Wright, *Piet Heyn en de zilvervloot*, 17–18; Hendrik Ottsen, *Journael van de reis naar Zuid-Amerika (1598–1601)*, ed. Jan Willem IJzerman ('s-Gravenhage: Martinus Nijhoff, 1918), 91.

40. Herman Ketting, *Leven, werk en rebellie aan boord van Oost-Indiëvaarders (1595–±1650)* (Amsterdam: Aksant, 2002), 168–175. 这不仅是荷兰的传统。见 Henning Henningsen, *Crossing the Equator; Sailors' Baptism and Other Initiation Rites, with a Danish Summary* (Copenhagen: Munksgaard, 1961); Benerson Little, *The Buccaneer's Realm: Pirate Life on the Spanish Main, 1674–1688* (Washington, DC: Potomac Books, 2007), 112–113; Gilles Proulx, *Between France and New France: Life aboard the Tall Sailing Ships* (Toronto and Charlottetown: Dundurn Press, 1984), 127; Kenneth Banks, *Chasing Empire across the Sea: Communications and the State in the French Atlantic, 1713–1763* (Montreal and Kingston: McGill-Queen's University Press, 2002), 77。

41. *Journael, gehouden op 's Landts-schip de Spiegel, van't gene gepasseert en verricht is op de Vloot van haer Ho. Mo. De Heeren Staten Generael der Vereenighde Nederlanden* (Amsterdam: Jacob Venckel, 1665), 6; Johan Nieuhof, *Gedenkweerdige Brasiliaense zee-en lant-reize: Behelzende al het geen op dezelve is voorgevallen. Beneffens een bondige beschrijving van gantsche Neerlants Brasil, zoo van lantschappen, steden, dieren, gewassen, als draghten, zeden en godsdienst der inwoonders: en inzonderheit ein wijtloopig verhael der merkwaardigste voorvallen en geschiedenissen, die zich,*

geduurende zijn negenjarigh verblijf in Brasil, in d'oorlogen en opstant der Portugesen tegen d'onzen, zich sedert het jaer 1640. tot 1649. hebben toegedragen（Amsterdam: de weduwe van Jacob Meurs, 1682）, 2; Verhoog and Koelmans, *Reis van Michiel Adriaanszoon de Ruyter*, 53. 关于西印度公司的禁令，参见 *Articulen, ende ordonnantien ter vergaderinge vande Negenthiene der Generale Geoctroy-eerde West-Indische Compagnie geresumeert ende ghearresteert*（1641）。

42. Pierre Moreau, *Histoire des derniers troubles du Brésil entre les Hollandois et les Portugais*（Paris: Augustin Courbe, 1651）, 116–117. 尽管发生了这一事件，但西印度公司招募到的水手和士兵似乎比在东印度公司服务的同行之间的争执少得多。见 Jacobus Ruurd Bruijn and Elisabeth Susanna van Eyck van Heslinga, "De scheepvaart van de Oost-Indische Compagnie en het verschijnsel muiterij," in *Muiterij: Oproer en berechting op schepen van de VOC*, ed. Jacobus Ruurd Bruijn and Elisabeth Susanna van Eyck van Heslinga（Haarlem: De Boer Maritiem, 1980）, 15。

43. Ketting, *Leven, werk en rebellie*, 51, 53.

44. Jaap R. Bruijn, *Varend verleden: De Nederlandse oorlogsvloot in de zeventiende en achttiende eeuw*（Amsterdam: Balans, 1998）, 77. 1665年，联省议会将这些金额大幅提高至1,500、700、350和300荷兰盾（原文如此。——编者注）。见 Gerard Brandt, *Het leven en bedryf van den here Michiel de Ruiter, Hertog, Ridder, &c. L. Admiraal Generaal van Hollandt en Westvrieslandt*（Amsterdam: Wolfgang, Waasberge, Boom, Van Someren en Goethals, 1687）, 380。

45. NAN, SG 4845, Resolutions of the States General, November 25, 1647.

46. Bruno Romero Ferreira Miranda, "Gente de Guerra: Origem, cotidiano e resistência dos soldados do exército da Companhia das índias Ocidentais no Brasil（1630–1654）"（PhD diss., University of Leiden, 2011）, 62. 关于结婚4次，至少2次是与士兵结婚的一名妇女的跨大西洋生活，参见 Annette M. Cramer van den Boogaart, "The Life of Teuntje Straetmans: A Dutch Woman's Travels in the Seventeenth-Century Atlantic World," *Long Island Historical Journal* 15（2003）: 35–53。

47. Anette de Wit, "Zeemansvrouwen aan het werk: De arbeidsmarktpositie van vrouwen in Maassluis, Schiedam en Ter Heijde（1600–1700）," *Tijdschrift voor Sociale en Economische Geschiedenis* 3（2005）, 75–76。

48. NAN, SG 5753, WIC directors to the States General, received January 19, 1634. 丹尼尔·范登赫费尔详细介绍了18世纪东印度公司水手的配偶们的艰难生活，参见 "*Bij*

uijtlandigheijt van haar man" : *Echtgenotes van VOC-zeelieden, aangemonsterd voor de Kamer Enkhuizen*（*1700-1750*）（Amsterdam: Aksant, 2005）。

49. GAR, ONA 198: 241/362, Act of February 10, 1639.
50. GAR, ONA 204: 16/24, Act of October 10, 1642.
51. NAN, SG 5766, request by Jenneke Slesiger to the States General, read April 11, 1656.
52. NAN, SG 4845, Resolutions of the States General, January 21, 1651.
53. 例子包括Willem Gerritsz van Ruytevelt（Brazil）, Edward Moore（"West Indies"）, Harman Nanning（"West Indies"）, Joost Robberechtsz Bruyn（Guinea）, Cornelis Dircxz（Pernambuco）, Jan Harmansz van der Cruys（probably Brazil）, Joris Jansz van der Wan（Pernambuco）, Jan Rijcken（Brazil）, Jan Cornelissen, Jan Gerritsz van Lieuwaerden（Brazil）, and Frederick Janz Vonck（Guinea）。见GAR, ONA 156: 16/31（Act of October 22, 1624）; 62: 76/261（Act of December 24, 1624）; 187: 120/183（Act of April 17, 1626）; 148: 479/736（Act of November 5, 1630）; 128: 369/977（Act of June 25, 1631）; 196: 2/2（Act of December 26, 1635）; 81:304/951（Act of December 2, 1640）; 203: 40/56（Act of January 27, 1642）; 81: 350/1089（Act of June 9, 1642）; 209: 48/92（Act of November 23, 1647）; and 130: 176/483（Act of October 11, 1654）。
54. 扬·科内利斯于1633年前往几内亚、1642年前往巴西、1644年前往鲁昂、罗安达和伯南布哥。见GAR, ONA 186: 99/186（Act of April 14, 1633）; 90: 350/1089（Act of June 9, 1642）; and 82: 4（act of March 10, 1644）。
55. 例如：Cornelis Pietersz（"West Indies"）; Heynrick Jansz（Guinea）; Daniel Danielsz（"West Indies"）; Jan Jansz（"West Indies"）; Symon Jansz（"West Indies"）; Jan Marcusz, carpenter（"West Indies"）; Bouwe Sibertsz（Pernambuco）; Joris Jorisz van Dordrecht（"West Indies"）; Willem Jacobsz（"West Indies"）; and Antonis Verschuyr（Guinea）。见GAR, ONA 104: 121/185（Act of November 27, 1623）; 80: 239/857（Act of August 5, 1626）; 187: 225/351（Act of April 14, 1627）; 188: 142/212（Act of April 3, 1628）; 189: 175/286（Act of August 28, 1629）; 189: 208/346（Act of October 23, 1629）; 185: 75/88（Act of December 21, 1632）; 198: 170/251（Act of December 3, 1638）; 81: 269/849（Act of December 16, 1639）; and 221: 72/258（Act of October 5, 1663）。
56. GAR, ONA 337: 310/650, Act of October 5, 1649.
57. GAR, ONA 210: 166/342, Act of December 18, 1649.
58. GAR, ONA 393: 205/335, Act of August 8, 1652, deposition of Jan Heindericx Boschman

van Diest and Jan de Graeff van Brussel. 宣誓1周后,鲁伊查弗的妻子经请求,得到了行为良好的证明,可以航行前往巴西陪伴她的丈夫。见 GAR, ONA 213: 68/148, unsigned act of August 15, 1652。

59. 当他的非婚子出生时,迪尔克·达米兹居住在"西印度群岛"。8年后,他仍然没有支付1分抚养费。见 Gemeentearchief Schiedam, Notarieel Archief 752, fol. 81, deposition of Michiel Symonsz and Bartholomeus Arijensz van Stralen, March 20, 1655。

60. Van Vliet, "*Vriendelijcke groetenisse,*" 93; GAR, ONA 200: 127/170, Act of April 11, 1640; GAR, ONA 433: 4/8, Act of June 20, 1641.

61. Resolutions WIC Chamber of Amsterdam, November 12, 1635, in Johannes Hermanus Jacobus Hamelberg, ed., *Documenten behoorende bij "De Nederlanders op de West-Indische eilanden"*（Amsterdam: Emmering, 1979）, 37.

62. NAN, SG 4847, resolutions of the States General, August 20, 1666.

63. See also Jaap R. Bruijn, *The Dutch Navy of the Seventeenth and Eighteenth Centuries*（Columbia: University of South Carolina Press, 1993）, 60.

64. SAA, NA 1500, Act of July 19, 1640.

65. NAN, SG 4845, resolutions of the States General, November 25, 1647; July 8 and September 30, 1651. 没有证据表明她们的丈夫因跟随维特·德维特而被指控疏忽职守。其中3名妇女在海牙待了6个月。根据她们的要求,各省随后偿还了她们欠当地旅馆老板的债务,她们因此能够返回家乡。见 NAN, SG 4845, Resolutions of the States General, March 27, 1652。

66. Van Hoboken, *Witte de With in Brazilië*, 187–188.

67. NAN, SG 4845, Resolutions of the States General, November 23, 1649. 联省议会于是建议荷兰诺德克瓦蒂埃的海军部将这个人放逐到一个遥远的地方。

68. NAN, SG 5762, Witte Cornelisz de With to the States General, on board the Brederode in Anglesey, January 14, 1650.

69. NAN, SG 4845, Resolutions of the States General, September 23, October 6, 14, 18, and 19, November 11, and December 11, 1649; January 3 and 31, March 24, April 16, and May 31, 1650. 在科威尔、布林肯和范登布兰德上校的新部队中,抵达后的最初几个月里在医院的死亡人数就达到了在瓜拉拉皮斯的死亡人数的2倍（68∶34）。见 NAN, SG, Loketkasten en Secreetkasten, 12564.20, 23。毫无疑问,部分原因是医院的卫生情况不佳。一位在巴西的德意志人在17世纪30年代后期报告称,即使是一个健康的男人也无法在那里长期生活。见 Steven Ozment, *Three Behaim Boys: Growing*

  Up in Early Modern Germany: A Chronicle of Their Lives（New Haven and London: Yale University Press, 1990），283。

70. Annette Michèle Ricciardi-Cramer van den Bogaart, "Women in the Early Modern Dutch Atlantic World"（PhD diss., Stony Brook University, 2013），78–79.

71. Samuel Pierre l'Honoré Naber, ed., *Samuel Brun's Schiffarten*（*1624*）（'s-Gravenhage: Martinus Nijhoff, 1913），1.

72. L'Honoré Naber, *Reisebeschreibungen*, 2: 5–6.

73. Detlev A. Kraack, "Flensburg, an Early Modern Centre Of Trade. The Autobiographical Writings of Peter Hansen Hajstrup（1624–1672），" in *The North Sea and Culture*（*1550–1800*）*: Proceedings of the International Conference held at Leiden 21–22 April 1995*, ed. Juliette Roding and Lex Heerma van Voss（Hilversum: Verloren, 1996），241, 244.

74. Wilhelm Johann Müller, *Die Afrikanische auf der Guineischen Gold-Cust gelegene Landschafft Fetu, wahrhafftig und fleissig auf eigener acht-jähriger Erfahrung genauer Besichtigung und unablässiger Erforschung beschrieben*（Hamburg: Zacharias Härtel, 1676），18; Robert D. Porter, "European Activity on the Gold Coast, 1620–1667"（PhD diss., University of South Africa, 1975），584–585.

75. Ronald de Graaf, *Oorlog, mijn arme schapen: Een andere kijk op de Tachtigjarige Oorlog, 1565–1648*（Franeker: Van Wijnen, 2004），487. 奥拉夫·范·尼姆韦根（Olaf van Nimwegen）断言，外国人占荷兰军队人数的一半。见 *The Dutch Army and the Military Revolutions, 1588–1688*（Woodbridge, UK: Boydell Press, 2010），33。

76. Fynes Moryson, *An Itinerary Containing His Ten Yeeres Travell through the Twelve Dominions of Germany, Bohmerland, Sweitzerland Netherland, Denmarke, Poland, Italy Turky, France, England, Scotland & Ireland*, 4 vols.（Glasgow: James MacLehose and Sons, 1908），4: 468–469. 维特·德维德特的前军需官雅各布·安德里斯·范 S. 劳伦斯在巴西的一场战斗中失去了左臂，因此获得了 200 荷兰盾的赔偿。见 NAN, SG 4845, Resolutions of the States General, June 8, 1650。

77. AGI, Consulados 92 no. 17, "Relacion de las prevenciones hechas en la Habana para oponerse a los designios de la armada holandesa," 1629.

78. Jacobs, "Soldiers of the Company," 18–19. 9. 葡萄牙人抢着要德意志士兵，并向他们许诺了高薪。见 H. Doedens to Ant. Van Hilten, Amsterdam, January 23, 1646, in "Origineele brieven van H. Doedens aan Ant. v. Hilten, betreffende de West-Indische Compagnie.

1641–1648. Uit het archief van Hilten," *Kroniek van het Historisch Genootschap, gevestigd te Utrecht*, ser 5, 5（1869）, 414。

79. Miranda, "Gente de Guerra," 43.
80. Peter Burschel, *Söldner im Nordwestdeutschland des 16. und 17. Jahrhunderts: Sozialgeschichtliche Studien*（Göttingen: Vandenhoeck & Ruprecht, 1994）, 160; van Nimwegen, *Dutch Army*, 36.
81. NAN, SG 9410, minutes of the WIC board meeting, Amsterdam, March 6, 1642.
82. 从1601年到1675年，首次在阿姆斯特丹订婚的所有新娘和新郎中，他们占了20.5%。见 Hubert Nusteling, *Welvaart en werkgelegenheid in Amsterdam, 1540–1860: Een relaas over demografie, economie en sociale politiek van een wereldstad*（Amsterdam & Dieren: De Bataafsche Leeuw, 1985）, 44。
83. *Discoers na den tijdt die loopt*（Gouda: Pieter Vermeyden, 1647）.
84. Moreau, *Histoire des derniers troubles*, 112–113.
85. Notarial archives of Bergen-op-Zoom, notary Wouter de Witte, minute acts of other acts, 50: 59, p. 123, Act of March 1629; 50: 61, pp. 117–118, Act of May 24, 1645. 在1635年被派往库拉索岛增援的150名士兵中，有40名是英格兰人。在他们中途停留在考斯时，英当局抓住了他们。见 John Knapp and John Miller to the Council, Southampton, June 7, 1635, and Thomas Wulfris to Francis Brooks, Southampton, June 8, 1635, in John Brice, ed., *Calendar of State Papers, Domestic Series, of the reign of Charles I, 1635, Preserved in the State Paper Department of His Majesty's Public Record Office*（London: Her Majesty's Stationery Office, 1865）, 111, 113–114。
86. José Antônio Gonsalves de Mello, *Tempo dos flamengos: Influência da ocupação holandesa na vida e na cultura do Norte do Brasil*, 2nd ed.（Recife: Governo do Estado de Pernambuco, 1978）, 116. 其中一些英格兰人可能来自17世纪30年代后期一个由从英格兰沿陆路被送往德意志，以协助"三十年战争"中的帕拉蒂尼诺选民的120名士兵组成的团体。其中有33人进入阿姆斯特丹以外的地方，他们在那里被西印度公司招募。见 Petition of Captain Gilbert Byron to the King, c. 1639, in William Douglas Hamilton, ed., *Calendar of State Papers, Domestic Series, of the reign of Charles I, Oct 1639–Mar 1640, Preserved in the State Paper Department of Her Majesty's Public Record Office*, vol. 15（London: Long-man, 1877）, 267。
87. Hermann Wätjen, *Das holländische Kolonialreich in Brasilien: Ein Kapitel aus der Kolonialgeschichte des 17. Jahrhunderts*（'s-Gravenhage: Martinus Nijhoff, Gotha:

Perthes, 1921), 216.

88. NAN, SG 4845, Resolutions of the States General, April 25 and 28, 1646. 早些时候，英王室反对外国招募士兵。见NAN, SG 5893, ambassador Alb. Joachimi and deputy Govert Brasser to the States General, London, March 31, 1634。
89. John Knapp, searcher [at Southampton], and John Miller, deputy to the Farmer of the King's Customs, and the King's Searchers' Deputy at Cowes, to the Council, June 7, 1635, in John Bruce, ed., *Calendar of State Papers, Domestic Series, of the reign of Charles I, April-Dec 1635, preserved in the State Paper Department of Her Majesty's Public Record Office,* (London: Longman, Roberts & Green, 1865), 111.
90. Van Vliet, "*Vriendelijcke groetenisse,*" 35.
91. 在最后8年中，有243名佛兰德人和瓦隆人在荷属巴西服役，占那些年增援士兵总数的4%。见D. C. J. Devaart, "Vlamingen en Walen als soldaten voor de West-Indische Compagnie in Brazilië van 1648-1654," *Vlaamse Stam* 3 (1967): 365-372。
92. Jean Petitjean Roget, ed., *Histoire de l'Isle de Grenade en Amérique, 1649-1659: Manuscrit anonyme de 1659* (Montréal: Les Presses de l'Université de Montréal, 1975), 101, 116n. 7. 早在1635年，荷兰共和国瓦隆教会会议就要求派一名牧师前往荷属巴西，以满足大量法兰西人和瓦隆人的精神需求。见*Livre synodal contenant les articles résolus dans les synodes des Eglises Wallonnes des Pays-Bas,* 2 vols. (La Haye: Martinus Nijhoff, 1896), 1: 388。
93. De Laet, *Iaerlyck Verhael,* 3: 141.
94. Mário Martins Meireles, *Holandeses no Maranhão (1641-1644)* (São Luís: PPPG/EDUFMA, 1991), 136.
95. 就像七年战争中英军里的爱尔兰逃兵一样，他们之所以更引人注意，是因为他们的长官们担心与天主教扯上关系。见Thomas Agostini, "'Deserted His Majesty's Service': Military Runaways, the British-American Press, and the Problem of Desertion during the Seven Years' War," *Journal of Social History* 40, no. 4 (2007), 961-962。
96. António da Silva Rego, *A dupla restauração de Angola 1641-1648* (Lisboa: Agência Geral das Colónias, 1948), 40.
97. 葡萄牙人在安哥拉的总费用为683,350雷亚尔。见Report of Salvador Correia de Sá. Luanda, August 20, 1648, in Louis Jadin, ed., *L'ancien Congo et l'Angola 1639-1655 d'après les archives romaines, portugaises, néerlandaises et espagnoles* (Bruxelles and Rome: Institut Historique belge de Rome, 1975), 1039-1041; NAN,

Admiraliteitencolleges 1.01.47.16（2）（dagboek Isaac Sweers）, fols. 16-18。也见*Extract ende Copye van verscheyde brieven en schriften, belangende de rebellie der Paepsche Portugesen van desen Staet in Brasilien. Tot bewijs dat de Kroon van Portugael schuldich is aen de selve*（s.l., 1646）, 7-8。

98. Governor Stapleton to the Council for Trade and Plantations, Nevis, June 18, 1673, in Sainsbury, W. Noel Sainsbury, ed., *Calendar of State Papers*［CSP］, *Colonial Series, America and West Indies, 1669-1674: Preserved in Her Majesty's Public Record Office*（London: Her Majesty's Stationery Office, 1889）, 501.

99. 1641年，荷兰士兵被囚禁在哈瓦那、卡塔赫纳、圣多明各、加拉加斯、库马纳和库马纳戈托。见 WIC, Chamber of Amsterdam, to the States General, Amsterdam, November 20, 1641, in "Missieven betreffende de West-Ind. Compagnie, 1641 en 1645（Archief Van Hilten）," *Bijdragen en Mededelingen van het Historisch Genootschap* 3（1880）, 361。

100. L'Honoré Naber, *Reisebeschreibungen*, 1: 69.

101. NAN, Collectie Sweers 8, fols. 208-211。联省议会于1644年年末讨论了他的报告。见 NAN, SG 4845, resolutions of the States General, December 1, 1644。关于发生在马拉尼昂的起义，参见 Meireles, *Holandeses no Maranhão*, 108-121。

102. Francisco Guerra, "Medicine in Dutch Brazil 1624-1654," in *Johan Maurits van Nassau-Siegen 1604-1679: A Humanist Prince in Europe and Brazil. Essays on the Occasion of the Tercentenary of his Death*, ed. Ernst van den Boogaart, in collaboration with Hendrik Richard Hoetink and Peter James Palmer Whitehead（'s-Gravenhage: Johan Maurits van Nassau Stichting, 1979）, 482.

103. Guglielmo Piso, *De Indiae Utriusque Re Naturali et Medica*（Amstelaedami: Ludovicus et Daniel Elzevirios, 1658）, 326.

104. *Articulen, ende ordonnantien ter vergaderinge vande Negenthiene der Generale Geoctroyeerde West-Indische Compagnie geresumeert ende ghearresteert*（1641）。这些金额与东印度公司1634条例中的金额相同。见 A. Bijl, *De Nederlandse convooidienst: De maritieme bescherming van koopvaardij en zeevisserij tegen piraten en oorlogsgevaar in het verleden*（'s-Gravenhage: Martinus Nijhoff, 1951）, 138-139。1645年开始，荷兰海军的赔偿额有所不同。失去双眼得800荷兰盾，失去双腿得400荷兰盾，失去右臂得250荷兰盾，失去左臂得200荷兰盾，失去手脚也会得到赔偿。见 Arnold E. Leuftink, *De geneeskunde bij's lands oorlogsvloot in de 17e eeuw*（Assen: Van

Gorcum, 1952），126。

105. 其中包括失去拇指的扬·威廉姆斯·豪维尔和失去食指的加布里埃尔·科塞伊。见 NAN, SG 5765, petitions to the States General of G. de Scaghen, The Hague, June 10, 1655, and F. Duijst van Voorhoudt, The Hague, June 15, 1655。

106. SAA, acta Classis Amsterdam 379: 40, petition of Christoffel Cornelisz, September 17, 1640.

107. Leuftink, *Geneeskunde*, 53–54.

108. Daniel de Iongh, *Het krijgswezen onder de Oostindische Compagnie*（'s-Graven-hage: Van Stockum en Zoon, 1950），84–85.

109. 罗安达对泥瓦匠和木匠的需求极为急迫，以至于西印度公司从在巴西服役的士兵中招募这些人。见 Jadin, *L'ancien Congo et l'Angola*, 705。

110. 例子参见 de Laet, *Iaerlyck Verhael*, 1: 70–71, 91, 95, 106, 108, 114; 4: 77, 153–154, 223, 250。

111. Ronald Prud'homme van Reine, *Rechterhand van Nederland: Biografie van Michiel Adriaenszoon de Ruyter*, 5th ed.（Amsterdam: De Arbeiderspers, 2007），285.

112. Johannes Baers, *Olinda, ghelegen int Landt van Brasil, in de Capitania van Phernambuco, met Mannelijke dapperheyd ende groote couragie inghenomen, ende geluckelijck verovert op den 16. Februarij A.o 1630*（Amsterdam: Hendrick Laurentsz, 1630），16; Johannes Cornelis de Jonge, *Geschiedenis van het Nederlandsche zeewezen*, 6 vols.（'s-Gravenhage and Amsterdam: Gebroeders Van Cleef, 1833–1848），3-2: 301. 有时水手也会被征来保卫殖民地以抵御外国人侵者，就像1636年在帕拉伊巴所做的那样。见 Elias Herckmans to Constantijn Huygens, Frederica de Paraíba, December 9, 1636, in Jacob Adolf Worp, ed., *De briefwisseling van Constantijn Huygens*（*1608–1687*），6 vols.（'s-Gravenhage: Martinus Nijhoff, 1913），2: 215。

113. De Laet, *Iaerlyck Verhael*, 1: 70–71.

114. Rômulo Luiz Xavier do Nascimento, "O Desconforto da Governabilidade: Aspectos da administração no Brasil holandês（1630–1644）"（PhD diss., Universidade Federal Fluminense, 2008），179.

115. GAR, ONA 185, 190/253, Act of April 8, 1633.

116. Governor C. van Aerssen van Sommelsdijck to the directors of the Society of Suriname, Suriname, August 24, 1684, in R. Bijlsma, "De brieven van gouverneur Van Aerssen van Sommelsdijck aan directeuren der Sociëteit van Suriname uit het jaar 1684," De West-

Indische Gids 7（1925-26）, 179.

117. WIC directors to Petrus Stuyvesant, Amsterdam, April 15, 1650, in Berthold Fernow, ed., *Documents Relating to the History of the Early Colonial Settlements Principally on Long Island*（Albany: Weed, Parsons, and Co., 1883）, 123; NAN, Collectie Radermacher 542, minutes of WIC board meeting, September 1, 1634.

118. NAN, OWIC 8, Heren XIX to Johan Maurits and the High Council in Brazil, Amsterdam, July 1, 1640.

119. 商船上的水手也是如此。参见 Placard of governor and policy council of Suriname, March 12, 1670, in Jacobus Thomas de Smidt and To van der Lee, eds., *West-Indisch plakaatboek: Plakaten, ordonnantiën en andere wetten, uitgevaardigd in Suriname, 1667-1816*, 2 vols.（Amsterdam: S. Emmering, 1973）, 1: 58。在极少数情况下，水手们利用海上战争的战利品能获得不菲的收获。收获越大，最终落入普通士兵口袋里的东西就越值钱。尽管1640年在巴西海岸附近的一场战役也给水手们带来了不少白银，但都不如皮特·海恩俘获"弗洛塔号"舰队后得到的白银多。见 Johan Carel Marinus Warnsinck, *Van vlootvoogden en zeeslagen*, 3rd ed.（Amsterdam: P. N. van Kampen & Zoon, 1942）, 154。

120. 例子参见 NAN, SG 5766, "Calculatie wat sullen commen te costen 200 coppen soldaten in soldyen en vivres als ammonitie van oorloge, medicamenten etc," c. 1657。

121. Insert in High Council in Brazil to the authorities in Angola, Recife, December 3, 1641, in Jadin, *L'ancien Congo et l'Angola*, 139. 被编入戈里驻军部队的德勒伊特舰队里的士兵被承诺每月能得到50荷兰盾。见 NAN, SG 4847, resolutions of the States General, January 11, 1668。

122. Jacobs, "Soldiers of the Company," 22.

123. NAN, SG 4845, resolutions of the States General, February 10, 1648, December 11, 1649.

124. L'Honoré Naber, *Reisebeschreibungen*, 2: 126-127.

125. Cornelis Daniël van Strien, *British Travellers in Holland during the Stuart Period: Edward Browne and John Locke as Tourists in the United Provinces*（Leiden: E. J. Brill, 1993）, 194.

126. Johan Hartog, *Mogen de eilanden zich verheugen : Geschiedenis van het protestantisme op de Nederlandse Antillen*（［Willemstad:］Kerkeraad van de Verenigde Protestantse Gemeente van Curaçao, 1969）, 30.

127. Petitions of Luycas Dircksz and Evert Dircksz van der As, minutes of the Council of

New Netherland, February/March 1656, in Charles T. Gehring, ed., *Council Minutes, 1655–1656*（Syracuse: Syracuse University Press, 1995）, 224, 253.

128. Jaap Jacobs, *Een zegenrijk gewest: Nieuw-Nederland in de zeventiende eeuw*（Amsterdam: Prometheus/Bert Bakker, 1999）[trans. as *New Netherland: A Dutch Colony in Seventeenth-Century America*（Leiden: Brill, 2005）], 75–76; Jacobs, "Soldiers of the Company," 28–29; Van Grol, *Grondpolitiek*, 1: 128.

129. Miranda, "Gente de Guerra," 261.

130. 早在1634年，第一批士兵退伍2年后，巴西有2个民兵连，每个连队80人。见Mello, *Tempo dos flamengos*, 52。关于苏里南的情况，参见 ZA, SZ 2035/178, Governor Julius Lichtenbergh to the States of Zeeland, Suriname, August 30, 1669。

131. NAN, OWIC 55, Johan Maurits and council to the Heren XIX, Recife, May 7, 1640; "Sommier discours over de staet vande vier geconquesteerde capitanias Parnambuco, Itamarica, Paraiba ende Rio Grande, inde noorderdeelen van Brasil," *Bijdragen en Mededeelingen van het Historisch Genootschap* 2（1879）, 289.

132. Charles Ralph Boxer, *The Dutch in Brazil, 1624–1654*（Oxford: Clarendon Press, 1957）, 132, 145; José Antônio Gonsalves de Mello, ed., *Fontes para a história do Brasil holandês*, 2 vols.（Recife: MinC-Secretaria da Cultura, 1985）, 1: 218; "Sommier discours," 288; NAN, OWIC 9, Heren XIX to the directors in Luanda, November 30, 1644; Heren XIX to the directors in Luanda, Amsterdam, July 6, 1645, in Jadin, *L'ancien Congo et l'Angola*, 703. 为了进一步增加粮食产量，1646年10月，5名西印度公司奴隶贸易专员建议，等待上船的安哥拉奴隶应耕种土地。见Jadin, *L'ancien Congo et l'Angola*, 860–861。

133. Moreau, *Histoire des derniers troubles*, 162–163.

134. 例子参见Klaas Ratelband, *Vijf dagregisters van het kasteel São Jorge da Mina（Elmina）aan de Goudkust（1645–1647）*（'s-Gravenhage: Martinus Nijhoff, 1953）, 11n. 4, 46n. 1, 141–142; Moreau, *Histoire des derniers troubles*, 153–154; Albert Eekhof, *De Hervormde Kerk in Noord-Amerika（1624–1664）*, 2 vols.（'s-Gravenhage: Martinus Nijhoff, 1913）, 1: 120。

135. Eekhof, *Hervormde Kerk*, 1: 144–145.

136. Ratelband, *Vijf dagregisters*, 141–142.

137. *Placcaet ende ordonnantie vande [...] Staten Generael [...] tegens wech-loopers die hun in dienst vande Oost ofte West-Indische Compaignien begeven hebbende, verloop*

(s'Graven-haghe: wed. ende erfg. H.J. van Wouw, 1625). See also NAN, SG 5751, WIC directors Albert Koenraats, Ph. Doublet, and Jacob Hamel to the States Gen-eral, received March 22, 1625.

138. Van Winter, *Kamer Stad en Lande*, 118; NAN, OWIC 47, Admiral Maerten Thijssen to the Heren XIX, Recife, November 7, 1631.

139. Caspar Schmalkalden, *Brasil Holandês*, 2 vols. (Rio de Janeiro: Editora Index, 1998), 1: 144.

140. María Ximena Urbina Carrasco, *La Frontera de arriba en Chile Colonial: Interacción hispano-indigena en el territorio entre Valdivia y Chiloé e imaginario de sus bordes geográficos, 1600–1800* (Valparaíso: Ediciones Universitarias de Valparaíso, Pontificia Universidad Católica de Valparaíso, 2009), 78.

141. *Cort, Bondigh ende Waerachtigh Verhael Van 't schandelijck over-geven ende verlaten vande voorname Conquesten van Brasil, Onder de Regeeringe vande Heren Wouter van Schonenburgh, President, Hendrick Haecx, Hoogen Raet, ende Sigismondus van Schoppe, Luytenant Generael over de Militie, 1654* (Middelburgh: Thomas Dircksz van Brouwershaven, 1655); *Lief-hebber, Iournael ofte kort discours nopende de rebellye ende verradelijcke desseynen der Portugesen, alhier in Brasil voorgenomen, 't welck in Junio 1645 is ondeckt. Ende wat vorder daer nae ghepasseert is, tot den 28. April 1647* (s.l.: Jan Jacobsz, 1647).

142. Moreau, *Histoire des derniers troubles*, 162–166.

143. Wim Buijze, *Georg Everhard Rumphius' reis naar Portugal 1645–1648: Een onderzoek* (Den Haag: Buijze, 2002), 101–102.

144. Willem Johannes van Hoboken, "Een troepentransport naar Brazilië in 1647," *Tijdschrift voor Geschiedenis* 62 (1949), 102.

145. NAN, SG 4845, Resolutions of the States General, November 15, 1649. 这支由6艘船和6艘游艇组成的舰队于1650年5月到达累西腓。见Cornelis van de Haar, *De diplomatieke betrekkingen tussen de Republiek en Portugal, 1640–1661* (Groningen: J. B. Wolters, 1961), 121。

146. De Laet, *Iaerlyck Verhael*, 2: 153; L'Honoré Naber, *Reisebeschreibungen*, 2: 64, 73. See also Kenneth F. Kiple and Virginia H. Kiple, "Deficiency Diseases in the Caribbean," *Journal of Interdisciplinary History* 11, no. 2 (1980), 207.

147. 据统计，1634年1月，有2,571名健康士兵和414名患病士兵（患病率为13.9%）。

当年8月，有3,379名健康士兵，600名患病士兵（患病率为15%）。见NAN, SG 5753, "Lijste van de Compaignien in Brasilien," January 4, 1634, insert in Sigismund van Schoppe to the States General, Antônio Vaz, August 30, 1634. See also a document sent to the WIC, Recife, before May 27, 1641, in Jadin, *L'ancien Congo et l'Angola*, 31。1649年，情况有所好转，3,611人中有367人（10.2%）患病。见NAN, SG, Loketkasten en Secreetkasten, 12564.34, insert in President and council of Brazil to the States General, Mauritia, September 14, 1649。

148. Ratelband, *Vijf dagregisters*, 307; Guerra, "Medicine in Dutch Brazil," 476.

149. Anne Doedens and Henk Looijesteijn, eds., *Op jacht naar Spaans Zilver: Het scheepsjournaal van Willem van Brederode, kapitein der mariniers in de Nassause vloot (1623–1626)* (Hilversum: Verloren, 2008), 66; Guerra, "Medicine in Dutch Brazil," 478, 488; Piso, *Indiae Utriusque*, 40; Michael Craton, "Death, Disease and Medicine on Jamaican Slave Plantations: The Example of Worthy Park, 1767–1838," *Histoire Social/Social History* 9 (1976), 246.

150. SAA, ACA 224, comforter of the sick Johannes Walrave to the Classis Amsterdam, Fort Amsterdam, Curaçao, July 8, 1649. 关于这些年来黄热病在加勒比地区的蔓延，参见 John Robert McNeill, *Mosquito Empires: Ecology and War in the Greater Caribbean, 1620–1914* (Cambridge, UK: Cambridge University Press, 2010), 64。

151. 一艘从荷兰前往圣多美的船上的船员在赤道无风带的5周时间里染上了坏血病。见 NAN, SG 9411, Bartolomeus Wouters and F. van Capelle to the High and Secret Council in Brazil, aboard the *Walcheren* at São Tomé, n.d. [c. 1642]。关于坏血病对荷兰国内士兵造成的伤害，参见 De Graaf, *Oorlog, mijn arme schapen*, 505–506。尼古拉斯·威森忽略了坏血病的真正原因，将疾病归因于赤道无风带本身。见 *Scheeps-bouw en bestier* (1671), 410。

152. Carla Rahn Phillips, *Six Galleons for the King of Spain: Imperial Defense in the Early Seventeenth Century* (Baltimore and London: Johns Hopkins University Press, 1986), 172; L'Honoré Naber and Wright, *Piet Heyn en de zilvervloot*, cix.

153. 计算结果基于 De Laet, *Iaerlyck Verhael*, 2: 115, 127。

154. Mello, *Tempo dos flamengos*, 41–43; Hendrik Leonard Houtzager, "Paulus Barbette: Een vernieuwend geneesheer in 17de-eeuws Amsterdam," *Ons Amsterdam* 42, no. 10 (1990), 267. 医学作家科内利斯·范德沃德甚至基于学理反对使用酸橙汁或橙汁。见 Leuftink, *Geneeskunde*, 110。关于坏血病在历史上造成的破坏性影响，参

见 Kenneth J. Carpenter, *The History of Scurvy and Vitamin C*（Cambridge, UK: Cambridge University Press, 1986）。

155. Phillips, *Six Galleons*, 172–180; Voorbeijtel Cannenburg, *Reis om de wereld*, 161; Examination of "Antonio Juan," Concepción, November 23, 1643, in *Colección de Historiadores de Chile y de documentos relativos a la historia nacional, vol. 45: Los holandeses en Chile*（Santiago de Chile: Imprenta Universitaria, 1923）, 415–416.

156. Stephen Snelders, *Vrijbuiters van de heelkunde: Op zoek naar medische kennis in de tropen, 1600–1800*（Amsterdam and Antwerpen: Uitgeverij Atlas, 2012）, 60.

157. Ottsen, *Journael van de reis naar Zuid-Amerika*, lvii, cxl.

158. Alfred de Booy, ed., *De derde reis van de V.O.C. onder het beleid van admi-raal Paulus van Caerden uitgezeild in 1606*, 2 vols.（'s-Gravenhage; Martinus Nijhoff, 1968）, 1: 99–100, 150; Margot E. van Opstall, ed. *De reis van de vloot van Pieter Willemsz Verhoeff naar Azië 1607–1612*（'s-Gravenhage: Martinus Nijhoff, 1992）, 204; Klaas Ratelband, ed., *Reizen naar West-Afrika van Pieter van den Broecke 1605–1614*（'s-Gravenhage: Martinus Nijhoff, 1950）, 82–83; Samuel Pierre l'Honoré Naber, ed., "'t Leven en bedrijff van vice-admirael De With, zaliger," *Bijdragen en Mededeelingen van het Historisch Genootschap* 47（1926）, 84; De Laet, *Iaerlyck Verhael*, 1: 69, 158–159. 在该世纪后期,安诺博姆并不是完全的禁区。见 NAN, Aanwinsten, Eerste Afdeling 940, fol. 25, Journal of Jan Jacob Beer, supercargo on the flute *St. Jan de Dooper*。同样,在圣安东尼奥,在荷兰船上的人们继续使用橙子和柠檬。见 Ben Teensma, ed., *Suiker, verfhout en tabak: Het Braziliaanse Handboek van Johannes de Laet*（Zutphen: Walburg Pers, 2009）, 56。

159. Voorbeijtel Cannenburg, *Reis om de wereld*, lxvii–lxxi, lxxxvii, 34.

160. Adam Jones, "Sources on Early Sierra Leone（22）: The Visit of a Dutch Fleet in 1625," *Africana Research Bulletin* 15, no. 2（1986）, 53.

161. Verhoog and Keulmans, *Reis van Michiel Adriaanszoon de Ruyter*, 68.

162. NAN, OWIC 47, Servatius Carpentier, Diederick van Waerdenburgh, Johannes van Walbeeck, and Marten Thijssen to the board of XIX [undated, c. November 1631]. 也见 Mello, *Tempo dos Flamengos*, 41–45。该岛是一块属于米希尔·波夫的大庄园主享有的土地,荷兰船自该世纪初以来一直前往该岛。见 Maria Emília Madeira Santos, "O problema da segurança das rotas e a concorrência luso-holandesa antes de 1620," *Revista da Universidade de Coimbra* 23（1985）, 135; Ernst van den Boogaart,

"Morrer e viver em Fernando de Noronha, 1630–1654," in *Viver e morrer no Brasil holandês*, ed. Marcos Galindo (Recife: Massangana, 2005) , 19–46。

163. NAN, Aanwinsten 405, fol. 310.
164. Snelders, *Vrijbuiters van de heelkunde*, 62.
165. John Horace Parry, *The Age of Reconnaissance: Discovery, Exploration and Settlement, 1450 to 1650* (Berkeley: University of California Press, 1981 [1963]) , 74.
166. Bartolomeu Guerreiro, *Iornada dos Vassalos da Coroa de Portugal, pera se recuperar a Cidade do Salvador, na Bahya de todos os Santos, tomada pollos Olandezes, a oito de Mayo de 1624. & recuperada ao primeiro de Mayo de 1625* (Lisboa: Mattheus Pinheiro, 1625) , 64; Guerra, "Medicine in Dutch Brazil," 474, 477.
167. Ratelband, *Vijf dagregisters*, lxxi.
168. Porter, "European Activity on the Gold Coast," 71; John Vogt, *Portuguese Rule on the Gold Coast, 1469–1682* (Athens: University of Georgia Press, 1979) , 176–177.
169. Ratelband, *Nederlanders in West-Afrika*, 49.
170. Johan Maurits and Council to the Heren XIX, Recife, February 28, 1642, in Jadin, *L'ancien Congo et l'Angola*, 230; Eekhof, *Hervormde Kerk*, 1: 144.
171. Guerra, "Medicine in Dutch Brazil," 477.
172. Cornelis Nieulant and Pieter Moortamer to Johan Maurits and the Council of Brazil, Luanda, April 19, 1642; Cornelis Nieulant to Johan Maurits and the High Council in Brazil, Luanda, December 17, 1642, in Jadin, *L'ancien Congo et l'Angola*, 272–273, 371. 1646年至1647年的巴西的毛里茨城以及1668年的多巴哥驻军士兵都非常缺鞋袜。见 Benjamin Nicolaas Teensma, "Verbrokkeld, verpuind, verwaaid: de laatste maanden van Fort Mauritius in Nederlands Brazilië: November 1646–April 1647," unpublished ms., 2015; ZA, SZ 2035 /75, Abel Thisso to the States of Zeeland, Nova Walcheren [Tobago] , October 2, 1668。
173. Lieutenant Colonel James Henderson to Johan Maurits, Luanda, September 29, 1641; Johan Maurits and the Council of Brazil to the Heren XIX, Recife, February 28, 1642; C. Nieulant and P. Moortamer to the Council in Brazil, Luanda, late May 1642, in Jadin, *L'ancien Congo et l'Angola*, 116, 231, 294. 维特·德维特在1647年与1名全科医生、5名外科医生一起航行。见 NAN, Raad van State, Commissieboeken, 1527, fols. 221–222。
174. Ratelband, *Nederlanders in West-Afrika*, 236.

175. Johan van Beverwijck, *Inleydinge tot de Hollantsche genees-middelen. Ofte Kort Bericht, Dat elck landt genoegh heeft, tot onderhoudt van het Leven, ende de Gesontheyt der Inwoonders*（Dordrecht: Jasper Gorissz., 1642）, 8, 29。当代英国人也提出了同样的观点。见Joyce E. Chaplin, "Natural Philosophy and Early Racial Idiom in North America: Comparing English and Indian Bodies," *William and Mary Quarterly*, ser. 3, 54, no. 1（1997）, 246。

176. NAN, SG 5756, Abraham Duijrcop, chief apothecary in Brazil, to Michael and Jacob Block, chief apothecaries in Amsterdam, Recife, April 27, 1642.

177. Michel Morineau, "Rations militaires et rations moyennes en Hollande au XVIIe siècle," *Annales. économies, Sociétés, Civilisations* 18, no. 3（1963）, 521–531.

178. Clemente Maria da Silva-Nigra, "A Invasão Hollandeza na Bahia 1624–1625 pela testemunha ocular Johann Georg Aldenburg 1631," *Anaes do Arquivo Publico da Bahia* 26（1938）: 114.

179. Johann Gregor Aldenburgk, *Reise nach Brasilien, 1623–1626*（Den Haag: Martinus Nijhoff, 1930）, 49.

180. L'Honoré Naber, *Reisebeschreibungen*, 1: 57. 荷兰征服伯南布哥之后，十九人委员会建议每一艘前往巴西的船上都带一些猫以应对鼠患。见Mello, *Tempo dos flamengos*, 157。

181. L'Honoré Naber, *Reisebeschreibungen*, 1: 82–83, 87.

182. Antoine Maduro, ed., *Documenten uit de jaren 1639 en 1640 welke zich in de "Archivo General de Indias" te Sevilla bevinden en betrekking hebben op de door de Spanjaarden beraamde plannen om het eiland Curaçao op de Nederlanders te heroveren*（Curaçao: Drukkerij Scherpenheuvel, 1961）, 29, 32, 39, 41.

183. ZA, SZ 2035/235, Governor Pieter Versterre to the States of Zeeland, Suriname, December 29, 1672.

184. Mello, *Tempo dos flamengos*, 41–44.

185. NAN, SG 5752, extract from the resolutions of the town government of Utrecht, October 21, 1630; commissioners of the WIC to the States General, November 9, 1630; WIC board to the States General, received November 29, 1630; NAN, SG 5753, burgomasters, aldermen and council of Nijmegen to the States General, November 30, 1630.

186. Utrechts Archief, Huis Amerongen 5124, M. van Ceulen and Johan Gijselling to the

admiralty of Amsterdam?, Recife, 1633; "Sommier discours," 296.

187. Stephan Carl Behaim to Johannes Morian, January 16, 1636, in Ozment, Three Behaim Boys, 270.

188. Van Winter, *Kamer Stad en Lande*, 137–138.

189. NAN, SG 9410, report of deputies for WIC affairs, November 30, 1641. 3年多以后确实养了猪。见Wätjen, *Holländische Kolonialreich in Brasilien*, 282。"佛得角"的荷兰指挥官报告说，那里没有乳牛，只有山羊。见resolutions of the WIC, Chamber of Amsterdam, April 18, 1636, in Hamelberg, *Documenten*, 30。

190. Proceedings of the West India Company, Chamber of Zeeland, June 30, 1642, in *British Guiana Boundary, Appendix*, 129. 显然，梅兹商会租了一艘船经普利茅斯驶往纽芬兰，从那里把鱼运到伯南布哥。见GAR, ONA 257/477, Act of June 9, 1642。

191. Dennis J. Maika, "Commerce and Community: Manhattan Merchants in the Seventeenth Century"（PhD diss., New York University, 1995）, 35.

192. Maria Thetis Nunes, *Sergipe Colonial*（Rio de Janeiro: Tempo Brasileiro, Universidade Federal de Sergipe, 1989）, 76–77.

193. De Laet, *Iaerlyck Verhael*, 2: 48.

194. NAN, SG, Loketkasten en Secreetkasten 12564.6, S. Carpentier, Jacob Stachover, Sigismund van Schoppe and Christoffel Artichewsky to the WIC, Philippa in Frederickstadt, Paraíba, January 4, 1635; "Journaux et Nouvelles tirées de la bouche de Marins Hollandais et Portugais de la Navigation aux Antilles et sur les Côtes du Brésil: Manuscrit de Hessel Gerritsz traduit pour la Bibliothèque Nationale de Rio de Janeiro par E.J. Bondam," *Annaes da Bibliotheca Nacional do Rio de Janeiro* 29（1907）, 113–114; Wätjen, *Holländische Kolonialreich in Brasilien*, 283–284.

195. 1668年，荷属多巴哥总督命令自由定居者为驻军种植木薯。另外，荷兰人制造的木薯锅和木薯刨丝器被用于早期的荷属苏里南。见Lodewijk Augustinus Henri Christiaan Hulsman, "Nederlands Amazonia: Handel met indianen tussen 1580 en 1680"（PhD diss., University of Amsterdam, 2009）, 134–135, 183–184, 221; ZA, SZ 2035/15–16, Abel Thisso to the States of Zeeland, Nova Walcheren, April 30, 1668。

196. NAN, OWIC 54, no. 9, Governor and Council of Brazil to the Board of Nineteen, Recife, March 5, 1639; Mello, *Tempo dos flamengos*, 150–154.在前线的另一边，葡萄牙控制下的萨尔瓦多的情况类似。鉴于粮食形势不稳定并受到美洲印第安人和私掠船袭击的威胁，葡属巴西政府下令增加木薯的产量。见Frédéric Mauro, *Le*

Portugal, le Brésil et l'Atlantique au XVIIe siècle（1570–1670）：*étude économique*（Paris: Fondation Calouste Gulbenkian, 1983），304。

197. Teensma, "Verbrokkeld, verpuind, verwaaid."
198. NAN, SG 5764, Sigismund von Schoppe to the States General, Mauritsstad, December 20, 1652.
199. Nieuhof, *Gedenkweerdige Brasiliaense zee-en lantreize*, 44.
200. Report by the Council of Pernambuco to the XIX. Recife, June 12, 1643, in Jadin, *L'ancien Congo et l'Angola*, 433; Ratelband, *Nederlanders in West-Afrika*, 193.
201. Caspar van Baerle, *The History of Brazil under the Governorship of Johan Maurits of Nassau, 1636–1644*, trans. Blanche T. van Berckel-Ebeling Koning（Gainesville: University Press of Florida, 2011），36.
202. Moreau, *Histoire des derniers troubles*, 87–88.
203. Augustus van Quelen, *Kort Verhael Vanden staet van Fernanbuc, Toe-ge-eygent de E. Heeren Gecommitteerde ter Vergaderinghe vande Negenthiene, inde Geoctroyeerde West-Indische Compagnie, ter Camere van Amstelredam*（Amsterdam, 1640）.
204. Caspar Croesen to the Council in Brazil, c. May 1643, in Jadin, *L'ancien Congo et l'Angola*, 613; Ratelband, *Nederlanders in West-Afrika*, 158, 191, 193; Nascimento, "Desconforto da Governabilidade," 185–186.
205. NAN, SG 9411, P.J. Bas to the WIC, São Luís de Maranhão, November 15, 1642.
206. Frank Ibold, Jens Jäger, and Detlev Kraack, eds., *Das Memorial und Jurenal des Peter Hansen Hajstrup*（1624–1672）（Neumünster: Wachholtz Verlag, 1995），76. See also Samuel Pierre l'Honoré Naber, "Het dagboek van Hendrik Haecxs, lid van den Hoogen Raad van Brazilië（1645–1654），" *Bijdragen en Mededeelingen van het His-torisch Genootschap* 46（1925），235; *Extract ende Copye van verscheyde brieven en schriften, 5. Voor-Looper Brenghende oprecht bescheyt uyt Amsterdam, Aen een voortreffelijcken Heer in's Gravenhaghe, Weghens de Verraderije in Brasil, Met het Schip Zeelandia, afgevaerdicht den twaelfden December 1645 van Pharnambuco*（s.l., 1646）.
207. Diogo Lopes de Santiago, *História da guerra de Pernambuco e feitos memoráveis do mestre de campo João Fernandes Vieira, herói digno de eterna memória, primeiro aclamador da guerra*（Recife: Governo de Pernambuco, 1984），387–388.
208. Nieuhof, *Gedenkweerdige Brasiliaense zee-en lantreize*, 175–176; *Amsterdam-sche veerman op Middelburgh*（Vlissingen: Jacob Jansz Pieck, 1650），8.

209. L'Honoré Naber, "Dagboek van Hendrik Haecxs," 183.
210. Quoted in Buijze, *Georg Everhard Rumphius' reis*, 64.
211. Walter Breeman van der Hagen, *Het leven en de daden van Witte Cornelisz. De With*, ed. Anne Doedens（Franeker: Uitgeverij Van Wijnen, 2008），172.
212. NAN, SG 4845, Resolutions of the States General, August 2 and September 18, 1649.
213. Breeman van der Hagen, *Leven en de daden*, 174.
214. Wätjen, *Holländische Kolonialreich in Brasilien*, 195–196.
215. NAN, SG 4845, Resolutions of the States General, January 24, 1648. 216 . Otto van Rees, *Geschiedenis der Staathuishoudkunde in Nederland tot het einde der achttiende eeuw*, 2 vols.（Utrecht: Kemink en Zoon, 1865–1868），2: 192.
217. NAN, SG 5752, WIC, Chamber of Amsterdam, to the States General, received September 23, 1630.
218. 同样，各省拖欠海军部款项。他们的欠款额在1626年为190万荷兰盾，在1635年为410万荷兰盾。见Marjolein Catherina't Hart, "In Quest for Funds: Warfare and State Formation in the Netherlands"（PhD diss., University of Leiden, 1989），80。
219. Van Rees, *Geschiedenis der Staathuishoudkunde*, 192.
220. 海尔德兰、乌得勒支和上艾瑟尔三省继续拖欠向巴西提供的援助款。见NAN, SG 5766, Philips Doublet to the States General, The Hague, August 13, 1657; NAN, SG 4846, Resolutions of the States General, November 18, 1658 and March 13, 1659。仅在1645年巴西起义爆发后，泽兰省才在十九人委员会的一个代表团前来央求时开始付款。见Alexander Bick, "Governing the Free Sea: The Dutch West India Company and Commercial Politics, 1618–1645"（PhD diss., Princeton University, 2012），75–76。荷兰省是所有省份中最不应该被指责的，尽管阿姆斯特丹反对由联省议会资助战争。早在1632年，阿姆斯特丹的市政委员会就投票反对各省在伯南布哥组建36支连队的决定。见Frits Snapper, "Oorlogsinvloeden op de overzeese handel van Holland 1551–1719"（PhD diss., University of Amsterdam, 1959），83。
221. NAN, SG 4845, resolutions of the States General, July 23, 1651.
222. Lieuwe van Aitzema, *Saken van staet en oorlogh, in, ende omtrent de Vereenigde Nederlanden*, 6 vols.（'s Graven-Haghe: Johan Veely, Johan Tongerloo, ende Jasper Doll, 1669），3: 88–89.
223. NAN, SG 4845, Resolutions of the States General, July 24 and October 29, 1651.
224. 例子参见*Haerlems Schuyt-praetjen op't Redres vande West-Indische Compagnie*（1649）。

225. Hotso Spanninga, *Gulden Vrijheid?: Politieke cultuur en staatsvorming in Friesland, 1600-1640*（（Hilversum: Verloren, 2012）, 255, 315-336. 到1640年5月，弗里斯兰的债务仍然超过400万荷兰盾。见 Van Aitzema, *Saken van staet en oorlog*, 2: 733-734。

226. NAN, Collectie Radermacher 542, minutes of the Heren XIX, March 27 and 28, 1634; NAN, SG 5763, Stadholder William Frederick to the States General, Aix-la-Chapelle, September 9, 1651; *Vertoogh, over den toestant der West-Indische Compagnie, in haer begin, midden, ende eynde, met een remedie tot redres van deselve. Vol. 1*（Rotterdam: Johannes van Roon, 1651）; A. Hallema, "Friesland en de voormalige compagnieën op Oost en West," *West-Indische Gids* 15, no. 1（1934）, 81-96. 弗里斯兰在1656年仍未支付任何费用。见 NAN, SG 5766, memorandum, March 28, 1656。弗里斯兰也未为1647年后的远征巴西支付费用。见 resolutions of the States of Holland, September 16, 1650, in *Resolutien van de Heeren Staten van Hollandt en Westvrieslandt, genomen zedert den aenvang der bedieninge van den Heer Johan de Witt, beginnende met den tweeden Aug. 1653 ende eyndigende met den negentienden Dec. 1668*（Amsterdam: J. Oosterwyk, Steenhouwer en Uytweri, 1719）, 275-276; NAN, SG 4845, Resolutions of the States General, June 15, 16, and 30, and October 11, 1651, the States of Friesland to the delegates of the States General, April 25, 1651。见 NAN, SG 4846, resolutions of the States General, February 13, 1654。尽管省内并不支持，弗里斯兰还是在1650年应联省议会的要求向巴西派去了2艘军舰。见 NAN, SG 5762, C.G. Brouwer and Gisb. de Wickersloot to the States General, January 12, 1650; NAN, SG 4845, resolutions of the States General, March 7, 1650。

227. NAN, SG 5764, statement by the States of Friesland, "op t'Landts Huys"（Leeuwarden）, March 11, 1653.

228. NAN, SG 5766, States of Friesland to the States General, Leeuwarden, November 17, 1656.

229. Wim Hüsken, "Dagelijkse beslommeringen in het Staatse Leger（1606-1642），" *De zeventiende eeuw* 10（1994）, 107.

230. 在东印度群岛，荷兰舰长们的确多少都有点自己的经费，他们可以用这些钱补充士兵的装备。见 De Iongh, *Krijgswezen*, 81。在极少数情况下，西印度公司也会采用这种方式。见 Miranda, "Gente de Guerra", 78。荷兰军官缺乏资金确实防止了在"三十年战争"期间德军中出现的那种过分行径，当时军官们从军粮中赚取高额利润，导致许多食物都没有发放到士兵手里。见 Bernhard R. Kroener, "Soldat oder Soldateska? Programmatischer Aufriß einer Sozialgeschichte militärischer Unterschichten in der ersten Hälfte des 17. Jahrhunderts," in *Militärgeschichte: Probleme-Thesen-Wege*, ed. Manfred Messerschmidt, Klaus A. Maier, Werner Rahn and Bruno Thoß（Stuttgart: Deutsche Verlag-Anstalt, 1982）, 106。

231. H. L. Zwitzer, "*De militie van den staat*": *Het leger van de Republiek der Verenigde Nederlanden*（Amsterdam: Van Soeren, 1991）, 91–99; Olaf van Nimwegen, "*Deser landen crijchsvolck*": *Het Staatse leger en de militaire revoluties（1588–1688）*（Amsterdam: Bert Bakker: 2006）, 67–70.

232. Olaf van Nimwegen and Ronald Prud'homme van Reine, "De organisatie en financiering van leger en vloot van de Republiek," in *De Tachtigjarige Oorlog: Van opstand naar geregelde oorlog, 1568–1648*, ed. Petra Groen（Amsterdam: Boom, 2013）, 370–372.

233. NA SG 5766, Bontemantel and David van Baerle, WIC Chamber of Amsterdam to the States General, January 13, 1656.

234. Wätjen, *Holländische Kolonialreich in Brasilien*, 197–206.

235. Rita Krommen, "Mathias Beck und die Westindische Compagnie: Zur Herrschaft der Niederländer im kolonialen Ceará," *Arbeitspapiere zur Lateinamerika-forschung* 2, no. 1（2001）, 74; NAN, SG 5760, President and Council of Brazil to the States General, Recife, July 9, 1648. 这个决定来得很晚。早在1637年，这名中校就告诉泽兰商会，一旦伊塔马拉卡被占领，他所在兵团里的许多士兵就会渴望离开公司去种地或去当工匠。见 *Ooghen-Salve tot verlichtinghe, van alle Participanten, so vande Oost, Ende West-Indische Compaignien, Mitsgaders verscheyden notabele Consideratien, aengaende de Vereeninghe van de Oost-ende-West-Indische Compaignien, met malkanderen*（'s-Gravenhage: Lieven de Lange, 1644）, 17。

236. 这种情况发生在1649年11月。见 NAN, SG 4845, resolutions of the States General, July 9, 1650。

237. NAN, SG, Loketkasten en Secreetkasten 12564.29, no. 9, W. Schonenborgh, Hendrik Haecxs, and M. van Goch, president and councilors of Brazil, to the States General, February 15, 1650.

238. *Corte ende bondige deductie van redenen, dienende tot narechtinge van Hare Hoog Mogenden de Heeren Staten Generael der Vereeniche Nederlanden*（'s-Gravenhage:

Henricus Hondius, 1657）, 26.

239. Ibid.; NAN, SG 5765, "Corte deductie vervattende de redenen, dewelcke fondeeren het recht van Haer Ho: Mog: Militie in Brazijll"（late 1654）. 一名士兵甚至指控西印度公司把食物卖给葡萄牙人。见 Moreau, *Histoire des derniers troubles*, 19–20。

240. *Cort, Bondigh ende Waerachtigh Verhael.* 可能是在说议员们忽略了瓜拉拉皮斯第一次作战前夕的补给问题。直到维特·德维特通知他们说军队缺少面包、肉和培根，他们才采取行动。见 Breeman van der Hagen, *Leven en de daden*, 164。士兵们对高级议会的不满也可参见（Cornelis Jansz,）*Schuering voor Arnoldus Montanus op sijn Boek genaamd Beroerden Oceaan. Waer in aangewesen werden verscheyde sinneloose woorden, vuyle misgrepen en andere onbillijkheden in't voor-seyde Boek gepleegd*（Amsterdam: Cornelis Jansz, 1656.）, 24。

241. 巴西的一些官员也以同样的方式行事。见 "Memorie door den Kolonnel Artichofsky, bij zijn vertrek uit Brazilië in 1637 overgeleverd aan Graaf Maurits en zijnen Geheimen Raad," *Kroniek van het Historisch Genootschap gevestigd te Utrecht*, ser. 5, 25, no. 5 (1869）, 326–327; Ibold, Jäger, and Kraack, *Memorial und Jurenal*, 98。1648年的一封从巴西送到联省议会的信中也将士兵拒绝在瓜拉拉皮斯作战和未支付一个月的薪资联系起来。见 NAN, SG, Loketkasten en Secreetkasten, 12564.20, inv. no. 32: unsigned letter, Recife, May 13, 1648。苏里南总督还领取了许多逃亡或已故士兵的薪水。见 ZA, SZ 2035/283, "1668–1678 rekening tot laste van den heer commandeur Pieter Versterre salgr"。

242. *Cort, Bondigh ende Waerachtigh Verhael.*

243. Boxer, *Dutch in Brazil*, 227; NAN, SG, Loketkasten en Secreetkasten 12564.34, President and Council of Brazil to the States General, Mauritia, January 23, 1651.

244. NAN, SG, Loketkasten en Secreetkasten 12564.34, president and council of Brazil to the States General, Recife, January 25 and March 20, 1651. 1653年，一艘船上仅载有承诺给士兵、水手和文职人员的600件衬衫的一半。见 NAN, SG 5765, W. Schonenborch and H. W. Haecx to the States General, The Hague, October 9, 1654。荷属巴西的最后几年，犹太群体的成员购买了商品以转售给民兵。亚伯拉罕·科恩、达维·门德斯、萨拉·沙龙和伊莎克·西尼尔·科罗内尔提供服装，阿布拉昂·伊斯雷尔提供鞋子，佩德罗·德克雷斯托和艾萨克·达丰塞卡则二者都要提供。见 Egon Wolff and Frieda Wolff, *Dicionário Biográfico*, 7 vols.（Rio de Janeiro, ERCA: 1986–1992）, 1: 38, 40, 44, 56, 97, 116, 174。

245. NAN, SG, Loketkasten en Secreetkasten 12564.43, memorandum from the joint officers and soldiers who served in Brazil to the States General, May 25, 1655. 关于生活在饥与剑之间的巴西士兵和军官的生活，参见 *Seeckere remonstrantie, aen hare Hoogh Moghende de Heeren Staten Generael der Vereenighde Nederlanden, overgegeven door de gesamentlijcke aenwesende Gedeputeerdens uyt Brazyl: Tenderende tot behoudenisse van die glorieuse koninkkklijcke conquesten*（1657）。饥与剑的共存可能与耶利米书第14和15章相呼应，但它并不指向某一个特定的段落。军官和士兵们的不满呼应了在荷兰军队服役的一名英格兰士兵的判断。托马斯·雷蒙德认为，普通士兵的生活是"全世界最悲惨的。这不是因为他们的生命处于危险之中（这几乎没有或不算什么），而是因为他们在残酷的军旅生活和糟糕的住所环境下忍受着食不果腹、衣不蔽体的痛苦"。Godfrey Davies, ed., *Autobiography of Thomas Raymond and Memoirs of the Family of Guise of Elmore, Gloucestershire*（London: Offices of the Society, 1917），43。

246. NAN, SG 5768, WIC directors H. Bontemantel and Jacobus Reijnst to the States General, undated; G. Thilmans and N. I. de Moraes, "Villault de Bellefond sur la côte occidentale d'Afrique. Les deux premières campagnes de l'Europe（1666-1671），" *Bulletin de l'Institut Fondamental d'Afrique Noire* ser. 2, 38, no. 2（1976），270.

247. ZA, SZ 2035/215, commander Abel Thisso to the States of Zeeland, Tobago, March 25, 1670; Christian Buchet, *La lutte pour l'espace caraïbe et la façade atlantique de l'Amérique Centrale et du Sud*（*1672-1763*）（Paris: Librairie de l'Inde éditeur, 1991），149.

248. 北欧人在17世纪40年代经历了极为严寒的冬季。见 Karen Ordahl Kupperman, "The Puzzle of the American Climate in the Early Colonial Period," *American Historical Review* 87, no. 5（1982），1264。

249. Buijze, *Georg Everhard Rumphius' reis*, 58-59.

250. Van Hoboken, "Troepentransport," 109; Moreau, *Histoire des derniers troubles*, 192-194.

251. NAN, SG 4845, Resolutions of the States General, May 2, 1648.

252. NAN, SG 7046, King Philip IV to Vicente Richard, Spain's consul in Amsterdam, Madrid, August 20, 1654.

253. Nieuhof, *Gedenkweerdige Brasiliaense zee-en lantreize*, 154.

254. Moreau, *Histoire des derniers troubles*, 22-24; NAN, SG, Loketkasten en Secreetkasten 12564.6, Johan Maurits and Council in Brazil to the WIC, February 15, 1638. 到1645年11月，8支荷兰人组成的连队（共255名士兵）投奔了敌对的一方。见 Mello,

Tempo dos flamengos, 138–139, 145。

255. Clinton Alfred Weslager, *The Swedes and Dutch at New Castle: With Highlights in the History of the Delaware Valley, 1638–1664*（Wilmington: The Middle Atlantic Press, 1987），169–170. 敌军营地有时会积极捉拿逃兵，因为这可能带来秘密情报。见 Ratelband, *Nederlanders in West-Afrika*, 177–178。

256. Van Grol, *Grondpolitiek*, 114–115.

257. Ibid., 117–118.

258. NAN, SG, Loketkasten en Secreetkasten 12564.34, president and council of Brazil to the States General, Recife, January 20 and February 8, 1651, and Mauritia, March 20, 1651.

259. General report from Recife to the WIC directors, February 26, 1648, in Jadin, *L'ancien Congo et l'Angola*, 948–949. 毫无疑问，这次远征也符合十九人委员会的要求。见 NAN, OWIC 10, Heren XIX to the president and High Council of Brazil, The Hague, January 18, 1648。

260. David Patrick Geggus, "Slavery, War, and Revolution in the Greater Caribbean, 1789–1815," in *A Turbulent Time: The French Revolution and the Greater Caribbean*, ed. David Barry Gaspar and David Patrick Geggus（Bloomington and Indianapolis: Indiana University Press, 1997）: 25.

261. Van der Capellen, *Gedenkschriften*, 1: 554. 在1629年10月的一条记录中，范德卡佩伦在对和平谈判的回应中表示，水手将投奔"我们的敌人"或成为自己的敌人。

262. Resolution of the States General, July 10, 1628, http://www.historici.nl/Onderzoek/Projecten/BesluitenStaten-generaal1626-1651, accessed February 4, 2013.

263. NAN, SG 5752, WIC directors to the States General, received April 13, 1629; van der Capellen, *Gedenkschriften*, 1: 495.

264. NAN, SG 4845, resolutions of the States General, October 6, 1649.

265. NAN, SG 4845, resolutions of the States General, March 5, 1650. 来自巴西的退伍士兵也骚扰了鹿特丹的海军部成员。见NAN, SG 5763, Willem Braber to the States General, Rotterdam, January 18, 1651。

266. Willem Sloot to Johan de Witt, Enkhuizen, May 11, 1660, in Nicolas Japikse, ed. *Brieven aan Johan de Witt, vol. 12, 1660–1672*, ed. Robert Fruin（Amsterdam: Johannes Müller, 1922），12–13.

267. Van Aitzema, *Saken van staet en oorlog*, 3: 746–747; Johan E. Elias, "Bijdragen tot de

geschiedenis onzer admiraliteiten ten tijde van den eersten Engelschen oorlog," *Bijdragen voor Vaderlandsche Geschiedenis en Oudheidkunde*, ser. 7, 4（1934）, 204n. 2.

268. "A Letter of Intelligence," The Hague, August 14, 1654, in A Collection of the State Papers of John Thurloe, vol. 2, 1654, ed. Thomas Birch（London: The Executor for the late Mr. Fletcher Gyles, Thomas Woodward, Charles Davis, 1742）, 519.

269. NAN, SG, Loketkasten en Secreetkasten, 12564.20, 127: President W. Schonenborch and councilors M. van Goch, H. Haecxs, and S. van Beaumont to the Heren XIX, Recife, July 9, 1648.

270. Van Hoboken, *Witte de With in Brazilië*, 106–107. 许多反叛者不敢回到联合省，定居在里约热内卢和里斯本。见 NAN, SG, Loketkasten en Secreetkasten 12564.40, inv. no. 1, information supplied by Joost Weisberger, The Hague, March 10, 1655。

271. Van Hoboken, *Witte de With in Brazilië*, 197.

272. Ibid., 201, 204.

273. 最初授权此事的高级议会由于担心葡英联合封锁累西腓而撤回了决定。见 van Hoboken, *Witte de With in Brazilië*, 219, 220, 224, 247。

274. Boxer, *Dutch in Brazil*, 228, 233.

275. Van Hoboken, *Witte de With in Brazilië*, 91–92.

276. NAN, Hof van Holland 5252, report of Sigismund von Schoppe submitted to the States General, The Hague, July 29, 1654. 印刷版本参见 Elias Luzac, *Hollands rijkdom behelzende den Oorsprong van den Koophandel en van de Magt van dezen Staat; de toeneemende vermeerdering van deszelfs Koophandel en Scheepvaart*, 3 vols.（Leyden: Luzac en Van Damme, 1781）, 2: 111–115。

277. Ibid., 2: 117.

278. "Relation of the First Settlement of St. Christophers and Nevis, by John Hilton, Storekeeper and Chief Gunner of Nevis," in Vincent T. Harlow, ed., *Colonising Expeditions to the West Indies and Guiana, 1623–1667*（London: Hakluyt Society, 1925）, 11.

第五章　跨帝国贸易

1. Victor Enthoven, "An Assessment of Dutch Transatlantic Commerce, 1585–1817," in *Riches from Atlantic Commerce: Dutch Transatlantic Trade and Shipping, 1585–1817*, ed. Johannes Postma and Victor Enthoven（Leiden: Brill, 2003）, 422.

2. Mark Meuwese, *Brothers in Arms, Partners in Trade: Dutch-Indigenous Alliances in the Atlantic World, 1595–1674*（Leiden: Brill, 2012）, 321.
3. John Hemming, "How Brazil Acquired Roraima," *Hispanic American Historical Review* 70, no. 2（1990）: 298.
4. Janny Venema, *Beverwijck: A Dutch Village on the American Frontier, 1652–1664*（Hilversum: Verloren, 2003）, 163.
5. Johannes Gerard van Dillen, "De West-Indische Compagnie, het Calvinisme en de politiek," *Tijdschrift voor Geschiedenis* 74（1961）, 161.
6. "Sommier discours over de staet vande vier geconquesteerde capitanias Parnambuco, Itamarica, Paraiba ende Rio Grande, inde noorderdeelen van Brasil," *Bijdragen en Mededeelingen van het Historisch Genootschap* 2（1879）, 290–291.
7. Peter T. Bradley, *The Lure of Peru: Maritime Intrusion into the South Sea, 1598–1701*（London: Macmillan, 1989）, 11.
8. Meuwese, *Brothers in Arms, Partners in Trade*, 266.
9. Dennis Sullivan, *The Punishment of Crime in Colonial New York: The Dutch Experience in Albany during the Seventeenth Century*（New York: Peter Lang, 1997）, 177–183.
10. Stuyvesant, Sille and La Montagne to the WIC, New Amsterdam, August 11, 1656, in Martha Dickinson Shattuck, ed. *New Netherland Papers, c. 1650–1660: From the Collected Papers of Hans Bontemantel, Director of the Amsterdam Chamber of the West India Company, Held by the New York Public Library*, trans. Dingman Veersteeg（Albany, NY: New Netherland Research Center and the New Netherland Institute, 2011）, 40.
11. Anthony Pagden, *Lords of All the World: Ideologies of Empire in Spain, Britain, and France, c. 1500–c.1800*（New Haven: Yale University Press, 1998）, 67.
12. Resolutions of the States General, February 15, 1627, http://www.historici.nl/Onderzoek/Projecten/BesluitenStaten-generaal1626–1651, accessed February 4, 2013; Johannes de Laet, *Iaerlyck Verhael van de Verrichtinghen der Gheoctroyeerde West-Indische Compagnie in derthien Boecken*, ed. Samuel Pierre L'Honoré Naber, 4 vols. （'s-Gravenhage: Martinus Nijhoff, 1931–1937）, 1: 99, 153–158; NAN, SG 5481, request by Willem Jacobs Melcknap from Hoorn and Cornelis Adriaens Ackersloot from Amsterdam, 1617; Resolutions of the States General, October 18, 1617 and February 2, 1618, in Johannes Gradus Smit, ed., *Resolutiën der Staten-Generaal, Nieuwe Reeks 1610–1670*（'s-Gravenhage: Martinus Nijhoff, 1975）, 243, 325; Samuel Pierre

l'Honoré Naber and Irene A. Wright, eds., *Piet Heyn en de Zilvervloot: Bescheiden uit Nederlandsche en Spaansche Archieven*（Utrecht: Kemink & Zoon, 1928）, 25.

13. Samuel Pierre l'Honoré Naber, ed. *Reisebeschreibungen von deutschen Beamten und Kriegsleuten im Dienst der niederländischen West-und Ost-Indischen Kompagnien 1602–1797*, 15 vols.（Den Haag: Martinus Nijhoff, 1930）, 3: 84–85.

14. Robert Silverberg, *The Golden Dream: Seekers of El Dorado*（Athens: Ohio University Press, 1967）, 355–356; A. Cabeliau, "Account of a Journey to Guiana and Trinidad in the Years 1597 and 1598," in *British Guiana Boundary, Arbitration with the United States of Venezuela: Appendix to the Case on Behalf of Her Britannic Majesty*（London: Foreign Office, 1898）, 21.

15. Cornelis C. Goslinga, *The Dutch in the Caribbean and on the Wild Coast, 1580–1680*（Assen: Van Gorcum, 1971）, 57.

16. Quoted in George Edmundson, "The Dutch on the Amazon and Negro in the Seventeenth Century: Part Ⅱ, Dutch Trade in the Basin of the Rio Negro," *English Historical Review* 19（1904）, 7.

17. Charles McKew Parr, *The Voyages of David de Vries: Navigator and Adventurer*（New York: Crowell, 1969）, 158; George Edmundson, "The Dutch in Western Guiana," *English Historical Review* 16（1901）, 673.

18. Michael Georg de Boer, "Een Nederlandsche goudzoeker," *Tijdschrift voor Geschiedenis* 18（1903）, 4–5, 13.

19. '*t Verheerlickte Nederland door d'Herstelde Zee-vaart*（1659）, 24. 关于1663年在荷属卡宴寻找黄金的努力尝试，参见 NAN, SG 5769, account of Q. Spranger, 1675。

20. Jan Marinus van der Linde, *Surinaamse suikerheren en hun kerk: Plantagekolonie en handelskerk ten tijde van Johannes Basseliers, predikant en planter in Suriname, 1667–1689*（Wageningen: Veenman, 1966）, 64.

21. 与在伯比斯的情况一样，对银矿和金矿的追求一直持续到18世纪。见 Jan Jacob Hartsinck, *Beschryving van Guiana, of de wilde kust in Zuid-America*（Amsterdam: Gerrit Tielenburg, 1770）, 320。这种情况也一直存在于荷属东印度群岛。见 Denys Lombard, "Un expert "saxon" dans les mines d'or de Sumatra au XVIIème s.," *Archipel* 2（1971）, 238。

22. Isaac S. Emmanuel and Suzanne A. Emmanuel, *History of the Jews of the Netherlands Antilles*（Cincinnati: American Jewish Archives, 1970）, 38; Governor Mathias Beck to

the WIC, Curaçao, July 28, 1657, in Charles T. Gehring and Jacob Adriaan Schiltkamp, eds., *Curacao Papers 1640–1665*, New Netherland Documents XVII（Interlaken, NY: Heart of the Lakes, 1987）, 107; NAN, Aanwinsten 1361, Michiel ten Hove to Nicolaas ten Hove, April 30, 1664; Johannes Hermanus Jacobus Hamelberg, ed., *Documenten behoorende bij "De Nederlanders op de West-Indische eilanden"*（Amsterdam: Emmering, 1979）, 87.

23. Paul Otto, *The Dutch-Munsee Encounter in America: The Struggle for Sovereignty in the Hudson Valley*（New York: Berghahn Books, 2006）, 83.

24. "The Representation of New Netherland, 1650," in *Narratives of New Netherland 1609–1664*, ed. John Franklin Jameson（New York: Charles Scribner's Sons, 1909）, 299; Jaap Jacobs, *Een zegenrijk gewest: Nieuw-Nederland in de zeventiende eeuw*（Amsterdam: Prometheus/Bert Bakker, 1999）[trans. as *New Netherland: A Dutch Colony in Seventeenth-Century America*（Leiden: Brill, 2005）], 39.

25. José Antonio Gonsalves de Mello, *Gente da Nação: Cristãos-novos e judeus em Pernambuco 1542–1654*（Recife: Fundação Joaquim Nabuco and Editora Massangana, 1989）, 272–273. 占领伯南布哥可能并未引发黄金热，但也不乏自称贵金属专家的人要求西印度公司为他们进入巴西支付费用。例子参见NAN, Collectie Radermacher 542, minutes of the meeting of the Heren XIX, April 1, 1634, request by Pouls Heemler van Neurenburch。

26. Examination of Caspar Paraoupaba, Andreus Francisco, Pieter Poty, Antony Guirawassauay, Antony Francisco, and Lauys Caspar, Amsterdam, March 20, 1628, in "Journaux et Nouvelles tirées de la bouche de Marins Hollandais et Portugais de la Navigation aux Antilles et sur les Côtes du Brésil: Manuscrit de Hessel Gerritsz traduit pour la Bibliothèque Nationale de Rio de Janeiro par E.J. Bondam," *Annaes da Bibliotheca Nacional do Rio de Janeiro* 29（1907）, 173–174. 关于塞阿拉的情况，参见Ben Teensma, ed., *Suiker, verfhout en tabak: Het Braziliaanse Handboek van Johannes de Laet*（Zutphen: Walburg Pers, 2009）, 76。关于帕拉伊巴的情况，参见 Benjamin Nicolaas Teensma, "Het directoraat van dominee Jodocus van Stetten, anno 1645, over een veronderstelde zilvermijn aan de Rio Sucurú in Paraíba," in *Brazilië in de Nederlandse archieven（1624–1654）: Oude West-Indische Compagnie: Correspondentie van de Heren XIX en de notulen van de Hoge en Secrete Raad van Brazilië*, ed. Marianne L. Wiesebron（Leiden: Leiden University Press, 2011）, 24–47。

27. NAN, OWIC 65, Hans Sempsiell and Carel Helpagh to unknown, Fort Schonenborgh, May 3, 1649; NAN, SG 5763, President and Council of Brazil to the States General, Recife, August 22, 1651; NAN, SG 5763, memorandum of Huygens, lectum July 28, 1651; Rita Krommen, "Mathias Beck und die Westindische Compagnie: Zur Herrschaft der Niederländer im kolonialen Ceará," *Arbeitspapiere zur Lateinamerikaforschung* 2, no. 1（2001）, 59-70.
28. Jacob le Maire to his brother-in-law, Amsterdam, November 9, 1654, in Thomas Birch, ed., A Collection of the State Papers of John Thurloe, vol. 2, 1654,（London: The Executor for the late Mr. Fletcher Gyles, Thomas Woodward, Charles Davis, 1742）, 700-701.
29. Peter Wolfgang Klein, *De Trippen in de 17e eeuw: Een studie over het ondernemersgedrag op de Hollandse stapelmarkt*（Assen: Van Gorcum & Co., 1965）, 101.
30. Teensma, *Suiker, verfhout en tabak*, 160.
31. Caspar van Baerle, *The History of Brazil under the Governorship of Johan Maurits of Nassau, 1636-1644*, trans. Blanche T. van Berckel-Ebeling Koning（Gainesville: University Press of Florida, 2011）, 235-236.
32. Willem Voorbeijtel Cannenburg, *De reis om de wereld van de Nassausche vloot, 1623-1626*（'s-Gravenhage: Martinus Nijhoff, 1964）, 71-72.
33. Minutes of the States of Holland, July 13, 1633, in Jannie W. Veenendaal-Barth, ed., *Particuliere Notulen van de vergaderingen van de Staten van Holland 1620-1640 door N. Stellingwerff en S. Schot*（Den Haag: Instituut voor Nederlandse Geschiedenis, 2002）, 265; Benjamin Nicolaas Teensma, "The Mission of Rudolph Baro in Search of Nhanduí in the Macaguá Mountains, 1647," in *Dutch Brazil: Documents in the Leiden University Library*, ed. Cristina Ferrão and José Paulo Monteiro Soares（Rio de Janeiro: Editora Index, 1997）, 20, 22; De Laet, *Iaerlyck Verhael*, 4: xl.
34. Van Baerle, *History of Brazil*, 48-49.
35. NAN, Aanwinsten 1028, "Journalen van ingenieur Pieter van Strucht en Jan Houck op reis naar de mijn in Rio Grande, 1650."
36. Alexander Bick, "Governing the Free Sea: The Dutch West India Company and Commercial Politics, 1618-1645"（PhD diss., Princeton University, 2012）, 244n. 72.
37. Rafael Ruiz, "The Spanish-Dutch War and the Policy of the Spanish Crown toward the Town of São Paulo," *Itinerario: European Journal of Overseas History* 26, no. 1（2002）: 107-125.

38. Benjamin Schmidt, "Exotic Allies: The Dutch-Chilean Encounter and the (Failed) Conquest of America," *Renaissance Quarterly* 52 (1999), 469. 搜寻金矿确实是这次远征的首要任务。见 van Baerle, *History of Brazil*, 253。一名荷兰作家认为，与智利人结盟是进入波托西的关键。见 *Schaede die den Staet der Vereenichde Nederlanden, en d'Inghesetenen van dien, is aenstaende, by de versuymenisse van d'Oost en West-Indische Negotie onder een Octroy en Societeyt te begrijpen*（'s-Gravenhage: Ian Veeli, 1644），9。

39. Wim Wennekes, *Gouden handel: De eerste Nederlanders overzee, en wat zij daar haalden*（Amsterdam and Antwerpen: Atlas, 1996），321–322.

40. Heren XIX to the directors of the coast of Africa, Amsterdam, November 30, 1644, in Louis Jadin, ed., *L'ancien Congo et l'Angola 1639–1655 d'après les archives romaines, portugaises, néerlandaises et espagnoles*（Bruxelles and Rome: Institut Historique belge de Rome, 1975），591–592.

41. Ray A. Kea, *Settlements, Trade, and Polities in the Seventeenth-Century Gold Coast* (Baltimore and London: Johns Hopkins University Press, 1982), 192–194.

42. Henk den Heijer, *Goud, ivoor en slaven: Scheepvaart en handel van de Tweede Westindische Compagnie op Afrika, 1674–1740*（Zutphen: Walburg Pers, 1997），131.

43. NAN, SG 5768, agreement between Cornelis Cloeck, Ab. Wilmerdonx, P. Mortamer and N. ten Hoven with Gerard van Hetlingen, The Hague, October 1, 1665; NAN, SG 4847, Resolutions of the States General, February 9, 1666; Franz Binder, "Die Goldeinfuhr von der Goldküste in die Vereinigten Provinzen, 1655–1675," in *Precious Metals in the Age of Expansion*, ed. Hermann Kellenbenz（Stuttgart: Klett-Cotta, 1981），139; Norbert H. Schneeloch, *Aktionäre der Westindischen Compagnie von 1674: Die Verschmelzung der alten Kapitalgebergruppen zu einer neuen Aktiengesellschaft*（Stuttgart: Klett-Cotta, 1982），46n. 2.

44. "Effects of the West India Company, 1626," in Edmund Bailey O'Callaghan, ed., *Documents Relative to the Colonial History of the State of New-York; Procured in Holland, England and France by John Romeyn Brodhead*, 15 vols.（Albany, NY: Weed, Parsons, 1856），1: 35–36. 在1599年至1605年短暂的时间里，从阿拉亚（委内瑞拉）进口盐是大西洋上的主要贸易活动。

45. Klein, *Trippen in de 17e eeuw*, 139.

46. *Tvvee dedvctien, aen-gaende de vereeninge van d'Oost ende West-indische Compagnien,*

aen de Ed: Groot Mog: Heeren Staten van Hollandt ende West-Vrieslandt, vande West-indische Compagnie, over-gelevert（'s-Gravenhage: Ian Veely, 1644）, 10.

47. Ernst van den Boogaart, Pieter Emmer, Peter Klein, and Kees Zandvliet, *La expansión holandesa en el Atlántico*（Madrid: Mapfre, 1992）, 118–120.

48. Filipa Ribeiro da Silva, *Dutch and Portuguese in West Africa（1580–1674）: Empires, Merchants, and the Atlantic System*（Leiden: Brill, 2011）, 283–284.

49. Samuel Blommaert to Axel Oxenstierna, June 3, 1635, in Gerhard Wilhelm Kernkamp, ed., "Brieven van Samuel Blommaert aan Axel Oxenstierna, 1635–1641," *Bijdragen en Mededeelingen van het Historisch Genootschap* 29（1908）, 72–73. 沿海的第一批荷兰公司确实试图防止价格上涨。见 Klein, *Trippen in de 17e eeuw*, 147–149。关于阿肯的贸易商们，参见 Kea, *Settlements, Trade, and Polities*, 248–287。

50. 这些据点建在科门达、海岸角城堡、阿诺玛博、阿克拉、科曼廷以及阿克西姆和沙马，在接下来的几年中都被荷兰人占领。见 Robert D. Porter, "European Activity on the Gold Coast, 1620–1667"（PhD diss., University of South Africa, 1975）, 179–183; V. W. C., *Trou-hertighe onderrichtinghe aen alle hooft-participanten en liefhebbers van de Geoctr. W.I.C.*（1643）。

51. Stadsarchief Leiden, Stukken betreffende de WIC in het algemeen, 6699, extract from a letter from the General at the coast of Guinea, July 31, 1639.

52. Olfert Dapper, *Naukeurige beschrijvinge der Afrikaensche gewesten van Egypten, Barbaryen, Lybien, Biledulgerid, Negroslant, Guinea, Ethiopiën, Abyssinie*（Amsterdam: Jacob van Meurs, 1676）, 108; Michael Georg de Boer, "Een memorie over den toestand der West Indische Compagnie in het jaar 1633," *Bijdragen en Mededeelingen van het Historisch Genootschap* 21（1900）, 348. 关于1645年在埃尔米纳交易的各种欧洲商品，参见 Stanley B. Alpern, "What Africans Got for Their Slaves: A Master List of European Trade Goods," *History in Africa*, 22（1995）: 5–43。在17世纪30年代初期，一些法兰西船被发现在拿骚堡附近进行贸易。见 "Extract uyt het Register der Resolutien van de Hoogh Mog. Heeren Staten Generael der Vereenighde Nederlanden," August 16, 1632, in Universiteitsbibliotheek Leiden, "Verzameling van Stukken over de West-Indische Compagnie, 17e & 18e Eeuw"。

53. Porter, "European Activity on the Gold Coast," 246–247.

54. NAN, SG 5768, petition to the States General, read on August 25, 1671.

55. Cornelis de Jong, *Geschiedenis van de oude Nederlandse walvisvaart*, 3 vols.（Pretoria:

注　释

Universiteit van Suid-Afrika, 1972), 1: 191-192, 200; Louwrens Hacquebord, "Smeerenburg: Het verblijf van Nederlandse walvisvaarders op de westkust van Spitsbergen in de zeventiende eeuw" (PhD diss., University of Amsterdam, 1984), 75, 77.

56. Willem Wubbo Klooster, "Illicit Riches: The Dutch Trade in the Caribbean, 1648-1795" (PhD diss., University of Leiden, 1995), 26-28.

57. Cesáreo Fernández Duro, *Armada española desde la unión de los Reinos de Castilla y de Aragón*, 9 vols. (Madrid: Sucesores de Rivadeneyra, 1896), 4: 32; Virginia Rau, *A exploração e o comércio do sal de Setúbal: Estudo de história económica* (Lisbon: s.n., 1951), 140; Eddy Stols, *De Spaanse Brabanders, of de handelsbetrekkingen der Zuidelijke Nederlanden met de Iberische wereld, 1598-1648* (Brussel: Paleis der Academiën, 1971), 45.

58. NAN, SG 5753.

59. L'Honoré Naber, *Reisebeschreibungen*, 2: 114; "The voyage of Sir Henry Colt," in Vincent T. Harlow, ed., *Colonising Expeditions to the West Indies and Guiana, 1623-1667* (London: Hakluyt Society, 1925), 94; GAR, ONA 251/504 (Act of April 28, 1633).

60. Goslinga, *Dutch in the Caribbean and Wild Coast*, 269, 338.

61. Ibid., 137.

62. 为了避免盐融化，人们必须在6月开始的雨季之前将盐收集起来。因此，船只离开共和国前往巴西的最佳时间是在秋天。见 Samuel Blommaert to Axel Oxenstierna, Amsterdam, July 23, 1637, in Kernkamp, "Brieven van Samuel Blommaert," 122-123; Roelof Bijlsma, "Rotterdam's Amerika-vaart in de eerste helft der 17de eeuw," *Bijdragen voor Vaderlandsche Geschiedenis en Oudheidkunde*, ser. 5, no. 3 (1916), 120; Goslinga, *Dutch in the Caribbean and Wild Coast*, 129。关于圣克里斯托弗岛在这场贸易中的重要性，参见 GAR, ONA 87, 61 and 63/126, acts of August 31 and October 30, 1647。

63. Krzysztof Arciszewski to Johan Maurits and the High Council of Brazil, Amsterdam, July 24, 1637; "Missive van den kolonnel Artichofsky aan Graaf Maurits en den Hoogen Raad in Brazilië, 24 juli 1637," *Kroniek van het Historisch Genootschap gevestigd te Utrecht* ser. 5, 25, no. 5 (1869), 226.

64. Hermann Wätjen, *Das holländische Kolonialreich in Brasilien: Ein Kapitel aus der Kolonialgeschichte des 17. Jahrhunderts* ('s-Gravenhage: Martinus Nijhoff, Gotha:

Perthes, 1921), 267, 269.

65. Augustus van Quelen, *Kort Verhael Vanden staet van Fernanbuc, Toe-ge-eygent de E. Heeren Gecommitteerde ter Vergaderinghe vande Negenthiene, inde Geoctroyeerde West-Indische Compagnie, ter Camere van Amstelredam*(Amsterdam, 1640).

66. Bijlsma, "Rotterdam's Amerika-vaart," 122–123.

67. 共计137,665箱的计算结果基于Wätjen, *Holländische Kolonialreich in Brasilien*, 316–323。请注意, 这里面缺少1647年和1648年西印度公司发货的数据, 但在1634年荷兰出口货物中, 确实包括了被俘获的葡萄牙船上的运糖箱的数量。

68. NAN, SG, Loketkasten en Secreetkasten, 12564.30A, Johan Maurits to the States General, Wesel, February 29, 1646.

69. Charles Ralph Boxer, *The Dutch in Brazil, 1624–1654*(Oxford: Clarendon Press, 1957), 142–144.

70. 鲜为人知的是, 建立一个繁荣的种植园需要花费多年的时间。在这种情况下, 一名水手在圭亚那新殖民地取得的非凡成就流传开来。由于一场纠纷, 他被船长流放到那里, 据说他在五六周内就建起了一座种植园, 据估计价值约200赖克斯达德尔 (rijksdaalder, 旧时荷兰银币名。——编者注), 吸引了许多种植者从加勒比来到这个新殖民地。见*Hollantsche Mercurius* 9(1659), 161–162。

71. GAR, ONA 423: 49/64, Act of April 7, 1641; Eugène Bruneau-Latouche, *Personnes et familles à la Martinique au XVIIe siècle d'après recensements et terriers nominatifs*(Fort de France: Société d'Histoire de la Martinique, 1983), 17, 63. 在进入制糖业之前, 范奥尔曾是伯南布哥的一名店主。见GAR, ONA 150: 862/1305, Act of November 13, 1636。

72. Gérard Lafleur, "Relations avec l'étranger des minorités religieuses aux Antilles françaises(XVIIe–XVIIIe s.)," *Bulletin de la Société d'Histoire de la Guadeloupe*, no. 57–58(1983), 34.

73. Gérard Lafleur, *Présence protestante en Guadeloupe au XVIIe siècle*(Guadeloupe: Centre Departemental de Documentation Pédagogique, 1980), 16–17, 26, 30; Philippe Rossignol and Bernadette Rossignol, "La famille Classen ou Classe(Hollande, Brésil, Guadeloupe)," *Bulletin de Généalogie et Histoire de la Caraïbe* 41(1992), 639. 1664年至1687年, 来自泽兰的休伯特·德洛佛(或范洛夫伦)和来自鹿特丹的"皮特"·德波隆也榜上有名。另一名在1671年至1687年间登记在册的荷兰糖料作物种植者是阿尔贝特·"扎尔"(或扎尔特)。见Anne Pérotin-Dumon, *La ville aux îles, la*

ville dans l'île: Basse-Terre et Pointe-à-Pitre, Guadeloupe, 1650–1820（Paris: Editions Karthala, 2000）, 115; Gérard Lafleur, "L'origine des protestants de Guadeloupe au XVIIe siècle," *Bulletin de la Société d'Histoire de la Guadeloupe* 3（1978）, 56–57; Gérard Lafleur, "Bouillante: L'histoire et les hommes," *Bulletin de la Société d'Histoire de la Guadeloupe* 3-4（1982）, 38。

74. Gérard Lafleur, *Saint-Claude: Histoire d'une commune de Guadeloupe*（Paris: éditions Karthala, 1993）, 25–29; Lodewijk Hulsman and Martijn van den Bel, "Recherches en archives sur la famille Sweers," *Bulletin de la Société d'Histoire de la Guadeloupe* 3-4（2012）: 45–58。

75. Jacques Petitjean-Roget, "Les Protestants à la Martinique sous l'Ancien Régime," *Revue d'histoire des colonies* 42, no. 147（1955）, 238–240。

76. Arjan Poelwijk, "*In dienste vant suyckerbacken*": *De Amsterdamse suikernijverheid en haar ondernemers, 1580–1630*（Hilversum: Verloren, 2003）, 54; J. J. Reese, *De suikerhandel van Amsterdam van het begin der 17de eeuw tot 1813; een bijdrage tot de handelsgeschiedenis des vaderlands, hoofdzakelijk uit de archieven*, 2 vols.（'s-Gravenhage: Martinus Nijhoff, 1908–1911）, 1: 107。

77. NAN, Collectie Radermacher 619。

78. 关于埃塞奎博，参见 *Report and Accompanying Papers of the Commission Appointed by the President, by United States: Commission to Investigate and Report upon the True Divisional Line between Venezuela and British Guiana*（Washington, DC: Government Printing Office, 1897）, 192n.2。关于圣尤斯特歇斯岛，参见 "List of Things Found on St. Eustatius," August 23, 1665, in W. Noël Sainsbury, *Calendar of State Papers [CSP], Colonial Series, America and West Indies, 1661–1668, Preserved in the State Paper Department of Her Majesty's Public Record Office*（London: Her Majesty's Stationery Office, 1880）, 319–320。

79. Charles de Rochefort, *Le tableau de l'isle de Tabago, ou de la Nouvelle Oüalchre, l'une des Isles Antilles de l'Amerique, Dependante de la souverainité des Hauts & Puissans Seigneurs les Estats Generaus des Provinces Unies des Pais-bas*（Leyde: Jean le Carpentier, 1665）, 59; Sainsbury, *CSP, 1661–1668*, 355. 一些糖料作物种植者从巴西直接或间接地搬到了库拉索岛。见 NAN, SG 5769, Governor Jan Doncker to the States General, Curaçao, September 20, 1674。如果他们就是那些试图在荷兰人的岛上种糖的人，那么他们的努力收效甚微。到1688年，种甘蔗的计划被放弃了。见

Willem Wubbo Klooster, "Illicit Riches: The Dutch Trade in the Caribbean, 1648–1795" (PhD diss., Uni-versity of Leiden, 1995), 62。

80. ZA, SZ 2035–50, list of inhabitants of Tobago, July 5, 1668. The quotation is from W. Noel Sainsbury, ed., *CSP, Colonial Series, America and West Indies, vol. 9: 1675–1676, and Addenda, 1574–1674* (London: Her Majesty's Stationery Office, 1893), 154.

81. Placard of governor Philip Julius Lichtenbergh of Suriname, Suriname, April 5, 1669, in Jacobus Thomas de Smidt and To van der Lee, eds., *West-Indisch plakaat-boek: Plakaten, ordonnantiën en andere wetten, uitgevaardigd in Suriname, 1667–1816*, 2 vols. (Amsterdam: S. Emmering, 1973), 1: 38; ZA, SZ 2035–204 /205 /206, Governor Julius Lichtenbergh to the States of Zeeland, Suriname, February 8, 1670; ZA, SZ 2035–225, petition of the inhabitants of Suriname to the States of Zeeland, March 11, 1671. 直到17世纪80年代中期，制造流程才有了必要的改进。见 Frederik Oudschants Dentz, *Cornelis vann Aerssen van Sommelsdijck: Een belangwekkende figuur uit de geschiedenis van Suriname* (Amsterdam: P. N. van Kampen & Zoon, 1938), 94。

82. NAN, OWIC 55, Johan Maurits and council to the Heren XIX, Recife, March 2, 1639.

83. GAR, ONA 202, act 280/386, Act of November 19, 1641, testimony of Cornelis Jacobs, Hans Bierboom, and Floris Tomasz, on behalf of Lucas Lucasz van Brugge; Resolutions of the States General, December 27, 1638 and November 17, 1642, http://www.historici.nl/Onderzoek/Projecten/BesluitenStaten-generaal 1626–1651, accessed February 4, 2013; Klaas Ratelband, *Vijf dagregisters van het kasteel São Jorge da Mina* (Elmina) *aan de Goudkust* (1645–1647) ('s-Gravenhage: Martinus Nijhoff, 1953), li–lv. 1699年，这次在萨利赫，奴役荷兰奴隶船上船员的情况再次发生。见 Johan Cornelis de Bakker, "Slaves, Arms, and Holy War: Moroccan Policy *vis-à-vis* the Dutch Republic during the Establishment of the 'Alaw ī Dynasty (1660–1727)" (PhD diss., University of Amsterdam, 1991), 159。

84. Piet Boon, "Genomen door den Turck: Christenslaven in Noord-Afrika," in *Slaven en schepen: Enkele reis, bestemming onbekend*, ed. Remmelt Daalder, Andrea Kieskamp and Dirk J. Tang (Leiden: Primavera Pers; and Amsterdam: Stichting Nederlands Scheepvaartmuseum 2001), 66–67.

85. Dienke Hondius, "Black Africans in Seventeenth-Century Amsterdam," *Renaissance and Reformation/Renaissance et Réforme* 31, no. 2 (2008), 88–89.

86. De Laet, *Iaerlijck Verhael*, 1: 26, 160–161. 1606年，一艘荷兰船将一艘俘获的葡萄牙

船上的非洲人卖给了一名英格兰船主。见Klein, *Trippen in de 17e eeuw*, 139。在17世纪30年代，英格兰私掠船俘虏了16艘船，加剧了伊比利亚半岛奴隶供应的低迷。见 Linda M. Heywood and John K. Thornton, *Central Africans, Atlantic Creoles, and the Foundation of the Americas, 1585–1660*（Cambridge, UK: Cambridge University Press, 2007）, 41。

87. Engel Sluiter, "New Light on the '20. and Odd Negroes' Arriving in Virginia, August 1619," *William and Mary Quarterly* 54, no. 2（1997）: 395–398.

88. De Laet, *Iaerlijck Verhael*, 4: 287; Heywood and Thornton, *Central Africans*, 37.

89. Filipa Ribeiro da Silva, "Crossing Empires: Portuguese, Sephardic, and Dutch Business Networks in the Atlantic Slave Trade, 1580–1674," *Americas* 68, no. 1（2011）, 22; Cátia Antunes and Filipa Ribeiro da Silva, "Amsterdam Merchants in the Slave Trade and African Commerce, 1580s–1670s," *Tijdschrift voor Sociale en Economische Geschiedenis* 9, no. 4（2012）: 3–30.

90. 卡斯珀·范森登不在其中，他于1596年从伊丽莎白女王那里获得了许可证，可以运输居住在英格兰的黑人，并将其作为奴隶在伊比利亚半岛出售。尽管瓜斯科称他为"荷兰人"，但他其实来自吕贝克。见Michael Guasco, "'Free from the Tyrannous Spanyard'? Englishmen and Africans in Spain's Atlantic World," *Slavery and Abolition: A Journal of Slave and Post-Slave Studies* 29, no. 1（2008）, 11; Miranda Kaufmann, "Caspar van Senden, Sir Thomas Sherley and the 'Blackamoor' Project," *Historical Research* 81, no. 212（2008）: 366–371。

91. 洛里默推测，从佛得角、埃尔米纳和巴西归来的荷兰船已经提供了这些奴隶，而拉特尔班德则认为葡裔犹太人可能对此负有责任。见Joyce Lorimer, ed., *English and Irish Settlement on the River Amazon, 1550–1646*（London: Hakluyt Society, 1989）, 76; Klaas Ratelband, ed., *De Westafrikaanse reis van Piet Heyn 1624–1625*（'s-Gravenhage: Martinus Nijhoff, 1959）, ciii。泽兰商会在1626年年末将至少一艘船派往安哥拉，为亚马孙输入奴隶。见*Report and Accompanying Papers*, 44。

92. Klaas Ratelband, *Nederlanders in West-Afrika 1600–1650: Angola, Kongo en São Tomé*（Zutphen: Walburg Pers, 2000）, 50; Porter, "European Activity on the Gold Coast," 81.

93. Germán Peralta Rivera, *El comercio negrero en América Latina*（1595–1640）（Lima: Universidad Federal Federico Villareal/Editorial Universitaria, 2005）, 301. 1647年至1648年，来自阿姆斯特丹的6名葡裔犹太人投资了英格兰的一次去往卡拉巴尔和西班牙大陆的奴隶运输。见examination of Luís de Chávez, Cartagena de Indias, July 15,

September 1, and October 10, 1649, in Anna María Splendiani, *Cincuenta años de Inquisición en el Tribunal de Cartagena de Indias 1610–1660*, 4 vols.（Santafé de Bogotá: Centro Editorial Javeriano, Instituto Colombiano de Cultura Hispánica, 1997）, 3: 245–247。

94. "Sommier discours," 292–293.

95. NAN, OWIC 9, Heren XIX to the Political Council in Pernambuco, Amsterdam, April 19, 1635; Porter, "European Activity on the Gold Coast," 151.

96. NAN, OWIC 51, fol. 122, councilors Jacob Stachouwer, E. Herckmans, H. Schilt, and P. Serooskercke to the Heren XIX, Recife, November 6, 1636; Cuthbert Pudsey, *Journal of a Residence in Brazil*, ed. Nelson Papavero and Dante Martins Teixeira（Petrópolis: Petrobas, 2000）, 133.

97. NAN, SG 5756, Johan Maurits to the States General, Pernambuco, June 1, 1641. 最后一个观点是错误的。很少有非洲人在波托西或萨卡特卡斯两个主要采矿中心工作，那里绝大多数是美洲印第安人。

98. Luiz Felipe de Alencastro, "La traite négrière et les avatars de la colonisation portugaise au Brésil et en Angola（1550–1825），" in *Cahiers du C.R.I.A.R.* no. 1,（Paris: Presses Universitaires de France, 1981）, 31. 我没有找到证据支持一位历史学家的说法，即葡萄牙商人向伯南布哥的荷兰人提供了许多奴隶。见 José Gonçalves Salvador, *Os Magnatas do Tráfico Negreiro*（*Séculos XVI e XVII*）（São Paulo: Editora da Universidade de São Paulo, 1981）, 87。

99. Porter, "European Activity on the Gold Coast," 223–224. 在卡拉巴尔，荷兰人要想做生意，就得出售他们从俘获的葡萄牙船上没收的葡萄牙臂环。见 NAN, OWIC 52, fol. 49, Claes van IJperen in Fort Nassau, Mouri, to Johan Maurits and Council in, April 19, 1637。

100. 这种期望并没有被夸大。在该世纪的前15年，罗安达的合法奴隶输出量为1.2万~1.3万名，而在路易·门德斯·德巴斯孔塞洛斯统治的4年里（1617年8月至1621年10月），有5万名奴隶离开了安哥拉首府。见 Beatrix Heintze, "Das Ende des unabhängigen Staates Ndongo（Angola）: Neue Chronologie und Reinterpretation（1617–1630），" *Paideuma* 27（1981）, 199–200, 208–209。

101. Ratelband, *Nederlanders in West-Afrika*, 156–157.

102. Instructions of Johan Maurits and the Secret Council of Brazil to Admiral Jol, P. Moortamer, C. Nieulant, and J. Henderson, Recife, May 28, 1641, in Jadin, *L'ancien*

Congo et l'Angola, 38.

103. NAN, SG 5756, "Provisionele Instructie voor de Regeringe van het Suijder district van de Cust van Africa," confirmed April 11, 1642, fol. 43.

104. Report by Pieter Moortamer to the Council in Brazil, on board the Mau-ritius, October 14, 1642, in Jadin, *L'ancien Congo et l'Angola*, 349; Ernst van den Boogaart and Pieter C. Emmer, "The Dutch Participation in the Atlantic Slave Trade, 1596–1650," in *The Uncommon Market: Essays in the Economic History of the Atlantic Slave Trade*, ed. Henry A. Gemery and Jan S. Hogendorn（New York, San Francisco, and London: Academic Press, 1979）, 359–360.

105. Directors Nieulant and Moortamer to the Council of Brazil, Luanda, February/March 1642, in Jadin, *L'ancien Congo et l'Angola*, 204.

106. Samuel Pierre l'Honoré Naber, ed., "Nota van Pieter Mortamer over het gewest Angola（met een bijlage）," *Bijdragen en Mededeelingen van het Historisch Genootschap* 54（1933）, 33.

107. Alan Frederick Charles Ryder, "Dutch Trade on the Nigerian Coast during the Seventeenth Century," *Journal of the Historical Society of Nigeria* 3（1965）, 209, 203.

108. 另一方面，尽管来自阿德拉（贝宁）的奴隶价格低廉，但他们并没有得到所有种植园主的赞赏，他们抱怨这些奴隶行为不端、工作懒散。见NAN, OWIC 52, fol. 104, W. Schott to the WIC Chamber of Zeeland, Recife, August 25, 1637; "Sommier discours," 292。

109. David Eltis, Pieter C. Emmer, and Frank D. Lewis, "More than Profits? The Contribution of the Slave Trade to the Dutch Economy: Assessing Fatah-Black and van Rossum," *Slavery & Abolition*（forthcoming）.

110. Hans Cools, "Francesco Feroni（1614/16–1696）: Broker in Cereals, Slaves, and Works of Art," in *Your Humble Servant: Agents in Early Modern Europe*, ed. Hans Cools, Marika Keblusek and Badeloch Noldus（Hilversum: Uitgeverij Verloren, 2006）, 45–47.

111. Report from Pieter Moortamer to the Council of Brazil, on board the *Mauritius*, October 14, 1642, in Jadin, *L'ancien Congo et l'Angola*, 354. See also Van den Boogaart and Emmer, "Dutch Participation," 46–47.

112. L'Honoré Naber, "Nota van Pieter Mortamer," 38; Report of the committee for the reorganization of the WIC, October 10, 1646, in Jadin, *L'ancien Congo et l'Angola*, 856.

113. Van den Boogaart and Emmer, "Dutch Participation," 363-364; Ratelband, Nederlanders in West-Afrika, 215-216.
114. Governor and council of Brazil to the directors in Luanda, Recife, August 14, 1643, in Jadin, L'ancien Congo et l'Angola, 475; Ratelband, Nederlanders in West-Afrika, 180.
115. 阿德拉似乎是荷属巴西天花的源头。"黑啤号"在1642年从阿德拉和卡拉巴尔运来的185名非洲人中,有26人在前往巴西的途中死亡。1642年"泽兰雌狮号"到达阿德拉时,236个奴隶中有54人也发生了这种情况。见NAN, OWIC 57, fol. 153, Johan Maurits and Council to the Heren XIX, April 30, 1642; NAN, OWIC 57, fol. 111, Willem van Mekren, aboard the ship the *Gulden Rhee* at Cape Lopez, to Johan Maurits and Council, May 21, 1642。
116. NAN, OWIC 57, fol. 64, request by the *senhores de ingenhos and lavradores* in Paraíba to the governor-general and council. See also NAN, OWIC 55, fol. 123, request by João Carneiro de Marij from Pojuca to Johan Maurits and the High and Secret Council; NAN, OWIC 57, fol. 26, the Portuguese aldermen of Mauritia to the States General, September 14, 1642; NAN, OWIC 58, fol. 113, request by the inhabitants of the Varzea to the governor-general and council, 1643.
117. Ratelband, *Nederlanders in West-Afrika*, 223-225, 241. 苏里南总督在多年后提出的奴隶供应不足导致荷兰海外殖民地沦陷的观点对新尼德兰和巴西而言都是错误的。见NAN, Collectie Radermacher 609, no. 6, Governor Van Sommelsdyck to the directors of the colony, Suriname, May 27, 1685。
118. Richard Pares, *War and Trade in the West Indies 1739-1763*(Oxford: Clarendon Press, 1936), 333.
119. Pieter Cornelis Emmer, "The Dutch and the Making of the Second Atlantic System," in *Slavery and the Rise of the Atlantic System*, ed. Barbara L. Solow(Cambridge, UK: Cambridge University Press, 1991), 84.
120. Report of the Heren XIX on the Angolan trade, May 23, 1647, in Jadin, *L'ancien Congo et l'Angola*, 894-896; Advice of the Chamber of Accounts of the West India Company, delivered to the commissioners of the States General, May 27, 1647, in O'Callaghan, Documents, 1: 243. 5年后,西印度公司允许新尼德兰的居民为农业目的从非洲引进奴隶。见WIC directors to the inhabitants of Manhattan, Amsterdam, April 4, 1652, in Charles T. Gehring, ed., *Correspondence 1647-1653*, New Netherland Documents Series, vol. 11(Syracuse; Syracuse University Press, 2000), 160. 在第一次安排前后,

有一些船直接从安哥拉航行到加勒比海,例如,"塔曼达雷号",该船于1646年将300名非洲人从安哥拉运送到巴巴多斯。见Ratelband, *Nederlanders in West-Afrika*, 259, 278。

121. 荷兰在欧洲奴隶贸易中充当中介的一个例子是,1666年,一批被奴役的黑人被从葡萄牙的比拉诺瓦运到加的斯。见NAUK, HCA 30-641, Lammert Jansen Vermeij to Maria Adams-Oosterwijk, Vilanova, January 26, 1666。

122. 库拉索岛是荷兰奴隶船的最大接收地,但抵达的奴隶本来要被转运到西班牙殖民地。这3次航行中,苏里南和库拉索岛是奴隶船的目的地:"黑鹰号"/"阿吉拉号"(1668年)、"金日号"(1669年)和"泽兰迪亚号"(1670年)。见Trans-Atlantic Slave Trade Database, voyage identification nos. 11779, 11581, and 44143, http://www.slavevoyages. org, accessed April 23, 2013。新尼德兰也不是惯常的奴隶购买地。新阿姆斯特丹的12名请愿者在1660年强调说,殖民者从"我们的邻居、法兰西人、英格兰人、瑞典人、丹麦人和库兰德人"那里购买奴隶。见Susanah Shaw Romney, *New Netherland Connections: Intimate Networks and Atlantic Ties in Seventeenth-Century America* (Chapel Hill: University of North Carolina Press for the Omohundro Institute of Early American History and Culture, 2014) , 200。

123. 跨大西洋奴隶贸易数据库记录了"燕子号"(1664年, no. 9587)、"乐途号"(1665年, no. 9601)、"威廉号"(1666年, no. 9612)、"约克号"(1667年, no. 28050)和"托马斯与威廉号"(1668年, no. 21579)将去往荷属圭亚那,但他们航行到了英属苏里南殖民地。见http://www.slavevoyages.org, accessed April 23, 2013。

124. 我的计算基于跨大西洋奴隶贸易数据库,同上。

125. 在里奥西努,他们被2艘西班牙船俘获并带到卡塔赫纳,那里的总督没收了船只、货物和奴隶。见NAN, SG, Loketkasten en Secreetkasten 12576.77, Jacobus Reijnst and Ab. Wilmerdonxs, WIC Chamber of Amsterdam, to the States General, Amsterdam, November 3, 1661; AGS, Estado 8390, fol. 269, Esteban Gamarra to the Spanish Crown, The Hague, June 2, 1663。

126. NAN, NWIC 467, fol. 86, WIC directors to Nicolaas van Liebergen, Gov-ernor of Curaçao, Amsterdam, July 15, 1680; Goslinga, *Dutch in the Caribbean and Guianas*, 248. 4年前,该岛总督请求马拉开波地方当局允许其居民为来自非洲的大量奴隶购买食物。见Letizia Vaccari, ed., *Juicios de residencia en la Provincia de Venezuela: Don Francisco Dávila Orejon Gaston*(1673-1677)(Caracas: Academia Nacional de la Historia, 1983), 54。

127. Gayle K. Brunelle, *The New World Merchants of Rouen, 1559–1630* (Kirksville, MO: Sixteenth Century Journal Publishers, 1991), 17–18.

128. NAN, 1.10.72.01, 1, 171, and 172, journals of Michiel de Ruyter, 1640, 1641, and 1644–1647.

129. SAA, NA 2992, fols. 37–38, Act of January 18, 1661, testimony of Abraham Alvares from Amsterdam at the request of Isaac da Silva, alias Fernan Martins, and Moises da Silva.

130. GAR, ONA 141: 140/212, act of June 22, 1630. 巴巴多斯的第一批烟草种子是从圭亚那的荷兰殖民者那里获得的。见 Anne Pérotin-Dumon, "French, English and Dutch in the Lesser Antilles: From Privateering to Planting, c. 1550–c. 1650," in *General History of the Caribbean, vol. 2, New Societies: The Caribbean in the Long Sixteenth Century*, ed. Pieter Cornelis Emmer and Germán Carrera Damas (London: UNESCO, Macmillan Education, 1999), 124。

131. The Company of Adventurers of Providence Island to Governor Captain Philip Bell, London, February 7, 1631, in "America and West Indies: February 1631," in W. Noël Sainsbury, ed., CSP, Colonial Series, America and West Indies, vol. 1: 1574–1660 (London: Her Majesty's Stationery Office, 1860), 127.

132. 1637年3月29日，普罗维登斯岛上的公司的管理者写信给伦敦总督和议会，1638年7月3日又再次写信给伦敦总督巴特勒·纳特（同上，第249、第279页）。1639年6月颁发了自由贸易许可。见 Karen Ordahl Kupperman, *Providence Island, 1630–1641: The Other Puritan Colony* (Cambridge, UK: Cambridge University Press, 1993), 133; Paul E. Kopperman, "Ambivalent Allies: Anglo-Dutch Relations and the Struggle against the Spanish Empire in the Caribbean, 1621–1641," *Journal of Caribbean History* 21, no. 1 (1987), 62–63。荷兰对普罗维登斯岛的影响程度可以从岛上的公司管理者所写的一封信里看出，该信要求总督和议会不要在堡垒或海湾上使用荷兰语名称。已经命名的都要更改。见 Carl Bridenbaugh and Roberta Bridenbaugh, *No Peace beyond the Line: The English in the Caribbean, 1624–1690* (New York: Oxford University Press, 1972), 313, 372; The Company of Providence Island to the Governor and Council, London, March 29, 1637, in Sainsbury, *CSP, 1574–1660*, 249。

133. Christian J. Koot, *Empire at the Periphery: British Colonists, Anglo-Dutch Trade, and the Development of the British Atlantic, 1621–1713* (New York and London: New

York University Press, 2011），36–37; Monique Klarenbeek, "Grutters op de Antil-len: Particuliere kooplieden uit de Republiek op het eiland Sint Christoffel in de zeventiende eeuw," *Tijdschrift voor Zeegeschiedenis* 32, no. 2（2013），27.

134. David Watts, *The West Indies: Patterns of Development, Culture and Environmental Change since 1492*（Cambridge, UK: Cambridge University Press, 1987），157.

135. John Cordy Jeaffreson, ed., *A Young Squire of the Seventeenth Century: From the Papers （A.D. 1676–1686）of Christopher Jeaffreson, of Dullingham House, Cambridgeshire*, 2 vols.（London: Hurst and Blackett, 1878），1: 215–216. 据一位于1635年在加勒比海被西班牙人拘留的法兰西商人讲述，圣克里斯托弗岛上有2,000人居住，其中包括400名法兰西人。他断言，荷兰人中有一名听命于英籍总督的领导人。见 Jean-Pierre Moreau, *Les Petites Antilles de Christoph Colomb à Richelieu*（Paris: Karthala, 1992），205。圣克里斯托弗岛烟草的一个市场是热那亚。见 "Statistik des Amsterdamer Mittelmeerverkehres von 1646/47," Abhandlungen zur Verkehr-und Seegeschichte 1–2（1908），218, 323。

136. Testimonies of Henry Waad, Richard Waad, and Henry Wheeler, October 9, 1654, in *Analecta Hibernica* 4（1932），225–228.

137. Richard S. Dunn, *Sugar and Slaves: The Rise of the Planter Class in the English West Indies, 1624–1713*（Chapel Hill: University of North Carolina Press, 1972），122n.

138. Donald Harman Akenson, *If the Irish Ran the World: Montserrat, 1630–1730*（Montreal: McGill-Queen's University Press, 1997），67. 有关荷兰人从百慕大运输烟草的情况，参见 Order of a General Court for the Somers Islands Company, April 24, 1652, in Sainsbury, *CSP, 1574–1660*, 378。

139. Bijlsma, "Rotterdam's Amerika-vaart," 125, 127; W. G. D. Murray, "De Rotterdamsche toeback-coopers," *Rotterdamsch jaarboekje*, ser. 5, 1（1943），23.

140. GAR, ONA 86: 336/637, Act of December 28, 1644.

141. GAR, ONA 86, 307/585, Act of January 13, 1644, agreement between Aelbrecht Cockx and Simon Gordon, Randel Russell, Thomas Iverson, Lawrence Liveson, Marguet St. Jordin, Thomas Bagbew, Edward Carlisle, William Badcock, John Thomson, John Arnett, and Henry Wooten. 1645年年末，拉塞尔回到鹿特丹贩卖圣克里斯托弗岛的烟草。见 GAR, ONA 96, 81/127, Act of March 1, 1646。库特认为，塞缪尔·温思罗普（马萨诸塞总督约翰·温思罗普之子）1647年出现在鹿特丹和他随后在安提瓜和圣基茨发展种植业之间存在联系。见 *Empire at the Periphery*, 51。

142. SAA, NA 490/252, Act of June 3, 1642, contract of Pieter Jansz van der Veer and Pieter Janssen of Flushing employ Gerrit Burmeester, Pieter Graeff, Pieter Roeloffs, Torsten Sijbrantsson and Hendrick Bottelman（St. Christopher）; GAR, ONA 74/131, Act of March 9, 1644. 爱德华·卡莱尔与1名18岁和1名17岁男孩的父母之间订立合同，2个男孩要为他在圣克里斯托弗岛的烟草种植园工作4年。关于巴巴多斯的情况，参见SAA, NA 1620, act of December 12, 1645。

143. Bijlsma, "Rotterdam's Amerika-vaart," 131, 134.

144. Arne van der Schoor, *Stad en aanwas: Geschiedenis van Rotterdam tot 1815*, 2 vols.（Zwolle: Waanders Uitgevers, 1999）, 1: 212.

145. Van den Boogaart et al., *Expansión holandesa en el Atlántico*, 163.

146. The King to the Governor and Council of Virginia, April 22, 1637, in Sainsbury, *CSP, 1574–1660*, 250–251; SAA, NA 1609, fols. 43–46, Act of June 29, 1639. Petition of Dutch merchants to the States General, c. November 1651, in O'Callaghan, *Documents*, 1: 436–437. 关于奴隶供应，参见John R. Pagan, "Dutch Maritime and Commercial Activity in Mid-Seventeenth-Century Virginia," *Virginia Magazine of History and Biography* 90（1982）, 497。

147. Victor Enthoven and Wim Klooster, "Contours of Virginia-Dutch Trade in the Long Seventeenth Century," in *Early Modern Virginia: New Essays on the Old Dominion*, ed. Douglas Bradburn and John Coombs（Charlottesville: University of Virginia Press, 2011）, 95–96; Beverley Fleet, ed., *Virginia Colonial Abstracts*, vol. 24（York County）（Baltimore: Genealogical Publishing Co.）, 82; GAR, ONA, Act of August 14, 1645.

148. Nell Marion Nugent, *Cavaliers and Pioneers: Abstracts of Virginia Land Patents and Grants, 1623–1800*（Richmond, VA: Dietz Printing, 1934）, 98, 104–105.

149. Jacobs, *Zegenrijk gewest*, 203; Pagan, "Dutch Maritime and Commercial Activity," 487–488.

150. Pagan, "Dutch Maritime and Commercial Activity," 489; Koot, *Empire at the Periphery*, 44. 1649年的一本小册子指出，在弗吉尼亚，"去年圣诞节，我们与伦敦来的10艘船、布里斯托尔来的2艘船、12艘荷兰船以及新英格兰来的7艘船进行了交易"。James R. Perry, *The Formation of a Society on Virginia's Eastern Shore, 1615–1655*（Chapel Hill and London: University of North Carolina Press, 1990）, 149。

151. Philip Alexander Bruce, *Economic History of Virginia in the Seventeenth Century. An Inquiry into the Material Condition of the People, Based upon Original and*

Contemporaneous Records（New York and London: MacMillan, 1907）, 290-291; Pagan, "Dutch Maritime and Commercial Activity," 491.

152. Quoted in John C. Appleby, "English Settlement in the Lesser Antilles during War and Peace, 1603-1660," in *The Lesser Antilles in the Age of European Expansion*, ed. Robert L. Paquette and Stanley L. Engerman（Gainesville: University Press of Florida, 1996）, 96. See also The King to the feoffees of Jas. late Earl of Carlisle, April 1637, in Sainsbury, CSP, 1574-1660, 251.

153. Herbert Klein, *The Atlantic Slave Trade*（Cambridge, UK: Cambridge University Press, 1999）, 29.

154. 拉塞尔·R.梅纳德认为,"荷兰人的神话"起源于17世纪60年代的巴巴多斯岛,是由种植园主在经济萧条时期反对《航海法案》而发展起来的。见*Sweet Negotiations: Sugar, Slavery, and Plantation Agriculture in Early Barbados*（Charlottesville: University of Virginia Press, 2006）, 51。

155. Alan Taylor, *American Colonies*（New York: Viking, 2001）, 210.

156. 这一理论的支持者可以参考当代英国文献。其中一份文献称,在内战期间,荷兰人"控制着西部殖民地的全部贸易,并向该岛提供黑人、铜器、蒸馏器和其他一切与当地人有关的东西"。引自 Vincent T. Harlow, *A History of Barbados, 1625-1685*（New York: Negro Universities Press, 1926）, 42。

157. Ibid., 38. 这是一份1634年到1669年期间在巴巴多斯进行贸易的138艘荷兰船的清单,参见Yda Schreuder, "Evidence from the Notarial Protocols in the Amsterdam Municipal Archives about Trade Relationships between Amsterdam and Barbados in the Seventeenth Century," *Journal of the Barbados Museum and Historical Society* 52（2006）, 73-77。

158. Larry Gragg, *Englishmen Transplanted: The English Colonization of Barbados, 1627-1660*（Oxford: Oxford University Press, 2003）, 104; Koot, *Empire at the Periphery*, 62-63; Petition of Anthony Rous to the Lord Protector and Council, Barbados, November 18, 1656, in "America and West Indies: November 1656," in Sainsbury, CSP, 1574-1660, 451. 这些马来自联省共和国、新尼德兰和库拉索岛。见Resolutions of the States of Holland, November 29, 1650, in *Resolutien van de Heeren Staten van Hollandt en Westvrieslandt, genomen zedert den aenvang der bedieninge van den Heer Johan de Witt, beginnende met den tweeden Aug. 1653 ende eyndigende met den negentienden Dec. 1668*（Amsterdam: J. Oosterwyk, Steenhouwer en Uytweri, 1719）,

353; Alexander Gunkel and Jerome S. Handler, "A Swiss Medical Doctor's Description of Barbados in 1661: The Account of Christian Spoeri," *Journal of the Barbados Museum and Historical Society* 33（1969）, 3。

159. Nicholas Darnell Davis, *The Cavaliers and Roundheads of Barbados, 1650–1652* （Demerara: "Argosy" Press, 1883）, 49.

160. Eric Otremba, "Inventing Ingenios: Experimental Philosophy and the Secret Sugar-Makers of the Seventeenth-Century Atlantic," *History and Technology: An International Journal* 28, no. 2（2012）, 131.

161. Van den Boogaart et al., *Expansión holandesa en el Atlántico*, 163; Klooster, "Illicit Riches," 209-220.

162. 关于这一观点的例子参见 Yda Schreuder, "The Influence of the Dutch Colonial Trade in Barbados in the Seventeenth Century," *Journal of the Barbados Museum and Historical Society* 48（2002）, 53; Matthew Parker, *The Sugar Barons: Family, Corruption, Empire, and War in the West Indies*（New York: Walker & Company, 2011）, 57. 也没有任何证据证明荷兰人在17世纪20年代和30年代向加勒比其他地区提供了奴隶。这一尚不确定的观点，见 Betty Wood, "The Origins of Slavery in the Americas, 1500–1700," in *The Routledge History of Slavery*, ed. Gad Heuman and Trevor Burnard（London and New York: Routledge, 2011）, 70–71。

163. 1644年，毛里茨亲王到西非购买非洲人并在巴巴多斯出售时，十九人委员会对此表示反对。见 NAN, OWIC 9, Heren XIX to Director Ruijchaver, Amsterdam, August 22, 1644。顺便一提的是，巴蒂过多描写了发生在1645年的事情。Robert Carlyle Batie, "Why Sugar? Economic Cycles and the Changing of Staples on the English and French An tilles, 1624–1654," in *Caribbean Slave Society and Economy: A Student Reader*, ed. Hilary Beckles and Verene Shepherd（Kingston: Ian Randle; and London: James Currey, 1991）, 47。

164. NAN, OWIC 60, fol. 89, instructions from the High Council in Brazil for the *commies* Walien Jorisz and his colleague Laurens van Heusden, December 30, 1645.

165. Porter, "European Activity on the Gold Coast," 263.

166. 1646年，"塔曼达雷号"走私船从安哥拉向巴巴多斯运送了300名非洲人。见 Ratelband, *Nederlanders in West-Afrika*, 259, 278。另外2艘船是"圣雅各布号"（1644年被英格兰人俘获）和"塞罗布号"（1646年）。见 the Trans-Atlantic Slave Trade Database, voyage identification nos. 21962 and 11855, http://www.slavevoyages.

org, accessed April 23, 2013。

167. Franz Binder, "Die zeeländische Kaperfahrt 1654–1662," *Archief: Mededelingen van het Zeeuwsch Genootschap der Wetenschappen*（1976）, 53.

168. 1653年，西印度公司允许个体商人在西印度群岛出售非洲俘虏。见WIC Directors to Director General Petrus Stuyvesant and Council of New Netherland. Amsterdam, July 6, 1653, in Gehring, *Correspondence*, 214–215。

169. 1658年，巴巴多斯当局俘获了2艘荷兰奴隶船，船上分别有253名奴隶和191名奴隶。见Koot, *Empire at the Periphery*, 71。

170. 也见Larry Gragg, "'To Procure Negroes': The English Slave Trade to Barbados, 1627-60," *Slavery and Abolition* 16（1995）: 65–84; Van den Boogaart et al., *Expansión holandesa en el Atlántico*, 161。

171. Ratelband, *Vijf dagregisters*, 6, 9, 11–12, 54, 117, 165–166, 169–171, 195, 211, 265, 282, 284–285, 292, 293–294.

172. Van den Boogaart and Emmer, "Dutch Participation," 371–372.

173. John J. McCusker and Russell R. Menard, "The Sugar Industry in the Seventeenth Century: A New Perspective on the Barbadian 'Sugar Revolution,'" in *Sugar and the Making of the Atlantic World, 1450–1680*, ed. Stuart B. Schwartz（Chapel Hill and London: University of North Carolina Press, 2004）, 301–303.

174. Koot, *Empire at the Periphery*, 49.

175. Ibid., 34, 38.

176. Murray, "De Rotterdamsche toeback-coopers," 34. 但是，荷兰人依然很有影响力，以至于有几名弗吉尼亚人和他们来自西印度群岛的同人一样，登上船以便将农作物运到荷兰共和国做贸易。见GAR, ONA 99: 160/290（April 10, 1642）; 204: 288/435（July 26, 1643）; 152: 647/957（August 29, 1643）; Ralph T. Whitelaw, *Virginia's Eastern Shore: A History of Northampton and Accomack Counties*, 2 vols.（Richmond: Virginia Historical Society, 1951）, 1: 108, 289。1636年，约翰·盖特在伊丽莎白城购买了一块300英亩的种植园。见Nugent, *Cavaliers and Pioneers*, 49。

177. April Lee Hatfield, *Atlantic Virginia: Intercolonial Relations in the Seventeenth Century*（Philadelphia: University of Pennsylvania Press, 2004）, 49.

178. Charles M. Andrews, *The Colonial Period of American History*, 4 vols.（New Haven: Yale University Press, 1938）, 4: 36–37, 61–62; Koot, *Empire at the Periphery*, 59.

179. GAR, ONA 263, 530/745; 480, 66/89; 437, 69/88, Acts of November 2, 1643, December

22, 1643, and May 16, 1645.

180. GAR, ONA 96, 23/34, Act of March 17, 1645; GAR, ONA 474, 390/619, Act of June 7, 1648.

181. 他与市长彼得·索内曼斯和市议员科内利斯·科南共用一个巴巴多斯代理商。利内利斯·科南在1645年向巴巴多斯运送了2,000磅火药。关于圣基茨的情况,参见GAR, ONA 96: 210/325, Act of October 6, 1649。关于巴巴多斯的情况,参见GAR, ONA 87, 69/142, Act of December 19, 1647。关于科南的情况,参见Henriette de Bruyn Kops, *A Spirited Exchange: The Wine and Brandy Trade between France and the Dutch Republic in Its Atlantic Framework, 1600–1650*(Leiden: Brill, 2007), 101n.59。科南还在弗吉尼亚与他人共有一座种植园。见GAR, ONA, 537, 97/161, Act of August 22, 1648。

182. GAR, ONA 472, 192/305, Act of March 11, 1647.

183. 他们购买烟草的远征撞上了著名的英格兰烟草商人理查德·英格尔——他于1645年2月袭击了马里兰并接管了殖民地政府。英格尔强迫荷兰人交出烟草。见GAR, ONA 90, 257/384 and 96, 53/78, acts of September 16 and 26, 1645。

184. Bijlsma, "Rotterdam's Amerika-vaart," 132.

185. GAR, ONA 394, 282/489, Act of June 16, 1656.

186. NAN, SG 4846, Resolutions of the States General, February 18, 1651: Goslinga, *Dutch in the Caribbean and Wild Coast*, 330.这次俘获行动令阿姆斯特丹和泽兰的人们大为恼火。见Steven C.A. Pincus, *Protestantism and Patriotism: Ideologies and the Making of English Foreign Policy, 1650–1668*(Cambridge, UK: Cambridge University Press, 1996), 65。并非所有荷兰商人和船东最终都损失惨重。1651年,2名在巴巴多斯被英格兰人扣留货物的商人从保险公司那里获得了保险赔偿。见Waterlands Archief(Purmerend), Notarieel Archief, 516, Act of February 28, 1654。

187. Charles Wilson, *Profit and Power: A Study of England and the Dutch Wars*(London, New York and Toronto: Longmans, Green, 1957), 87; Claudia Schnurmann, *Atlantische Welten: Engländer und Niederländer im amerikanisch-atlantischen Raum 1648–1713*(Köln: Böhlau Verlag, 1998), 182–184. 这些事件与第一次英荷战争期间没收的荷兰船无关。英格兰私掠船扣押了至少18艘从西印度群岛返航的泽兰船,总吨位约为4,080吨。见NAN, SG 5765, directors of the WIC, Chamber of Zeeland, to the States General, Middelburg, March 26, 1654。阿姆斯特丹、泽兰和梅兹商会评估的总损失约为70万荷兰盾。见NAN, SG, Loketkasten en Secreetkasten 12576.68,

"Index sive Repertorium querularum et postulatorum, quae ex parte mercatorum aliorum Belagrum contra populos Reipublicae Angliae"。此外，1654年，荷兰商人在圣基茨的十几个仓库也被扣押。见 Bridenbaugh and Bridenbaugh, *No Peace beyond the Line*, 309n。

188. Koot, *Empire at the Periphery*, 67.
189. Carla Gardina Pestana, *The English Atlantic in an Age of Revolution, 1640–1661* (Cambridge, MA: Harvard University Press, 2004), 129.
190. Koot, *Empire at the Periphery*, 99.
191. David Ormrod, *The Rise of Commercial Empires: England and the Netherlands in the Age of Mercantilism, 1650–1770* (Cambridge, UK: Cambridge University Press, 2003), 311–312; Schreuder, "Evidence from the Notarial Protocols," 68; Koot, *Empire at the Periphery*, 140.
192. Jan Kupp, "Aspects of New York-Dutch Trade under the English, 1670–1674," *New York Historical Society Quarterly* 58 (1974), 141.
193. Dennis J. Maika, "Commerce and Community: Manhattan Merchants in the Seventeenth Century" (PhD diss., New York University, 1995), 392–393; Koot, *Empire at the Periphery*, 111–116.
194. James B. Collins, "The Role of Atlantic France in the Baltic Trade: Dutch Traders and Polish Grain at Nantes, 1625–1675," *Journal of European Economic History* 13, no. 1 (1984), 245, 251, 259–260.
195. Stewart L. Mims, *Colbert's West India Policy* (New Haven: Yale University Press, 1912), 20.
196. See NAUK, HCA 30/226, Esbrant Winter to Jean de Lievett in St. Christophe, Amsterdam, October 4, 1664.
197. 缴获了一艘伊比利亚大型奴隶船的荷兰私掠船，在同年将非洲人移交给圣克里斯托弗岛的种植园主，这是合乎逻辑的。见 Clarence J. Munford, *The Black Ordeal of Slavery and Slave Trading in the French West Indies 1625–1715*, 3 vols. (Lewiston, NY: Edwin Mellen Press, 1991), 2: 378。
198. Mims, *Colbert's West India Policy*, 22–23, 26, 39; Pierre Pelleprat, *Relato de las Misiones de los Padres de la Compañía de Jesús en las Islas y en Tierra Firme de América Meridional* (Caracas: Academia Nacional de la Historia, 1965), 56. 荷兰私掠船有时会在法属群岛上出售战利品。1636年，有一人把一艘伊比利亚船上的大量

奴隶交给了圣克里斯托弗岛的法兰西种植园主，另一人于1654年在圣克里斯托弗岛和瓜德罗普出售了大量的（英格兰）战利品。见 Munford, *Black Ordeal*, 3: 467; A. Bijl, *De Nederlandse convooidienst: De maritieme bescherming van koopvaardij en zeevisserij tegen piraten en oorlogsgevaar in het verleden*（'s-Gravenhage: Martinus Nijhoff, 1951）, 104–106。

199. Bridenbaugh and Bridenbaugh, *No Peace beyond the Line*, 182.
200. Charles Frostin, *Histoire de l'autonomisme colon de la partie française de St. Domingue aux XVIIe et XVIIIe siècles: Contribution à l'étude du sentiment américain d'indépendance*（Lille: Université de Lille III, 1973）, 31, 62, 65. See also Pérotin-Dumon, *Ville aux îles, la ville dans l'île*, 115.
201. Lafleur, "Relations avec l'étranger," 29, 34. 烟草业最大的债务人是耶稣会。参见 Laënnec Hurbon, *Le phénomène religieux dans la Caraïbe: Guadeloupe, Martinique, Guyane, Haïti*（Paris: éditions Karthala, 2000）, 33。
202. Frostin, *Histoire de l'autonomisme colon*, 65.
203. 其中一位是阿姆斯特丹商人弗雷德里克·拉福恩，他在瓜德罗普、圣克里斯托弗岛和马提尼克岛从事贸易活动，一直到1662年。见 SAA, NA 2995, fols. 300–301, Act of September 28, 1662。
204. Pierre Pluchon, *Histoire des Antilles et de la Guyane*（Toulouse: Edouard Privat, 1982）, 71, 89.
205. Jean Petitjean Roget, ed. *Histoire de l'Isle de Grenade en Amérique, 1649–1659: manuscrit anonyme de 1659*（Montréal: Presses de l'Université de Montréal, 1975）, 117. 1663年，让·罗伊聘用扬·威廉森做马提尼克岛的制桶工人。见 SAA, NA 2995, Act of April 26, 1663。其他一些荷兰人与法兰西殖民地签订协议的公证件保存了下来。参见 GAR, ONA 276, 79/175, Act of August 22, 1654, contract between Tomas Verniers and Adriaen Janss van Stockum（Guadeloupe）; SAA, NA 2993, fols. 498–499, Act of November 8, 1661: Jan de Hamel employs Jan Heijnen（St. Christophe）; SAA, NA 2995, fols. 232–233, Act of July 28, 1662: Jacques Maheu hires Herman van der Groes as a cooper（St. Christophe）。
206. 1652年，胡贝尔特·范加盖尔东克通过与瓜德罗普总督签订合同，率先开始了荷兰与法兰西岛屿的奴隶贸易。见 GAR, ONA 442: 89, fol. 118, Act of May 10, 1652。
207. NAN, SG 5768, WIC directors J. Rijckaert and David van Baerle to the States General, 1665. See Abdoulaye Ly, *La Compagnie du Sénégal*（s.l.: Présence Africaine, 1958）, 93.

当时有消息称，在马提尼克岛，荷兰人一年（1664—1665年）卖出了1.2万~1.3万名非洲人。但这一定是夸大其词。见 Jean-Baptiste Du Tertre, *Histoire générale des Antilles habitées par le François*, 4 vols.（Paris: Thomas Iolly, 1667–1671）, 3: 201–202。

208. 它们是"金色港湾号"（该船在1664年向马提尼克岛供应奴隶）以及"逍遥号"（该船在1666年载奴隶行驶到了法属加勒比地区）。见 the Trans-Atlantic Slave Trade Database, voyage identification nos. 33814 and 44266, http://www.slavevoyages.org, accessed April 23, 2013。

209. ZA, SZ 2035/196, Governor Julius Lichtenbergh to the States of Zeeland, Suriname, December 4, 1669. 最终，大多数非洲人在苏里南被贩卖。见 ZA, SZ 2035/202, Governor Pieter Versterre to the States of Zeeland, Suriname, December 24, 1669。

210. Willem Rudolf Menkman, *De Nederlanders in het Caraibische zeegebied waarin vervat de geschiedenis der Nederlandsche Antillen*（Amsterdam: Van Kampen & Zoon, 1942）, 73; Mims, *Colbert's West India Policy*, 326–327. 荷兰人还提供了奶牛，尽管没有证据表明它们被用于制糖厂。见 Cornelis Flessen to Barend Adriaanse, Basseterre, St. Christophe, December 4, 1664, http://brievenalsbuit.inl.nl/zeebrieven/page/article?doc=178&query=, accessed February 14, 2016。

211. Paul Butel, *Histoire des Antilles françaises, XVIIe–XXe siècle*（s.l.: Perrin, 2002）, 70; Philip P. Boucher, *France and the American Tropics to 1700: Tropics of Discontent*（Baltimore: Johns Hopkins University Press, 2008）, 157. 伯蒂·曼德尔布拉特曾提出，随荷兰人离开巴西的非洲奴隶在传播制糖业专门知识方面发挥了前所未有的作用。见 "'à la façon du Brésil': The Dutch Model of Sugar Plantations in the Anglo-and Franco-Caribbean and the Cicrulation of Knowledge in Overlapping Atlantic Worlds"（paper presented at the conference Beyond Sweetness: New Histories of Sugar in the Early Atlantic World, John Carter Brown Library, Providence, RI, October 24–27, 2013）。

212. Gérard Lafleur, "Les Hollandais et les Antilles françaises（XVIIe–XVIIIe siècles）," in *Entre Calvinistes et Catholiques: Les relations religieuses entre la France et les Pays-Bas du Nord（XVIe–XVIIIe siècle）*, ed. Yves Krumenacker（Rennes: Presses Universitaires de Rennes, 2010）, 121.

213. Quoted in John C. Rule, "Louis XIV, Roi-Bureaucrate," in *Louis XIV and the Craft of Kingship*, ed. John C. Rule（Columbus: Ohio State University Press, 1969）, 59.

214. Mims, *Colbert's West India Policy*, 47.

215. 在22年的时间里,100吨或以上的船只数量翻了2倍。见 Pluchon, *Histoire des Antilles*, 90。法属西印度公司与圣克里斯托弗岛的贸易开端不太顺利。因为商人们忽略了运送女鞋,于是当时种植园主的妻子们不得不在周日赤脚步行前去做弥撒。见 Klarenbeek, "Grutters op de Antillen," 33。
216. Boucher, *France and the American Tropics*, 172, 181.
217. SAA, NA 2230, fols. 998–999, Act of August 1, 1669, depositions of Claes Carstensz and Hendrick Breijhaen.
218. Gérard Lafleur, *Bouillante: Coeur de la Côte sous le vent（Guadeloupe）*（Paris: Karthala, 2004）, 44–45.
219. Violet Barbour, *Capitalism in Amsterdam in the Seventeenth Century*（Baltimore: Johns Hopkins Press, 1950）, 89–90; Nellis M. Crouse, *The French Struggle for the West Indies 1665–1713*（London: Frank Cass, 1966［1943］）4, 10–11; Paul Butel, *Les Caraïbes au temps des flibustiers XVIe–XVIIe siècles*（Paris: Aubier Montaigne, 1982）81–82, 97, 102.
220. Boucher, *France and the American Tropic*s, 193.
221. Pluchon, *Histoire des Antilles*, 99–102.
222. NAN, SG 4847, Resolutions of the States General, June 23, July 2, and September 5 and 20, October 13, November 1, 1668.
223. Jacques Savary, *Le parfait négociant, ou instruction générale pour ce qui regarde le commerce des merchandises de France, & des pays étrangers*, 2 vols.（Paris: Chez les Frères Estienne, 1757）, 2: 216.
224. Lafleur, "Hollandais et les Antilles françaises," 127.
225. *Buere-Praetje tusschen een borger en een matroos, aengaende de ghelegentheydt deses tijdts*［1665］.
226. The Council of the Indies to the King, Madrid, November 1, 1648, in Cornelis Frans Adolf van Dam and Irene Aloha Wright, eds., *Nederlandsche zeevaarders op de eilanden in de Caraïbische Zee en aan de kust van Columbia en Venezuela gedurende de jaren 1621–1648: Documenten hoofdzakelijk uit het Archivo General de Indias*, 2 vols.（Utrecht: Kemink & Zoon, 1934）, 2: 161–162.
227. 在17世纪40年代中期,一本小册子的作者在没有提出证据的情况下声称,荷兰人正在将奴隶船开向其西班牙对手的美洲殖民地。见 *Uyt-vaert vande West-Indische Compagnie*（1645）。
228. 1670年,"希望号"将奴隶送去了库拉索岛、卡塔赫纳和波托韦洛。

229. SAA, NA 2113A, fols. 25–27, Act of August 30, 1649, testimony of Pedro Garcia Billegas("de las Montanhas de Burgos")。关于投资者，参见 SAA, NA 2113A, fols. 113, 137–139, Act of July 15, 1649。巴尔托洛蒂和他的妻子后来留下了120万荷兰盾的遗产。参见 Norbert H. Schneeloch, "Das Kapital-engagement der Amsterdamer Familie Bartolotti in der Westindischen Compagnie," in *Wirtschaftskräfte und Wirtschaftswege: Festschrift für Hermann Kellenbenz*, ed. Jürgen Schneider, 2 vols.（Stuttgart: Klett-Cotta, 1978）, 2: 172。

230. SAA, NA 1819/800, Act of September 29, 1651.

231. NAN, OWIC 16, notes of the meeting of the WIC Chamber of Zeeland, December 11, 1672.

232. Brunelle, *New World Merchants of Rouen*, 18.

233. 没有任何文件表明马蒂亚斯在1649年之前进行过商业投机。与西印度群岛交易的29个阿姆斯特丹商人向西印度群岛政府递交了一份请求，他的名字不在其中。见 Reese, *Suikerhandel*, 2: app. VIII。此外，他在1649年仍被登记为汉堡的居民。见 Schneeloch, *Aktionäre der Westindischen Compagnie von 1674*, 305n. 3。

234. 我非常感谢鲁德·库普曼（荷兰赞丹人）与我分享这一家谱信息。1653年，玛丽亚的姐姐克里斯蒂娜与库拉索岛后来的主管路德维科斯·鲍德韦因·范巴里库姆结婚。马蒂亚斯因而与已故的约翰尼斯·德拉埃特成了亲戚——后者的第二任妻子是玛丽亚·布德维恩·范巴里库姆。见 Rolf H. Bremmer Jr., "The Correspondence of Johannes de Laet（1581–1649）as a Mirror of His Life," Lias 25, no. 2（1998）, 149。关于蒂默曼斯家族的背景，参见 Eric H. Wijnroks, *Handel tussen Rusland en de Nederlanden, 1560–1640: Een netwerkanalyse van de Antwerpse en Amsterdamse kooplieden, handelend op Rusland*（Hilversum: Verloren, 2003）, 95–98。

235. SAA, NA 1115, fol. 17, Act of October 5, 1655; AGS, Estado 8395, AGI, Indiferente General 1668, Esteban Gamarra to the Spanish Crown, The Hague, August 4, 1665, and November 1665.

236. Ribeiro da Silva, *Dutch and Portuguese in West Africa*, 309. 关于马蒂亚斯在奴隶贸易中的投资，参见 AGS, Estado 8395, fol. 69, Esteban de Gamarra to King Philip IV, The Hague, August 4, 1665。

237. David van Baerle and Abraham Wilmerdonx, WIC directors, Chamber of Amsterdam, to Petrus Stuyvesant, Amsterdam, November 23, 1654, in Berthold Fernow, *Documents Relating to the History of the Early Colonial Settlements Principally on Long Island*（Albany: Weed, Parsons, and Co., 1883）, 303; Ribeiro da Silva, *Dutch and Portuguese*

in West Africa, 309.
238. Schneeloch, *Aktionäre der Westindischen Compagnie von 1674*, 305n. 3; Reese, *Suikerhandel*, 2: 125. 马蒂亚斯完美主义的一个例子,是他寻找最好的铅片作为船上食品储藏室的内层,以防止食物变质。见 Museum Boymans-van Beuningen Rotterdam, *Brood: De geschiedenis van het brood en het broodgebruik in Nederland* (Rotterdam: Museum Boymans-van Beuningen, 1983), 62。
239. AGI, Indiferente General, 1668, memorandum of Esteban Gamarra, November 1665.
240. AGS, Estado 8395, fol. 69, Gamarra to King Philip IV, The Hague, August 4, 1665. 这次航行可能与"莫佐王子号"有关(参见附录2)。马蒂亚斯一定已经知道官方禁止外国贸易。荷兰船"彼塔斯号"的目的地是布宜诺斯艾利斯,其船长在1660年接到指示,如果布宜诺斯艾利斯禁止商业往来,他将前往加拉加斯、波多黎各、圣多明各或卡塔赫纳。见 NAN, SG 5767, "Instructie voor d'officieren opt schip de Pietas"。
241. AGI, Buenos Aires, 2, L.7, fols. 302v–303r, royal cédula to the president and oidores of the *audiencia* of Buenos Aires, Madrid, February 3, 1665.
242. AGS, Estado 8387, fols. 239 and 280, AGS, Estado 8394, fol. 62, and AGI, Indiferente General 1668, Esteban Gamarra to the Spanish Crown, May 17, 1661, November 1661, February 4, 1665, and November 1665.
243. AGI, Charcas, 416, L.5, fols. 190r–191v, royal cédula to the Count de Alba de Aliste, viceroy of Peru, Aranjuez, April 28, 1659.
244. AGS, Estado 8387, fol. 93, Esteban Gamarra to the King, The Hague, March 8, 1661.
245. 这些船只,即"恩卡纳西翁号"、"圣弗朗西斯号"和"金鲑鱼号"驶向阿德拉,并在加拉加斯港口拉瓜伊拉出售了318名奴隶。参见 AGI, Indiferente General 1668, Esteban Gamarra to the Spanish Crown, October 2, 1663。
246. Antonio Domínguez Ortiz, "Guerra económica y comercio extranjero en el reinado de Felipe IV," *Hispania: Revista española de historia* 23 (1963), 99–100.
247. Pierre Salmon, *Le voyage de M. de Massiac en Amérique du Sud au XVIIe siècle* (Bruxelles: Académie Royale des Sciences d'Outre-Mer, 1984), 21–23, 60.
248. AGI, Indiferente General 1668, Esteban Gamarra to the Spanish Crown, April 1666.
249. AGS, Estado 8387, fol. 280, Gamarra to the Spanish Crown, The Hague, November 1661.
250. Lutgardo García Fuentes, *El comercio español con América, 1650–1700* (Sevilla: Escuela de Estudios Hispano-Americanos, 1980), 153, 154.

251. AGI, Buenos Aires, 2, L.6, fols.152V-153V, royal cédula to Pedro de Baygorri Ruiz, governor and captain-general of the Río de la Plata, Madrid, March 30, 1657; AGS, Estado 8386, fol. 296, Esteban Gamarra to the King, December 30, 1660; AGS, Estado 8387, fol. 239, Gamarra, May 17, 1661.
252. John Everaert, *De internationale en koloniale handel der Vlaamse firma's te Cadiz, 1670-1700*（Brugge: De Tempel, 1973）, 353-362; Antonio Miguel Bernal, *La financiación de la carrera de Indias*（*1492-1824*）*: Dinero y crédito en el comercio colonial español con América*（Sevilla: Fundación El Monte, 1992）, 353.
253. AGS, Estado 2070, the Count of Peñaranda to King Philip IV, November 13, 1649.
254. NAN, 3.20.58, Familiepapieren Suyskens 64, 65, 68.
255. AGS, Estado 8394, fols. 62-64, Gamarra to the Spanish Crown, February 4, 1665. 即使用3艘船分装，这次的兽皮数量也相当多。见 Emilio A. Coni, *Historia de las vaquerías de Río de la Plata, 1555-1750*（Buenos Aires: Editorial Devenir, 1956）, 21。
256. 阿姆斯特丹另一艘船曾试图在布宜诺斯艾利斯开展贸易，但并未成功，船上的商品被同时转移到巴斯克的船上。西班牙裔佛兰德人佩德罗·科拉特担任了中间人。参见AGI, Indiferente General 1668, Gamarra to the Spanish Crown, Febru-ary 2, 1666。
257. Ibid., Esteban de Gamarra to the Crown, late 1663 or early 1664.
258. Ibid., Esteban Gamarra to the Crown, June 1664. 最后，来自贝宁的船只并非如预期的那样到达目的古巴和尤卡坦，而是去了特立尼达和马拉开波。见NAN, SG 4847, Resolutions of the States General of May 16, 1664; AGI, Indiferente General 1668, Esteban Gamarra to the Crown, March 4, 1665。
259. AGS, Estado 8394, fol. 175, Esteban Gamarra to the Crown, The Hague, March 17, 1665.
260. Manuel Bustos Rodríguez, *Burguesía de negocios y capitalismo en Cádiz: Los Colarte*（*1650-1750*）（Cádiz: Excma. Diputación Provincial de Cádiz, 1991）, 58.
261. SAA, NA 47/96V, 48/21, Acts of March 13 and June 10, 1595. 早在16世纪50年代，加那利群岛便是大西洋非法奴隶贸易的关键。见Toby Green, *The Rise of the Trans-Atlantic Slave Trade in Western Africa, 1300-1589*（Cambridge, UK: Cambridge University Press, 2012）, 212-215。
262. Elisa Torres Santana, *El comercio de las Canarias Orientales en tiempos de Felipe III*（Las Palmas: Cabildo Insular de Gran Canaria, 1991）, 353-354. 1622年，一艘来自阿姆斯特丹的船是个例外，船上的船员要求通行到非洲，然后带着奴隶返回。参见Germán Santana Pérez, "La importancia geoestratégica de Canarias a través de la actuación

de los holandeses," in *Los extranjeros en la España moderna: Actas del I Colloquio Internacional celebrado en Málaga del 28 a 30 de noviembre de 2002*, ed. M. B. Villar García and Pilar Pezzi Cristóbal, eds.,（Málaga: Portadilla, 2003）, 624n. 5。

263. Fernando Serrano Mangas, *Armadas y flotas de la plata*（*1620-1648*）（Madrid: Banco de España, 1990）, 367; Jonathan Irving Israel, "The Canary Islands and the Sephardic Atlantic Trade Network（1620-1660）," in *Diasporas within a Diaspora: Jews, Crypto-Jews and the World Maritime Empires*（*1540-1740*）（Leiden: Brill, 2002）, 275-276。一名历史学家认为，加那利贸易在17世纪被牢牢掌握在英格兰商人手中。但在17世纪50年代和60年代早期，这种说法并不正确。参见George F. Steckley, "The Wine Economy of Tenerife in the Seventeenth Century: Anglo-Spanish Partnership in a Luxury Trade," *Economic History Review* 33, no. 3（1980）, 340-341。

264. AGS, Estado 8384, fol. 234, the King to Gamarra, Madrid, September 28, 1657. 在第一次英荷战争中，荷兰人曾数次在大加那利岛出售英格兰船。参见Germán Santana Pérez, "Canarias: base de la actuación holandesa en el Atlántico（siglos XVII y XVIII）," *Cuadernos de Historia Moderna* 29（2004）, 105。

265. García Fuentes, *Comercio español con América*, 96-99。

266. 例如"财富号"、"圣玛丽亚号"、"特隆普将军号"、"武器号"和"白玫瑰号"正是这种情况。见SAA, NA 2118/94（Act of May 2, 1657）, 1122/10（Act of August 3, 1657）, 1124/257（Act of March 18, 1658）, 1125/160（Act of May 8, 1658）, and 1134/115（Act of July 27, 1660）。

267. SAA, NA 1090/13, Act of September 2, 1649。

268. 由菲利普斯·范许尔滕领导的一群荷兰商人从1653年开始，至少到1663年，都与加那利群岛的胡安·德庞特和萨尔瓦多·阿隆索保持往来。参见AGI, Indiferente General 1668, Esteban de Gamarra to the Spanish Crown, November 27, 1663; memorandum Council of the Indies, Madrid, January 16, 1664。

269. Israel, "Canary Islands," 281-282。

270. NAUK, HCA 13/72, fol. 481r, examinaton of Simon Blaeu, January 28, 1658; NAUK, HCA 13/73, fols. 66v-67v, examination of Diego Mendez, February 15, 1658。

271. Israel, "Canary Islands," 280-281。

272. SAA, NA 2859, fol. 248, Act of May 29, 1658。

273. AGS, Estado 8387, fol. 164, Gamarra to King, April 5, 1661。

274. A.k.a. as Tristán Muñoz de Ladesma; SAA, NA 3002/148-149, Act of July 12, 1661。

275. AGI, Indiferente General 1668, Esteban Gamarra to unknown, 1664.
276. Ibid., Esteban Gamarra to the Spanish Crown, October 29, 1664, April 1666.
277. Juan A. Sánchez Belén, "El comercio de exportación holandés en Canarias durante la Guerra de Devolución（1667-1668）," in *Coloquio de historia canario-americana* （*1996*）, ed. Francisco Morales Padrón, 3 vols.（Las Palmas de Gran Canaria: Ediciones del Cabildo Insular de Gran Canaria, 1998）, 2: 197, 203-204. 关于荷兰跨大西洋贸易中与加那利群岛的联系之间的最新例子是，1672年的"圣玛丽亚号"将300名被奴役的非洲人从其家乡运到特内里费岛，并继续前往苏里南。见Erik van der Doe, "Dirck, Michiel en Benedictus en de slaven van Ardra: Brieven uit 1672 over liefde en slavenhandel en over een verdwenen Amsterdams en Zeeuws schip," in *Dirck, Michiel en Benedictus en de slaven van Ardra en andere Sailing Letters. Bundel aangeboden aan Dirk J. Tang na zijn vertrek van de Koninklijke Bibliotheek.* ed. Peter de Bode, Erik van der Doe, and Perry Moree（Pijnacker: De Heeren Drie, 2011）, 25-29。
278. Murdo J. MacLeod, *Spanish Central America: A Socioeconomic History, 1520-1720* （Berkeley: University of California Press, 1973）, 358.
279. AGS, Estado 8383, fol. 61, report of the Spanish consul Jacques Richard, Amsterdam, March 4, 1656.
280. Mathias Beck to the WIC, Curaçao, July 28, 1657, in Gehring and Schiltkamp, *Curaçao Papers*, 104-105. 1655年，一份荷兰匿名文件的作者意识到库拉索岛的地理位置非常适合参与西班牙殖民地的奴隶贸易，他希望奴隶贸易的蓬勃发展可以刺激大量移民迁居该岛。参见Universiteitsbibliotheek Ghent, "Voorslag om een gestabilieerde handel ofte negotie op te comen opregten opt eylant Curaçao"（manuscript, 1655）。
281. AGI, Panama, 22, R.6, N.104, *audiencia* president Fernando de la Riva Agüero to unknown, Portobelo, April 30, 1661.
282. AGS, Estado, fol. 296, consul Jacques Richard to Esteban de Gamarra, Amsterdam, December 24, 1670.
283. Trans-Atlantic Slave Trade Database, http://www.slavevoyages.org, accessed April 23, 2013.
284. SAA, NA 905/603 and 2211/115, Acts of September 2, 1660 and July 19, 1661. 马蒂亚斯和范许尔滕经常互相借钱。见SAA, Archief Wisselbank, 65, fol. 115, and 66, fol. 115。
285. AGI, Indiferente General 1668, Esteban Gamarra to the Spanish Crown. The Hague, October 2, 1663; AGS, Estado 8395, fol. 69, Esteban Gamarra to King Philip IV, The

Hague, August 4, 1665.

286. Marisa Vega Franco, *El tráfico de esclavos con América: Asientos de Grillo y Lomelín, 1663–1674*（Sevilla: Escuela de Estudios Hispano-Americanos, 1984）, 47–49. 在1662年之前，荷兰人像以前的葡萄牙人一样，试图尽量减少黄金海岸的奴隶贸易，以免破坏黄金贸易。垄断商业改变了这一状况。参见Binder, "Goldeinfuhr," 136–137。德勒伊特于1664年对黄金海岸发动的攻击使英格兰人无法在17世纪60年代中期提供其承诺的奴隶数量。参见Porter, "European Activity on the Gold Coast," 503。

287. Den Heijer, *Goud, ivoor en slaven*, 29.

288. Johannes Menne Postma, *The Dutch in the Atlantic Slave Trade 1600–1815*（Cambridge, UK: Cambridge University Press, 1990）, 35, 45, 48.

289. KITLV, Collectie Westerse Handschriften 65, fol. 404, report by director-general Van Valckenburg, September 1659; S. van Brakel, "Eene memorie over den handel der West-Indische Compagnie omstreeks 1670," *Bijdragen en Mededeelingen van het Historisch Genootschap* 35（1914）, 97; Postma, Dutch in the Atlantic Slave Trade, 112（table 5.2）; Paul E. Lovejoy, *Transformations in Slavery: A History of Slavery in Africa*, 2nd ed.（Cambridge, UK: Cambridge University Press, 2000）, 96.

290. Pieter Cornelis Emmer, "'Jesus Christ Was Good, but Trade Was Better': An Overview of the Transit Trade of the Dutch Antilles, 1634–1795," in *The Lesser Antilles in the Age of European Expansion*, ed. Robert L. Paquette and Stanley L. Engerman（Gainesville: University Press of Florida, 1996）, 216.

291. Resolutions WIC Chamber of Amsterdam, June 13, 1669, in Hamelberg, *Documenten*, 83.

292. Resolutions WIC Chamber of Amsterdam, November 6, 1671, in Hamelberg, *Documenten*, 84; NAN, Hof van Holland 9822, "Notitie & specificatie der overledene, vercoghte & nogh levendige onverkogte slaven," 1678, 1679, and testimony of Willem Juijst and Mordechay Henriques, May 17, 1678.

293. 到美洲航行期间的食物理论上能维持3个月，包括培根、面包、大麦粥、豆类、酸豆、白兰地和烟草。另外，可能还包括大米、香蕉和椰子以及柠檬汁以防止坏血病。见NAN, Aanwinsten 1365, expenses incurred for a slave ship dispatched to Ardra, Amsterdam, July 13, 1678; Goslinga, *Dutch in the Caribbean and Wild Coast*, 350。

294. Schnurmann, *Atlantische Welten*, 264–266.

295. 与弗吉尼亚的持续贸易往来，参见Enthoven and Klooster, "Contours of Virginia-Dutch Trade," 107–114。

296. Harlow, *History of Barbados*, 263.
297. NAN, OWIC 10, Heren XIX to the director in Elmina, Middelburg, July 21, 1646; Ribeiro da Silva, *Dutch and Portuguese in West Africa*, 332–333; Porter, "European Activity on the Gold Coast," 250–251.
298. Wätjen, *Holländische Kolonialreich in Brasilien*, 286; Boxer, *Dutch in Brazil*, 76; Pieter Jan van Winter, *De Westindische Compagnie ter kamer Stad en Lande*（'s-Gravenhage: Martinus Nijhoff, 1978）, 135. 到1636年, 个体贸易商向共和国出口的糖料占总数的61.6%。参见 Wätjen, *Holländische Kolonialreich in Brasilien*, 317, 320。
299. NAN, SG 5754, report by G. van Arnhem and F. Herberts on some points debated by the Heren XIX in March and April of 1635. See also the petition of the shareholders in the province of Utrecht, Utrecht, February 10, 1637, in "Stukken betreffende den vrijen handel op Brazilië, 1637: Uit het archief Van Hilten," *Kroniek van het Historisch Genootschap, gevestigd te Utrecht*, ser. 5, 5（1869）, 197–199; *Het Spel van Brasilien, Vergheleken by een goedt Verkeer-Spel*（s.l., 1638）.
300. Bick, "Governing the Free Sea," 178–186.
301. Ibid., 208–209.
302. Wätjen, *Holländische Kolonialreich in Brasilien*, 344; O'Callaghan, *Documents*, 1: 245. 这些年来, 自由贸易在荷兰捕鲸业中也取得了成功。诺德谢公司的垄断在1642年宣告终结。参见 S. Muller Fz., *Geschiedenis der Noordsche Compagnie*（Utrecht: Gebr. Van der Post, 1874）, 350–351。
303. Resolutions of the States General, January 16, 1648, http://www.historici.nl/Onderzoek/Projecten/BesluitenStaten-generaal1626–1651, accessed February 4, 2013.
304. Jacobs, *Zegenrijk gewest*, 186–187.
305. Wätjen, *Holländische Kolonialreich in Brasilien*, 298–299. 为了防止走私, 荷兰人在累西腓周边围起了栅栏。见 Henk den Heijer and Ben Teensma, *Nederlands Brazilië in kaart: Nederlanders in het Atlantisch gebied, 1600–1650: Den corte beschrijvinge inhoudende de cust van Brazil ende meer andere plaetsen*（Zutphen: Walburg Pers, 2011）, 147。
306. NAN, SG 5764, anonymous memorandum for the States General, c. 1649.
307. Henk den Heijer, "Een dienaar van vele heren: De Atlantische carrière van Hendrick Caerloff," in *Het verre gezicht: Poltieke en culturele relaties tussen Nederland en Azië, Afrika en Amerika. Opstellen aangeboden aan Prof. Dr. Leonard Blussé*, ed. J. Thomas

Lindblad and Alicia Schrikker(Franeker: Uitgeverij Van Wijnen, 2011), 164.
308. NAN, SG 5767, Jaspar van Heussen to the Heren XIX, Elmina, October 25, 1659; Trans-Atlantic Slave Trade Database, voyage identification no. 44219, http://www.slavevoyages.org, accessed April 25, 2013.
309. 关于前往敦刻尔克保护下的非洲的早期尝试（1638年），参见Ribeiro da Silva, *Dutch and Portuguese in West Africa*, 284。荷兰人还与挂着外国旗帜的东印度公司竞争。见Sanjay Subrahmanyam, "On the Significance of Gadflies: The Genoese East India Company of the 1640s," *Journal of European Economic History* 17, no. 3（1988）, 566, 570, 576–577; Waldemar Westergaard, *The Danish West Indies under Company rule（1671–1754）: With a Supplementary Chapter, 1755–1917*（New York: Macmillan, 1917）, 153。
310. Franz Binder and Norbert Schneeloch, "Dirck Dircksz. Wilre en Willem Godschalk van Focquenbroch (?), geschilderd door Pieter de Wit te Elmina in 1669," *Bulletin van het Rijksmuseum* 27, no. 1（1979）, 13–15.
311. Porter, "European Activity on the Gold Coast," 266. 1659年，荷兰人组织了另一次前往库尔兰的航行。见NAN, SG 5767, Dirck Spiegel and C. Burgh, directors of the WIC Chamber of Amsterdam, to the States General, Amsterdam, March 17, 1661; Bontemantel and David van Baerle, directors of the WIC Chamber of Amsterdam, to the States General, Amsterdam, June 23, 1661。
312. *De Brasilsche breede-byl; ofte T' samen-spraek, tusschen Kees Jansz. Schott, komende uyt Brasil, en Jan Maet, Koopmans-knecht, hebbende voor desen ook in Brasil geweest, over den verloop in Brasil*（s.l., 1647）, 27; Ratelband, *Vijf dagregisters*, xliii n. 1, 209, 214–215, 250–251; Porter, "European Activity on the Gold Coast," 267, 271–272.
313. György Nováky, *Handelskompanier och kompanihandel. Svenska Afrikakompaniet 1649–1663: En studie i feodal handel*（Uppsala: Almqvist & Wiksell, 1990）.
314. Ibid., 185; Gerhard Wilhelm Kernkamp, "Een contract tot slavenhandel van 1657," *Bijdragen en Mededeelingen van het Historisch Genootschap* 22（1901）: 444–459.
315. Den Heijer, "Dienaar van vele heren," 167–171; Albert van Dantzig, *Les hollandais sur la côte de Guinée à l'époque de l'essor de l'Ashanti et du Dahomey 1680–1740*（Paris: Société Française d'Histoire d'Outre-Mer, 1980）, 38–46; Guido de Bruin, *Geheimhouding en verraad: De geheimhouding van staatszaken ten tijde van de Republiek（1600–1750）*（'s-Gravenhage: SDU, 1991）, 526–528; *Brieven, confessie;*

mitsgaders advisenvan verscheyden rechtsgeleerden in de saeck van Isaac Coymans gegeven: alsmede de sententie daerop gevolgt（Rotterdam: Dirck Iansz.［1662］），75. 科伊曼斯的刑期最终被减为5年。1659年，荷兰人赫里特·布雷默代表丹麦在冈比亚河流域进行非法贸易。见NAN, SG 5767, Jacob Pergens and J. Rijckaerts, WIC Chamber of Amsterdam, to the States General, April 1, 1660。

316. Ratelband, *Vijf dagregisters*, 249n. 1, 297-298; SAA, NA 5075, 2278 I, fols. 77-78, testimony of Minne Cornelisz, July 14, 1649; SAA, NA 2278 II, fol. 34, testimony of Thieleman Willekens, October 25, 1649. 在此我感谢亚普·雅各布斯提供的档案文献。

317. Porter, "European Activity on the Gold Coast," 268-270.

318. NAN, SG 5763, notarial act, Amsterdam, November 23, 1649. 尽管船长购买了140名非洲人，但该船从未航行到新世界。岸上的自由非洲人发动起义并解放了这群俘虏。

319. NAN, SG 5763, director general Jacob Ruychaver to the States General, Elmina, January 26, 1652.

320. Porter, "European Activity on the Gold Coast," 359.

321. NAN, SG 5763, director general Jacob Ruychaver to the States General, Elmina, January 26, 1652.

322. Ratelband, *Vijf dagregisters*, xli-xlii.

323. Den Heijer," Dienaar van vele heren," 172-173. 卡洛夫一定受法兰西人委托，在1671年参与了荷兰奴隶船"鹿特丹号"到安哥拉的航行。见NAN, SG 5768, WIC Chamber of Amsterdam to the States General, read July 15, 1671。

324. G. Thilmans and N. I. de Moraes, "Villault de Bellefond sur la côte occi-dentale d'Afrique. Les deux premières campagnes de l'Europe（1666-1671），" *Bulletin de l'Institut Fondamental d'Afrique Noire* ser. 2, 38, no. 2（1976），272-273, 275, 299.

325. Ribeiro da Silva, *Dutch and Portuguese in West Africa*, 285; Porter, "European Activity on the Gold Coast," 345; Rudolf Paesie, *Lorrendrayen op Africa: De illegale goederen-en slavenhandel op West-Afrika tijdens het achttiende-eeuwse handelsmonopolie van de West-Indische Compagnie, 1700-1734*（Amsterdam: De Bataafsche Leeuw, 2008），24. 帕依谢列出的1660年至1664年的8艘船中，有1艘驶向了库尔兰。1671年，1艘公司的船与泽兰入侵者在安哥拉附近发生武装冲突，导致20名奴隶和1名船员死亡。参见NAUK, HCA 30/227, Johan Rietspier to his sister, 1672。

326. Binder, "Goldeinfuhr," 141-142; Paesie, *Lorrendrayen op Africa*, 24-25.

327. Mark L. Thompson, *The Contest for the Delaware Valley: Allegiance, Identity, and*

Empire in the Seventeenth Century（Baton Rouge: Louisiana State University Press, 2013）, 58-60, 70-74.

328. NAN, SG 5752, report submitted by Gerhardt van Arnhem and Ewolt van der Dussen, deputies of the States General, to the meeting of the Heren XIX, Middelburg, August-September 1630. See also Wätjen, *Holländische Kolonialreich in Brasilien*, 287.

329. Johan Francke, "Utiliteyt voor de gemeene sake: De Zeeuwse commissievaart en haar achterban tijdens de Negenjarige Oorlog, 1688-1697"（PhD diss., University of Leiden, 2001）, 83; Enthoven, "Assessment of Dutch Transatlantic Commerce," 397.

第六章 移民与定居点

1. Cornelis C. Goslinga, *The Dutch in the Caribbean and on the Wild Coast, 1580-1680*（Assen: Van Gorcum, 1971）, 40.

2. *Fin de la guerre: Dialogus, ofte t' Samen-sprekinge ... dienende tot een exemplaer, of spiegel om te bewysē dat de West-Indische interprinse d'eenige, ende beste middele is ... om de Spangiaerden uyt den Nederlanden te jagen*（Amsterdam: Paulus Aertsz. van Ravesteyn, 1623）, 27.

3. Based on the estimates in Evaldo Cabral de Mello, *Olinda Restaurada: Guerra e Açúcar no Nordeste, 1630-1654*（Rio de Janeiro: Editora Forense-Universitaria; São Paulo: Editora da Universidade de São Paulo, 1975）, 168.

4. Victor Enthoven, "Dutch Crossings: Migration between the Netherlands and the New World, 1600-1800," *Atlantic Studies* 2, no. 2（2005）, 155.

5. 由于缺乏人口普查，我们对新尼德兰的非白人人口规模一无所知。据估计，新阿姆斯特丹的黑人居民有375人、荷属特拉华的黑人居民有125人，总共有500人。见 Joyce Diane Goodfriend, *Before the Melting Pot: Society and Culture in Colonial New York City, 1664-1730*（Princeton: Princeton University Press, 1992）, 115; William H. Williams, *Slavery and Freedom in Delaware, 1639-1865*（Wilmington, DE: Scholarly Resources, 1996）, 9。But these numbers seem inflated and do not explain why the European population was obliged to work on the New Amsterdam wall in 1653（e-mail comm., Charles Gehring, May 22, 2013）。

6. Albert Eekhof, *Bastiaen Jansz. Krol: Krankenbezoeker, Kommies en Kommandeur van Nieuw-Nederland*（1595-1645）*: Nieuwe gegevens voor de kennis der vestiging van ons kerkelijk en koloniaal gezag in Noord-Amerika*（'s-Gravenhage: Martinus Nijhoff, 1910）,

35-36; Jaap Jacobs, "In Such a Far Distant Land, Separated from All the Friends: Why Were the Dutch in New Netherland?" in *Worlds of the Seventeenth-Century Hudson Valley*, ed. Jaap Jacobs and Louis H. Roper(Albany: SUNY, 2014), 154.

7. ZA, SZ 2035/225, petition of the inhabitants of Suriname to the States of Zeeland, March 11, 1671; NAN, Sociëteit van Suriname 213, fols. 226–233.

8. Frederik Oudschants Dentz, *Cornelis vann Aerssen van Sommelsdijck: Een belangwekkende figuur uit de geschiedenis van Suriname*(Amsterdam: P.N. van Kampen & Zoon, 1938), 60.

9. George Lincoln Burr, "Report on the Evidence of Dutch Archives as to European Occupation and Claims in Western Guiana," in *Report of the Special Commission Established by the President January 4, 1896, to Examine and Report upon the True Divisional Line between the Republic of Venezuela and British Guiana*(Washington, DC: Government Printing Office, 1898), 213–215.

10. Lodewijk Augustinus Henri Christiaan Hulsman, "Nederlands Amazonia: Handel met indianen tussen 1580 en 1680"(PhD diss., University of Amsterdam, 2009), 117, 134, 200, 202.

11. *Colección de Documentos Inéditos relativos al descubrimiento, conquista y organización de las antiguas posesiones españolas de América y Oceanía sacados de los archivos del Reino y muy especialmente del de Indias*, vol. 20(Madrid: Imprenta del Hospicio, 1873), 420.

12. *Deductie waer by onpartijdelijck overwogen ende bewesen wort, wat het beste voor de Compagnie van West-Indien zy: Den Handel te sluyten of open te laten*('s-Gravenhage [c. 1638]), 16; Thomas F. Homer-Dixon, *Environment, Scarcity, and Violence* (Princeton: Princeton University Press, 1999), 93.

13. NAN, SG 5752, WIC directors to the States General, received October 23, 1629; NAN, SG, Loketkasten en Secreetkasten 12564.4, "West-Indische Compagnie, Remonstrantien op het stuck van de handelinge 1633, 1635 ende 1636."

14. Jan de Vries, "Population and Economy of the Preindustrial Netherlands," *Journal of Interdisciplinary History* 15, no. 4(1985), 674.

15. *'t Verheerlickte Nederland door d'Herstelde Zee-vaart*(1659), 15, 50.

16. 在前往伯南布哥(1629—1630)的舰队上有7,280名男性,没有女性。见S. P. l'Honoré Naber, ed. *Reisebeschreibungen von deutschen Beamten und Kriegsleuten im Dienst der niederländischen West-und Ost-Indischen Kompagnien 1602-1797*, 13 vols.(Den Haag:

Martinus Nijhoff, 1930），2: 33, 35。

17. Rudolf Dekker and Lotte van de Pol, *Daar was laatst een meisje loos: Nederlandse vrouwen als matrozen en soldaten: Een historisch onderzoek*（Baarn: Ambo, 1981），42。

18. 此外，还有20名男性黑人和10名女性黑人以及1名美洲印第安妇女。见Willem Rudolf Menkman, *De Nederlanders in het Caraibische zeegebied waarin vervat de geschiedenis der Nederlandsche Antillen*（Amsterdam: Van Kampen & Zoon, 1942），38。

19. Examination of Juan Cazuel from Picardie, Caracas, August 24, 1639, and Juo. Rravi from London, Caracas, July 2, 1640, in Antoine Maduro, ed., *Documenten uit de jaren 1639 en 1640 welke zich in de "Archivo General de Indias" te Sevilla bevinden en betrekking hebben op de door de Spanjaarden beraamde plannen om het eiland Curaçao op de Nederlanders te heroveren*（Curaçao: Drukkerij Scherpenheuvel, 1961），40, 90。一名曾在该岛上服役的西班牙士兵在13年后声称，该岛上没有单身女性。见AGI, Escribanía de Camara 6A, Santo Domingo, October 5, 1653。

20. José Antônio Gonsalves de Mello, *Tempo dos flamengos: Influência da ocupação holandesa na vida e na cultura do Norte do Brasil*, 2nd ed.（Recife: Governo do Estado de Pernambuco, 1978），73n. 122. 缺少妇女的周边殖民地（例如圣马丁岛）与人口更均衡的殖民地（例如累西腓）之间的对比在17世纪的荷属亚洲也很明显。与累西腓相对应的巴达维亚在1674年有602名女性（妇女和女童）和873名男性，而班达岛上有457名欧洲男性，只有23名妇女（和88名儿童）陪同。见Jacobus Ruurd Bruijn, "De personeelsbehoefte van de VOC overzee en aan boord, bezien in Aziatisch en Nederlands perspectief," *Bijdragen en Mededelingen betreffende de Geschiedenis der Nederlanden* 91（1976），227。

21. W. Noël Sainsbury, *CSP, Colonial Series, America and West Indies, 1661–1668, Preserved in the State Paper Department of Her Majesty's Public Record Office*（London: Her Majesty's Stationery Office, 1880），319–320. 在多巴哥有120名男子，他们与37名妇女和41名儿童一起生活。见ZA, SZ 2035/135, list of Tobago inhabitants, April 1669。

22. 在荷兰殖民的前15年中，移民潮主要向年轻男性倾斜，这一趋势继而成为私人雇员移民的特征。见Oliver A. Rink, *Holland on the Hudson: An Economic and Social History of Dutch New York*（Ithaca and London: Cornell University Press; and Cooperstown: New York State Historical Association, 1986），165–168; Ernst van den Boogaart, "The Servant Migration to New Netherland, 1624–1664," in *Colonialism and Migration; Indentured Labour before and after Slavery*, ed. Pieter Cornelis Emmer（Dordrecht:

Nijhoff, 1986), 63. See also David W. Galenson, *White Servitude in Colonial America: An Economic Analysis* (New York and Cambridge, UK: Cambridge University Press, 1981), 26; Henry A. Gemery, "Markets for Migrants: English Indentured Servitude and Emigration in the Seventeenth and Eighteenth Centuries," in *Colonialism and Migration; Indentured Labour before and after Slavery*, ed. Pieter Christiaan Emmer (Dordrecht: Nijhoff, 1986), 41。这些年来，新尼德兰辽阔的土地吸引了一群来自德伦特的移民，其中一些不太富裕的人可能是被农村的高收入所吸引。见Jan Folkerts, "Drenthe and New Netherland: Two Outer Provinces at the Time of Emigration," *Ons Waardeel* 6 (1986), 84–86。

23. Deborah Hamer, "Creating an Orderly Society: The Regulation of Marriage and Sex in the Dutch Atlantic World, 1621–1674" (PhD diss., Columbia University, 2014), 121–122.
24. Frans Leonard Schalkwijk, *Igreja e estado no Brasil holandês, 1630–1654* (Recife: Governo de Pernambuco, 1986), 189–191.
25. SAA, NA 2989, fols. 311–312, Act of September 22, 1659.
26. SAA, NA 2989, fols. 185–186, Act of June 17, 1659。在服役期满后，这两名妇女都可以自由选择留下或离开。
27. *Hollandtsche Mercurius* 9 (1659), 161.
28. ZA, SZ 2035/333–335, Governor Johannes Heinsius to the States of Zeeland, Surinamburgh, May 30, 1679; Laura van den Broek and Maaike Jacobs, eds., *De slavernij-ervaringen van Cornelis Stout in Algiers (1678–1680) en Maria ter Metelen in Marokko (1731–1743)* (Zutphen: Walburg Pers, 2006).
29. NAN, Collectie Afgedwaalde Stukken (1.11.03), 69, Johan Pempelfort to the Admiralty of Amsterdam, Orangen on the Wiapoco River, March 16, 1677.
30. See also David Cressy, *Coming Over: Migration and Communication between England and New England in the Seventeenth Century* (Cambridge, UK: Cambridge University Press, 1987), 192–193。国际战争可能促使移民们返回家园，但这些战争也让其回程变得非常危险。可能正是出于这个原因，在1672年战争爆发后，许多荷兰人定居在丹麦的新殖民地圣托马斯。参见 Waldemar Westergaard, *The Danish West Indies under Company Rule (1671–1754): With a Supplementary Chapter, 1755–1917* (New York: Macmillan, 1917), 38。
31. M. Beck to the WIC directors, Curaçao, June 11, 1657, in Charles T. Gehring and J.

A. Schiltkamp, eds., *Curacao Papers 1640–1665*, New Netherland Docu-ments XVII（Interlaken, NY: Heart of the Lakes, 1987）. 殖民地和大都市之间的距离可能会严重影响人际关系，而不论他们在西印度公司的职位如何。在几内亚的拿骚堡总督安东尼·德莱德克尔克承诺与鹿特丹的阿夫根·科南结婚。但是，即使他拿出珠宝、价值1.2万荷兰盾的契约、1条金链和来自贝宁的2个象牙盐窖来向她担保其经济实力，对方仍然失去了兴趣，并决定嫁给了当地的葡萄酒商人。见 GAR, ONA 98: 85/239, Act of June 27, 1623, declaration by Willem de Haen; Henriette S. de Bruyn Kops, "Liquid Silver: The Wine and Brandy Trade between Nantes and Rotterdam in the First Half of the Seventeenth Century"（PhD diss., Georgetown University, 2005）, 130n. 234。

32. NAUK HCA 30/223, Nicolaes de Zoutte to his mother（or mother-in-law）, September 3, 1672.

33. NAUK HCA 30/223, insert in Nicolaes de Zoutte to unknown, September 3, 1672. Elisabeth Emerij to Neeltje van der Weijde, Torarica, September 8, 1672.

34. Willem Frijhoff, Wegen van Evert *Willemsz.: Een Hollands weeskind op zoeknaar zichzelf, 1607–1647*（Nijmegen: SUN, 1995）[trans. as *Fulfilling God's Mission: The Two Worlds of Dominie Everardus Bogardus 1607–1647*（Leiden: Brill, 2007）], 575.

35. 过去，一些曾经欺骗过其他人的自由人获得船主的支持，在殖民地当局抓住他们之前，船主将其带回了共和国。见 NAN, OWIC 8, Heren XIX to Johan Maurits and the High Council of Brazil, Amsterdam, October 24, 1639。

36. 尽管采取了预防措施，欠了西印度公司一大笔钱的两兄弟艾萨克和何塞·阿韦尼亚卡，于1649年在没有许可证或护照的情况下从累西腓逃到了荷兰。参见 José Antonio Gonsalves de Mello, "Gente da Nação. Judeus residentes no Brasil holandês, 1630–54," *Revista do Instituto Arqueológico, Histórico e Geográfico Pernambucano* 51（1979）, 130。

37. Pierre Moreau, *Histoire des derniers troubles du Brésil entre les Hollandois et les Portugais*（Paris: Augustin Courbe, 1651）, 174–175.

38. http://www.user.shentel.net/neals/v-h-p-b.htm, accessed March 14, 2013. See also Willem Johannes van Hoboken, *Witte de With in Brazilië, 1648–1649*（Amsterdam: N.V. Noord-Hollandsche Uitgevers Maatschappij, 1955）, 158.

39. 当艾萨克的儿子洛伦斯（1641年生于帕拉伊巴）于1669年在阿姆斯特丹结婚时，他声称自己的父母已前往巴巴多斯。见 Elsevier, "Isaac de Rasière," *De Navorscher* 20（1870）: 9–11. 洛伦斯的姐姐安娜·康斯坦蒂娅于1640年生于巴西，1737年卒于库拉索岛。见 NAN, NWIC 585, fol. 9, Jan van Schagen and Gerard Striddels to the WIC, Curaçao, May 16, 1738。

40. Egon Wolff and Frieda Wolff, *A Odisséia dos Judeus de Recife*（São Paulo: Centro de Estudos Judaicos, 1979）, 30–31; Herbert I. Bloom, *The Economic Activities of the Jews of Amsterdam in the Seventeenth and Eighteenth Centuries*（Williamsport: Bayard Press, 1937）, 62, 95–96n. 76, 147.

41. Susanah Shaw Romney, *New Netherland Connections: Intimate Networks and Atlantic Ties in Seventeenth-Century America*（Chapel Hill: University of North Carolina Press for the Omohundro Institute of Early American History and Culture, 2014）, 95.

42. Gerrit Johan van Grol, *De grondpolitiek in het West-Indisch domein der Generaliteit*, 3 vols.（'s-Gravenhage: Algemeene Landsdrukkerij, 1934）, 2: 32–34.

43. *Speculatien op't Concept van Reglement op Brasil*（Amsterdam: Samuel Vermeer, 1648）, 3; "Sommier discours over de staet vande vier geconquesteerde capitanias Parnambuco, Itamarica, Paraiba ende Rio Grande, inde noorderdeelen van Brasil," *Bijdragen en Mededeelingen van het Historisch Genootschap* 2（1879）, 286.

44. NAUK, HCA 30/227, J. Basseliers to his uncle, Suriname, c. 1672.

45. ZA, SZ 2035/225, petition of the inhabitants of Suriname to the States of Zeeland, March 11, 1671.

46. Roelof van Gelder, *Het Oost-Indisch avontuur: Duitsers in dienst van de VOC*（*1600–1800*）（Nijmegen: SUN, 1997）, 175. 关于其在荷兰共和国的事业，参见 Maarten Prak, "Loopbaan en carrière in de Gouden Eeuw," *De Zeventiende Eeuw* 27（2011）: 130–140。

47. *Consideratie over de tegenwoordighe ghelegentheydt van Brasil*（Amstelredam: Ian van Hilten, 1644）, 21.

48. 1641年，亚伯拉罕·斯威尔斯作为一支远征队的队长，踏上了征服罗安达的征途。在途中，他无缘无故地被一名意大利士兵杀死。参见 Louis Jadin, ed., *L'ancien Congo et l'Angola 1639–1655 d'après les archives romaines, portugaises, néerlandaises et espagnoles*（Bruxelles and Rome: Institut Historique belge de Rome, 1975）, 64。

49. NAN, Admiraliteitscolleges XXVI Sweers 1647–1722, "Notitie journaelscherwijse gehouden van t'geene mijn Isaacq Sweers, geboortich van Nieumegen, int cort is voorgevallen"; Willem Philippus Coolhaas, ed., *Generale Missiven van Gouverneurs-Generaal en Raden aan Heren XVII der Verenigde Oostindische Compagnie*, 13 vols.

('s-Gravenhage: Martinus Nijhoff, 1960), 1: 532n. 4.
50. 在荷兰待了一段时间后, 克罗尔于1638年回到奥兰治堡生活了6年, 之后他又搬回联合省。见 Eekhof, *Bastiaen Jansz. Krol*, 25, 29, 35–36, 40, 42, 55–57; Willem Frijhoff, "A Misunderstood Calvinist: The Religious Choices of Bastiaen Jansz Krol, New Netherland's First Church Servant," *Journal of Early American History* 1, no. 1 (2011), 63–64。
51. 在扬·范瓦尔肯伯格任总督期间 (1663年1月—1667年7月), 威尔里担任埃尔米纳的首席公职。范瓦尔肯伯格死后, 威尔里接任他的职位, 直到1674年5月前往荷兰为止。4个月后, 他在荷兰斯希蒙尼克岛的一次沉船事故中去世。参见 Franz Binder and Norbert Schneeloch, "Dirck Dircksz. Wilre en Willem Godschalk van Focquenbroch (?), geschilderd door Pieter de Wit te Elmina in 1669," *Bulletin van het Rijksmuseum* 27, no. 1 (1979), 20–21。
52. David M. Riker, "Govert Loockermans, Free Merchant of New Amsterdam," *De Halve Maen* 42, no. 3 (1989), 6; Willem Frijhoff, "Govert Loockermans (1617?–1671?) en zijn verwanten: Hoe een Turnhoutenaar zich wist op te werken in de Nieuwe Wereld," *Taxandria* 83 (2011), 10–12.
53. SAA, NA 1592, fol. 78 (fourth pagination), Act of March 19, 1648; SAA, NA 1593, fol. 98 (fourth pagination), Act of September 19, 1651; GAR, ONA 497: 56, fol. 85, Act of July 5, 1652; NAN, SG 5764, bailiff and aldermen of Mauritsstad to the delegates from Brazil, Mauritsstad, January 18, 1653; SAA, NA 1595, fols. 284–285, Act of May 29, 1656.
54. Leonard Blussé, W. E. Milde, and Natalie Everts, eds., *De dagregisters van het kasteel Zeelandia, Taiwan 1629–1662, vol. 3, 1648–1655* (Den Haag: Instituut voor Nederlandse Geschiedenis, 1996), 240n. 10; W. Wijnaendts van Resandt, *De Gezaghebbers der Oost-Indische Compagnie op hare Buiten-Comptoiren in Azië.* (Amsterdam: Liebaert, 1944), 143–144; Van Gelder, *Oost-Indisch avontuur*, 296.
55. Matheus vanden Broeck, *Journael ofte Historiaelse Beschrijvinge van Matheus vanden Broeck. Van't geen hy selfs ghesien ende waerachtig gebeurt is, wegen't begin ende Revolte van de Portugese in Brasiel, als mede de conditie en het overgaen van de Forten aldaer* (Amstelredam: Gerrit van Goedesbergen, 1651); Coolhaas, *Generale Missiven*, 3: 189n. 2; Wijnaendts van Resandt, *Gezaghebbers*, 27–28. 在为东印度公司服务之后, 还有一些人在大西洋上大展身手。除了亨德里克·布劳威尔, 这一群体中还包括扬·德克斯·拉姆和阿德里安·范德杜森。拉姆在1625年指挥袭击埃尔米纳时丧

生,他从1607年到1621年一直在为东印度公司服务,并担任了摩鹿加总督。范德杜森在东印度公司服役结束之后就职于巴西高级议会,最终他被任命为占碑据点的负责人。见 Henk den Heijer, ed., *Expeditie naar de Goudkust: Het journaal van Jan Dircksz Lam over de Nederlandse aanval op Elmina, 1624-1626*(Zutphen: Walburg Pers, 2006), 42-45; Roelof Bijlsma, "Rotterdam's Amerika-vaart in de eerste helft der 17de eeuw," *Bijdragen voor Vaderlandsche Geschie-denis en Oudheidkunde*, ser. 5, no. 3 (1916), 112。皮特·海恩服务于东印度公司时,也正是他活跃在大西洋世界的时候。

56. Van Grol, *Grondpolitiek*, 2: 24; Jaap Jacobs, "Dutch Proprietary Manors in America: The Patroonships in New Netherland," in *Constructing Early Modern Empires: Proprietary Ventures in the Atlantic World, 1500-1750*, ed. Louis H. Roper and Bertrand Van Ruymbeke(Leiden: Brill, 2007), 308-309.

57. See also the Charter of Freedom and Exemptions of June 7, 1629, in Arnold Johan Ferdinand van Laer, ed., *Van Rensselaer Bowier Manuscripts: Being the Letters of Kiliaen van Rensselaer, 1630-1643, and Other Documents Relating to the Colony of Rensselaerswyck*(Albany: University of the State of New York, 1908), 136-152.

58. Van Grol, *Grondpolitiek*, 1: 13-14, 20; Charles Verlinden, "The Transfer of Colonial Techniques from the Mediterranean to the Atlantic," in *An Expanding World, vol. 2, The European Opportunity*, ed. Felipe Fernández-Armesto(Aldershot, UK: Variorum, 1995), 238-239.

59. New Project of Freedoms and Exemptions, 1636, in Edmund Bailey O'Callaghan, ed., *Documents Relative to the Colonial History of the State of New-York; Procured in Holland, England and France by John Romeyn Brodhead*, 15 vols.(Albany, NY: Weed, Parsons, 1856), 1: 97; Oliver A. Rink, "Company Management or Private Trade: The Two Patroonship Plans for New Netherland," *New York History* 59(1978), 17. 他的圣尤斯特歇斯岛、萨巴岛、圣马丁岛的同僚们则不是这样。参见 van Grol, *Grondpolitiek*, 1: 20。

60. Janny Venema, *Kiliaen van Rensselaer(1586-1643): Designing a New World* (Hilversum: Verloren, 2010), 219-222.

61. 西印度公司在1680年第二次获得了对荷兰3个背风群岛的全部控制权,但是伯比斯作为大庄园地一直持续到1720年转让给一家股份公司——伯比斯协会为止。参见 Cornelis C. Goslinga, *The Dutch in the Caribbean and in the Guianas, 1680-1791*(Assen: Van Gorcum, 1985), 128, 440。

62. 北美的帕沃尼亚和斯旺达尔大庄园主享有的土地在1634年和1635年被出售给西印度公司。见Leonie van Nierop, "Rensselaerswyck, 1629-1704," *Tijdschrift voor Geschiedenis* no. 60（1947）, 4。后来建成的包括斯塔滕岛在内的一些大庄园主的领地也取得了一定的收益。

63. Thomas J. Condon, *New York Beginnings: The Commercial Origins of New Netherland*（New York: New York University Press; and London: University of London Press, 1968）, 141; Van Nierop, "Rensselaerswyck," 20. 到1650年，大约有200人住在那里。见Venema, *Kiliaen van Rensselaer*, 257。

64. 米希尔·波夫声称，组成费尔南多·迪诺罗尼亚领地的岛屿是其作为大庄园主享有的土地，但从未有移民前往那里。

65. NAN, SG 5752, extract of the resolutions of the WIC Chamber of Zeeland, Middelburg, August 31, 1630; *West-Indische Compagnie, articvlen met approbatie vande Ho. Mo. Heeren Staten Generael der Vereenichde Nederlanden provisionelijck beraemt by bewinthebberen vande [...] West-Indische Compagnie [...] over het open ende vrij stellen vanden handel ende negotie op de stad Olinda de Parnambuco*（Middelburgh: By de weduwe en erffghenamen van Symon Moulert [1630]）.

66. Van Grol, *Grondpolitiek*, 2: 57-59.

67. Ibid., 2: 40-41. 荷属美洲的私人地主必须缴纳什一税，以换取西印度公司对他们所拥有土地权利的承认（2: 258）。

68. Rink, "Company Management or Private Trade," 6-8; Jaap Jacobs, *Eenzegenrijk gewest: Nieuw-Nederland in de zeventiende eeuw*（Amsterdam: Prometheus/Bert Bakker, 1999）[trans. as *New Netherland: A Dutch Colony in Seventeenth-Century America*（Leiden: Brill, 2005）], 64, 118.

69. Charles R. Boxer, *The Dutch in Brazil, 1624-1654*（Oxford: Clarendon Press, 1957）, 77.

70. *Deductie waer by onpartijdelijck overwogen wort*, 15.

71. NAN, OWIC 53, Johan Maurits to the Heren XIX, Antônio Vaz, March 19, 1638. See also "Stukken betreffende den vrijen handel op Brazilië, 1637: Uit het archief Van Hilten," *Kroniek van het Historisch Genootschap, gevestigd te Utrecht*, ser. 5, 5（1869）, 203-205.

72. Arciczewski to Johan Maurits and the High Council, Amsterdam, July 24, 1637, in "Missive van den kolonnel Artichofsky aan Graaf Maurits en den Hoo-gen Raad in

注 释

Brazilië, 24 juli 1637," *Kroniek van het Historisch Genootschap gevestigd te Utrecht* ser. 5, 25, no. 5（1869）, 236.
73. NAN, SG 5754, report by G. van Arnhem and F. Herberts on some points debated by the Heren XIX in March and April of 1635.
74. *Vertoogh By een Lief-hebber des Vaderlants vertoont, teghen het ongefondeerde ende schadelijck sluyten der vryen handel in Brazil*（1637）; "Sommier discours," 285.
75. Resolution of the States General, April 26, 1638, in O'Callaghan, *Documents*, 1: 106.
76. Rink, *Holland on the Hudson*, 134.
77. Caspar van Baerle, *The History of Brazil under the Governorship of Johan Maurits of Nassau, 1636–1644*, trans. Blanche T. van Berckel-Ebeling Koning（Gainesville: University Press of Florida, 2011）, 88.
78. NAN, SG, Loketkasten en Secreetkasten, 12564.6, the council of Brazil to the Heren XIX, 1638, fols. 12–13; "Sommier discours," 289.
79. ZA, SZ 2035/129, petition of the inhabitants of Suriname to Governor Philip Julius Lichtenbergh, March 1669.
80. ZA, SZ 2035/58, Abraham Crijnssen to the States of Zeeland, Suriname River, August 3, 1668.
81. 1年后，总督利希滕贝格再次重申了这一意见。见ZA, SZ 2035/124, Governor Julius Lichtenbergh to the States of Zeeland, Suriname, March 18, 1669。
82. 也见David Eltis, *The Rise of African Slavery in the Americas*（Cambridge, UK: Cambridge University Press, 2000）, 72。在17世纪80年代，11名男子被驱逐到苏里南，但这个殖民地不像附近的魔岛那样。参见Jan Marinus van der Linde, *Surinaamse suikerheren en hun kerk: Plantagekolonie en handelskerk ten tijde van Johannes Basseliers, predikant en planter in Suriname, 1667–1689*（Wageningen: Veenman, 1966）, 57–58。
83. New Project of Freedoms and Exemptions, 1636, in O'Callaghan, *Documents*, 1: 99. 这个计划从未实现。奇怪的是，他认为奥尔巴尼的居民对佩尔·卡尔姆缺乏礼貌，令这位芬兰旅行家有理由推测，在18世纪中期，荷兰人把来自大都会的流浪汉送到了这座城市。见Adolph B. Benson ed., *The America of 1750: Peter Kalm's Travels in North America. The English Version of 1770*, 2 vols.（New York: Dover Publications, 1964［1937］）, 1: 345。
84. Arie Theeodorus van Deursen, *Mensen van klein vermogen: Het 'kopergeld' van de Gouden Eeuw*（Amsterdam: Bert Bakker, 1992）, 66. 4年前，巴西发布了一套新的

《自由与豁免》政策，规定免征什一税7年（糖除外），移民时每带来或移民后每出生1个孩子，就再豁免1年。参见NAN, Collectie Radermacher 546, placard: "Vryheden ende Exemptien... aen alle de gene die hun met hare woonstede naer Brasil sullen willen begeven, ofte jegenwoordig daer woonen," Amsterdam, November 25, 1644。

85. WIC, Chamber of Amsterdam, to Petrus Stuyvesant and council in New Netherland, Amsterdam, May 18, 1654, and burgomasters and regents of Amsterdam to Petrus Stuyvesant, Amsterdam, May 27, 1655, in Charles T. Gehring, ed., *Correspondence 1647–1653*, New Netherland Documents Series, vol. 11（Syracuse; Syracuse University Press, 2000）, 15–16, 64; Albert Eekhof, *De Hervormde Kerk in Noord-Amerika（1624–1664）*, 2 vols.（'s-Gravenhage: Martinus Nijhoff, 1913）, 2: 93; van den Boogaart, "Servant Migration to New Netherland," 64; Vice-Director J. Alrichs to the Commissioners of the Colony on the Delaware River, New Amstel, October 10, 1658, in *Documents Relative to the Colonial History of the State of New York, Procured in Holland, England and France*, vol. 2（Albany: Weed, Parsons and Co., 1858）, 52.

86. 根据规定，孤儿必须服务于苏里南的加尔文教派的家庭，而非犹太人或其他非基督教教徒家庭。参见NAN, Oud Archief Suriname, Raad van Politie 1, meeting of April 18, 1689; van der Linde, *Surinaamse suikerheren en hun kerk*, 56. For Curaçao, see Bernard Buddingh', *Van Punt en Snoa: Ontstaan en groei van Willemstad, Curaçao vanaf 1634: De Willemstad tussen 1700 en 1732 en de bouwgeschiedenis van de synagoge Mikvé Israël-Emanuel 1730–1732*（'s-Hertogenbosch: Aldus Uitgevers, 1994）, 34。在1616年至1699年之间，来自另一个阿姆斯特丹市孤儿院的809名孤儿为东印度公司和西印度公司（主要是前者）的船雇用。这一数字占该孤儿院中所有待服役孤儿的13%。参见 Anne E. C. McCants, *Civic Charity in a Golden Age: Orphan Care in Early Modern Amsterdam*（Urbana and Chicago: University of Illinois Press, 1997）, 66（table 9）。

87. 西班牙代理商伊曼纽尔·贝尔蒙特在1676年写给其上司的信中写道，100名股东每人将分别送来10个男孩和2个女孩，并在4年后继续这样运送儿童。这些数字总计为2,400，而不是他所写的2,600。参见 *British Guiana Boundary, Arbitration with the United States of Venezuela: Appendix to the Case on Behalf of Her Britannic Majesty*（London: Foreign Office, 1898）, 178–179。

88. 在1620年至1793年期间，仅代尔夫特的一个孤儿院就为东印度群岛送去810名孤儿。参见 A. Hallema, "Emigratie en twerkstelling van wezen op de schepen en in het gebied der VOC en WIC gedurende de 17e en 18e eeuw," *Tijdschrift voor Geschiedenis*

70（1957），211。

89. Kiliaen van Rensselaer to Johannes Megapolensis, Amsterdam, February 12, 1642, in Van Laer, *Van Rensselaer Bowier Manuscripts*, 604–605.
90. Regulations determined by the States General, on the advice of the West India Company board, for the peopling and cultivation of the places conquered by the WIC in Brazil, 1634, in José Antônio Gonsalves de Mello, ed., *Fontes para a história do Brasil holandês*, 2 vols.（Recife: MinC—Secretaria da Cultura, 1985），1: 221; NAN, SG 9410, reports from the deputies of WIC affairs, February 19 and 21, 1642.
91. NAN, Aanwinsten eerste afdeling 1360, notice of the WIC directors, Chamber of Amsterdam, January 18, 1663.
92. Simon Hart, "De stadskolonie Nieuwer-Amstel aan de Delaware River in Noord-Amerika," *Amstelodamum* 38（1951），91, 93.
93. 该文本提到20或更多摩根（morgen，旧时荷兰丈量土地面积的单位。——编者注）。1摩根大约相当于2英亩。
94. *Conditien, Die door de Heeren Burgermeesteren der Stadt Amstelredam, volgens't gemaeckte Accordt met de West-Indische Compagnie, ende d'Approbatie van hare Hog. Mog. de Heeren Staten Generael der Vereenighde Nederlanden, daer op gevolght, gepresenteert werden aen alle de gene, die als Coloniers na Nieuw-Nederlandt willen vertrecken, &c.*（Amsterdam: Jan Banning, 1656）.
95. O'Callaghan, *Documents*, 2: 176–177.
96. 这种特权看似慷慨，但并非所有移民都感到满意。1640年，来自乌得勒支省的农民在新瑞典定居，他们的土地税负沉重，但又无法与西印度公司达成协议。在17世纪50年代初，另一批人从乌得勒支抵达。参见 Amandus Johnson, *The Swedish Settlements on the Delaware: Their History and Relation to the Indians, Dutch and English, 1638–1664: With an Account of the South, the New Sweden, and the American Companies, and the Efforts of Sweden to Regain the Colony*（New York: University of Pennsylvania, D. Appleton, 1911），135–144; Johan Printz to Oxenstierna, August 30, 1652, in Amandus Johnson, *The Instruction for Johan Printz, Governor of New Sweden: Translated from the Swedish with Introduction, Notes and Appendices, Including Letters from Governor John Winthrop, of Massachusetts, and Minutes of Courts, Sitting in New Sweden*（Philadelphia: Swedish Colonial Society, 1930），186。
97. *Kort Verhael van Nieuw-Nederlants Gelegentheit, Deugden, Natuerlijke Voorrechten, en*

byzondere bequaemheidt ter bevolkingh（s.l., 1662）, 1, 7-8, 19, 23. See also Benjamin Schmidt, *Innocence Abroad: The Dutch Imagination and the New World, 1570–1670*（Cambridge, UK: Cambridge University Press, 2001）, 257-260.

98. Frans Blom and Henk Looijesteijn, "A Land of Milk and Honey: Colonial Propaganda and the City of Amsterdam, 1656–1664," *De Halve Maen* 85, no. 3（2012）, 53-54.

99. 尽管西印度公司为巴伐利亚人在圭亚那提供了一块3,000平方英里的区域，那里却并未成为大庄园主享有的土地。事实证明，巴伐利亚公国无力负担昂贵的殖民计划。参见 Abraham Hulshof, "Een Duitsch econoom in en over ons land omstreeks 1670," *Onze Eeuw: Maandschrift voor staatkunde, letteren, wetenschap en kunst* 10, no. 4（1910）, 70-71, 76-79。

100. Karel Davids, "Nederlanders en de natuur in de Nieuwe Wereld. Een vergelijking van visies op de natuur in Brazilië, Nieuw Nederland en de Wilde Kust in de zeventiende eeuw," *Jaarboek voor Ecologische Geschiedenis* 10（2010）, 10.

101. Van den Boogaart, "Servant Migration to New Netherland," 62-63.

102. Jan Folkerts, "The Failure of West India Company Farming on the Island of Manhattan," *De Halve Maen* 69（1996）, 51.

103. Nicolaas de Roever, "Kiliaen van Rensselaer and His Colony of Rensselaerswyck," in van Laer, *Van Rensselaer Bowier Manuscripts*, 53; Hart, "Stadskolonie," 92. 有时人们将费吕沃的农民与德意志农民相提并论。1661年，阿姆斯特丹市议会要求从海尔德兰或威斯特伐利亚派遣25～30名农场雇员到新阿姆斯特尔。参见 resolution of March 9, 1661, in O'Callaghan, *Documents* 2: 168-169。东印度公司的官员也同样偏爱东部省份的农民。参见 Remco Raben, "Batavia and Colombo: The Ethnic and Spatial Order of Two Colonial Cities, 1600-1800"（PhD diss., University of Leiden, 1996）, 153。

104. Folkerts, "Failure of West India Company Farming," 52.

105. Johannes Jacobus Herks, *De geschiedenis van de Amersfoortse tabak*（'s-Gravenhage: Nijhoff, 1967）, 70, 72, 73, 86, 88, 90, 92, 181-192; H. K. Roessingh, *Inlandse tabak: Expansie en contractie van een handelsgewas in de 17e en 18e eeuw in Nederland*（Zutphen: De Walburg Pers, 1976）, 98-99.

106. Sabine Klein, "'They Have Invaded the Whole River': Boundary Negotiations in Anglo-Dutch Colonial Discourse," *Early American Studies: An Interdisciplinary Journal* 9, no. 2（2011）, 343-344.

107. Pieter Emmer, "The West India Company, 1621–1791: Dutch or Atlantic?" in *The Dutch in the Atlantic Economy, 1580–1880: Trade, Slavery and Emancipation*（Aldershot, UK: Ashgate, 1998）, 85–86.
108. Frijhoff, Wegen van Evert Willemsz., 572.
109. NAN, OWIC 51, Johannes van Walbeeck to the WIC Chamber of Amsterdam, March 24, 1636.
110. Vincent Joachim Soler, "Brief and Curious Report of Some Peculiarities of Brazil. Seventeenth Century Pamphlet（1639）," in *Dutch Brazil, vol. 1, Documents in the Leiden University Library*, ed. Cristina Ferrão and José Paulo Monteiro Soares（Rio de Janeiro: Editora Index, 1997）, 45–46.
111. NAN, Collectie Afgedwaalde Stukken, 69, Johan Pempelfort to the Admi-ralty of Amsterdam, Orangen on the Wiapoco River, March 16, 1677.
112. 对大都会食品供应的依赖仍然是18世纪中叶荷兰人在伯比斯和埃塞奎博的种植园的特征。参见 L. Bosman, *Nieuw Amsterdam in Berbice（Guyana）: De planning en bouw van een koloniale stad, 1764–1800*（Hilversum: Verloren, 1994）, 28。
113. Soler, "Brief and Curious Report," 45–46; Folkerts, "Failure of West India Company Farming," 50.
114. Donna Merwick, "Dutch Townsmen and Land Use: A Spatial Perspective on Seventeenth-Century Albany, New York," *William & Mary Quarterly*, ser. 3, 37（1980）, 57; Romney, *New Netherland Connections*, 151.
115. Ben Teensma, ed., *Suiker, verfhout en tabak: Het Braziliaanse Handboek van Johannes de Laet*（Zutphen: Walburg Pers, 2009）, 85.
116. NAN, OWIC 54, no. 9, governor and council of Brazil to the Heren XIX, Recife, March 5, 1639; NAN, OWIC 9, Heren XIX to Johan Maurits and the High Council, Amsterdam, October 24, 1639 and April 18, 1642; NAN, OWIC 55, Johan Maurits and council to the Heren XIX, Recife, May 7, 1640. 后来多巴哥和苏里南也开始种植木薯。见 ZA, SZ 2035/12, Jean Lansman to the States of Zeeland, Tobago, April 19, 1668; ZA, SZ 2035/15–16, Abel Thisso to the States of Zeeland, Nova Walcheren［Tobago］, April 30, 1668; ZA, SZ 2035/209, Nicolaes Combe to the States of Zeeland, Suriname, February 14, 1670。一些甘蔗种植园主拥有奴隶和土地，尽管他们中的大多数是从工厂主那里租用土地的租户或佃农，他们也依靠工厂主以进行糖料的提炼和加工。
117. NAN, SG 9411, P. J. Bas to the WIC, São Luís de Maranhão, November 15, 1642.

118. Pieter Marinus Netscher, *Les hollandais au Brésil, notice historique sur les Pays-Bas et le Brésil au XVIIe siècle*（La Haye: Belinfante Frères, 1853）, 154.

119. Moreau, *Histoire des derniers troubles*, 87–88.

120. NAUK, High Court of Admiralty, Prize Records, 30/223, Francisco Henriquez Pereyra to Pedro Henriquez Pereyra in Amsterdam, Suriname, September 12, 1672; ZA, SZ 2035/241, Governor Pieter Versterre to the States of Zeeland, Suriname, May 6, 1673.

121. Resolution of May 18, 1644, in Gehring and Schiltkamp, *Curacao Papers*, 36.

122. Mello, *Olinda Restaurada*, 91.

123. Eekhof, *Hervormde Kerk*, 1: 151.

124. Mathias Beck to the WIC, Curaçao, July 28, 1657, in Gehring and Schiltkamp, *Curaçao Papers*, 106; Goslinga, *Dutch in the Caribbean and Wild Coast*, 362–363; Resolution, WIC Chamber of Amsterdam, June 13, 1669, in Johannes Hermanus Jacobus Hamelberg, ed., *Documenten behoorende bij "De Nederlanders op de West-Indische eilanden"*（Amsterdam: Emmering, 1979）, 83.

125. Dennis J. Maika, "Commerce and Community: Manhattan Merchants in the Seventeenth Century"（PhD diss., New York University, 1995）, 35; Van Cleaf Bachman, *Peltries or Plantations: The Economic Policies of the Dutch West India Company in New Netherland 1623–1639*（Baltimore and London: Johns Hopkins University Press, 1969）, 70. See also Rink, *Holland on the Hudson*, 196.

126. Van Baerle, *History of Brazil*, 202.

127. Mello, *Fontes*, 10; Martha Dickinson Shattuck, "A Civil Society: Court and Community in Beverwijck, New Netherland, 1652–1664"（PhD diss., Boston University, 1993）, 23–25.

128. Shattuck, "Civil Society," 33–34.

129. Van Grol, *Grondpolitiek*, 1: 29–30.

130. Shattuck, "Civil Society," 47–48; Hermann Wätjen, *Das holländische Kolonialreich in Brasilien: Ein Kapitel aus der Kolonialgeschichte des 17. Jahrhunderts*（'s-Gravenhage: Martinus Nijhoff, Gotha: Perthes, 1921）, 188–190.

131. 相比之下，荷兰共和国的天主教教徒被排除在公职之外。

132. 在苏里南，在刑法方面没有留下任何妥协的余地，至少官方层面是这样的。例如，所有通奸者均应被判处死刑。参见 "Criminele en penale wetten ende ordonnantien," February 19, 1669, in Jacobus Thomas de Smidt and To van der Lee, eds., *West-Indisch plakaatboek: Plakaten, ordonnantiën en andere wetten, uitgevaardigd in Suriname,*

1667–1816, 2 vols.（Amsterdam: S. Emmering, 1973）, 1: 4。
133. Langdon G. Wright, "Local Government and Central Authority in New Netherland," *New York Historical Society Quarterly*（1973）, 13; Jacobs, *Zegenrijk gewest*, 151, 155; Dennis Sullivan, *The Punishment of Crime in Colonial New York: The Dutch Experience in Albany during the Seventeenth Century*（New York: Peter Lang, 1997）, 43.
134. Shattuck, "Civil Society," 61–62.
135. Arie Boomert, "Amerindian-European Encounters on and around Tobago（1498–ca.1810）," *Antropológica* 97–98（2002）, 106.
136. Mello, *Tempo dos flamengos*, 74, 76, 79.
137. 1668年，一支荷兰舰队上的船员在圣灵降临日去埃尔米纳的教堂聆听布道。那天下午举行了一场盛宴，要塞中的所有军官都受到了款待。参见 NAN, Aanwinsten, Eerste Afdeling 940, fol. 21, journal of Jan Jacob Beer, supercargo on the *St. Jan de Dooper*。
138. 他和没有分到肉的士兵们相处不好。参见 L'Honoré Naber, *Reisebeschreibungen*, 2: 22–23。
139. Klaas Ratelband, *Vijf dagregisters van het kasteel São Jorge da Mina*（*Elmina*）*aan de Goudkust*（*1645–1647*）（'s-Gravenhage: Martinus Nijhoff, 1953）, 57.
140. Francisco Guerra, "Medicine in Dutch Brazil 1624–1654," in *Johan Maurits van Nassau-Siegen 1604–1679: A Humanist Prince in Europe and Brazil. Essays on the Occasion of the Tercentenary of his Death*, ed. Ernst van den Boogaart, in collaboration with Hendrik Richard Hoetink and Peter James Palmer Whitehead（'s-Gravenhage: Johan Maurits van Nassau Stichting, 1979）, 476.
141. NAN, OWIC 47, fol. 439, Johan van Leeuwen to the Heren XIX, on board the *Fortuijn* off Pernambuco, November 7, 1631; GAR, ONA 201: 197/262, Act of February 17, 1641.
142. Joyce Diane Goodfriend, "Writing/Righting Dutch Colonial History," *New York History* 80（1999）: 5–28. 有关荷兰制图术语，参见本杰明·施密特："Mapping an Empire: Cartographic and Colonial Rivalry in Seventeenth-Century Dutch and English North America," *William and Mary Quarterly*, ser. 3, 54, no. 3（1997）, 551。另外，关于荷兰人在圣克罗伊岛的情况，参见 Juan de Balaños to the Spanish Crown, Puerto Rico, January 23, 1643, in Cornelis Frans Adolf van Dam and Irene Aloha Wright, eds., *Nederlandsche zeevaarders op de eilanden in de Caraïbische Zee en aan de kust van Columbia en Venezuela gedurende de jaren 1621–1648: Documenten hoofdzakelijk uit het Archivo General de Indias*, 2 vols.（Utrecht: Kemink & Zoon, 1934）, 2: 73）; Alfredo E.

Figueredo, "The Early European Colonization of St. Croix（1621-1645）," *Journal of the Virgin Islands Archaeological Society* 6（1978）: 59-64。

143. Goodfriend, *Before the Melting Pot*, 196.
144. Johannes de Laet, *Iaerlyck Verhael van de Verrichtinghen der Gheoctroyeerde West-Indische Compagnie in derthien Boecken*, ed. Samuel Pierre l'Honoré Naber, 4 vols. （'s-Gravenhage: Martinus Nijhoff, 1931-1937）, 2: 135; 3: 30, 160; Jacobs, *Zegenrijk gewest*, 384-385.
145. Frank Ibold, Jens Jäger, and Detlev Kraack, eds., *Das Memorial und Jurenal des Peter Hansen Hajstrup（1624-1672）*（Neumünster: Wachholtz Verlag, 1995）, 75.
146. Announcement of the Council of Brazil, May 28, 1641, in Jadin, *L'ancien Congo et l'Angola*, 43.
147. Jacob Adriaan Schiltkamp and Jacobus Thomas de Smidt, *West Indisch plakaatboek. Publikaties en andere wetten betrekking hebbende op St. Maarten-St. Eustatius-Saba. 1648/1681-1816*（Amsterdam: S. Emmering, 1979）, 140-141.
148. Eekhof, *Hervormde Kerk*, 1: 120.
149. Ibid., 1: 121.
150. Frijhoff, *Wegen van Evert Willemsz*, 581.
151. 直到18世纪50年代，1637年的荷兰语版《圣经》才被引进纽约。见Goodfriend, *Before the Melting Pot*, 188-189。
152. 此外，他提议成立一个神学家委员会负责处理牧师和学校教师组成的海外任务，以"扰乱魔鬼的国度"。见Goslinga, *Dutch in the Caribbean and Wild Coast*, 40; Otto van Rees, *Geschiedenis der Staathuishoudkunde in Nederland tot het einde der achttiende eeuw*, 2 vols.（Utrecht: Kemink en Zoon, 1865-1868）, 2: 400-401。
153. Van Nierop, "Rensselaerswyck," 217.
154. Johan Hartog, *Mogen de eilanden zich verheugen : Geschiedenis van het protestantisme op de Nederlandse Antillen*（[Willemstad:] Kerkeraad van de Verenigde Protestantse Gemeente van Curaçao, 1969）, 11.
155. Willem Frijhoff and Marijke Spies, *1650: Bevochten eendracht*（Den Haag: Sdu Uitgevers, 1999）, 353-354; Benjamin Kaplan, "Fictions of Privacy: House Chapels and the Spatial Accommodation of Religious Dissent in Early Modern Europe," *American Historical Review* 107, no. 4（2002）, 1042-1043.
156. Adam Jones, ed., *West Africa in the Mid-Seventeenth Century: An Anonymous Dutch*

 Manuscript（s.l.: African Studies Association Press, 1995）, 68-69.
157. Eekhof, *Hervormde Kerk*, 1: 15, 17, 23.
158. Schalkwijk, *Igreja e estado*, 121.
159. Hartog, *Mogen de eilanden zich verheugen*, 11.
160. NAN, SG, Loketkasten en Secreetkasten 12564.42, WIC meeting of August 25, 1659.
161. Frijhoff and Spies, 1650, 362.
162. Schalkwijk, *Igreja e estado*, 121-122, 129, 137.
163. Laurentius Knappert, *Geschiedenis van de Nederlandsche Bovenwindsche eilanden in de 18de eeuw*（'s-Gravenhage: Martinus Nijhoff, 1932）, 170.
164. Van Deursen, *Mensen van klein vermogen*, 296.
165. Leendert Jan Joosse, *Geloof in de Nieuwe Wereld: Ontmoeting met Afrikanen en Indianen*（*1600-1700*）（Kampen: Uitgeverij Kok, 2008）, 121.
166. SAA, ACA 157, fol. 14; "Classicale Acta van Brazilië," *Archief voor de geschie-denis der oude Hollandsche zending*, 3 vols.（Utrecht: C. van Bentum, 1885）, 2: 310; Johan Hartog, *Curaçao, van kolonie tot autonomie*, 2 vols.（Aruba: De Wit, 1961）, 1: 209-210; Schalkwijk, *Igreja e estado*, 145; Klaas Ratelband, *Nederlanders in West-Afrika 1600-1650: Angola, Kongo en São Tomé*（Zutphen: Walburg Pers, 2000）, 104-105.
167. Coolhaas, *Generale Missiven*, 1: 651n. 5; Hartog, *Mogen de eilanden zich verheugen*, 8; Gijsbertus Marius Jozef Maria Koolen, *Een seer bequaem middel: Onderwijs en kerk onder de zeventiende-eeuwse VOC*（Kampen: Kok, 1993）, 12, 122, 127.
168. SAA, ACA 379: 224, pastor Adrianus van Beaumont to the Classis Amsterdam, Curaçao, April 17, 1660.
169. 他曾在恩斯和埃默洛尔德的村庄传教。见 SAA, ACA 157, fols. 193-195, meetings of January 27, February 24, and March 9, 1648。
170. SAA, ACA 157, fols. 195, 200-201, 210, meetings of June 29, August 10, and December 28, 1648.
171. Schalkwijk, *Igreja e estado*, 115.
172. Meeting of the Reformed Church Council, March 3, 1637, in "Classicale Acta van Brazilië," *Archief voor de geschiedenis der oude Hollandsche zending*, 3 vols.（Utrecht: C. van Bentum, 1885）, 2: 227.
173. José Antonio Gonsalves de Mello, *Gente da Nação: Cristãos-novos e judeus em Pernambuco 1542-1654*（Recife: Fundação Joaquim Nabuco and Editora Massangana,

1989），305. 南非的荷属开普殖民地当局试图阻止旅店老板在讲道之前或期间供应啤酒，但并没有成功。参见 Johannes Petrus Claasen, *Die sieketroosters in Suid-Afrika 1652-1866*（Pretoria: N. G. Kerkboekhandel, 1977），87-88。

174. Joyce D. Goodfriend, "The Struggle over the Sabbath in Petrus Stuyves-ant's New Amsterdam," in *Power and the City in the Netherlandic World*, ed. Wayne te Brake and Wim Klooster（Leiden and Boston: Brill, 2005），205-224. See also Jacobs, *Zegenrijk gewest*, 384.

175. Jonathan Irving Israel, *The Dutch Republic and the Hispanic World 1606-1661*（Oxford: Clarendon Press, 1982），662-664.

176. See the minister's report to the Amsterdam church council on June 21, 1618: "Aantekeningen betreffende Oost-en West-Indische kerkzaken 1604-1652. Volgens het onuitgegeven handschrift van Prof. Dr. H.C. Millies," *De Navorscher* 41（1891），3-4.

177. Daniel Noorlander, "Serving God and Mammon: The Reformed Church and the Dutch West India Company in the Atlantic World, 1621-1674"（PhD. diss., Georgetown University, 2011），313-314.

178. Conditions for colonies, adopted by the WIC board, November 22, 1628, in *Report and Accompanying Papers of the Commission Appointed by the President, by United States: Commission to Investigate and Report upon the True Divisional Line between Venezuela and British Guiana*（Washington, DC: Government Printing Office, 1897），63; Liberties and exemptions offered by the WIC Zeeland Chamber to patroons of colonies in Guiana, 1657, in *Report and Accompanying Papers*, 123.

179. Claasen, *Sieketroosters in Suid-Afrika*, 26; Caspar Adam Laurens van Troostenburg de Bruyn, *De Hervormde Kerk in Nederlandsch Oost-Indië*（1602-1795）（Arnhem: Tjeenk Willink, 1884），5-6; Joosse, *Geloof in de Nieuwe Wereld*, 113-114.

180. "Copy of a Call and of a Letter of Instruction for Siecken-Troosters Going to the East or West Indies, etc." in Edward Tanjore Corwin, ed., *Ecclesiastical Records State of New York*, 7 vols.（Albany, NY: James B. Lyon, 1901），1: 96-97.

181. Frijhoff, *Wegen van Evert Willemsz.*, 519.

182. L'Honoré Naber, *Reisebeschreibungen*, 2: 33. 对疾病进行道德上的解释并非专属于荷兰人。例如，在17世纪初期，一些英格兰人将梅毒与鸡奸、同类相食或者他们认为是美洲印第安人的放荡生活习性联系在一起。参见 Joyce E. Chaplin, "Natural Philosophy and Early Racial Idiom in North America: Comparing English and Indian

Bodies," *William and Mary Quarterly*, ser. 3, 54, no. 1（1997）, 237。

183. Frijhoff, *Wegen van Evert Willemsz.*, 526。

184. Eekhof, *Hervormde Kerk*, 1: 13; Minutes of the meeting of the Reformed Church Council, October 29, 1638, in "Classicale Acta van Brazilië," *Archief voor de geschiedenis der oude Hollandsche zending*, 3 vols.（Utrecht: C. van Bentum, 1885）, 2: 258; Schalkwijk, *Igreja e estado*, 196. 并非所有西印度公司的船上都配备了病患安慰者。1634年，征服库拉索岛的远征队中就没有病患安慰者，尽管人们举行了祈祷和"教化"活动。参见 Menkman, *Neder-anders in Caraibische zeegebied*, 42。1642年，前往伯南布哥的"大象号"上也没有病患安慰者。当一名士兵的妻子诞下儿子时，是一名德意志雇佣兵在全体船员面前为新生儿施洗礼的。参见 Caspar Schmalkalden, *Brasil Holandês*, 2 vols.（Rio de Janeiro: Editora Index, 1998）, 1: 30。

185. Eekhof, *Hervormde Kerk*, 1: 14; Frijhoff, *Wegen van Evert Willemsz.*, 521-522。

186. 在巴西，他们抱怨说他们收到的口粮甚至比学校老师分到的还要少。见 Meeting of the Reformed church council, April 20, 1640, in "Classicale Acta van Brazilië," *Archief voor de geschiedenis der oude Hollandsche zending*, 3 vols.（Utrecht: C. van Bentum, 1885）, 2: 276。

187. Schalkwijk, *Igreja e estado*, 194。

188. SAA, ACA 157, fol. 28, 31, 62. Meetings of March 5 and 26, 1640, and November 19, 1641。

189. 例如，荷属巴西的教会会议就拒绝了圣阿戈斯蒂尼奥镇的病患安慰者鲍德韦因·马尔沙尔克希望前往祖国并带回妻子的请求。参见 Meeting of the church council of Brazil, April 20, 1640, in "Classicale Acta van Brazilië," *Archief voor de geschiedenis der oude Hollandsche zending*, 3 vols.（Utrecht: C. van Ben-tum, 1885）, 2: 270。相比之下，巴达维亚的病患安慰者亚伯拉罕·弗洛里斯就被允许去接他的妻子。见 Meeting of the church council of Batavia, January 4, 1649, in Jakob Mooij, ed., *Bouwstoffen voor de geschiedenis der Protestantsche Kerk in Nederlandsch-Indië*, 3 vols.（Batavia: Landsdrukkerij, 1927-1931）, 2: 711。也见 Vibeke Roeper, "Het Journael van Seyger van Rechteren, 1628-1633: Waarheid, overdrijving en fictie in een egodocument," *Jaarboek van het Centraal Bureau voor Genealogie* 56（2002）, 125。

190. 我不知道是否有病患安慰者从亚洲到大西洋世界，但的确有数十人从大西洋世界前往亚洲。参见 Noorlander, "Serving God and Mam-mon," 318-323。

191. Koolen, *Seer bequaem middel*, 88.
192. 例子包括赫拉尔杜斯·贝斯滕和约翰尼斯·克里斯蒂亚尼。见 SAA, ACA 157, fols. 17, 21, exams of October 4 and December 11, 1639。在殖民地服役期间，也有可能继续担任病患安慰者。这样的例子包括巴西的克里斯托弗尔·科内利斯，他在西印度公司服役期间作为枪手失去了一条手臂。参见 SAA, ACA 379: 40, request dated September 17, 1640。
193. Johan H. Giskes, "Tweehonderd jaar bouw van strijkinstrumenten in Amsterdam (1600–1800)," *Jaarboek Amstelodamum* 79 (1987), 61; SAA, ACA 157, fols. 32–34, meetings of April 23, May 8, and May 28, 1640.
194. Ratelband, *Vijf dagregisters*, 304.
195. SAA, ACA 157, fol. 69, meeting of March 18, 1642.
196. SAA, ACA 157, fols. 146, 157, meetings of October 30, 1645 and August 27, 1646.
197. Meeting of the Reformed Church Council, November 21, 1640, in "Acta van Brazilië," *Archief voor de geschiedenis der oude Hollandsche zending*, 3 vols. (Utrecht: C. van Bentum, 1885), 2: 288.
198. SAA, ACA 157, fol. 228, meeting of November 30, 1649.
199. See also Charles H. Parker, *The Reformation of Community: Social Welfare and Calvinist Charity in Holland, 1572–1620* (Cambridge, UK: Cambridge University Press, 1998), 144.

第七章　异族人

1. Krzysztof Arciszewski to Johan Maurits and the High Council of Brazil, Amsterdam, July 24, 1637; "Missive van den kolonnel Artichofsky aan Graaf Maurits en den Hoogen Raad in Brazilië, 24 juli 1637," *Kroniek van het Historisch Genootschap gevestigd te Utrecht* ser. 5, 25, no. 5 (1869), 233.
2. Een Lief-hebber des Vaderlandts, *Levendich Discours vant ghemeyne Lants welvaert voor desen de Oost ende nu oock de West-Indische generale Compaignie aenghevanghen seer notabel om te lesen* ([Amsterdam:] Broer Iansz, 1622).
3. Report of the Commissioners and Directors over Amsterdam's colony, submitted to the Burgomasters, August 10, 1663, in Edmund Bailey O'Callaghan, ed., *Documents Relative to the Colonial History of the State of New-York; Procured in Holland, England and France by John Romeyn Brodhead*, 15 vols. (Albany, NY: Weed, Parsons, 1856), 2: 211.

4. *Korte aenwysinge van de bysondere nuttigheden, die met reden te gemoet gesien kunnen werden, uyt de conservatie ende verbeteringe van de Colonie van Suriname*（s.l., 1681）, 11.
5. *British Guiana Boundary, Arbitration with the United States of Venezuela: Appendix to the Case on Behalf of Her Britannic Majesty*（London: Foreign Office, 1898）, 25.
6. 他们的领袖特奥多鲁斯·克莱森（Theodorus Claessen）在1614年承诺，他和他的公司将向其殖民地贡献20万达克特，但被拒绝了。后来据称，在将殖民地迁往苏里南之前，克莱森在卡宴与80名再洗礼派教徒生活在一起，那里大多数男性都有当地的情人。见 Information touching on the West Indies, April 4, 1615. See Account of Map of Coast from the Amazon to the Island of Margarita, in ibid., 39–43。
7. *Een Vertoogh van de considerabele Colonie, By de Edele Groot Mog. Heeren Staten van Hollandt ende West-Vrieslant, uytgeset op de vaste Kust van America*（s.l.: Jacobus Scheltus, 1676）, 13, conditions listed by Simon van Beaumont, July 20, 1675.
8. NAN, Collectie Afgedwaalde Stukken（1.11.03）, 69, Johan Pempelfort to the Admiralty of Amsterdam, Orangen on the Wiapoco River, March 16, 1677.
9. "Some Thoughts on the Colonie at the South River in New Netherland," in O'Callaghan, *Documents*, 2: 201. See also Clinton Alfred Weslager, "The City of Amsterdam's Colony on the Delaware, 1656–1664; with Unpublished Dutch Notarial Abstracts," *Delaware History* 20（1982）, 84n; Simon Hart, "De stadskolonie Nieuwer-Amstel aan de Delaware River in Noord-Amerika," *Amstelodamum* 38（1951）, 92.
10. Arnoldus Montanus, *De nieuwe en onbekende weereld: of beschryving van America en't Zuid-land*（Amsterdam: Jacob Meurs, 1671）, 134. 5年后，斯塔滕岛上的几名瓦勒度派教徒被赐予了土地。参见 John Romeyn Brodhead, *History of the State of New York: First Period, 1609–1664*（New York: Harper & Brothers, 1853）, 692。
11. Victor Enthoven, "Zeeland en de opkomst van de Republiek: Handel en strijd in de Scheldedelta, c. 1550–1621"（PhD diss., Rijksuniversiteit Leiden, 1996）, 261. 20年后，爱尔兰裔荷兰移民仍然会离开弗利辛恩前往亚马孙地区。见 W. Noël Sainsbury, ed., *Calendar of State Papers［CSP］, Colonial Series, 1574–1660, Preserved in the State Paper Department of Her Majesty's Public Record Office*（London: Her Majesty's Stationery Office, 1860）, 218。
12. Joyce Lorimer, ed., *English and Irish Settlement on the River Amazon, 1550–1646*（London: Hakluyt Society, 1989）, 53, 163–165.
13. Ibid., 52. 在1635年从伦敦出发前往美洲的5,000人中，有121人来自米德尔堡和弗利辛恩。参见 Alison Games, *Migration and the Origins of the English Atlantic World* (Cambridge, MA, and London: Harvard University Press, 1999), 32。

14. Jeremy Dupertuis Bangs, *Strangers and Pilgrims, Travellers and Sojouners: Leiden and the Foundations of Plymouth Plantation* (Plymouth, MA: General Society of Mayflower Descendants, 2009), 588–590, 645–646.

15. Mrs. Robert W. de Forest, *A Walloon Family in America: Lockwood de Forest and His Forbears 1500–1848: Together with a Voyage to Guiana Being the Journal of Jesse de Forest and His Colonists 1623–1625*, 2 vols. (Boston and New York: Houghton Mifflin Company, 1914), 1: 18–30, 2: 231;. Lorimer, *English and Irish Settlement*, 75–78.

16. Bertrand Van Ruymbeke, "The Walloon and Huguenot Elements in New Netherland and Seventeenth-Century New York: Identity, History, and Memory," in *Revisiting New Netherland: Perspectives on Early Dutch America*, ed. Joyce Goodfriend (Leiden: Brill, 2005), 41–54.

17. Resolutions WIC Chamber of Amsterdam, April 30, 1635, in Johannes Hermanus Jacobus Hamelberg, ed., *Documenten behoorende bij "De Nederlanders op de West-Indische eilanden"* (Amsterdam: Emmering, 1979), 37.

18. Johan Hartog, *De Bovenwindse eilanden Sint Maarten, Saba, Sint Eustatius: Eens Gouden Rots, nu zilveren dollars* (Aruba: De Wit, 1964), 56.

19. Langdon G. Wright, "Local Government and Central Authority in New Netherland," *New York Historical Society Quarterly* (1973), 10–11.

20. Leendert Jan Joosse, *Geloof in de Nieuwe Wereld: Ontmoeting met Afrikanen en Indianen (1600–1700)* (Kampen: Uitgeverij Kok, 2008), 261.

21. List of things found upon St. Eustatius, August 23, 1665, in W. Noël Sainsbury, *CSP, Colonial Series, America and West Indies, 1661–1668, Preserved in the State Paper Department of Her Majesty's Public Record Office* (London: Her Majesty's Stationery Office, 1880), 319–320; Hartog, *Bovenwindse eilanden*, 223. 查尔斯·德罗什福尔 (Charles de Rochefort) 估计有 1,600 名居民，但这似乎有些夸张。参见 *Histoire naturelle et morale des isles Antilles de l'Amérique* (1658), seems exaggerated. See also Carl Bridenbaugh and Roberta Bridenbaugh, *No Peace beyond the Line: The English in the Caribbean, 1624–1690* (New York: Oxford University Press, 1972), 76n。

22. 17 世纪在联合省的德意志旅行者称荷兰语为"德语"或"低地德语"。参见 Steffi Schmidt, *Die Niederlande und die Niederländer im Urteil deutscher Reisenden: Eine*

Untersuchung deutscher Reisebeschreibungen von der Mitte des 17. bis zur Mitte des 19. Jahrhunderts（Siegburg: Verlag F. Schmitt, 1963）, 63。具有说服力的是，地理大臣彼得·普兰西乌斯给圭亚那的狂野海岸取名为"新日耳曼尼亚"，他计划将其规划为荷兰人的殖民点。参见 Nicolaes à Wassenaer, *Het elfde deel of't vervolgh van het Historisch verhael aller ghedencwaerdiger geschiedenissen, die*［...］*van aprili tot october, deses jaers 1626. voorgevallen syn*（Amsterdam: Johannes Janssonius, 1626）, 113。

23. Pastor Jonas Michaëlius to pastor Adriaen Smoutius, New Amsterdam, August 11, 1628, in Edward Tanjore Corwin, ed., *Ecclesiastical Records State of New York*, 7 vols.（Albany, NY: James B. Lyon, 1901）, 1: 53.

24. José Antonio Gonsalves de Mello, "Gente da Nação. Judeus residentes no Brasil holandês, 1630-54," *Revista do Instituto Arqueológico, Histórico e Geográfico Pernambucano* 51（1979）, 245.

25. Daniel Noorlander, "Serving God and Mammon: The Reformed Church and the Dutch West India Company in the Atlantic World, 1621-1674"（PhD. diss., Georgetown University, 2011）, 115; Charles T. Gehring, ed., *Correspondence 1647-1653*, New Netherland Documents Series, vol. 11（Syracuse; Syracuse University Press, 2000）, 156。德里修斯（1600—1673）自1652年起到他去世前都在新阿姆斯特丹担任牧师。

26. Hermann Wätjen, *Das holländische Kolonialreich in Brasilien: Ein Kapitel aus der Kolonialgeschichte des 17. Jahrhunderts*（'s-Gravenhage: Martinus Nijhoff, Gotha: Perthes, 1921）, 216.

27. SAA, ACA 157, fol. 186, meeting of September 16, 1647; Charles de Rochefort, *Histoire naturelle et morale des Iles Antilles de l'Amérique*（Roterdam: Arnould Leers, 1658）, 42.

28. 修建教堂的一半费用是由十九人委员会承担的，另一半来自一名在巴西亵渎神明的犹太人支付的罚款。参见 José Antônio Gonsalves de Mello, *Tempo dos flamengos: Influência da ocupação holandesa na vida e na cultura do Norte do Brasil*, 2nd ed.（Recife: Governo do Estado de Pernambuco, 1978）, 115。

29. José Antônio Gonsalves de Mello, ed., *Fontes para a história do Brasil holandês*, 2 vols.（Recife: MinC—Secretaria da Cultura, 1985）, 2: 301-306. 从1649年开始，在新尼德兰举行了至少4次会议。在那里，荷属和英属殖民地的代表向总督和议会提出建议。见 Jaap Jacobs, *Een zegenrijk gewest: Nieuw-Nederland in de zeventiende eeuw*（Amsterdam: Prometheus/Bert Bakker, 1999）［trans. as *New Netherland: A Dutch*

Colony in Seventeenth-Century America (Leiden: Brill, 2005)], 156–157。

30. NAN, SG 5755, Duarte Gomes da Silveira to the States General and the Prince of Orange, Paraíba, June 1, 1637; Mello, *Fontes*, 2: 388–390, 397, 403; Pierre Moreau, *Histoire des derniers troubles du Brésil entre les Hollandois et les Portugais* (Paris: Augustin Courbe, 1651), 19; Auguste de Guelen, *Kort verhael vanden staet van Fernanbuc* (Amsterdam, 1640).

31. NAN, SG, Loketkasten en Secreetkasten, 12564.6, extract of the resolutions of the States General, February 27, 1637, referring to the letter by Jan Robberts to the WIC Chamber of Maze, December 20, 1636.

32. NAN, OWIC 8, Heren XIX to Johan Maurits and the High Council, Amsterdam, October 24, 1639.

33. NAUK, HCA 30/223, Simon van Cleeff to unknown, Suriname, September 7, 1672.

34. Placard from Governor Pieter Versterre, June 9, 1672, in Jacob Adriaan Schiltkamp and Jacobus Thomas de Smidt, *West Indisch plakaatboek. Publikaties en andere wetten betrekking hebbende op St. Maarten-St. Eustatius-Saba. 1648/1681-1816* (Amsterdam: S. Emmering, 1979), 1: 71.

35. Cornelis C. Goslinga, *The Dutch in the Caribbean and in the Guianas, 1680–1791* (Assen: Van Gorcum, 1985), 270. 巴西也引入了混合规则。在那些说葡萄牙语的人数超过讲荷兰语人数的地区，法院由3名葡裔巴西人和2名荷兰人组成。

36. Simon Middleton, "Order and Authority in New Netherland: The 1653 Remonstrance and Early Settlement Politics," *William and Mary Quarterly*, ser. 3, 67, no. 1 (2010), 51–52.

37. Samuel Pierre l'Honoré Naber, ed., *Toortse der Zeevaert door Dierick Ruiters* (*1623*) ('s-Gravenhage: Martinus Nijhoff, 1913), 35–36.

38. NAN, SG 5756, Johan Maurits and councilors Henric Hamel, A. van Bullestraete and D. Codde van der Burgh to the Heren XIX, Recife, May 2, 1642. 葡萄牙宗教法庭从1626年开始起诉在安哥拉的犹太人。参见 Luiz Felipe de Alencastro, "The Apprenticeship of Colonization," in *Slavery and the Rise of the Atlantic System*, ed. Barbara L. Solow (Cambridge, UK: Cambridge University Press, 1991), 163。

39. Testimony of Blas de Paz Pinto, Francisco de Heredia, and Manuel de Fonseca Enríquez, February 27, 1637, and Manuel de Fonseca Enríquez, September 25, 1636, in Anna María Splendiani, *Cincuenta años de Inquisición en el Tribunal de Cartagena de Indias*

1610-1660, 4 vols.（Santafé de Bogotá: Centro Editorial Javeriano, Instituto Colombiano de Cultura Hispánica, 1997）, 3: 43, 48, 64; Maria da Graça A. Mateus Ventura, "Os Gramaxo: Um caso paradigmático de redes de influência em Cartagena das índias," *Cadernos de Estudos Sefarditas* 1（2001）: 72; Seymour B. Liebman, *The Jews in New Spain: Faith, Flame, and the Inquisition*（Coral Gables, FL: University of Miami Press ［1970］）, 220-221.

40. Stuart Schwartz, "The Voyage of the Vassals: Royal Power, Noble Obligations, and Merchant Capital before the Portuguese Restoration of Independence, 1624-1640," *Hispanic American Historical Review* 96, no. 3（1991）, 752-758.

41. Salo Wittmayer Baron, *A Social and Religious History of the Jews*, 2nd ed., 18 vols.（New York and London: Columbia University Press, Philadelphia: Jewish Publication Society of America, 1952-1983）, 15: 328-329. 被质询的男子名叫安东尼奥·瓦斯·亨里克斯, 又名莫森·库恩。一位名叫摩西·科恩·恩里克斯的人的确生活在荷属巴西, 并于1631年在那里结婚, 可能于1663年或1664年在巴巴多斯去世。参见Egon Wolff and Frieda Wolff, *Dicionário Biográfico*, 7 vols.（Rio de Janeiro, ERCA: 1986-1992）, 1: 94。对于阿姆斯特丹的葡裔犹太人来说, 荷属巴西同样重要, 但并不是每个人都支持荷兰人的征服行动。1632年, 3名男子密谋要将巴西返还给葡萄牙。参见Johannes de Laet, *Iaerlyck Verhael van de Verrichtinghen der Gheoctroyeerde West-Indische Compagnie in derthien Boecken*, ed. Samuel Pierre l'Honoré Naber, 4 vols.（'s-Gravenhage: Martinus Nijhoff, 1931-1937）, 3: 104-107。

42. Daniel M. Swetschinski, *Reluctant Cosmopolitans. The Portuguese Jews of Seventeenth-Century Amsterdam*（London: The Littman Library of Jewish Civilization, 2000）, 11-13, 19.

43. NAN, SG 5751, Willem Usselincx to the States General, The Hague, February 24, 1623.

44. Hermann Kellenbenz, *A participação da Companhia de judeus na conquista holandesa de Pernambuco*（s.l.: Universidade Federal da Paraíba, Departamento Cultural, 1966）, 13-15; Willem Rudolf Menkman, *De Nederlanders in het Caraibische zeegebied waarin vervat de geschiedenis der Nederlandsche Antillen*（Amsterdam: Van Kampen & Zoon, 1942）, 44; Isaac Samuel Emmanuel and Suzanne A. Emmanuel, *History of the Jews of the Netherlands Antilles*（Cincinnati: American Jewish Archives, 1970）, 37-38. 参与征服伯南布哥的一名老兵塞缪尔·科恩是出生于葡萄牙的犹太人, 他在这次远征中担任翻译, 该远征队于1634年占领了库拉索岛, 他随后被任命为美洲印第安人的负

责人。科恩后来在罗安达被称为"我们当中讲葡萄牙语的人"。参见 Mark Meuwese, "Samuel Cohen (c. 1600-1642): Jewish Translator in Brazil, Curaçao and Angola," in *The Human Tradition in the Atlantic World, 1500-1850*, ed. Karen Racine and Beatriz Gallotti Mamigonian (Lanham, MD: Rowman and Littlefield, 2010), 27-42。莫伊维塞认为科恩是德裔犹太人的名字的观点有误,伊比利亚半岛也有很多人以此为姓。

45. NAN, SG, Loketkasten en Secreetkasten, 12564.20, fol. 125, letter of June 26, 1647.

46. NAN, SG 5768, request by Semuel Velho, Jacob Abendana, João de la Faya, David Nunes Mendes, Aron Moreno Henriques, Simão do Valle da Fons., Abrão Paiz et al., 1667.

47. Wim Klooster, "Communities of Port Jews and Their Contacts in the Dutch Atlantic World," *Jewish History* 20, no. 2 (June 2006), 132-133.

48. Mello, "Gente da Nação," 230-231。最初在一所租来的房屋中会面后,会众卡哈尔·卡多什·楚尔·伊斯雷尔搬进了一栋专门提供宗教服务的建筑里。参见 Bruno Feitler, "Jews and New Christians in Dutch Brazil, 1630-1654," in *Atlantic Diasporas: Jews, Conversos, and Crypto-Jews in the Age of Mercantilism, 1500-1800*, ed. Richard Kagan and Philip D. Morgan (Baltimore: Johns Hopkins University Press, 2008), 126-127。

49. 参见丹尼尔·约斯滕和艾萨克·路易斯在东印度群岛归附的例子。见 meetings church council Batavia, August 23 and September 20, 1649, September 28 and November 9, 1656, in J. Mooij, ed., *Bouwstoffen voor de geschiedenis der Protestantsche Kerk in Nederlandsch-Indië*, 3 vols. (Batavia: Landsdrukkerij, 1927-1931), 2: 137, 139, 499, 509。关于荷属巴西一名犹太教徒归附的特殊事件,参见 Frans Leonard Schalkwijk, "Het eerste Gereformeerde pastoral verslag uit Zuid-Amerika: Het 'jurnael' van dominee Jodocus à Stetten, Paraíba, 1636," *Documentatieblad voor de geschiedenis van de Nederlandse Zending en Overzeese Kerken* 10, no. 2 (2003), 8。

50. 失去巴西后,他搬回了阿姆斯特丹,后在英格兰定居。参见 Egon Wolff and Frieda Wolff, *A Odisséia dos Judeus de Recife* (São Paulo: Centro de Estudos Judaicos, 1979), 165。

51. Jonathan Irving Israel, "Spain and the Dutch Sephardim, 1609-1660," in *Empires and Entrepots: The Dutch, the Spanish Monarchy and the Jews, 1585-1713* (Lon-don and Ronceverte: Hambledon Press, 1990), 386.

52. Wolff and Wolff, *Odisséia dos Judeus de Recife*, 54; Mello, "Gente da Nação," 225, 238-239.

53. Jonathan Irving Israel, "Dutch Sephardic Jewry, Millenarian Politics and the Struggle for

Brazil, 1650-54," in *Conflicts of Empires: Spain, the Low Countries and the Struggle for World Supremacy 1585-1713*（London and Rio Grande: Hambledon Press, 1997）, 157, 159.

54. Diogo Lopes de Santiago, *História da guerra de Pernambuco e feitos memoráveis do mestre de campo João Fernandes Vieira, herói digno de eterna memória, primeiro aclamador da guerra*（Recife: Governo de Pernambuco, 1984）, 226-227.

55. Israel, "Dutch Sephardi Jewry," 161-162; Wolff and Wolff, *Dicionário Biográfico*, 1: 38, 97-98; Mello, "Gente da Nação," 159; Frans Leonard Schalkwijk, *Igreja e estado no Brasil holandês, 1630-1654*（Recife: Governo de Pernambuco, 1986）, 383.

56. Arnold Wiznitzer, *The Jews of Colonial Brazil*（Morningside Heights, NY: Columbia University Press, 1960）, 99-100; Benjamin Nicolaas Teensma, "Resentment in Recife: Jews and Public Opinion in 17th-century Dutch Brazil," in *Essays on Cultural Identity in Colonial Latin America: Problems and Repercussions*, ed. Jan Lechner（Leiden: Leiden University, Department of Latin American Languages and Cultures, 1988）, 75-76. 但是，这种保护不是自发产生的。在累西腓沦陷前夕，人们不得不提醒荷兰当局曾承诺提供的保护。参见 NAN, SG 5765, petition of Abraham d'Azevedo on behalf of the Jewish nation in Brazil and Amsterdam, The Hague, September 26, 1653。

57. Benjamin Nicolaas Teensma, "Van marraan tot jood: 17e en 18e-eeuwse Amsterdamse Sephardim en hun Iberische achtergrond," *Amstelodamum* 80（1988）, 114-116. 他们没有提到的是，一支犹太民兵连在与起义军作战中损失了50人。参见 Wiznitzer, *Jews of Colonial Brazil*, 99-100。

58. Teensma, "Van marraan tot jood," 116-117.

59. Wätjen, *Holländische Kolonialreich in Brasilien*, 221, 231; Teensma, "Resentment in Recife," 68.

60. Caspar van Baerle, *The History of Brazil under the Governorship of Johan Maurits of Nassau, 1636-1644*, trans. Blanche T. van Berckel-Ebeling Koning（Gainesville: University Press of Florida, 2011）, 53.

61. WIC directors to Petrus Stuyvesant, Amsterdam, April 4, 1652, in Gehring, Correspondence 1647-1653, 154.

62. Mello, "Gente da Nação," 282, 223. 阿姆斯特丹的父母官们在1605年决定，犹太人不需要佩戴特殊的徽章。参见 Rudolf Barteld Evenhuis, *Ook dat was Amsterdam*, 5 vols.（Amsterdam: W. ten Have, 1967）, 2: 172。

63. Teensma, "Resentment in Recife," 69. 约瑟不认为这些基督教教徒是反犹分子，但这

些基督教教徒将其中一些人的高利贷行为归咎于这个犹太人集体，这正是一种典型的反犹逻辑。见Joosse, *Geloof in de Nieuwe Wereld*, 489。

64. Jacques Cukierkorn, "*Retornando*—Coming Back. A Description and Historical Perspective of the Crypto-Jewish Community of Rio Grande do Norte, Brazil"（Rabbinic thesis, Hebrew Union College, 1994），35, 39-40。（关于这一文献，我非常感谢亚伯拉罕·佩克）事实上，确实有一些犹太人留在了巴西，包括何塞·达席尔瓦（José da Silva）。他在1648年或1649年离开巴西去了荷兰，接受割礼后回到累西腓，一直住在那里直到巴西投降。然后，他先去伊波茹卡，后又来到圣弗朗西斯科河附近，据称，他在那里牧牛。然而，他并没有被抓到过。1674年，当局仍在追捕他。参见Bruno Feitler, *Inquisition, juifs et nouveaux-chrétiens au Brésil: Le Nordeste, XVIIe et XVIIIe siècles*（Leuven: Leuven University Press, 2003），185-186。而像达席尔瓦这样的人从此就与阿姆斯特丹或欧洲其他地方隔绝了。1665年，膝下无子的埃斯特万·路易斯·达科斯塔在阿姆斯特丹去世，布兰卡·德瓦伦萨成为他的继承人之一。但因为她住在巴西，所以无法通知她。见SAA, NA 2996, fols. 98-99, Act of April 29, 1665。

65. Joseph Rennard, "Juifs et Protestants aux Antilles françaises au XVIIe siècle: Préliminaires de la Révocation de l'Edit de Nantes," *Revue de l'Histoire des Missions* 10（1933），437-439; Isaac Samuel Emmanuel, "Les juifs de la Martinique et leurs coreligionnaires d'Amsterdam au XVIIe siècle," *Revue des études Juives* 123（1964）: 511-516。

66. 像在以前的阿姆斯特丹一样，他们被禁止从事贸易或开设零售商店。参见Leo Hershkowitz, "New Amsterdam's Twenty-Three Jews—Myth or Reality?" in *Hebrew and the Bible in America: The First Two Centuries*, ed. Shalom Goldman（Hanover and London: University Press of New England, 1993），171-183; Robert P. Swierenga, *The Forerunners: Dutch Jewry in the North American Diaspora*（Detroit: Wayne State University Press, 1994），37-38; WIC, Chamber of Amsterdam, to Petrus Stuyvesant, April 26, 1655, and June 14, 1656, in Berthold Fernow, *Documents Relating to the History of the Early Colonial Settlements Principally on Long Island*（Albany: Weed, Parsons, and Co., 1883），315, 351。

67. Israel, "Spain and the Dutch Sephardim," 385。

68. SAA, ACA 240, "Livro Grande 1639-1728," 25, 29, 36, 38b, 42b, 43, 51. 由于犹太人是带着他们的孩子一起来的，17世纪70年代出生在荷属巴西的许多犹太人的婚礼

在阿姆斯特丹举行。在这10年中，来自荷属巴西的犹太新娘和新郎（18对，占比为7.7%）比来自里斯本和波尔图的犹太新娘和新郎（16对）或来自巴约讷和波尔多的犹太新娘和新郎（12对）要多。以上计算基于已知的出生地，它们被记录在Dave Verdooner and Harmen Snel, *Trouwen in Mokum: Jewish Marriage in Amsterdam 1598–1811*, 2 vols.（'s-Gravenhage: Warray, n.d.）, 1: 46–50。

69. 17世纪50年代中期，犹太人聚居区过度拥挤的情况更为严重，1655年瘟疫肆虐，受害者极多（原文为"very few"，疑误。——编者注）。参见Lydia Hagoort, *Het Beth Haim in Ouderkerk aan de Amstel: De begraafplaats van de Portugese joden in Amsterdam, 1614–1945*（Hilversum: Verloren, 2005）, 54–55。

70. *Hollandse Mercurius* 7（1656）, 75.

71. Renate Gertrud Fuks-Mansfeld, "Bevolkingsproblematiek in joods Amster-dam in de zeventiende eeuw," *Studia Rosenthaliana* 18, no. 2（1984）: 134–142; Jonathan Irving Israel, "Menasseh ben Israel and the Dutch Sephardic Colonization Movement of the Mid-Seventeenth Century（1645–1657）," in *Menasseh Ben Israel and His World*, ed. Yosef Kaplan, Henri Méchoulan and Richard Popkin（Leiden: Brill, 1989）, 146–147.

72. Wim Klooster, "The Essequibo Liberties: The Link between Jewish Brazil and Jewish Suriname," *Studia Rosenthaliana* 42–43（2010–2011）: 77–82. 在整个17世纪和18世纪，基督教教徒继续反对这些特权。约瑟认为苏里南的犹太人直到1695年才被允许在星期日工作的主张是错误的。他们最早在1669年获得了这项权利。参见Joosse, *Geloof in de Nieuwe Wereld*, 406; David Cohen Nassy, *Essai Historique sur la Colonie de Surinam*, 2 vols.（Paramaribo, 1788; reprinted Amsterdam: S. Emmering, 1968）, 2: 135。

73. 曾住在巴西、随后移居埃塞奎博的犹太居民包括达维·卡斯铁尔、雅各布·加拜·科雷亚、亚伯拉罕·达科斯塔、艾萨克·达科斯塔和菲利佩·德芬特斯。参见Wolff and Wolff, *Odisséia dos Judeus de Recife*, 248, 250; Wolff and Wolff, *Dicionário Biográfico*, 1: 45, 46, 48, 78。

74. Jaap Meijer, *Pioneers of Pauroma: Contributions to the Earliest History of the Jewish Colonization of America*（Paramaribo: Eldorado, 1954）, 22.

75. Samuel Oppenheim, "An Early Jewish Colony in Western Guiana: Supplemental Data," *Publications of the American Jewish Historical Society* 16（1909）, 53–70; "The Discription of Guyana," in Vincent T. Harlow, ed., *Colonising Expeditions to the West Indies and Guiana, 1623–1667*（London: Hakluyt Society, 1925）, 141–142; Israel,

"Menasseh ben Israel," 148–149.
76. NAN, SG, Loketkasten en Secreetkasten 12564.42, minutes of WIC meetings of September 10 and 12, 1659.
77. NAN, SG, Loketkasten en Secreetkasten 12564.42, privileges granted, September 10, 1659; NAN, SG 5767, WIC board to the States General, January 1664; J. Rijckaert and David van Baerle, Chamber of Amsterdam, to the Estates General. Amsterdam, February 21, 1664.
78. Lodewijk Augustinus Henri Christiaan Hulsman, "Nederlands Amazonia: Handel met indianen tussen 1580 en 1680" (PhD diss., University of Amsterdam, 2009), 150.
79. 关于1654年以后纳西、伊兰和其他犹太殖民地组织者的情况，参见Wim Klooster, "Networks of Colonial Entrepreneurs: The Founders of the Jewish Settlements in Dutch America, 1650s and 1660s," in *Atlantic Diasporas: Jews, Conversos, and Crypto-Jews in the Age of Mercantilism, 1500–1800*, ed. Richard Kagan and Philip D. Morgan (Baltimore: Johns Hopkins University Press, 2008), 31–49, 226–236。
80. NAN, Sociëteit van Suriname 500, memorandum of the regents and deputies of the Portuguese Jewish nation, Jacob Henriques Barrios Jessurun, David Nunes Monsanto, and Samuel Hoheb Brandon, for J. G. Wichers, governor general of Suriname and the Courts of Policy and Criminal Justice, Paramaribo, January 5, 1785.
81. 例子参见ZA, SZ 2035/246, petition of the Hebrew Nation to Governor Pieter Versterre to exempt the Jews from observing the Sunday as a day of rest。
82. AGS, Estado 8386, fol. 296, Esteban de Gamarra to King Philip IV, December 30, 1660.
83. WIC directors to Vice-Director Lucas Rodenburgh of Curaçao, Amsterdam, July 7, 1654, in Gehring, *Correspondence 1647–1653*, 62.
84. SAA, NA 1501, Act of July 22, 1641; Vice-Director L. Rodenburgh to the WIC directors, Curaçao, April 2, 1654, in Charles T. Gehring and J. A. Schiltkamp, eds., *Curacao Papers 1640–1665*, New Netherland Documents XVII (Interlaken, NY: Heart of the Lakes, 1987), 57–58.
85. Emmanuel and Emmanuel, *History of the Jews*, 68–71.
86. Tirtsah Levie Bernfeld, *Poverty and Welfare among the Portuguese Jews in Early Modern Amsterdam* (Oxford and Portland, OR: Littman Library of Jewish Civilization, 2012), 48–49, 299.
87. Elisabeth Levi de Montezinos, "The Narrative of Aharon Levi, alias Antonio de

Montezinos," *American Sephardi: Journal of the Sephardic Studies Program of Yeshiva University* 7-8（1975）: 62-83. 有关犹太大西洋地区的弥赛亚主义，参见 Wim Klooster, "The Caribbean and the Atlantic World," in *The Cambridge History of Judaism, vol. 7, The Early Modern Period, c.1500-c.1815*, ed. Adam Sutcliffe and Jonathan Karp（Cambridge, UK: Cambridge University Press, forthcoming）。

88. Günter Böhm, *Los sefardíes en los dominios holandeses de América del Sur y del Caribe, 1630-1750*（Frankfurt am Main: Vervuert, 1992）, 59n; Mello, "Gente da Nação," 279.
89. Emmanuel and Emmanuel, *History of the Jews*, 774.
90. Ibid., 46; Jacob R. Marcus, *The Colonial American Jew 1492-1776*, 3 vols.（Detroit: Wayne State University Press, 1970）, 1: 123; Isaac Samuel Emmanuel, "New Light on Early American Jewry," *American Jewish Archives* 7-8（1955-1956）, 21-22.
91. Peter Mark and José da Silva Horta, *The Forgotten Diaspora: Jewish Communities in West Africa and the Making of the Atlantic World*（Cambridge, UK: Cambridge University Press, 2011）, 33-37.
92. Benjamin J. Kaplan, *Divided by Faith: Religious Conflict and the Practice of Toleration in Early Modern Europe*（Cambridge, MA, and London: Belknap Press of Harvard University Press, 2007）, 143.
93. NAN, SG 5751, outline for the government of Salvador and other places to be conquered in Brazil（1623）.
94. NAN, SG 5756, "Provisionele Instructie voor de Regeringe van het Suijder district vande Cust van Africa" April 11, 1642.
95. Ibid.
96. Charles H. Parker, *Faith on the Margins: Catholics and Catholicism in the Dutch Golden Age*（Cambridge, MA: Harvard University Press, 2008）, 9-10; Schalkwijk, *Igrje e estado*, 399-405.
97. José Antonio Gonsalves de Mello, *Nederlanders in Brazilië（1624-1654）: De invloed van de Hollandse besetting op het leven en de cultuur in Noord-Brazilië*, ed. Benjamin Nicolaas Teensma（Zutphen: Walburg Pers, 2001）, 247; Schalkwijk, *Igreja e estado*, 405; Delegates of the WIC board of XIX to Count Nassau and the Council in Brazil. Amsterdam, July 10, 1641, in Louis Jadin, ed., *L'ancien Congo et l'Angola 1639-1655 d'après les archives romaines, portugaises, néerlandaises et espagnoles*（Bruxelles and Rome: Institut Historique belge de Rome, 1975）, 53-54; Meetings of January 5, 1638,

April 20, 1640, and July 18, 1644, in "Classicale Acta van Brazilië," *Archief voor de geschiedenis der oude Hollandsche zending*, 3 vols.（Utrecht: C. van Bentum, 1885）, 2: 239, 242, 270, 314.

98. Parker, *Faith on the Margins*, 12.
99. Karunadasa Wijesiri Goonewardena, *The Foundation of Dutch Power in Ceylon, 1638–1658*（Amsterdam: Djambatan, 1958）, 146. 1687年，牧师得以再次进入。他们不是欧洲人，而是印度人或混血儿，这就是为什么他们最初没有被注意到的原因。参见 Jurrien van Goor, *Jan Kompenie as Schoolmaster: Dutch Education in Ceylon, 1690–1795*（Groningen: Wolters-Noordhoff, 1978）, 15。
100. NAN, SG 5751, WIC directors Albert Koenraats and Rombout Jacobsen to the States General, Amsterdam, August 29, 1624; Bartolomeu Guerreiro, *Iornada dos Vassalos da Coroa de Portugal, pera se recuperar a Cidade do Salvador, na Bahya de todos os Santos, tomada pollos Olandezes, a oito de Mayo de 1624. & recuperada ao primeiro de Mayo de 1625*（Lisboa: Mattheus Pinheiro, 1625）, 31.
101. Dauril Alden, *The Making of an Enterprise: The Society of Jesus in Portugal, Its Empire, and Beyond, 1540–1750*（Stanford: Stanford University Press, 1996）, 210, 679–681. 其中有6人在被荷兰人囚禁中死亡，3人死于共和国。
102. John W. O'Malley, *The First Jesuits*（Cambridge, MA: Harvard University Press, 1993）, 278.
103. 有关17世纪20年代在共和国的反耶稣会的言论，参见 Michiel van Groesen, "A Brazilian Jesuit in Amsterdam: Anti-Spanish and Anti-Jesuit Rhetoric in the Early Dutch Golden Age," *Archivum Historicum Societatis Iesu*, 160（2011）: 445–470。到1720年，西印度公司仍保留着针对耶稣会士的规定。见 NAN, SG 5775, resolutions WIC, Chamber of Amsterdam, October 16, 1720。
104. Frans Leonard Schalkwijk, *The Reformed Church in Dutch Brazil*（Zoetermeer: Boekencentrum 1998）, 277, 287, 294; Charles R. Boxer, *The Dutch in Brazil, 1624–1654*（Oxford: Clarendon Press, 1957）, 57; Manoel Calado, *O Valeroso Lucideno e Triumpho da Liberdade: Primeira parte*, 2 vols.（Lisboa: Paulo Craesbeeck, 1648）, 1: 109. 荷兰人在巴西的存在抑制了耶稣会的发展。到17世纪50年代初，耶稣会的人数与世纪之交时大致相同。到1701年，人数增加了1倍。参见 Alden, *Making of an Enterprise*, 219–220。
105. Jon Parmenter, *The Edge of the Woods: Iroquoia, 1534–1701*（East Lansing: Michigan

State University Press, 2010）, 146.
106. Hans Norman, "The Swedish Colonial Venture in North America, 1638–1655," in Stellan Dahlgren & Hans Norman, eds., *The Rise and Fall of New Sweden: Governor Johan Risingh's Journal 1654-1655 in its Historical Context*（Uppsala: Almqvist & Wiksell International）, 194–195; Schalkwijk, *Igreja e estado*, 387. 施托伊弗桑特需要说服瑞典殖民者尽快投降，这样他才能返回新阿姆斯特丹，那里爆发了与美洲印第安人的战争。参见 Evan Haefeli, *New Netherland and the Dutch Origins of American Religious Liberty*（Philadelphia: University of Pennsylvania Press, 2012）, 104。
107. Erika Kuijpers, "Een zeventiende-eeuwse migrantenkerk: De lutheranen in Amsterdam," in *Amsterdammer worden: migranten, hun organisaties en inburgering, 1600–2000*, ed. Leo Lucassen（Amsterdam: Vossiuspers UvA, 2004）, 41–43.
108. Haefeli, *New Netherland*, 140–147.
109. Ibid., 186, 194, 207–208.
110. Ibid., 17.
111. 阿姆斯特丹市政府确实允许一名牧师去新尼德兰传教，但他没有去。参见 P. M. Grijpink, "Everard Stalpaert van der Wiele ontvangt permissie om als missionaris naar Nieuw-Nederland te gaan. Anno 1662," in *Bijdragen voor de Geschiedenis van het Bisdom van Haarlem* 32（1909）, 180–181。关于这一文献，感谢亚普·雅各布斯。
112. Giovanni Pizzorusso, *Roma nei Caraibi: L'organizzazione delle missioni cattoliche nelle Antille e in Guyana（1635–1675）*（Rome: école Française de Rome, Palais Farnèse, 1995）, 76.
113. 关于马斯特里赫特的情况，参见 Petrus Joseph Hubertus Ubachs, *Twee heren, twee confes-sies: De verhouding van Staat en Kerk te Maastricht, 1632–1673*（Assen and Amsterdam: Van Gorcum, 1975）, 442–444。关于芬洛的情况，参见 *Articulen, By Sijne Excell. Den Heer Prince van Orangien geaccordeert aen de Magistraet, Borgeren en gesamentlijck Inwoonderen der Stadt Venlo*（1632）。关于巴西的情况，参见 de Laet, *Iaerlyck Verhael*, 4: 132。
114. "Sommier discours over de staet vande vier geconquesteerde capitanias Parnambuco, Itamarica, Paraiba ende Rio Grande, inde noorderdeelen van Brasil," *Bijdragen en Mededeelingen van het Historisch Genootschap* 2（1879）: 282–283; Boxer, *Dutch in Brazil*, 54.

115. *Manifest door d'Inwoonders van Parnambuco uytgegeven tot hun verantwoordinghe op't aennemen der wapenen teghens de West-Indische Compagnie; ghedirigeert aen alle Christene Princen, ende besonderlijck aen de Hoogh-Mo. HH. Staten Generael van de vereenighde Nederlanden*（Antwerpen: Pieter vanden Cruyssen, 1646）, 2.

116. J. Schouten, account submitted to Governor General Antonio van Diemen and the Councilors of India, September 7, 1641, in Pieter Arend Leupe, "Stukken betrekkelijk het beleg en de verovering van Malakka op de Portugezen in 1640-1641, benevens het rapport van den kommissaris Schouten over den verleden en tegenwoordigen toestand dier stad," *Berigten van het Historisch Genootschap te Utrecht* 7, no. 1（1859）, 365–366.

117. Hendrik E. Niemeijer, *Batavia: Een koloniale samenleving in de zeventiende eeuw*（Amsterdam: Balans, 2005）, 243–244.

118. Mário Neme, *Fórmulas políticas no Brasil holandês*（São Paulo: Editora da Universidade de São Paulo, 1971）, 168, 176–177.

119. José Antonio Gonsalves de Mello, "Vincent Joachim Soler in Dutch Brazil," in *Johan Maurits van Nassau-Siegen 1604-1679: A Humanist Prince in Europe and Bra-zil: Essays on the Occasion of the Tercentenary of His Death*, ed. Ernst van den Boogaart, in collaboration with Hendrik Richard Hoetink and Peter James Palmer Whitehead（'s-Gravenhage: Johan Maurits van Nassau Stichting, 1979）, 249.

120. 开始的情况似乎更好。1638年，荷兰归正教会仍然对游行和公开表演戏剧表示不满。参见 "Classicale Acta van Brazilië," *Archief voor de geschiedenis der oude Hollandsche zending*, 3 vols.（Utrecht: C. van Bentum, 1885）, 2: 242–243。

121. Mello, *Fontes*, 2: 301–306; Schalkwijk, *Igreja e estado*, 409–413.

122. Pizzorusso, *Roma nei Caraibi*, 141–142; Feitler, *Inquisition, juifs et nouveaux-chrétiens au Brésil*, 202. 1645年，荷兰私掠船俘虏了4名热那亚的圣方济各会修士，他们的船在前往刚果的途中搁浅。在罗安达和累西腓的荷兰官员（这些修士在送回欧洲之前会先被送往那里）对待他们的态度非常恶劣。参见 Bonaventura da Taggia to Francesco Ingoli, Amsterdam, September 6, 1646; Jadin, *L'ancien Congo et l'Angola*, 838–843。1652年，另一艘荷兰私掠船俘获了一艘去往罗安达的船，船上还有另一批圣方济各会修士，他们在远离本格拉海岸某一殖民点上了岸（1262n. 1）。

123. NAN, OWIC 57: 23, the Portuguese aldermen of Goiana and Itamaracá to the States General, September 5, 1642; NAN, OWIC 57: 25, the Portuguese aldermen of Igaraçu to the States General, September 11, 1642; NAN, OWIC 57: 26, the aldermen of the

city of Mauricia to the States General, September 14, 1642; NAN, OWIC 57: 27, the Portuguese aldermen of Porto Calvo to the States General, Sep-tember 18, 1642; NAN, OWIC 57: 28, the aldermen of São Antonio de Cabo to the States General, September 25, 1642.

124. Ubachs, *Twee heren, twee confessies*, 294.
125. Meetings of January 5, 1638, April 20, 1640, and July 18, 1644, in "Classicale Acta van Brazilië," *Archief voor de geschiedenis der oude Hollandsche zending*, 3 vols.（Utrecht: C. van Bentum, 1885）, 2: 239, 270, 314.
126. Benjamin Nicolaas Teensma, "The Brazilian Letters of Vincent Joachim Soler," in *Dutch Brazil: Documents in the Leiden University Library*, ed. Cristina Ferrão and José Paulo Monteiro（Rio de Janeiro: Editora Index, 1997）, 60; Mello, "Vincent Joachim Soler in Dutch Brazil," 247.
127. NAN, OWIC 57:32, fols. 27–28, Johan Maurits and councilors Henric Hamel, A. van Bullestrate, and D. Codde van der Burgh to the Heren XIX, Recife, September 29, 1642; Deborah Hamer, "Creating an Orderly Society: The Regulation of Marriage and Sex in the Dutch Atlantic World, 1621–1674"（PhD diss., Columbia University, 2014）, 152–155. See also Adriaen van der Dussen's report to the Heren XIX, April 4, 1640, in Van Baerle, *History of Brazil*, 128–130.
128. Noorlander, "Serving God and Mammon," 233.
129. "Missive van den kolonnel Artichofsky," 233–234.
130. NAN, OWIC 57:32, Johan Maurits and councilors Henric Hamel, A. van Bullestrate, and D. Codde van der Burgh to the Heren XIX, Recife, September 29, 1642; *Manifest door d'Inwoonders van Parnambuco uytgegeven*, 9.
131. 当时天主教教徒的经历与查尔斯·博克瑟的说法不一致，即"在约翰·毛里茨统治期间，在巴西的荷兰人拥有比西方世界任何地方都要广泛的宗教自由"。见 *Dutch in Brazil*, 124。英籍地方行政官和新尼德兰长岛上的法拉盛居民、《法拉盛陈情书》[*Flushing Remonstrance*（1657）]的作者，对在巴西的葡萄牙天主教教徒进行了批评。正如一位历史学家所认为的那样，他们认为"任何对迁徙、表达和组织……的自由侵犯的行为……"都是迫害。参见 Haefeli, *New Netherland*, 171。
132. Johan Neercassel, an apostolic vicar of Holland, made this assertion in 1672. See Pizzorusso, *Roma nei Caraibi*, 78.
133. Menkman, *Nederlanders in het Caraibische zeegebied*, 93–94; Jan Marinus van der

Linde, *Surinaamse suikerheren en hun kerk: Plantagekolonie en handelskerk ten tijde van Johannes Basseliers, predikant en planter in Suriname, 1667-1689*（Wageningen: Veenman, 1966）, 179-181; Goslinga, *Dutch in the Caribbean and Guianas*, 247, 257-258; Willibrordus Menno Jan Brada, *Pater Schabel, SJ, 1704-1713*（Willemstad: s.n., 1965）, 33; AGI, Santo Domingo 744, Governor Diego de Melo Maldonado to King Charles II, Caracas, May 3, 1686. 18世纪初，一名归正教会牧师仍在抗议在库拉索岛上有天主教牧师的存在。见NAN, NWIC 569, fol. 492, Nic. Verkuijl to the WIC, Curaçao, June 1, 1707。

134. Frederik Oudschants Dentz, *Cornelis vann Aerssen van Sommelsdijck: Een belangwekkende figuur uit de geschiedenis van Suriname*（Amsterdam: P.N. van Kampen & Zoon, 1938）, 133.

135. Willem Cornelisz. Schouten, *Iournael ofte Beschryving vande Wonderlijcke Voyagie, ghedaen door Willem Cornelisz. Schouten, van Hoorn, in den Iaere 1615, 1616, ende 1617: Hoe hy bezuyden de Straete van Magallanes, een nieuwe Passagie ondeckt, en de geheele Aerd-cloot om-gezeylt heeft*（Dokkum: Louis Vlasbloem, 1649）, 18-19.

136. 关于1658年对圭亚那远征的讨论，参见Meijer, *Pioneers of Pauroma*, 39。

137. Lois M. Feister, "Linguistic Communication between the Dutch and Indians in New Netherland, 1609-1664," *Ethnohistory* 20, no. 1（1973）, 31; Anthony Buccini, "*Swannekens ende Wilden*: Linguistic Attitudes and Communication Strategies among the Dutch and Indians in New Netherland," in *The Low Countries and the New World（s）: Travel, Discovery, Early Relations*, ed. Johanna C. Prins, Bettina Brandt, Timothy Stevens, and Thomas S. Shannon（Lanham, MD, and New York: University Press of America, 2000）, 11-28.

138. "Journaux et Nouvelles tirées de la bouche de Marins Hollandais et Portugais de la Navigation aux Antilles et sur les Côtes du Brésil: Manuscrit de Hessel Gerritsz traduit pour la Bibliothèque Nationale de Rio de Janeiro par E.J. Bondam," *Annaes da Bibliotheca Nacional do Rio de Janeiro* 29（1907）, 101.

139. Wassenaer, *Historisch Verhael*, 12: 39.

140. George Edmundson," The Dutch on the Amazon and Negro in the Seven-teenth Century," *English Historical Review* 18（1903）, 660.

141. Mark Meuwese, *Brothers in Arms, Partners in Trade: Dutch-Indigenous Alliances in the Atlantic World, 1595-1674*（Leiden: Brill, 2012）, 106.

142. Janny Venema, *Beverwijck: A Dutch Village on the American Frontier, 1652–1664* (Hilversum: Verloren, 2003), 169–170.
143. Simon van Brakel, "Een Amsterdamsche factorij te Paramaribo in 1613," *Bijdragen en Mededeelingen van het Historisch Genootschap* 35 (1914), 85; SAA, NA 278, fol. 301, deposition of Jeuriaen Eldertsz, May 5, 1617.
144. Meuwese, *Brothers in Arms, Partners in Trade*, 118–119.
145. Albert van Dantzig, *Les hollandais sur la côte de Guinée à l'époque de l'essor de l'Ashanti et du Dahomey 1680–1740* (Paris: Société Française d'Histoire d'OutreMer, 1980), 35–36. 占领埃尔米纳之后, 荷兰人在最初几年时间里都是用葡萄牙语与当地的非洲人进行交流。参见 Klaas Ratelband, *Vijf dagregisters van het kasteel São Jorge da Mina (Elmina) aan de Goudkust (1645–1647)* ('s-Gravenhage: Martinus Nijhoff, 1953), 85n. 5。
146. Examination of captain "Rodrigo Giraldo," Santiago de Chile, February 10, 1600, in *Colección de Historiadores de Chile y de documentos relativos a la historia nacional*, vol. 45: Los holandeses en Chile (Santiago de Chile: Imprenta Universitaria, 1923), 346. 荷兰人在亚洲采取了类似的策略, 将一些摩鹿加岛上的男孩运到了共和国, 但没有产生预期效果。这些男孩要么太快被送回了家, 要么是回家太晚以至于他们忘记了自己的母语。参见 Gijsbertus Marius Jozef Maria Koolen, *Een seer bequaem middel: Onderwijs en kerk onder de zeventiende-eeuwse VOC* (Kampen: Kok, 1993), 90–91, 95–96。
147. Marcus P. Meuwese, "For the Peace and Well-Being of the Country: Intercultural Mediators and Dutch-Indian Relations in New Netherland and Dutch Brazil, 1600–1664" (PhD diss., University of Notre Dame, 2003), 73.
148. Information supplied by chief inquisitor Pedro de Castilho to the Council of State, November 9, 1611, in Klaas Ratelband, ed., *De Westafrikaanse reis van Piet Heyn 1624–1625* ('s-Gravenhage: Martinus Nijhoff, 1959), 49; Wiznitzer, *Jews of Colonial Brazil*, 46.
149. Susanah Shaw Romney, *New Netherland Connections: Intimate Networks and Atlantic Ties in Seventeenth-Century America* (Chapel Hill: University of North Carolina Press for the Omohundro Institute of Early American History and Culture, 2014), 180.
150. 关于莫霍克人的情况, 参见 Parmenter, *Edge of the Woods*, 109; ibid., 181。关于图皮人的情况, 参见 Joosse, *Geloof in de Nieuwe Wereld*, 497。荷兰人还在洪都拉斯

附近的罗阿坦岛育有孩子。参见 AGI, Guatemala 17, ramo 1, no. 4。(在此感谢阿尔内·比乌鲁什斯基提供的意见。) 屠杀居民的雅各布·拉贝娶了一名塔普亚女人。参见 Santiago, *História da guerra*, 236。

151. Joose, *Geloof in de Nieuwe Wereld*, 171.
152. Meuwese, *Brothers in Arms, Partners in Trade*, 160.
153. *Gründlicher Bericht von Beschaffenheit und Eigenschaft, Cultivirung und Bewohnung, Privilegien und Beneficien deß in America zwischen Rio Orinoco und Rio de las Ama-zones an der vesten Küst des in der Landschafft Guiana gelegenen . . . Landes* (Franckfurt: Wilhelm Serlin, 1669), 11.
154. Franz Binder and Norbert Schneeloch, "Dirck Dircksz. Wilre en Willem Godschalk van Focquenbroch (?), geschilderd door Pieter de Wit te Elmina in 1669," *Bulletin van het Rijksmuseum* 27, no. 1 (1979), 18.
155. Ratelband, *Vijf dagregisters*, 179.
156. Binder and Schneeloch, "Dirck Dircksz," 17–18.
157. Adam Jones, *German Sources for West African History, 1599–1669* (Wiesbaden: Franz Steiner Verlag, 1983), 104–105.
158. Ibid., 75.
159. Venema, *Beverwijck*, 162–163; Meuwese, *Brothers in Arms, Partners in Trade*, 149. See also SAA, ACA 379: 212, minister Johannes Offinga and elders Gijsbert de With and Jacques van Ceulen to the classis of Amsterdam, Recife, November 23, 1649.
160. Meuwese, *Brothers in Arms, Partners in Trade*, 74.
161. Ibid., 288, 307.
162. Paul Otto, *The Dutch-Munsee Encounter in America: The Struggle for Sovereignty in the Hudson Valley* (New York: Berghahn Books, 2006), 97.
163. 然而，易洛魁人和历史学家都提到了1613年的《塔瓦贡什条约》，它可能是一项协议，而非条约。毕竟，荷兰个体商人并不代表联省议会行事。一位业余历史学家在1968年公布的这一条约从语言学的角度被证明是伪造的。参见 Charles T. Gehring, William A. Starna and William N. Fenton, "The Tawagonshi Treaty of 1613: The Final Chapter," *New York History* 68, no. 4 (1987), 385–87; Parmenter, *Edge of the Woods*, 22–24. The *Journal of Early American History* devoted volume 3, issue 1 (2013) to this document。
164. Raymond Buve, "Gouverneur Johannes Heinsius: de rol van Van Aerssen's voorganger

in de Surinaamse Indianenoorlog, 1678–1680," *Nieuwe West-Indische Gids*（1966），14; Meuwese, *Brothers in Arms, Partners in Trade*, 108.

165. NAN, SG 9410, affairs of the deputies of the WIC, February 12, 1642. 1644年，巴西高级议会派船前往加勒比群岛抓捕2个臭名昭著的奴隶贩子，他们逮捕了其中1人，并释放了他控制的9名美洲印第安人。参见Gerrit Johan van Grol, *De grondpolitiek in het West-Indisch domein der Generaliteit*, 3 vols.（'s-Gravenhage: Algemeene Landsdrukkerij, 1934），1: 55。

166. Jerome S. Handler, "The Amerindian Slave Population of Barbados in the Seventeenth and Early Eighteenth Centuries," *Caribbean Studies* 8, no. 4（1969），47.

167. Minutes of the meeting of the WIC, Chamber of Zeeland, March 9, 1645, in *Report and Accompanying Papers of the Commission Appointed by the President, by United States: Commission to Investigate and Report upon the True Divisional Line between Venezuela and British Guiana*（Washington, DC: Government Printing Office, 1897），103; Johannes de Mey, *Al de nederduitsche wercken, bestaande in een beschrijving van't gewisse, eigenschappen en werken Gods, verklaring van zommige spreuken Zalomons, en duistere plaatsen des Nieuwen Testaments, byzonderlijk van den brief tot den Hebreen: Mitsgaders een geopent natuur-en genaden-tooneel*（Middelburgh: Johannis Meertens, 1681），305. 关于德梅伊在圣尤斯特歇斯岛停留的情况，参见Huib J. Zuidervaart, "Het natuurbeeld van Johannes de Mey（1617–1678），hoogleraar filosofie aan de Illustere School te Middelburg," *Archief. Mededelingen van het Koninklijk Zeeuws Genootschap der Wetenschappen*（2001），7。

168. Goslinga, *Dutch in the Caribbean and Guianas*, 561.

169. NAN, SG 9410, affairs of the deputies of the WIC, March 17, 1642.

170. Mello, *Tempo dos flamengos*, 205–207.

171. Hulsman, "Nederlands Amazonia," 178.

172. "Sommier discours," 291.

173. Frank Ibold, Jens Jäger, and Detlev Kraack, eds., *Das Memorial und Jurenal des Peter Hansen Hajstrup*（*1624–1672*）（Neumünster: Wachholtz Verlag, 1995），121. 威廉·于塞尔克斯有1个来自亚马孙的仆人，这名仆人和他一起在荷兰生活了3年。参见 John Franklin Jameson, *William Usselinx, Founder of the Dutch and Swedish West India Companies*（New York: G.P. Putnam's Sons, 1887），240。

174. Marc B. Fried, *The Early History of Kingston & Ulster County, N.Y.*（Marbletown, NY:

Ulster County Historical Society, 1975), 37, 41.
175. Examination of Juo. Mestiço, Caracas, July 3, 1640, in Antoine Maduro, ed., *Documenten uit de jaren 1639 en 1640 welke zich in de "Archivo General de Indias" te Sevilla bevinden en betrekking hebben op de door de Spanjaarden beraamde plannen om het eiland Curaçao op de Nederlanders te heroveren*(Curaçao: Drukkerij Scherpenheuvel, 1961), 92–93.
176. Hartog, *Bovenwindse eilanden*, 61–62.
177. Victor Enthoven, "Suriname and Zeeland: Fifteen Years of Dutch Misery on the Wild Coast, 1667–1682," in *International Conference on Shipping, Factories and Colonization*, ed. John Everaert and Jan Parmentier (Brussels: Académie Royale des Sciences d'Outre-Mer, 1996), 256; van der Linde, *Surinaamse suikerheren en hun kerk*, 89–90. 1686年的一项法令废除了在埃塞奎博奴役美洲印第安人的做法,该法令仅允许那些已经被奴役的美洲印第安人继续为奴。参见 Pieter Marinus Netscher, *Geschiedenis van de koloniën Essequebo, Demerary en Berbice, van de vestiging van de Nederlanders aldaar tot op onzen tijd*('s-Gravenhage: Martinus Nijhoff, 1888), 91–92。
178. 1675年,苏里南的当地人告诉荷兰人,英格兰殖民者秘密地将9名美洲印第安人带上了他们的离岸船。见NAN, SG 5769, deposition of Phelix Craght, Jems Torner and Jan Lievensz, August 24, 1675。
179. Anna Jacoba Böeseken, *Slaves and Free Blacks at the Cape, 1658–1700*(Cape Town: Tafelberg, 1977), 62. 有关随后在印度洋的荷兰奴隶贸易情况,参见 Markus Vink, "'The World's Oldest Trade': Dutch Slavery and Slave Trade in the Indian Ocean in the Seventeenth Century," *Journal of World History* 14, no. 2(2003): 131–177。
180. 在葡萄牙,新老基督教教徒都可以不受限制地接近奴隶。见A. C. de C. M. Saunders, *A Social History of Black Slaves and Freedmen in Portugal 1441–1555*(Cambridge, UK: Cambridge University Press, 1982), 63。
181. James Hoke Sweet, *Recreating Africa: Culture, Kinship, and Religion in the African-Portuguese World, 1441–1770*(Chapel Hill and London: University of North Carolina Press, 2003), 95.
182. Dienke Hondius, "Black Africans in Seventeenth-Century Amsterdam," *Renaissance and Reformation/Renaissance et Réforme* 31, no 2(2008), 90–91. 在17世纪中叶的米德尔堡,基督教教徒们控诉一名犹太商人打算将受洗的黑人妇女作为奴隶出售

的行为。参见 Lein van Wallenburg, "De Joden in Zeeland," *Nederlandse Historiën* 12（1978）, 165。

183. Wilhelmina Christina Pieterse, ed., *Livro de Bet Haim do Kahel Kados de Bet Yahacob*（Assen: Van Gorcum, 1970）, 4. 葡裔犹太人会众的记录曾提到，在1614年至1648年间埋葬了15名黑人及"混血儿"。参见 Hagoort, *Beth Haim*, 50–51。还记录了当时在安特卫普和汉堡的犹太人群体中存在黑人奴隶。参见 Jean Denucé, *Afrika in de XVIde eeuw en de handel van Antwerpen met een reproductie van de wandkaart van Blaeu-Verbist van 1644 in 9 folio-bladen*（Antwerpen: De Sikkel, 1937）, 49; Hans Pohl, *Die Portugiesen in Antwerpen（1567–1648）: Zur Geschichte einer Minderheit*（Wiesbaden: Franz Steiner Verlag, 1977）, 324; Michael Studemund-Halévy, *Biographisches Lexikon der Hamburger Sefarden: Die Grabinschriften des Portugiesenfriedhofs an der Königstrasse in Hamburg-Altona*（Hamburg: Christians Verlag, 2000）, 664–665。

184. Dienke Hondius, "Access to the Netherlands of Enslaved and Free Black Af-ricans: Exploring Legal and Social Historical Practices in the Sixteenth–Nineteenth Centuries," *Slavery & Abolition: A Journal of Slave and Post-Slave Studies* 32, no. 3（2011）, 381.

185. Benjamin Nicolaas Teensma, "Abraham Idaña's beschrijving van Amster-dam, 1685," *Amstelodamum* 83（1991）, 131.

186. Annette Michèle Ricciardi-Cramer van den Bogaart, "Women in the Early Modern Dutch Atlantic World"（PhD diss., Stony Brook University, 2013）, 183. 里恰尔迪将洛伦斯的姓拼写为"la Rosière"，参见 G. A. Six, "Geschiedenis," *Navorscher*, new series, 23, no. 6（1873）, 546。

187. James Horn, *Adapting to a New World: English Society in the Seventeenth-Century Chesapeake*（Chapel Hill and London: University of North Carolina Press, 1994）, 149.

188. SAA NA 695 fol. 468, act of August 28, 1636, examination of Hessel Hiddes and Heijn Ottes. 这5人发生了什么情况尚不清楚。

189. Willem Frijhoff, *Wegen van Evert Willemsz.: Een Hollands weeskind op zoek naar zichzelf, 1607–1647*（Nijmegen: SUN, 1995）[trans. as *Fulfilling God's Mission: The Two Worlds of Dominie Everardus Bogardus 1607–1647*（Leiden: Brill, 2007）], 766–768; Jaap Jacobs, "Van Angola naar Manhattan. Slavernij in Nieuw-Nederland in de zeventiende eeuw," in *Slaven en schepen: Enkele reis, bestemming onbekend*, ed. Remmelt Daalder, Andrea Kieskamp and Dirk J. Tang（Leiden: Primavera Pers; and Amsterdam: Stichting

Nederlands Scheepvaartmuseum 2001）, 69-75.

190. Jeroen Dewulf, "Emulating a Portuguese Model: The Slave Policy of the West India Company and the Dutch Reformed Church in Dutch Brazil（1630-1654）and New Netherland（1614-1664）in Comparative Perspective," *Journal of Early American History* 4（2014）, 17.

191. Compare the instructions for Jacob Pietersz Tolck, governor of Curaçao, in Gehring and Schiltkamp, *Curacao Papers*, 5, and Jacobs, "Van Angola naar Manhattan," 75.

192. Jacobs, *Zegenrijk gewest*, 330.

193. Johann Gregor Aldenburgk, *Reise nach Brasilien, 1623-1626*（Den Haag: Martinus Nijhoff, 1930）, 44-47.

194. Gonçalo de Cespedes, *Historia de Don Felipe III, Rey de las Españas*（Barce-lona: Sebastian de Cormellas, 1634）, 242.

195. NAN, SG 5752, report of Gerhardt van Arnhem and Ewolt van der Dussen, delegates of the States General to the Heren XIX, Middelburg, August-September 1630. See Samuel Pierre l'Honoré Naber, ed. *Reisebeschreibungen von deutschen Beamten und Kriegsleuten im Dienst der niederländischen West-und Ost-Indischen Kompagnien 1602-1797*, 13 vols.（Den Haag: Martinus Nijhoff, 1930）, 2: 32, 59; De Laet, *Iaerlijck Verhael*, 2: 146; NAN, OWIC 47, Diederick van Waerdenburg to the Heren XIX, Antônio Vaz, October 7, 1631.

196. Mello, *Tempo dos flamengos*, 176-177.

197. 1645年至1646年，累西腓和毛里茨城地区私人拥有的奴隶数量为1,962人。在伊塔马拉卡、帕拉伊巴和里奥格兰德，私人拥有的黑人奴隶总数为450。参见Mello, *Tempo dos flamengos*, 73n. 122。

198. GAR, ONA 86, 262/489, Act of September 8, 1642.

199. Joyce Diane Goodfriend, *Before the Melting Pot: Society and Culture in Colonial New York City, 1664-1730*（Princeton: Princeton University Press, 1992）, 115.

200. Wätjen, *Holländische Kolonialreich in Brasilien*, 223-224.

201. Mello, *Tempo dos flamengos*, 189.

202. NAN, Hof van Holland 5252, dagelijkse notulen Brazilië, December 18, 1653.

203. Lief-hebber, *Iournael ofte kort discours, nopende de rebellye ende verradelijcke desseynen der Portugesen, alhier in Brasil voorgenomen, 't welck in Junio 1645 is ondeckt*（Arnhem: Jan Jacobsz, 1647）.

204. Johan Nieuhof, *Gedenkweerdige Brasiliaense zee-en lant-reize: Behelzende al het geen op dezelve is voorgevallen. Beneffens een bondige beschrijving van gantsche Neerlants Brasil, zoo van lantschappen, steden, dieren, gewassen, als draghten, zeden en godsdienst der inwoonders: en inzonderheit ein wijtloopig verhael der merkwaardigste voorvallen en geschiedenissen, die zich, geduurende zijn negenjarigh verblijf in Brasil, in d'oorlogen en opstant der Portugesen tegen d'onzen, zich sedert het jaer 1640. tot 1649. hebben toegedragen*（Amster-dam: de weduwe van Jacob Meurs, 1682）, 175.

205. Een Lief-hebber des Vaderlandts, *Levendich Discours vant ghemeyne Lants welvaert voor desen de Oost ende nu oock de West-Indische generale Compaignie aenghevanghen seer notabel om te lesen*（［Amsterdam:］Broer Iansz, 1622）.

206. 引自 Otto van Rees, *Geschiedenis der Staathuishoudkunde in Nederland tot het einde der achttiende eeuw*, 2 vols.（Utrecht: Kemink en Zoon, 1865–1868）, 2: 93。

207. Gerrit Jan Schutte, "Bij het schemerlicht van hun tijd. Zeventiende-eeuwse gereformeerden en de slavenhandel," in *Mensen van de Nieuwe Tijd. Een liber amicorum voor A. Th. van Deursen*, ed. Marijke Bruggeman et al.（Amsterdam: Bert Bakker, 1996）, 200.

208. Ibid., 194, 201.

209. Godfried Udemans, *'t Geestelyck Roer Van 't Coopmans Schip. Dat is: Trouwbericht, hoe dat een Coopman, en Coopvaerder, hem selven dragen moet in syne handelinge, in Pays, ende in Oorloge, voor God, ende de Menschen, te Water ende te Lande, insonderheydt onder de Heydenen in Oost ende West-Indien: ter eeren Gods, stichtinge syner Gemeynten, ende salighheydt syner zielen: mitsgaders tot het tijtlich welvaren van het Vaderlandt, ende syne Familie*, 2nd ed.（Dordrecht: Françoys Boels, 1640）, 182. 17世纪的新教徒对旧约越发感兴趣，他们利用其中的内容提炼出了一种社会模式。

210. De Mey, *Al de nederduytsche wercken*, 306.

211. Hulsman, "Nederlands Amazonia," 139, n. 174.

212. Van der Linde, *Surinaamse suikerheren en hun kerk*, 86–88.

213. De Laet, *Iaerlyck Verhael*, 1: 105–106.

214. Adam Jones, "Sources on Early Sierra Leone（22）: The Visit of a Dutch Fleet in 1625," *Africana Research Bulletin* 15, no. 2（1986）, 57. 威廉·皮索可能将这个故事的一个方面（人类兴奋地认为这是动物）加入雅各布斯·邦图乌斯死后才出版的《热带医学》（*Tropische Geneeskunde*）里对猩猩的描述中。也见 Harold J. Cook,

Matters of Exchange: Commerce, Medicine, and Science in the Dutch Golden Age（New Haven and London: Yale University Press, 2007）, 222。

215. 一名居住在那里12年的葡萄牙人告诉荷兰人非洲当地人对动物的信仰。参见 Wassenaer, *Historisch Verhael*, 12: 54。

216. Ernst van den Boogaart, "Colour Prejudice and the Yardstick of Civility: The Initial Dutch Confrontation with Black Africans, 1590–1635," in *Racism and Colonialism: Essays on Ideology and Social Structure*, ed. Robert Ross（The Hague: Martinus Nijhoff, 1982）, 44.

217. Ernst van den Boogaart and Pieter Cornelis Emmer, "The Dutch Participation in the Atlantic Slave Trade, 1596–1650," in *The Uncommon Market: Essays in the Economic History of the Atlantic Slave Trade*, ed. Henry A. Gemery and Jan S. Hogendorn（New York, San Francisco, and London: Academic Press, 1979）, 37.

218. Pieter de Marees, *Description and Historical Account of the Gold Kingdom of Guinea*（*1602*）, ed. and trans. Albert van Dantzig and Adam Jones（Oxford: Oxford University Press, 1987）, 26–32. See also Samuel Pierre l'Honoré Naber, ed., "Nota van Pieter Mortamer over het gewest Angola（met een bijlage）," *Bijdragen en Med-edeelingen van het Historisch Genootschap* 54（1933）, 31.

219. De Marees, *Description and Historical Account*, 31.

220. Egon Wolff and Frieda Wolff, *Judeus, Judaizantes e seus Escravos*（Rio de Janeiro: s.n., 1987）, 16; Yosef Kaplan, "Political Concepts in the World of the Portuguese Jews of Amsterdam during the Seventeenth Century: The Problem of Exclusion and the Boundaries of Self-Identity," in *Menasseh Ben Israel and His World*, ed. Yosef Kaplan, Henri Méchoulan and Richard Popkin（Leiden: Brill, 1989）, 58–59.

221. Allison Blakely, *Blacks in the Dutch World: The Evolution of Racial Imagery in a Modern Society*（Bloomington and Indianapolis: Indiana University Press, 1993）, 92, 276–277.

222. 引自 van der Linde, *Surinaamse suikerheren en hun kerk*, 50。

223. Blakely, *Blacks in the Dutch World*, 82–83, 92, 95.

224. Van den Boogaart, "Colour Prejudice," 44, 53; Elizabeth A. Sutton, *Early Modern Dutch Prints of Africa*（Farnham, UK: Ashgate, 2012）, 198.

225. Bert Paasman, "Mens of dier? Beeldvorming over negers in de tijd voor de rassentheorieën," in *Vreemd gespuis*, ed. Jan Erik Dubbeldam and Jaap Tanja

(Amsterdam: Ambo, Novib, 1987), 100.
226. Udemans, *Geestelijck Roer*, 183; De Mey, *Al de nederduytsche wercken*, 307. 一名作家认同异教徒奴隶永远都是奴隶的观点。见 *'t Verheerlickte Nederland door d'Herstelde Zee-vaart* (1659), 44–45。
227. Schutte, "Bij het schemerlicht," 198, 203, 206; Udemans, *Geestelijck Roer*, 182.
228. Jan Bara, *De godvruchtige verklikker* (Amsterdam: Jan van Duisberg, 1657), 60. 关于巴拉前往加勒比海的航行, 参见 C. H. P. Meijer, "Bara," in *Nieuw Nederlandsch Biografisch Woordenboek*, ed. Philip Christiaan Molhuysen and Petrus Johannes Blok, 10 vols. (Leiden: A.W. Sijthoff's Uitgever-Maatschappij, 1918), 4: 85–87。
229. Abraham Kuyper, ed., *Voetius' catechisatie over den Heidelbergschen Catechismus: Naar Poudroyen's editie van 1662 op nieuw uitgegeven, bij ons publiek ingeleid en met enkele aantekeningen voorzien* (Rotterdam: Gebroeders Huge, 1891), 994.
230. Ibid., 991–993.
231. Markus P. M. Vink, "'A Work of Compassion?' Dutch Slavery and Slave Trade in the Indian Ocean in the Seventeenth Century," in *Contingent Lives: Social Identity and Material Culture in the VOC World*, ed. Nigel Worden (Cape Town: Historical Studies Department, University of Cape Town, 2007), 470–472.
232. *Kort Verhael van Nieuw-Nederlants Gelegentheit, Deugden, Natuerlijke Voorrechten, en byzondere bequaemheidt ter bevolkingh* (s.l.: s.n., 1662), 26.
233. Henk Looijesteijn, "Between Sin and Salvation: The Seventeenth-Century Dutch Artisan Pieter Plockhoy and His Ethics of Work," *International Review of Social History* 56 (2011), 80. 1677年, 荷兰人在奥亚波基建立了一个短暂的殖民地, 虽然这个殖民地在短短几个月的时间里遭遇了内部纷争和来自卡宴的法兰西人的入侵, 但也因为它完全没有非洲奴隶而引人注目。参见 Hulsman, "Nederlands Amazonia," 160–161。
234. Van Baerle, *History of Brazil*, 180–181. See also Ineke Phaf-Rheinberger, "Von Sklavenhandel und christlichen Vorbehalten: Die Aktualität von Caspar Barlaeus in Amerika und Afrika," in *Sein Feld war die Welt: Johann Moritz von Nassau-Siegen (1604–1679): Von Siegen über die Niederlande und Brasilien nach Brandenburg*, ed. Gerhard Brunn and Cornelius Neutsch (München: Waxmann, 2008), 150–153.
235. Van Grol, *Grondpolitiek*, 2: 23. See also NAN, SG 5756, "Provisionele Instructie voor de Regeringe van het Suijder district van de Cust van Africa," April 11, 1642.

236. Reden van dat die West-Indische Compagnie oft handelinge niet alleen profijtelijck maer oock nootsaeckelijck is tot behoudenisse van onsen Staet（1636）, 9.
237. António Brásio, *Monumenta Missionaria Africana*, 11 vols.（Lisboa: Agência Geral do Ultramar, 1952-1988）, 9: 281-290.
238. Stéphanie Caroline Boechat Correia, "O Reino do Congo e os *miseráveis do mar*: o Congo, o Sonho e os holandeses no Atlantico, 1600-1650"（MA thesis, Universidade Federal Fluminense, 2012）, 150, 189.
239. Frijhoff, *Wegen van Evert Willemsz.*, 627.
240. NAN, OWIC 8, fol. 135, Heren XIX to General Jan Jochumssen Sticker［in Fort Nassau?］, Amsterdam, July 7, 1633; Joosse, *Geloof in de Nieuwe Wereld*, 177.
241. Schalkwijk, *Igreja e estado*, 316-324.
242. Joosse, *Geloof in de Nieuwe Wereld*, 317-318.
243. Mello, *Tempo dos flamengos*, 220-222.
244. SAA, ACA 379: 224, minister Joannis Backerus to the Classis of Amsterdam, Curaçao, May 1, 1644; Frijhoff, *Wegen van Evert Willemsz.*, 786; Joosse, *Geloof in de Nieuwe Wereld*, 502.
245. James Hoke Sweet, "The Iberian Origins of American Racist Thought," *William and Mary Quarterly*, ser. 3, 54, no. 1（1997）, 144.
246. Van Grol, *Grondpolitiek*, 1: 111.
247. Joosse, *Geloof in de Nieuwe Wereld*, 315. 另一方面，他的同事梅加波利斯认为，与其他移民相比，美洲印第安人具有更高的道德水准。
248. Joosse, *Geloof in de Nieuwe Wereld*, 504; Hamer, "Creating an Orderly Society," 199; Meuwese, *Brothers in Arms, Partners in Trade*, 165.
249. Van Rees, *Geschiedenis der Staathuishoudkunde*, 2: 91-92.
250. Schalkwijk, *Igreja e estado*, 290.
251. Otto, *Dutch-Munsee Encounter in America*, 141.
252. Jacques Solé, "Les difficultés de l'implantation au Brésil autour de 1640 d'après la correspondance du pasteur français Soler avec André Rivet," in *D'un Rivage à l'Autre: Villes et Protestantisme dans l'Aire Atlantique（XVIe-XVIIe siècles）: Actes du Colloque organisé à La Rochelle（13 et 14 novembre 1998）*, ed. Guy Martinière, Didier Poton and François Souty（Paris: Imprimerie Nationale, 1999）, 245.
253. Antonio da Monteprandone to the Secretary of Propaganda, Rome, 1653, in Jadin,

L'ancien Congo et l'Angola, 1463.
254. Meuwese, *Brothers in Arms, Partners in Trade*, 324.
255. Acts of the Classis of Amsterdam, November 7, 1644, in Corwin, *Ecclesiastical Records State of New York*, 1: 186; Joosse, *Geloof in de Nieuwe Wereld*, 169, 357.
256. Herman Roodenburg, *Onder censuur: De kerkelijke tucht in de gereformeerde gemeente van Amsterdam, 1578–1700*（Hilversum: Verloren, 1990）, 86.
257. Kuyper, *Voetius' catechisatie*, 652.
258. C. Schulz and Peter Grians, deputies "ad res Indicas," to pastor van Beaumont in Curaçao, Amsterdam, July 8, 1661, in Corwin, *Ecclesiastical Records State of New York*, 1: 508.
259. Noorlander, "Serving God and Mammon," 312.
260. Swetschinski, *Reluctant Cosmopolitans*, 206.
261. Kaplan, "Political Concepts," 58–59.
262. Hondius, "Black Africans in Seventeenth-Century Amsterdam," 95.
263. C. J. Wasch, "Een doopregister der Hollanders in Brazilië," *Algemeen Nederlandsch Familieblad* 5（1888）, 141–144, 169–172, 197–200, 225–228, 253–256, 281–284; 6 （1889）: 1–4, 25–28, 49–52, 73–77; Haefeli, *New Netherland*, 129.
264. Neville A. T. Hall, *Slave Society in the Danish West Indies: St. Thomas, St. John, St. Croix*, ed. Barry W. Higman（Baltimore and London: Johns Hopkins University Press, 1992）, 47; Sue Peabody, " 'A Dangerous Zeal': Catholic Missions to Slaves in the French Antilles, 1635–1800," *French Historical Studies* 25, no. 1（2002）, 69.
265. Andries Raath, "Covenant and the Christian Community: Bullinger and the Relationship between Church and Magistracy in Early Cape Settlement（1652–1708）," *Sixteenth Century Journal* 33, no. 4（2002）, 1014.
266. Frijhoff, *Wegen van Evert Willemsz.*, 778. 德博拉·哈默曾建议自由的和被奴役的黑人妇女寻求洗礼，成为归正教会会员，与基督教教徒结婚以避免遭到强奸和性胁迫。参见"Creating an Orderly Society," 237。
267. H. Kaajan, *De Pro-Acta der Dordtsche Synode*（Rotterdam: T. de Vries Dz., 1914）, 248–249.
268. Mello, *Tempo dos flamengos*, 189.
269. Willem Frijhoff, *Fulfilling God's Mission: The Two Worlds of Dominie Everardus Bogardus 1607–1647*（Leiden: Brill, 2007）, 530［translation of *Wegen van Evert*

Willemsz]. 关于牧师和奴隶的情况，参见 Gerald De Jong, "The Dutch Reformed Church and Negro Slavery in Colonial America," *Church History* 40, no. 4（1971），423–436。

270. Schalkwijk, *Igreja e estado*, 153; Albert Eekhof, *De Hervormde Kerk in Noord-Amerika*（*1624–1664*）（'s-Gravenhage: Martinus Nijhoff, 1913），160–161.

271. Frans Leonard Schalkwijk, "Índios evangélicos no Brasil Holandês," in *Viver e morrer no Brasil Holandês*, ed. Marcos Galindo（Recife: Massangana, 2005），128.

272. Father Antonio de Couto to the provincial of Portugal, Jeronimo Vogado, Luanda, September 5, 1648, in Jadin, *L'ancien Congo et l'Angola*, 1070.

273. Boxer, *Dutch in Brazil*, 136–137.

274. SAA, ACA 379: 224, pastor Adrianus van Beaumont to the Classis of Amsterdam, Curaçao, April 17, 1660; pastor Wilhelmus Volckringh to the Classis of Amsterdam, Curaçao, June 9, 1664.

275. Murk van der Bijl, *Idee en interest: Voorgeschiedenis, verloop en achtergronden van de politieke twisten in Zeeland en vooral in Middelburg tussen 1702 en 1715*（Groningen: Wolters-Noordhoff/Bouma's Boekhuis, 1981），216.

276. *Uyt-vaert vande West-Indische Compagnie: Met een Propositie ende Vertooninghe, ghedaen door een seker Heere, aenden Coninck van Castilien, teghens de West-Indische Compagnie*（s.l.: s.n., 1645）.

尾声　战争、暴力、奴役与自由

1. *Korte onderrichtinghe ende vermaninghe aen alle lief-hebbers des vaderlandts, om liberalijcken te tekenen in de West-Indische Compagnie. In de welcke kortelijck wordt aengewesen, de nootsaeckelijckheyt, doenlijckheyt, ende nutticheyt vande selve*（Leyden: Isaack Elsevier, 1622）.

2. *Spaenschen raedt. Om die Geunieerde Provincien, te water ende te lande te benauwen, van alle neeringen en welvaren te berooven, om soo voorts de selvige weder onder Spaensche tyrannije te brengen*（'s-Gravenhage: Aert Meuris, 1626），16.

3. Arnoldus Buchelius, "VOC-dagboek 1619–1639," 101v, diary entry of March 12, 1623, 146, http://www.gahetna.nl/sites/default/files/bijlagen/transcriptie_voc-dagboek_ buchelius.pdf, accessed February 19, 2016.

4. Pieter de la Court, *Interest van Holland, ofte gronden van Hollands-welvaren*（Amsterdam:

Joan Cyprianus Vandergracht, 1662）, 63, 65.

5. 尽管皮特·里伯庚认为民族自豪感可能仅限于荷兰省内, 但在这些情况下, 它似乎已经超越了区域的边界。参见Peter J. A. N. Rietbergen, "Beeld en zelfbeeld. 'Nederlandse identiteit' in politieke structuur en politieke cultuur tijdens de Republiek," *Bijdragen en Mededelingen betreffende de Geschiedenis der Nederlanden* 107（1992）, 646。

6. Simon Adams, "Tactics of Politics? 'The Military Revolution' and the Hapsburg Hegemony, 1525–1648," in *The Military Revolution Debate: Readings on the Military Transformation of Early Modern Europe*, ed. Clifford J. Rogers（Boulder: Westview Press, 1995）, 258.

7. *Gründlicher Bericht von Beschaffenheit und Eigenschaft, Cultivirung und Bewohnung, Privilegien und Beneficien deß in America zwischen Rio Orinoco und Rio de las Amazones an der vesten Küst des in der Landschafft Guiana gelegenen . . . Landes*（Franckfurt: Wilhelm Serlin, 1669）, 30–31, 39; NAN, SG 5769, Q. Spranger, discourse regarding a noteworthy design on America, presented to the States General, March 22, 1675.

8. Donna Merwick, *The Shame and the Sorrow: Dutch-Amerindian Encounters in New Netherland*（Philadelphia: University of Pennsylvania Press, 2006）, 231.

9. *Examen vande Valsche Resolutie vande Heeren Burgemeesters ende Raden tot Amsterdam. Op't stuck vande West-Indische Compagnie*（Amsterdam: Abraham de Bruyn, 1649）, 5–6.

10. *Reden van dat die West-Indische Compagnie oft handelinge niet alleen profijtelijck maer oock nootsaeckelijck is tot behoudenisse van onsen Staet*（1636）, 5–6.

11. *'t Verheerlickte Nederland door d'Herstelde Zee-vaart*（1659）, 45.

12. 除了这些例子——征服者乘坐由荷兰省或西印度公司装配的船——一艘私掠船的船员于1655年对位于韦尔迪角的福戈群岛造成了严重破坏, 掠夺了圣费利佩城。参见Franz Binder, "Die zeeländische Kaperfahrt 1654–1662," *Archief: Mededelingen van het Zeeuwsch Genootschap der Wetenschappen*（1976）, 52; T. Bentley Duncan, *Atlantic Islands: Madeira, the Azores and the Cape Verdes in Seventeenth-Century Commerce and Navigation*（Chicago and London: University of Chicago Press, 1972）, 181。

13. Johannes de Laet, *Iaerlyck Verhael van de Verrichtinghen der Gheoctroyeerde West-Indische Compagnie in derthien Boecken*, ed. Samuel Pierre l'Honoré Naber, 4 vols.（'s-Gravenhage: Martinus Nijhoff, 1931–1937）, 1: 23–25; Klaas Ratelband, *Nederlanders in West-Afrika 1600–1650: Angola, Kongo en São Tomé*（Zutphen: Walburg Pers, 2000）, 113–114. 1644年的一份经过公证的证据显示, 2名军官宣称荷兰远征

罗安达的首领允许他们的部队进行为期3天的抢劫。见 Johannes Gerard van Dillen, "Vreemdelingen te Amsterdam in de eerste helft der zeventiende eeuw," *Tijdschrift voor Geschiedenis* 50（1935）, 20n. 1。

14. Joan Meznar, "Our Lady of the Rosary, African Slaves, and the Struggle against Heretics in Brazil, 1550–1660," *Journal of Early Modern History* 9, no. 3–4（2005）, 384.

15. Francisco de Brito Freire, *Nova Lusitania: História da Guerra Brasílica*（São Paulo: Beca Produções Culturais, 2001）, 156.

16. 在英格兰内战期间，士兵们也参加了圣像破坏行动，当时坎特伯雷大教堂和彼得伯勒大教堂的内部均遭到破坏。参见 Margaret Aston, *England's Iconoclasts*（Oxford: Clarendon Press, 1988）, 64, 71–74。此外，至少有5次由英属西班牙远征队成员参与的圣像破坏行动：奥克斯纳姆1576年的航行、弗朗西斯·德雷克（1577年至1580年和1585年至1586年）的航行、克里斯托弗·纽波特1592年的航行，以及1655年对西班牙殖民地圣多明各的失败袭击（又称"克伦威尔的西方战略"）。在17世纪后期，英格兰私掠船经常破坏在南美太平洋一侧的教堂中的圣像。参见 Nicholas M. Beasley, "Wars of Religion in the Circum-Caribbean: English Iconoclasm in Spanish America, 1570–1702," in *Saints and Their Cults in the Atlantic World*, ed. Margaret Cormack（Columbia: University of South Carolina Press, 2007）, 156–162; "The Relation of Captain Pallano," in *Spanish Narratives of the English Attack on Santo Domingo 1655. Transcribed and Translated from the Original Documents in the General Archives of the Indies and Edited for the Royal Historical Society*, ed. Irene Aloha Wright,（London: Offices of the Society, 1926）, 14; Mark G. Hanna, *Pirate Nests and the Rise of the British Empire, 1570–1740*（Chapel Hill: University of North Carolina Press for the Omohundro Institute of Early American History and Culture, 2015）, 159。最后，在西班牙王位继承战争期间，一名荷兰私掠船船长在西班牙大陆的天主教堂里横冲直撞，穿着牧师的衣服嘲笑对手的信仰。参见 Manuscript diary of Michaël Alexius Schabel, Curacao, 1707–1708, translated by Jaime Koos Visker and Antoon Stikvoort, entry of November 3, 1707。

17. Kris E. Lane, *Pillaging the Empire: Piracy in the Americas, 1500–1750*（Armonk, NY: M. E. Sharpe, 1998）, 43, 48, 54, 55.

18. *British Guiana Boundary, Arbitration with the United States of Venezuela: Appendix to the Case on Behalf of Her Britannic Majesty*（London: Foreign Office, 1898）, 88, 103–105.

19. Natalie Zemon Davis, "The Rites of Violence," in *Society and Culture in Early Modern France*（Stanford: Stanford University Press, 1975）, 179; David Freedberg, *Iconoclasts*

and Their Motives: The Second Gerson Lecture Held in Memory of Horst Gerson（1907–1978）*in the Aula of the University of Groningen on October 7, 1983*（Maarssen: Gary Schwartz, 1985）, 25.

20. 也见 Frauke Volkland, "Konfessionelle Abgrenzung zwischen Gewalt, Stereotypenbildung und Symbolik: Gemischtkonfessionelle Gebiete der Ostschweiz und die Kurpfalz im Vergleich," in *Religion und Gewalt: Konflikte, Rituale, Deutungen*（1500–1800,）ed. Kaspar von Greyerz and Kim Siebenhüner（Göttingen: Vandenhoeck & Ruprecht, 2006）, 357。

21. Diogo Lopes de Santiago, *História da guerra de Pernambuco e feitos memoráveis do mestre de campo João Fernandes Vieira, herói digno de eterna memória, primeiro aclamador da guerra*（Recife: Governo de Pernambuco, 1984）, 107; Duarte de Albuquerque Coelho, *Memórias Diárias da Guerra do Brasil*（Recife: Fundação de Cultura Cidade do Recife, 1982）, 122. See also John Walter, " 'Abolishing Superstition with Sedition'? The Politics of Popular Iconoclasm in England 1640–1642," *Past and Present* 183（May 2004）, 87. "圣像不只是遭到了损坏。他们故意用传统上用于惩罚异端和叛徒的仪式对画像进行了字面上或直接或隐晦的侮辱"（87）。

22. Francisco Rubio de Avila to the *audiencia* of Santa Fé, Mérida, December 4, 1641, in C. F. A. van Dam and Irene Aloha Wright, eds., *Nederlandsche zeevaarders op de eilanden in de Caraïbische Zee en aan de kust van Columbia en Venezuela gedurende de jaren 1621–1648: Documenten hoofdzakelijk uit het Archivo General de Indias*, 2 vols.（Utrecht: Kemink & Zoon, 1934）, 2: 99.

23. Michiel van Groesen, "Herinneringen aan Holland: De verbeelding van de Opstand in Salvador de Bahia," *Holland* 41, no. 4（2009）, 297.

24. 1637年葡裔巴西士兵传教（成功），从被占领的荷兰领土内的伊波茹卡的方济各会修道院带回20多个圣餐杯、6座银制圣体匣、几个神圣的银花瓶和1个十字架，这一事件说明了这种关联。参见 José Antonio Gonsalves de Mello, *Antônio Dias Cardoso, sargento-mor do têrço de infantaria de Pernambuco*（Recife: Universidade do Recife, 1954）, 12。

25. *British Guiana Boundary, Appendix*, 88, 103–105.

26. Sergiusz Michalski, *The Reformation and the Visual Arts: The Protestant Image Question in Western and Eastern Europe*（London: Routledge, 1993）, 76–77.

27. Yves-Marie Bercé, *Revolt and Revolution in Early Modern Europe: An Essay on the History of Political Violence*, trans. Joseph Bergin（New York: St. Martin's Press, 1987）, 20.

28. Manoel Calado, *O Valeroso Lucideno e Triumpho da Liberdade: Primeira parte*, 2 vols. （Lisboa: Paulo Craesbeeck, 1648）, 1: 27.
29. Alastair C. Duke and Dirk Herbert Arnold Kolff, "The Time of Troubles in the County of Holland, 1566-1567," *Tijdschrift voor Geschiedenis* 82（1969）, 321-323. See also Phyllis Mack Crew, *Calvinist Preaching and Iconoclasm in the Netherlands 1544-1569*（Cambridge, UK: Cambridge University Press, 1978）, 10.
30. Lee Palmer Wandel, *Voracious Idols and Violent Hands: Iconoclasm in Reformation Zurich, Strasbourg, and Basel*（Cambridge, UK: Cambridge University Press, 1995）, 26, 85.
31. Jonathan Irving Israel, *The Dutch Republic and the Hispanic World 1606-1661*（Oxford: Clarendon Press, 1982）, 377-378.
32. 与法兰西大革命时期非官方的圣像破坏行动不同，士兵们的圣像破坏行动并不意味着抗议当局对敌人的宽大处理。参见 Richard Clay, *Iconoclasm in Revolutionary Paris: The Transformation of Signs*（Oxford: Voltaire Foundation, 2012）, 280。
33. José Antônio Gonsalves de Mello, *Tempo dos flamengos: Influência da ocupação holandesa na vida e na cultura do Norte do Brasil*, 2nd ed.（Recife: Governo do Estado de Pernambuco, 1978）, 145n. 就像在 16 世纪和 17 世纪的德意志一样，对个人前途的担忧可能为逃兵提供了另一个动机。参见 Jan Willem Huntebrinker, "*Fromme Knechte*" und "*Garteteufel*": *Söldner als soziale Gruppe im 16. und 17. Jahrhundert*（Konstanz: UVK Verlagsgesellschaft, 2010）, 213-214。在荷属巴西的最后几年里，饥饿也导致了逃亡。参见 NAN, SG 5764, Guillaume d'Houthain to the States General, Fort Margarita, Paraíba, December 10, 1652。
34. 这种动态变化与法兰西大革命时期军队的情况相似。参见 Richard Cobb, *Les armées révolutionnaires: Instrument de la Terreur dans les départements, Avril 1793-Floréal An II*（Paris: Mouton, 1963）, 653; T. C. W. Blanning, *The French Revolution in Germany: Occupation and Resistance in the Rhineland, 1792-1802*（Oxford: Clarendon Press, 1983）, 221。荷兰人的反教宗主义也被口头表达了出来。葡萄牙人重新征服萨尔瓦多（1625 年）的耶稣会记录者提到一位亵渎神灵的荷兰士兵，他声称圣母马利亚在生下耶稣基督之前就发生过性行为。参见 Bartolomeu Guerreiro, *Iornada dos Vassalos da Coroa de Portugal, pera se recuperar a Cidade do Salvador, na Bahya de todos os Santos, tomada pollos Olandezes, a oito de Mayo de 1624. & recuperada ao primeiro de Mayo de 1625*（Lisboa: Mattheus Pinheiro, 1625）, 53。
35. Marcos Albuquerque, "Holandeses en Pernambuco: Rescate material de la Historia," in *El*

desafío holandés al dominio ibérico en Brasil en el siglo XVII, ed. José Manuel Santos Pérez and George F. Cabral de Souza (Salamanca: Ediciones Universidad de Salamanca, 2006), 115.

36. Peter T. Bradley, *The Lure of Peru: Maritime Intrusion into the South Sea, 1598-1701* (London: Macmillan, 1989), 23.

37. Samuel Pierre l'Honoré Naber and Irene Aloha Wright, eds., *Piet Heyn en de Zilvervloot: Bescheiden uit Nederlandsche en Spaansche Archieven* (Utrecht: Kemink & Zoon, 1928), cxiv, 177; De Laet, *Iaerlyck Verhael*, 1: 139.

38. Arie Boomert, "Amerindian-European Encounters on and around Tobago (1498-ca.1810)," *Antropológica* 97-98 (2002), 108.

39. Alfred A. Cave, "Who Killed John Stone? A Note on the Origins of the Pequot War," *William and Mary Quarterly*, ser. 3, 49, no. 3 (1992), 512-513.

40. Mark Meuwese, *Brothers in Arms, Partners in Trade: Dutch-Indigenous Alliances in the Atlantic World, 1595-1674* (Leiden: Brill, 2012), 167-169; Rita Krommen, "Mathias Beck und die Westindische Compagnie: Zur Herrschaft der Niederländer im kolonialen Ceará," *Arbeitspapiere zur Lateinamerikaforschung* 2, no. 1 (2001), 40-45; Johan Nieuhof, *Gedenkweerdige Brasiliaense zee-en lant-reize: Behelzende al het geen op dezelve is voorgevallen. Beneffens een bondige beschrijving van gantsche Neerlants Brasil, zoo van lantschappen, steden, dieren, gewassen, als draghten, zeden en godsdienst der inwoonders: en inzonderheit ein wijtloopig verhael der merkwaardigste voorvallen en geschiedenissen, die zich, geduurende zijn negenjarigh verblijf in Brasil, in d'oorlogen en opstant der Portugesen tegen d'onzen, zich sedert het jaer 1640. tot 1649. hebben toegedragen* (Amsterdam: de weduwe van Jacob Meurs, 1682), 44-45.

41. Jan Marinus van der Linde, *Surinaamse suikerheren en hun kerk: Plantagekolonie en handelskerk ten tijde van Johannes Basseliers, predikant en planter in Suriname, 1667-1689* (Wageningen: Veenman, 1966), 40.

42. ZA, SZ 2035/215, Abel Thisso to the States of Zeeland, March 25, 1670.

43. Raymond Buve, "Gouverneur Johannes Heinsius: de rol van Van Aerssen's voorganger in de Surinaamse Indianenoorlog, 1678-1680," *Nieuwe West-Indische Gids* (1966), 17; ZA, SZ 2035/377, Governor Johannes Heinsius to the States General, Surinamburgh, January 1, 1680.

44. Van der Linde, *Surinaamse suikerheren en hun kerk*, 42-43; Buve, "Gouverneur Johannes

Heinsius," 21; Lodewijk Augustinus Henri Christiaan Hulsman, "Nederlands Amazonia: Handel met indianen tussen 1580 en 1680" (PhD diss., University of Amsterdam, 2009), 246.

45. María Ximena Urbina Carrasco, *La Frontera de arriba en Chile Colonial: Inter-acción hispano-indigena en el territorio entre Valdivia y Chiloé e imaginario de sus bordes geográficos, 1600–1800* (Valparaíso: Ediciones Universitarias de Valparaíso, Pontificia Universidad Católica de Valparaíso, 2009), 83–84.

46. Melanie Perreault, " 'To Fear and to Love Us': Intercultural Violence in the English Atlantic," *Journal of World History* 17, no. 1 (2006), 77–78.

47. NAN, OWIC 44, report of Elbert Crispijnsen, 1643–1644, 4r, 6r.

48. Edmund S. Morgan, *American Slavery, American Freedom: The Ordeal of Colonial Virginia* (New York: W. W. Norton, 1975), 17, 28, 61.

49. Carla Gardina Pestana, *The English Atlantic in an Age of Revolution, 1640–1661* (Cambridge, MA: Harvard University Press, 2004), 101; Stephen Saunders Webb, *1676: The End of American Independence* (Syracuse: Syracuse University Press, 1995), 68.

50. Charles Frostin, *Les révoltes blanches à Saint-Domingue aux XVIIe et XVIIIe siècles* (*Haïti avant 1789*)(Paris: L'école, 1975), 98, 113.

51. David Eltis, *The Rise of African Slavery in the Americas* (Cambridge, UK: Cambridge University Press, 2000), 22–23.

52. NAUK, HCA 30/227, unknown to unknown, Thorarica, January 9, 1672.

53. See also Morgan, *American Slavery, American Freedom* , 24, 133, 155.

54. ZA, SZ 2035/333–335, Governor Johannes Heinsius to the States of Zeeland, Surinamburgh, May 30, 1679.

55. Hans Magnus Enzensberger, *Brussels, the Gentle Monster or the Disenfranchisement of Europe* (London: Seagull Books, 2011), 71.

从声音到文字，分享人类智慧

天壹文化